KB085178

時

5

춘추전국이야기

- 원교근공, 대학살의 시대
- 진나라의 천하통일

공원국 지음

위즈덤하우스

제1부 주요 등장인물

진 소왕秦昭王(소양왕)(기원전 325~기원전 251)

진 통일의 기반을 닦은 국군으로 어려서 왕위에 올라 선태후와 외삼촌 위염 밑에서 왕권을 온전히 행사하지 못했으나 결국 범저를 등용해 왕권을 확립하고 원교근공遠交近攻책을 받아들여 전국시대 말기의 판도를 뒤흔든다. 위염을 물리친 후에도 백기를 중용해 장평대전을 비롯한 여러 싸움을 승리로 이끈다.

위염魏冉(?~?)

기원전 265년 실각할 때까지 사실상 진의 정권을 잡고 있던 장군이자 외척이다. 선태후의 동생이자 소양왕의 외삼촌으로, 권력의 정점에 있을 때는 그 힘이 왕을 능가했다. 합종 파괴 전략을 세우고 무수한 승리를 이끌어냈지만 범저에게 밀려난다.

범저範雎(?~기원전 255)

위魏나라 사람이지만 모함을 받아 진으로 망명한다. 진 소왕에게 안으로 외척을 물리쳐 왕권을 강화하고 밖으로는 원교근공을 통해 실리를 추구할 것을 요구했다. 등용 후 열국의 합종을 물리쳤으며 한韓을 준準속국으로 만들고 장평대전에서도 승리했다. 하지만 한단 포위전에서 측근들이 투항하고 패배하는 죄를 짓자 밀려났다.

백기白起(?~기원전 257)

원래 진나라 사람으로 공손기公孫起라고도 불러 왕실의 먼 친척으로 짐작된다. 산동 제후국들과의 싸움에서 전승을 거뒀고 초楚나라 수도를 함락시켰으며, 전후前後 수십만 명의 적군을 참수했다. 그러나 장평대전에서 조군 40만 명을 살해해 큰 원한을 샀고, 한단 포위전 출전을 거부하다가 범저와 진 소왕에게 살해당했다.

염파廉頗(?~?)

조사와 더불어 당대 조趙나라의 명장이다. 장평에서 지구전을 고집하다 면직당했지만, 뒤이어 연燕의 침공을 막고 연의 수도를 함락 직전까지 몰고 간 공을 세웠다. 훗날 군권을 다투다 타국으로 망명하지만 조나라를 잊지 못해 귀국을 희망하다 끝내 타지에서 사망한다.

조사趙奢(?~?)

염파와 함께 당대를 호령하던 조나라의 명장이다. 알여閼與에서 양동작전을 써서 진 군을 지치게 한 후 일격에 대파했다. 작전 시 실질을 중시해 언제나 충분한 병력을 움직이는 것으로 유명했다.

신릉군信陵君 위무기魏無忌(?~기원전 243)

위魏나라 안리왕의 아우다. 철저한 합종주의자로서 반진反秦 연합을 주장했다. 장평에서 조나라가 대패하고 한단까지 포위되자 왕의 병부를 훔쳐 군대를 이끌고 한단을 구원한 후 조나라에 체류한다. 그러나 안리왕의 요청으로 귀국하여 5국 연합군으로 진에 반격을 가한다. 명성이 왕을 능가하여 의심을 받자 은퇴하여 술에 빠져 지내다 죽었다.

춘신군春申君 황헐黃歇(?~기원전 238)

초楚나라의 정치가이자 전략가다. 신릉군, 평원군 등과 더불어 대표적인 합종론자였다. 진에 억류된 태자를 안전하게 귀국시키면서 명성을 얻었으며 한단의 포위전에도 참전해 공을 세워 초나라의 실권자가 된다. 그러나 훗날 음모에 걸려 어이없이 살해당한다.

평원군平原君 조승趙勝(?~기원전 251)

조趙나라 무령왕의 아들이며 혜문왕의 동생이자 효성왕의 숙부다. 오랫동안 여러 군주를 보좌하며 대체로 성실했지만, 장평에서 열국들을 끌어들이지 못한 채 진과 싸움을 벌이고, 사령관 교체를 막지 못해 조나라를 위기에 빠뜨렸다.

여불위呂不韋(?~기원전 235)

위衞나라 출신의 대상으로서 거금을 모은 대부호이며《여씨춘추》를 편찬했다. 조나라에 볼모로 있던 진공자 이인(자초)을 만나 그를 물심양면으로 후원해 마침내 왕으로 만들었다. 이인의 아들 정(진시황)이 왕위에 오르면서 진나라 상국이 되었으나 노애의 반란에 연루되어 축출되고 결국 자살한다.

제2부 주요 등장인물

진시황秦始皇 영정嬴政(기원전 259~기원전 210)

기원전 221년 열국을 완전 병탄하고 최초로 통일 왕조를 연 진의 군주. 통일 후 도량형과 문자 개혁을 감행하고, 봉건제를 철폐하고 군현제를 실시함으로써 향후 중국 제도사의 방향을 제시했다. 또한 남북으로 남월과 흉노를 쳐서 진의 영토를 크게 확장시켰다. 그러나 말년에 나날이 난폭하고 편벽해져 실정을 거듭한다.

이사李斯(?~기원전 208)

명실상부한 통일의 기획자라고 할 수 있다. 매수와 군사적인 위협을 교묘히 구사하며 진이 열국을 병탄하는 데 큰 공을 세운다. 통일 후 군현제를 주창하고 팽창 정책을 주도한 사람이기도 하다. 그러나 진시황이 말년에 전횡을 일삼을 때 충언을 올리지 않았고, 진시황이 죽자 조고趙高와 공모하여 호해胡亥를 황제로 세운다. 2세 황제 호해에게도 이렇다 할 충언을 하지 않다가 불우한 최후를 맞이한다.

울료尉繚(위료, ?~?)

이사와 동시대인이다. 통일 직전 진의 군정을 담당하여 혁혁한 공을 세운다. 그는 대개 강력한 군법을 우선시했으나, 상황에 따라 유연한 정책을 쓸 것도 강조했다. 이사와 함께 등용되고 그의 붕당이었던 것으로 보이나 생몰연대가 불분명하다. 잡가적 병서인 《울료자》를 지었다고 전한다.

왕전王翦(?~?)

진의 군권을 쥔 두 가문 중 왕씨 가문 사람으로서 통일 전쟁 시기 가장 공이 컸다. 그 자신이 조나라와 초나라를 직접 멸망시켰고, 아들 왕분王賁은 위魏나라를 멸망시켰다. 공이 큼에도 신중하여 진왕(진시황)은 그를 매우 신임했다. 그러나 사마천은 왕전이 나라의 명장으로서 전쟁이 끝난 후에도 군주에게 직언하지 않고 일신의 안녕만 꾀했다고 혹평한다.

몽염蒙恬(?~기원전 210)

몽씨는 원래 제齊나라 출신이지만 대대로 진의 장군을 역임하여 왕씨 가문과 쌍벽을 이뤘다. 몽염은 통일 전쟁 시기 왕전과 함께 가장 큰 공을 거뒀기에, 동생 몽의와 함께 진시황의 큰 신임을 얻었다. 통일 후 흉노를 몰아내고 북방에 장성을 쌓고, 직도를 놓은 이가 바로 그다. 그러나 진시황 사후 조고와 이사의 모함에 걸려 비운의 최후를 맞는다.

형가荊軻(?~기원전 227)

원래 위衛나라 사람이었으나 훗날 연燕나라로 망명한 협객이다. 연 태자 단과의 인연으로 진왕 정(진시황)을 암살할 계획을 세운다. 단신으로 진왕을 찌르려 했지만 실패해 살해당했다. 형가의 진왕 암살 기도와 실패는 전국시대 말기 천하를 뒤흔든 일대 사건이었다. 《사기》의 문맥상 그는 신릉군의 협기를 한고조 유방에게 전하는 매개 역할을 한다.

이목李牧(?~기원전 229)

조사-염파의 대를 잇는 조趙나라의 명장이었다. 원래 북방에서 흉노를 방어하며 성장했고, 훗날 진군과 대치하며 여러 번 승리를 거두어 신망이 높았다. 진이 통일전쟁에 몰두할 즈음 그는 조나라의 군권을 쥔 장군인 동시에 내정을 담당하는 재상이었다. 그러나 진군과 건곤일척의 상황에서 대치하는 중에 모함을 받아 실각하고 살해당했다. 그가 죽고 얼마 후 조나라는 멸망한다.

조고趙高(?~기원전 207)

중국사에서 간신배의 전형으로 여겨지는 인물로서 '지록위마指鹿爲馬'라는 유명한 고사의 주인공이다. 비천한 가문 출신이나 법조문을 잘 다룬 까닭에 진시황의 아들 호해를 가르쳤다. 호해를 가르친 사적인 정을 믿고, 과감하게 음모를 꾸며 장자를 죽이고 호해를 황제로 만들어낸다. 전권을 가로챈 그는 사적으로 가혹한 보복을 행하고 혹독한 정책을 추진하다가 진의 멸망을 앞당긴다.

차 례

제2부 진나라의 천하통일

제1부

원교근공,
대학살의 시대

1. 대학살의 시대

이제 이야기는 종반으로 치닫는다. 연이은 전쟁 끝에 기원전 3세기 중반 이후 승리의 저울추는 진秦 쪽으로 기울어 이 명실상부한 우두머리가 아니면 감히 먼저 일을 일으킬 나라가 없었다. 진 소왕秦昭王의 긴 통치기 말년에는 어렴풋하게나마 전국통일의 전망까지 보였다.

　당시 성격은 판이하지만 동일하게 걸출한 두 정치가가 연이어 진 소왕을 보좌했다. 첫째는 백기白起를 등용해 진을 군사력을 막강한 수준으로 끌어올린 위염魏冉이고, 그 뒤를 이은 이가 원교근공책遠交近攻策으로 외교사에 뚜렷한 이름을 남긴 범저範雎다. 위염이 걸출한 야전 사령관이었다면 범저는 방 안에 앉아 진의 통일 야망에 기름을 부은 책략의 달인이었다. 범저는 제齊를 먼 우방으로 묶어 삼진三晉의 동쪽을 불안하게 만들고는 서쪽에서 삼진의 땅을 계속 침식해 들어갔다.

범저는 싸움의 양상을 바꾼 사람이다. 범저가 등장하자 빼앗았다 대가를 받고 돌려주곤 하는 기존의 주고받기식 전투 양상은 바뀌어, 자신이 말한 대로 진이 "한 치를 얻으면 그 땅이 바로 진의 땅"이 되었다. 한편 백기는 야전이든 공성전이든 그야말로 전승을 거두는 전신戰神이었다. 기원전 260년 무렵, 진 소왕·범저·백기 세 사람의 협력관계가 10년만 이어지면 진의 전국통일이 눈에 보이는 듯했다. 백기는 초의 수도를 들어내고 화양華陽에서 위-조 연합군 15만 명을 몰살시키고, 장평長平에서는 전국시대 최대의 전투를 승리로 이끈다. 이런 일련의 투쟁을 통해 한韓은 진의 속국 신세가 되었고, 진은 위魏를 넘어 동쪽의 조趙로 전선을 확장한다. 거듭된 승리로 자신감을 얻은 진은 목적이 천하통일임을 감추지 않았고, 3면에서 동시에 싸움을 하면서도 거리낌 없이 이웃 나라에 "만약 우리의 적수를 도와주는 이가 있다면 군대를 그쪽으로 돌리겠다"고 엄포를 놓았다. 본국의 백성들이 지치면 빼앗은 땅의 백성들을 동원했고, 재물이 떨어지면 천하의 재물로 천하와 싸움을 벌였다.

그러나 생존의 기로에 선 여섯 나라가 팔짱을 낀 채 멸망을 기다린 것은 아니었다. 공격이 거세질수록 반격 또한 거세졌다. 그래서 이번에 들려줄 이야기는 더 짙은 핏빛이라 밤이면 악몽에 시달릴 지경이다. 누군가가 천하를 차지할 때까지 이 전쟁은 끝나지 않을 것이다. 시절이 이러하니 손으로 셀 수 없는 지사들이 지혜를 겨뤘고 용사들은 목숨을 대가로 사서에 이름을 올렸다. 조의 인상여藺相如는 회맹장에서 과감히 진왕을 꾸짖어 나라의 자존심을 지켜냈고, 알여關與에서 조의 장군 조사趙奢는 모처럼 진에 반격을 가하지만, 그의 아들 조괄趙括은 장평에서 장사들을 깡그리 모진 칼날의 희생양으로 바친다.

이 책에서 끊임없이 묘사될 혈투의 절정이 바로 기원전 260년 장평의 싸움이다. 오늘날 전장은 호수가 되고 황무지가 되고 배 밭이 되고 때로는 자물쇠가 채워진 유골 보관소로 변했지만, 40만 명 또는 45만 명이라는 실로 믿을 수 없는 숫자의 젊은이들이 이 전장에서 유명을 달리했다고 한다.

얼마 후 명목상의 종주국 주周와 성인 주공周公의 나라 노魯는 멸망하여 희성姬姓 시대의 종말을 고한다. 초는 동쪽으로 밀려나 옛 오吳 땅을 개발했고, 조는 기회주의적인 태도로 일관하던 연燕을 밀어내어 서쪽에서 잃은 인민을 동쪽에서 확보했다. 한편 성고滎陽와 형양滎陽을 빼앗겨 수도를 지킬 방어막이 없어진 한은 호랑이 아가리에 든 꼴이 되었다. 그러나 위나라 공자 무기無忌는 마지막 합종의 불꽃을 태우며 두 번이나 진의 야망을 막아냈다. 이런 차에 조나라 상인 여불위呂不韋는 진나라 천하의 도래를 예감하고 물밑 작업에 돌입해, 결국 진시황이 무대로 올라온다.

본문에서는 이런저런 과정을 빠짐없이 언급할 것이지만, 필자는 본권까지 따라오다 지친 독자들에게 서문부터 전쟁터를 들이대기가 미안하다. 구체적인 사례는 본문에서 말하기로 하고 서문은 서쪽에서 밀려온 역사의 풍파의 한복판에 선 한 사나이의 선택과 도피에 대한 이야기로 대신하고자 한다.

2. 대협 위무기: 대세에 묻힌 협객의 안광

흔히 제자백가가 제국의 사상적 기틀을 세웠고 그 중심은 법가와 유가라고 한다. 그러나 유가와 법가의 대척점에 서서 중국문화를 풍성하게 만든 조류가 있으니 필자는 이를 협가俠家라 부르겠다. 사대부든 민중이든, 정의롭지 않은 세상이지만 철옹성처럼 단단하여 바꿀 수 없다는 좌절감에 빠질 때 의협義俠을 불렀다. 의협은 의리라는 도덕률의 기반 위에 서 있지만 즉각적인 감정에 따라 행동한다. 그러므로 그들의 행동은 종종 기존 체제의 옹호자들을 당황스럽게 한다.

이 책에서 불러올 협문화의 창시자는 위나라 안리왕의 아우인 신릉군信陵君 위무기다. 위무기는 당대에 가장 중요한 인물이 아닐지라도 분명 가장 매력적인 인물이었다. 이 책의 목적이 전지자의 관점에서 단순히 전쟁의 승패를 기록하는 것이 아니라 중국의 탄생 배경을 밝히는 것이라면, 그의 행동은 심대한 문화사적인 의미를 밝히는 것으로 이해해야 한다. 그는 제자백가처럼 논설로 일가를 이루지는 못했지만 향후 2천 몇백 년 동안 중국문화의 뒷골목을 비추는 의협문화의 표지를 세웠다.

대개 협은 불우한 시절에 정신적인 탈출구 역할을 했다. 그러나 위무기는 전국시대 말기에 유일하게 강력한 진군을 두 번이나 물리쳤다. 물리친 정도가 아니라 하마터면 진의 통일 야망을 꺾을 뻔했다. 그는 실력을 갖춘 협이었다. 그럼에도 그는 쓸쓸한 죽음을 맞이하고 마는데, 실력은 갖췄으나 그의 내면은 여전히 협객이었기 때문이다.

협은 기록의 역사를 초월한 존재론적인 개념이다. 전국시대 말기, 역사와 인간세의 불협화음이 출구를 찾지 못하다 한곳으로 쏠려 급기야 몇몇 인간에게 천만근의 책임이 떨어지고, 그 개인은 죽음의 문을 나서고서야 일생의 책임에서 벗어날 수 있던 시기였다. 그러나 잔혹한 역사는 사신死神에게조차 망자를 위한 면죄부는 들려 보내지 않았기에, 죽은 자가 두 번 세 번 거듭 죽는 일이 다반사였다. 죽음, 그 이후에도 떨칠 수 없는 책임을 인간은 어떻게 벗어날 수 있을까? 위무기는 이 소용돌이에 휘말렸지만 보기 좋게 탈출했다. 탈출구는 바로 협의 길이었다.

이백李白은 이렇게 노래 불렀다.

만호영 두른 조나라 협객 오구검(吳鉤)이 눈서리처럼 빛나누나(趙客縵胡纓, 吳鉤霜雪明)

은안장이 빛나는 백마 타고 유성처럼 바람을 가르니(銀鞍照白馬, 颯遝如流星)

열 발에 한 사람씩 베며 1000리를 가도 흔적조차 없구나(十步殺一人, 千裏不留行)

일이 끝나니 옷깃 떨치고 떠나 몸인들 이름인들 깊이 숨겼도다(事了拂衣去, 深藏身與名)

유유히 신릉을 지나는 차에 칼을 풀어 무릎에 가로 뉘고(閑過信陵飲, 脫劍膝前橫)

구운 고기는 주해의 입에 넣고 술잔은 후영에게 권하노라(將炙啖朱亥,

持觴勸侯嬴〕

세 잔에 흔연히 응낙하니 오악도 가뿐히 거꾸러뜨리고〔三杯吐然諾, 五

嶽倒爲輕〕

눈빛은 불타고 귓불이 달아올라 의기는 흰 무지개처럼 솟는다〔眼花耳

熱後, 意氣素霓生〕

조나라 구하려 금추를 휘두르니 한단이 먼저 놀라 떨고〔救趙揮金槌, 邯

鄲先震驚〕

천추의 두 장사 대량성을 비췄노라〔千秋二壯士, 煊赫大梁城〕

죽을지언정 협객의 향기 만세의 영웅에 부끄럽지 않으리니〔縱死俠骨

香, 不慙世上英〕

누가 서각 아래로 뛰어내리고 머리 세도록 태현경이나 지었는가〔誰能

書閣下, 白首太玄經〕

— 이백, 〈협객의 노래[俠客行]〉

한단성은 포위되어서 구원군을 학수고대하고 있었다. 두건 두른 조
나라 협객은 분명 진군秦軍의 만 겹 포위를 뚫고 나간 검객이다. 무슨
일을 끝냈다는 것일까? 아마도 구원을 청하는 사자의 임무였으리라.
후영과 주해는 또 누구인가? 위무기를 도와 한단을 구한 두 협객이다.
이들이 모여 무엇을 모의했을까? 한단을 떨게 하고 대량을 밝힌 일이
란 바로 위무기가 8만 명의 구원군을 이끌고 조나라를 구한 일, 그리고
대량을 압박하는 수십만 진군을 물리친 일을 말하리라. 이들의 행동은
얼마나 단순하고 호쾌한가? 말이 필요 없다. 오직 단 세 잔의 술이면 족

하다. 세상 초월한 척 책이나 읽지만 막상 일이 닥치면 달아나는 글쟁이와는 비교할 수가 없다.

협객들이 신릉에서 만나 의기투합한 위무기는 과연 어떤 인물이었나? 그는 왕족이다. 일찍이 어떤 여인의 억울함을 보고 직접 해결해줬고, 일선 사령관의 병권을 빼앗는 일탈을 감행했으며, 포위군을 뚫고 조나라를 구했고, 국법을 어긴 죄로 망명했으며, 또한 고국의 요청으로 귀환했고, 돌아와 의심을 받자 현실을 버리고 술로 빠져들었다. 역사가 강제로 부여한 역할에 임한 그는 진취와 체념을 적절히 구사했다.

위무기는 진과 원수지간인 위나라 왕실에서 태어난 까닭에 관직을 맡은 후부터 죽을 때까지 진과 싸울 수밖에 없었다. 이리하여 그는 군사가의 역할을 부여받았다. 또한 사방으로 이웃을 둔 중원의 나라에 처한지라 동맹과 절교를 선택하는 외교전략가의 역할도 떠맡았다. 제나라 맹상군이 물주物主의 역할을 맡아 인재들을 긁어모았듯이 위무기 역시 그 역할을 맡았다. 그러나 그 인재들이 왕이 아니라 물주에게 충성을 맹세하는 순간 왕에게서 의심의 눈초리가 떨어졌다. 그래서 그는 자연스레 궁정정치에 익숙해졌다. 이와 동시에 잊지 말아야 할 그의 역할이 하나 더 있다. 바로 그가 전국시대의 이른바 이단문화, 즉 아웃사이더 문화의 후원자였다. 이 문화를 협俠의 문화라 해도 과언이 아닐 것이다.

그러나 이 책은 무협소설이 아니라 역사서다. 협문화의 시원을 밝히는 일은 상당히 주관적이어서 역사보다는 문학의 역할이다. 역사서라면 과연 그가 감상적인 의협이 아니라 협으로 역사를 바꿀 정도의 인물이었는지 밝혀야 한다. 그는 역사의 흐름과 협의 정신을 연결시킬 수 있는 사람, 이른바 대협大俠이었을까?

그의 일생을 살펴보자. 병부 절취, 병권 탈취, 망명, 술과 여자에 빠져 사망. 얼핏 보기에 귀족으로서 고귀한 삶을 산 것 같지 않다. 더 큰 문제는 그가 왕족이었다는 점이다. 자고로 그의 행위에 대해 수많은 정치가 및 문인이 평을 해왔다. 그와 가까운 시대에 살았던 한나라 고조는 그를 영웅으로 평가했지만 그를 군주의 권한을 훔친 죄인으로 평가한 이들도 많았다. 그럼에도 유독 그는 일급 정치가와 시인들의 사랑을 받았다. 그 이유는 그를 단순한 협객이 아니라 대협으로 만든 요인이 있었기 때문이다. 그는 개인이 생존할 방안이 아니라 고국이 생존할 방향을 제시했다. 왜 조나라를 살렸던가? 고국 위나라야말로 조나라에 앞서 진나라의 공세를 받아내던 나라였다. 그는 장평대전과 한단포위를 기회로 국제무대의 전면에 등장하여 다시 합종을 이루어냈다. 그는 하마터면 서쪽에서 동쪽으로 흐르던 역사의 물길을 바꿀 뻔한 사람이다.

비록 조나라를 구함으로써 고국을 구했다지만, 왕족으로서 응당 군주 아래로 뭉쳐 열국과 싸워나가야 할 이가 병부를 훔치고 병권을 탈취하는 행동을 해서 되겠는가? 법가적 유가인 순자라면 그의 행동을 받아들일 수 없었을 것이다. 그러나 순자는 그를 "거스름으로써 충성을 다했다"고 평가한다. 그 이유는 그가 개인이 아니라 궁극적으로 전국시대의 흐름을 고국인 위나라에 유리하게 끌고 가기 위해 협의 정신을 구사했기 때문이다. 이른바 협의 정신을 공동체의 안녕을 위해 실천한 대협이다.

한편 현실주의자로서 그의 면모는《사기史記》〈위세가魏世家〉에 나오는 그의 합종책에서 여실히 드러난다. 진이 막강해진 것은 사실이지만 반격의 기회는 여전히 있다. 예전에 위나라가 막강했던 시절도 있지 않았던가? 한나라를 보존해주되 실질적으로 위나라의 한 현으로 만들어 진을 막자는 것이다. 협으로서 그는 강적이라고 두려워하지 않고 약체라고 무시하지 않는다고 호기를 부리지만, 한 나라의 왕족으로서는 현실감을 잊지 않는다.

> 진은 융적과 습속이 같고 호랑이나 늑대의 마음을 품은 나라로서 탐욕스럽고 흉폭하며 이익을 밝히며 신의라고는 없고 예의덕행이란 모르는 나라입니다. 그러니 정말 이익만 있다면 친척과 형제도 돌아보지 않음이 마치 금수와 같습니다. 이는 천하가 다 아는 바이고, 저들은 언제 후하게 베풀고 덕을 쌓은 적이 없습니다. (중략) 한이 망한 후에 진이 군대를 내는 날은 다른 나라가 아니라 반드시 우리 위를 공격할 것입니다〔夫韓亡之後, 出兵之日, 非魏無攻已〕. (중략) 무릇 한을 존속시키고 위를 안정시켜 천하를 이롭게 하는 것은 왕께 주어진 절호의 기회입니다. 한의 상당을 공共과 녕甯으로 통하게 하면서 그 길을 우리의 안성安成을 지나게 하여 출입 관세를 거두면 우리가 한의 상당 땅을 커다란 볼모로 잡는 것입니다. 지금 그 세금이 있으면 족히 우리나라를 부유하게 할 수 있습니다. (진에게 공격당하여 궁지에 몰린) 한은 분

명히 우리의 덕에 감격하여 우리를 아끼고 두려워할 것이니 감히 배반하지 못할 것입니다. 이리하면 한은 우리 위의 한 현이 됩니다. 위가 한을 얻어 현으로 삼으면, 위衛와 대량(위의 수도)과 하외는 분명 안정됩니다. 지금 한을 살려주지 않으면 (중략) 천하가 서쪽으로 달려가 진의 신하가 되어 입조할 날이 얼마 남지 않았습니다.

6국 연합은 나라의 생존이 걸린 문제로, 지체하면 나라가 망한다. '오늘 한이 망할 때 돕지 않으면 내일 우리가 망하게 된다. 까닭 없이 한을 돕자는 것이 아니라, 한을 도우면서 사실상 속국으로 만들어 보호막으로 삼고, 관세로 거둔 돈으로 국가를 살찌우자.' 그는 왕족으로서 현실주의자다.

그러나 왕이 겁이 많아 이대로 실행하지 못한다면 어떻게 하는가? 그때는 다시 협의 방식, 즉 왕족의 신분을 잊고 기존의 윤리를 거스르는 방법을 쓸 수밖에 없다. 석 잔 술이면 협객들이 모이고, "하자" 하면 하는 것이다. 하지만 협이라면 거사가 성공한 뒤엔 모든 것을 포기하고 물러나야 한다. 그는 조를 구한 후 열국들의 열망을 뒤로하고 정치 일선에서 물러났다. 오직 형님인 위왕이 다시 불러주기 전까지 움직이지 않다가, 형님이 부르자 국가에 봉사했고, 형님이 의심하자 물러나 술을 마셨다. 비록 방법이 옳지 않았지만 대의에 따라 움직이고 대가를 달게 받았다. 위무기가 대협이 된 까닭이다.

서문에서 협객 위무기를 강조한 의도는 복잡한 역사를 얼버무려 한 인간의 개인사로 축소하려는 것이 아니다. 위무기는 단순한 개인이 아니라 시대를 보는 창으로서의 역할을 수행한 인간이다. 앞으로 우리는 숨가쁘게 진행되는 통일의 과정을 살필 것이다. 여기서 잠시 숨을 고르고 개인의 창을 통해 당대를 바라봄으로써 흔한 역사서들이 빠지곤 하는 결과론의 함정을 비켜갈 수 있다. 결론에서 원인을 거꾸로 찾아가는 방법은 살아 숨 쉬는 가능성의 역사를 화석화된 결정론으로 축소시킨다. 살아남은 것은 다 완벽한 것이며, 그 승리의 여정은 애초에 정해져 있단 말인가? 그렇다면 역사를 두고 토론할 이유가 없다. 동시에 우리는 잠깐 개인의 시각에서 역사를 봄으로써 고대사 서술의 단점인 현장감 부재를 극복할 수 있다. 독자들 스스로 끊임없이 되물을 수도 있다.

"과연 나였다면 어떻게 행동했을까?"

본문에서 묘사하겠지만 가끔 퇴보는 있었으나 진의 천하는 성큼성큼 다가오고 있었다. 그럼에도 대협 위무기로 서문을 쓴 까닭은 오늘날 만연한 결정론의 본말전도식 폭력을 피하기 위해서다. 누군가 필자에게 와서 "한 200만 명만 죽으면 당장 한반도 통일을 이룰 수 있습니다"라고 제안한다고 가정해보자. 필자는 바로 이 제안을 거부할 것이다. 200만 명의 생명은 통일보다 귀하다. 그러나 전국시대 말기 당시 진의 야전사령관들도 적국의 병사를 그런 식으로 바라보았다.

"수백만 명만 죽이면 통일을 이룰 수 있습니다."

이런 유혹 때문에 진장 백기는 산 생명 40만 명을 파묻어 죽이는 만행을 저지른다. 당시 전국시대 7국의 인구는 한국 인구 8000만 명의 절반 정도였을 것이다.

그렇다면 무엇이 목적이고 무엇이 당연히 용납되는가? 여전히 결정론이 아니라 피가 따듯한 대협의 눈으로 당대를 바라볼 필요가 여기에 있다. 측은지심과 수오지심을 간직한 채 말이다. 독자들도 역사의 흐름을 따라가되 잠시 여유를 갖고 대협 위무기의 눈으로 당대를 살펴보길 바란다.

제1장

진나라의 남북 공략

흔히 전국시대 진이 삼진三晉을 먼저 공략했다지만 사실상 기원전 280년대까지 진의 공세를 막아낸 측은 삼진 중 한과 위였고 조는 그런대로 방관자의 태도를 취할 수 있었다. 그러나 진이 조를 특별히 아껴서 공략하지 않았을까? 다만 공략하기에 거리가 멀었을 뿐이다. 이제는 조도 진의 사정거리를 벗어날 수가 없다. 큰 전쟁이 일어나기 전에는 징조가 있기 마련이다. 기원전 280년 무렵이 되면 진은 슬슬 조를 도발한다.

그리고 기원전 278년, 전국을 뒤흔든 일대 사건이 또 발생한다. 진이 초의 수도 영을 점령한 것이다. 초는 당시 2대 강국에 속했고, 공격과 수비의 형세는 엄연히 다르다. 그런데 어찌하여 그 먼 길을 온 원정군에게 수도를 빼앗긴단 말인가? 먼 길을 온 군대를 이끈 사람이 누구인지가 중요하다. 그는 바로 앞으로 20년 후 삼진을 몇십 년 동안 벌벌 떨게 할 백기였다.

1. 중원의 후방을 엿보다

다시 몇 년 전 악의樂毅가 제를 거의 멸망시킬 뻔한 사건으로 거슬러 올라가보자. 알다시피 이 싸움에 진의 대군이 끼어들었다. 커다란 제나라를 나눠 먹는 재미에 빠져 이웃 나라들은 잠시 관을 나선 진군이 앞으로 무슨 일을 할지 잊고 있었다. 진의 상국 위염이 자신의 봉지인 도陶 땅을 안정시키려 한다는 것은 누구나 눈치채고 있었다. 그러나 제의 땅을 얻어서 정작 진 본토에 좋은 점이 무엇이 있을까? 그곳의 부세를 관중으로 옮길 수도 없고, 그곳에 군대를 적게 주둔시키면 고립되기 쉽고, 큰 군대를 주둔시키고 백성을 옮기자니 비용이 만만치 않았다. 그럼에도 진군은 깊숙이 제나라 땅으로 들어왔다.

시간이 지나자 열국은 슬슬 진의 본심을 의심하기 시작했다. 그때 진은 조에 군대를 요청하여 계속 제를 공략하자고 말했지만, 조가 보기에도 그 속이 의심스러웠다. 제나라의 유세가들도 이 점을 알고 제후들에게 유세했다. 《사기》〈조세가趙世家〉에 소려蘇厲가 조나라 혜문왕에게 보냈다는 편지가 기록되어 있다. 이 편지를 소려가 썼는지는 불분명하나 그 분석은 명료하다.

> 지금 족하께서 진에게 여러 차례 현명한 행동으로 덕을 주거나 공로를 베푼 것도 아니고, 그렇다고 유독 제나라에 깊은 원한과 분노를 품은 것도 아닙니다. 그런데 진이 귀국과 여러 나라와 합쳐 (제나라를 치고자) 강제로 한에게 군사를 요구하고 있는데, 이것이 진이 진실로 귀국 조나라를 아껴서 그렇습니까? 실로 제나라가 미워서 그렇습니까? (중략) 진은 조를 아끼고 제를 미워하는 것이 아니라, 한을 멸망시키고 두 주周를 삼키려는 욕심 때문에 제나라를 천하의 미끼로 던지는 것이지요. (중략) 말로는 동맹에 덕을 베푼다고 하지만 실제로는 텅 빈 한을 치려는 것, 신이 보기에 진의 계책은 반드시 이 욕심에서 나온 것입니다.

삼진을 몰아 진을 치게 하면서 그 틈에 송을 삼키자는 것이 제나라 민왕의 목적이었다. 진도 똑같은 짓을 할 것이란 말이다. 소려는 다음과 같이 말을 잇는다.

> 초나라가 오래 공격당할 때 중산이 망했으니 지금 제나라가 오래 공

격당하니 한은 분명 망할 것입니다. 지금 제를 깨면 왕께서는 그 이익을 여섯 나라와 나눠야 합니다. 그러나 진이 한을 망하게 하면 그 이익을 독식할 것이고, 또 두 주周를 거두면 그 제기祭器를 모두 취해 혼자 차지할 것입니다.

이 분석은 상당히 의미가 있다. 이전에 제후들이 끼어들지 못하는 공백을 틈타 조나라가 중산을 삼킨 적이 있다. 또한 진은 애초에 제齊와 제帝의 지위를 두고 다투다가 교만한 제 민왕이 열국과 척을 지자 과감하게 동쪽의 일에 개입했다. 자기가 하려던 일을 막상 남이 하자 달려든 꼴이다. 그러나 멀리 동쪽에 있는 자기 봉지를 안정시키려는 위염 개인의 욕심은 어떨지 몰라도 먼 길을 온 진나라 대군이 얻을 것은 불분명했다. 소려의 분석에 따르면 그들이 노리는 것은 열국이 계속 제를 공격하여 서쪽에 관심을 잃도록 하는 것이었다. 제 민왕이 제후들의 군대를 서쪽으로 보내면서 송나라를 혼자 삼키려 한 것과 유사한 전략이다.

한까지 제를 공격하게 되면 한 본국이 빌 것이고, 제후들은 제를 치느라 한을 돌아볼 겨를이 없을 것이다. 소려는 텅 빈 한의 본국을 진이 서쪽에서 들이치고 기왕 동쪽에 나와 있는 원정군이 돌아가며 치면 한은 반드시 멸망할 것이라 주장한다. 조나라가 보기에 이 주장은 대단히 일리가 있었다.

과연 조나라는 군대를 거두고 진과 함께하지 않았다. 그 대신 그들은 장군 염파廉頗를 써서 독자적으로 제를 쳐서 이익을 취했다. 두 해

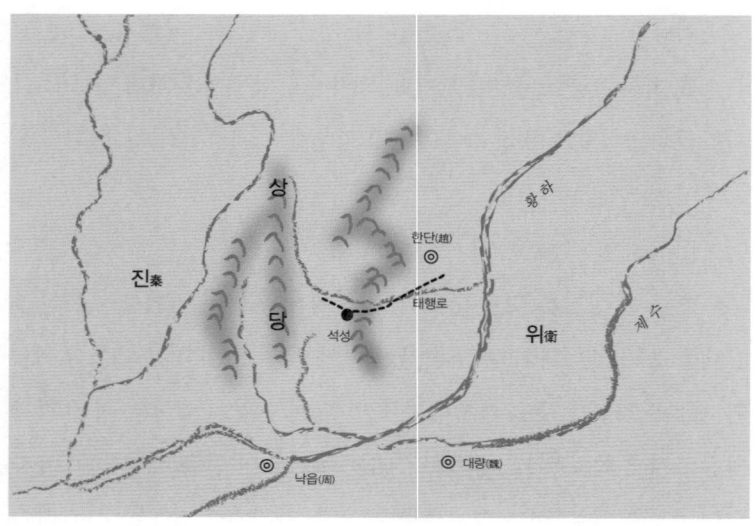

후 진은 조를 공격해서 두 성을 얻고, 또 이듬해 석성石城을 빼앗았다. 〈조세가〉는 그것이 제를 칠 때 조가 진의 요구를 들어주지 않았기 때문이라고 적고 있다. 석성은 태행로에 자리 잡은 요충지로 조나라 몫의 상당과 수도 한단을 잇는 길에 있었다. 지금까지 진이 이토록 깊이 들어와 조를 위협한 적은 거의 없었다. 진군은 제를 공략하면서 산동 제후들의 뒷사정을 모두 파악했다. 물론 조도 진의 본심을 알아차렸다. 앞으로 진의 목표가 한과 위에 한정되지 않고 조로 확대될 것이다.

조는 좋은 말과 기병을 가진 나라로, 병사들은 싸움에 능했다. 만약 진이 태행산의 가림막을 아랑곳하지 않고 조를 압박한다면 이에 대항할 인재들이 있어야 한다. 그런 면에서 조는 꽤나 성공적이었다. 향후 30년간 일관성 있게 일련의 반진파反秦派 인사들이 조나라의 정권을 잡게 되는데, 그 선봉은 왕족인 평원군平原君 조승趙勝이었고, 정치가로는 인상여가 활약했으며, 장군으로는 염파와 조사가 나서 항진抗秦 전선에서 이름을 날렸다.

　다가오는 위협에 대응하여 나라의 자존심과 실리를 지킬 첫 번째 인재는 누구일까?《사기》는 열전에서 외교가 인상여의 업적을 높이 평가하고 있다. 연이은 군사적인 승리와 동쪽 제나라의 몰락으로 한껏 콧대가 높아진 진나라의 오만함과 이에 대응하는 조나라 신하의 활약이 소설처럼 펼쳐진다.

2. 인상여, 화씨벽으로 나라의 자존심을 지키다 ───────

《사기》〈염파인상여열전〉에 진의 속성을 만천하에 드러낸 웃지 못할 사건이 기록되어 있다. 진이 화씨벽和氏璧이라는 옥을 원하고 인상여가 지켜낸다는 이야기인데 너무 극적이라 믿기지 않을 정도다. 열전에는 진이 석성을 공략하기 전의 일로 나오지만 정확한 시기는 알 수 없고, 다만 진이 제를 공략한 직후의 일로 보인다. 열전에 열다섯 개의 성 운운하는 것은 모두 과장일 것이다. 그러나 이 이야기 전체가 과장된 것이라도 사마천이 없는 이야기를 통째로 지어내기에는 시대가 너무 가깝다. 세부 사항의 진위를 떠나 우리는 이 이야기를 통해 당시 산동의 열국들이 진을 어떻게 여겼는지, 그리고 진의 위상이 어느 정도였 는지 읽을 수 있다. 또한 이 이야기는 얼마 후 태행산록을 피로 물들일 진과 조의 혈전의 서막을 알리는 전조이므로 살필 필요가 있다. 열전 을 통해 사건의 현장으로 달려가자.

인상여는 원래 조나라 사람으로 출신이 미천했다. 그는 환관의 우두 머리인 무현繆賢의 사인舍人으로서 가끔 그에게 정치적인 조언을 하곤 했는데 무현은 그의 재능을 높이 샀다.

조나라 혜문왕이 초나라에서 화씨벽옥을 얻었다. 옥이란 본디 최고 의 보석이었지만 그 화씨벽이란 초나라에서 역대로 내려오는 유명한 보물이었던 듯하다.˙ 그런데 진 소왕이 이 소식을 듣고 편지를 보내 열 다섯 성과 그 옥을 바꾸자고 요청했다. 옥이 아무리 대단한들 열다섯 성과 비교할 수는 없을 터이니 이 편지는 거의 옥을 거저 달라는 협박

- 《한비자韓非子》〈화씨和氏〉 편에 그 옥의 유래가 나와 있는데 내용을 요약하면 이렇다. 초나라의 화씨가 초산에서 옥석을 캐서 초 여왕厲王에게 바쳤다. 여왕이 옥 장인을 불러 감정하게 하니, 그는 "그냥 돌입니 다"라고 했다. 왕은 옥을 바친 이를 사기꾼이라 여기고 왼쪽 뒤꿈치를 베었다. 여왕이 죽고 무왕이 즉위 하자 화씨는 다시 그 옥석을 왕에게 바쳤다. 무왕도 이를 장인에게 보내니 다시 "돌입니다"라는 대답이 돌아왔다. 왕은 그를 사기꾼이라 생각하고 오른쪽 뒤꿈치를 베었다. 무왕이 죽고 다시 문왕이 즉위하자 화씨는 그 옥석을 그러안고 초산 아래에서 사흘 밤낮으로 피눈물을 흘렸다. 왕이 이 소식을 듣고 사람을 보내 연고를 물었다. "세상에 월형을 받은 이는 많은데 그대만 어찌 그리 구슬피 우는가?" 화씨가 대답 했다. "저는 형을 받은 것 때문에 슬피 우는 것이 아니라, 보옥을 두고 돌이라 하고 선비를 두고 사기꾼이 라 한 것을 슬퍼한 것입니다." 이리하여 문왕이 그 옥을 가공해보니 정말 대단한 옥이어서 크게 상을 내 렸다.
  여왕은 기원전 8세기 인물이다. 그러니 화씨의 옥은 전국시대 열국 사이에 이름이 높았던 초나라 기물인 듯하다. 그런데 어떻게 초나라 왕실의 보물이 조 혜문왕에게 들어왔을까? 지나친 추측이지만, 진의 위협 에 시달리던 초가 조에게 준 선물이 아닐까? 그렇다면 화씨벽은 초와 조 연합의 상징일 테니 이것을 다 시 진에 넘기는 것은 조나라 왕실에게는 치욕이다. 진왕이 그 기물을 열다섯 성과 바꾸자고 한 것은 조의 의중을 떠보자는 정치적인 술책일까?

으로 들렸을 것이다.

이리하여 조 혜문왕은 조정에서 대장군 염파를 비롯하여 여러 대신들을 모아 상의했다. 옥을 주자니 진이 성을 주지 않을 것 같고, 안 주자니 강한 진의 요청을 거절하여 병화를 입을까 두려웠다. 진의 미끼에 꼼짝없이 걸리고 만 것이다. 옥이야 대단한 것이 아닐지라도 옥을 주고 성을 받지 못하면 천하의 웃음거리가 될 것이 분명하다. 의견이 분분했고 진에 어찌 대답을 전할 사람도 정하지 못했다. 그때 무현이 나가서 말했다.

"신의 사인 인상여가 사신의 소임을 감당할 만합니다."

왕이 되물었다.

"어떻게 그렇다 할 수 있소?"

무현이 대답했다.

"신이 일찍이 죄를 지어 속으로 연나라로 망명할 계획을 세운 차에 신의 사인 인상여가 신을 제지하며 말했습니다. '군께서는 어찌하여 연왕을 알게 되셨습니까?' 신이 그에게 '내가 대왕을 따라 연왕과 국경에서 회맹을 할 때 연왕이 사사로이 내 손을 잡으며 친구가 되고 싶다 하였소. 그러니 이로 (그 마음을) 알 수 있소. 그리하여 가려 하오'라고 대답했습니다. 그랬더니 상여가 신에게 말하더군요. '그때는 조는 강하고 연은 약했기에 군께서 조왕의 사랑을 받으니 연왕이 군과 관계를 맺으려 한 것입니다. 그러나 지금 군께서 조에서 달아나 연으로 간다면, 현재 연은 조를 두려워하니 형세상 분명 군을 머물게 하지 않을 것이고 오히려 군을 묶어 조로 돌려보낼 것입니다. 군께서는 차라리 어깨를 드러내고 도끼 앞에 엎드려 벌을 청하는 것이 낫습니다. 그러면 다행히 죄를 벗어날 수 있을 겁니다.' 신이 그의 대책을 따랐더니 대왕께서도 다행히 신을 용서해주셨습니다. 신이 가만히 생각하니 그는 용감한 선비로서 지모도 갖추고 있어 마땅히 사신으로 삼을 만합니다."

이 정도 안목을 가지고 있다면 한번 볼 만하지 않은가? 이리하여 혜문왕이 인상여를 불러서 물었다.

"진왕이 열다섯 성으로 과인의 옥과 바꾸고자 하는데 줘야 하오, 안 줘야 하오?"

인상여가 대답했다.

"진은 강하고 조는 약하니 허락하지 않을 수 없습니다."

왕이 되물었다.

"저들이 옥만 취하고 성을 주지 않으면 어떻게 하오?"

인상여가 대답했다.

"진이 성을 대가로 옥을 원했는데 우리 조가 허락하지 않으면 잘못은 우리에게 있습니다. 허나 우리가 옥을 줬는데 진이 성을 주지 않는다면 잘못은 저쪽에 있게 됩니다. 두 방책을 저울질해보면 옥을 허락하여 잘못을 진에 넘기는 것이 낫습니다."

이들의 대화를 보면 옥 자체가 중요한 것이 아니라 진이 조를 시험하는 것에 걸려 조가 체면을 잃는 것이 두려운 것이 분명하다. 왕이 다시 물었다.

"누구를 사자로 삼을 수 있겠소?"

인상여가 대답했다.

"왕께 필시 마땅한 사람이 없을 테니 신이 옥을 받들고 사신으로 갈까 합니다. 저들이 제시한 성이 우리에게 들어오면 옥을 진에 넘기겠으나 들어오지 않으면 온전한 옥을 조로 돌려보내겠습니다."

이리하여 조 혜문왕은 인상여에게 옥을 주어 진나라로 들여보냈다. 진은 어떤 꿍꿍이가 있을까? 이제부터 인상여의 활약이 펼쳐진다.

진 소왕(진 소양왕)이 장대章臺에 앉아 인상여를 접견하자 인상여는 옥을 받들어 바쳤다. 왕이 크게 기뻐서 옥을 여러 미인들과 좌우에 돌아가며 보이자 모두 만세를 불렀다. 만세를 부를 만큼 옥이 그만치 대단했거나, 혹은 훗날의 전국새傳國璽처럼 이 옥을 얻으면 천하를 차지한다는 등의 전설이 유행했는지 모르겠다. 그러나 진 소왕이 선물을 받고 성에 대한 이야기는 없이 그저 기뻐하는 기색만 보이자 인상여는 사태를 눈치챘다. 순간 인상여는 기지를 발휘해서 앞으로 나아가 말했다.

"허나 옥에 흠이 하나 있사옵니다. 가리켜드릴까 합니다."

무심결에 진 소왕이 옥을 넘겨주자 인상여는 옥을 쥐고 물러나 일어서 기둥에 기대더니, 머리카락이 일어나 관을 찌를 만큼 노하여 진왕을 꾸짖었다.

"대왕께서 옥을 원하시어 사람을 시켜 조왕께 편지를 보내니 우리 왕은 신하들을 모두 불러 이 일을 의논했습니다. 신하들은 모두 '진은 탐욕스럽고 자기의 강함을 믿고 허언으로 옥을 얻고자 하는 것이니 성을 얻을 수 없을 것입니다'라 했기에 옥을 주지 않기로 의견이 정해졌습니다. 허나 신은 '한갓 포의들이 사귈 때도 서로 속이지 않는데 하물며 대국이 그러하겠는가, 또한 겨우 옥 하나 때문에 강한 진의 호의를 거슬러서는 안 된다' 여겼습니다. 이리하여 조왕은 5일 재계하고 신으로 하여금 옥을 받들도록 하고 조정에서 삼가 국서를 신에게 맡겼습니다. 왜 그랬겠습니까? 대국의 위세를 엄하게 여기기에 공경을 다한 것입니다. 허나 지금 신이 도착하니 대왕께서 신을 대하는 예가 심히 거만하시고, 옥을 얻고는 미인들에게 돌려 보이며 신을 희롱하셨습니다. 신이 보기에 대왕께서는 조왕에게 성읍을 줄 의향이 없는 까닭에 신은 옥을 돌려받았습니다. 대왕께서 기어이 신을 재촉하신다면 신은 당장 옥과 함께 제 머리를 이 기둥에 부딪혀 부숴버리겠나이다."

이미 죽기로 한 이의 기개는 거침없었다. 그가 옥을 들어 기둥에 던져 부수려고 하자 진 소왕이 옥이 깨질까 봐 급히 사죄하며 제지했다. 그러고는 유사를 불러 지도를 가리키며 어디에서 어디까지의 열다섯 성을 조나라에 주라 명했다. 그러나 인상여가 보기에 이는 모두 당장의 곤란을 모면하려는 거짓이었다. 애초에 속임수를 쓰려던 이가 옥을 깨려 하니 마음을 바꾸는 것이 더 미덥지 않았을 것이다. 그는 더욱 당당하게 요구했다.

"화씨벽은 천하가 함께 보물로 여기는 것으로, 조왕은 두려워 감히 바치지 않을 수 없었습니다. 조왕이 옥을 보낼 때 5일 동안 재계했으니 지금 대왕께서도 5일 재계하시고 뜰에 구빈九賓의 접견장을 마련하시면 신은 감히 옥을 바치겠나이다."

진이 강하면 강한 것이지 감히 사신을 속이려 하는가. 인상여는 진이 조를 대등한 나라로 대우하기를 바랐다. 소왕은 결국 강제로 빼앗을 수 없다고 여겨서 5일 재계를 허락하고 인상여를 광성전廣成傳에 묵도록 했다. 광성전은 아마도 국빈을 맞이하는 관사였을 것이다.

그러나 인상여가 이런 요구를 한 것은 시간을 벌려는 것이지 실제로 옥을 주려는 것이 아니었다. 그는 종자에게 갈옷을 입혀 신분을 위장한 후 옥을 품고 지름길을 통해 조나라로 달아나게 했다. 이리하여 옥은 다시 조나라로 돌아갔다.

한편 진 소왕은 인상여의 요청에 따라 5일 재계하고 구빈의 접견장을 차려 다시 인상여를 청했다. 그러나 접견장에 온 인상여는 자못 다른 소리를 했다.

"목공 이래 진에 20여 군주가 계셨으나 일찍이 약속을 굳게 지킨 이가 한 분도 없었습니다. 진실로 신은 왕께 속임을 당하여 조나라를 등질까 두려워 사람을 시켜 옥을 가지고 돌아가라 했으니 그간 조에 도착했을 것입니다. 진은 강하고 조는 약하여 대왕께서 일개 사신을 조에 보내자 조는 당장 옥을 받들고 왔습니다. 지금 강한 진이 먼저 열다섯 성을 조에게 준다면 조가 어찌 감히 옥을 내주지 않아 대왕께 죄를 짓겠습니까? 신은 대왕을 속인 죄로 응당 죽어야 함을 알고 있어 끓는 솥에 들어가기를 청하오니, 대왕께서는 여러 신하들과 이 일을 깊이 의논하소서."

인상여의 기개가 끓는 물처럼 뜨거웠다. 속이려다 속은 진의 군신들은 할 말을 잃고 서로 바라보았다. 죽으려고 마음먹은 자가 무슨 짓을 못 하겠는가. 진 소왕의 측근 중에 어떤 이가 인상여를 끌어내려 하자 진 소왕이 말했다.

"지금 상여를 죽인들 결국 옥은 얻을 수 없고 진과 조의 우호만 끊게 되니 이참에 그를 후대하여 조로 돌려보내는 것이 낫다. 조왕이 어찌 옥 하나로 진을 속이겠는가?"

이리하여 인상여는 무탈하게 조로 돌아오는데, 조 혜문왕은 그가 똑똑해서 나라의 명예를 지켰다 하여 상대부의 작위를 주었다. 물론 진은 성을 주지 않았기에 화씨벽은 조나라에 남았다. 일개 환관 밑에 있는 사인의 능력을 알아보고 파격적으로 등용한 것을 보면 조 혜문왕도 식견이 있는 사람이다.

이어지는 열전 기사에 의하면 이 일이 있은 후 진은 조의 석성을 뽑고, 다음 해 다시 조를 공격해 2만 명을 살상했다.《사기》〈육국연표六國年表〉에 따르면 석성을 뽑은 해는 기원전 281년이고, 진이 조를 공격하여 2만 명 또는 3만 명을 참수한 것은 그다음 해다. 진은 어디를 공격했을까?《사기》〈진본기秦本紀〉에 의하면 진 소양왕 27년(기원전 280) 진은 양로로 군대를 출정시킨다. 사마조가 농서에서 촉을 거쳐 초의 검중을 공격했고 백기는 조나라 대代의 광랑성光狼城을 점령했다[白起攻趙, 取代光狼城].˙ 3만 명을 살육한 이는 앞으로 이름만으로도 열국의 장병들을 얼어붙게 할 백기였다. 어디를 공격당한들 이제 조는 진의 사정거리 안에 들어왔고, 앞으로 혹독한 공격을 받을 것이다.

• 광랑성은 오늘날의 고평高平에 있다. 향후 장평대전 때 이 지명이 다시 나온다. 그렇다면 '대代'라는 글자가 잘못 들어간 것이다. 아니면 사마천이 대代의 다른 지명을 광랑성으로 잘못 적었을 것이다.

3. 민지의 회맹: 조나라는 굽히지 않는다 ━━━━

그러나 이듬해 진은 엉큼하게 조에게 회맹을 제안한다. 어떤 이유였을까? 진의 병력을 집중하여 남쪽의 초를 타격할 때 조가 개입하는 것을 막기 위해서였다. 조나라 전선에 있던 백기가 남쪽 초나라 전선으로 이동한 것을 보아도 이를 알 수 있다. 몇 해 동안 극심한 피해를 입었던 조가 초의 편을 들까 두려웠고 남북 양쪽에서 싸우기도 부담스러웠을 것이다. 그래서 기원전 279년 그 유명한 민지의 회맹[澠池會盟]이 열리게 된다. 또다시 인상여는 회맹장에서 강력한 인상을 남기고 한 번 더 조와 진이 대등한 나라임을 천하에 과시한다.

인상여가 이렇게 활약할 수 있었던 이유는 조나라 왕실의 지지 때문이었다. 진에 양보해서 조가 얻을 것은 없었다. 그토록 양보했던 한과 위는 땅만 빼앗겼을 뿐 평화를 얻지 못했다. 진은 이제 무시할 수준으로 쪼그라든 한을 제치고 황하를 따라 태행산 남쪽에서 올라오면서 조를 공격하는 것은 물론, 서북에서 서하西河(오르도스에서 석문까지 동쪽으로 방향을 틀기 전 남북으로 흐르는 황하)를 건너 기병과 보병 혼성군단으로도 조나라 북방을 공격할 것이다. 지금껏 조가 진과 이익을 다툰 적도 없고 선제공격을 한 적도 없지만 진은 계속 먼 길을 건너와 공격했다. 한때 서쪽과 남쪽을 가려주던 한과 위는 진이 위협하면 쉽사리 길을 비켜주었다. 한 발 두 발 물러서다 보면 결국은 무릎을 꿇으라 요구할 것이 명백했다. 이 회맹 장소에서도 인상여는 날을 세웠다.《사기》〈염파인상여열전〉을 통해 이제 조나라의 중신이 된 그의 활약을 살펴보자.

기원전 279년, 진 소왕의 사자가 도착해서 알렸다.

"서하 밖 민지에서 왕과 우호의 만남을 갖고 싶습니다."

화씨벽을 요구하던 때보다 더 중대한 일이다. 조 혜문왕은 진이 두려워 가고 싶지 않았다. 그러나 인상여의 생각은 달랐다.

"왕께서 가지 않으시면 저들에게 우리 조나라가 약하고 겁이 많다는 것을 보이는 것입니다."

이리하여 왕을 설득하고 자신이 왕을 수행했다. 장군 염파는 국경까지 나와 왕을 전송하며 비장하게 말했다.

"이번 행차에 가시는 길과 회맹을 마치고 돌아오는 시간을 헤아려보면 30일을 넘기지 않을 것입니다. 30일이 지나도 돌아오지 않으면 태자를 왕으로 세워 진의 희망을 끊기를 청하옵니다."

진이 초 회왕을 억류하고 부리다가 결국은 비명에 가게 한 것이 얼마 전의 일이다. 조 혜문왕이 이 요청을 허락했다. 이리하여 조왕 일행이 민지에 도착해서 만남을 가졌다.

회맹장은 기 싸움으로 긴장이 감돌았다. 진이 먼저 도발했다. 술 기운이 한창 올랐을 때 진 소왕이 말했다.

"과인은 조왕께서 음악을 좋아한다는 말씀을 들었습니다. 슬瑟을 한 번 연주해주시겠습니까?"

무례한 요구였다. 진정한 우호 관계라면 자신이 먼저 연주를 하고 상대방에게 요구할 수 있다. 그러나 바로 전에 군대를 내어 성을 빼앗고 무려 3만 명을 살육하더니 마치 신하를 부리듯이 먼저 악기를 연주하라고 하니 조 혜문왕은 기분이 상할 수밖에 없었다. 그러나 조왕은 마지못해 슬을 연주했다. 그러자 진의 어사가 나와 기록하여 말했다.

"모년 모월, 진왕이 조왕과 만나 술을 마시며 조왕에게 슬을 연주하라 명령했다[令趙王鼓瑟]."

대등한 관계로 만났는데 '명령했다'는 말을 쓰다니, 인상여가 가만히 있을 리가 없다. 그가 앞으로 나아가 말했다.

"저의 조왕은 진왕께서 진나라 노래를 잘한다는 소리를 들었습니다. 청컨대 분부盆缻를 두드리며 왕과 함께 즐겼으면 합니다."

그러나 진 소왕은 노하여 허락하지 않았다. 감히 대국의 군주를 희롱하겠다는 것이 아닌가? 그러나 인상여는 앞으로 나가 무릎을 꿇고 분부를 바쳤다. 진왕은 분부를 치려 하지 않았다. 그러자 인상여가 위협했다.

"다섯 발자국 안이니, 저 상여는 제 목의 피를 대왕께 뿌리고서라도 대왕께서 치기를 청하옵니다."

좌우에서 인상여를 베려고 했으나 인상여가 눈을 치켜뜨고 꾸짖자 그들이 모두 멈췄다. 이리하여 소왕은 기분이 나빴지만 어쩔 수 없이 분부를 한 번 두드렸다. 그러자 인상여는 조나라 어사를 불러 글을 쓰게 했다.

"모년 모일 진왕이 조왕을 위해 분부를 두드렸다."

조왕에게 슬을 타게 했으니 분부를 한번 두드려줄 만도 하지만 진왕은 기어이 거부했다. 오만한 진왕이 예를 잃은 것이다. 그러나 여기에는 미묘하지만 뼈 있는 이야기가 숨어 있다. 이 분부라는 악기의 정체를 살펴보자. 분은 주둥이가 비교적 큰 동이고 부는 작은 장군이다. 타

악기인데 분명 소박한 것일 터이다. 이사李斯의 명문장인 '간축객령'에
도 나오듯이,˙ 진나라는 서쪽에 치우친 나라라 정교한 음악이 없었다.
그래서 항아리를 두드리고 노래를 부르는 정도로 촌스러웠다. 지금 인
상여는 진왕이 진의 촌스러운 노래를 잘한다고 하니 거기에 맞는 단순
한 악기를 두드리며 놀자고 한다. 은근히 진의 야만성을 꾸짖는 내용
이다. 이제 기 싸움은 절정으로 치닫는다. 진의 여러 신하들이 나서면
서 이렇게 말했다.

"조는 열다섯 성으로 진왕의 장수를 축원하십시오."

그러자 인상여도 받아쳤다.

"진의 함양으로 조왕의 장수를 축원하길 바라옵니다."

함양은 물론 진의 수도다. 이리하여 술자리를 파할 때까지 진은 인
상여를 꺾을 수 없었다. 조 역시 군대를 크게 내어 진의 도발에 대비하
고 있었으므로 진은 감히 손을 쓸 수 없었다. 회맹장에서 인상여의 침
착함은 꼭 정나라의 자산子産을 상기시킨다. 그러나 이제 시대가 바뀌
었으므로 쌍방의 언사가 자못 살벌하다. 인상여는 회맹장의 군계일학
이었다. 이 일로 인상여는 귀국하여 상경의 작위를 얻고 염파 위에 서
게 되었다.

- "무릇 항아리를 때리고 장군을 치면서, 쟁箏(현이 적어 슬에 비해 소박하다)을 타고 허벅지를 두드리며, 호오
소리를 지르며 노래를 불러 이목을 즐겁게 하는 것이 진정한 진나라 음악입니다. 정나라와 위나라의 상
간, 소우, 무상은 이국의 음악입니다. 지금 항아리 치는 것을 버리고 정과 위의 음악을 취하고, 쟁을 타는
것을 버리고 소우를 취함은 무슨 까닭입니까[夫擊甕叩缶, 彈箏搏髀, 而歌呼嗚嗚快耳目者, 眞秦之聲也, 鄭衛桑間昭虞
武象者, 異國之樂也. 今棄擊甕而就鄭衛, 退彈箏而取昭虞, 若是者何也]?" 그 이유는 물론 진나라 음악과 악기가 촌스
러워 산동 나라들만큼 화려하지 않기 때문이다.

염파는 이 처사가 못마땅했다. 염파는 조나라 제일의 무장이었다.

"나는 조나라의 장수가 되어 성을 공격하고 들판에서 싸운 대공을 세웠으나 상여는 입과 혀를 움직인 공로로 내 위에 섰다. 또한 상여는 본시 천한 신분이었다. 나는 부끄러워서 차마 그자의 아래에 설 수 없다."

그러고는 이렇게 선언했다.

"내가 상여를 만나면 반드시 욕을 보이겠다."

인상여는 이 소문을 듣고 염파와의 만남을 피했다. 조회 때도 매번 병이 났다고 핑계를 대어 염파가 있으면 나가지 않고, 밖으로 나갈 때 염파가 보이면 수레를 끌고 피했다. 일이 이 지경이 되다보니 인상여의 사인들이 불만을 토로했다.

"신들이 친척을 버리고 군을 섬김은 군의 높은 의를 우러르기 때문입니다. 지금 군께서는 염파와 동렬인데 염군廉君(염파)이 악담을 퍼트리고 다녀도 오히려 두려워 숨으시니 정말 그를 무서워하심이 너무 심하십니다. 용렬한 사람이라도 이를 부끄러워할 텐데 하물며 장상이야 말할 바 있겠습니까? 못난 신들은 이제 그만 떠날까 합니다."

인상여가 간곡하게 말리며 말했다.

"그대들이 보기에 염장군이 진왕만 하오?"

"진왕만 못하지요."

인상여가 찬찬히 말했다.

"무릇 진왕의 그 위세에도 불구하고 나 상여는 그를 조정에서 꾸짖고 그의 군신들을 욕보였소. 상여가 비록 노둔하나 어찌 구태여 염장군을 두려워하겠소? 돌이켜 생각해보니, 강한 진이 감히 우리 조에 군대를 내지 않는 것은 나와 염장군 둘이 있기 때문이오. 지금 두 호랑이가 싸우면 형세상 둘 다 살아날 수 없소. 내가 염장군을 피하는 것은 국가의 위급함을 앞에 두고 사적인 원한을 뒤에 두기 때문이오."

염파는 지극히 솔직한 사람이었다. 이 이야기가 염파의 귀에 들어가자 염파는 당장 죄인임을 표시하고자 웃옷을 벗어 어깨를 드러내고 가시나무 회초리를 등에 지고 빈객들과 함께 인상여의 집 문에 가서 죄를 빌며 말했다.

"이 비천한 인간이 장군께서 이토록 너그러우신 줄 몰랐습니다."

이리하여 둘은 결국 화해하고 서로 문경지교刎頸之交를 맺었다고 한다.˙ 향후 몇 년간 염파와 인상여는 주로 제나라를 공격하여 동쪽의 땅을 넓히는 데 주력하는데, 제나라가 연나라의 공격을 받아 피폐한 틈을 치려는 의도였던 것으로 보인다.

당시 조나라에는 인상여와 염파 외에도 조사라는 걸출한 장수가 있었다. 나라에 인물이 많으면 이웃이 함부로 하지 못하는 법이다. 조사와 염파는 앞으로 차례로 진과 결전을 치를 인재들이다. 조나라에도 인재가 있었고, 또한 삼진 중에 반진反秦 의지가 가장 강경했다. 규모가 큰 싸움이 슬그머니 다가오고 있었다.

• 필자는 지금 열전에 극적으로 꾸며져 있는 이야기를 그대로 옮기고 있다. 그러나 어떤 계기에서든 앞으로 염파와 인상여가 명콤비가 되어 조나라를 보좌하는 것은 사실이다.

4. 초도의 함락: 시체로 호수를 채우다 ━━━━━━

기원전 278년, 초나라 수도 영이 함락되었다. 앞서 진왕이 민지에서 조왕과 만난 이유가 바로 남쪽의 초로 군대를 집중시키기 위함이었음을 지적했다. 안타깝게도 역사서는 이 엄중한 사건을 구체적으로 묘사하지 않는다. 한대漢代에 이미 중요한 자료들이 거의 유실된 이유인 듯하다. 《사기》 외에는 《수경주水經注》에 중요한 구절 몇 개가 흩어져 있을 뿐이고, 당시 초나라의 정황을 알려주는 기사 하나가 《전국책戰國策》에 실려 있을 뿐이다. 그럼에도 이 사건의 중요성을 감안하여 《사기》 각 부분에 의존해 이 사건을 재구성해내야 한다.

오왕 합려에 의해 초의 수도 영이 함락되었을 때 진의 원군이 와서 구해준 적이 있었다. 그런데 이제 진이 초의 수도를 공략하려 한다. 초는 전국시대 제2의 강국이었다. 그러나 이 사건으로 초는 진의 남쪽에 있는 맞먹는 세력이 아니라 그저 그런 6국 중 하나로 전락했다.

어떻게 강대국의 수도를 일거에 들어내는 일이 가능했을까? 일단 진의 땅이 계속 확대되어 해마다 대규모 전쟁을 수행할 수 있게 되었음을 차치하자. 나머지 요인들을 살펴보면, 우선 근래 수십 년간 지속된 진의 동진 정책으로 한의 삼천三川이 모두 진의 수중으로 들어갔다. 한이 만약 초를 구원하려 하면 바로 진의 보복을 받을 수밖에 없었다. 그러므로 한은 구원요청을 외면했고 초는 외부의 지원을 받을 수 없었다. 그 후 촉 땅이 진의 수중으로 들어갔으므로 진은 촉의 물자를 싣고 쉽게 배로 초의 서쪽 영토에 도달할 수 있었다. 초는 군대를 나누어 일군은 북쪽 한수 일대를 막고 일군은 장강의 물길을 막아야 하는데, 수륙병진 작전의 특성상 상류를 차지한 쪽이 극히 유리했다.

그다음 요인은 진왕의 외삼촌이자 상국인 위염의 강력한 야망이다. 《수경주》31권에 "진이 언과 영을 뽑은 후 현을 설치했는데, 소왕은 상국 위염을 이 땅에 봉했다"라고 나와 있다. 위염은 초 땅을 차지해 자신의 봉지로 확보할 욕심을 가지고 있었다. 이미 멀리 동쪽 도陶를 봉지로 가진 위염이 초를 차지한다면 그는 열국의 왕 이상의 지위를 가지게 된다.

마지막 요인은 야전군 지휘관의 자질이다. 진에는 지금껏 무적을 자랑하던 장군 백기가 있었다. 그의 지략과 용기는 상대를 기죽게 하기에 충분했다. 이제 흩어진 기록을 모아 상황을 재구성해보자.

《사기》〈양후열전穰侯列傳〉에 의하면, 위염이 다시 진의 재상이 된 지 4년(기원전 278) 백기를 시켜 초의 영을 뽑고 남군을 설치했다. 이 일로 백기는 무안군武安君으로 봉해졌다. 백기는 양후 위염이 들여 쓴 인물로 서로 사이가 좋았다. 《사기》〈진본기〉에 따르면 기원전 280년 백기는 조나라를 공격하는 중이었고, 그해에 먼저 사마조가 농서를 출발하여 촉을 지나 초의 검중을 공격했다. 《사기》〈초세가楚世家〉에서는 그해에 진이 초를 공격하자 초는 패하여 상용上庸과 한북漢北을 떼어 주었다고 한다. 검중을 잃었는데 왜 멀리 있는 상용과 한북을 주었을까? 이 듬해 기사에서 추측할 수 있듯이 진의 일군은 촉에서 나가고 일군은

- "秦拔鄢郢, 卽以爲縣, 秦昭王封相魏冉爲侯邑."

진나라 유물인 동경에 새겨진 진나라 사람들의 흔적. 운몽은 초나라의 상징이었지만 백기의 침공으로 진나라의 수중에 들어갔다. 이 유물에서 맹수와 싸우는 진나라 무사의 강인한 기상을 엿볼 수 있다.

한수를 따라서 내려갔을 것이다.

기원전 279년 진과 조의 회맹이 있은 후, 조나라 전선을 떠난 백기가 돌연 초나라 땅에 나타났다. 백기는 바로 언鄢과 서릉西陵을 공략했다. 이듬해 그는 기어이 초의 수도 영으로 들어갔고 초나라 선대 왕들의 묘지인 이릉夷陵을 불살랐다. 초 경양왕(초 경왕)은 당해낼 수 없어 동쪽 진陳으로 물러나 지켰다. 또 그 이듬해 촉군 태수 장약張若이 초를 공격하여 무군과 강남을 빼앗고 검중군黔中郡을 설치했다. 장약이 검중군을 설치한 것이 기원전 277년이다. 그렇다면 이 전쟁은 기원전 280년에 시작하여 기원전 277년에 끝난 것이다.

안타깝게도 이 전쟁의 경과를 다룬 자세한 문헌은 없다. 다만 언은 지금의 호북성 의성宜城이고 검중은 장강변이므로 진의 군대가 최소한 장강과 한수 양로를 따랐으며, 한수를 따르는 군대를 백기가 이끌었다는 것을 알 수 있다. 연대가 알려주듯이 이 전쟁은 일시적인 전투가 아니었다. 동원된 진군은 최소 30만 명 이상이었을 것으로 추정된다. 백기는 실로 무자비한 사람이다.《수경주》28권에 백기가 언을 공략할 때 쓴 작전을 알려주는 비참한 기사가 하나 있다. 언을 지키던 수십만 명의 초나라 사람이 물에 빠져서 시체의 호수를 만들었다는 것이다.

이수夷水 또한 동쪽의 면수沔水로 들어간다. 옛날 백기가 초(초의 언)를 공격할 때 서상의 장곡수長穀水를 끌어들였는데, 그 물이 바로 이수다. 옛날의 저수지는 성에서 100여 리 떨어져 있었고 물은 서쪽에서 들어와 동쪽으로 흘러가 못이 되었는데, 지금의 위두피尉鬥陂가 바로 그것이다. (백기가 공격할 때) 물이 들어와 성의 동북쪽 모서리를 붕괴시켰는데 백성들이 물에 휩쓸려 들어가 성 동쪽에서 죽는 사람이 수십만 명이라 성 동쪽이 온통 (시체가 썩는) 냄새로 가득 찼다. 그리하여 그 웅덩이를 취지臭池(냄새의 못)라 불렀다[夷水又東注於沔. 昔白起攻楚, 引西山長穀水, 卽是水也. 舊堨去城百許裏, 水從城西灌城東, 入注爲淵, 今尉鬥陂是也. 水潰城東北角, 百姓隨水流, 死於城東者數十萬, 城東皆臭, 因名其陂爲臭池].

전황을 알려주는 자료로 거의 유일한 것이지만, 전쟁의 신이자 희대의 살인마인 백기의 특성을 유감없이 보여준다. 그는 가능한 모든 방법을 다 동원한다. 성에서 서쪽 100리 지점의 물을 막아서 가득 차기를 기다렸다가 성으로 들이부었다. 물론 성으로 물길을 돌리고 물이 다른 곳으로 못 빠져나가게 물길 양변에 제방을 쌓았을 것이다. 당대의 기록이 외면했지만 언은 처절하게 저항했고, 또 그에 걸맞게 응징당했다.

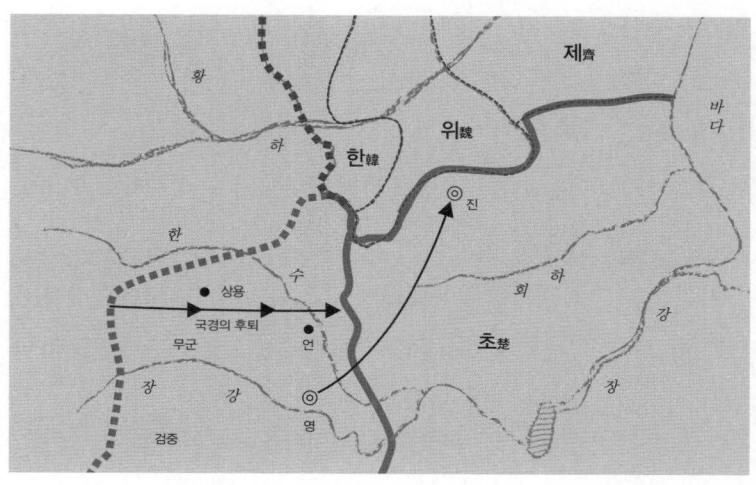

초의 천도와 국세의 약화. 진의 공격을 막을 수 없었던 초는 수도 영과 언, 검중과 무군을 잃고 대거 동쪽으로 후퇴한다.

영을 빼앗긴 것은 언의 학살과 관계가 있다고 본다. 저항하던 언이 이렇게 당했으니 후 영의 백성들은 공황에 빠졌을 것이다. 또한 백기는 초의 선왕들의 무덤인 이릉夷陵까지 불살랐다[燒先王墓夷陵]! 아무리 전쟁 상황이라도 상대국 선왕의 묘역에 불을 지르는 행동을 할 수 있을까? 한때 연이 제를 공격할 때 묘지를 함부로 파헤치다 역공을 당한 적이 있다. 사서들은 놓치고 있지만 아마도 해를 넘기는 전쟁 동안 초인들의 완강한 저항에 백기가 단단히 화가 났거나, 아예 저항의 의지를 봉쇄하기 위해서 이런 행동을 했을 것이다. 결국 영은 함락되었고, 초 경양왕은 동쪽으로 피신해 진성陳城에 방어막을 쳤다.

사실 영은 한수과 장강이 둘러싸고 있지만 물길이 드나드는 지대에 있었기에 산을 등지고 고지에서 내려다보는 한단처럼 방어하기 좋은 곳이 아니었다. 초는 전통적으로 전방 기지에서 먼저 적군을 막았다. 그러니 언이 무너지면서 영을 포기하자고 생각했을 것이다. 진성이라면 오늘날의 회양淮陽이다. 그렇게 멀리 달아나서 초가 부활할 수 있을까, 아니면 그대로 넘어질 것인가?

기원전 277년, 경양왕은 동쪽에서 모은 군인의 수가 10만 명에 이르자 빼앗긴 장강변의 열다섯 읍을 수복하고 군으로 만들어 진군을 막았다. 가까스로 체면을 세운 것이다.

5. 춘신군의 유세: 호랑이 둘이 싸우면 ━━━━━━

그러나 진의 공세는 멈추지 않았다. 이후에 서술하겠지만 이로부터 5년 후 진은 화양華陽에서 다시 한-위의 연합군을 대파한다. 진은 한과 위를 크게 깨트린 후 그들의 군대를 몰아 북쪽에서 초를 공략하려 했다. 화양의 싸움을 묘사하기 전에, 앞으로 초나라의 미래를 이끌어 갈 인물이 당시 위기에 어떻게 대응했는지 먼저 살펴보자. 《사기》 〈춘신군열전春申君列傳〉의 내용으로 이야기를 이어가자.

화양에서 승리한 후 진 소왕은 바로 백기를 시켜 한과 위의 군대와 합하여 초를 치라고 했지만 군대는 아직 떠나지 않은 상황이었다. 초는 커다란 두려움에 빠졌는데 이때 훗날 춘신군으로 이름을 떨치는 황헐黃歇이 진 소왕에게 일장 유세의 편지를 올렸다.' 《사기》 〈초세가〉에는 경양왕 27년에 진과 초가 화친했다고 되어 있으므로《사기》〈춘신군열전〉의 이 유세는 기원전 272년, 화양의 싸움 바로 이듬해의 일일 것이다. 그의 정연한 주장을 들어보자.

천하에 진과 초보다 강한 나라는 없습니다. 지금 대왕께서 초를 벌하려 하신다 들었는데 이는 비유하자면 두 마리 호랑이가 싸우는 것과 같습니다.

백기가 비록 명장이라고 하나 무려 두 해 동안 삼진의 군대와 서로 얽혀 있으면서 진의 군사들이 지친 것도 사실이다. 초나라에서 앞으로 몇 개의 읍이 더 반란을 일으킬지 모른다. 황헐은 이제 군사를 멈출 때임을 말하고자 한껏 진왕을 추켜세운다.

호랑이 두 마리가 싸우면 노둔한 개가 지친 틈을 타니, 왕께서는 초와 친하게 지내는 것이 낫습니다. 신이 그 이유를 설명하고자 합니다. 신이 듣기로 사물은 극에 달하면 되돌아오니, 겨울과 여름이 바로 그 예입니다. 끝까지 가면 위태로워지니, 바둑돌을 쌓는 것이 그 예입니다. 지금 대국(진)의 땅은 천하에 드리워 (서와 북) 두 귀퉁이를 차지하고 있습니다. 사람이 생겨난 이래 이처럼 만승의 땅을 갖춘 나라는 일찍

• 《전국책》〈진책〉에는 황헐이 직접 사신으로 들어가 진 소왕을 만났다고 기록되어 있다. 〈춘신군열전〉의 유세 내용은 〈진책〉을 거의 그대로 옮겼다.

제1장 진나라의 남북 공략　53

이 있어본 적이 없습니다. 선제 문왕, 장왕莊王(진 무왕秦武王의 오기)부터 왕(昭王)에 이르기까지 3대에 걸쳐, 땅을 제나라까지 이어서 합종의 허리를 끊고자 하는 야망을 잊은 적이 없습니다. 지금 왕께서 성교盛橋에게 한나라의 일을 맡기자 성교는 땅을 진에 떼어 주었고, 이로써 왕께서는 갑병을 쓰거나 위세에 기대지 않고도 100리의 땅을 얻었으니 가히 유능하다 하겠습니다. 또한 왕께서는 갑병을 내어 위를 공격하여 대량의 입구를 막고 하내를 들어냈으며 연燕(위나라의 지명)과 산조酸棗, 허虛, 도桃를 뽑고 형邢에 들어가니 위병은 구름처럼 흩어져 감히 서로 구원하지 못했으니 왕의 공 또한 큽니다. 왕께서 갑병과 대중을 두 해 쉬게 하신 후 다시 공격하여 포蒲, 연衍 등을 병탄하니 (중략) 위나라가 복종했습니다. 다시 왕께서는 복마濮曆(복수와 마산)의 북쪽을 떼어내어 제와 진이 이어지는 허리를 장악하고(즉, 연횡 또는 원교의 길을 장악하고) 초와 조로 이어지는 등뼈를 끊으니(즉, 합종을 끊으니) 천하가 다섯 번 합치고 여섯 번 모였지만 감히 구원하지 못했습니다. 이로써 왕의 위세 또한 비할 바가 없어졌습니다.

황헐은 지금 무슨 말을 하려는 것일까? 힘 빠진 진이 계속 초를 공략하다가는 삼진이 다시 강해질 수밖에 없다.

그러하니 왕께서 만약 공을 유지하고 위세를 지켜 공격해서 얻으려는 마음을 누그러뜨리고 인의의 땅을 비옥하게 하여 후환이 없도록 하신다면, 삼왕은 한 명이 부족하여 사왕이 되어야 하고, 오패는 한 명이 부족하여 육패가 되어야 합니다.* 왕께서 만약 병력의 많음과 병기의 강함을 믿어 위나라를 허문 위세를 타고 천하의 제후들을 힘으로 신하로 삼으려 한다면 신은 후환이 있을까 두렵습니다. 《시詩》에 "시작이 좋지 않은 것은 아니나 끝이 좋기는 쉽지 않다"고 했고,《역易》에는 "여우가 물을 건너더니 꼬리를 적셨네"라고 했습니다. 이는 처음은 쉬우나 끝은 어려움을 말함입니다. 어찌 그런 것을 알겠습니까? 예전에 지씨(지백)는 조를 치는 이익에 눈이 팔려 유차楡次에서 당할 것을 알지 못했고, 오는 제를 벌하는 것이 좋다고 하다 간수幹隧에서 월에게 패할 줄 몰랐습니다. (중략) 지금 왕께서는 초나라가 허물어지지 않음을 시샘하느라 초가 허물어지면 한과 위가 강해진다는 것을 잊고 계십니다. 신이 왕을 위해 걱정하나니 이는 왕께서 취할 바가 아닙니다.

황헐은 이렇게 주장한다. 한과 위의 군대를 몰아 초를 치려고 하지만, 그들 용병을 믿을 수 있는가? 그들은 지금껏 진에게 처참하게 당해왔다. 형세가 바뀌면 언제든지 배반할 것이다. 얼마나 처참하게 당했는지 황헐은 모골이 송연토록 절절히 묘사한다.

《시》에 이르길 무력을 크게 잘 쓰는 이는 "멀리 나가 강을 건너지 않

는다(大武遠宅而不涉)"고 합니다. 이로 보면 초는 진의 우방이며 이웃 나라(삼진)가 적입니다. 《시》에 "펄쩍대는 토끼라도 사냥개면 잡는다. 다른 사람의 마음을 내 마음으로 헤아린다"고 합니다. 지금 왕께서 길을 나선 후** 한과 위가 끝까지 왕께 잘하리라 믿는 것은 꼭 정말 오 나라가 월나라를 믿는 격입니다. 신이 듣기로 "적은 용서할 수 없고 때는 놓칠 수 없다"고 합니다. 신은 한과 위가 겉으로는 굽실대는 언 사로 우환을 피하면서 속으로는 대국을 속이려 하지 않을까 두렵습 니다. 왜 그렇습니까? 왕께서는 대대로 한과 위에 덕을 베풀기는커녕 오히려 누대로 원수를 졌습니다. 대저 한과 위의 부자 형제가 뒤꿈치 를 이으며 진에게 죽음을 당한 지 10대입니다. 본국이 잔폐해지고 사 직이 무너지고 종묘가 허물어졌습니다. 배가 갈리고 창자가 끊어지 고 목이 잘리고 턱이 부러지고, 머리와 몸이 서로 떨어지고 해골이 풀 밭과 늪에 드러나 있으며, 국경에는 두개골이 엎어져 서로 마주 보고 있습니다. 아비와 아들과 노약자 등 목에 올가미를 쓰고 손이 묶인 채 무더기로 포로가 된 이들이 길에 서로 이어졌습니다. 귀신도 홀로 상 심할 뿐 제사를 이을 사람도 없습니다. 인민들은 삶을 편안히 여기지 못하고 친족들은 서로 흩어져 떠돌다 노예가 된 사람이 천하를 가득 채웠습니다.*** 그러므로 한과 위가 아직 망하지 않은 것은 진나라 사 직의 우환인데, 지금 왕께서는 그들에게 군대를 보태어 초를 공격하

- 도치구문으로, 뜻은 "大武不遠宅而涉"이다.

•• "中道". 즉 초를 정벌하는 중에.

라 하니 어찌 잘못이 아닙니까?

황헐은 삼진의 예를 빌려 언에서 몰살당한 자국 백성들의 포한을 이야기하는 것이 아닐까? 이어서 그는 '진이 이긴다 해도 결국 초를 가질 수 없다. 진이 초를 치지만 이익은 없다'고 주장한다.

또 왕께서 초를 공격하시려면 장차 어디로 군대를 내보내실 요량이십니까? 왕께서는 장차 원수인 한과 위의 길을 빌리시겠습니까? 그러면 군대가 나간 그날부터 왕께서는 돌아오지 못할까 걱정하셔야 하니, 이는 원수 한과 위에 군대를 보태주는 꼴입니다. 만약 원수 한과 위에게 길을 빌리지 않는다면 분명 수수隨水의 오른쪽 땅을 쳐야 합니다. 수수의 오른쪽 땅은 오로지 넓은 내와 큰 물과 숲과 계곡만 있는 곳으로 곡식이 나지 않는 땅이니, 왕께서 이곳을 얻는다 할지라도 땅을 얻었다 할 거리가 못 됩니다. 이는 왕께서 초나라를 깼다는 이름만 얻고 땅을 얻는 실질은 못 얻는 것입니다.

그렇다면 진이 초를 치면 실질적인 이익은 누가 가져가는가? 바로 삼진과 제다.

••• "刳腹絕腸, 折頸擢頤, 首身分離, 暴骸骨於草澤, 頭顱僵仆, 相望於境, 父子老弱係脰束手爲群虜者 相及於路. 鬼神孤傷, 無所血食. 人民不聊生, 族類離散, 流亡爲僕妾者, 盈滿海內矣." 황헐의 문장력을 보여주는 보기 드문 명문이다. 황헐은 은연중에 '우리 초도 그렇게 당했다'며 진의 만행을 폭로하고 있다.

또한 왕께서 초를 공격하는 날이면 네 나라가 분명 군대를 모두 이끌고 왕에게 도전해올 것인즉, 진과 초의 군대가 얽혀 있는 사이 위의 군대가 나와 유留·방여方與·질銍·호릉湖陵·탕碭·소蕭·상相을 공격하면 옛 송나라 땅을 모두 거둬들일 것입니다. 또한 제나라 사람들이 남쪽으로 초를 공격하면 사수 북쪽(泗上)의 땅은 다 말아먹을 것인즉, 이곳은 모두 사방이 트인 평원인데 왕께서는 그들 혼자 공격하여 다 차지하라 하십니다.* 이리하면 왕께서는 초를 깨어 중국의 한과 위를 살찌우고 제나라를 강하게 하는 것입니다. 한과 위가 강해지면 족히 진과 맞먹을 수 있고, 제가 남쪽으로 내려와 사수를 국경으로 삼고 동쪽으로 바다를 등지고 북으로 황하에 의지하면 뒷걱정이 없어지니 천하에 제와 위가 가장 강한 나라가 됩니다. 제와 위가 땅을 얻고 이익을 갈무리하며 세심하게 일을 처리하고 관리를 내려 보내 땅을 다스린다면 1년이면 스스로 제帝가 되지는 못하더라도 왕께서 제가 되는 것을 막고도 남습니다. 왕께서 토지의 넓음과 백성의 많음과 병기의 강함을 믿고 한꺼번에 들고 일어나 초와 원수를 맺고, 한과 위가 제帝의 이름을 제나라에 돌리도록 한다면 이는 왕의 실책입니다.

이제 그는 '초를 더 이상 공격하지 않는다면 초는 우방이 될 용의가 있다. 초와 우방이 되면 한과 위를 실질적인 속국으로 만드니, 남북으

---

* 《사기》〈춘신군열전〉에는 '而使獨攻'이라 하여 뜻이 분명하지 않으나, 〈진책〉에는 "……而王使之獨攻"이라 구체적으로 묘사되어 있다.

로 끊긴 천하는 다시 모여 진에 대항할 수 없다. 그러면 통일의 대업을 바랄 수 있다'고 방책을 제시한다.

> 신이 왕을 위해 걱정하노니, 초와 친하게 지내는 것이 최선입니다. 진과 초가 하나로 합쳐 한을 압박하면 한은 분명 두 손을 마주 잡고 복종할 것입니다. 왕께서는 동산의 험함을 과시하고 황하의 유리한 지세로 둘러싸면 한은 분명 관내후로 전락할 것입니다. 이때 왕께서 10만 명을 이끌고 정鄭(한의 수도 신정) 땅에 주둔하면 위나라는 심장이 얼어붙을 테고, 이리하여 허許와 언릉鄢陵이 성을 닫아 잠그면 상채上蔡와 소릉召陵이 서로 왕래할 수 없게 됩니다. 이리하면 위 또한 관내후가 될 수밖에 없습니다. 왕께서 초나라와 한 번 손을 잡아 만승의 나라 두 개를 관내후로 만들고 제나라와 땅을 마주 보면 제나라 오른쪽은 팔짱을 끼고도 얻을 수 있습니다. 이리하면 왕의 땅은 두 바다로 걸쳐 천하의 허리를 끊게 되니, 이리하면 연과 조는 제와 초의 도움을 받지 못하고 제와 초는 연과 조의 도움을 받지 못하게 됩니다. 그런 후 연과 조를 겁주어 제와 초를 동요시키면 이 네 나라는 고생할 틈도 없이 복종해올 것입니다.

소왕은 "그렇구려" 하고 백기를 중지시키고 한과 위에 출병을 못 한다는 사과를 한 뒤 초에 사자를 보내 폐물을 주며 동맹국이 되자고 약속했다. 역시 이후에 묘사하겠지만 얼마 후 기원전 270년, 위염이 제나라의 강과 수를 공격하다 결국 범저의 탄핵을 받아 물러난다. 이를 보면 비록 여러 차례 승리했더라도 장거리 원정은 분명 진에게도 버거 웠다. 황헐은 고국을 살리고자 이런 유세를 했지만 이 유세는 그저 허언이 아니다. 앞으로 범저가 들고 나오는 원교근공이라는 전략은 황헐의 유세와 상당히 유사하다.

한때 강국이었던 초는 어찌하여 수도를 내어주고 천하의 웃음거리가 되었을까? 그 실마리를 알려주는 기사 하나가《전국책》〈초책楚策〉에 실려 있다. 장신莊辛이라는 이가 경양왕(양왕)에게 정치를 이야기한다. 백기에게 언과 영을 잃기 전의 일이다. 장신이 경양왕을 비판했다.

"군왕의 좌측에는 주후州侯가 있고 우측에는 하후夏侯가 있고 언릉군鄢陵君과 수릉군壽陵君이 수레를 따르도록 하여 오직 음란 방탕하며 사치스러운 일에만 몰두하여 국정을 돌보지 않으니 우리 수도 영이 반드시 위험해질 것입니다."

후나 군의 지위를 가진 이들이 누군지 알 길 없지만 경양왕은 능력이 부족한 이들에게 작위를 남발했던 듯하다. 화가 난 경양왕이 대답했다.

"선생은 늙어서 정신이 혼미해졌소이까? 장차 우리 초나라의 요상한 조짐이 되려 하시오?"

장신이 대답했다.

"신은 우리 초나라가 앞으로 진실로 반드시 그렇게 되리라 보는 것이지, 감히 국가의 요상한 조짐이 되려는 것이 아닙니다. 군왕께서 기어이 그 네 사람을 끝내 아끼시다가는 초나라는 반드시 망할 것입니다. 신은 조나라로 피해 사태를 관망하고자 합니다."

이리하여 장신은 조나라로 들어갔다. 그가 조나라에 머문 지 다섯 달

만에 진이 과연 언과 영, 무_巫와 상채, 진陳의 땅을 다 들어내니'경양왕은 성양城陽으로 도망쳐 숨었다. 이리하여 사람을 보내 조에 있던 장신을 모셔오라 하니 장신이 허락했다. 장신이 도착하자 경양왕이 물었다.

"과인이 선생의 말씀을 쓰지 못하여 작금 일이 이 지경에 이르렀습니다. 어찌하면 좋겠습니까?"

장신이 대답했다.

"신이 듣기로 비어鄙語에 '토끼를 보고 사냥개를 생각해도 아직 늦지 않고, 양을 잃고 우리를 고쳐도 늦지 않다'고 합니다. 신이 듣건대 옛날 탕왕과 무왕은 100리의 땅에서 일어나 창성하였지만 걸과 주는 천하를 가지고도 망했다 합니다. 지금 초나라가 비록 작으나 긴 곳을 잘라 짧은 곳에 이으면 아직 수천 리니 어찌 100리만 되겠습니까?

왕께서는 잠자리를 보지 못하셨습니까? 발 여섯에 네 날개를 달고 천지간을 날아다니며 구부려 모기와 등을 잡아먹고 고개 들어 감로를 마시며 스스로 아무 걱정이 없고 사람과는 다툴 일이 없다고 생각하지만, 5척 동자가 먹이를 실에 매어 네 길 높이에서 유인하여 잡아내리면 개미나 땅강아지의 먹이가 되고 맙니다.

그나마 잠자리는 작은 놈이지요. 참새란 놈은 구부려 알곡을 쪼고 고개 들어 무성한 수풀에 살면서 날개를 퍼덕이며 날아다니면서 자기는 아무 걱정이 없고 인간과는 다툴 일이 없다고 여기지요. 그러나 참

- 진陳을 들어냈다는 것은 사실이 아니다. 필자는 이 이야기가 초가 수도를 빼앗긴 후에 만들어진 것이라고 보지만, 경양왕이 정치에 문제가 있었기에 이런 이야기가 나왔을 것이다.

새는 공자나 왕손이 왼쪽에 탄궁을 끼고 오른쪽에 탄환을 재어 열 길 높이로 쏘아 올리면 제 목이 과녁이 되는 것을 모르지요. 낮에는 무성한 숲에서 놀지만 저녁에는 초와 소금 간이 되어 잠깐 사이에 공자의 입으로 들어갑니다.

그 참새도 작은 놈이지만 큰 고니도 마찬가지입니다. 강과 바다에 노닐고 커다란 소에 몸을 담그고 구부려 메기와 잉어를 쪼아 먹고 고개 들어 능각과 향초를 씹고 날개를 퍼덕여 청풍을 타고 높은 하늘을 유유히 날며 자신은 아무 걱정이 없고 인간과는 다툴 일이 없다고 생각하지요. 하지만 그놈은 주살꾼이 화살과 끈을 손질하여 장차 백 길 높이를 겨냥하는 것을 모르지요. 화살에 맞아 끈에 끌려오면 바람을 가르며 떨어집니다. 그래서 낮에는 강하에서 놀다가 저녁에는 솥에 삶기게 됩니다.”

경양왕이 이 말을 듣고는 안색이 바뀌면서 온몸을 벌벌 떨었고, 장신에게 집규의 작을 내리고 양릉군陽陵君으로 삼아 회북 땅을 주었다고 한다. 아버지 회왕이 진에게 그토록 모욕을 당하다 죽었는데 그 아들 된 자로서 수도마저 잃었으니 얼마나 부끄러웠겠는가?

비록 진이 강하다 해도 공격과 방어의 형세가 다른데 지켜내지 못한 것을 보면 분명 초의 정치는 문제가 있었다. 이 이야기의 사실 여부는 차치하고 경양왕이 향후 절치부심한 것은 사실인 듯하다. 그러나 진은 초와 단독으로 대결해 수도를 들어냈다. 앞으로 진은 어디까지 갈 것인가?

제2장

삼진 굴곡의 역사

···

무서운 사람이 온다. 그와 싸워 패하면 모두 죽을 것이다. 살자면 이겨야 하지만 안타깝게도 그를 상대로 승리할 가망이 거의 없다. 그는 백기다. 과연 어떻게 할 것인가?《사기》〈진본기〉는 덤덤히 이렇게 적고 있다.

> 소양왕 32년(기원전 275) 상국 양후가 위를 공격하여 대량에 이르러 포연暴鳶을 격파하고 4만 명의 목을 베었다. 포연은 달아났고 위나라는 세 현으로 강화를 청했다. 33년 객경 호양胡陽이 위의 권卷·채양·장사長社를 공격하여 취했다. 망묘芒卯를 화양에서 쳐서 격파하고 15만 명을 베었다. 위는 남양을 진에게 주는 조건으로 화해를 청했다.

> 《사기》〈육국연표〉는 15만 명을 벤 주체가 백기임을 밝힌다.

> 34년, 백기가 화양에서 위군을 공격하니 망묘가 달아났다. 삼진三晉의 장수를 잡았으며 15만 명을 베었다.

기록의 여백을 살피면 백기는 포로 사냥꾼이다. 물리적으로 양군이 맞붙어 도저히 15만 명을 벨 수가 없다. 분명 상대는 와해되었고, 전의를 상실한 이들을 따라잡아 죽이거나 포로를 죽인 것이다. 이토록 큰 살육을 저질렀지만 삼진은 분통해하며 땅을 떼어 줄 뿐 어찌할 도리가 없었다. 이제 두 나라가 힘을 합쳐서는 진을 당할 수 없고 최소한 셋이 힘을 합쳐야 했다.

이 일방적인 서풍의 공세를 일시적으로 막는 사건이 벌어졌다. 기원전 270년 조나라 땅 알여에서 조군이 진군을 대파했다. 이번에 진군을 이끈 이는 백기와 함께 명장 반열에 들던 호양이었다. 호양을 꺾은 이는 조나라에서 염파와 쌍벽을 이루던 명장 조사였다. 비록 이 승전이 전국의 판세를 완전히 뒤엎지는 못했더라도 진의 야전군이 정면 대결에서 처음으로 대패한 사건이었다. 또한 지금껏 거침없이 원거리 원정을 감행하던 진이 알여의 패배 이후 조 혜문왕이 죽기 전까지 몇 년 동안 조나라 전선을 떠난다.

그러나 화양의 싸움과 알여의 싸움도 전초전이었다. 10년 후 진과 조는 미증유의 군대를 동원해 맞대결한다. 그때는 위도 방관자일 수 없었다.

1. 화양의 대패와 갈등

진 소왕 32년(기원전 275) 위염은 상국으로서 군대를 이끌고 위를 공격하여 망묘를 쫓아내고 북택北宅에 들어가 드디어 대량을 포위했다.[•] 한의 포연暴鳶이 와서 구하려 했지만 패하고 달아났다. 초의 수도를 함락시킨 지 얼마 되지 않은 상황에서 위의 수도가 포위된 것이다. 그러나 대량은 여러 차례 공격을 받은 바 있지만 함락된 적은 없다. 양의 대부 수가須賈가 위염에게 형세를 설명하며 유세했다. '그저 땅을 더 떼어 받을 심산으로 공격한다면 아예 포기하는 것이 좋다. 궁지에 몰려도 더

• 별다른 표기가 없는 경우 《사기》의 여러 부분에 근거해서 서술한다. 《사기》에 속하지만 특히 강조할 필요가 있는 경우, 다른 문헌에서 온 경우 따로 표기하겠다.

제2장 삼진 굴곡의 역사　65

큰 땅을 주지 않을 것이니 지금 조금 떼어 받고 물러나는 것이 좋다.' 일단 수가의 유세를 들어보자.

신이 듣기로 위나라 장리들이 위왕에게 이렇게 말한다 합니다.

"옛날 양혜왕(위 혜왕)께서 조를 벌하여 삼량三粱에서 이기고 한단을 뽑았지만, 조는 땅을 떼어 주지 않아서 결국 한단이 다시 조에 귀속되었습니다. 제齊가 위衛를 공격하여 옛 도성을 뽑고 자량子良을 죽였지만, 위나라 사람들은 땅을 떼어 주지 않아서 옛 땅이 다시 위로 돌아갔습니다. 위와 조가 나라를 보전하고 병력의 예리함을 유지하면서 제후들에게 병탄되지 않은 것은 능히 어려움을 이겨내고 땅을 떼어 주는 것을 중차대한 일로 꺼렸기 때문입니다. 반면 송과 중산은 여러 번 땅을 떼어 주다가 나라도 따라 망했습니다.

신들은 위와 조를 따를 만하며 송과 중산은 경계로 삼아야 한다고 봅니다. 진은 탐욕스럽고 패악한 나라이니 가까이하지 마십시오. 위나라 땅을 잠식해 들어오다가 결국 삼진三晉의 땅을 다 거덜낼 것입니다. 포자(구원하러 온 한나라의 포연)를 여러 번 이기고 여덟 현을 떼어 받아 그 현을 아직 다 받아들이기도 전에 또 군대를 냈습니다. 어찌 진의 탐욕에 끝이 있겠습니까?

지금 다시 망묘를 도주시키고 북택으로 들어왔는데, 이는 감히 대량을 공격하겠다는 것이 아니라 왕을 겁박하여 땅을 많이 떼어내기 위함입니다. 왕께서는 절대로 들어주지 마소서. 지금 왕께서 초와 조를 배신하고 진과 강화하면 초와 조는 노하여 왕을 떠날 것이고, 그들은 왕과 진 섬기기를 다툴 것이니 진은 반드시 그들을 받아들일 것입니다. 그때 진이 초와 조의 군대를 끼고 다시 대량을 공격한다면 나라가 망하지 않으려 해도 별수가 없습니다. 그러니 절대로 강화하지 않기를 바랍니다. 왕께서 기어이 강화하려 하신다면 땅을 조금 떼어 주고 인질을 받도록 하소서. 그리하지 않으면 분명 속임을 당할 것입니다."
이것이 신이 위나라에서 들은 바입니다. 군께서는 이를 살피소서.

진은 대량을 구원하고자 나온 한의 포연을 이기고 4만 명을 베었다. 그러자 포연은 대량 구원을 포기하고 달아났다. 그러나 대량을 함락시키기는 호락호락하지 않을 것이다. 여전히 조와 초가 위를 지원하고 진군도 지쳤기 때문이다. 수가는 옛 글을 끌어들여 간곡히 유세한다.

《주서周書》에 이르길 '천명은 고정된 것이 아니다' 했으니, 이는 요행이란 여러 번 바랄 수 없다는 말입니다. 대저 포자를 이기고 여덟 현을 떼어 받은 것은 진의 병력이 정예인 까닭도 아니요 계책이 훌륭해서도 아니며 그저 천행이 겹쳤을 뿐입니다. 지금 다시 망묘를 도주시키고 북택으로 들어와 대량을 공격하는 것은 천행이 항상 자신에게 있다고 생각하기 때문이겠지요. 허나 지혜로운 사람은 그렇게 생각하지 않습니다.
신이 듣건대 위나라는 100개 현의 갑병을 다 모아서 대량을 지킨다고 하니, 제 생각으로 그 수는 30만 명 이하는 아닐 것입니다. 30만 명으로 칠인七仞(28척)의 성을 지킨다면, 신의 생각으로는 탕왕과 무왕이 다시 살아나도 공략하기 쉽지 않을 것입니다. 경솔하게 초와 조의 군대를 뒤에 두고 칠인의 성을 넘어 30만 명의 무리와 싸우면서 반드시 성을 들어내려 하는데, 신이 보기에 이는 천지가 생긴 이래 한 번도 있던 적이 없습니다. 공격하고도 뽑아내지 못하면 진의 군대는 분명 피폐해질 것이고, 도읍陶邑(위염의 봉지)은 필시 망할 터인즉, 앞의 공도 모두 잃어버릴 것입니다.

지금 위나라는 바야흐로 땅을 조금 떼어 주고 강화할 수 있을까 하는 마음을 품는 중입니다. 군께서는 초와 조의 군대가 대량에 도달하기 전에 땅을 얼마간 떼어 받고 위와 강화하십시오. 위나라는 방금 의혹이 이는 차에 조그만 땅을 떼어 주고 (전쟁을 피하는) 이익을 얻을 수 있다면 분명 그리할 것이니, 군께서는 원하는 바를 얻을 수 있습니다. 초와 조는 위가 먼저 진과 강화하는 것을 보고 분명 다투어 진을 섬길 것입니다.

동맹국을 이간하면 합종은 자연히 깨질 것이니 구태여 대량을 공격해 실패하는 위험을 무릅쓰지 말라고 한다. 위염은 이 제안을 받아들였고, 결국 위의 온溫을 받고 강화했다.

그러나 진은 대량의 포위를 풀자마자 그 이듬해 다시 공격해서 결국 화양의 싸움으로 번지니, 이런 언 발에 오줌 누기식 유세의 유효기간은 점점 짧아지는 추세였다. 유세로 시간을 벌었다면 후속 조치가 취해져야 하지만 말처럼 쉽지 않았다. 지금 위염이 한발 물러난 것은 진의 군대가 지쳤고 대량을 공략하기에는 병력이 부족했기 때문일 뿐이다. 물론 이 싸움으로 위염은 봉지를 더 챙겼다.

물러났다 다시 공격해온 이는 강화 요청 따위는 통하지 않는 백기였다. 진과 대적하기 위해서는 땅을 떼어 주기보다 어떻게든 맞붙어 작은 승리라도 챙기는 것이 나았다. 그렇지 않으면 돌아가 힘을 비축한 후 다시 돌아온다. 이듬해 양후 위염은 백기 및 객경 호양과 더불어 조와 위를 공격하여 화양성 아래서 위의 망묘를 깨고 10만 명을 베었으며 위나라의 권卷과 채양蔡陽, 장사長社, 조나라의 관진觀津을 얻었다.˙ 진이 화양에서 망묘를 깨고 15만 명을 베자 위는 진에 남양을 주고 화친했다.˙˙ 이것이 그 유명한 화양지전이다.

화양지전의 시작은 바로 위-조 연합군의 한나라 화양 공격이었다. 화양은 한과 위의 접경에 있는 도시로, 오늘날의 정주 일대다. 위의 대량이 위험했을 때 한은 군대를 보내 도와주었는데 왜 그 이듬해 위는 조와 연합하여 한을 공격해왔을까? 불행히도 어떤 사서도 그 이유를 말해주지 않는다. 다만 기존의 관행을 보면 위와 조는 함께 진과 대결하지 않을 경우 언제나 서로 땅을 두고 다퉜고, 기회가 있으면 한의 땅

- 《사기》〈위공자열전魏公子列傳〉에 "이때는 범저가 위에서 진으로 망명하여 재상을 역임하고 있었는데, 위 제에 대한 원한으로 진이 군대를 내서 대량을 포위하고 화양성 아래서 위군을 격퇴하여 망묘를 달아나게 했다. 위왕과 공자는 이를 걱정했다"는 기사가 나오지만 이는 사마천의 착각이다. 화양의 싸움은 범저가 아니라 양후 위염이 벌인 것이다.

- •• 《사기》의 각 세가와 열전의 내용은 미묘하게 다르다. 〈백기왕전열전白起王翦列傳〉에 따르면 "소왕 34년 (기원전 273) 백기는 위나라를 공격하여 화양을 뽑고 망묘를 도주시켰으며, 삼진의 장수를 포로로 잡고 13만 명을 베었다. 또한 조나라 장수 가언賈偃과 싸워 구의 군졸 2만 명을 황하에 빠뜨려 죽였다"고 구체적으로 언급되어 있다.

을 노렸다. 이른바 "삼진은 서로 싸우고 배신을 반복하지만 그것을 죄로 생각하지 않는다"는 평가가 이런 배경에서 나왔을 것이다. 그러나 위가 일으킨 화양의 싸움은 오판이었다. 한은 당장 진에 구원을 요청했고 진의 구원병은 상상보다 빨리 도착했기 때문이다. 위염이 누구인가? 그가 대량을 노릴 때 한이 구원병을 보내서 방해한 적이 있다. 그러나 이제는 한이 스스로 와서 원군을 요청하는데 마다할 리가 없었다. 백기가 화양으로 가서 위와 조의 군대를 도륙했다.

물론 거기서 멈출 리가 없다. 화양에서 가까운 장사 · 채양 · 하는 물론 위나라 땅을 얻고 남양까지 얻었다.《사기》〈진본기〉에 따르면 진은 한과 위에게 상용을 주고 남양에서 면직된 신하들을 그곳으로 옮겼다고 한다. 사실은 상용을 준 것이 아니라 남양의 군리들을 진인으로 모두 갈아치운 후 면직된 이들이 반기를 들지 못하도록 옮긴 것일 뿐이다. 상용은 백기에게 영을 빼앗기기 2년 전에 이미 진으로 들어갔다. 초가 바친 땅에 위의 관리들을 채웠으니 낯선 땅으로 온 이국 사람들이 무슨 손을 쓰겠는가.

또한 진은 조에 관진을 돌려주는 대가로 조나라에 군대를 보태어 제나라를 공격하고자 했다. 진이 조의 관진을 얻고 다시 조에 돌려준다는 이야기는《사기》〈양후열전〉에 나온다. 관진은 오늘날 하남성 청풍

淸豊에 있는 커다란 나루로 황하 동편에 있었다. 필자가 보기에 관진은 조가 위염에게 바친 뇌물이다. 관진을 얻으면 응당 위염이 차지하여 남쪽의 도 땅과 통하는 길을 장악할 것이다. 당시 국제사회는 진의 실권자인 양후의 손에 좌지우지되었다. 제나라는 두려움에 빠졌다. 위염이 자신의 봉지 도를 안정시키기 위해 제나라를 노린다는 것은 공공연한 사실이다. 관진을 얻으면 황하를 통해 서쪽의 물자를 날라서 제나라를 공략할 것이다. 물론 위염이 오직 사심만 있는 사람은 아니었을 것이다. 그는 삼천에서 동해까지 황하를 따라 이어지는 길을 만들어 황하의 남북이 서로 연결되지 못하도록 하는 거대 기획을 차근차근 진행하는 중이다. 제나라 양왕이 두려워 사람*을 시켜 몰래 위염에게 보내 편지를 넣었다. 유세가의 말은 이러했다.

신이 오가는 사람들의 말을 듣자니 "진은 장차 조에 4만 명을 주어 제를 공격한다"고 하더군요. 신은 반드시 은밀히 폐읍의 왕에게 말하겠습니다. "진왕은 현명하여 계책에 밝고 양후는 지혜로워 일처리에 능숙하니, 분명 조에 4만 명을 주어 제를 치지 않을 것입니다"라고요. 왜냐고요? 무릇 삼진이 서로 함께하는 것은 진이 심히 꺼리는 바입니다. 삼진은 자기들끼리 100번을 등지고 100번 속이면서도 신의가 없다 여기지 않고 올바른 행실이 아니라 여기지도 않습니다(그들 사이에서는

• 《사기》〈양후열전〉에 이 사람이 소대였다고 하지만 가능성이 낮아 보인다. 물론 소대가 아니라도 문맥에 영향을 주지 않는다.

속이면서도 결국 외적을 만나면 합친다는 뜻). 지금 제를 깨서 조를 살찌우려
하는데, 조는 진의 심각한 원수이니 이는 진에 이익이 되지 않습니다.
이것이 첫 번째입니다.

역시 전통적인 수사다. 제가 약해지면 조가 강해질 뿐이다. 우리는
제1장에서 소려가 조에게 진과 함께하지 말라고 한 유세를 들었다. 소
려는 '진과 함께해도 이익은 진이 다 차지한다. 진이 노리는 것은 바로
한이다'라고 주장했다. 이번에는 역으로 진에게 삼진과 함께하지 말라
고 유세한다. '조와 함께하지 마라. 제가 약해지면 조만 강해진다. 조는
진과 원수다.' 이어서 그는 또 이렇게 주장한다. '제를 칠 때 조를 동원
해도 조는 피폐해지지 않는다. 제는 조에 타격을 주기에는 너무 약해
졌다.'

진의 모사들은 분명 이렇게 말할 것입니다. "(조와 초를 시켜) 제를 깨고
조(晉)*와 초를 피폐하게 한 후 진과 초의 승리를 틈탄다." 그러나 저
제는 피폐한 나라인데, 천하의 군대를 들어 제를 친다면 천균의 노로
종기를 터뜨리는 것과 같으니 분명 당장 죽을 것인데, 어찌 조와 초를
피폐하게 한다 하십니까? 이것이 두 번째입니다. 또한 진秦이 군대를
적게 내면 조와 초가 믿지 않을 것이고, 군대를 많이 내면 그들은 진

• 원문에는 진晉으로 나와 있다. 대개 삼진=晉 중의 위를 칭하나 여기서는 조다. 필자는 의역하여 조로 새
  긴다.

에게 제어당하는 꼴입니다(진의 대군을 두려워한다는 뜻). 제는 두려우면 진秦으로 가지 않고 분명 조와 초를 찾아갈 것입니다. 이것이 세 번째입니다. 진이 제의 땅을 떼어 조와 초를 살쩌우면 그들은 이곳을 자국의 군대로 채울 것이니 진으로서는 적을 맞이하는 꼴입니다. 이것이 네 번째입니다. 이는 조와 초가 진을 이용하여 제를 도모하고 제를 이용하여 진을 도모하는 것이니, 어찌 조와 초는 이토록 지혜롭고 진과 제는 이토록 어리석습니까? 이것이 다섯입니다.

그러고는 '잠시 얻은 땅을 잘 다스리라'고 충고한다.

그러니 위나라 안읍安邑을 얻어 잘 다스리시면 걱정이 없을 것입니다. 진이 안읍을 얻으면 필시 한은 상당을 잃을 것입니다.* 천하의 내장과 위에 해당하는 상당을 얻는 것과 군대를 내고 돌아오지 못할 것을 걱정하는 것 중에 어떤 것이 득입니까? 그러니 저는 "진왕은 명철하여 계책에 밝고 양후는 지혜로워 일처리에 능숙하니 분명 조에 4만 갑병을 주어 제를 치지는 않을 것이라 하는 것입니다"라고 할 것입니다.

물론 진의 칼날을 피하기 위해서이지만 이 유세는 상당히 일리가 있다. 실제로 진 내부에는 멀리 원정하여 제를 치는 데 이의를 제기하는 사람들이 많았다. 특히 위염의 정적들은 위염이 먼 거리를 달려가 제

---

* 당시 진은 이미 안읍을 얻었고, 황하 동쪽에 하동군을 만든 후였다.

상국 위염이 감독하여 만든 과.
자세히 들여다보면 "二一年相邦冉"이
라 적혀 있다. 진 소왕 21년 상국 위염
이 감독하여 만든 창이라는 뜻이다.

를 치는 것은 그저 자기 봉지를 보호하기 위한 것이라고 헐뜯었다. 이 유세 역시 은근히 양후 위염의 속마음을 건드려 불안하게 하려는 의도를 품고 있다. 위염도 할 말이 있었다. 황하의 남북을 끊고 먼저 남쪽을 공략하면 통일을 바랄 수 있다! 위염은 여기서 잠시 멈췄다. 그러나 그는 과연 멈춘 것일까, 숨을 고르는 것일까?

승리는 갈등을 묻지만 패배는 오래된 상처를 다시 덧나게 한다. 화양지전이 끝나자 위나라 조정에서 다시 친진파와 반진파의 갈등이 재현되었다. 안리왕이 들어서고 위나라는 매해 전쟁에 시달렸으며 즉위 4년째에 화양의 대패를 맞았다. 더구나 이 싸움은 위가 먼저 공격해서 일어났다. 갓 즉위한 왕은 연이은 패배를 겪다 막 반격을 하려던 차에 또 대패를 겪었으니 지위가 불안해 두려움에 떨었을 것이다. 이때 화양의 패배를 둘러싼 갈등이 일어난다.《전국책》〈위책〉에 근거해서 갈등의 내용을 보자.

화양에서 패한 이듬해 위는 단간숭段幹崇을 보내 땅을 떼어 주고 진과 강화하고자 했다.《사기》에 의하면 단간숭이 제시한 땅은 남양이다.

남양은 위나라가 여전히 강국일 수 있는 이유 중 하나다. 진 문공晉文公이 이곳을 차지함으로써 패권시대를 연 곳이기도 하다. 하지만 신하 손신孫臣은 남양을 떼어 주는 것을 결단코 반대했다.

"지금 위는 패배를 이유로 땅을 떼어 바치지 않았으므로 패배에 잘 대응했다고 할 수 있고 진은 이기고도 땅을 떼어 받지 못했으므로 승리를 제대로 활용하지 못했다 하겠습니다. 지금 한 해가 다 지난 뒤에 땅을 떼어 주고자 하는 것은 여러 신하들의 사심 때문인데 왕께서는 알아차리지 못하고 계십니다. 사실, 단간숭은 진의 관인을 얻고자 하는 자인데 왕께서는 그에게 땅을 떼어 주는 일을 시키려 하십니다. 땅을 원하는 이는 진인데, 왕께서는 단간숭을 시켜 진의 관인을 받도록 하십니다. 관인을 원하는 자가 땅의 처분권을 가지고 땅을 원하는 자가 관인을 줄 권한을 갖게 되면 분명 위나라는 닳아 없어질 것입니다."

이 이야기는 당시 열국의 상황을 우회적으로 보여준다. 나라의 땅을 떼어 진에 바치면 진은 그 '배신자'에게 그 땅을 다스릴 권한을 줄 것이다. 진의 오래된 전술이다. 그러나 이렇게 나라의 땅을 진에 바치려는 이들이 저절로 생긴 것은 아니다. 이들 친진파는 오랜 공작의 결과로 생긴 일군의 정치세력이다. 진은 한때 종횡가를 키워 돈으로 상대를 매수했다. 진은 돈을 아끼지 않는다. 돈을 좀 들이고 땅을 얻으면 몇 배의 수익을 올릴 수 있다. 그러니 적국 조정에 아군을 심어둘 수 있다면 얼마나 좋겠는가?

다음 장에 나오는 범저의 유세에서 드러나겠지만 양후 위염은 푼돈보다 땅으로 거래했다. 진에 땅을 바치는 이에게 땅을 다스릴 권리, 즉 관인을 주는 것이다. 이리하여 그는 자신의 사람을 지방관으로 심어 위치를 공고히 하는 동시에 적국을 분열시켰다. 손신은 이 행태를 통렬하게 비판한다.

"더욱이 간신들은 실로 모두 땅을 가지고 진을 섬기고자 하는데, 땅으로 진을 섬기는 것은 비유하자면 땔나무를 안고 불을 끄러 들어가는 것과 같아 땔감이 다 타기 전에 불은 꺼지지 않을 것입니다. 지금 왕의 토지는 한계가 있고 진의 욕심은 끝이 없으니 바로 땔감과 불의 이야기입니다."

위 안리왕이 대답했다.

"좋은 이야기입니다. 허나 과인은 이미 진에 땅을 주기로 약속했으니 뒤집을 수가 없습니다."

손신이 반박한다.

"왕께서는 박博(박희. 놀이의 일종)을 할 때 효梟(올빼미)의 패를 쓰는 법을 못 보셨습니까? 먹고 싶으면(유리하면) 먹고 멈추고 싶으면(불리하면) 멈춥니다. 지금 군께서 여러 신하들에게 겁박당해 진의 요청을 받아들이며 약속을 뒤집을 수 없다고 하시니, 어찌 올빼미만큼의 지혜도 못 쓰십니까?"

"좋습니다."

그래서 위 안리왕은 땅을 넘기지 않았다고 한다. 이상이 《전국책》〈위책〉의 기록이다. 그러나 《사기》의 각 부분에서는 모두 이 패배로 남양을 주었다고 서술한다. 물론 태행산 남쪽에서 황하 북쪽을 통칭하는 남양 전체는 아닐 것이다. 그러나 남양의 일부는 분명 진으로 넘어갔다. 주기 싫어도 줄 수밖에 없었던 것은 외부적으로는 강한 진의 위협도 있었지만 내부적으로는 땅으로 장사하는 신하들이 있던 탓이다. 삼진과 초를 상대로 한 진의 승리는 언제까지 이어질 것인가? 진은 황하의 남북을 끊는 고전적인 전략 외에 다른 카드도 가지고 있을까?

2. 알여의 반격: 용감한 쥐가 이긴다 ━━━━━━━

회계사 출신의 영웅, 조사
—

흔히 난세는 영웅을 부른다고 한다. 이 책에서는 난세가 요구하는 영웅에 대해 범위를 좁혀 살펴볼 필요가 있다. 내우보다 외환의 시대, 우세가 아닌 열세의 상황일 때 어떤 인재가 필요한가? 우리는 조사라는 사람에게서 이런 시절이 요구하는 핵심적인 자질을 모두 찾아낼 수 있다.

열세에 처했을 때 싸우기 위해서는 결속이 필요하고, 결속을 유지하려면 모두가 지켜야 할 규율이 필요하다. 그래서 위아래를 막론하고 법을 관철시킬 수 있는 사람이 요구된다. 또한 열세에서 싸우려면 궁지에 몰려 고양이에게 달려드는 쥐처럼 강렬한 투지가 필요하다. 그래서 강한 투지를 관철시킬 차가움 또한 요구된다.

그러나 뭐니 뭐니 해도 열세에 가장 필요한 정신은 실질의 정신이다. 허례, 허언, 허위로 촌각에 생사가 결단나는 살벌한 전쟁에서 승리할 수 없다. 생각과 행동 모두 오직 실질과 실리에 근거해야 한다. 실리를 아는 장수는 무작정 '이겼는가'를 묻지 않고 구체적으로 '얼마나 적은 희생으로 얼마나 크게 이기고 그 결과로 무엇을 얻었는가'를 묻는다. 이렇게 명확한 대차대조표를 적용하는 사람은 전쟁을 수행하는 병사와 지키고자 하는 땅을 자신의 아들이나 자기 텃밭처럼 생각해야 한다.

누가 그럴 수 있을까? 아무래도 자신이 선 땅을 조국으로 느끼고 백성을 동포로 생각하는 현지인이 밖에서 들어온 이보다 낫다. 조사는 위에서 열거한 조건을 모두 갖춘 사람이었다. 기원전 270년 조나라는 알여의 계곡에서 벌어진 일대일 대결에서 그 무시무시한 진군과 정면으로 대결해 승리했다. 이 싸움에서 그는 "구멍 안에서 두 마리가 싸우면 용감한 놈이 이긴다"는 전사에 남을 명언을 남긴다. 진이 전반적으로 더 강하다고 해도 군대를 이루는 장정들은 똑같다. 동일한 조건에서 싸운다면 용맹한 쪽이 이긴다. 진은 멀리 군대를 내서 싸우고 있다. 그렇다면 어쩔 수 없이 쥐구멍으로 들어와야 한다. 그렇다면 마냥 두려워할 필요가 있을까? 이제 조사라는 사람을 통해 그 싸움의 실체를 규명해보자.

《사기》〈염파인상여열전〉에 그의 출신이 나와 있다. 그는 조나라의 전부리田部吏로, 전세를 관리하는 관리였다. 당시 조나라는 왕의 형제들이 권력을 분점하고 있었다. 평원군 조승 집안의 권세는 물론 대단했다. 조사가 세를 걷으려고 하는데 조승의 집안에서 납세를 거부했다. 그러자 조사는 법에 따라 이를 다스려 조승 집안에서 납세를 담당한 자 아홉 명을 죽였다. 감히 일개 세리가 왕족의 집안사람 아홉을 죽이다니, 조승은 대노하여 그를 죽이려고 했다. 물론 그를 끌고 와 심문했을 것이다. 그러나 끌려온 조사는 오히려 조승에게 유세했다. 앞서 제시한 외환의 시대에 열세에 처한 나라의 영웅의 조건을 상기해보자. 영웅은 상하가 함께 법을 준수할 것을 강조한다.

"군께서는 우리 조의 귀공자이십니다. 허나 지금 군의 집안의 사적인 이해를 따라 국가의 공익을 받들지 않으면 법이 깎입니다. 법이 깎이면 나라가 약해지고 나라가 약해지면 제후들이 군대를 보낼 것이며 제후의 군대를 맞으면 우리 조나라는 없어집니다. 조나라가 없어지면 군께서는 어디서 이런 부를 얻겠습니까?"

직설적이며 강한 표현이다. 군의 사소한 행동으로 나라가 망할 수 있다. 몇 푼 세금을 아껴서 당신의 모든 부를 내팽개칠 것인가? 조사는 말을 이었다.

"귀하신 군께서 법에 따라 공을 받들면 상하가 화평(平, 공평)할 것이고, 상하가 화평하면 나라가 강해지며, 나라가 강해지면 조씨(왕실)가 공고해질 것이니 귀척이신 군을 어찌 천하가 가벼이 대하겠습니까?"

곧은 나무가 바람에 꺾이듯이 난세에 줏대를 세우다 넘어진 영웅들이 많다. 조사가 만약 조승이 아닌 용렬한 이에게 대들었다면 당장 요절이 났을 것이다. 웬만한 도량이 아니면 가신 아홉 명을 죽인 관리를 용납하지 않을 것이다. 그러나 평원군 조승은 앞으로 조나라 정치를 담당할 거물이며, 비록 몇 가지 실책이 있었지만 반성할 줄 모르는 소인은 아니었다. 평원군은 반성에 그치지 않고 조사가 능력이 있다고 생각하여 바로 혜문왕에게 추천해 발탁했다.

혜문왕이 조사를 받아들여 부세 업무를 맡기자 부세가 공평해져서 백성이 부유해지고 부고가 실해졌다 한다. 이렇듯 그는 원래 세금을 걷는 관리였다. 그런데 그는 언제 등용되었고, 또 어떤 군사적인 재능을 가지고 있었을까?

《사기》〈조세가〉에 의하면 조사는 기원전 280년 군대를 이끌고 제나라의 맥구麥丘를 공격해서 점령한다. 그러므로 기원전 280년 이전에 이미 군사 무대에 등장했다. 《전국책》〈조책〉에 조사와 전단田單이 펼친 재미있는 병법 이야기가 실려 있다. 전단은 망해가는 제나라를 되살린 인물이다. 그런데 전단이 어떻게 조나라에 왔을까?

《춘추전국이야기 4》 2부에서 살펴보았듯이 조와 연과 제는 서로 얽혀 있었다. 특히 연과 제는 서로 원수지간이었다. 당시 최약소국이던 연은 연 소왕 시절 부흥을 이루어 제는 물론 조까지 넘봤다. 물론 연은 독자적으로 작전을 할 능력은 되지 않고 진이 조의 서쪽을 때리는 틈을 살폈다. 한편 조는 서쪽에서 진을 상대하기도 버거워 연의 원수인 제를 이용해 동쪽의 연을 제어하고자 했다. 그래서 기원전 265년에는 제나라의 전단이 조나라 군대를 거느리고 연을 공격하고, 또 전단 자신이 조로 와서 벼슬도 지낸다.

이 논쟁은 알여의 싸움 바로 다음 해의 것으로, 당시의 실상을 알려주는 중요한 자료다. 또한 이 대화를 통해 실질을 극히 중시하는 조사의 성품을 파악할 수 있다. 조사는 어떻게 승리하는가? 혜문왕 30년

(기원전 269) 재상 도평군都平君(안평군) 전단이 마복군 조사에게 물었다.[*]

　"저는 장군의 병법을 즐기지 않는 바는 아닙니다만, 승복할 수 없는 점은 유독 장군께서 많은 군사를 부린다는 점입니다. 많은 군사를 부리면 백성이 농사를 지을 수 없고 군량 운송을 감당할 수 없습니다. 이는 앉아서 스스로 파멸하는 방법이니 저 단은 쓰지 않습니다. 단이 듣기로 제왕의 군대는 불과 3만 명이지만 천하가 복종한다고 합니다. 지금 장군께서는 반드시 10만 명이나 20만 명이 되어야 용병하니 이 점은 단이 수긍할 수 없습니다."

　조사가 단도직입적으로 반박했다.

　"군께서는 병법에 통달하지 못할 뿐 아니라 시세에도 밝지 못하십니다. 오나라의 간장검이라면 고기에다 시험하면 소와 말을 토막 내고 쇠에다 시험하면 쟁반이나 주전자를 동강내겠지요. 그러나 (구리) 기둥에 대고 치면 세 조각으로 부러지고 바위에 내려치면 100조각으로 부서지고 맙니다. 지금 3만 명의 병력으로 강국의 군대를 맞는다는 것은 기둥이나 바위를 내리치는 것과 같습니다. 또한 오나라 간장검의 재질이 좋다 하나 칼등을 두터이 하지 않으면 찔러도 들어가지 않고, 칼날을 얇게 하지 않으면 잘라 끊을 수 없습니다. 이 둘이 다 갖춰졌다 하더라도 손잡이 고리와 칼코등이와 칼등과 자루를 감는 끈이 쓰기 편하도록 갖춰지지 않은 채 칼날을 잡고 찌른다면 들어가기도 전에 먼저 손

---

* 당시 전단이 이미 조나라의 재상이었는지 불분명하지만, 당시 객경으로 와서 아주 짧은 기간 동안 이웃 나라의 재상을 역임하는 경우는 흔했다. 《사기》에 따르면 심지어 양후 위염이 조나라 재상 자리를 맡은 적도 있다.

이 끊어질 것입니다. 과연 군께서 10만 명, 20만 명의 병력을 가지고 편리한 고리와 칼등과 코등이와 자루 끈으로 삼지 않고 그저 3만 명을 끌고 천하를 횡행할 수 있겠습니까?"

당시는 이미 오기의 병법이 널리 퍼진 전국시대였다. 결국은 정면대결에서 상대를 압도할 총체적인 전력이 앞선 이가 이길 것이다. 진이 강한 이유는 땅이 계속 넓어져서 군대의 수가 타국을 압도했기 때문이다. 3만 명으로 용병하던 시대는 지났다. 그는 "성의 규모와 수비 병력도 과거와 비교할 수 없이 크다"고 말을 잇는다. 조사의 전국시대 분석이다.

"또한 예전에는 사해 안이 1만 개의 나라로 나뉘어 있어 성이 크다 해도 고작 한 변이 300장丈에 불과했고 사람이 많아 봤자 3000가에 불과했으니, 3만 명의 병력으로 이 정도를 상대하는 데 무슨 어려움이 있었겠습니까? 지금은 옛날의 만국이 전국戰國 일곱 나라로 수렴되어 수십만 명의 병력을 갖추고 긴 날을 두고 지구전을 벌여 몇 년을 버틸 수 있습니다. 바로 군의 제나라가 그렇습니다. 귀국 제나라가 20만을 동원하여 초를 공격했으나 5년이 지나서야 파했고, 우리 조가 20만을 동원하여 중산을 공격할 때도 5년이 지나서야 돌아왔습니다. 지금 제와 한이 쌍방이 되어 나라를 들어 포위전을 벌이고 있다 할 때 어찌 감히 '나는 3만 명이면 구원할 수 있다'고 할 수 있겠습니까? 지금은 1000장丈 길이의 성과 1만 가의 읍이 서로 마주 보고 있으니, 3만 명의 무리로 1000장의 성을 둘러싼다면 한 모퉁이도 못 채우고, 야전에서는 쓸 규모가 되지 않는데 군께서는 이 무리를 데리고 무엇을 하시겠단 말입니까?"

도평군이 크게 탄식하며 "저 단은 군에게 못 미칩니다"고 실토했다고 한다.

당시의 전쟁 규모란 바로 그 정도였다. 중산과 같은 1000승의 나라를 치려면 최소한 20만 명을 동원해야 한다. 1만 가로 이루어진 거대한 성을 포위하려면 최소 10만 명이 필요하다. 이제 1만 승의 대국으로 불리는 진과 대적하려면 도대체 얼마의 군중이 필요할까? 조사는 기본적으로 10만 명을 동원했다. 알여의 싸움에서도 그에 버금가는 인원이 동원되었을 것이다.

조사의 전술 – 적을 끌고 다녀라
—

기원전 270년, 진군이 황하와 수많은 언덕을 넘어 조의 알여에 나타났다. 어떻게 이런 일이 일어났던가? 여기서 우리는 최근 몇십 년 사이 위염과 백기의 광폭 행보로 전국의 형세가 어떻게 변했는지 살필 필요가 있다. 먼저 석문 이북 황하의 동쪽은 이제 위나라 땅이 아니다. 오기가 활약하던 시절 위나라는 한때 하서河西에 진지를 구축하여 서쪽으로 밀고 나간 적이 있다. 그러나 기원전 270년 현재, 진은 이곳에 이미 하동군河東郡을 설치했다. 그러므로 진은 충분히 알여까지 무리 없이 군대를 보낼 수 있다. 본국에서 온 군대와 하동의 군대가 합세하여 바로 조의 알여로 들이쳤을 것이다.

잠시《사기》의 여러 기사를 통해 지난 일을 정리해보자. 위염은 줄기

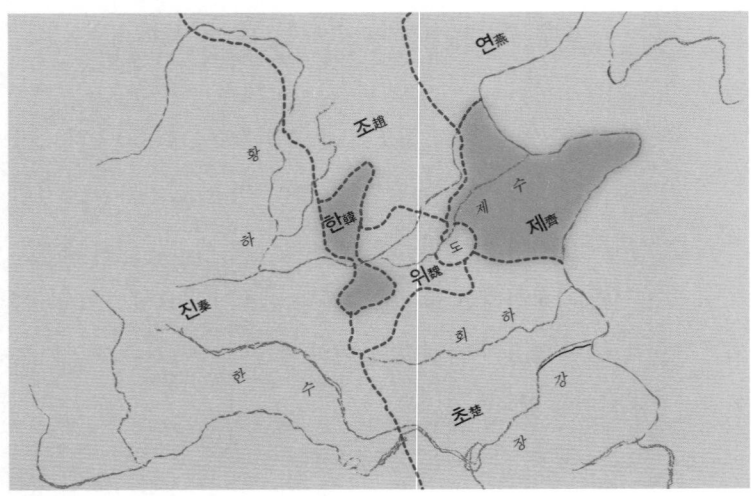

기원전 270년 무렵 전국 형세도. 진은 석문 이북 황하의 동쪽에 하동군을 설치하면서 무리 없이 군대를 알여까지 보낼 수 있었다. 위 지도에서 한수 일대와 황하 동쪽까지 장악해 강대해진 진의 위세를 살펴볼 수 있다.

차게 위나라를 두드렸다. 기원전 293년, 이궐에서 위군 24만 명을 베었고 그 이듬해 원垣을 얻었다. 그러고 나서 진은 비교적 동쪽의 원을 포판蒲阪과 피지皮氏 등과 바꾸어 국경을 정리했다. 그때 포판 외에도 상당한 땅을 얻었을 것이다.《사기》〈위세가〉의 기사에는 위 소왕 6년(기원전 290) 진에 "하동 지방 400리를 주었다[予秦河東地方四百裏]"고 기록되어 있다. 하동에 수백 리의 기반을 만든 진은 한발 더 나아가 몇 년 후 기원전 286년 사마조가 안읍을 들어낸다. 안읍은 하동의 중심이다. 진은 이곳의 위나라 사람들을 쫓아내고 진나라 사람들을 옮겼는데 작위로 유인하거나 죄수를 사면하여 옮기는 식이었다.

진이 하동을 차지했다고 하더라도 알여를 치자면 군대를 분수를 따라 보냈을 것이고, 그러자면 한의 상당을 지나야 한다. 미약한 한이지만 믿을 수 있을까? 위염이 잘하는 행동이 있다. 남의 군대로 남의 나라를 치는 것이다. 기원전 270년 당시 진은 한의 군대를 몰아 알여를 공격했다. 그러므로 후방을 걱정할 필요가 없었다.

그렇지만 여전히 조의 또 다른 근거지인 진양을 서쪽에 두고 알여를 공격하는 것이 불안하지 않을까? 당시는 그 걱정도 이미 사라진 듯하다. 《전국책》〈조책〉에 따르면 알여의 싸움이 일어나기 전 진은 이미 황하 동쪽 조나라 근거지인 인藺과 이석離石, 그리고 진양 남쪽의 기祁까지 빼앗았다. 그러므로 알여를 공격한다 해서 배후를 걱정할 필요가 없었다.

필자는 또 하나의 기사를 주목한다. 화양에서 백기가 위-조 연합군을 대파한 그 이듬해 〈조세가〉에 "혜문왕 26년, 동호를 공격하여 대代 땅을 되찾았다[二十六年, 取東胡歐代地]"고 기록되어 있다. 조는 무녕왕 이래 호의 기병을 용병으로 써왔고 대를 기병 양성 기지로 여겼다. 산동의 국가들이 진을 공격할 때 흉노와 의거를 이용했음은 《춘추전국이야기 4》 2부에서 살펴보았다. 진이라고 그렇게 하지 못할 까닭이 있는가? 또한 흉노나 동호라고 조나라가 처한 위기를 활용하지 않을 까닭이 있는가? 조가 동호에 대를 빼앗긴 것 역시 이런 맥락에서 이해할 수 있을 것이다.

북방 민족들은 남방의 일을 훤히 알고 있었다. 진은 하동의 위나라 땅을 얻자 황하 동쪽에서 조와 맞닥뜨렸고 조 역시 위와 마찬가지로 침략

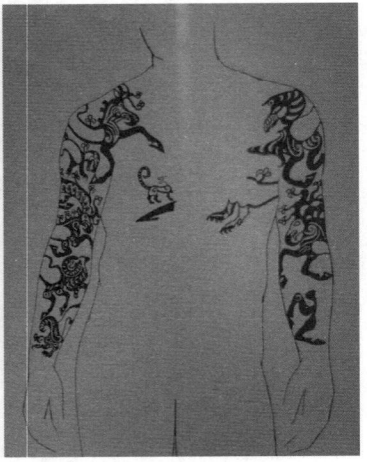

진의 금괴수와 동일한 괴수 문신을 한 알타이 파지리크 미라. 진은 초원문화의 영향을 크게 받았다. 동시대의 알타이 파지리크 고분에서 출토된 미라의 문신과 진나라 영내의 황금 괴수의 모양은 같다. 황금 선호 사상 또한 서북쪽에서 전파되었을 것이다. 왼쪽 사진은 섬서성 북부 초원 경계지역의 진나라 금괴수이고, 오른쪽 사진은 진나라 금괴수와 동일한 괴수를 문신한 미라다. (오른쪽 문신 출처 : 에르미타쥐 박물관)

대상이었다. 북방 민족들은 중국의 진·조·연 등 북방 국가들에 대항하여 급격히 덩치를 키우는 중이었다. 진·조·연은 성을 쌓아 대항하는 한편 그들을 용병으로 쓰고 그들의 전략을 받아들였다.* 결국 조는 진과 한의 연합군을 서쪽에서 맞는 동시에 북쪽의 호胡를 견제해야 했다.

알여의 싸움은 어떻게 일어났을까?《전국책》〈조책〉에 알여지전의

• 북방 민족이 중국 북방 국가들과만 교류한 것이 아니다. 알타이 파지리크의 동시대 무덤에는 초나라 비단과 문양이 등장한다. 진이 중계무역을 한 것인지 몰라도 북방은 분명 더 남쪽과의 교류를 원했다. 중국은 전통적으로 옥을 귀하게 여겨 황금 유물이 드물지만, 전국시대 초나라 무덤에서 금화가 대량으로 출토되었다. 초원에서는 오래전에 금이 가장 귀중한 보물로 인정받았다.

배경이 간단히 묘사되어 있다. 조는 만만한 나라가 아니었다. 진이 조를 공격해 황하 동쪽의 인藺등 여러 성을 얻자, 조가 먼저 공자 오를 진에 인질로 넣으면서 초焦, 여黎, 우호牛狐의 성과 빼앗긴 인 등을 바꾸자고 요청했다. 진은 이 요청을 받아들였다. 그러나 먼저 요청한 조가 이리저리 계산을 반복한 후 약속을 뒤집고 초 등의 땅을 주지 않았다. 물론 진도 빼앗은 땅을 돌려주지 않았다. 하지만 조가 약속을 지키지 않자 진 소왕이 노하여 공자 증繒을 보내 땅을 달라고 했다. 조 혜문왕이 정주鄭朱를 시켜 대답했는데 짐짓 딴소리를 했다.

> 인과 이석과 기의 땅은 우리 조나라 도읍에서 너무 멀리 있고 오히려 대국(진)에 가깝습니다. 선왕의 현명함과 선대 신하들의 노력이 있어서 우리가 보유할 수 있었을 따름입니다. 허나 지금 과인이 선대에 미치지 못하여 사직도 돌보지 못하는 지경인데 어찌 인이며 이석이니 기를 돌보겠습니까? 과인의 명을 듣지 않는 신하가 있어 이 일이 벌어진 것이고, 과인은 감히 모르는 일입니다.

진은 항상 공격하기 쉬운 곳을 점령한 후 그 땅으로 흥정을 해서 국경을 정리했다. 그런데 이번에 조가 이리저리 계산한 후 먼저 흥정을 벌이다 판을 깼다. 이에 진 소왕은 크게 노해서 위호이衛胡昜《사기》〈진본기〉의 호양胡陽)를 시켜 조의 알여를 공격했다. 그러자 조는 막 무명을 떨치던 조사를 보내 알여를 구원했다.《사기》에는 언급되어 있지 않지만 《전국책》〈조책〉에는 위나라 공자 구咎가 정예를 이끌고 안읍에 머물면서 진을 협격했다고 한다. 군대를 바로 격전지로 보내지 않고 오히려 적의 심장으로 보내서 위협하는 것은《손빈병법》의 핵심이다. 안읍은 하동의 치소이므로 진은 상당히 불안했을 것이다. 조는 이렇게 위의 지원을 받았다. 그러나 진의 강병과 야전을 벌여 이길 수 있을까? 이제《사기》〈염파인상여열전〉을 통해 싸움의 경과를 살펴보자.

진이 알여를 공격하자 조나라 조정에서 대책 회의가 열렸다.[•] 조 혜문왕이 먼저 염파를 불러서 물었다.

"구원할 수 있겠습니까?"

염파는 부정적이었다.

"길이 멀고 험하고 좁으니 구하기 어렵겠습니다."

이번에는 악승樂乘을 불러서 물었지만 똑같은 대답을 했다. 왕은 다시 조사를 불렀는데, 조사는 두 사람과 다른 이야기를 했다.

"길이 먼 데다 험하고 좁으니 비유하자면 쥐 두 마리가 구멍 안에서 싸우는 셈이라 더 용감한 쪽이 이길 것입니다."

두 마리 쥐가 구멍 안에서 싸운다는 양서투혈兩鼠鬪穴의 고사는 바로 여기서 나왔다. 왕은 조사의 대답이 마음에 들어 군대를 내주었다.

조사의 용병은 그야말로 허허실실이다. 비록 용감한 쥐가 이긴다고 스스로 말했지만, 정면으로 싸워서 아군과 적군의 시체로 들판을 채운 후 승리를 취하기는 싫었다. 그렇게 이기는 데 구태여 장수의 지략은

- 《사기》〈염파인상여열전〉에 "진이 한을 정벌하여 알여에 주둔했다[秦伐韓, 軍於閼與]"고 나와 있으나 착오다. 《사기》〈진본기〉에는 "조나라 알여를 공격했다[攻趙閼與]"고 나와 있고 《전국책》〈조책〉에도 조를 정벌하여 알여를 공격했다[伐趙攻閼與]"라고 되어 있다. 알여는 당시 조나라 땅이었다.

필요가 없다. 한단을 나서 30리를 행군한 후 조사는 돌연 군중에 명을 내렸다.

"감히 군사의 일을 가지고 간하는 자는 사형에 처한다."

무슨 이유로 이런 이야기를 했을까? 그동안 진군은 앉아서 기다리지 않았다. 조군이 험로를 지나 무안武安에 이르자 진군의 일대가 마중을 나왔다. 당시 진군은 무안의 서쪽에 주둔했는데 고함과 북소리가 얼마나 큰지 무안의 기와가 모조리 떨릴 지경이었다고 했다. 알여는 고사하고 무안을 먼저 구해야 할 판이었다. 척후 한 명이 속히 무안을 구하자고 하자 조사는 그대로 그의 목을 베어 군사의 일로 간하지 말라고 한 약속을 지켰다. 그러고는 군대를 움직이지 않고 무려 28일이나 주둔하며 보루를 두텁게 쌓았다. 그뿐 아니라 진의 첩자가 들어오자 잘 먹이고 돌려보냈다. 첩자가 돌아가 상황을 보고하니 진의 장수 호양이 크게 기뻐했다.

"겨우 국도에서 30리를 행군하고 멈추더니 보루만 두터이 쌓고 있다. 알여는 이제 조나라 땅이 아니다."

그러나 이것은 조사의 속임수였다. 조사는 진의 첩자를 보내자마자, 사수들의 갑옷을 벗기고 1박 2일을 달려 알여 50리 지점에 가서 진을 쳤다. 조군이 보루를 다 쌓은 후에야 진군이 소식을 듣고 갑병을 다 끌고 달려왔다. 군사軍士 허력許歷이 군대의 일로 간할 일이 있다고 하자 어쩐 일인지 이번에는 조사가 허락했다. 군사의 일을 간하면 죽인다고 하지 않았는가? 죽음을 무릅쓴 이라면 분명 대책이 있을 것이다. 허력이 말했다.

"진나라 사람들은 우리 조나라 군대가 이곳에 올 줄 모르고 있다가 막 달려오는 중입니다. 달려드는 기세가 강할 것이니 장군께서는 반드시 진을 두텁게 집중시켜서 기다려야 합니다. 안 그러면 반드시 패합니다."

조사가 수긍했다.

"그 말을 따르고자 하오."

허력이 사죄했다.

"부질鈇鑕을 내려 저를 베소서."

조사가 말했다.

"잠시 후 한단에서 청을 받겠소."

허력이 다시 간했다.

"먼저 북산北山 꼭대기를 차지하는 쪽이 이기고 늦게 도착하는 쪽이 질 것입니다."

조사는 또 이 의견을 받아들여 1만 명을 먼저 산으로 달려가게 했다. 조사의 전술이란 사실 단순한데 자리 잡은 적은 치지 않고 먼저 높은 곳에 자리 잡고 달려오다 지친 적을 치는 것이었다. 만약 무안에서 진과 격돌했다면 승부를 가늠하지 못했을 것이다. 그러나 무안에서 진군을 기만하고 먼저 알여에 도착한 후 기다렸다. 동시에 진군이 오는 길목의 고지를 먼저 점령하고 다시 기다렸다. 본대는 밀집대형을 유지하고 분견대는 고지를 점령한 형태로 기각지세를 이뤘다.

조사의 전술은 상당히 이색적이다. 곧장 포위망을 뚫지도 않고, 구원군이면서 항상 먼저 보루를 쌓고 기다리며, 한 달을 움직이지 않다가 갑자기 하루에 100리를 이동하고, 거침없이 군대를 나눈다. 군대를

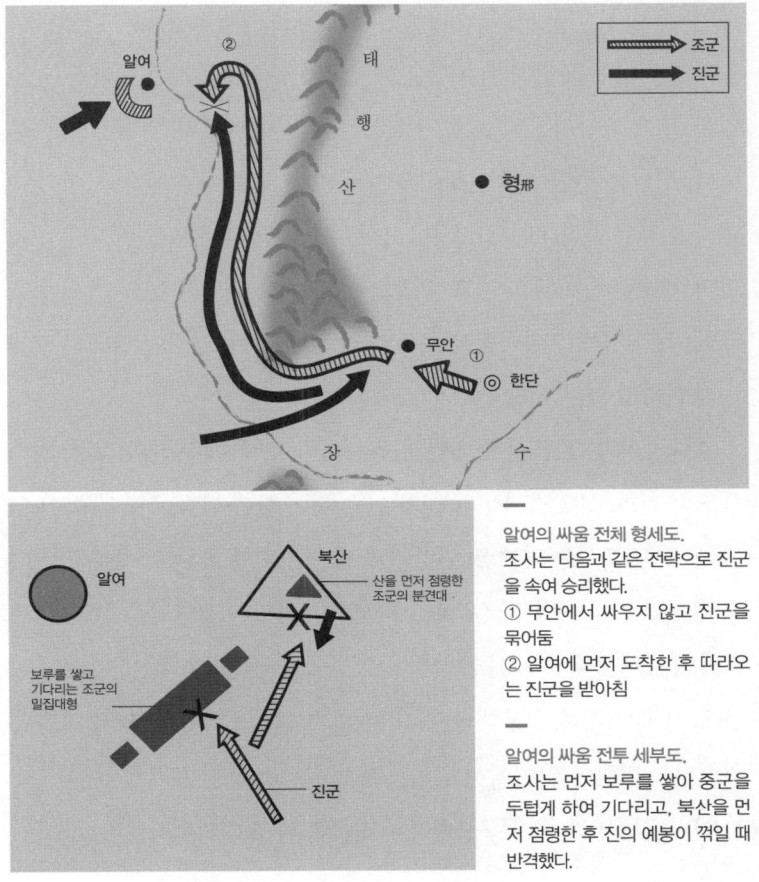

알여의 싸움 전체 형세도.
조사는 다음과 같은 전략으로 진군을 속여 승리했다.
① 무안에서 싸우지 않고 진군을 묶어둠
② 알여에 먼저 도착한 후 따라오는 진군을 받아침

알여의 싸움 전투 세부도.
조사는 먼저 보루를 쌓아 중군을 두텁게 하여 기다리고, 북산을 먼저 점령한 후 진의 예봉이 꺾일 때 반격했다.

나누자면 양군 사이를 오가며 신호를 보낼 말 탄 척후가 필요하다.《춘추전국이야기 4》2부에서 우리는 무령왕이 군대를 나누고 기병으로 중산을 공략하던 양상을 살폈다. 산을 점령하는 것을 지상의 목표로 삼는 것으로 보아 당시 조나라의 주력은 보병과 기병, 특히 사수였을 것이다. 전차는 산에서 무용지물이다. 호양은 이리저리 끌려 다녔다.

과연 진군은 도착하자 북산을 빼앗고자 달려들었지만 올라갈 수 없었다. 그때 조사가 군대를 풀어 쳐서 진군을 대파했다. 전쟁은 기 싸움이다. 조사는 무안에서 진군이 허탕을 치게 만들어 기를 분산시키고, 먼저 도착해 밀집대형으로 기다려서 다시 진군의 예봉을 꺾었다. 산을 먼저 차지한 사수들의 엄호를 받는 본대가 잘 버티자 진의 기세가 꺾였다. 적의 기세가 꺾이자 바로 군대를 풀어 쳤다. 그러자 알여의 포위는 자연히 풀렸다.

조사의 병법은 손빈과 대단히 유사하다. 신속한 분산과 집결, 진격 속도의 변화, 성동격서聲東擊西의 전술이 이 한판 싸움에 모두 녹아 있다. 이 일로 조사는 염파 및 인상여와 같은 지위에 올랐고, 마복군馬服君에 칭해졌으며, 허력은 국위國尉가 되었다. 실로 오랜만의 승리였다.

알여의 싸움은 여기서 끝나지 않았다. 《전국책》〈조책〉에 따르면 진은 알여에서 패하자 군대를 돌려 위의 기幾를 공격했다. 위가 안읍을 위협하는 바람에 알여에서 집중력을 발휘하지 못한 보복이었다. 그러자 이번에는 염파가 기를 구원하여 진군을 다시 대파했다.

명장의 고언 – 객을 믿지 말고 자신을 믿어라

위와 조가 연합하여 진을 두 번이나 깬 알여의 반격으로 인해 다시 합종의 바람이 불어온다. 알여의 싸움 한 해 전에 위염은 제나라의 강과 수를 공격해 빼앗아서 차지했다. 진의 거침없는 원정으로 인해 제나라도 이제 안전하지 않았다.

기원전 265년, 그 나름의 안목으로 조나라를 지켜오던 혜문왕이 죽고 효성왕이 들어서자 진은 바로 출병했다. 하지만 그것으로 끝이 아니었다. 조가 진에 공격당하자 연이 조를 노렸다. 서와 북에서 동시에 적을 맞닥뜨리자 조는 당황했다. 그때 조의 시야로 제가 들어왔다. 한때 제와 연은 서로 나라를 뺏고 빼앗긴 적이 있는 철천지원수지간이었다. 그러나 이번에는 연과 진에 대항하는 조-제 연합이 형성된다. 갓 즉위한 효성왕을 대신해서 권력을 휘두르던 태후는 연합의 고리로 아들 장안군長安君을 인질로 보내서 제나라 구원군을 얻었다.

조는 큰 대가를 치렀지만 일단 진을 물리쳤다. 그러나 이 얄미운 연을 어떻게 할 것인가? 그리고 조와 제의 연합은 얼마나 견고했을까? 《전국책》〈조책〉에 그 실마리가 있다.

연이 송나라 사람 영분榮蚡을 고양군高陽君으로 봉하고 장군으로 삼아 조를 공격했다. 송은 제에게 멸망한 나라이니 연이 송나라 사람을 이용한 것이다. 효성왕은 제수 동쪽의 세 성인 노盧, 고당, 평원과 능지 봉읍 57개*를 제나라에 주어 안평군 전단을 장수로 삼아 원조해주길 청했다. 엄청난 손실이었지만 진과 연의 공격을 견디는 차라 다급했

---

* 원문은 "濟東三城令盧, 高唐, 平原, 陵地封邑市五十七"이다. '令'은 끼어든 글자로 보이며, '노'와 '고당' 및 '평원'은 지명으로 바로 제수 동쪽의 세 성이다. 그런데 능지의 봉읍은 무엇을 뜻할까? 세 성의 구릉지 봉읍을 뜻하는 것일까? 세 성 밖의 또 다른 봉읍일까? 필자는 연결사가 누락된 것으로 보고 '세 성과 능지 봉읍 57개'로 옮겼다.

다. 이 소식을 들은 마복군 조사가 평원군 조승에게 나아가 말했다. 효성왕이 들어서면서 평원군이 재상이 되어 정무를 보는 차였다.

> 나라에 인재 없음이 정말 심합니다! 군께서 안평군을 불러 장수로 삼으면서 제수 동쪽의 성 세 개와 읍 57개를 제나라에 준다고 하셨지요. 이 땅은 어르신께서 적국과 싸워 우리 군대를 엎고 장수를 죽여가며 취한 것인데, 이를 다시 적국에게 넘겨주시다니요. 지금 군께서 이를 주고 안평군을 장수로 삼으려 하시니 나라에 인재 없음이 이보다 심할 수 없습니다. 군께서는 어찌 저 사를 장수로 삼지 않으십니까?

그는 무슨 대책을 가지고 있을까? 다음 구절에서 조사의 특이한 이력과 맹렬한 성품이 드러난다.

> 제가 일찍이 죄를 지어 연으로 망명하자 연은 저로 하여금 상곡上穀을 지키도록 했습니다. 그러니 연의 통로 계곡과 요새는 제가 확실히 익혀 압니다. 100일 내에, 천하의 구원병이 모이기도 전에 제가 연을 이미 들어냈을 겁니다. 그런데 군께서는 뭐 하러 안평군을 불러 장수로 삼는단 말입니까?

100일 내에 연을 들어낸다? 조사라면 가능했을 것이다. 연이 먼저 조의 환란을 이용했다. 친다고 해서 문제가 될 것은 없다. 그러나 평원군은 훌륭한 인품에 비해 안목이 부족했다. 세상에 공짜는 없다.

장군께서 용서하시지요. 제가 이미 군주께 말씀을 드렸습니다. 다행히 군주께서 제 말씀을 받아들였으니 장군은 그만 말씀하시지요.

조사는 이웃 나라의 장수를 믿을 수 있느냐고 항변했다.

군께서 틀렸습니다. 군께서 안평군을 원하는 것은 제와 연이 서로 간을 씹고 피를 땅에 처바르는 사이라고 여기기 때문이겠지요. 허나 저사는 그렇게 생각하지 않습니다. 안평군이 어리석다면 정말 영분을 당해내지 못할 것이고, 그가 지혜롭다면 연나라 사람들과 싸우지 않을 것입니다. 안평군은 분명 둘 중 하나겠지요. 그러나 둘 다 마찬가지입니다. 만약 안평군이 지혜롭다면 뭐 하러 우리 조나라를 강하게 해주겠습니까? 조가 강하면 제가 다시 패권을 차지할 수 없습니다. 지금 강한 조의 군대를 얻어 연나라 장수를 막으면서, 날을 끌며 지구전을 몇 해만 하면 우리 사대부들의 남은 자식*의 힘까지 모두 참호와 보루를 만드는 데 써버리고, 전차와 갑옷과 화살은 깨지고 해지며, 부고와 양창은 텅텅 비고 양국은 서로 습관적으로 얽혀 싸울 때 안평군은 자기 병력을 데리고 돌아갈 것입니다. 이보다 더 명백하게 양국의 병력을 깡그리 소모하게 하는 것은 없습니다.

- '餘子', 즉 '羨卒'. 한 가정의 정졸을 제외한 나머지 병졸로, 이들도 보충병으로 대기하거나 전쟁에 참여한다.

실질주의자다운 주장이다. 여름에 전단이 이끄는 군대는 솥을 달아서 밥을 지어 먹으면서 겨우 성 세 개를 얻었는데, 큰 것이 100치維(10장)를 넘지 않았으니 과연 조사의 말과 같았다고 한다. 이것이 바로 전국시대다. 전단은 한때 제나라에게 버림받았지만 그 또한 영웅으로 일편단심 제나라를 위해 싸울 뿐이다. 기원전 265년 전단은 조나라를 위해 싸워주고 이듬해 조나라로 들어가 재상이 된다. 조사가 전단 대신 연을 공격했다면 전국의 판도는 크게 달라졌을 것이다. 연이 진에 편승하여 조의 어려움을 틈탔으므로 비난도 받지 않고 운이 좋으면 끝장을 낼 수 있었다.

전국시대에는 거의 법칙처럼 기회를 잃는 순간 위기가 찾아온다. 이 위기를 주도한 이들은 '원교근공'으로 외교사 교과서의 한 면을 차지하는 불세출의 전략가 범저와 전쟁의 신 백기였다. 그리고 연은 다시 한번 조의 위기를 틈타고, 조는 조사의 안목을 그리워하며 통탄한다.

제3장

원교근공

• • •

여러분은 이제 진나라 외교의 일대 전환을 목격할 것이다. 그 전환을 이끈 사람의 운명 또한 전국시대의 혼란처럼 극적이다.

　같은 춤을 춰도 화려한 옷을 입은 이가 돋보이듯이 포의의 천재는 명문가의 용렬한 사람보다 몸을 일으키기 어렵다. 지금도 그렇지만 포의의 천재가 일어나자면 몇 겹의 우연이 도움을 줘야 한다. 여기 그렇게 개천에서 난 용 같은 사람이 있으니 바로 범저다. 온갖 수난을 당하던 근본 없는 외국의 떠돌이가 진으로 들어가자 기다릴 것도 없이 일약 선대의 상앙과 버금가는 업적을 이뤄냈다. 그는 당장 그 기세등등한 양후 위염을 쫓아내고 진나라 왕의 지위를 난공불락의 반석 위에 올린다. 먼 나라와 손을 잡고 가까운 나라를 친다는 원교근공 전략으로 해마다 진의 땅을 넓혔으며 산동의 정치가들을 구워삶아 진의 꼭두각시로 만들었다. 사마천이 한비의 말을 빌려 "소매가 길어야 춤을 잘 추고 돈이 많아야 장사를 잘한다"고 탄식한 이유는 명백하다. 진이 아니면 누가 그런 인재를 받아들이겠는가? 산동에서 화려하지만 속이 빈 왕의 측근들이 정치를 좌지우지할 때 진은 계책을 바로 검증할 수 있는 실질적인 인사를 바닥에서 들어 올려 활용했다.

　위염은 외척이지만 진 왕실을 위해 누구와도 견줄 수 없는 업적을 세웠다. 위염만큼 나라에 이익을 주고 군대를 강하게 한 이가 또 있겠는가? 그럼에도 진은 그런 그의 업적마저 속이 비었다고 판단했다. 진의 이 같은 실리주의가 바로 범저가 발을 디딜 기반이었다. 상앙이 국가주의의 시각에서 부릴 수 없는 백성은 자기 백성이 아니라고 보았듯이 범저는 당장 왕실로 조세를 보내지 못하는 땅은 진의 땅이 아니라고 보았다. 양후의 땅은 양후의 땅이지 왕실의 땅이 아니다!

　위염의 외교 정책은 크게 황하의 남북을 나눠 합종의 등뼈를 꺾는 것이었다. 그러나 황하를 따라 길게 늘어진 거점을 유지하려고 진은 엄청난 물리적 대가를 치러야 했다. 마침 위염이 멀리 군대를 보내 제나라의 강과 수를 얻어서 사심을 드러내고, 또 황하 북쪽 알여에서 한 번 패하자 위염의 대외 정책에 대한 의구심이 일었다. 또한 위염이 가진 봉지가 대체 얼마나 되는가? 위염은 초나라와 위나라를 칠 때마다 봉지를 얻었고, 동쪽 제나라 근처도의 봉지를 계속 넓히고 있었다. '외삼촌 위염이 결국 왕위를 탐하지 않을까? 그가 산동에서 싸움을 벌이는 것은 혹시 순전히 사적인 욕망 때문이 아닐까?' 진 소왕은 그런 두려움 속에 살고 있었고, 그때 범저가 등장했다.

1. 버려진 이가 서쪽으로 들어가다

마치 화씨의 옥처럼 보석이라도 알아주는 사람이 없으면 버려진다. 또한 옥 주인 화씨처럼, 남다른 능력을 가진 이가 사람들의 눈 밖에 나면 그저 버려지는 정도가 아니라 혹독하게 배척당한다. 범저가 바로 그런 사람이었다.

《사기》〈범저채택열전範雎蔡澤列傳〉을 통해 그가 진으로 들어간 배경을 먼저 살펴보자. 범저는 원래 위魏나라 사람으로 자는 숙叔이다. 그의 배경과 행보는 선배 장의張儀와 비슷하다. 언변을 믿고 여러 제후들에게 유세하다 위왕을 섬기고자 했으나 집이 가난하여 스스로 돈을 대지 못했다. 차선으로 먼저 위의 중대부中大夫 수가를 섬겼다. 수가는 외교 업무를 맡은 이로서, 우리는 화양의 싸움이 있기 전에 위염에게 유세한 것을 보았다. 글을 꽤 읽은 사람이고 말주변이 있었으니 외교를 맡았을 것이다. 과연 수가가 범저가 위로 올라갈 사다리가 되어줄 것인가? 그러나 우리는 그의 화려한 언사가 화양의 대패를 막는 데 거의 도움이 되지 않았음을 기억한다.

수가가 위 소왕의 사자로 제나라로 갈 때 범저도 따라갔다. 몇 달을 머물렀지만 아직 돌아와서 보고하지 못했는데, 제 양왕이 범저의 변론이 좋다는 소식을 듣고 사람을 보내 금 열 근과 쇠고기 안주에 술을 보내니 범저는 사양하고 감히 받지 않았다. 그러나 이 사소한 일이 수가로 인해 꼬이기 시작한다. 수가는 범저가 선물을 받은 것을 알고 크게 노했다. 그는 범저가 위나라의 비밀을 제나라에 알려줬기에 이런 선물을 받은 것으로 여기고 안주와 술은 받고 금은 돌려주도록 했다. 수가는 융통성이 없거나 결벽증이 있었던 듯하다.

여기서 수가가 멈췄다면 좋았을 것이다. 위나라로 돌아온 후 수가는 여전히 속으로 범저에게 화가 나서 이 일을 위나라 재상에게 고했다. 자신은 이 일과 관련 없다는 것을 밝히려는 행동이었을 것이다. 당시 위나라 재상은 여러 공자 중 하나인 위제魏齊였다. 위제는 크게 노하여 사인을 시켜 범저를 매질해 갈비뼈와 이를 부러뜨렸다. 제나라와 내통한 증거가 있었다면 모르되 그저 의심으로 사람을 그토록 처참하게 대한 것은 권력 남용이었다. 그때까지 위제는 자신이 때리는 사람이 어느 정도 인물인지 안중에도 없었을 것이다.

범저는 그렇게 넋놓고 죽음을 기다릴 사람이 아니다. 그가 얻어맞다 꾀를 내어 죽은 척하자 사람들이 그의 축 처진 몸을 멍석에 둘둘 말아서 변소에 두었다. 그날 빈객 중 술에 취한 이들이 돌아가며 범저에게 오줌을 눴다. '첩자로 의심된 이'에게 치욕을 안겨서 뒷사람을 징계해 망령된 말을 하는 이가 없도록 한다는 이유였다. 죄도 없이 얻어맞고 끔찍한 치욕을 당한 범저의 마음이 어떠했을지 미루어 짐작된다. 이때 까지 수가든 위제든 앞으로 벌어질 일을 상상도 하지 못했을 것이다. 그들은 범저란 인물을 파악할 안목이 없었을 것이다. 인기척이 없을 때 범저가 지키는 사람을 회유했다.

"공께서 저를 탈출시켜주시면 저는 반드시 후하게 갚겠습니다."

범저가 불쌍했는지 아니면 정말 보상을 바라서였는지 지킴이는 범저의 청을 들어주었다. 그는 위제에게 가서 말했다.

"멍석 안에 있는 시체를 갖다 버리겠습니다."

위제는 술에 취해 별 생각 없이 승낙했다. 술에 취했다 하더라도 사람을 때려죽이고 버리라고 했다는 것 또한 선뜻 납득이 되지 않는다. 비록 정권을 잡고 있는 자라 하여도 지나치게 안하무인 격이다. 그러나 그 덕에 범저는 호랑이 굴을 벗어난다. 술이 깬 위제가 후회하며 시체를 확인하고자 했지만 찾지 못했다.

당시 위나라 사람 정안평鄭安平이 이 소식을 듣고 드디어 범저를 데리고 도망쳐 엎드려 숨어 지냈는데, 발각될까 두려워 범저의 성명을 바꾸어 장록張祿이라 불렀다. 정안평이 뜬금없이 범저를 보살폈을 리는 없고 아마도 친구였으리라. 이렇게 범저가 위나라에서 죄인 아닌 죄인으로 숨어 살 무렵 진 소왕은 알자謁者 왕계王稽를 위나라에 사신으로 보냈다. 그러자 정안평은 사졸로 신분을 속여 왕계를 모셨다. 왕계가 물었다.

"위나라에 함께 서쪽으로 가서 유세할 만한 현명한 이가 있습니까?"

정안평이 대답했다.

"신의 동리에 장록 선생이라는 이가 있는데 군을 뵙고 천하의 일을 말씀드리고자 합니다. 하지만 그이에게는 원수진 사람이 있어 감히 낮에는 뵐 수 없습니다."

왕계가 말했다.

"그럼 밤에 함께 오도록 하오."

이리하여 정안평은 밤중에 문제의 '장록'을 데리고 와서 왕계를 만났다. 막상 만나보니 범저의 대답은 막힘이 없었다. 왕계는 그가 상당한 사람임을 알아보고 왕에게 선보일 생각을 했다.

여기서 잠깐 알자가 어떤 위치에 있는 사람인지 생각해보자. 알자는 글자 그대로 왕의 심부름꾼이다. 후대의 알자는 대체로 환관이었지만 전국시대 당시에도 환관이었는지 알 수 없다. 중요한 것은 그가 왕의 사적인 심부름꾼이라는 것이다. 왕계가 말했다.

"선생은 삼정三亭의 남쪽에서 저를 기다리십시오."

이렇게 왕계는 진으로 데려간다고 사적으로 약속하고 떠났다. 과연 왕계는 위나라를 떠날 때 지나가다가 범저를 태워 진으로 들어갔다.

그러나 당시 진의 위염은 백기를 등용하여 산동의 나라들을 치는 데 집중할 뿐 유세가들을 들이려 하지 않았다고 한다. 말로 국제정세를 바꿀 수 없다는 객관적인 판단 때문일까? 아니면 왕은 유세가가 필요하나 위염이 막은 것일까? 위염은 법가적 유세가들의 특성을 꿰고 있었을 것이다. 그들은 외교에서 큰 역할을 하기는 하지만, 대개 박힌 돌을 뽑는 굴러온 돌이다. 어떤 유세객이든 대개 왕의 신임을 등에 업고 이미 자리를 잡고 있는 세력을 치면서 성장한다. 그 성향은 능력이 클수록 더했다. 바로 상앙이 그런 인물이었다.

범저를 태운 수레가 호湖에 이르렀을 때 차기車騎가 서쪽에서 오는 것이 보였다. 범저가 물었다.

"저쪽에서 오는 이는 누구입니까?

왕계가 답했다.

"진나라 재상 양후가 동쪽으로 현읍을 돌아보고 있소이다."

여기서 우리는 세상에 그런 우연이 어디 있냐는 식으로 묻지는 말자. 한漢나라 시절 그런 이야기들이 퍼져 있었다는 것이 더 중요하다. 범저는 예리한 사람이다. 또한 야망이 있는 사람이다. 양후 위염은 앞으로 그의 목표물이 될 터인데, 여기서 만나 먼저 그의 먹이가 될 리 없다. 범저가 말했다.

"제가 듣기로 양후가 진나라 권력을 오로지하여 제후의 빈객들이 들어오는 것을 싫어한다 하니 저를 욕보일까 두렵습니다. 저는 수레 안에 숨는 것이 좋겠습니다."

과연 얼마 후 위염이 와서 왕계의 노고를 치하하는 차에 수레를 세우고 말했다.

"관동에 무슨 변동이 있소?"

"없습니다."

"알군께서 제후들의 빈객을 데리고 함께 오는 것은 아니시지요? 무익한 일이오. 단지 남의 나라를 어지럽힐 뿐이오."

왕계가 변명했다.

"감히 데려오지 않았습니다."

이리하여 위염 일행은 곧 떠났다. 왕의 알자인 왕계가 감히 위염에게 거짓말을 하는 것을 보면 진 소왕은 위염의 통제 밖에 있는 동쪽의 인재에 목말랐던 것일까? 범저가 다시 말했다.

"듣기로 양후는 지혜로는 사람이라더니 일 처리가 둔하군요. 방금 수레 안에 사람이 있는지 의심하더니 수색하는 것은 잊는군요."

이렇게 말하고 범저는 수레에서 내려 달아나며 말했다.

"분명 이 일을 후회하고 있을 것입니다."

범저를 태웠던 수레가 다시 10리를 가자 정말 양후가 보낸 기병이 돌아와 수레를 수색했지만 빈객이 없자 돌아갔다. 이리하여 왕계는 드디어 범저와 함께 함양으로 들어갔다. 사신으로 갔다 온 일을 보고하는 차에 왕계는 왕에게 말을 넣었다.

"위나라에 장록 선생이라는 이가 있는데 천하의 변사입니다. 말하기를 '진왕의 나라는 계란을 쌓아놓은 것처럼 위태롭지만 나를 얻으면 안정될 것이다. 허나 글을 넣어 전할 방도가 없다'고 합니다. 그러기에 신이 그를 태우고 왔습니다."

진 소왕은 이 말을 그대로 믿지 않고 빈사에 머물도록 하되 험한 음식만 대접했다. 장록이 대단한 사람이라는 것을 믿지 않았지만 자기가 쌓아놓은 계란 위에 있다는 것을 믿지 않은 것은 아니리라. 이리하여 범저가 명을 기다린 지 한 해를 넘겼다. 잠깐 이 부분에 해당하는 열전의 설명을 그대로 옮기면 이렇다.

때는 소왕이 선 지 36년 되는 해로써, 이전에 남으로 초의 언과 영을 뽑았고, 회왕을 억류하다 죽게 했으며, 동쪽으로 제를 격파하고 여러 차례 삼진을 궁지로 몰아넣은지라 자신이 있어 천하의 변사들을 싫어하여 믿지 않았다. 양후와 화양군華陽君은 소왕의 어머니 선태후의 동생이고, 경양군과 고릉군은 모두 소왕의 동모 소생 동생들이었다. 양후가 재상이 되고 나머지 세 사람이 돌아가며 장군이 되어 봉읍을 받았다. 태후가 있는 까닭에 그들 사가의 재산은 왕실을 넘어섰다. 당시 양후는 진의 장군이 되어 한과 위를 넘어 제나라의 강綱과 수壽를 공격하여 자신의 봉지인 도陶를 넓히고자 했다.

다시 물어보자. 변사들을 믿지 않은 이는 왕인가, 아니면 태후나 위염인가? 분명 태후와 위염이다. 왕은 왕권을 안정시킬 수 있는 이라면 외국인이라도 좋았다. 그러나 지금은 태후와 위염이 진나라 왕실의 주인이었다. 왕은 자신의 지위를 되찾아줄 이를 학수고대했지만 어머니와 외삼촌의 서슬이 두려워 어찌할 도리가 없었을 뿐이다. 과연 범저를 받아들일 것인가?

이제 기다리다 지친 범저가 글을 올려 유세했다. '내가 헛말을 한다면 죽이면 될 것 아닌가, 더 이상 기다리게 하지 말라'면서 간절히 기회를 얻고자 하는 범저의 첫마디가 절절하다.

신이 듣기로 밝은 군주가 정치를 할 때는 공이 있는 이는 반드시 상을 받고 능력이 있는 이는 반드시 벼슬을 얻으며, 크게 노고한 이는 녹이 두텁고 공이 많은 이는 작위가 높으며 대중을 다스릴 능력이 있는 이는 그 벼슬도 크다 했습니다. 그러므로 능력이 없는 자가 감히 직을 맡지 못하고 능력이 있는 이가 가려져 은폐되는 일도 없다고 합니다. 신의 말씀이 가하다 생각하시면 말대로 행하시어 더욱 그 길(왕의 도)을 이롭게 하시고, 신의 말씀이 불가하다 여기시면 신을 오래 머물도록 할 까닭이 없습니다. 전하는 말에 "용렬한 군주는 아끼는 이에게 상을 주고 미워하는 이에게 벌을 주지만 밝은 군주는 그렇지 않아 상은 반드시 공이 있는 이에게 주고 형은 반드시 죄가 있는 이에게 내린다"고 합니다. 지금 신의 가슴은 과녁이 되기도 부족하고 허리는 도끼를 기다리기도 부족한 천한 몸인데 어찌 감히 확신 없는 일로 왕을 시험하겠사옵니까? 비록 신이 천한 사람이라 치욕을 가벼이 여길지라도 어찌 신을 천거한 사람이 왕의 기대를 저버리지 않음을 믿지 않사옵니까?

이어서 범저는 '진을 강하게 할 인재는 넓은 천하에서 찾아야지 좁은 국내에서 찾아서는 안 된다'고 말한다. 그는 스스로 인재임을 확신했다.

또한 신이 듣기로 '주에는 지액이 있고 송에는 결록이 있고 위에는 현려가 있고 초에는 화박이 있다고 합니다.' 이 네 보물은 모두 땅에서

난 것이나 뛰어난 공인조차 알아보지 못한 것이지만 천하의 이름난 기물이 되었다'고 합니다. 그러니 성왕께서 버린 자들이라고 어찌 국가를 두텁게 하지 못할 자들이겠습니까? 신이 듣기로 "집안을 잘 두텁게 하는 이는 나라 안에서 찾고 나라를 두텁게 하는 이는 제후들 사이에서 찾는다〔善厚家者取之於國, 善厚國者取之於諸侯〕"고 합니다. 천하에 밝은 군주가 있으면 뭇 제후들이 두터워질 수 없다고 하는 것은 왜입니까? 밝은 군주(즉, 진의 군주)가 전권을 휘두르기 때문입니다. 뛰어난 의사는 병자의 생사 여부를 알아차리고 성스러운 군주는 일의 성패에 밝으니, 이로우면 행하고 해로우면 물러나며 의심되면 작은 것으로 시험해봅니다. 이는 순임금이나 우임금이 다시 태어나도 고칠 수 없는 법칙입니다. 중요한 말씀은 신은 감히 글에 올리지 못하겠고 얕은 이야기는 또한 더 이상 들을 가치가 없습니다. 신이 어리석어 왕의 마음에 들지 않은 것입니까? 아니면 망령되이 신을 천거한 이의 신분이 천하여 들어 쓸 수 없는 것입니까? 그런 것이 아니라면, 신은 잠깐 놀이 삼는 시간이라도 얻어서 용안을 우러러뵀으면 합니다. 신의 말씀 중 한 마디라도 효과가 없다면 신은 엎드려 도끼를 청하옵니다.

소왕이 이 글을 읽고 대단히 기뻐 왕계에게 사과하며 수레를 보내 범저를 불러오라 했다. 이리하여 범저는 이궁離宮에서 왕을 알현하기로 했다. 궁에 들자 범저는 일부러 길을 잘못 든 체하며 후궁들이 있는

- 결록, 지액 따위는 모두 이름난 보석이다.

곳으로 들어갔다. 왕이 도착하니 환관이 노하여 범저를 쫓아내며 꾸짖었다.

"왕께서 오시었소."

범저는 짐짓 모른 체하며 대꾸했다.

"진나라에 무슨 왕이 있소? 진에는 태후와 양후만 있을 뿐이오."

물론 이렇게 말함으로써 왕을 진노하게 할 요량이었다. 소왕이 도착하여 범저가 환관과 말싸움을 하는 것을 듣고는 드디어 불러들여 맞으며 사과했다.

"과인은 응당 일찌감치 몸소 선생의 명을 받았어야 하지만, 마침 의거義渠의 일이 급하여 아침저녁으로 태후와 안건을 상의했습니다. 방금 의거의 일이 끝났으니 명을 받겠습니다. 그간 어리석어 불민했으나 이제 공손히 주인과 손님의 예를 행하고자 합니다."

이 시리즈에서 자주 언급되는 의거는 진나라 서방의 이민족으로 끊임없이 진과 공방을 주고받았다. 왕의 간곡한 청을 받았으나 범저는 짐짓 사양했다. 그는 지금 왕의 심중에 있는 우환을 제거하려고 한다. 그러나 그것은 감히 떠돌이 유세객이 쉽사리 입에 올릴 일이 아니었기에 뜸을 들일 필요가 있었다.

그럼에도 왕은 집요했다. 이날 범저가 왕을 알현하는 것을 목격한 여러 신하들 중 두려워 안색을 고치지 않은 이가 없었다고 한다. 왕은 그토록 간절했던 모양이다. 소왕이 좌우를 물리치니 궁중이 비어 사람이라곤 없었다. 소왕은 급기야 무릎을 꿇고 간청했다.

"선생께서는 다행히 과인에게 무엇을 가르쳐주시렵니까?"

범저가 "그게, 그게……" 하며 얼버무리자, 진왕은 다시 청했다.

"선생께서는 제게 무엇을 가르쳐주시렵니까?"

범저는 여전히 "그게, 그게" 하며 머뭇거리기를 세 번이나 했다. 그러자 소왕이 무릎을 꿇은 채 애원했다.

"선생은 불행히 기어이 과인에게 가르침을 주시지 않으시렵니까?"

드디어 범저가 대답했다.

"감히 대답을 드리지 않는 것이 아닙니다. 신이 듣기로 옛날 강태공여상이 문왕을 만날 때 그는 위수에서 물고기를 잡는 어부에 불과했습니다. 그 까닭은 서로 교류가 없었기 때문입니다. 그러나 유세를 하자 곧 태사가 되어 함께 수레를 타고 돌아왔으니 이는 그 말에 깊이가 있었기 때문입니다. 이리하여 문왕은 바야흐로 여상의 공을 받아들여 결국 천하의 왕이 되었습니다. 만약 문왕이 여상을 멀리하여 깊이 이야기를 나누지 않았다면 주가 천자의 덕을 펼칠 수 없었을 것이고 문왕와 무왕은 더불어 왕업을 이루지도 못했을 것입니다. 지금 신은 나그네 신하〔羈旅之臣〕라 왕과 교분도 없는데, 말하고자 하는 바는 모두 군주의 일을 바로잡는 것이고 남의 골육지친骨肉之親 사이에 끼어든 형세입니다. 어리석은 충성을 다하고자 하나 아직 왕의 심중을 모르고 있습니다. 이런 까닭에 세 번 물어와도 감히 대답하지 못한 것이지, 두려워서 감히 말씀드리지 못한 것은 아닙니다. 신이 오늘 앞에서 말씀을 올리고 내일 뒤에서 엎드려 죽음을 받는다 한들 신은 감히 피하지 않을 것입니다."

범저는 과연 소왕을 움직일 수 있을까? 앞으로 무서운 이야기를 할 것이지만 범저는 예전의 상앙처럼 단도직입적으로 말하는 인사는 아니었다. 그는 여러 학문을 익힌 상당한 수준의 문사이자 유세가였으므로 그 서론은 대단히 길다. 하지만 서론 또한 유세의 일부분이다.

대왕께서 신의 말씀을 믿고 행하신다면 죽음도 걱정거리가 될 것이 없고 망명하는 것도 우려할 바가 아니며, 온몸에 칠을 하여 문둥이가 되고 머리를 풀어 헤쳐 미치광이가 된들 치욕이 되지 않을 것입니다. 오제五帝처럼 성스러운 이도 죽었고 삼왕三王 같은 어진 이도 죽었으며 오백五伯 같은 현명한 이도 죽고 오획烏獲이니 임비任鄙 같은 역사도 죽었고 성형과 맹분孟賁, 왕자 경기와 하육夏育 같은 용맹한 이도 죽었습니다. 사람이란 본시 죽음을 벗어날 수 없으니, 어차피 죽을 목숨이 진에 조그마한 도움이라도 줄 수 있는 것이 신이 그토록 바라는 바인데 더 무슨 걱정이 있겠습니까? 오자서는 자루에 숨어 소관昭關을 나서 밤에는 걷고 낮에는 엎드려 있다가 능수陵水에 이르렀고, 입에 풀칠할 것이 없어 기어다니고 머리를 조아리고 옷을 풀어 배를 두드리고 피리를 불며 오나라 시장에서 음식을 구걸했지만 결국 오나라를 일으켜 합려를 패자로 만들었습니다. 신이 오자서처럼 지모를 다 펼칠 수 있도록 해주신다면 감옥에 갇혀 종신토록 다시 세상을 못

본다 할지라도 기꺼이 그리할 것인데 신이 더 무슨 걱정이 있겠습니까? 기자箕子와 접여接輿(초나라의 은자 접여)는 몸에 칠을 하고 문둥병자가 되어 머리를 헤치고 미치광이가 되었지만 결국 그 임금에게 도움을 주지 못했습니다. 만약 신이 기자처럼 행하더라도 현명한 군주를 보좌할 수 있다면 신에게 커다란 영광인데 신에게 무슨 치욕이겠습니까? 신이 두려워하는 바는 오직 신이 죽은 후 천하 사람들이 신이 충성을 다했으나 죽음을 맞은 것을 보고 입을 막고 발을 싸서 진으로 들어가려 하지 않는 것뿐입니다.

범저는 도대체 무슨 말을 하려기에 이렇게 서론이 긴 것일까? 그는 본론을 말하기 전에 먼저 왕의 가려운 곳을 긁는다. 당신이 과연 왕인가? 진의 진짜 왕은 양후이고 그 후원자는 태후가 아닌가? 급기야 범저는 감히 소왕을 강보에 싸인 어린아이 취급한다.

족하께서 위로 태후의 엄함을 두려워하시고 아래로는 간신들의 아첨에 미혹되어 깊은 궁궐에 거하면서 근신들의 손아귀를 벗어나지 못하시고 끝끝내 미혹되어 간사한 이들을 가려내지 못한다면 크게는 종묘가 무너져 짓밟힐 것이오, 작게는 일신이 외롭고 위태로워질 것인즉, 신은 이를 두려워할 뿐, 궁해지고 욕을 보는 것이나 죽고 도망치는 우환 따위는 두렵지 않사옵니다. 신이 죽어 진이 잘 다스려지기만 한다면 죽는 것이 사는 것보다 낫습니다.

범저는 무슨 까닭으로 진에 그토록 충성하려 하는가? 범저 또한 여느 유세가처럼 겉과 속이 다른 무리가 아닐까? 그럼에도 소왕은 여전히 무릎을 꿇고 말했다.

선생께서는 어찌 그런 말씀을 하십니까? 진나라는 이렇게 편벽하고 먼 곳에 있고 과인은 어리석고 못났는데 선생께서 다행히 욕되이 이곳에 오셨으니 이는 하늘이 과인으로 하여금 선생을 욕보이어(즉, 일을 맡겨) 선왕의 종묘를 보존토록 한 것입니다. 과인이 선생께 명을 받은 것은 하늘이 선왕을 아껴 고아(소왕 자신)를 버리지 않은 것인데, 선생께서는 어찌 그런 말씀을 하십니까? 위로는 태후, 아래로는 대신에 이르기까지 작은 일이든 큰일이든 선생께서는 모조리 가르쳐주시고, 과인을 의심하지 말아주십시오.

소왕이 정말 이런 태도로 범저를 대했다면 그 또한 범상치 않은 인물이다. 범저가 절을 하자 소왕 또한 재배했다. 범저가 드디어 입을 연다. 진의 자산이 얼마나 큰가? 그럼에도 아직까지 이리저리 싸우면서도 대망을 바라지 못하는 까닭은 무엇인가? 지금껏 양후가 추진하던 계책은 틀렸기 때문이다.

"대왕의 나라는 사방이 요새가 견고하게 받치고 있으니, 북으로 감천甘泉과 곡구穀口가 있고, 남쪽은 경수와 위수로 둘렀으며, 오른쪽(서쪽)은 농과 촉이 있고, 왼쪽(동쪽)은 관(함곡관)과 판(효판殽阪)이 있으며, 분격奮擊 100만에 전차 1000승이 있으니 유리하면 나가서 치고 불리하면 들어와 지키면 되니 이는 왕자의 땅입니다. 백성은 사사로운 싸움을 두려워하되 공적인 전투에서는 용감하니 이는 왕자의 백성입니다. 왕께서는 이 둘을 함께 갖추셨습니다. 대저 진나라 군대의 용맹함과 차기車旗의 많음을 가지고 제후들을 다스리는 것은 비유하자면 명견 한로韓盧를 부려 절름발이 토끼를 잡는 격이니 패왕의 업을 이룰 수 있습니다. 허나 군신들이 소임을 감당하지 못하여 지금 관을 닫아건 지 15년인데 감히 군대를 몰아 산동을 도모하지 못한 것은 양후가 진을 위해 도모함이 불충하고 대왕의 계책 또한 틀린 점이 있었기 때문입니다."

왕이 여전히 무릎을 꿇고 말했다.

"과인은 제 잘못을 듣고자 합니다."

물론 15년 동안 관을 닫아걸었다는 등의 언사는 사실이 아니다. 관행적으로 쓰는 말이거나 기존의 여러 유세들과 뒤섞였을 것이다. 일단 이런 사소한 문제는 접어두자. 소왕은 다급했다. 그러나 좌우에 몰래 듣는 이들이 많아서 범저는 두려워하며 바로 내정을 이야기하지 못하고 먼저 외정을 이야기하며 왕의 반응을 살폈다.

드디어 원교근공의 윤곽이 서서히 드러난다. 왕이 이토록 간절하니 유세의 판은 마련된 셈이다. 이제 범저는 무슨 이야기를 할 것인가?

2. 가깝고 약한 나라부터 공략한다

열전을 통해 범저의 원교근공책을 면밀히 검토하기 전에《전국책》〈진책〉에 나오는 의미심장한 기사 하나를 읽어보자. 알다시피 기원전 271년에 양후 위염이 제나라의 강과 수를 쳤다. 이것이 범저의 공격을 받은 직접적인 이유다. 그런데 그때 위염이 연나라를 이용하려 한 정황이《전국책》〈진책〉에 나온다. 진이 연왕을 가볍게 보고 부리려 했다는 기사는 다른 곳에도 나오지만 연 또한 무턱대고 진을 섬길 마음은 없었다. 진이 연을 부렸는지는 확실하지 않지만 위염이 진 소왕에게 얼마나 껄끄러운 존재였는지는 분명하게 드러난다. 위염 곁에는 백기 등 뛰어난 장군들이 몰려 있었다. 군대를 휘두르던 그가 언제 마음을 바꿀지 누가 아는가? 위염의 마음이 어떤지는 모르지만 옆에서 부추기는 사람들이 수두룩했을지도 모른다. 그러기에 이런 기사가 만들어졌을 것이다. 먼저《전국책》〈진책〉의 내용을 살펴보자. 객경 조造(《사기》〈진본기〉의 객경 조竈)가 양후에게 말했다.

> 진이 군을 도陶 땅에 봉하고 천하의 일을 맡긴 지 수년입니다. 제나라를 공격하는 일을 완성하면 도 땅은 만승의 나라가 되니, 자그마한 나라들의 우두머리가 되어 이들을 이끌고 천자를 알현하면 천하가 모두 군의 말을 따를 것인즉, 이것이 오백五伯이 한 일입니다. 제를 공격하는 일이 성공하지 않으면 도는 이웃 나라의 걱정거리가 되어 의지할 바가 없이 존망의 기로에 섭니다.

멀리 있는 봉지 도를 넓혀서 작은 나라들의 우두머리가 된다? 이는 형세상 가능한 일이다. 그러나 왕도 아닌 위염에게 천자를 받들어 오백의 반열에 오르라 하는 것은 지나치지 않은가? 객경 조는 연을 끌어들이라 한다.

군께서 제나라 공벌을 완수하고 싶으시다면 사람을 시켜 연나라 상국에게 이렇게 말씀하십시오. "성인이라도 때를 만들 수는 없고 때가 이르면 잃지 않을 따름입니다. 순임금이 현명하다 한들 요임금을 만나지 못했다면 천하를 얻을 수 없었을 것이고, 탕왕과 무왕이 현명했던들 때를 만나지 못했다면 제왕이 될 수 없었습니다. 지금 제를 공격하는 것이 군께 큰 때입니다. 천하의 힘에 기대어 원수 제나라를 쳐서 (연) 혜왕의 치욕을 갚고 (연) 소왕의 공을 완수하여 천하의 해악을 제거하는 것이 바로 연나라의 장구한 이익이요 군께서 큰 이름을 이루는 것입니다.

《서》에서 이르길 '덕을 세울 때(즉, 베풀 때)는 많을수록 좋고, 해를 제거할 때는 뿌리까지 뽑는 것이 최선'이라 합니다. 오는 월을 멸망시키지 않았다가 월에게 망했고, 제는 연을 멸망시키지 않아서 연에게 망했습니다. 제가 연에 망하고 오가 월에 망한 것은 병을 없애면서 뿌리까지 뽑지 않았기 때문입니다. 이 기회에 군께서 해를 제거하고 공을 완수하지 않으면, 우리 진에 변고가 생겨 (방향을 바꾸어) 제를 따르고 제가 조와 합치면 분명 군을 심히 원수로 대할 것입니다. 그리하여 군의 원수(제와 조, 특히 제)를 끼고 귀국 연을 친다면, 그때 가서 후회해도 어쩌할 방법이 없습니다. 군께서 연의 군대를 모두 끌고 바로 들이치면 천하가 마치 아비의 원수를 갚듯 군을 따를 것입니다. 실로 제를 망하게 할 수 있다면 군을 하남에 봉하여 만승을 갖도록 할 것이니, 그러면 군의 봉지는 중국으로 통하고, 남으로는 저의 도 땅과 이웃할 것이니 세세토록 우환이 없을 것입니다. 군께서는 오로지 제를 공격하는 데 집중하시고 다른 걱정은 하지 마소서"라고 말입니다.

당대의 천하는 정말 장사꾼의 논리가 지배하고 있었다. 진이 제를 공격할 때 연이 온 나라를 기울여 도와준다면 뇌물로 연의 상국에게 황하 남쪽의 제나라 땅을 준다는 것이다. 하남 땅은 도(위염의 봉지)와 인접하니 위염 자신이 망하지 않는 한 안전할 것이라는 이야기다.

운이 좋아 연나라를 이용해 제나라를 얻으면 그것이 위염의 땅이 될 것인가 진왕의 땅이 될 것인가? 위염의 땅이 될 것이다. 위염은 도움을 받은 이들에게 제나라 땅을 떼어 주는 한편 자신의 영지인 도를 크게 넓힐 것이다. 지금 그가 데려온 진의 군대까지 부리고 있으니 누가 그를 막을 것인가? 정말 객경 조가 저런 유세를 했는지 알 수 없다. 그러나 당시에 그랬다고 유추하는 사람들이 많았다는 점이 중요하다. 이제 《사기》〈범저채택열전〉으로 돌아가서 범저가 어떻게 위염을 공격하는지 살펴보자.

한과 위를 넘어서 제의 강과 수를 공격한다는 양후의 계책은 틀렸습니다. 군대를 적게 내면 제나라에 타격을 주기에 부족하고 많이 내면 우리 진에 타격이 옵니다. 신이 보기에 왕께서는 진의 군대를 적게 내고 한과 위의 군대를 다 쓰려 하시는데 이는 옳은 일이 아닙니다. 지금 동맹국(제나라)과 사이가 좋지 않다고 남의 나라를 넘어서까지 치는 것이 될 말입니까? 이 계책은 너무 엉성합니다. 예전에 제나라 민왕이 남으로 초를 공격하여 군대를 깨고 장수를 죽이고 이어 1000리의 땅을 개척했지만 결국 한 자의 땅도 얻지 못했는데, 이것이 어찌 땅을 얻기 싫어서 그런 것이겠습니까? 형세상 땅을 유지할 수 없었기 때문입니다.

범저는 바로 그 지점을 공격한다. 먼저 치는 것이 옳은가? 옳다면 땅을 얻을 수 있겠는가? 양보해서, 만일 땅을 얻는다면 보유할 수 있겠는가? 더 양보해서, 얻은 땅은 누구의 것이 될 것인가? 이어서 그는 국경을 마주한 삼진을 살찌우면 화가 다가온다고 말한다. 제 민왕이 실패한 이유가 바로 그것이라 한다.

제나라가 피폐하고 군신이 불화한 것을 보자 제후들이 군대를 일으켜 제를 대파했습니다. 군대는 치욕을 당하고 병기는 둔해지자 모두 왕을 비난하며 말했습니다. "누가 이런 계책을 냈습니까?" 왕이 대답하길, "문자文子(맹상군 전문)가 그랬소" 하니, 대신들이 난을 일으켜 문자는 쫓겨났습니다. (제후들이) 제를 공격하여 대파한 것은 제가 초를 쳐서 한과 위를 살찌웠기 때문입니다. 이것이 이른바 적에게 무기를 빌려주고 도둑에게 양식을 갖다주는 것입니다. 그러니 왕께서는 먼 나라와 친교를 맺고 가까운 나라를 공격하는 것〔遠交而近攻〕이 낫습니다. 이리하면 한 치를 얻어도 왕의 땅이고 한 자를 얻어도 왕의 땅이 됩니다. 지금 이 방책을 버리고 먼 나라를 공격하는 것이 어찌 그릇된 것이 아니겠습니까? 또 옛날 중산은 사방 500리의 나라였는데, 조나라가 혼자 삼켜서 공을 이루고 이름을 세우고 이익을 차지했지만 천하는 어찌할 도리가 없었습니다.

이전에 초나라 춘신군 황헐이 한 유세와 비슷하지 않은가? 양후가 초를 치고 제를 치면 삼진이 강해진다. 삼진은 믿을 수 없다. 맹상군은 초를 치다 오히려 쫓겨났다. 그렇다면 진나라의 맹상군은 누구인가? 바로 위염이 아닌가. 이렇게 범저는 말 속에 슬쩍 뼈를 숨겨두었다. 그는 장거리 원정 대신 원교근공을 강력하게 주장한다. 그것이 실리다. 다음은 매우 중요하고 또 논란의 여지가 있는 내용이므로 그대로 옮겨보자.

"지금 한과 위는 중국(중원)에 자리를 잡고 있으니 천하의 중추입니다. 왕께서 패자가 되시려면 반드시 중국의 나라와 가까이하여 천하의 중추로 삼고, 이로써 초와 조를 위협해야 합니다. 초가 강하면 진은 조에 붙고 조가 강하면 초에 붙는데, 초와 조가 함께 붙어오면 제는 분명 두려워할 것입니다. 제가 두려워하면 분명 말을 낮추고 많은 폐물을 갖추어 진을 섬길 것이고, 제가 붙어오면 한과 위는 포로로 만들 수 있습니다."

소왕이 대답했다.

"과인이 위와 친하고자 한 지 오래이나 위는 변화무쌍한 나라이니 친할 수가 없었습니다. 어쩌하면 친할 수 있을까요?"

범저가 대답했다.

"왕께서 말을 낮추고 폐물을 중하게 하여 저들을 섬기시지요. 안 되면 땅을 떼어 뇌물로 주십시오. 그래도 안 되면 군대를 내어 치십시오."

소왕이 대답했다.

"과인은 공손히 명을 받겠습니다."

이에 범저를 객경으로 삼아 군대의 일을 의논하고, 결국 범저의 계책을 받아들여 오대부 관綰으로 하여금 위를 치게 하여 회懷를 뽑고, 두 해 뒤에 형구邢丘를 뽑았다.

객경 범저가 다시 소왕에게 유세했다.

"진과 한의 지형을 보면 마치 천의 수처럼 서로 엮여 있습니다. 진에게 한은 비하자면 나무에 좀벌레가 있는 것과 같고, 사람의 심장과 뱃속에 병이 있는 것과 같습니다. 천하에 변고가 없으면 다행이나 천하에 일이 생기면 우리 진에 한보다 더 큰 화근이 어디 있겠습니까? 왕께서는 한을 거둬들이는 것이 좋습니다."

소왕이 말했다.

"과인도 실로 한을 거둬들이고 싶지만 한이 말을 듣지 않으니 어쩌하면 좋겠습니까?"

범저가 대답했다.

"한이 말을 안 듣고 배기겠습니까? 왕께서 군대를 내보내 형양을 치면 공鞏과 성고로 이어지는 길이 끊어지고, (이어서) 북쪽으로 태행도를 치면 상당의 군대가 내려오지 못합니다. 이렇게 왕께서 군대를 한 번 일으켜 형양을 치면 저 나라는 세 조각으로 나뉩니다. 한이 반드시 망할 지경이 되면 어찌 말을 듣지 않겠습니까? 한이 말을 들으면 패업을 노릴 만합니다.”

소왕이 대답했다.

“좋습니다.”

그리고 한에 사신을 보내고자 했다.

상당히 어려운 내용이므로 원문을 찬찬히 해석할 필요가 있겠다. 독자들은 일단 위 인용문을 반복해서 읽어주시라. 《사기》〈범저채택열전〉에 나오는 이 대화의 저본은 《전국책》〈진책〉인데 양쪽의 내용이 미묘하게 다르다. 또한 열전에는 오해의 소지가 있는 문구들이 몇 개 들어가거나 빠져 있다. 필자는 사마천이 몇 가지를 오해했다고 생각한다. 원교근공의 본 의미를 이해하기 위해서는 두 글을 비교해볼 필요가 있다.

먼저 “초가 강하면 진은 조에 붙고 조가 강하면 초에 붙는데, 초와 조가 함께 붙어오면 제는 분명 두려워할 것입니다. 제가 두려워하면 분명 말을 낮추고 많은 폐물을 갖추어 진을 섬길 것이고, 제가 붙어오면 한과 위는 포로로 만들 수 있습니다[楚彊則附趙, 趙彊則附楚, 楚趙皆附, 齊必懼矣. 齊懼, 必卑辭重幣以事秦. 齊附而韓魏因可虜也]”라는 열전의 구절은 《전국책》〈진책〉에는 “조가 강하면 초가 (우리에게) 붙고, 초가 강하면 조가 붙어올 것이니, 초와 조(둘 중 하나라도)가 붙으면 제는 분명 두려워할 것이고, 두려워하면 말을 낮추고 폐물을 크게 갖춰 진을 섬길 것입니다. 제가 붙어오면 한과 위는 폐허로 만들어버릴 수(비워버릴 수) 있습니다[趙彊則楚附, 楚彊則趙附. 楚趙附則齊必懼, 懼必卑辭重幣以事秦, 齊附而韓魏可虛也]"로 되어 있다. 필자는《전국책》〈진책〉의 내용이 옳다고 본다. 진이 위와 한을 끌어들이면 초와 조가 서로 눈치를 보다가 약한 쪽은 진에 붙는다는 뜻이다. 반면《사기》의 논리는 정확성이 부족하다. 진이 굳이 왜 약한 쪽에 붙는단 말인가? 또한 진이 둘 중 약한 쪽에 붙으면 강한 쪽도 따라서 진에 붙는 필연적인 이유가 있는가? 그러므로 논리적으로 보아, 진이 중원을 장악하면 조와 초 둘 중 약한 쪽이 두려워 먼저 붙을 것이라는 이야기다.

두 번째로, "결국 범저의 계책을 받아들여 오대부 관으로 하여금 위를 치게 하여 회懷를 뽑고, 두 해 뒤에 형구邢丘를 뽑았다. 객경 범저가 다시 소왕에게 유세했다[卒聽範睢謀, 使五大夫綰伐魏, 拔懷, 後二歲, 拔邢丘. 客卿範睢複說昭王曰……]"는 구절을 보자.《전국책》〈진책〉에는 "이리하여 군대를 내어 형구를 공격했고, 형구를 뽑아내니 위나라가 붙어왔다. 범저가 말했다[於是擧兵而攻邢丘, 邢丘拔而魏請附. (範睢)曰……]"로 되어 있다.《사기》〈육국연표〉에는 "기원전 268년 진이 위의 회를 공략하고 2년 후 늠구廩丘(물론 형구일 것이다)를 공략했다"고 나와 있다.

사마천은 역사적인 사실을 감안해 "두 해 뒤"라는 문구를 넣어《전국책》〈진책〉의 내용을 보완했다. 그러나 어쩐 일인지 위가 붙어왔다는 이야기를 생략했다. 필자가 보기에 바로 이 생략 때문에 오해가 생겼다. 열전에 이어지는 범저의 유세가 마치 형구를 뽑아낸 이후, 즉 위를 공략한 한참 후에 진행된 것처럼 보이기 때문이다. 그러나 원래《전국책》〈진책〉의 이야기는 하나로 이어져 있다.《전국책》〈진책〉의 내용을 보면 분명 범저는 위와 한을 동시에 이야기하고 있다.

범저가 위나라를 먼저 이야기하고 다음에 한나라를 이야기하는 것은 원교근공을 이해하는 데 매우 중요하다. 우선 지도를 검토해야 한다. 당시 진은 안읍을 차지하고 하동군을 두었으므로 당장 국경을 마주한 나라는 위가 아니라 한이다. 그러므로 가장 먼저 공격할 대상은 한이다. 범저가 먼저 위를 끌어들이자고 하는 이유는 무엇인가? 바로 한을 완전히 고립시켜 접수[收]하기 위해서다. 문맥상 한을 공격하기 위한 사전 작업으로 위를 이야기하는 것인데, 위를 공략하고 두 해나 기다린 후에 한에 대한 이야기를 다시 할 리가 없다. 사마천이 편집하면서 오히려 의미를 복잡하게 만들었다. 이는 앞으로 범저가 하는 행동으로 검증할 수 있다. 범저는 줄기차게 먼저 한을 공격해서 거의 나라가 망할 지경으로 만든다. 이것이 다음 장에서 이야기할 장평의 싸움이 벌어진 이유다. 위는 실제로 겁을 먹어 붙어왔고 한은 고립되었다.

사실 이 이야기는 아주 복잡하고 아무리 보아도《전국책》〈진책〉조차 순탄하게 읽히지 않는데, 분명 착간이 있었을 것이다. 포표鮑彪마저 〈진책〉의 이 부분에 주를 달면서 이렇게 불평했다.

원교근공, 범저의 대책이 옳다. (그러나) 말을 마치기도 전에 (위와) 친하자 하고, 이미 친한 후에 다시 공격하자 하니 잠깐 말하는 사이에

(논리가) 어긋나고 어지러움이 이러하니, 군주에게 도대체 어떤 길을 따르라는 말인가? 어떤 대책이 상책이고 어떤 대책이 하책이라 해야 마땅할 것이다〔遠交近攻, 雎之策當矣. 語未卒而復欲親之, 旣親之又欲伐之, 立談之間, 矯亂如此, 使人主何適從乎? 若曰某策爲上, 某次之, 其可也〕.

합당한 지적이다. 그렇지만 위의 비교와 추정만으로도 원교근공의 의미를 명확히 할 수 있다. 범저의 원교근공책은 세 단계로 이뤄져 있다.

먼저 어떤 수를 쓰든 위를 위협하여 한을 고립시킨다. 한을 고립시킨 후 나라를 산산조각 내서 수족으로 부린다. 이것이 제1단계, 중원을 접수하는 것이다.

그다음은 위와 한을 거의 속국으로 부리면서 남북으로 인접한 초와 조를 위협한다. 적어도 둘 중 약한 쪽은 진에 붙을 것이다. 왜 그런가? 말을 듣지 않으면 진이 위와 한을 몰아 공격할 테니까. 위와 한은 북으로 조와 접하고 남으로 초와 접한다. 조와 초 중 더 크게 두려움을 느끼는 쪽이 말을 들을 수밖에 없다. 조와 조 중 한쪽만 진에 붙어도 제는 두려움을 느낀다. 왜 그런가? 제는 조와 황하를 두고 맞서고 있고, 중간에서 캐스팅 보트를 쥐고 있는 연은 진의 눈치를 보고 있다. 제와 조는 현재 진의 위협 때문에 서로 붙어 있지만 조가 진 쪽으로 간다면 제도 진으로 달려갈 수밖에 없다. 초와의 관계도 마찬가지다. 회하淮河 일대를 두고 제는 초와 다투고 있다. 초가 진으로 달려가면 제는 낭패다. 결국 제는 진에 붙을 수밖에 없다. 이것이 제2단계, 제와 결합하는 것이다.

그렇다면 이제 진은 한과 위를 부려 조와 초를 도모할까? 이것은 기

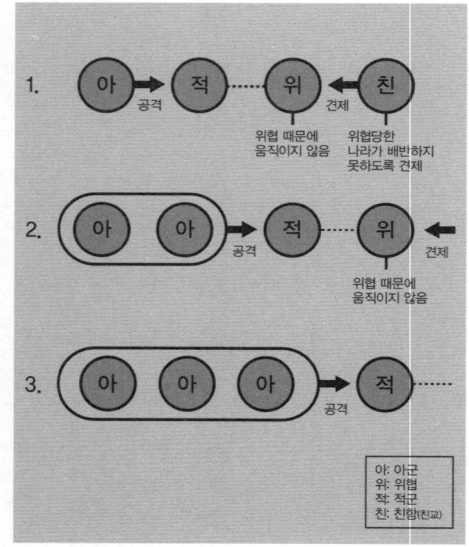

원교근공의 개념. 원교근공은 한 단계가 끝날 때마다 차례대로 쉽게 다음 단계로 복제되는 전략이다. 하지만 이 전략은 어디까지나 공세를 이어갈 때만 쓸 수 있다.

존 위염의 전략이다. 범저는 위염과 달리 다시 처음으로 되돌아간다. 동쪽의 제를 우방으로 얻는 즉시 한을 완전히 끝장내는 것이다. 한을 끝장낸 다음에는 물론 위를 끝장낸다. 위를 끝장내면 조나 초 하나를 골라 끝장낼 텐데, 물론 첫 대상은 조일 것이다. 조를 끝장낸 후 초를, 마지막은 제를 끝장낼 것이다.

원교근공은 무서운 책략이다. 그것이 무서운 이유는 복잡하고 기이하기 때문이 아니라, 오히려 지극히 단순하고 실리에 근거한 판단이기 때문이다. 한 단계가 끝나면 정책의 혼란 없이 그다음 단계로 넘어가도록 설계된 전략이다. 지금 진의 자리에서 정세를 살피면 한이 가장 가깝고 약하다. 그러므로 진은 이리저리 군대를 옮기지 않고 우선 가장 가깝고 약한 쪽을 쳐서 소화한다. 한이 망하면 위, 조, 초, 제 순으로 다시 원교근공의 형세를 되풀이한다. 언제까지? 황해에 닿을 때까지.

위염은 스스로 군대를 부리는 사람이라 싸움에 능했다. 그 또한 합종을 끊어 남북을 나눈 후 친다는 원대한 계획을 가지고 있었다. 그러나 그는 소화하지 못할 땅을 욕심냈고, 또《전국책》〈진책〉에서 보았듯이 '분명 개인적인 욕망이 있다'는 혐의를 받았다. 반면 범저는 개인이 군대를 이끌지 않았지만 판세를 읽는 데는 오히려 능했고, '객客'이라 개인적인 욕심이 있다는 혐의를 덜 받았다. 그는 소화하지 못할 땅은 얻어도 필요가 없다고 생각하는 사람이었다.

범저가 위염보다 능한 점이 하나 더 있다. 그는 전장에서 양측이 격돌하기 전에 적을 먼저 분열시켰다. 간단히 말해 적국의 정책을 결정하는 이들이 범저가 던진 미끼를 물었다는 것이다. 미끼를 문 이들은 질질 끌려 다녔다. 범저는 후방 공략의 달인이었다. 그는 기원전 265년부터 본격적으로 한을 공략하는데, 그 수단이 무시무시하다.《전국책》〈진책〉에 그의 술책이 기록되어 있다. 진이 한을 공격하여 형陘을 포위하고 있는 중이었다. 범저가 소왕에게 말했다.

> 사람을 공략하는 방법이 있고, 땅을 공략하는 방법이 있습니다. 양후가 열 번이나 위를 공격하고도 그들을 상하게 하지 못한 것은 진이 약하거나 위가 강해서가 아닙니다. 바로 땅을 공략했기 때문입니다. 땅은 군주가 심히 아끼는 바이고, 군주는 신하들이 기꺼이 목숨을 바쳐 받드는 이입니다. 군주가 아끼는 바(땅)를 공략하자고 (군주의 총애를 위

해) 죽음을 무릅쓰는 자들(신하)과 싸웠으니 열 번 공격해도 성공하지 못한 것입니다.

이는 무슨 이야기인가? 땅을 공략하려면 군대로 쳐야 하는데 상대방 군주는 결사적으로 그 땅을 지키려 한다. 그 땅을 잘 지켜냄으로써 신하와 군대는 그 존재를 증명한다. 땅을 지키면 신하는 부귀를 얻을 것이고 싸우다 죽으면 그 가문이 살아난다. 그렇다면 무엇을 공략할까? 바로 사람이다.

지금 왕께서 장차 한을 공격하여 형을 포위하려 하시는데, 신은 왕께서 땅만 공략하지 마시고 사람을 공략하기를 원합니다. 왕께서 한의 형을 포위하고 저쪽의 장의張儀*와 협상을 하시지요. 장의의 힘이 강하다면 땅을 떼어 왕께 용서를 빌 것인즉, 몇 번 땅을 떼어 주다보면 한은 거덜납니다.** 만약 장의의 힘이 작다면 왕께서는 장의를 쫓아내고 장의보다 못한 자를 세워서 협상을 하십시오. 그러면 왕께서는 한

• 이전에 활약했던 진의 전략가 장의는 물론 아니다. 동명이인이거나 단순한 오기일 것이다. 혹자는 훗날 유방을 도와 한漢을 세운 장량張良의 아버지 장평張平이라 추정하기도 하지만 알 길이 없다.

•• 원문은 "張儀之力多, 且削地而以自贖於王, 幾割地而韓不盡, 張儀之力少, 則王逐張儀, 而更於不如張儀者市, 則王之所求於韓者, 言可得也"인데 판본마다 차이가 있고 내용이 잘 통하지 않는다. "且削"은 "則割"의 오기일 것이다. 문제는 "幾割地而韓不盡(몇 번 땅을 떼어 줘도 한은 망하지 않는다)"인데, 필자는 불필요한 '不'이 잘 끼어든 것으로 보고 반대로 새겼다. 그러나 포표는 마지막 구절 "말만 하면 얻을 수 있다[言可得也]"를 "전부 얻을 수 있다[盡可得也]"로 보았다. 그렇다면 앞에 '不'이 끼어들었다고 볼 수 없다. 그러나 양자 모두 협상자를 공략하자는 내용은 같다.

에게 얻고자 하는 바는 말만 하면 얻을 수 있습니다.

이는 무슨 이야기인가? 반드시 땅을 얻겠다고 달려들지 말고 공격하는 동시에 상대 진영 안에 딴마음을 품고 있는 이를 찾아내든지, 똑똑한 이를 실각시키고 어리석은 협상 대상자를 자리에 앉히라는 것이다. 협상 대상을 공략하는 것은 그나마 신사적이다. 다음에 밝혀지겠지만 범저는 후방에 돈을 풀어 유세가들을 마음대로 조종한다. 유세가들 중 일급 지사도 있겠지만 싸움을 기회로 한몫 잡자는 이들도 수두룩했다. 유세가뿐 아니라 적국 맞수의 정적을 찾아내어 공략하는 것도 범저의 특기다. 이처럼 전장에서 적을 베는 데는 위염이 강했지만, 음지와 후방에서 싸우는 데는 범저가 위염보다 강했다.

범저의 전략은 다음 장에서 이어가기로 하고 먼저 그가 위염을 완전히 실각시키는 과정을 살펴보자.

3. 범저, 위염을 넘어뜨리다

알다시피 상국 위염은 객경 조를 시켜 제를 벌하여 강과 수를 취하고 봉지를 넓혔다. 《사기》 〈진본기〉에 객경 조가 강과 수를 빼앗아 양후에게 주었다고 명백히 기록되어 있다. 또한 그 이듬해 조나라 알여 공략에 실패한다. 다시 열전으로 돌아가 범저의 유세를 들어보자. 범저는 나날이 왕과 친해져서 몇 년 동안 유세할 기회를 여러 번 얻었다. 드디어 범저는 왕에게 양후를 내치라고 유세한다.

신이 산동에 있을 때 제나라에 전문이 있다는 소리는 들었지만 왕이 있다는 말은 못 들었고, 진에 태후와 양후, 화양군, 고릉군, 경양군이 있다는 소리는 들었지만 왕이 있다는 말은 못 들었습니다. 무릇 나라를 오로지하는 이를 왕이라 부르고, 이익을 주고 해를 줄 수 있는 이를 왕이라 하며, 죽이고 살리는 위세를 가진 이를 왕이라 합니다. 허나 지금 태후는 눈치볼 일도 없이 마음대로 행하고, 양후는 사신을 보내고 왕에게 보고도 하지 않으며, 화양군과 경양군은 사람을 치고 끊으면서 거리낌이 없고, 고릉군은 사람을 들이고 물리면서 왕께 청하지도 않습니다. 무릇 네 귀척을 두고 나라가 위태롭지 않은 적이 없었습니다. 이 네 귀척의 아래 있으니 이른바 왕은 없다고 할 것입니다. 그런즉 어찌 왕의 권위가 기울지 않을 수 있으며, 어찌 명이 왕으로부터 나올 수 있겠습니까?

신이 듣기로 나라를 잘 다스리는 이는 안으로 그 위세를 공고히 하고 밖으로 그 권세를 무겁게 한다 합니다. 양후의 사자는 왕과 같은 무게를 가지고 제후의 일을 결재하며, 천하에 부절을 쪼개어주고(즉, 봉지를 함부로 내리고), 적을 정벌하고 제후국을 치니, 그의 명을 듣지 않는 이가 없습니다. 싸우고 공격해서 얻은 땅은 자기 봉지인 도 땅으로 귀속시키니, 나라는 피폐해져 제후들에게 제어당합니다. 싸워서 지면 백성들과 원수를 지니 화는 사직으로 돌아옵니다. 《시》에서 이르길, "열매가 지나치면 가지가 찢어지고, 가지가 찢어지면 목심이 상하며, 지방의 읍이 커지면 국도가 위험하고 신하가 중해지면 군주가 낮아진다"
고 합니다. 대신 최저가 제나라를 관장하자 왕(제나라 장공莊公)의 허벅
지를 쏘았고, (초나라에서 온) 요치가 전권을 잡자 민왕의 힘줄을 뽑아
대들보에 매달아 하룻밤 만에 죽였습니다. 이태가 조나라를 오로지
하고 주보(무령왕)를 사구에 가두니 100일 만에 굶어 죽었습니다.

범저가 하는 말마다 모두 섬뜩하다. 신하의 화살에 맞아 죽고 매달
려 죽고 굶어 죽은 군주들. 감히 군주의 면전에서 이런 말을 할 수 있는
가? 범저는 '사람의 일은 알 수 없다. 위염의 권세가 그토록 큰데 무슨
일이든 일어날 수 있다. 위염이 바로 최저의 부류다!'라고 말한다.

신이 듣기로, 진에는 태후와 양후가 일을 처리하고 고릉군, 화양군,
경양군이 보좌하며 그예 왕은 없는 셈 치니, 이 역시 요치와 이태의
부류입니다. 저 삼대(하·은·주)가 망한 까닭은 군주가 전권을 내주고
술과 사냥에 빠져 정사를 돌보지 않았기 때문입니다. 전권을 받은 자
는 현명한 이를 시기하고 능력 있는 이를 질투해 아래를 억누르고 위
를 가려 사사로운 욕심을 채울 뿐 군주를 위해 대책을 세우지 않건만
군주는 이를 알지 못했으니 나라가 망한 것입니다. 지금 향관에서 위
로 큰 관리, 그리고 아래로 왕의 좌우에 이르기까지 상국(양후)의 사람
아닌 이가 없습니다. 왕께서 혼자 조정에 서 계신 것을 보며, 신이 가
만히 왕을 위해 걱정하노니 만세 후에 진을 보유한 이는 왕의 손자가
아닐까 두렵습니다.

어지간한 상황이라면 왕은 체면으로라도 범저의 극언을 저지했을 것이다. 그러나 소왕은 다급했다. 이 유세를 듣고 크게 두려워해 당장 범저의 말을 수긍했다.

잠깐 《전국책》〈진책〉으로 옮겨 범저의 유세를 이어서 살펴보자. 범저가 궁중에서 몰래 위염을 공격한 것은 한두 번이 아니었을 것이다. 범저는 갖은 비유를 다 동원해 위염을 공격했다. 용렬한 사람의 참소도 믿는 것이 사람의 심리인데, 벌써 위를 먼저 치고 한을 고립시킨다는 정책의 첫 단계를 멋지게 실행시킨 범저의 말이니 왕은 더욱 끌렸을 것이다. 범저는 줄기차게 외척과 형제들을 내치라고 부추긴다.

왕께서도 항사恒思에 신목神木(神叢)이 있다는 이야기를 들으셨는지요? 항사에 사나운 소년이 하나 있었는데 신목에게 내기를 걸어 말했답니다.

"내가 그대 신목을 이기면 그대가 내게 사흘 동안 신기神氣를 빌려주고, 내가 지면 그대가 나를 묶어라."

이리하여 왼손을 신목이라 하고 오른손을 자신이라 하여 패를 던졌는데, 기어이 이겨서 신목의 신기를 빌렸지요. 그런데 사흘이 지나 신목이 와서 신기를 돌려달라고 했는데 소년은 돌려주지 않았답니다. 그러자 나무는 닷새 만에 마르고 이레 만에 죽어버리더랍니다. 지금 나라는 바로 왕의 신목이며, 권세는 왕의 신기입니다. 이를 남에게 빌려주고 위태롭지 않으려 하십니까? 신은 손가락이 팔뚝보다 굵고 팔뚝이 허벅지보다 굵다는 소리는 못 들어봤는데, 만약 그렇다면 큰 병이지요.

그 못된 소년이란 물론 위염이고 신목은 진 소왕이다. 이어서 범저는 권력이 나뉘면 효율이 없고 결국 나라가 갈라질 것이라고 짐짓 나라 걱정을 한다.

100명이 함께 표주박을 잡고 달리는 것보다 한 사람이 가지고 치닫는 것이 낫습니다. 정말 100명이 함께 잡으면 표주박은 깨질 수밖에 없겠지요. 지금 진나라를 화양군이 부리고 양후도 부리고 태후도 부리는데 왕께서도 끼어서 부리고 있습니다. 표주박을 그릇이라 하지 않으면 그만이겠지만(가치가 없다면 모르겠지만) 이미 그릇이라 한다면 나라는 분명 깨어질 것입니다. 신이 듣기로, "열매가 너무 많으면 반드시 가지가 찢어지고 가지가 찢어지면 기어이 줄기를 상하고, 지방의 큰 도시는 국도를 위태롭게 하고 강한 신하는 군주를 위태롭게 한다"고 합니다.

요약하자면 외척을 당장 내치라는 것이다. 과연 왕은 범저의 말을 따랐다. 다시 열전으로 돌아가 기사를 그대로 옮겨본다.

이리하여 왕은 태후를 폐하고, 양후·고릉군·화양군·경양군을 관 밖으로 쫓아냈다. 진왕은 이에 범저를 재상으로 삼았다. 양후의 인수는 거두고 봉지인 도로 가라 했는데, 현의 관리들에게 수레와 소를 내어 이사를 돕도록 하니 동원된 수레가 1000대가 넘었다. 관에 이르러 조사하니 보기와 진귀한 물품이 왕실보다 많았다. 진은 범저를 응에 봉하고 응후應侯라 불렀다. 이때가 소왕 41년이다.

왕은 그토록 두려워하면서 범저의 말 한 마디로 모든 귀척을 물리쳤다. 그러나 당장 되물을 수 있다. 이것이 과연 가능한 일인가? 진 왕실을 넘어 제후들의 일도 쥐락펴락하던 강한 위염을 간단히 물리친다는 것이. 하지만 자연이 도왔다. 위염이 떠난 해는 진 소왕 42년, 즉 기원전 265년이며, 바로 태후가 죽은 해다. 위염이 권세를 부린 이유는 선태후라는 배경이 있었기 때문이다. 이것은 《사기》 중 가장 정확한 〈진본기〉에 기록된 연도다.

필자는 범저가 응후가 된 까닭은 위나라 형구를 들어내자는 작전을 세워 성공했기 때문이라 짐작한다. 진에서는 군공이 없으면 봉지를 함부로 받을 수 없다. 또한 위염이 힘없이 자기 봉지로 쫓겨난 이유는 알여의 실패와 태후의 죽음이 겹쳤기 때문일 것이다. 선태후는 여걸로서 공도 컸지만 위염이 대단했었다. 그녀가 죽은 차에 범저가 원교근공과 왕권강화를 가지고 유세하자 그는 실각했다.

이리하여 위염은 봉지로 떠났다. 관을 나설 때 짐수레가 1000승이 넘었다고 한다. 이후 그는 도 땅에서 죽어 묻혔고, 진은 봉지를 거두어 군으로 만들었다. 사마천은 "위염은 왕의 친외삼촌이며 진을 천하의 우두머리로 만든 공적이 있지만 전성기에 범저 한 사람의 참소로 바로 실각했다. 그러므로 기려지신羈旅之臣(밖에서 온 신하)들이야 말할 것도 없다"고 평한다. 그러나 위염이 무려 1000대의 수레에 짐을 실었다는 것은 사실 아닌가? 1000대의 수레에 실을 재물을 가진 이가 나라 안에 둘이나 있다면 나라가 유지될 것인가? 또한 그는 동쪽에도 커다란 봉지를 가졌다. 그런 이를 제거했으니 소왕은 범저를 더욱 아낄 수밖에 없다. 사마천이 말한 기려지신이란 물론 범저를 마음에 둔 것일 터이다. 하지만 소왕은 범저가 실력을 다 펼칠 때까지 내치지 않을 것이다.

4. 한 톨의 은혜, 한 푼의 원한도 갚는다

잠시 남은 이야기를 마무리하자. 드디어 진나라를 등에 업은 범저는 과거 자신에게 수모를 준 이를 내버려둘 것인가? 열전에 그 일화가 나와 있다.

범저가 이미 진의 재상이 되었으나 진나라는 그를 장록이라 불렀기에 위나라는 이를 모르고 범저가 이미 죽은 지 오래된 줄 알았다. 진이 장차 동쪽으로 한과 위를 정벌한다는 소식을 듣고 위가 수가를 진에 사자로 보냈다. 제 발로 호랑이 굴로 들어가는 수가의 운명은 어떻게 될까? 범저가 이 소식을 듣고 신분을 속이고 다 떨어진 옷을 입고 수가의 관사로 가서 만났다. 수가는 범저를 보자 놀라서 말했다.

"범숙은 정말 그때 화를 당한 것이 아니오?"

"네, 아닙니다."

수가가 웃으며 말했다.

"범숙은 진에서 유세하고 있습니까?"

"아닙니다. 저는 전에 위나라 재상에게 죄를 지어 이곳으로 도망 온 처지인데 어찌 감히 유세를 하겠습니까?"

"지금 범숙은 무슨 일을 하시오?"

"신은 남의 고용살이를 하고 있습니다."

수가가 불쌍한 생각이 들어 자리를 내주고 음식을 베풀며 말했다.

"범숙이 어찌하여 이리 빈한한 처지가 되었단 말인가."

그러고는 솜옷 한 벌을 내주면서 물었다.

"진나라 재상 장군張君을 공도 아시오? 듣자하니 장군이 왕의 총애를 받아서 천하의 일은 모두 그가 결정한다고 하던데. 금번 내 일의 성패는 장군에게 달려 있소. 그대는 혹 장군을 잘 아는 사람을 아시오?"

범저가 모르는 체하고 대답했다.

"저의 주인 영감이 잘 압니다. 저도 한 번 만난 적이 있으니 군을 장군에게 소개해줄까 합니다."

수가가 말했다.

"내 말은 병들었고 수레는 축이 부러졌소이다. 큰 사두마차가 아니면 나는 절대 나가지 않소."

범저가 말했다.

"그럼 군을 위하여 주인 영감께 큰 수레와 말 네 마리를 빌리도록 하겠습니다."

범저는 돌아와 큰 수레와 말 네 마리를 데리고 가서 수가를 위해 수레를 몰고 진의 재상 관부로 들어갔다. 부중의 사람들로서 범저를 알아보는 사람은 모두 피했기에 수가는 이를 이상하게 여겼다. 재상의 관사 문에 이르자 범저가 수가에게 말했다.

"저를 기다리십시오. 제가 군을 위해 먼저 들어가 재상께 통보를 드리겠습니다."

수가가 문 아래에서 기다리는데 수레를 세운 지 상당히 오래되었기에 문지기에게 물었다.

"범숙은 어쩐 일로 나오지 않는 것이오?"

문지기가 대답했다.

"범숙이란 이는 없는데요."

수가가 의아해서 되물었다.

"방금 나와 함께 수레를 타고 와서 들어간 사람 말이오."

문지기가 말했다.

"아, 그분은 저희 재상 장군입니다."

이제야 속은 것을 눈치챈 수가는 크게 놀라 웃옷을 벗어 어깨를 드러내고 무릎걸음으로 나아가 문지기를 시켜 죄를 빌었다. 이때 범저가 장막을 치고 많은 시종을 거느리고 나와 수가를 만났다. 수가는 머리를 조아리며 죽을죄를 빌며 말했다.

"저 가는 군께서 능히 스스로 청운의 위로 오르실 줄 몰랐나이다. 다시는 천하의 책을 읽지 않고 천하의 일에 관여하지 않겠습니다. 삶겨 죽을죄를 지었지만 청컨대 스스로 호맥胡貊의 땅에 유폐될 것이니 군께서는 살려만 주십시오."

범저는 가소로웠을 것이다. 어쩌면 수가가 대차게 '과거에는 그대가 의심받을 만한 짓을 했다. 지금 나는 나라의 명을 받들어 왔으니 함부로 사죄할 수 없다'고 나왔다면 어떻게 되었을까? 결과는 알 수 없지만 한 나라의 사신으로 온 이라면 응당 그래야 했으리라. 한때 위엄을 설득하며 말재주를 자랑하던 그가 이렇게 비굴한 언사로 사죄하다니.

범저가 물었다.

"그대의 죄가 몇 가지인가?"

수가가 대답한다.

"머리털을 다 뽑아 죄를 빌어도 부족합니다."

범저가 말했다.

"그대의 죄는 셋이다. 예전에 초소왕 시절 신포서가 초를 위해 오군을 물리치자 초왕이 5000호에 봉하려 했으나 신포서는 받지 않았다. 이는 조상의 묘가 초나라에 있기에 그렇게 한 것이지 상을 바라서가 아니라고 여겼기 때문이다. 지금 내 선조의 묘가 위나라에 있다. 그대는 전에 내가 제나라에 마음을 품었다 여기고 위제에게 나를 험담했다. 이것이 첫 번째 죄다. 위제가 나를 변소에 두고 욕을 보일 때 그대는 이를 제지하지 않았으니 이것이 두 번째 죄다. 취해서 돌아가며 내게 오줌을 눌 때 그대는 어찌 잠자코 있었는가? 이것이 세 번째다. 허나 그대가 솜옷을 내주고 나를 측은해하며 옛 사람을 대하는 마음이 있었기에 살려주는 것이다."

말을 마친 후 그는 소왕에게 이 사실을 알리고 수가를 돌려보냈다. 허나 범저가 여기서 멈출 것인가?

수가가 이별을 고하니 범저는 크게 잔치를 벌여 제후의 사자들을 다 불러서 당상에 앉았는데 차린 것이 대단히 풍성했다. 그러나 수가는 당 아래 앉게 하고 말구유에 말죽을 담아 주고는 경형을 받은 죄수 둘 가운데서 먹게 했다. 그러고는 꾸짖어 말했다.

"나를 위해 위나라 왕에게 고하시오. 당장 위제의 머리를 가지고 오라고. 그렇지 않으면 장차 내가 대량을 도륙할 것이라고."

범저는 지극히 조심스러운 사람인데 이렇게 그가 자기 성정을 그대로 드러낼 정도이니 그 개인적인 원한이 얼마나 컸는지 짐작된다. 수가는 돌아와 위제에게 이 말을 전했다. 위제는 두려워 조나라로 달아나 평원군 조승의 집에 숨었다.

범저는 셈이 밝은 사람이다. 원한도 갚지만 은혜도 갚았다. 정안평이나 왕계는 범저의 은인이므로 범저는 이들에게 벼슬로 보답했다. 그러나 이후 범저의 발목을 잡는 이는 바로 그의 은인들이었다.

5. 동방의 경쟁자들 ▬▬▬▬▬▬▬▬

이어서 앞으로 범저와 대결할 인사들의 면모를 살펴보자. 진에 범저가 있었다면 당시 동방에는 3걸이라 할 사나이들이 있었다. 바로 조나라 평원군 조승, 초나라 춘신군 황헐, 위나라 신릉군 위무기다. 이리저리 범저와 연결되지만 하나같이 분명한 원칙을 가지고 있었으니 바로 반진反秦이었다. 각 나라의 실력자들이 한결같이 반진을 외치기는 쉽지 않다. 그들은 모두 지혜와 힘을 모아 범저와 싸웠다. 바로 다음 장에서 이들 세 사람이 얼마나 처절하게 진의 범저와 대결했는지 살펴볼 것이다.

필자는 '일 신릉, 이 춘신, 삼 평원'으로 그들의 자질을 평가한다. 평원군은 품격이 있었지만 큰 전략을 짜는 데 부족했고, 춘신군은 용기와 지략을 갖췄지만 욕심에 혹하기도 했다. 신릉군은 천하의 판세를 읽은 안목, 전국시대가 요구하는 군사적 기량, 사람을 끌어들이는 인품을 모두 갖춘 보기 드문 인재였다.

필자는 먼저 세 번째로 평가하는 평원군부터 소개하겠다. 이 평원군이야말로 처음부터 범저와 원수로 시작해서 원수로 끝맺는 인물이다. 역시 그의 배경을 알려주는 최고 문서는 《사기》〈평원군우경열전平原君虞卿列傳〉이다. 열전을 통해 그를 알아보자.

평원군 조승은 혜문왕과 효성왕을 보좌해 세 번 재상의 자리를 떠났다가 다시 임명된 인재다. 그는 무령왕의 아들이자 혜문왕의 동생이다. 《사기》〈육국연표〉에 따르면 그는 위염이 실각하고 범저가 등장하는 바로 그해(기원전 265) 평원군에 봉해진다. 그 역시 예전의 맹상군처럼 많은 식객을 거느리고 있었다. 그에 관한 다음과 같은 일화가 있다.

평원군 집의 누각은 민가를 내려다보는 위치에 있었다. 그가 아끼는 미인이 누각 위에서 민가를 보다가 절름발이를 보고 크게 웃었다. 다음 날 그 절름발이가 와서 평원군에게 요청했다.

"신은 군께서 선비를 좋아한다고 들었습니다. 선비들이 1000리를 멀다 않고 오는 것은 군께서 능히 선비를 귀하게 여기고 첩을 천하게 여길 수 있기 때문입니다. 신은 불행히 곱사병이 있는데 군의 후궁이

신을 비웃었으니, 신은 저를 비웃은 이의 머리를 원하옵니다."

평원군은 웃으며 대답했다.

"알겠소."

절름발이가 돌아가자 평원군은 웃으며 말했다.

"저 친구 좀 보게. 한 번 웃었다고 나의 미인을 죽이라 하니 너무 심하지 않은가?"

그러고는 결국 미인을 죽이지 않았다. 그 후 1년여 동안 빈객과 문하의 사인들이 점점 줄어들더니 떠나는 이가 반이 넘었다. 평원군이 이상하게 생각하며 말했다.

"저 승이 제군들을 대할 때 일찍이 감히 예를 잃은 적이 없었는데 떠나는 이가 어찌 이리 많을까요?"

문하의 한 사람이 나와 대답했다.

"군께서 절름발이를 비웃은 이를 죽이지 않았기에, 군께서 색을 아끼고 선비를 천시한다 여겨 떠난 것입니다."

평원군은 이에 절름발이를 비웃은 미인의 머리를 베어 몸소 문 앞으로 가 절름발이에게 사과했다. 그 후에 문하 사람들이 다시 점점 늘었다고 한다.

다음 장에서 묘사하겠지만 범저가 진의 재상이 된 지 두 해, 즉 진 소왕 42년 동쪽으로 한의 소곡少曲과 고평高平을 공격해 뽑았다. 그때 진소왕은 위제가 평원군의 처소에 있다는 소식을 듣고, 꼭 범저의 원수를 갚겠다는 생각을 가지고 거짓으로 평원군에게 우호적인 편지를 써서 말했다.

"과인은 군의 높은 의를 들어 알고 있습니다. 군과 포의로써 사귀고 싶은데 군께서 다행히 과인께 와주시면 과인은 군과 더불어 열흘 동안 마시고 싶습니다."

　평원군은 진이 두렵고 또 편지를 그럴듯하게 생각하여 진으로 들어가 진 소왕을 만났다. 진 소왕은 평원군과 며칠 동안 술을 마신 후 이렇게 말했다.

　"옛날 주문왕은 여상을 얻어 태공이라 불렀고 제 환공은 관이오를 얻어 중보라 불렀습니다. 지금 범군은 과인의 숙부입니다. 범군의 원수가 군의 집에 있다 하니, 원컨대 사람을 보내 머리를 가져오시지요. 그리 안 하시면 저는 군을 관 밖으로 보내드리지 않겠습니다."

　우리는 수가가 범저의 면전에서 어떤 행동을 했는지 보았다. 그러나 평원군은 진 소왕에게 이렇게 대답했다.

　"귀할 때 (오히려) 천한 이와 사귀고 부유할 때 (오히려) 가난한 이와 사귄다[貴而爲交者爲賤也, 富而爲交者爲貧也] 합니다. 위제는 저 승의 친구입니다. 저의 집에 있다 해도 못 보내줄 것이나, 지금 신의 집에 없습니다."

　이에 진 소왕은 조 효성왕에게 편지를 보냈다.

　"왕의 아우님(평원군)이 지금 진에 있습니다. 범군의 원수 위제가 평

- 이 구절은 매우 함축적이다. 《동주열국지》에는 "귀할 때 사귀는 것은 천할 때를 대비함이고, 부할 때의 사귐은 가난할 때를 대비함이다[貴而爲交者爲賤時也, 富而爲交者爲貧時也]"로 되어 있다. 이 해석은 무난하지만 어투가 장사꾼의 말처럼 계산적이다. 필자는 평원군의 우아한 언사를 감안하여 다르게 옮겨보았다. 두보가 관중과 포숙의 '가난한 시절의 사귐[貧時交]'을 찬미하고, 사마천도 《사기》 〈화식열전〉에서 천금을 모은 범려가 '다시 재산을 흩어 가난한 사람들과 사귀었다[再分散與貧交]'고 칭찬했으니, 모두 그런 맥락이 아닐까?

원군의 집에 있습니다. 왕께서는 사람을 시켜 얼른 머리를 가져다주십시오. 그렇지 않으면 저는 군대를 일으켜 조를 칠 것이고, 또 왕의 아우님도 관을 나설 수 없습니다."

이에 조 효성왕이 군사를 내어 평원군의 집을 에워싸자 위제는 다급해서 밤에 도망쳐 당시 조나라 재상인 우경에게 피신했다. 불쌍한 위제는 어떻게 되었을까? 우경은 위제를 받아들였으나 결국 조왕을 설득하는 것이 불가능하다는 것을 깨닫고 재상의 인을 풀어놓고 위제와 함께 달아났는데, 달아나는 중에 생각하니 당장 급한 대로 들어갈 제후가 없다고 보고 다시 위나라 대량으로 달아나 신릉군의 힘을 빌려 초로 가려고 했다. 신릉군은 이를 들었지만 진이 두려워 아직 그들을 만나길 허락하지 않고 좌우에 물었다.

"우경은 어떤 사람입니까?"

후영이 그 옆에 있다가 대답했다.

"사람은 실로 남에게 알려지기 어렵지만 남을 알아보는 것 또한 쉽지 않습니다. 저 우경은 짚신을 신고 챙깃갓[簦](우산이 없어 쓰는 긴 갓)을 쓴 이였지만, 조왕을 한 번 만나니 흰 옥 한 쌍과 황금 100일을 받았고, 두 번 만나 상경이 되고, 세 번 만나 결국 재상의 인을 받고 만호후(세력이 큰 제후)에 봉해졌습니다. 그러자 천하 사람들이 다투어 사귀고자 했지요. 한데 위제가 궁지에 빠져 그에게 가자 그는 높은 작록의 존귀함을 버리고 인수를 풀고 만호후의 자리도 버린 채 함께 달아났습니다. 곤경에 빠진 선비가 급히 공자를 찾아왔는데, 공자께서는 '어떤 사람인가' 묻다니요. 사람이란 실로 알기 어려운 존재지만 사람을 알아보는 것 역시 어렵습니다."

이 말을 듣고 신릉군은 크게 부끄러워 수레를 몰고 전야로 나가 그들을 맞았다. 그러나 위제는 신릉군이 처음에 만나기를 꺼린다는 소식을 듣고 노하여 자살했다. 효성왕은 이 소식을 듣고 결국 위제의 머리를 취해 진에 보냈다. 그러자 진 소왕은 평원군을 조로 돌려보냈다.

오류를 지적하자면, 실제로 평원군은 효성왕의 아버지인 혜문왕의 동생이다. 그러므로 인용문에 '왕의 아우'로 표기한 것은 '선왕의 아우'로 바꿔야 맞을 것이다. 그러나 기원전 265년은 바로 혜문왕이 죽고 효성왕이 왕위에 선 때이므로 혜문왕이 편지를 받고 효성왕이 진 소왕의 요청을 들었을 수도 있겠다.

사소한 이야기는 논외로 하고 평원군의 대응을 주목하자. 저 정도의 배짱을 가진 평원군이 앞으로 진에게 어떻게 나올지 짐작할 수 있다. 그러나 정작 범저는 평원군이 과대평가된 인물이라 혹평했다. 위제를 당장 넘기지 않은 것에 앙심을 품은 것일까? 《전국책》 〈진책〉에 그의 언사가 등장한다. 왕에게 한 말로 가정하고 그대로 옮겨보자.

응후가 말했다.

"정나라 사람은 가공하지 않은 옥을 박璞이라 부르고 주나라 사람은 안 말린 쥐고기를 박樸이라 부릅니다. 주나라 사람이 박樸을 가지고 정나라 상인을 지나치며 '박樸 사시겠소' 하니, 상인이 '사고 싶소' 했더랍니다. 그런데 꺼내는 것을 보니 쥐인지라 사양하고 사지 않더랍니다. 지금 평원군이 스스로 현명하다 여기고 천하에 이름을 떨치고 있으나, 사구에서 (아버지) 주보主父(무령왕)를 항복시켜 신하로 삼은 자입니다. 천하의 왕들은 그럼에도 오히려 그를 존중하고 있으니, 이로 보면 천하의 왕들의 지혜는 정나라 상인만도 못하여 이름에 현혹되어 실제를 놓치고 있습니다."

범저의 대단한 점이 바로 이것이다. 빈말이 아니라 그는 실질을 파악하는 비상한 재주가 있었다. 세상 사람들이야 평원군의 명성만 듣고 그 실상을 모르지만[眩於名不知其實] 그가 보기에 평원군은 과대 포장된 사람일 뿐 적수가 아니다. 전쟁터는 실재와 실재 간의 대결이 이뤄지는 곳으로 이름으로 상대를 제압할 수 없다. 범저는 과연 이 호언장담을 실현할 수 있을까?

이제 두 번째 인물 춘신군 황헐을 소개한다. 범저는 평원군과 달리 황헐의 실력은 인정했다.《사기》〈춘신군열전〉으로 가서 그의 능력을 살펴보자.

우리는 제1장에서 황헐이 망하려는 초를 구하려 "먼 길을 와서 초를 치지 말라"고 진 소왕에게 유세한 내용을 기억한다. 또한 그 내용이 사실 범저의 원교근공책과 상당히 유사하다는 것도 살펴보았다. 그는 이렇게 휴전을 성사시키고 돌아왔고, 강화의 조건으로 초의 태자 완完과 함께 진에 인질로 가서 대략 10년간 억류된다. 그가 진으로 들어간 해가 기원전 272년이고 초로 돌아와 이제 막 태자에서 왕이 된 주군 완을 모시고 재상이 된 해가 기원전 262년이다. 그러므로 그는 진에서 범저의 등장 과정을 모두 관찰한 셈이다. 황헐의 뛰어난 언사와 식견,

비록 동상이몽이지만 전략적 경향의 유사성까지 고려할 때 범저가 그를 싫어할 리는 없었을 것이다.

마침 범저가 한을 열심히 공략하고 있을 때 초의 경양왕이 병들었다는 전갈이 왔다. 그러나 진은 태자 완을 놓아주지 않았다. 다행히 태자 완은 진의 재상인 범저와 사이가 좋았다. 이리하여 황헐이 범저에게 가서 유세했다.

"상국께서는 진실로 초의 태자와 사이가 좋습니까?"

범저가 대답했다.

"그렇습니다만."

황헐이 말했다.

"지금 초왕이 병상에서 일어나지 못할 듯하니 진은 태자를 돌려보내는 것이 좋겠습니다. 태자가 돌아가 자리에 오르면 필시 진을 중하게 섬길 것이고 상국의 덕에 한없이 감사할 것입니다. 이는 동맹과 친해지고 만승의 나라를 얻어두는 것입니다. 만약 돌려보내지 않으면 태자는 함양의 한갓 포의에 불과하니, 초가 이를 무시하고 따로 태자를 세우면 새 태자는 분명 진을 섬기지 않을 것입니다. 무릇 동맹을 잃고 만승의 나라와의 화친을 끊는 것은 좋은 계책이 아닙니다. 원컨대 상국께서 숙고해주소서."

범저는 예리한 사람이다. 초가 아무리 어리석더라도 회왕의 실수를 반복할 리는 없다. 우리는 앞 장에서 염파가 만약 회맹장에 나간 왕에게 변고가 생기면 사직을 위해 왕의 신변을 고려하지 않고 바로 태자를 왕으로 세우겠다고 말한 것을 기억한다. 초도 충분히 그럴 수 있다.

범저는 황헐의 의견을 듣고 소왕의 의견을 구하니 왕은 신중한 대책을 내었다.

"먼저 태자의 스승을 보내 초왕의 병을 묻도록 하고 돌아온 후 대책을 세웁시다."

그러자 황헐은 다시 태자를 위해 과감한 계책을 냈다. 계책이란 이도저도 안 되니 달아나자는 것이었다.

"진이 태자를 억류하는 것은 이익을 얻고자 함입니다. 지금 태자께서 진에 이익을 줄 힘이 없으니, 저 헐은 이를 심히 걱정합니다. 지금 양문군陽文君의 두 아들이 국중에 있으니 왕께서 붕어하시고 태자가 국내에 안 계시면 양문군의 아들이 분명 뒤를 이을 것이니 태자는 종묘를 받들 수 없습니다. 그러니 진을 탈출하는 것이 낫겠습니다. 태자께서는 초의 사자와 함께 탈출하소서. 신은 이곳에 남아 목숨을 걸고 뒤를 감당하길 청하옵니다."

이리하여 태자는 초나라 사자의 마부로 옷을 갈아입어 관사를 벗어나 탈출했다. 그 사이 황헐은 관사를 지키고 있으면서 항상 병을 핑계 대고 사람을 만나지 않았다. 한참 시간이 지나고 태자가 이미 멀리 가서 진이 추격할 수 없다고 생각될 때 황헐은 스스로 진 소왕에게 말했다.

"초나라 태자는 이미 돌아가 관을 멀리 벗어났습니다. 헐의 죄는 응당 죽을 감이니 원컨대 죽음을 내려주소서."

초에 이렇게 대범한 인재가 있었던가? 소왕은 크게 노하여 그의 청을 받아들여 자살하도록 하고자 했다. 그러나 범저가 제지했다.

"헐은 남의 신하된 자로서 주인을 위해 죽으려 했습니다. 태자가 자

리에 오르면 분명 혈을 쓸 것인즉, 죄를 묻지 않고 돌려보내 초와 가까워지는 게 낫습니다."

이리하여 진은 황헐을 초로 돌려보냈다. 범저는 단순한 유세가가 아니라 천하를 경략할 실질적인 방안을 가진 이였다. 이렇게 황헐은 범저에게 빚을 졌다. 그러나 전국의 무대에서 황헐은 여전히 확고한 반진파였다.

황헐이 초로 돌아온 지 석 달 만에 경양왕이 죽었고 태자 완이 즉위했으니 그가 고열왕考烈王이다. 고열왕 원년, 황헐은 재상이 되어 춘신군으로 봉해져 회북淮北의 20개 현을 받았다. 춘신군이 초의 재상이 된 지 4년 만에 진은 장평에서 조의 40여만 명 군대를 치고, 그 이듬해 한단을 포위한다. 한단의 위급한 상황을 초에 고하니 초는 춘신군으로 하여금 군대를 이끌고 구원하게 했다. 진의 군대가 물러나자 춘신군도 돌아왔다. 이 이야기는 다음 장에서 자세히 묘사할 것이다.

후대의 일이지만 잠깐 춘신군 이야기를 마무리하자. 춘신군이 초의 재상이 된 지 8년, 초를 위해 북벌을 감행하여 노를 멸망시키고 순경荀卿(순자)을 난릉의 령令으로 삼았다. 이 시절 초는 다시 강해졌다. 그리고 봉지를 받은 지 15년 후, 황헐은 초왕에게 이렇게 말했다.

"회북 땅은 제와 접하고 있고 상황이 급하니 군으로 만들어서 마음대로 관리하시는 것이 좋습니다."

이리하여 회북의 20현을 국가로 돌리고 자신은 강동에 봉해줄 것을 청하니 고열왕이 허락했다. 춘신군은 이리하여 오吳의 예서 터에 성을 쌓고 스스로 도읍으로 삼았다. 그곳은 패자 합려의 땅이다. 또한 춘신군의 빈객이 3000명이 넘는데 모두 호사스럽게 꾸몄다고 한다. 평원군의 사신들을 만날 때 모두 구슬을 박은 신을 신었다고 하니 말이다. 하지만 위염의 최후를 고려할 때 춘신군의 이 같은 행동은 반갑지 않은 이야기다. 이렇게 강하고 부유한 데다 옛 오나라 땅에 웅거한 신하를 왕이 좋아하겠는가?

이제 마지막으로 진정한 강자를 소개할 차례다. 아마도 평원군은 범저의 적수가 아닐 것이다. 춘신군은 유능하지만 수도가 함락된 후 초의 기세는 크게 꺾여서 내부를 다스리기도 벅찼다. 그러나 산동에 이들만 있었던 것은 아니다. 신릉군 위무기는 범저와 위염의 특성을 모두 갖추고 있는 책략가였다. 만약 위가 여전히 하동을 보유할 때 그가 정치를 담당했다면 오기와 같은 업적을 이루었을지도 모른다.

《사기》〈위공자열전〉을 통해 그의 면모를 살펴보자. 위무기는 위 소왕魏昭王의 막내아들이자 안리왕의 이복동생이다. 위 소왕이 죽고 안리왕이 즉위하자 신릉군으로 봉해졌다. 앞으로 필자는 평원군이나 춘신군은 봉호를 부르지만 신릉군은 그 이름을 부를 것이다. 그는 봉호에 매인 사람이 아니므로 이름을 부르는 것이 그의 특성을 더 잘 드러낸다.

위무기는 사람이 어질고 선비들 아래 처했기에 선비라면 현명하든 불초하든 모두 겸양과 예의로써 사귀었고, 감히 자신이 부귀하다고 선비들에게 교만하게 대하지 않았다. 이런 까닭에 선비들은 수천 리 밖에서도 다투어 와서 몸을 맡겼기에, 식객이 3000명에 이르렀다. 당시에는 제후들이 공자가 어질거나 객이 많다 하여 감히 군대를 내어 위를 도모하지 못한 지 10여 년이 되었다고 한다. 열전에 기록된 내용인데, 물론 10여 년 운운은 과장이고, 위는 진과 싸워 연전연패를 거듭하고 있었다. 또한 위제가 범저에게 미움을 받아 쫓겨나기 전까지 위무기가 실권을 잡은 것 같지는 않다. 하지만 그가 무능해서였을까? 열전의 내용을 이어서 살펴보자.

하루는 공자가 왕과 박희를 노는 중에 북쪽 국경에서 봉화가 오르고 전령이 와서 보고했다.

"조나라 적병이 도착하여 곧 국경을 넘습니다."

왕이 깜작 놀라 놀이를 그만두고 대신들을 불러 상의하려 했다. 그러자 공자는 왕을 제지시키며 말했다.

"조왕은 사냥을 하는 것뿐, 침범하려는 것이 아닙니다."

그러고는 그대로 놀이를 이었다. 허나 왕은 두려워 놀이에 마음이 가지 않았다. 얼마 후 다시 북쪽의 전령이 와서 전했다.

"조왕은 사냥을 하는 것뿐, 침범하자는 것이 아닙니다."

왕이 크게 놀라 물었다.

"공자는 어찌 이를 미리 알았소?"

위무기가 대답했다.

"신의 객 중에 조왕의 은밀한 일까지 알아낼 수 있는 이가 있습니다. 조왕이 하는 일을 염탐해서 신에게 보고하니 신이 미리 알았습니다."

이후에 왕은 공자가 현명하고 유능하다 하여 두려워하며 감히 국정을 맡기지 않았다. 앞으로 범저의 원교근공에 대항하여 위무기는 대활약을 펼치는데, 그런 그가 지금껏 정치 일선에 나서지 않은 것을 보면 이 일화가 완전히 거짓은 아닌 듯하다.

위무기를 이야기할 때 빼놓을 수 없는 것이 그의 사귐이다. 평원군이 곤경에 처한 위제를 버리지 않았듯이 감히 빈한한 이와 사귈 수 있었다면 신릉군은 감히 신분이 낮은 사람과 동등하게 사귈 수 있었다. 사마천은 신릉군이 "낮은 사람과 사귀는 것을 부끄러워하지 않았다[不恥下交]"고 하여 그의 사귐을 높이 평가했다. 사마천은 "낮은 사귐[下交]"을 가장 높이 평가했는데 그 이유는 무엇인가? 그냥 사람을 사람으로서 대했기 때문이다. 신분을 넘은 파격을 감행한 그의 협기俠氣는 당시 여러 사람의 입에 회자되었다.

전국시대 말기는 여전히 사실상 신분제사회였다. 예컨대 범저가 왕족이었다면 그토록 고난을 겪지 않고도 입신했을 것이다. 위무기 자신도 왕족이므로 신릉군으로 봉해진 것이다. 공자는 《역易》에 계사를 달며 "군자는 위와 사귈 때 아첨하지 않으며 아래와 사귈 때 업신여기지 않는다[君子上交不諂, 下交不瀆]"고 하여 군자의 지극한 사귐을 묘사했다. 필자는 서문에서 신릉군의 정신세계를 '협俠'이라는 한 글자로 표현했다. 협은 감히 스스럼없이 아래로 사귈 수 있는 사람이다. 열전에 나오는 위무기의 사귐에 관한 일화를 그대로 옮겨본다.

위나라에 후영이라는 은사가 있었는데 나이 70세가 되도록 집이 가난하여 대량의 이문감夷門監 일을 하고 있었다. 공자가 이 소식을 듣고 가서 빈객으로 청하며 후하게 선물을 주고자 했다. 그러나 그는 받지 않으며 말했다.

"신이 몸을 닦고 행동을 조심한 지 10년이니, 끝내 문지기 일이 힘들다고 공자의 재물을 받을 수는 없습니다."

공자는 이리하여 빈객들을 크게 모아 술을 차려 대접했는데, 사람들이 자리에 앉자 공자는 수레를 몰고 나가며 왼쪽 자리를 비워두고 몸소 이문의 후영을 맞이하러 갔다. 후영은 다 떨어진 의관을 하고 사양하지도 않고 그대로 공자의 왼쪽 자리로 올라가 앉고서 공자의 태도를 관찰하고자 했다. 공자는 더욱 공손히 말고삐를 쥐었다. 후영은 또 공자에게 말했다.

"신의 객으로 시장에서 도살을 하는 이가 있는데 수레를 돌려 그쪽을 지났으면 합니다."

공자가 수레를 몰고 시장으로 들어가니 후영은 내려 그의 객인 주해를 만나 오랫동안 서서 이야기하며 곁눈질로 공자를 가만히 살폈다. 그러나 공자는 안색이 더욱 온화했다. 이때 위나라 장상과 종실의 빈객이 연회장을 가득 채우고 공자가 술을 들기를 기다리고 있었다. 시장 사람들은 모두 공자가 말고삐를 잡고 있는 것을 보았기에, 수레를 따르는 이들은 모두 속으로 후영을 욕했다. 후영은 공자의 안색이 끝내 변하지 않는 것을 보고는 드디어 객에게 인사하고 수레에 올랐다. 집으로 돌아와 공자가 후영을 이끌어 상석에 앉히고 빈객들을 돌아가며 소개하니 빈객들이 모두 놀랐다. 술이 오르자 공자가 일어나 후영의 앞으로 가서 장수를 축원했다. 이에 후영은 공자에게 말했다.

"오늘 영이 공자를 위해 한 일은 이로 족합니다. 저는 이문의 문지기인데도 공자는 친히 수레를 몰고 오시어 맞이하시고 여러 사람들이 모인 자리로 데려오셨으며, 의당 가지 않아도 될 곳(주해의 푸줏간)임에도 공자께서는 기어이 찾아가셨습니다. 허나 영은 공자의 이름을 세워주고자 일부러 오랫동안 공자의 수레를 시장 가운데 세워두고 객을 만나면서 공자를 살폈더니 공자께서는 오히려 더 공손하셨습니다. 이로써 시장 사람들은 모두 저를 소인이라 여기고 공자는 능히 선비의 아래에 처할 수 있는 장자라고 생각했습니다."

이리하여 술자리가 파하자 후영은 드디어 상객이 되었다고 한다. 잠깐 여기서 신릉군의 행동을 되짚어보자. 그는 아래로 사귀는 것을 부끄러워하지 않았을 뿐 아니라 오히려 장려했다. 왕족이 문지기와 사귀고 백정에게 공손히 대한다면 왕족 이하는 어떻게 해야 하는가? 앞에서 지적했듯이 전국시대의 이름난 공자들은 인재를 검증하고 천거하는 역할을 하고 있었다. 후영을 연회장으로 데리고 가서 기어이 여러 사람에게 소개한 것은 인재 등용의 원칙을 밝힌 것이리라.

백정 주해의 이야기로 이어가 보자. 후영이 공자에게 말했다.

"신이 찾아간 도살꾼 주해는 현자이나 세상이 알아주지 않기에 도살자들 사이에 숨어 지냅니다."

이리하여 공자가 주해를 여러 번 초청했으나 주해는 고의로 답례도 하지 않으니 공자는 이를 이상하게 생각했다. 위무기가 아래로의 사귐을 안다면 주해는 위로의 사귐을 아는 셈이다. 신분상의 군자가 아니라 마음의 군자는 공자의 말처럼 위로 사귀면서 아첨하지 않는다. 그렇지만 둘은 서로를 군자로 인정했으므로 그 사이에는 이미 협의 의리가 싹텄다. 주해도 언젠가 큰일을 할 것이다.

이제 인물 소개가 거의 마무리되었다. 앞으로 원교근공과 합종의 지략 대결이 펼쳐지고 상상할 수 없이 많은 병사들이 전쟁터를 피로 물들일 것이다. 강조하지만 원교근공은 공격 정책이다. 그 의미를 거꾸로 읽어보자. 먼 곳을 치는 것도 어렵지만 먼 곳의 도움도 믿기 어렵다. 따라서 수비할 때는 원교가 크게 도움이 되지 않는다. 그러나 지금은 진의 공세 시절이다. 원교가 힘을 발휘할 때다. 열세에 처한 나라들이 서로 도울 수 있을까?

제4장

첩혈장평

: 전국시대 최대의 전쟁사

• • •

45만 조나라 장사들이 베이고 묻혀 죽었다는 장평. 먼지 섞인 바람이 부는 벌판을 휘적휘적 걸으며 필자는 잠시 전국시대의 구체적인 조건을 내려놓고 인간의 조건에 대해 고민했다. 어떤 음유시인의 노래처럼• 도대체 몇천 개의 길을 가봐야 우리는 덜 죽이는 길을 발견할 수 있을까? 정녕 얼만큼의 사람이 죽어야 '너무 많이 죽었구나' 하고 깨달을 수 있을까?

기원전 260년 그날의 장평, 양도糧道가 끊긴 군사들은 절망에 빠져 서로 잡아먹었다. 배고픈 인간은 그대로 짐승이 된다. 살기 위해 의를 버리자 어제의 동료가 이제 고기로 보였다.

> 정나라 사람들이 한의 처를 함락시켰을 때, (초의) 장교莊蹻가 영도에서 폭동을 일으켰을 때, 진이 장평에서 조군을 포위했을 때, 저 한·초·조 삼국의 장수와 귀인들은 모두 기개가 높았고 사졸 및 중서자들은 모두 건장했건만 난국에 처하자 서로 해치고 죽이니, 허약한 자들은 엎드려 애원하며 죽음을 모면코자 했지만, 그 사졸들은 번갈아 가며 서로를 잡아먹으면서도 불의한 짓인지 판별하지 못하고 그저 다행히 자기 목숨만 살기를 바랐다[因相暴以相殺, 脆弱者拜請以避死, 其卒遞而相食, 不辨其義, 冀幸以得活]."
>
> –《여씨춘추》〈계동기季冬記·개립介立〉

누가 인간을 서로 잡아먹는 지경으로 만들었는가? 그날 약한 자들이 빌어도 소용이 없었다. 약한 순서대로 차례를 기다리던 이들. 결국 그들은 모

• 밥 딜런Bob Dylan, 〈바람만 아는 대답[Blowin' In The Wind]〉

두 항복당했다. 항복한 것이 아니라 항복당했다. 이제 서로 잡아먹지는 않으리라는 기대를 가지고, 노예가 되더라도 먹어야 사는 것이 인간이다. 그러나 사마천은 이렇게 기록한다.

수십만 군중이 진에 항복했다. 진은 모조리 묻어버렸다[秦悉阬之].

"모조리[悉]"란 표현이 모질다. 굶주린 포로들은 배고픔 없는 땅속으로 들어갔다. 왜 굶주린 포로를 죽였는가?

역사는 결코 과거의 일로 치부할 수 없는 실체다. 먼 중국의 전국시대를 바라볼 것도 없이 우리는 불과 몇십 년 전 한국전쟁 당시 포로도 군인도 아닌 민간인을 학살한 민족이 아닌가. 그런 짓을 사주한 위정자를 숭배하는 이들이 활개 치는 나라의 나그네는 술 없이 장평의 메마른 들판을 걸어갈 수 없었다.

역사는 거의 언제나 성공과 실패의 씨앗을 한 구덩이에 심는다. 오늘날 중국에는 전쟁의 신 백기를 전국시대 통일의 영웅으로 우상화하는 경향이 일고 있다. 그러나 그들은 그가 다시 진이 패망하는 원인을 심었음은 간과하고 있다. 아들 귀신이 아버지 귀신을 제사 지내도록 하면서 이룩한 통일이란 무슨 의미가 있단 말인가? 세상이 비속해지면 결과론이 고개를 들어 오직 통일만을 지상의 가치로 둔다. 그러나 더 잘 살자고 하는 통일인데 사람을 다 죽여 이룬다면 무슨 소용이 있을까? 이것은 본말이 전도된 것이다. 장평의 싸움은 전국시대 전쟁사의 절정이다. 필자는 이곳에서 통일의 씨앗과 전복의 씨앗이 동시에 심어졌음을 조용히 밝힐 것이다.

1. 진의 전쟁 이데올로기: "의로운 군대"

장평의 전쟁터로 들어가기 전에 잠깐 숨을 고르고《여씨춘추》를 통해 진의 전쟁론을 점검해보자. 과연 진의 전쟁론이 진심에 입각한 것인지 아니면 정치적인 선전인지 점검해야 하기 때문이다. 필자가 보기에 침략 전쟁의 본질은 탐욕이지만 정의라는 외투를 걸치고 있다. 그 외투를 벗겨내지 않으면 전쟁의 실상이 보이지 않는다.

《여씨춘추》는 흔히 잡가류 서적으로 분류되지만 엄연히 진의 역사책이며 내용 일부는 진을 옹호하는 논설문이다. 이 책이 상당한 일관성을 갖추고 주장하는 바가 있으니 바로 진에 의한 통일의 당위성 부분이다. 이 책은 통일을 기정사실로 두고, 나아가 통일 이후의 체제까지 이야기한다. 통일 이후의 체제에 대해서는 2부에서 자세히 논하기로 하고 그 전쟁론을 잠시 살펴보자.

진의 통일전쟁론은 의로운 전쟁, 즉 정의의 전쟁으로 요약할 수 있다. 이 교묘한 전쟁 이론에는 국제질서를 바라보는 진나라 사람들의 시각이 압축되어 있다. 이 이론에 의하면 우두머리 없는 세상에 우두머리를 세우는 것이 정의다. 명목상 우두머리의 자질을 논하지만 그것은 외투일 뿐이다. '만인에 대한 만인의 투쟁'을 극복하기 위해 사회계약을 통해 국가를 만든다는 토머스 홉스Thomas Hobbes의 논리처럼 진은 '만국에 대한 만국의 투쟁'을 극복하기 위해 '정의의 전쟁'을 일으킨다고 주장한다. 사회계약론의 국제정치판에서는 계약 대신 전쟁이 문제 해결의 수단으로 등장한다. 그들은 싸움이 인간의 본성이라고 주장한다. 본성은 설명할 필요 없이 주어진 것이니 전쟁의 존재에 대해 의심하지 말라고 한다.

> 옛날 성왕의 시절에도 의로운 병(義兵)이 있었을 뿐 병兵을 금하지는 않았다. 병의 유래는 아주 오래되어 백성이 처음 세상에 생겨날 때부터 있었다. 대저 병이란 위협하는 것이고, 위협은 힘이다. 위력威力을 갖추는 것은 백성의 본성이다. 본성이란 하늘로부터 받은 것이니 사람이 어찌할 수 있는 것이 아니요(民之有威力, 性也. 性者所受於天也), 무武란 바꿀 수 없는 것이라서 재주 있는 자라도 고치지 못한다.

상대를 제압하는 것이 인간의 본성이라면 당연히 전쟁의 역사는 인간의 역사와 함께할 것이다. 여기서 좀 더 적나라한 이야기가 나온다.

처음 만인과 만인의 투쟁에서 그저 강한 자가 우두머리가 되었을 뿐이다. 아직 정의의 개념은 등장하지 않는다.

> 병兵의 유래는 오랜 것이라, 황제와 염제는 물과 불을 써서 싸웠고, 실로 공공씨共工氏도 이어 난리를 일으켰으며, 오제 역시 서로 싸웠으니, 번갈아 흥하고 망하며 승자가 일을 주관했다[遞興廢, 勝者用事]. 사람들은 치우가 병기를 만들었다고 하지만 실은 치우가 처음 만든 것이 아니고 그저 예리하게 다듬었을 뿐이다. 치우가 없을 때에도 사람들은 숲의 나무를 깎아 서로 싸웠고, 이기는 이가 우두머리[勝者爲長]가 되었다.

가감 없는 표현이다. 이기는 이가 마음대로 하는 것이다. 황제와 염제 사이에 도덕적인 우열관계가 있었던 것도 아니다. 오제가 번갈아가며 천하를 차지한 것은 그들이 싸움에서 승리했기 때문일 뿐이다. 그러나 그다음 단계로 가면 최초에 그저 힘의 우열에 의해 윗자리를 차지한 승자가 슬그머니 의로운 군대를 들고 나온다.

> 우두머리로는 다스리기 부족하자 군주를 세웠고, 군주 또한 다스리기에 부족하자 천자를 세웠다. 천자는 군주로부터 나왔고, 군주는 우두머리로부터 나왔으며, 우두머리는 싸움에서 나왔다. 싸움의 유래는 오래된 것이라 금할 수도, 멈출 수도 없다. 그러니 옛날의 현명한 왕들에게는 의로운 군대[義兵]는 있었지만 군대를 멈추는 법[偃兵]은 없었다.

우두머리로는 제대로 다스릴 수 없자[長則猶不足治之], 군주를 세웠고 [故立君], 그 군주도 부족하자[君又不足以治之], 천자를 세웠다[天子]. 장長은 그저 힘이 센 자였지만 천자는 글자 그대로 하늘의 아들이다. 천자란 단어 자체가 도덕적인 우위를 상정하고 있다. 하늘이 점지한 아들이 어떻게 의롭지 않겠는가? 그러므로 바닥에서 오직 힘으로 겨루던 전쟁에서 우두머리가 생겼지만 하늘의 아들이 하는 최상급의 전쟁은 의로운 것으로 탈바꿈한다.

사실은 힘이 강해서 위로 올라갔지만 올라간 후에는 남이 올라오지 못하도록 하는 것, 이것이 고대 전제정치시대 위계제의 본질이다. 남이 올라오지 못하게 하기 위해서는 힘과 이념이 동시에 구비되어야 한다.

> 가정에 노한 꾸짖음과 매질이 없다면 아이들이 당장 잘못을 하고, 나라에 형벌이 없으면 백성들이 당장 서로 해칠 것은 뻔하다. 천하에 주벌이 없으면 제후들이 당장 서로 해칠 것이다[天下無誅伐, 則諸侯之相暴也立見]. 그러므로 가정에 꾸지람과 매질이 없을 수 없고 나라에 형벌이 없을 수 없으며 천하에 주벌이 없을 수 없다.

왜 진이 천하의 우두머리가 되려고 하는가? 천하의 제후들이 서로 싸우지 않도록 하기 위함이다. 기존의 주周 왕실은 명을 다했으므로 진이 대신하려 한다는 것이다. 그리고 한층 더 진의 군대가 정의의 군대임을 강변한다.

실로 의로운 군대를 써서 폭군을 죽이고 고통받는 인민들을 구한다면, 백성들은 마치 효자가 자애로운 어버이를 만나고 굶주린 이가 맛난 음식을 보듯이 기뻐할 것이다[兵誠義, 以誅暴君而振苦民, 民之說也, 若孝子之見慈親也, 若饑者之見美食也].

– 《여씨춘추》〈맹추기孟秋紀・탕병蕩兵〉

그렇다면 정말 진의 군대를 맞는 상대방의 백성들이 아버지를 보듯 달려갔는가? 앞으로 그렇지 않았음이 명백하게 드러날 것이다. 전국시대에 상대국 군주가 진의 군주보다 유독 더 무도할 리가 없다. 그러므로 이 주장은 억지에 불과하다. 그럼에도 이 주장을 밀고 나가서 묵자 학파의 반공反攻 사상을 공격한다.

지금 의로운지 않은지를 구분하지 않고 무턱대고 구원하고 지키는 것〔救守〕만 고수한다면 이보다 더 불의한 짓은 없고 이보다 더 심하게 천하의 인민을 해치는 일이 없다. 그러니 (의와 불의를 구별하지 않고 그저) 공벌하는 것도 안 되고 구수救守하는 것도 안 되며, 공벌하지 않는 것도 안 되고 구수하지 않는 것도 안 되니, 오직 의로운 군대를 쓰는 것만 된다. 실로 의로운 군대라면 공벌도 되고 구수도 되지만, 불의한 군대라면 공벌도 안 되고 구수도 안 된다.

– 《여씨춘추》〈맹추기・금색禁塞〉

의로운 군대란 물론 탕왕과 문왕의 군대처럼 백성의 지지를 받는 군대다. 그러나 탕왕과 문왕의 군대는 하나의 타도 대상을 뒤엎은 역성 혁명의 군대였지 다수를 상대로 한 장기 겸병전은 아니었다.《여씨춘추》는 의로운 군대를 쓰지 않으면 불의한 군주들이 오히려 요행을 바라 살아난다고 주장한다. 전부 인민들의 크나큰 고통을 구제하기 위해 싸운다는 이야기인데, 그렇다면 진의 군주가 과연 이웃의 군주보다 더 의로웠을까? 만약 진의 군대가 이른바 의로운 군대라면 어떻게 행동해야 하는가? 의로운 군대의 이론을 전국시대에 맞게 개조한 이는 바로 오기吳起다.《여씨춘추》또한 오기의 이야기를 빌려온다.

> 지금 우리 군대가 들어온 것은 장차 군주가 될 자격이 없으면서 된 자를 죽여 백성의 원수를 제거하고 하늘의 도를 따르려는 까닭이다. 백성 중 하늘의 도를 어겨 인민의 원수(부당한 군주)를 비호하는 자가 있다면 본인은 물론 집안도 가차 없이 도륙할 것이다. 능히 집안을 들어 귀순하는 자에게는 집안을 녹으로 내릴 것이고, 리裏를 들고 오는 이에게는 리를, 향鄕을 들고 오는 이에게는 향을, 읍을 들고 오는 이에게는 읍을, 나라를 들고 오는 이에게는 나라를 녹으로 내릴 것이다.
>
> ─《여씨춘추》〈맹추기·회총懷寵〉

실제로 당시 전투가 끝나고 점령군이 들어오면 저런 포고령을 내렸을 것이다. 항복하면 살려두고 저항하면 죽이겠다는 말이지만 이렇게 멋지게 포장되어 있다. 그러나 이른바 '의로운 군대'의 실상은 오히려 다음과 같은 것 아니겠는가?《여씨춘추》는 실로 모순의 향연장이다.

지금 천하는 이미 쇠미하여 성왕의 도는 무너지고 끊겼다. 세상의 군주들은 환락의 극치를 즐기느라 커다란 종과 북을 만들고 대사臺榭와 원유苑囿를 사치스럽게 꾸미고 남의 재산을 빼앗으며, 백성들의 죽음을 가볍게 이용하여 자신의 분을 푼다. 노약자는 굶주리고 얼어 죽고 건장한 이들의 명도 재촉하여 거의 남아나지 않게 하고, 여기에다 죽이고 포로로 잡는 일까지 더한다. 무고한 나라를 공격하여 땅을 빼앗고 죄 없는 백성을 죽여 이익을 구하면서도〔攻無辜之國以索地, 誅不辜之民以求利〕종묘의 안위와 사직의 안정을 바라니 어찌 어렵지 않겠는가? 지금 어떤 사람이 "아무개는 재산이 많은데 집 담장에 습기가 들어 푸석푸석하고 지키는 개도 죽었으니, 지금 구멍을 뚫어볼 만하다"고 한다면, 사람들은 분명 그를 비난할 것이다. 그러나 어떤 이가 "아무개 나라는 기아에 허덕이고 성곽이 낮으며 지키는 장비도 잘 안 갖춰져 있으니 덮쳐서 빼앗을 만하다"고 한다면 오히려 비난하지 않는다. 이는 두 일이 실상 한 가지임을 모르는 것이다.《주서》에 이르길, "지나간 일은 어쩔 수 없고, 다가올 일은 미리 대비할 수 없으니, 그저 현명하게 당세를 꿰뚫은 이, 그를 천자라 한다." 그러니 지금 당세에, 선과 악을 분별할 수 있는 이〔能分善不善者〕라면 왕이 되는 것은 어렵지 않다.

　　　　　　　　　　　－《여씨춘추》〈유시람有始覽·청언聽言〉

　　이 부분에서는 묵자와 장자, 유가의 이론을 끌어들여 침략전의 본질이 결국은 이익을 노리는 것〔求利〕이라고 폭로한다. 전쟁을 추동하는 힘은 이익을 구하는 마음이며 그 방아쇠는 상대방의 약점이다. 본질적으로 침략전은 도둑질이나 마찬가지다. 도둑이 되지 않으려면 어떻게 해야 하는가? 선과 악을 분별해야 한다. 그러나 진의 전쟁은 선과 악을 구분하기 위한 전쟁이 아니다. 사실상 전쟁이 선과 악을 구분하는 재판정이 될 수 있다는 생각은 순진하다.

다가오는 전쟁에서 진은 승리할 것이다. 필자는 승리의 원동력을 분석할 것이다. 하지만 '정의'는 그 목록에 없다. 정의의 전쟁론은 거짓말이다. 그러나 전쟁에 시달리던 사람들은 그 거짓말이라도 믿고 싶었다. 한마디로 그것은 그렇게 믿고 싶은 말, 알면서도 속아주는 거짓말이었다.

2. 원교근공의 첫 희생양

범저는 이제 진에서 확고히 자리를 잡았다. 《사기》〈진본기〉에는 이렇게 기록되어 있다.

> 소양왕 43년(기원전 264), 무안군 백기가 한을 공격하여 아홉 성을 들어내고 5만 명을 참했다.
> 44년, 한의 남南(남양)을 공격하여 점령했다.
> 45년, 오대부 분이 한을 공격하여 성 열 개를 점령했다.

3년을 이은 이 공세는 한이라는 나라를 지도에서 지우기 위한 것이므로 기존의 공세와 본질적으로 달랐다. 또한 한이 이토록 강한 공격을 감당할 때 인접국은 여전히 움직이지 못했다. 범저가 원교근공책으로 한을 고립시켜두었기 때문이다. 앞 장에서 살펴보았듯이 범저는 먼저 위를 한편으로 끌어들이기 위해 형구를 공격했고, 과연 위는 형구를 잃자 진과 화친했다. 위와 화친한 후 진은 고립무원의 한을 집요하게 공격했다. 《사기》〈범저채택열전〉에 따르면 진 소왕 43년, 진은 한의 분형汾陘을 공격해 뽑아내고 하河변의 광무廣武에 성을 쌓았다고[城河上廣武] 한다. 《사기》〈백기왕전열전〉에는 그해 한의 형陘을 공격하여 다섯 성을 빼앗고 5만 명을 베었으며, 이듬해 남양의 태행도를 공격해 끊었다고 나와 있다. 《사기》〈육국연표〉는 진이 한의 형을 공격하고 분읍[汾]에 성을 쌓았다 한다.

기사를 종합하면 진은 우세한 군세를 이용해 두 작전을 동시에 수행했다. 형은 오늘날 하남성 양성襄城의 북쪽으로 한나라 수도 신정의 남쪽에 있다. 광무도 그 근처였을 것이다. 진은 형을 공격해 남쪽에서 한의 수도를 위협하는 동시에 북쪽의 태행도를 끊었다. 광무에 성을 쌓은 것은 태행도를 끊어 상당을 고사시키는 것이었다. 이것이 바로 범저가 "한 번 군대를 움직여 한을 세 조각으로 나눈다"고 한 전략이다.

공격은 바로 상당으로 이어졌다. 형양으로 진군이 들어오고 이어서 태행도를 둘러싼 일대 격전이 벌어졌다. 한은 싸움터에서 수많은 사람들이 죽어갔지만 버텨냈다. 진의 목적이 멸국이라는 것을 알기 때문이었을 것이다. 이제 《전국책》〈조책〉을 따라 상당의 싸움터로 달려가 보

자. 진 소왕이 공자 타他에게 말했다.

"예전에 효산 아래서 싸울 때[殽下之事] 한이 중군이 되어 제후들과 함께 우리를 공격했소. 한과 진은 국경을 마주하고 있는데 저들의 땅은 1000리도 안 되면서 이리저리 약속을 뒤집으니 맹약을 할 수가 없소. 일전에 우리와 초가 남전藍田에서 싸울 때 한이 정예를 보내 우리를 돕기로 했지만 우리가 불리해지자 오히려 초에 붙었으니, 저들은 정말 신의로 맹서할 수 없는 이로서 그저 편리한 대로 시세에 따를 뿐이오. 우리에게 한은 심복의 질환과 같으니, 내 장차 그들을 벌할까 하는데 어떻소?"

공자 타가 말했다.

"왕께서 군대를 내기만 하면 한은 분명 겁을 먹을 것이고, 저들이 겁먹으면 싸우지 않고도 땅을 크게 떼어 받을 수 있습니다."

"좋소."

이리하여 군사를 일으켜 일군은 형양으로, 일군은 태행으로 향했다. 《전국책》〈조책〉에 소왕과 공자 타 간의 대화로 이루어져 있으나 이 책략은 원래 범저에게서 나온 것이다.

진의 파상 공세를 견디다 못한 한은 일단 시간을 벌 요량으로 성양군城陽君(《전국책》〈조책〉에는 양성군으로 나와 있으나 《사기》에는 성양군으로 되어 있다)을 진으로 들여보내 상당 땅을 떼어 주는 조건으로 화의를 구하는 한편, 한양韓陽을 시켜 상당 태수 근주靳黈에게 명을 전했다. 그러나 근주는 호락호락하지 않은 용사였다.

"진이 두 갈래 군대를 일으켜 한을 압박하니 한은 이제 버티지 못하고 망하게 되었소. 지금 왕께서 한에 군대를 일으키라고 명하는 한편 상당을 들어 진과 화친하라 하시고, 저 양더러 이를 태수께 전하라 했으니 태수는 땅을 진에 떼어 주십시오."

근주가 대답했다.

"사람들이 하는 말에 '병을 들 만한 지혜만 있어도 자기 그릇은 지킨다'고 합니다. 왕께서 내린 명이 있으나 저는 태수(지키는 사람)입니다. 비록 왕과 군의 말씀이라 하여도 저는 의심할 수밖에 없습니다. 신은 수비군을 모두 다 내어 진과 싸우고자 하오니, 만약 끝끝내 지키지 못한다면 죽고자 합니다."

한나라 조정은 사분오열이었다. 근주와 같은 용사들은 목숨을 걸겠다고 하고 왕실은 겁을 먹어 어떻게라도 강화하고자 했다. 그 사이 구원을 요청하는 사절은 사방으로 달려갔겠지만 소식은 없었다. 당시 여러 나라는 이미 범저의 기획 속에 포섭되어 있었다. 외국에서 들어와 가까스로 즉위한 외로운 왕을 모시게 된 춘신군 황헐은 신중했다. 그러니 한이 당할 때 조가 나서지 않는다면 초는 먼저 움직이지 않을 것이다. 범저는 제후들의 합종을 예상하고 대비하고 있었다. 범저가 중원을 잠식하기 위해 궁극적으로 친하고자 했던 제나라는 예상대로 움직이지 않았다. 한이 공격당할 때 제가 어떤 역할을 했는지《사기》〈전경중완세가田敬仲完世家〉에 한 줄도 기록되어 있지 않다.

한이 속수무책으로 당하는데 열국의 대응은 왜 그리 늦었을까? 최소한 다음 목표인 위와 상당이 떨어지면 진과 마주해야 할 조는 움직여야 하는 것 아닌가? 범저가 어떤 식으로 합종을 격파했을까? 범저는 승리를 위해 그야말로 진흙탕 싸움을 벌였다. 《전국책》 〈진책〉에 나오는 다음의 기사는 한이 공격당할 때, 혹은 연이어 조가 공격당할 때의 일로 보인다.

천하의 선비들이 합종하여 조나라에 모여 진을 공격하고자 했다. 진나라 재상인 응후 범저가 말했다.

"왕께서는 걱정하지 마십시오. 진은 천하의 선비들에게 원수를 진 바가 없는데, 저들이 저리 모여 진을 공격하자고 하는 것은 자신의 부귀를 바라서입니다. 대왕의 개를 한번 보십시오. 누워 있는 놈은 눕고 서 있는 놈은 서 있고 가는 놈은 가고 멈춘 놈은 멈추어 서로 싸우지 않다가도, 일단 뼈다귀 하나를 던져주면 당장 일어나 이를 드러내는 까닭은 무엇이겠습니까? 뺏으려는 마음이 생겼기 때문이지요."

이리하여 당저唐雎에게 악기와 악공을 싣고 5000금을 가지고 가서 무안武安에 거하게 했는데, 당저는 크게 연회를 열고 마시면서 선언했다.

"한단 사람 중에 누가 와서 이 돈을 가져갈 이가 없는가?"

이리하여 합종을 모의하던 이(우두머리)에게는 실로 돈을 줄 수 없었지만, 함께할 수 있는 이에게는 형제로서 사귀었다. 응후가 말해두었다.

"공(당저)은 우리 진과 더불어 공을 세울 이니 이 금을 쓰는 곳을 묻지 않겠소. 금을 다 쓸수록 공이 더 큰 것이오. 지금 사람을 시켜 다시 5000금을 공에게 보내겠소."

이리하여 당저가 무안에 와서 3000금만 쓰자 천하의 선비들이 대개 서로 어그러져 다투어댔다.

이 시절이 어떤 때인가? 돈의 시절이다. 천하의 변사란 자들은 또 어떤 이들인가? 이들 중 다수는 기반 없이 책을 읽은 사람이었는데 또 그중 다수는 돈에 휘둘리는 자였다. 조에 모여 의논했다고 하니 조를 중심으로 합종하자고 의논했을 것이다. 그러나 그들은 뭉치지 못했다.

3. 위무기의 합종설: 한을 도와야 위가 산다 ━━━━━━

그럼 위나라 인사들은 모두 손을 놓고 방관했을까? 한이 공격당하면 그다음 목표는 위다.《전국책》〈위책〉에는 정세를 꿰고 있는 신릉군 위무기의 일급 대책이 나와 있다. 신릉군이 한을 구할 수 있을 것인가? 그는 당장 한을 도와야 한다고 주장한다.《사기》〈위세가〉를 통해 그의 전략을 들어보자.

한은 대공세를 맞아 절망의 나락으로 떨어지는 중이었지만 위는 오히려 한을 치려고 했다. 그러나 위무기는 강력하게 반대했다. 범저의 맞수로서 위무기의 안목이 여실히 드러나는 명문이다.* 위무기는 아직도 진과의 약속을 믿느냐고 되묻는다.

진은 융적戎翟과 습속이 같고 호랑이나 늑대의 마음을 품은 나라로서 탐욕스럽고 흉폭하며 이익을 밝히며 신의라고는 없고 예의덕행이란 모르는 나라입니다. 그러니 정말 이익만 있다면 친척 형제도 돌아보지 않음이 마치 금수와 같습니다. 이는 천하가 다 아는 바이고, 저들이 언제 후하게 베풀고 덕을 쌓은 적은 없습니다. 태후(선태후)는 왕의 어머니이건만 근심하다 죽었고, 양후(위염)는 왕의 외삼촌이며 그 공이 막대하건만 결국 쫓겨났고, 두 동생은 죄도 없이 봉국을 뺏겼습니다. 친척에게도 이러한데 하물며 원수의 나라야 말할 나위가 있겠습니까? 지금 왕께서는 진과 함께 한을 공격하여 진의 우환을 더 가까

- 《사기》〈위세가〉에 이 이야기의 맥락이 설명되어 있다. 진 소왕은 형구를 얻은 후 위를 끝장낼 생각까지 했지만 측근들이 말려서 멈췄다고 한다. 그리고 이어진 기사에 제와 초가 약조를 하여 위를 공격하니 위의 사자가 급히 진으로 달려가 구원을 요청했다고 되어 있다. 그러자 진은 구원군을 보냈고, 그 덕을 갚고자 위는 진이 한을 공략할 때 함께 출정하려 했다고 한다. 이 이야기는 안리왕 11년(기원전 266), 즉 형구(《사기》〈위세가〉에는 '처구郪丘'로 기록)가 떨어지는 해의 기사에 붙어 있다. 그러나 사마천은 그 맥락을 잘못 잡았다. 이 이야기는 장평의 싸움 직전 한이 대대적으로 공략당할 때의 이야기다. 이어지는 위무기의 논설 자체가 이 이야기가 장평대전 직전의 일임을 분명히 알려준다. 물론 범저가 한을 치기 위해 위를 끌어들이려 한 것은 사실이고 진이 위를 구한 적이 있을 수 있다. 그러나 기원전 266년 위가 진을 도와 한으로 출병하려 한 것은 결코 아니다. 먼저 그 방증으로, 《사기》〈진본기〉는 물론 〈초세가〉나 〈조세가〉 어디에도 조와 초 양국이 당시 위를 공격했다는 기사는 없다. 또한 《사기》〈위세가〉에 나오는 한의 사자 당저唐雎가 한 이야기는 오래전에 역시 한의 사자로 감무를 찾은 장취張翠의 이야기를 반복한 것에 불과하다. 장취의 이야기는 《전국책》〈한책〉에 기록되어 있다. 같은 이야기가 이런저런 시대로 끼어든 듯하다. 위가 진을 도우려 한을 공격하려 했다는 〈위세가〉 이야기의 저본은 〈위책〉인데, 거기에는 진과 위가 한을 공격하려 했다는 이야기만 있을 뿐 자세한 내막은 기록되어 있지 않다. 위가 진을 도와 한을 공격하려 한 해가 기원전 266년이 아니라 장평대전 직전임은 〈위세가〉의 위무기의 논설 내용을 통해 확인할 수 있다. 이어지는 유세 내용에 "선태후는 걱정 속에서 죽고 양후는 결국 쫓겨났다"는 기사가 있는데, 〈진본기〉에 따르면 위염이 봉지로 쫓겨난 때는 기원전 265년(진 소왕 42) 9월이고, 태후의 사망은 같은 해 10월이다. 또한 "지금 한이 3년이나 (진의) 공격을 받고 있다[今韓受兵三年]"는 이야기가 나오는데, 〈진본기〉에 따르면 진의 한 공략은 기원전 264년(진 소왕 43)에 개시되었다. "한의 존망이 걸려 있다", "상당과 한의 본토를 이어준다" 등의 이야기도 모두 장평의 싸움에 관한 것이다. 또한 위무기의 논설 중에 역사적인 사실과 일치하지 않는 기타 착오가 보이지 않으므로 이 논설은 상당히 신빙성이 있다. 장평의 싸움 직전 범저는 위를 끌어들이려 했고, 위무기는 절대 불가를 외쳤다. 사마천이 연대를 오해했거나 실수로 연도를 누락했을 것이다.

이 불러들이려 하시니 신은 실로 그 연고를 모르겠습니다. 왕께서 이를 모르신다면 명철하지 못하신 것이며, 신하들이 이를 들려주지 않았다면 그들이 불충한 것입니다.

만약 위가 진을 도우면 한은 견디지 못할 것이다. 한이 망하면 누구를 공략할 것인가? 위무기는 진의 원교근공책을 뿌리까지 이해하는 사람이었다. 원교근공의 다음 대상은 바로 위나라가 될 것이었다.

지금 한씨(한나라)는 한 여자가 약한 군주를 받들고 있어 안으로 크게 어려운 차인데, 왕께서는 그들이 밖으로 강한 진과 우리 위의 군대와 맞붙으면 망하지 않을 수 있다고 보십니까(한은 망하겠지요)? 한이 망하면 진은 정鄭(옛 정나라 땅, 즉 지금의 한의 수도 신정新鄭) 땅을 차지하고 (우리 수도) 대량과 마주하게 될 텐데 왕께서는 안전하다고 여기십니까? 왕께서 우리 옛 땅을 찾으려 하시면서 지금 진과의 친교를 등에 업으려 하시지만 이것이 득이 된다고 생각하십니까? 진은 일없이 가만히 있는 나라가 아닙니다. 한이 망하면 반드시 또 일을 일으킬 테고, 일을 일으키면 분명 쉽고 이익이 되는 쪽을 취할 것이고, 쉽고 이익이 되는 쪽을 취하자면 절대 초와 조를 정벌하지 않습니다. 왜 그렇습니까? 산 넘고 물 건너 한의 상당을 가로질러 강력한 조를 공격하는 것은 알여의 실패를 되풀이하는 것으로 진은 분명 그리하지 않을 것입니다. 하내河內를 통과해 업鄴과 조가朝歌를 뒤에 두고 장수[漳]와 부수[滏]를 건너 한단의 교외에서 조나라 군대와 결판을 짓는 것은 옛날 지백이 실패한 방식이니 진은 감히 못 할 것입니다. 초를 벌하자고 섭곡의 물이 흐르는 계곡을 따라 3000리를 행군하여 명액의 요새〔冥阨之塞〕를 공격하자니 가는 거리가 심히 멀고 공격하기도 심히 어려워 진은 또한 그리하지 않을 것입니다. 하외河外의 길을 따라 대량을 등지고 오른쪽에 상채와 소릉을 두고 진陳(갓 천도한 초의 수도)의 교외에서 초군과 결판을 짓는 것도 감히 하지 못할 것입니다. 그래서 말하나니 진은 분명 초와 조를 벌하지 않고, 또한 위衛와 제도 공격하지 않을 것입니다. 한이 망한 후에 진이 군대를 내는 날은 다른 나라가 아니라 반드시 우리 위를 공격할 것입니다〔夫韓亡之後, 出兵之日, 非魏無攻已〕.

그리고 한이 없는 상황에서 위는 진의 공세를 막아낼 수가 없다. 대량이 물가에 위치하고 있기 때문이다.

진은 이미 회懷·모茅·형구邢丘를 보유하고 궤진垝津에 성을 쌓아 하내를 압박하고 있으니, 하내의 공共과 급汲이 반드시 위험해집니다. 정땅과 원옹垣雍을 얻어 형택수熒澤水의 물을 터트려 대량에 들이부으면 대량은 필시 망합니다.

그러나 이 위기를 간파하지 못하고 위나라는 지금껏 어떤 행동을 해왔는가? 자기 울타리를 제거하는 일을 해왔다.

왕의 사자가 나아가 진에게 안릉씨安陵氏를 헐뜯어 진이 안릉군을 베고자 마음먹은 지 오래되었습니다. 진의 섭양葉陽 및 곤양昆陽과 우리의 무양舞陽이 접해 있는 차에, 진이 우리 사자의 악담을 받아들여 장차 안릉씨를 멸망시키면, 무양의 북쪽을 돌아 동쪽으로 허許 땅에 임박하면 우리의 남쪽 땅〔南國〕이 분명 위태로워질 텐데 나라에 해가 없겠습니까?

위무기는 '국제정치는 감정으로 하는 것이 아니다, 안릉씨가 싫어도 울타리로 활용해야 한다'고 주장한다.

사실 한을 미워하고 안릉씨를 좋아하지 않는 것은 괜찮습니다. 허나 진이 우리의 남국을 가여워하지 않음을 걱정하지 않는 것은 잘못입니다. 예전에, 진이 하서河西의 진晉(한때 위나라의 땅이었던 황하 서쪽 일대) 땅에 있을 때 저들의 나라는 대량에서 1000리나 떨어져 있고 강과 산이 가려주었으며 가운데에 주周와 한이 끼어 있었으나, 임향林鄕의 싸움 이래 지금까지 진이 우리 위를 일곱 번 공격하여 다섯 번 유중圉中으로 들어왔고 변경의 성을 모조리 뽑아내고 문대文臺는 무너지고 수도垂都는 불탔으며 숲의 나무는 베어져 미록麋鹿마저 다 잡아가고 국도는 포위되었습니다. 또한 오랫동안 대량의 북쪽으로 길게 대열을 이어 동으로 도陶와 위衛의 교외에 이르고 북으로 평감平監에 이르렀으니, 진에게 망한 곳이 산(즉 中條山)의 남북과 하(황하)의 남북으로 커다란 현이 수십이요 이름난 도시가 수백입니다. 진이 아직 하서의 옛 진晉 땅에 있을 때 대량과 수천 리 떨어져 있음에도 그 참화가 이러했는데, 하물며 저들이 한을 없애 정 땅을 차지하고 하산의 울타리를 제거하고 사이에 낀 주와 한마저 없애도록 가만히 둔다면 우리 대량과 저들은 겨우 100리 간격이니 화는 반드시 이에서 비롯될 것입니다.*

이어서 위무기는 '예전에 합종이 실패한 것은 한을 끌어들이지 못했기 때문이다. 이번에는 한이 망하는 차에 스스로 들어오는 형국이니 가능하다'고 말한다.

예전에 합종이 성공하지 못한 것은 초와 위가 서로 의심하여 한을 끌어들이지 못했기 때문입니다. 그러나 지금 한은 진의 공격을 3년이나 받고 있는데 진은 한을 굴복시켜 강화하려 하지만 한은 망할 줄 알면서도 오히려 청을 듣지 않고 조에 인질을 들이고 천하를 위해 선봉이 되어 칼날을 뭉그러뜨리기[雁行頓刃]를 청하고 있으니, 조와 초는 분명 군대를 모을 것입니다. 왜 그렇습니까?** 모두들 진의 욕심은 끝이 없어 천하의 나라들을 모조리 없애고 해내를 모두 자기 신하로 삼은 후 군대를 멈출 것임을 알기 때문입니다.

그렇다면 어떻게 한을 살릴 것인가? 그리고 이런 모험을 하면 당장

---

* "화는 반드시 이에서 비롯될 것입니다[禍必由此矣]." 《전국책》 〈위책〉에는 "화는 반드시 이의 100배가 될 것입니다[禍必百此矣]"로 강력하게 표현되어 있다.

** 《사기》 〈조세가〉에는 "왜 그렇습니까? 그것은[此何也? 則]"이라는 문구가 빠져 있어 《전국책》 〈위책〉으로 보충한다. 다른 곳에서는 이런 식의 보충은 따로 언급하지 않겠다.

위에 어떤 실속이 있을까? 먼저 땅을 되찾을 수 있고, 나아가 진을 멀리 할 수 있다.

> 이런 고로 신은 합종으로 왕을 섬길까 하오니 왕께서는 속히 초와 조의 약조를 받아들이고 한의 인질을 끼고 한을 살려낸 연후에 우리 옛 땅을 요구하면 한은 고마워 분명히 따를 것입니다. 이리하면 (한과 싸우느라) 우리 사민을 고생시키지 않고도 옛 땅을 얻는 것이니 그 공은 진과 함께 한을 치는 것보다 크고, 또한 강한 진과 국경을 맞대는 화도 피할 수 있습니다.

그러나 옛 땅을 얻는다 해도 군사행동은 강한 진과 원수를 맺는 일 아닌가? 이를 보충할 즉각적인 이익이 있는가? 위무기는 "우리는 한을 살려서 재정을 확보할 수 있다"며 명분과 실리를 모두 계산해두었다.

> 무릇 한을 존속시키고 위를 안정시켜 천하를 이롭게 하는 것은 왕께 주어진 절호의 기회입니다. (지금 위기에 처한) 한의 상당을 공共과 녕甯으로 통하게 하면서 그 길을 우리의 안성安成을 지나게 하여 출입 관세를 거두면 우리가 한의 상당 땅을 커다란 볼모로 잡는 것입니다. 지금 그 세금이 있으면 족히 우리나라를 부유하게 할 수 있습니다. (상당을 잃고 나라가 망할 지경에 몰린) 한은 분명히 우리의 덕에 감격하여 우리를 아끼고 두려워할 것이니 감히 배반하지 못할 것입니다. 이리하면 한은 우리나라의 한 현이 됩니다. 위가 한을 얻어 현으로 삼으면, 위衛

와 대량(위의 수도)과 하외는 분명 안정됩니다. 지금 (우리가 나서) 한을 살려주지 않으면 두 주周와 안릉씨는 필히 위태로워질 것이고 (이리하여 연합하여 한을 원조하는) 초와 조가 대패하면 위衛와 제齊는 심히 두려워할 것이니 천하가 서쪽으로 달려가 진의 신하가 되어 입조할 날이 얼마 남지 않았습니다.

위무기는 '위가 한을 돕는 것은 그저 명분 때문이 아니다. 한이 무너지면 그다음 공격 대상은 위다. 그냥 한을 살려주자는 이야기가 아니다. 도와준 대가로 한에게 땅도 떼어 받고, 한의 수도와 상당으로 통하는 길을 이어준 대가로 관세를 받아 나라를 살찌우자는 것이다'라고 말한다. 하지만 안리왕은 결국 머뭇거리며 나서지 못했다.

4. 선택의 기로에 선 조나라 ━━━

최고지도자들에게는 언젠가는 어디로도 몸을 숨길 수 없는 절체절명의 선택의 순간이 다가온다. 이 순간만 아니라면 지도자 생활도 할 만할 것이다. 보좌진에게 수없이 묻고 또 물어도 결국 선택의 당사자는 지도자다. 지도자라면 그 결과에 대해 책임을 져야 하겠지만 현실은 그렇지 않다. 통념과는 달리 큰 실패의 책임은 대개 바닥으로 내려갈수록 더 커진다. 기업이 실패하면 노동자가 해고당하고, 전쟁에서 지면 야전군이 먼저 죽는다. 그래서 위대한 지도자들은 자기 안에서 권

한과 책임의 균형을 맞추기 위해 고심한다. 책임지지 못할 말과 행동을 함부로 하지 않는다는 것이다. 장평의 싸움에서 조나라 효성왕도 그런 선택의 기로에 선다. 다시《전국책》〈조책〉으로 돌아가 화가 어디로 옮겨 가는지 살펴보자.

상당 태수 근주는 막무가내로 목숨을 걸고 지키겠다고 했다. 사자 한양이 급히 돌아가 왕에게 보고하니 이렇게 말했다.

"나는 이미 범저에게 땅을 준다고 약속했는데, 지금 주지 않으면 그를 속이는 것이오."

이리하여 풍정馮亭을 보내 근주를 대신하게 했다. 근주는 무조건 지키겠다고 했는데 풍정은 어떤 복안이라도 있을까?《사기》〈백기왕전열전〉에 따르면 상당 태수 풍정은 백성들과 상의하여 이렇게 말했다.

"정도鄭道(한의 도읍 신정으로 가는 길)가 이미 단절되었으니 한은 분명 이곳 백성들을 돌보지 못할 것이오. 진의 군대가 하루면 닥치는데 한은 맞서지도 못하고 있으니 상당을 들고 조에 귀부하는 것이 낫겠소이다. 조가 우리를 받아들이면 진이 노하여 분명 조를 공격할 것이고, 조가 전쟁에 휘말리면 반드시 한을 가까이할 것이니, 한과 조가 하나가 되면 진을 당해낼 수 있소이다."

다시《전국책》〈조책〉으로 돌아가서 이야기를 잇는다. 풍정은 상당을 지킨 지 30일이 되자 몰래 사람을 조나라 왕에게 보내 고했다.

"한은 상당을 지킬 수 없어 진에 들어가자고 하나, 백성들이 모두 원치 않고 조에 편입되기를 원합니다. 지금 성시의 읍이 70개(사기에는 17개 성으로 되어 있다) 있으니 원컨대 엎드려 왕께 바치고 싶사오니 오직 왕께서 판단하실 따름입니다."

흔히 천하의 목구멍이라고 불리는 상당이다. 한·위·조가 나눠 가지고 있었지만 한이 가지고 있는 땅이 노른자위였다. 대략 길이 200킬로미터, 폭 100킬로미터의 분지는 하나의 조그마한 왕국이라 해도 좋았다. 조 효성왕은 기뻐서 평양군平陽君* 조표趙豹를 불러 말했다.

"한이 상당을 지키지 못해 진에 넘기려 하지만 관리와 백성들이 진에 편입되기를 원치 않고 모두 조에 편입되고자 한다는군요. 지금 풍정이 사신을 보내 과인에게 상당을 주려고 하는데 어찌하오?"

조표가 대답했다.

"신이 듣기로 성인은 까닭 없는 이익을 큰 재앙으로 여긴다고 합니다."

왕이 말했다.

"남이 나를 의롭다 여기는데, 어찌 까닭 없다고 하시오?"

의롭다 여긴다는 것은 한의 백성들이 진 대신 조로 투항한 것을 말한다. 조표는 현실적인 가능성을 기준으로 대답했다.

"진이 한의 영토를 먹어들어 가 가운데가 잘려 남북이 통하지 않게 되었기에, 이제는 앉아서 상당을 받는다고 생각하고 있습니다. 또한 한이 우리에게 귀부하고자 하는 것은 재앙을 우리에게 떠넘기려는 것입니다. 고생은 진이 하고 이익은 조가 얻는 격인데, 이는 비록 강대국

• 《전국책》〈조책〉 원문에 평원군이라 잘못 표기되어 있으나 《사기》는 오류를 교정해놓았다. 앞으로도 《전국책》의 명백한 오류는 《사기》를 참조하여 교정하고 일일이 표시하지 않겠다.

이 약소국에게 얻을 수도 없는 것인데 약소한 우리가 강대한 진에게 얻기를 바랄 수 있는 것입니까? 지금 왕께서 상당을 취하는 게 까닭이 있다고 할 수 있겠습니까? 또한 진은 소를 가지고 밭을 갈고 수로를 통해 군량을 운반하고 있으며, 죽음을 무릅쓴 용사들이 모두 상당에 도열하고 있습니다. 저들의 법령은 엄격하고 정령은 먹히고 있으니 더불어 싸울 수가 없습니다. 왕께서는 이를 살피소서."

조 효성왕이 크게 노해서 말했다.

"무릇 100만 무리를 동원하여 해를 넘기고 몇 년을 이어 공격해도 성 하나도 얻기 힘드오. 지금 군사 하나 쓰지 않고 70개의 성을 얻는데 무슨 까닭으로 안 된다는 것이오?"

조표가 나가자 왕이 조승(평원군)과 조우趙禹를 불러 물었다.

"한이 상당을 지키지 못하여 그곳 태수가 과인에게 넘기려 하는데 성시를 갖춘 읍이 70개라 하오."

두 사람은 이렇게 대답했다.

"해를 넘겨 용병해도 성 하나도 얻지 못하는데 지금 앉아서 70개 성을 얻는다니 엄청난 이익입니다."

이리하여 왕은 평원군을 보내 상당을 접수하도록 했다. 평원군은 상당에 도착하여 이렇게 공포했다.

"폐읍의 왕이 사자 신 승으로 하여금 태수에게 유조를 내리셨습니다. 사신 승이 알립니다. '태수를 3만 호의 도시에 봉하고, 현령은 1000호에 봉하며, 여러 관리들은 모두 작위를 세 등급 더하고, 백성으로 서로 모여 귀부하는 이들에게는 육금六金을 내린다.'"

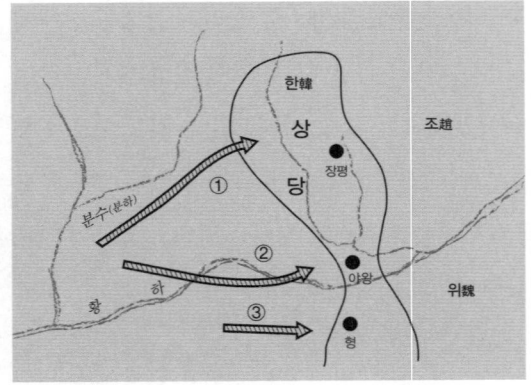

장평대전의 서막
– 진의 상당 공격.
진의 ①로군은 상당을 공격,
②로군은 야왕을 공격해 구
원군이 올 태행도를 차단,
③로군은 형 일대를 공격해
한의 수도 주둔군을 견제했
다.

《사기》〈백기왕전열전〉에 의하면 풍정을 화양군華陽君으로 삼았다
고 한다. 그러나 태수 풍정은 눈물을 떨구며 고개를 숙이고 말했다.

"저는 세 가지 불의한 일을 저질렀습니다. 군주를 위해 땅을 지키며
능히 죽지 못하고 남에게 넘긴 것이 첫 번째 불의이며, 군주께서 진에
게 땅을 주라 하였으나 명을 따르지 않은 것이 두 번째이며, 군주의 땅
을 팔아 식읍을 얻었으니 이것이 세 번째 불의입니다."

그는 봉지를 사양하고 한으로 들어가 한왕에게 고했다.

"조가 우리 한이 상당을 지키지 못한다는 소리를 듣고 군대를 내어
취하고 말았습니다."

한은 진에 이 일을 고했다.

"조가 군사를 일으켜 상당을 취했습니다."

진 소왕이 대로하여 백기와 왕흘王齕에게 명해 군을 이끌고 장평에
서 조와 싸우게 했다. 이렇게 해서 장평의 싸움이 벌어졌다.《사기》〈백

기왕전열전〉에 따르면 기원전 261년 진이 한의 구지緱氏와 인蘭을 공격하여 뽑았다 하는데, 한의 도읍 신정에서 병력이 북쪽으로 이동하면 도읍을 공격하겠다는 위협이었다. 물론 도읍 지근거리에 진이 진지를 구축했으므로 후방이 불안해서 북쪽으로 병력을 이동시키기 어려웠을 것이다. 이 모든 행동은 상당을 반드시 얻겠다는 의지의 표현이었다. 그리고 기원전 260년 좌서장左庶長 왕흘이 한을 공격하여 상당을 취했다. 물론 한나라 상당의 백성들은 조나라 땅으로 도망친 후였다.

5. 백성을 끌어들이지 못하는 진나라 ━━━

잠깐 여기서 사서들이 기록하지 않은 중요한 지점을 읽어보자. 다음에 인용된 《사기》〈범저채택열전〉에도 기록되어 있듯이 진이 이겼으나 한나라 상당의 백성들이 모두 도리어 조나라 백성이 되었고 "천하가 진의 백성이 되기 싫어한 지 이미 오래였다[天下不樂爲秦民之日久矣]." 왜 그들은 진나라의 백성이 되는 것을 싫어했을까? 그들의 선택이 이해된다. 패전국의 백성에 대한 대우와 스스로 귀부한 백성에 대한 대우는 다를 것이다. 조나라가 바로 한나라 상당의 관리와 백성들에게 작위와 금을 내린 것을 보아도 알 수 있다. 물론 누대로 아비와 형제들이 진나라에게 죽은 원한도 작용했을 것이다. 또한 "삼진의 국가들은 이익을 가지고 서로 싸우다가도 외적이 다가오면 금세 화합한다"는 당시의 평이 암시하듯이 풍속이 완전히 다른 진나라의 백성이 되느니 차라리 조나라의 백성이 되려 했을 수 있다. 그럼에도 우리는 한나라의 3분의 1 이상을 차지하는 상당의 백성들이 모조리 조나라를 선택했다는 이 특이한 현상을 심도 있게 살펴야 한다. 진나라에 항복하면 전쟁은 멈출 수 있다. 조나라에 귀부하면 진나라가 다시 공격해올 것이다. 그들은 정말 이미 5년째 접어든 이 지긋지긋한 전쟁이 물리지도 않았을까? 진나라 사람들이 쓴 글을 통해 백성들의 마음을 읽어보자.

> 항아리의 장이 익으면 파리매가 몰려드는 것은 산이 생겨서이니, 맹물로는 결코 모을 수 없다. 살쾡이로 쥐를 부르고 얼음으로 파리를 꾀려 한다면 아무리 공을 들여도 소용이 없다. 상한 고기를 두고 파리를 쫓으려 해도 파리는 오히려 꼬이면 막을 수가 없으니, 이것은 모으는 방법으로 쫓으려 한 까닭이다. 결과 주는 쫓는 방법으로 모으려 했으니, 아무리 형벌을 무겁고 엄하게 한들 무슨 도움이 되었겠는가?

진나라는 전쟁에서 이겼으나 백성들이 달아났다. 혹시 맹물로 패전국의 백성들을 접수하려 한 것이 아닌가? 진나라도 자국민이 죽어 나가는 지난한 전쟁을 통해 땅을 점령했다. 그러나 점령지의 백성들은 달아나고 땅을 다른 나라에 바쳤다. 혹시 그들을 쫓는 방법으로 모으려 한 것이 아닌가? 백성이란 어떤 존재인가?

> 큰 추위가 닥칠 때 백성들은 따듯한 것을 이롭게 여기고, 큰 더위가 떨어지면 백성은 시원한 곳을 찾아 떠난다. 그러니 백성들에게는 고

정된 거처가 없다. 이익이 보이면 모이고 없으면 떠난다. 천자가 되려 한다면 백성들이 찾아가려고 하는 곳을 잘 살피지 않을 수 없다. 지금 세상에서 추위와 더위가 와도 백성들이 떠나지 않는 까닭은 어디를 가도 마찬가지이기 때문이다. 천자가 되려는 이는 백성에게 (뭇 군주들과는) 반드시 다른 것을 보여줘야 한다. 행실을 (뭇 군주들과) 다르게 하지 않는다면, 어지러움이 지금의 배가 되더라도 백성들은 여전히 움직이지 않을 것이다. (탁월한 행동으로) 백성들을 모으지 못한다면 왕자의 길은 끊어지고 폭군이 요행을 만나니, 백성들은 절망에 빠진다〔民無走, 則王者廢矣, 暴君幸矣, 民絕望矣〕. 그러니 지금 세상에 어진 이라면 이 일에 힘쓰지 않을 수 없고, 현명한 군주라면 이 일에 힘쓰지 않을 수 없으리라〔故當今之世, 有仁人在焉, 不可而不此務, 有賢主不可而不此事〕.

– 이상《여씨춘추》〈중춘기·공명功名〉

백성이 달아났다고 백성을 탓할 수 있을까? 그들은 세상 곳곳이 어디나 마찬가지라면 되도록 자기 땅을 떠나고자 하지 않는 사람들이다. 그런 그들이 떠났다. 백성들을 모으지 않는다면 왕업은 끝난다고 하지만 진나라는 백성을 모으지 못했다. 그토록 보수적인 농민들이 떠난 것은 진나라의 정치가 싫었기 때문이라 할 수밖에 없다. 자신이 백성들을 떠나게 하면서 오히려 상대 군주는 폭군이라 욕하는 것은 어불성설이다.

필자가 보기에는 백기가 전쟁을 시작한 후 너무 많은 사람이 죽었다. 성을 공략하고 5만 명에서 10만 명을 죽였다는 것은 말할 나위도 없이 함락시킨 후에 죽인 것이다. 이제 싸움 후 진나라의 행태를 통해 백성들이 떠난 이유가 다시 밝혀질 것이다.《여씨춘추》는 장평의 싸움 이후에 쓰였다. 그러므로 그 안에는 '반성'이 들어 있다.

6. 염파의 지구전: 버티는 쪽이 이긴다 ━━━━━━━

어쨌든 상당의 백성들은 조나라 쪽으로 붙었고, 진 소왕은 기어이 상당을 얻기로 마음을 먹었다. 그러나 조나라 측에도 명장이 있었다. 백전의 용사 염파가 무려 40만 대군을 이끌고 태행산을 넘어왔다. 상당에서 귀부한 한의 장사들의 수도 적지 않았을 것이다. 진 쪽에는 왕흘이 나섰다. 정황을 보면 진나라의 하동 주둔군이 산맥을 넘어 들어갔을 것이다. 이 군대가 조군과 대치했고, 또한 남쪽에서 장평으로 들어가는 길목은 진나라가 틀어막고 있었다. 진은 이 통로를 통해서도 군대를 투입했다. 조의 주력은 한단에서 태행산을 넘어간 염파의 군대와 원래 조가 차지하고 있던 상당 북동부의 군대였을 것이다.

두 쪽 모두 약점과 강점이 있었다. 진의 강점은 남쪽에서 상당으로 들어가는 입구를 차지하고 있다는 점이었다. 이 통로로 힘들이지 않고 물자와 인원을 공급할 수 있다. 약점은 진이 멀리 와서 치는 중이기에 싸움을 빨리 끝내지 못하면 열국의 협공을 당할 여지가 있었다. 한과 조를 상대로 동시에 전쟁을 치르는 중에 위 또는 초나 제가 움직이면 전세는 순식간에 역전될 수 있었다. 조는 기존의 상당의 보루를 보수

염파둔의 염파상과 염파둔에서 내려다본 장평 전장. 염파는 높은 곳을 차지하고 보급로를 지키며 장기전을 준비했다.

하고 지키면서 상황을 주시할 여유가 있었다. 진이 상당으로 군대를 계속 몰아넣고 있으므로, 오랫동안 버티기만 한다면 관망하고 있는 열국이 반드시 참전할 것이라는 믿음이 있었다.

염파는 지구전을 감당할 정도로 인내심이 있는 사람이었다. 만약 제나 위가 참전하여 남쪽의 통로를 탈환한다면 진군 전체가 독 안에 든 쥐 꼴이 될 것이다. 이렇게 되면 진은 하동에서 상당으로 이어지는 양도糧道에 의존한 현군이 된다. 그때 전국에 이름을 떨치던 조나라 대代의 기병으로 양도를 끊으면 진의 산동 공략은 끝장날 뿐 아니라 진이라는 나라 자체가 없어질지도 모른다.

조나라의 약점은 역시 태행산이었다. 오직 이 태행로 외에는 양식을 운반할 길이 없었다. 만약 이 양도가 끊긴다면 상당에 운집한 군대는 굶어 죽을 것이다. 여러모로 고대의 지구전은 양식 싸움이다. 재미있게도 훗날 조조가 업鄴을 공략할 때 원소의 아들 원상은 이 상당에서 태행산을 넘어 동쪽으로 양식을 대는 양도를 만들었다. 조조는 이 양도를 끊어 승리했다. 조조의 전략 원형이 이 장평의 싸움에서 등장한다. 이제《사기》의 여러 기사를 종합하여 싸움을 복원해보자.

상당의 백성들이 조로 달아나자 조는 장평에 군대를 주둔시키고 상당의 인민을 보호했다. 4월에 왕흘이 상당을 공격하여 조의 염파와 대치했다. 염파는 지구전 작전을 이미 세워둔 차였다. 양도를 사수하고 버티면 이길 수 있다. 그렇다고 싸우지 않은 것은 아니었다.《사기》〈백기왕전열전〉에 따르면 조군이 먼저 진의 정찰병을 공격했으나 진의 정찰병이 오히려 조의 비장 가茄를 베었고, 진은 6월에 조의 군영을 함락시키고 장애물 두 개를 취한 뒤 위尉 네 명을 잡았다. 그러자 7월에 조군이 누벽을 쌓아 지켰다. 진은 다시 보루를 공격하여 위 두 명을 취하고 누벽 네 개를 빼앗았다. 그러나 염파는 오히려 벽을 견고히 하고 진병을 기다리며 수차례 도전을 받았지만 나서지 않았다. 이때 한단에서 온 사자는 계속 효성왕의 명을 가지고 염파를 채근했다. 왕은 계속 싸우지 않는다고 꾸짖었다. 왕의 처사가 이해되지 않는 것은 아니다. 태행로를 넘어 군량을 대는 것은 전쟁 못지않게 어려운 일이다.

7. 조괄의 지상병담紙上兵談

하지만 속이 타들어 가기는 진의 범저도 마찬가지였다. 그 또한 일이 이토록 어마어마하게 꼬일 줄은 몰랐을 것이다. 원교근공의 원칙에 따르면 먼저 한을 끝장내고 위를 공격해야 함에도 뜻하지 않던 조를 끌어들인 꼴이 되었다. 하지만 이렇게 된 이상 상당을 얻는다면 이미 차지한 하동과 합쳐 느긋하게 조를 압박할 수 있다. 분명 상당의 조나라 수비군 못지않은 진나라 병력이 투입되었을 것이다.

진의 군대는 셋으로 나뉘어 있다. 한의 도읍을 견제하는 일대, 야왕野王에서 상당으로 들어가는 퇴행도를 막고 있는 일대, 그리고 장평에서 조군과 대치하고 있는 일대다. 한을 견제하는 부대와 태행도를 막고 있는 부대는 모두 성을 쌓아 방어하고 있었다. 어느 곳 하나 떨어지면 전쟁의 판세는 정반대로 바뀔 것이다. 그런 차에 염파가 버티면서 상대방의 변고를 기다리고 있다. 양도 주위로 높게 보루를 쌓아 방어하면서 꼼짝도 않는 염파 때문에 범저의 속이 타들어 갔다. 전방에서 안되면 후방을 공략한다. 바로 범저의 특기다. 그는 천금을 써서 간첩을 넣어 염파를 모함하는 말을 퍼뜨렸다.

"진은 오직 마복군의 아들 조괄이 장군이 되는 것을 두려워할 뿐이다. 염파는 상대하기 쉽고, 또 결국 항복해올 것이다."

염파는 실제로 여러 번 작은 싸움에서 졌다. 온 나라의 군졸이 다 상당으로 가 있는데 항복하면 어떤 일이 벌어질 것인가? 왕은 염파가 군졸을 많이 잃고 여러 번 패하면서 도리어 방어벽을 견고히 하고 감히 싸우려 하지 않는 것에 노한 차였다. 이때 진나라 첩자의 말까지 듣자 조괄에게 염파를 대신하여 진을 받아치게 했다.

거의 100만 명에 달하는 조나라와 진나라 병사가 대치하고 있고, 그보다 적지 않은 상당의 옛 한나라 백성들이 모두 전쟁의 향배만 바라보고 있었다. 이런 순간에 대장이란 직책은 얼마나 중요한가. 염파는 용맹하고 끈질기며 치욕을 견딜 줄 알았고, 무엇보다 조국 조나라에 대한 강한 충성심으로 무장한 이였다.

조괄이란 인물은 누구길래 국가의 존망을 건 싸움에 백전노장 염파를 밀어내고 대장으로 투입되었을까?《사기》〈염파인상여열전〉에 이런 극적인 이야기가 실려 있다.

장평에서 염파가 진군과 싸우고 있을 때 조사는 이미 죽었고 명신 인상여는 병이 위독했기에 대안은 염파밖에 없었다. 염파가 싸우지 않고 시간을 끌자 참소의 말이 튀어나왔다. 범저가 보낸 첩자들이 염파가 항복할 것이라는 소문을 퍼뜨리고 다니자 효성왕은 마음이 흔들렸다. 10년 전 자신의 아버지 혜문왕이 조사를 등용하여 알여에서 진군을 대파한 일이 떠오르기도 했을 것이다. 조괄은 아버지의 후광을 입은 데다 용병 이론에 밝았다고 한다. 그런 차에 첩자가 "진은 마복군의 아들이 대장이 될까 두려워하고 있다"는 소문을 뿌린다. 효성왕은 대장을 바꾸기로 결심했다. 그러자 병상에 있던 인상여가 나섰다.

"왕께서는 이름만 가지고 괄을 쓰려 하시지만, 이는 마치 거문고의 발을 아교로 몸통에 붙여놓고 음을 고르는 것과 같습니다[膠柱鼓瑟]. 괄은 그저 아버지가 남긴 책을 읽을 줄 알지 그것을 시세에 맞게 응용할 줄 모릅니다."

인상여의 이 말에서 겉으로 아는 듯하지만 응용을 전혀 못 한다는 뜻의 '교주고슬'이라는 성어가 나왔다. 그러나 효성왕은 그대로 조괄을 등용했다. 효성왕은 은근히 고집이 센 사람이었던 듯하다. 그는 조표와 의논했지만 상당을 취하지 말자는 의견은 묵살했고 인상여가 조괄을 쓰지 말라고 간했지만 기어이 썼다. 조괄의 병법은 어느 수준이었을까?

알다시피 조사는 진도 두려워하는 천하의 명장이었다. 그런 아버지 밑에서 어려서부터 병법을 배웠기에 병법에 관한 논쟁이라면 천하에 당할 이가 없었다. 심지어 조사가 그와 논쟁을 벌였는데도 이기지 못했다. 그러나 조사는 아들의 달변을 달가워하지 않았다. 그의 아내가 그 이유를 물어보니 조사가 대답했다.

"전쟁이란 목숨이 달린 일인데[兵, 死地也] 괄은 쉽사리 말하오. 조나라가 괄을 장수로 쓰지 않으면 괜찮겠지만 기어이 장수로 쓴다면 저 애는 반드시 우리 조군을 깨트릴 것이외다."

앞 장에서도 살폈지만 조사는 오직 실질만 중시하는 인물이다. 그러나 그 아들은 그 반대였던 듯하다. 괄이 장군이 되어 출정할 즈음에 그 어머니가 효성왕에게 글을 올려 고했다.

"괄을 장수로 삼아서는 안 됩니다."

왕이 불러 물어보았다.

"왜 장수로 삼아서는 안 된다는 것이오?"

어머니는 이렇게 대답했다.

"첩이 예전에 괄의 아비를 받들 때 장수가 되었지요. 그 아비는 자기 손으로 음식을 받들어 먹인 이가 수십 명이었고, 사귄 이는 수백 명이었습니다. 대왕과 종실에서 내린 상은 모조리 군리와 사대부들에게 나누어주었고, 명을 받든 날은 집안의 일을 묻지 않았습니다. 지금 괄은 하루아침에 장수가 되자 동쪽을 향해 조회를 하니 군리들 중 감히 쳐다보는 이가 없고, 왕께서 내린 금과 비단은 집 안에다 쌓아두고 매일 돈이 될 만한 전택을 보러 다니며 사들입니다. 왕께서는 괄의 어디가 그 아비와 같다 여기십니까? 부자의 마음이 이렇게 다르니, 왕께서는 괄을 보내지 마소서."

그녀도 여느 어머니처럼 아들을 사랑했을 것이다. 그러나 아들의 기량이 일을 감당하지 못함을 알기에, 어떻게라도 아들을 살리려는 마음으로 심정을 토로했을 것이다. 그러나 왕은 단호했다.

"어머니께서는 이제 그만하시오. 나는 이미 결정했소이다."

조괄의 어머니는 마지막으로 요청했다.

"왕께서 기어이 보내시려거든, 괄이 제 직을 감당하지 못하더라도 첩은 연좌하지 말아주시겠습니까?"

왕은 이 청을 들어주고 기어이 조괄을 전장으로 보냈다. 조괄은 염파를 대신하자마자 군령을 모두 바꾸고 군리들도 바꾸어 배치했다. 한마디로 염파의 흔적을 다 지우겠다는 심사였다.

8. 양도가 끊기다

염파가 파면되고 조괄이 대장이 되었다는 소식은 바로 범저의 귀로 들어갔다. 진은 조괄이 장군이 되었다는 말을 듣자 몰래 무안군 백기를 상장군으로 삼고, 왕흘을 위비장尉神將으로 삼고는 군중에 명을 내려 "무안군이 장군이 되었다는 말을 발설하는 자는 목을 벨 것이다"라고 입단속을 했다. 백기가 진군을 이끈다는 말을 들으면 조군은 보루 밖으로 나오지 않을 가능성이 컸기 때문이다. 야전에서 백기와 마주치는 것은 공포 그 자체였다.

그러나 혈기왕성한 우리의 조괄은 이 사실을 아는지 모르는지 도착하자마자 군령과 군관을 바꾸더니 군대를 내어 진군을 쳤다. 백기는 어떤 대책을 가지고 나올까? 뛰어난 장수는 자신의 강점으로 상대의 약점을 친다. 염파는 조군의 약점이 태행로의 양도라는 것을 알기에 양도 주위에 보루를 쌓아 대응했다. 그러나 조괄은 무턱대고 달려들었다. 어쩌면 알여에서 아버지가 진군과 직접 격돌해서 이긴 일을 염두에 두고 있었는지 모르겠다.

진군은 격돌하자 거짓으로 패해 달아났다. 사실 거짓으로 달아나는 것처럼 어려운 전술은 없다. 전쟁은 기세 싸움이므로 달아나는 순간 대형이 흐트러지기 때문이다. 백기가 거짓 퇴각 전술을 썼다는 것 자체가 진군의 높은 훈련 수준을 말해준다.《사기》〈백기왕전열전〉의 이어지는 부분은 너무나 중요하므로 찬찬히 해석해보자.

진군은 거짓으로 패해 달아나며 기병 두 부대를 펼쳐 조군을 위협했다. 조군은 승세를 타며 진의 보루까지 추격했으나 진병이 보루를 굳게 지키고 있어 들이칠 수 없었다. 그때 진의 기병 2만 5000명이 조군의 배후를 끊고 또 일군 5000기가 누벽 사이를 끊으니(보루의 조군과 보루를 나선 조군 사이를 끊었다는 뜻일 것이다) 조군은 둘로 나뉘고 양도도 끊어졌다[秦奇兵二萬五千人絶趙軍後, 又一軍五千騎絶趙壁間, 趙軍分而爲二, 糧道絶]. 그러자 진은 가볍게 무장한 군사를 내어 조군을 쳤다. 조군은 싸워서 불리하자 방어벽을 쌓고 이에 의지해 견고히 지키며 구원병을 기다렸다.

대체로 조군을 유인한 후 기병 일대로 배후를 끊고 기병 일대는 다시 보루에 육박시켜 간격을 벌린 후 양도를 끊어 고립시켰다는 이야기다. 여기서 몇 가지 의문이 생긴다. 그날 보루를 나서 진군의 진지까지 육박한 조군의 수는 어느 정도였을까? 40만 명 전체는 아니었을 것이다. 또한 백기는 기병으로 조군의 배후를 끊었는데 조군은 왜 기병으로 대응하지 못했을까? 이어지는 기사를 보면서 공백을 채워보자.

진왕은 조군의 양도가 끊어졌다는 소식을 듣고 몸소 하내河內로 들어가 백성들에게 각자 작위 일급을 내리며 열다섯 살 이상의 장정을 모두 뽑아 장평으로 보내어 조나라 구원병과 양식을 차단하도록 했다.

이야기는 대체로 명백해졌다. 진은 본대가 물러날 때 기병이 좌우로 벌려 포위를 준비했다. 기병이 좌우로 벌리는 동시에 위협한 것은 조군을 좁은 곳으로 몰아넣기 위해서였을 것이다. 동시에 백기는 일대를 보내 보루에서 조군이 나와 고립된 이들과 합치는 것을 막았다. 물론 기병 5000명으로는 중과부적이었을 것이니 당장 보병으로 그 간극을

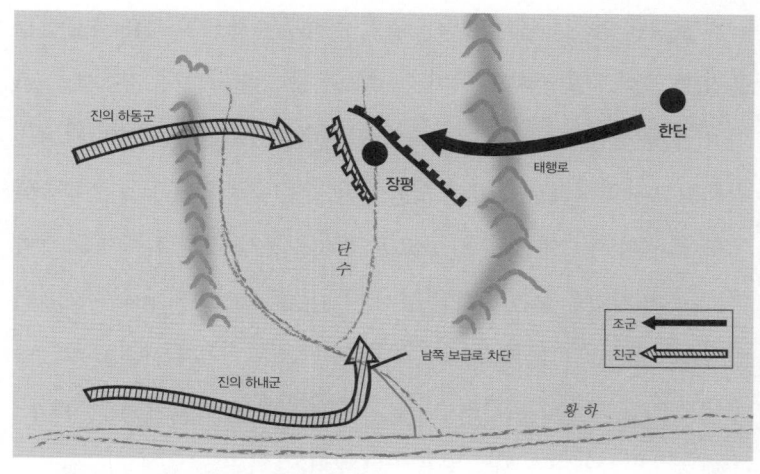

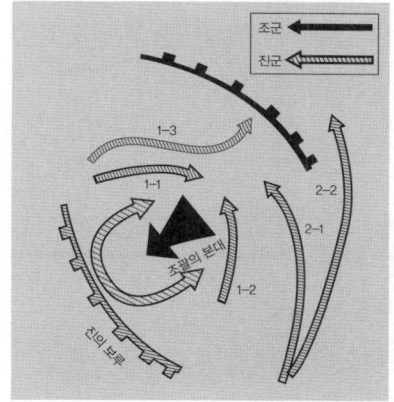

장평대전 1 − 대치개념도.
염파는 보급로(태행로)를 수비하며 장기전을 벌
이고, 진은 남쪽에서 들어오는 보급로를 차단
하고 역시 장기전에 대비한다.

장평대전 2 − 덫에 걸린 조괄.
진의 중군이 보루를 나선 조괄을 상대하는 사
이, 양익의 기병(1−1, 1−2)이 후미를 차단하고, 기
병 일대(1−3)가 보루에서 구원병이 나오는 것을
차단했다. 진왕의 하내(2−1) 지원군이 기병을 후
원하는 동시에 일대(2−2)는 한단으로 통하는 태
행로의 서단 보급로를 끊었다.

메웠을 것이다. 둘로 나뉜 조군이라고 가만히 있지는 않았을 것이고
합치기 위해 사투를 벌였을 것이다. 그러나 거리가 너무 멀어서 다가
가기 힘들었고, 보루에 남아 있는 이들의 숫자가 너무 적어 원군이 와
서 합치기를 기다렸을 것이다.

진 소왕은 양도가 끊어졌다는 소식을 듣자마자 바로 하내의 장정들을 모두 모아 구원군과 군량이 들어오는 통로를 막았다. 기록에는 조가 어떻게 기병을 활용했는지 나와 있지 않다. 멀리서 온 진이 기병을 활용했고 오히려 조가 기병을 활용하지 못했다. 조괄이 조금만 신중했어도 충분히 좌우에 기병을 두고 보병과 보조를 맞춰 진격했을 것이다. 좌우에 기병을 두는 전술은 당시 서양의 페르시아와 초원지대에서 이미 보편화되었으므로 흉노 및 동호東胡와 일상적으로 싸웠던 조나라 군대가 이를 몰랐을 리가 없다. 남은 기록만으로 판단하면 사령관의 조급증이 대사를 그르쳤다고 할 수밖에 없겠다.

보루를 나서 고립된 조괄의 본대의 운명은 어떻게 될 것인가? 열국들은 도움을 줄 것인가? 태행산을 넘어 지원군이 올 것인가?

9. 오지 않는 구원군, 흔들리는 조정

《전국책》〈위책〉에 이런 이야기가 나온다. 장평의 싸움에서 어떤 이가 조를 도와 진과 싸우자고 말한다. 그 이유는 무엇일까? 조를 도우면 조는 지원을 믿고 더욱 치열하게 싸울 것이다.

> 진과 조가 장평에서 서로 얽혀 싸울 때, (어떤 이가) 위왕에게 말했다.
> "제와 조를 편들어 진과 싸워야 합니다. 왕께서 조와 함께하지 않으면 조는 진과 싸워낼 수가 없습니다. 허나 조의 편이 되면 조는 다시

싸울 것이니, 분명 위를 중시할 것입니다. 이는 진과 조의 일을 모두 장악하는 방법입니다. 왕께서 제와 조를 거두어 초를 공격하고자 해도 되고, 초와 조를 거두어 제를 공격할 수도 있으니, 왕을 동쪽의 우두머리로 모시고자 하는 이들이 이를 기다리고 있습니다."

이런 이야기는 《전국책》에 무수히 등장하는 술책 중 하나다. 그러나 당시에는 그런 한가한 이야기를 할 때가 아니었다. 한이 당할 때 위는 나서지 않았다. 하지만 지금 조가 당할 때 형세상 위는 반드시 조를 도왔어야 한다. 왜 그런가? 조 다음 목표는 반드시 위다. 또한 위가 나서면 승산이 있었다. 진은 지금 독 안으로 들어왔다. 상당의 골짜기에 진군이 모두 들어가 있고, 그도 모자라 황하 이북의 백성들을 모아 투입하는 중이었다. 진과 조는 온 나라를 들어 싸우고 있다.

진은 세 곳에 군대를 분산시켜 놓았다. 대량의 군대를 이끌고 야왕을 공격해도 진은 위를 견제할 수단이 없다. 야왕의 길이 풀리면 이번에는 조와 위가 진을 포위한 형세가 된다. 초는 이미 조를 돕겠다고 약조한 후였다. 이 싸움에서 조를 도와 진을 이기면 이제 진의 걱정이 완전히 없어질 것이고, 조를 돕지 않아 조가 지면 얼마 지나지 않아 위가 흔들린다. 가만히 있으면서 조가 승리하길 기다리는 것은 요행으로 나라를 다스리는 것이다. 이런 순간에 중립은 의미가 없다. 그러나 누가 당장 그런 위험을 받아들이려 하겠는가? 진은 위가 조를 돕는다면 당장 상당의 공세를 풀고 위를 공격한다고 위협했다.

사실 안리왕이 움직이지 않는 데는 다른 이유가 있었던 듯하다. 그는 범저가 던진 미끼를 물고 있었다.《전국책》〈위책〉의 다른 기사를 보자.

> 장평의 싸움에서 (진과 조가 싸우고 있을 때) 평도군이 안리왕에게 말했
> 다.
> "왕께서는 어찌 (조를 위해) 합종하지 않는지요?"
> "진이 과인에게 원옹垣雍을 준다 했소."
> "신이 보기에 원옹을 준다는 것은 거짓입니다."
> "무슨 말씀이오?"
> "진과 조가 오랫동안 장평에서 버티면서 아직 결판을 내지 못하고 있
> 습니다. 천하가 진과 합하면 조가 없어지고 조와 합치면 진이 없어지
> 는 판국입니다. 진은 왕께서 마음을 바꿀까 봐 원옹을 왕께 준다고 한
> 겁니다. 진이 조를 이기면 왕께서 감히 원옹을 달라고 할 수 있겠습니
> 까?"
> "감히 그러지 못하겠지요."
> "진이 조를 이기지 못하면 왕께서는 능히 한더러 원옹을 떼어 위에 넘
> 기라고 할 수 있겠습니까?"
> "그럴 수 없겠군요."
> "그러므로 신이 원옹을 준다는 말은 거짓이라는 것입니다."
> "그렇구려."

  그러나 안리왕은 어떤 태도를 취했던가? 아무런 태도도 취하지 않
았다. 장평의 싸움에서 안리왕이 보인 이기적이며 근시안적인 태도는

결국은 위나라에게 독이 될 것이다. 평도군의 비판은 실로 적절하다. 중립의 조건으로 이미 피폐한 한의 땅을 떼어 받는 것은 도둑질이나 마찬가지만, 그마저 받을 수가 없을 것이다. 범저가 어떤 사람인가? 앞으로 우리가 보게 될 것이지만, 원옹은 결국 진의 땅이 된다.

그렇다면 제나라는 어떻게 대응했을까?《사기》〈전경중완세가〉에 이렇게 나와 있다.

제왕 건 6년(기원전 259),* 진이 조를 장평에서 공격할 때 제와 초가 구했다. 진이 계책을 내어 말했다.

"제와 초가 조를 구한다 하는데, 그들이 정말 친하면 우리가 군대를 물리고 친하지 않으면 그대로 공격합시다."

당시 조에 식량이 없어서 제에 식량을 요청했지만 제는 들어주지 않았다. 주자周子**가 말했다.

"요청을 들어주어 진병을 물리치는 것이 낫습니다. 들어주지 않으면 진병이 퇴각하지 않을 것이고, 이리하면 진의 계략이 적중하고 초와 제의 계략이 실패하는 것입니다. 또한 조는 초와 우리 제의 울타리로서, 비유하자면 이에 입술이 있는 것과 같아 입술이 없어지면 이가 시린 법입니다. 오늘 조를 멸망시키면 내일은 우환이 제와 초에 이릅니

- 《전국책》〈제책〉에는 구체적인 연대가 없고, '진이 조의 장평을 공격할 때[秦攻趙長平]'라고 되어 있다. 실제로 제왕 건 5년, 혹은 4년이었을 것이다.

•• 《전국책》〈제책〉에는 소진으로 되어 있지만 명백한 착오다.

다. 게다가 조를 구하는 것은 새는 항아리를 막고 타는 솥에 물을 붓
는 것처럼 시급한 일입니다. 대저 조를 구함은 의를 높이는 일이고 진
을 물리침은 이름을 날리는 일입니다. 의로써 망하는 나라를 구하고
위세로써 강한 진병을 격퇴하는 것에 힘을 쓰지 않고 곡식을 아끼는
데 힘을 쓰다니요. 이는 국가를 위해 꾀를 내는 이들이 틀렸습니다."

이 이야기가 조군이 장평에서 양쪽으로 나뉜 상황에서 나온 것이라
면 제도 난감했을 것이다. 양식을 준다고 해도 어느 길로 운반할 것인
가? 양식 공급을 막기 위해 진 소왕은 하내의 장정을 다 동원했다. 그러
나 아무리 진군의 숫자가 많더라도 하내에서 지원하는 이들은 정규군
이 아니었으므로 그들을 뚫고 양식을 대는 것이 불가능한 것은 아니었
다. 그러나 결국 제는 양식을 빌려주지 않았다. 이웃의 재난은 언제나
강 건너의 불이다.

이제 조는 어찌할 것인가? 막상 싸움을 벌였으나 열국들은 눈치만
보며 도와주지 않고, 군대는 사기가 떨어져 진에게 질 판이다. 조 효성
왕은 고민에 빠졌다.《사기》〈평원군우경열전〉에 당시 조나라 조정의
난맥상이 기록되어 있다.

장평에서 조가 진과 싸워 이기지 못하고 도위 한 명만 잃었다. 조왕이
누창樓昌을 불러 우경*과 더불어 상의했다.
"우리 군이 이기지 못하고 도위 하나를 잃었으니, 과인이 직접 갑옷
을 여미고 달려가는 것이 어떻겠소?"

누창이 대답했다.

"무익합니다. 무게 있는 사신을 보내 강화를 청하느니만 못합니다."

그러자 우경이 말했다.

"창이 강화하자고 한 것은 강화하지 않으면 우리 군대가 분명 깨어진다고 여기기 때문이겠지요. 허나 강화 여부를 손에 쥔 것은 진입니다. 또한 왕께서 보시기에 진은 우리 조군을 깨려고 합니까 아닙니까?"

"진은 온 힘을 다하고 있으니, 분명 우리 조군을 깨려 하고 있소."

그러자 우경이 말했다.

"왕께서는 신의 말씀을 들으십시오. 보화를 무겁게 딸려 사신을 초와 위에 보내시면, 초와 위는 왕의 보물을 갖자고 분명 우리 사신을 받아들일 것입니다. 조의 사신이 초와 위에 들어가면 진은 분명 천하가 합종할까 의심하고 두려워할 것입니다. 이리하면 강화를 얻어낼 수 있습니다."

그러나 왕은 듣지 않고 평양군과 더불어 강화를 추진하기로 하고 정주鄭朱를 진으로 들여보내니 진은 받아들였다. 조왕은 다시 우경을 불러 말했다.

"과인은 평양군더러 진과 강화하라 하였고, 진은 정주를 받아들였소. 경은 어떻게 생각하시오?"

우경이 대답했다.

• 우경은 유세가인데 짚신과 삿갓을 쓰고 효성왕에게 유세했다고 한다. 그러니 과히 배경이 좋은 선비는 아니었다. 그러나 한 번 만나자 황금 100일을 받았고 두 번 만남에 조나라 상경이 되었기에 그를 '우경虞卿'이라 불렀다고 한다.

"왕은 강화를 얻어내지 못할 것이고, 우리 군은 분명 깨어질 것입니다. 천하의 전쟁을 경축하는 이들[賀戰者, 다가오는 진의 전승을 경축하는 이]이 모두 진에 가 있습니다. 정주는 귀인이고, 진으로 들어갔으니 진왕과 응후는 분명 그를 중히 대하여 천하에 과시할 것입니다. 초와 위는 조가 강화를 하려고 한다 생각하여 왕을 구원하지 않을 것입니다. 진이 천하가 왕을 구원하지 않을 것을 알게 되면 강화는 성사될 수 없습니다."

범저는 과연 정주를 우대하여 전쟁을 축하하러 온 천하의 인사들에게 자랑할 뿐 결국 강화 요청을 들어주지 않았다.

바로 이런 식이었다. 효성왕은 진과 범저의 본질을 꿰뚫지 못했다. 힘이 있어야 강화라도 할 수 있다. 힘이 없으면 도와줄 이라도 있어야 한다. 범저는 효성왕과 조나라 모사들의 머리 꼭대기에 올라앉아 있었다. 밖에서 도울 이도 없고 강화의 가능성도 없었으니 효성왕이 갑옷을 입고 달려가는 것이 옳았다. 그러나 그는 이런 형세를 파악하지 못했다.

10. 피로 물든 장평

이제 고립된 조괄의 군대는 어떻게 될 것인가? 《사기》〈백기왕전열전〉과 〈염파인상여열전〉을 위주로 이야기를 이어보자.

9월, 조군은 46일 동안이나 양식을 얻지 못하자 안에서 몰래 서로를 잡아먹었다.《여씨춘추》에도 똑같은 내용이 나와 있다. 좁은 보루에 갇혀 구원군을 기다리며 그들은 짐승으로 변해갔다. 46일 동안 조군이 아무 대응을 하지 않은 것은 아니겠지만 진 소왕이 직접 와서 태행산 남쪽에 난 길을 통해 계속 인원을 투입했기 때문에 포위를 뚫고 들어갈 수도 나갈 수도 없었다. 예전에 염파가 산에 붙어서 보루를 지키고 있었던 이유도 모두 양도 때문이었다. 양도가 끊어진 채 46일을 기다린 것은 돌이킬 수 없는 실책이었다. 오기가 말하길 장수의 소임은 칼을 휘두르는 것이 아니라고 했다. "장수는 오직 깃발과 북만 주관하며 우물쭈물거리지 말고 의심을 결단해야 한다."

조괄은 마지막 선택지를 꺼냈다. 네 부대를 만들어 진의 보루를 공격하여 포위를 벗어나려 했다. 그러나 네다섯 번 시도했으나 나갈 수가 없었다. 지치고 굶주린 병사들이 어떻게 단단한 보루를 넘을 수 있었겠는가? 그나마 조괄은 아버지의 용맹은 이어받은 듯하다. 그는 정예병을 뽑고 몸소 지휘하여 직접 나가 싸웠으나 진군이 그를 쏴서 죽였다. 이리하여 조군은 완패하여 40만 명이 백기에게 항복했다. 그들은 조나라에서 가장 뛰어난 장졸들이었을 것이다.

백기는 대승을 거뒀다. 그러나 백기의 마음속에는 의구심이 일었다. 이들을 어떻게 처리할 것인가?《사기》〈백기왕전열전〉은 그가 이렇게 말했다고 전한다.

전에 진이 이미 상당을 뽑았는데, 상당의 백성들이 진의 백성이 되는

시골갱*屍骨坑*의 인골. 장평대전의 전장인 시골갱의 인골은 포로로 잡혔다가 살해된 조나라 군인들로 추정된다.

것을 싫어하여 조로 투항했다. 조나라 병사들은 배반을 잘하니 모조리 죽이지 않으면 난을 일으킬까 두렵다.

진나라를 배신하고 조나라로 붙은 이들은 상당의 한나라 백성이지 조나라 군인들이 아니다. 그러므로 백기가 하는 말은 한이든 조든 상당에 있는 자들을 모두 믿을 수 없다는 이야기다. 수십만 명의 진군이 들어와 있는 차에 40만 명의 포로를 먹일 양식이 없었을까? 40만 명을 어디로 옮길까 고민했을까?

당시의 상례는 이런 것이다. 일단 투항한 이들은 무장 해제하고 편제를 해체한 후 새로운 땅으로 이주시킨다. 그래야만 그들이 다시 뭉쳐 대항할 수 없기 때문이다. 그런 후 본국의 백성을 점령지로 옮긴다. 대체로 그들에게 작위를 주어 유인하거나, 혹은 죄수들을 사면하여 보낸다. 상당처럼 수백만 명을 채울 수 있는 땅이라면 이 절차는 더욱 더 딜 것이다.

범저는 한을 먼저 끝내려 했지만 의도하지 않은 조가 개입했다. 승리했으니 상당의 일을 정리할 필요가 있었다. 그러나 백기는 상당의 승리를 몰아서 한단으로 쳐들어갈 준비를 하고 있었다. 일거에 조를 끝내자는 전략이다. 당장 한단을 치자면 이 포로를 그냥 둘 수 있을까? 이 엄청난 포로를 옮기거나 지킬 인력도 없을 것이고, 또한 이번에는 역으로 진이 태행로를 따라 군량을 옮겨야 할 텐데 40만 명은 그저 잠재적인 배반자이자 식량이나 축내는 이들로 보였을 것이다. 그래서 백기는 어떻게 행동했는가? 열전을 그대로 옮겨본다.

이에 포로들을 속여서 모두 파묻어 죽이고, 어린이 240명만 조나라로 돌려보냈다. 전후 목이 베이거나 포로가 된 이가 45만 명으로, 조나라 사람들은 벌벌 떨었다.

전투에서 죽은 이가 수만 명에 묻혀 죽은 이 40만 명, 무려 40만 명 이상의 인원이 한 번의 전쟁으로 인해 사라졌다. 침략군이 저지른 이 대도살은 역대로 수많은 논쟁을 낳았다. 백기가 당장 한단을 공략할 욕심을 부리지 않았다면 불가피한 선택은 아니었다. 다행히《전국책》이나《사기》가 고대 전쟁사상 유래 없는 학살의 현장을 기록하지 않았다면 이 일도 묻혔을 것이다. 필자는 백기가 이전에 수십만 명을 죽인 기록들을 검토하면서 분명 전투 중이 아니라 전투가 끝난 후에 죽인 것이라고 추정했지만 확신이 없었다. 장평의 싸움은 그 추정이 옳다는 방증이다.

이 같은 학살은 당시의 관념으로도 용납될 수 없는 일이었다. 유가나 도가의 이론을 끌어들이지 않는다고 하더라도 40만 명 포로를 죽여서 땅을 얻는 것은 주객이 전도된 행동이다. 포로로 죽은 이의 아들과 손자들이 이 원한을 잊겠는가? 우리는 이 책의 마지막 권에서 훗날 항우項羽가 함양에 빨리 들어가려는 욕심으로 신안에서 진나라 포로들을 똑같은 방식으로 묻어 죽이는 장면을 목격할 것이다. 그 일로 항우의 정치적인 생명은 끝이었다. 백기 또한 이 일로 정치적인 생명이 끝날 것이다.

한참 훗날의 이야기지만 통일을 완수한 진에 대항하여 진승陳勝과 오광吳廣이 반란을 일으키는 해가 기원전 209년으로, 장평의 싸움 이후 겨우 50년 지난 일이다. 당시 세객 괴철蒯徹(괴통蒯通)이 한 번 유세하자 옛 조나라 땅의 성은 앞다퉈 진을 등지고 반란군에게 항복하고 말았다. 잠시 묻혀 있다고 원한이 사라지는 것은 아니다. 중일전쟁 당시 일본군이 난징南京에서 학살을 저지른 지 이미 80년이 지났다. 그러나 지금도 난징 사람들은 여전히 일본인을 원수처럼 대한다. 학살당한 사람의 자손이라면 말할 나위도 없을 것이다.

다시 진의 고전으로 돌아가자.《여씨춘추》〈맹춘기·귀공貴公〉에 이렇게 쓰여 있다.

옛날 성왕들께서 천하를 다스릴 때는 반드시 공을 우선했으니(必先公), 공을 우선하면 천하가 평안했으며 평안은 공으로부터 얻을 수 있었다. 옛날의 책을 한번 보자. 천하를 얻은 이는 많았으니 모두 공을 행함으로써 얻었고, (사에) 치우침(偏)으로써 잃었다. 무릇 군주는 공으로 말미암아 선다. 그러므로 〈홍범〉에 이르길, "치우치지도 않고 패거리를 짓지도 않으니 왕도는 탕탕하고, 치우치지도 쏠리지도 않고 왕의 의를 지키누나. 누구를 편애하지 않아 왕의 도를 따르고, 딱히 미워하지도 않아 왕의 길을 따르는구나"라고 했다. 천하는 한 사람의 천하가 아니요 천하의 천하다(天下非一人之天下也, 天下之天下也). 음양의 조화는 딱히 한 부류만 기르지 않고 감로와 단비는 한 사물에 치우치지 않으니, 만민의 군주는 한 사람만을 괴지 않는다(萬民之主, 不阿一).

사실 천하는 일인의 천하가 아니라는 사상은 진의 통일 직전에 통일 이후의 체제를 세우고자 하는 지식인들의 관념을 보여준다. 말을 바꾸면 천하는 진나라 왕의 천하가 아니라 천하 사람들의 천하다. 진나라 군주가 만민의 군주가 되려면 진나라 사람만 아끼는 것이 아니라 진나라 백성이 된 모든 이들을 아껴야 한다. 그런데 포로로 진에 목숨을 맡긴 이들을 이토록 무참히 죽일 수 있는가?

진의 군주들은 통일 전이나 후나 이 공천하公天下 사상을 실천하지 않았다. 강력한 전제군주가 공천하를 이해하기는 어렵다. 천하를 사유화하겠다는 욕심이 결국 진의 기반을 잠식한다. 여기서 훗날의 이야기는 멈추고, 전후 처리 과정을 살펴보자.

11. 범저와 백기가 반목하다

장평의 싸움 이후 조나라의 사정은 처참했다.《전국책》〈조책〉에 따르면 장평에서 패배한 후 정주가 사자로 진에 가서도 화의를 끌어내지 못하자 조왕이 직접 진으로 들어가서 한참 억류된 후에 강화를 맺었다고 한다. 필자는 그 정도는 아니었을 것이라 추정한다. 효성왕이 어떤 땅을 바쳤다는 기사가 없기 때문이다. 그러나 조는 40만 명의 장정을 잃었다. 이런 타격을 받고 정권이 살아남았다는 사실이 신기하지만, 조가 전국의 패권을 노리는 지위에서 완전히 내려왔음은 명백하다. 도대체 40만 명의 죽음은 어떤 역할을 했던가?

첫 번째, 이 대패로 인해 실질적인 합종이 살아났다. 초나 위는 그동안 미적미적하는 태도로 일관했지만 이제 생존을 걱정할 위치가 되었으니 뭉치지 않을 수 없었다. 두 번째로 범저와 백기 사이를 갈라놓았다. 범저의 지략과 백기의 무력으로 진은 장평의 대승을 거두었다. 백기는 몰아쳐서 한단을 공략하고자 했지만 범저는 만전을 기하고 싶었다.《사기》〈백기왕전열전〉의 내용으로 들어가 보자.

진은 장평의 승리 후 공세를 멈추지 않았다. 기원전 259년 10월, 진은 다시 상당을 완전히 평정했다. 그리고 진은 군대를 둘로 나누어 왕흘은 피뢰皮牢를 공격하여 뽑고, 사마경司馬梗은 태원을 평정하니, 한과 조는 두려워 뛰어난 유세객*을 보내 후하게 폐물을 주며 진의 재상 범저에게 유세했다. 유세객이 묻고 범저가 대답한다.

"무안군(백기)이 마복군의 아들(조괄)을 잡았습니까?"

"그렇습니다."

"곧 한단을 포위할 것입니까?"

"그렇습니다."

"조가 망하면 진왕이 (제)왕이 되고 무안군은 삼공이 되겠지요. 무안군이 진을 위해 전쟁에 이기고 취한 성이 70개요, 남으로 언과 영과 한중을 평정하고 북으로 조괄의 군대를 포로로 잡았으니 비록 주공이나 소공 혹은 여망(강태공)의 공도 이보다 더하지는 않을 것입니다. 지금 조가 망하고 진왕이 왕이 되면 무안군은 분명 삼공이 될 것인데, 군은 아래에서 그를 모실 수 있습니까? 비록 그 아래 처하지 않고자 해도 실로 그럴 수가 없습니다."

유세객은 범저와 백기가 반목하도록 공작하는 중이다. 의문점이 있지만 이야기를 마저 들어보자. 유세객이 말한다.

"진이 일찍이 한을 공격하여 형구邢丘를 포위하고 상당을 옥죄자 상당의 백성들은 도리어 조의 백성이 되었으니, 지금 천하 사람들이 진의 백성이 되기를 싫어한 지 오래입니다. 그러니 지금 조를 멸망시키면 북쪽 땅은 연으로 들어가고 동쪽 땅은 제로 들어가고 남쪽 땅은 한

- 사기에는 그 이름이 소대로 나와 있지만 《전국책》에는 이 유세가의 이름이 없다. 소대는 연과 제에서 활약했고, 이미 시대를 따져도 많이 지났으니 소대는 아니었을 것이다.

과 위로 들어갈 것인즉 군께서 얻는 백성은 얼마 되지 않을 것입니다. 그러니 승리를 빌미로 땅을 떼어 받아서 무안군이 공을 세우지 않도록 하는 것이 낫습니다[故不如因而割之, 無以爲武安君功也].”

이리하여 범저는 진왕에게 이렇게 말을 넣었다 한다.

“우리 진군이 지쳤으니 한과 조에게 땅을 받고 강화를 허락하고, 병사들이 쉬게 하기를 청하옵니다.”

이어지는 기사를 보면 진왕은 범저의 말을 들었고, 한의 원옹과 조의 여섯 성을 받고 강화했으며, 그리고 (아마도 이듬해) 정월에 군대를 모두 파했다고 한다. 백기는 이 소식을 들었고, 이로 인해 범저와 틈이 생겼다고 한다.

과연 이 유세의 내용이 사실일까?《사기》〈백기왕전열전〉의 내용은 분명《전국책》〈진책〉을 기반으로 한 것이지만 극적으로 수정되어 있다. 먼저 “무안군(백기)이 승리를 빌미로 땅을 떼어 받아서 무안군이 공을 세우지 않도록 하는 것이 낫습니다”라는 부분은 〈진책〉에는 원래 “승리를 빌미로 땅을 떼어 받고 강화를 하여 이를 무안군의 공으로 삼으시지요[故不如因而割之, 因而爲武安功]”라고 반대로 기록되어 있다. 필자가 보기에《전국책》〈진책〉이 더 사실적인 듯하다.

백기의 공은 이미 크다. 땅을 떼어 받으면 그것은 물론 백기의 공이다. 범저는 원래 한나라를 끝장내려 했을 뿐 조나라와 싸우고 싶지 않았다. 그런데 한나라를 치던 차에 갑자기 조나라가 등장했다. 그래서 장평에서의 싸움은 백기와 협력해서 마무리했다. 그러나 태행산 너머 조나라 수도 한단을 치는 것은 수준이 다른 일이다. 범저 자신이 원교근공의 원칙에 비춰봐도 먼저 중원의 위를 쳐야 한다. 장평에서는 요행히 원옹을 미끼로 위를 묶어두었지만 조의 한단을 칠 때도 위가 가만히 있을 것인가? 원옹을 준다는 말은 거짓이었음이 이미 드러났다. 위가 참전하면 한단 공략은 어려울 것이다.

범저는 위험을 즐기는 이가 아니었다. 범저가 백기가 포로를 죽인 일을 달가워하지 않았는지 알 수 없지만 상당 이후 바로 한단을 공략하는 것은 백기 개인의 무리수라고 생각했을 것이다. 그것이 상식적인 생각이다. 범저가 온전히 개인적인 원한으로 국가의 이익을 포기할 사람이었을까? 알 수 없는 일이다. 그러나 절호의 기회가 왔고 이미 군대도 잠시 쉬었다. 장평에서 너무 많은 장정을 잃은 끝에 조나라의 도성이 비었다. 숨 고르기가 끝난 범저가 기회를 놓치지 않을 것이다. 백기가 그를 도울 것인가? 하지만 백기는 이미 마음이 틀어져 있었다.

제5장

한단의 위기와 대반격

···

서로 싸우는 시절, 들판을 태우는 불길처럼 바람을 타고 달리는 것은 좋다. 그러나 맞불이 오고 있을 때 그저 달리면 순식간에 불길이 꺼질 수 있다.

> 현명한 군주는 (나라가) 커질수록 더욱 두려워하고, 강해질수록 더욱 겁낸다[賢主愈大愈懼, 愈強愈恐]. 무릇 나라가 커졌다는 것은 이웃 나라를 작게 만들었다는 뜻이다. 강해졌다는 것은 적을 꺾었다는 뜻이다. 적을 꺾으면 원망을 많이 사고, 이웃 나라를 작게 만들면 걱정거리를 많이 만든 것이다. 원망과 걱정거리를 많이 만들었는데, 국가가 비록 크고 강하다 할지라도 어찌 두려워하고 겁내지 않을 수 있을 것인가? 그러므로 현명한 군주는 편안한 곳에 처하여 위태로움을 생각하고, 현달할 때 빈궁함을 생각하며, 얻었을 때 잃는 것을 생각한다.《주서》에 말하길, "마치 깊은 연못 앞에 선 듯, 살얼음을 밟는 듯하다"고 하여, 일을 신중하게 대하라 했다.
>
> ―《여씨춘추》〈신대람愼大覽·신대愼大〉

군주제 시대든 민주주의 시대든 이 구절은 지도자가 견지할 원칙으로서, 1만 년이 지나도 변하지 않을 것이다. 만인의 생명을 좌우지하는 자가 신중하지 않다면 그것은 뭇 삶을 노리개로 삼은 것이고, 삶을 노리개로 삼는 자에게 어떻게 권력을 맡기겠는가? 매일 남의 나라를 쳐서 땅을 넓히던 전국시대 말기 진의 군주라면 이 태도를 잃지 않아야 했을 것이다.

기원전 259년 당시 진은 거의 모든 것을 갖췄다. 제왕의 풍모를 갖춘 소왕, 선출귀몰의 전략가 범저, 전장을 휩쓰는 용장 백기, 두세 곳에서 동시에 작전을 펼칠 수 있는 기강 있는 군대, 거기에다 천하의 목줄인 상당까지 차지했다. 모든 물줄기는 동쪽으로 흘렀고 진은 상류를 틀어쥐고 있었다. 전복되지 않는다면 노 한 번 젓지 않아도 배는 황해로 나갈 것이다. 그러나 격류를 헤치고 나아가자면 선장에서 배사공까지 모두 한 방향을 향해야 하니 그리 쉬운 일이 아니다. 진의 대군단이 태행산을 넘어 한단으로 들어갔다. 전국시대는 과연 끝날 것인가?

입장을 바꿔서 매일 땅을 잃는 나라의 군주는 어떻게 행동해야 하는가? 두 손을 들고 항복할 수 없다면, 원한을 감추고 눈물을 삼키며 권토중래를 기약해야 하지 않는가? 당나라 시인 두목은 이렇게 읊었다.

승패란 병가에서는 기약하지 못할 일[勝敗兵家事不期],
수치를 끌어안고 치욕을 참는 것이 바로 남아일세[包羞忍恥是男兒]
강동의 사내 중에는 인물도 많으니[江東子弟多才俊],
흙먼지 말아 올리며 다시 올지 어찌 알리[捲土重來未可知]

                – 두목杜牧, 〈제오강정題烏江亭〉

훗날 항우가 패배하자 재기를 포기하는 것을 아쉬워한 대목이다. 그중 한 글자를 바꾸어 강동江東(장강의 동쪽)을 하동河東(황하의 동쪽)으로 바꾸어보자. 바로 산동의 나라들을 지칭하는 것이 아닌가? 진이 하북 전체를 차지하려 한다. 산동에는 인재가 없는가? 여기 서풍에 대항하여 흙먼지 말아 올리며 역풍을 일으킬 인재들이 기다리고 있다. 진이 원래부터 강했던가? 그들도 한때는 하서河西에서 눈치만 보고 있었다. 불굴의 사나이 위무기가 선두에 서서 강한 진을 상대로 대반격을 감행한다. 전국시대 산동의 나라들이 진과 개별 전투에서 승리한 적은 가끔 있었다. 그러나 몇 년을 끈 전쟁에서 승리한 적은 없었다. 지금 위무기가 전쟁의 판세를 바꾸려고 한다. 그는 서쪽에서 불어오는 겨울바람을 잠재우고 동풍의 시대를 열 수 있을 것인가? 아니면 부질없이 상잔의 전국시대를 잠시 연장시킬 것인가?

장평의 대도살은 조를 회복하기 힘든 지경으로 몰아갔다. 그러나 동시에 강고한 반진反秦 연합의 역풍을 불러왔다. 이제 서풍과 동풍이 한단에서 격돌한다. 신릉군 위무기를 주인공으로 놓고 그 격전의 현장으로 달려가자.

1. 한단의 군자 평원군과 숨은 송곳 모수 ▬▬▬▬

장평에서 대승을 거둔 후 진은 한 해 동안 쉬었다. 그러나 태행산을 넘기 위해 양식을 쌓고 지친 군대를 잠시 쉬게 했을 뿐 전쟁을 멈춘 것은 아니었다. 승세를 타고 40만 명을 잃은 나라를 공략한다면 분명히 이길 것이다. 단, 인접한 나라들이 끼어들지 않아야 한다. 다시《사기》의 여러 부분을 이어 당시의 상황을 살펴보자.

기원전 259년 9월, 진은 군대를 내어 오대부 왕릉을 시켜 한단을 공격했다. 이때 백기는 병이 생겨 종군하지 않았다. 이듬해 정월에 왕릉이 한단을 공격했지만 별로 이익을 얻지 못하자 진은 병력을 보강하여 왕릉을 도왔다. 한단, 무수한 시련을 견뎌낸 이 도시는 다시 포위되었다. 그러나 한단은 쉽사리 넘어가지 않았다. 원한에 찬 사람들이 지키고 있었기 때문이다. 용맹으로 소문난 진군이 포위 공격을 퍼부었지만 다섯 부대[五校]만 잃은 채 성과를 내지 못했다. 백기의 병이 낫자 진 소왕은 그로서 왕릉을 대체하고자 했다. 그러나 백기는 시큰둥했다.

"한단은 실로 쉽게 공략할 수 없습니다. 제후들이 진을 원망한 지 오래니, 제후들의 구원병이 올 것입니다. 진이 장평에서 적을 깼지만 우리 군사 중에 죽은 이도 과반이고 나라 안이 비었습니다. 멀리 강과 산을 건너 남의 나라 국도를 빼앗으려 하지만, 조가 안에서 응하고 제후군이 밖에서 공격하면 진군은 반드시 깨집니다. 불가능합니다."

가시 돋힌 말이었다. 범저가 시간을 끌어서 이제는 공략할 수 없다는 말이 아닌가? 이미 초의 영도를 들어낸 백기다. 정말 불가능한가? 한단은 공격을 기다리고 있었다. 끝없이 펼쳐진 하북의 들판에서 거둬들인 것을 모으면 3년은 문제가 없을 것이고, 구릉에 의지해서 화살을 쏘면 아래에서 쏘는 것보다 두 배는 멀리 날아갈 것이다. 한단을 치자면 반드시 언덕을 올라가야 하니 공략하기 쉬운 곳은 아니다. 그러나 이미 포위했으므로 최선을 다해 싸워야 한다.

진왕이 몸소 명을 내렸지만 백기는 따르지 않았다. 그러자 범저가 나서서 요청해봤지만 백기는 기어이 병을 핑계대고 가지 않았다. 어쩔 수 없이 진 소왕은 왕흘로 왕릉을 대체하고 반 년 이상 한단을 포위했지만 뽑을 수 없었다. 그러나 언젠가 한단은 넘어갈 것이다. 진은 상당에서 안전하게 양식을 공급받고 있었고, 위는 겁을 먹어서 감히 움직이지 못했다.

난세가 아니면 영웅이 등장할 수 없다. 평원군 조승은 안으로 왕을 보좌해 결사항전을 다짐하고 구원군을 찾아 남쪽으로 떠난다. 조는 먼저 영구靈丘를 춘신군의 봉지로 주어서 환심을 샀다.《사기》〈평원군우경열전〉을 통해 그의 활약을 살펴보자.

위는 겁을 먹고 있으니 이제 희망은 초였다. 평원군은 초로 떠날 때 식객문하인 중 용력과 문무를 지닌 인사 20인을 추려 함께 가기로 하고 왕에게 말했다.

"문사文辭로 승복시키면 좋을 것이나 말로 안 된다면 전당 아래서 삽혈하여 반드시 합종을 결정한 후에 돌아오겠습니다. 같이 갈 선비는 밖에서 구할 필요 없이 식객문하인들 중에 취하면 족합니다."

이리하여 19인을 얻었지만 더 이상 취할 이가 없어 20인을 채울 수 없었다. 그때 문하인 중 모수毛遂라는 이가 앞으로 나와 스스로를 천거하며 말했다.

"저 수는 군께서 장차 초와 합종하려 하시며 식객문하인 스무 명과 함께 가기로 하고 문하에서만 사람을 뽑기로 했다 들었습니다. 지금 한 사람이 부족하니 저로 채워 함께 가시기를 원하옵니다."

이 장면에서 스스로를 천거한다는 '모수자천毛遂自薦'이라는 성어가 나왔다.

"지금까지 선생께서 저 승의 문하에 계신 지 몇 년인지요?"

"3년 되었습니다."

"무릇 현사가 세상에 있음은 비유하자면 송곳이 주머니 안에 있는 것과 같아 그 끄트머리는 바로 드러납니다. 지금 선생께서 승의 문하에 3년 있으면서 좌우에 아직 칭송하는 이가 없고, 승도 들은 바가 없으니 선생은 재능이 없는 것입니다. 선생은 안 되겠으니 남으십시오.”

“신은 바로 오늘 주머니 안에 들고자 합니다. 저를 주머니 안에 넣어주시면 날이 주머니 밖으로 빠져나올 것이니 드러난다 뿐이겠습니까.”

이 사람의 자신감이 만만치 않다. 평원군은 속는 셈치고 모수를 함께 데려갔다. 나머지 19인은 서로 눈으로 비웃었으나 발설하지는 않았다. 그러나 초나라에 도달할 때까지 모수가 그 19인과 논쟁을 벌이는데, 그들이 모두 탄복했다고 한다.

그러나 일은 쉽게 성사되지 않았다. 평원군이 초와 합종을 논하면서 그 이익과 손해를 해가 나와 중천에 이를 때까지 말했지만 아직 합종이 결정되지 않았다. 초의 처지도 이해된다. 국도를 빼앗기고 동쪽으로 달아난 처지에 다른 나라 일로 진과 겨룬다면 국인들이 동의해줄 것인가? 그때 19인이 모수에게 “선생께서 올라가시오”라고 청하자 모수는 칼을 잡은 채 계단을 넘어 당 위로 올라가며 평원군을 향해 말했다.

“합종의 이해는 두 마디면 결판나는 것인데, 해 뜬 후 말을 시작해서 중천에 이르기까지 결판을 내지 못하는 것은 무슨 까닭입니까?”

초 고열왕이 평원군에게 물었다.

“저 객은 뭐 하는 사람이오?”

“승의 사인입니다.”

초왕이 모수를 꾸짖었다.

“내려가지 못하겠는가! 나는 자네의 주군과 말을 하는 중인데, 뭐 하는 짓인가?”

모수는 물러나는 대신 오히려 검을 잡고 앞으로 나아가며 말했다.

"왕께서 저를 꾸짖음은 초나라 사람의 수가 많음을 믿기 때문이겠지요. 허나 지금 열 발짝 안에서 왕께서는 초나라 군중에 의지할 수 없으니, 왕의 명은 저 수의 손에 달려 있습니다. 저의 주군 면전에서 어찌 저를 꾸짖으십니까? 제가 듣기로 탕왕은 70리의 땅으로 천하의 왕이 되었고 문왕은 100리 땅으로 제후들을 신하로 부렸으니, 그것이 어찌 사졸이 많아서겠습니까? 진실로 형세를 타고 위엄을 떨쳤기 때문이지요. 지금 초는 땅이 사방 5000리에 극을 잡은 병사가 100만 명이니 이는 패왕의 자산으로써, 초나라의 강력함이면 천하에 당할 자가 없습니다. 백기 그 꼬마에 불과한 녀석이 수만 명의 무리로 군대를 일으켜 초와 싸우니 한 번 싸움에 언과 영을 들어내고 두 번 싸움에 이릉을 불태웠으며 세 번 싸워 왕의 선대(선왕)를 욕보였습니다. 이는 백세의 포한으로 우리 조나라도 수치스럽게 생각하는 바인데 왕께서는 부끄러워하지 않으시는군요. 합종은 초를 위한 것이지 우리 조를 위한 것이 아닙니다. 저의 주군의 면전에서 어찌 저를 꾸짖으십니까?"

이는 무례한 정도가 아니라 완연한 위협이었다. 하지만 목숨이 달려 있으니 어쩔 수 없었다.

"실로 선생의 말씀을 받아들이오. 삼가 사직을 받들어 합종을 하리다."

"이에 합종은 정해진 것이겠지요?"

"정해졌소."

모수는 초왕의 좌우에게 말했다.

"닭, 개, 말의 피를 가져오시지요."

모수는 구리 쟁반을 받들고 무릎걸음으로 초왕 앞으로 나아가 말했다.

"왕께서는 응당 먼저 삽혈을 하시고 합종을 결정하시고, 그다음은 저의 주군이며, 다음은 저 수입니다."

드디어 전 위에서 조와 초가 합종을 맺었다. 모수는 왼손으로 쟁반을 들고 오른손으로 나머지 19인을 불러 말했다.

"공들은 당 아래서 함께 삽혈하시오. 그대들은 무능하여 이른바 남덕에 공을 이루는 이들이오."

평원군은 합종을 성사시키고 조나라로 돌아와 말했다.

"나 승은 앞으로 감히 선비들의 상을 보지 않겠다. 내가 상을 본 이는 많으면 1000명이요 적어도 수백 명인데, 스스로 천하의 선비를 놓치지 않았다고 여겼소. 그러나 지금 모 선생을 놓쳤구려. 모 선생은 한 번에 초나라로 가서 우리 조를 구정九鼎과 대려大呂보다 무겁게 만들었소. 모 선생은 세 치 혀만 가졌으나 100만 군대보다 강하였소. 승은 감히 다시 선비의 상을 보지 않겠소."

이리하여 모수를 상객으로 삼았다. 이상이 열전에 나오는 내용이다.

춘신군이 초의 군대를 데리고 떠날 것인데 전쟁은 국제전으로 확대되는 중이다.《사기》〈초세가〉 따르면 경양景陽이 장군이 되어 조를 구했다고 한다. 이 장수 또한 전국에 지략으로 이름을 떨치던 만만치 않은 인물이었다. 경양은《회남자》〈범론훈氾論訓〉에서 "술만 마시면 머리를 풀어 헤치고 여자들에게 제어당하는 인사였지만 위세가 제후들을 떨게 했다"는 평가를 받는 특이한 인물이다.《전국책》〈연책〉에는 그를 손빈 못지않은 전략적인 능력을 가진 이로 묘사한다. 정확히 언제인지 모르나 제·한·위가 연합하여 연을 공격하자 초는 경양을 장수로 하여 연을 구원했다. 경양은 연을 구하지 않고 그 대신 위나라의 옹구雍丘를 치고는 이를 송에 줘버렸다. 그러자 세 나라는 두려워 군대를 해산하고 말았다. 그러나 위군이 서쪽에 있고 제군이 동쪽에 있어서 초군의 귀로가 끊겼는데 경양은 서쪽 군문을 열어 낮에는 수레를 몰고 저녁에는 불을 켜고 위나라 군영으로 사자를 보내 제군이 의심을 품게 만들었다. 제군이 동맹에 균열이 생겼나 의혹을 품고 군대를 끌고 돌아가자 위군도 밤에 몰래 군대를 철수하고 말았다고 한다. 이렇게 천하의 고수들이 한단으로 달려간다. 평원군은 동시에 위나라에 끝없이 사신을 보냈다.

그러나 구원군이 올 때까지는 버텨야 할 것 아닌가? 진은 더욱 급히 한단을 옥죄어 한단이 거의 함락될 지경이라 평원군은 걱정이 심했다.

난세에 또 다른 영걸 한 명이 나타난다. 한단의 전사傳舍 관리의 아들 이동李同이 평원군에게 유세하여 말했다.

"군께서는 조나라가 망하는 걸 걱정하지 않습니까?"

"조가 망하면 나 승은 포로가 될 터인데 어찌 걱정하지 않겠소?"

"한단의 백성들은 뼈를 태우고 자식을 바꿔먹고 있으니 정말 위급하다 하겠지요. 그러나 군은 후궁이 수백이요, 비첩들은 수놓은 비단옷을 입고 곡식과 고기가 남아돕니다. 허나 백성들은 베옷도 제대로 입지 못하고 겨나 술지게미조차 배불리 못 먹습니다. 백성은 곤궁하고 병기는 다 닳아 나무를 깎아 창과 화살을 만들 지경이지만 군의 기물과 악기는 여전합니다. 진이 조를 깬다면 군이 어찌 이런 것들을 가질 수 있겠으며, 반면 조가 온전하면 어찌 그런 것을 못 가질 걱정을 할 까닭이 있겠습니까? 지금 능히 부인 이하 사람들을 사졸 사이에 짜넣어 일을 나누어 맡게 하고 집 안의 재물을 다 내어 사졸들을 대접한다면 그들은 바야흐로 위태롭고 괴로운 시기라 쉽게 말을 들을 것입니다."

평원군은 지각이 있는 사람이었다. 이 말을 받아들여 당장 죽음을 무릅쓴 병사 3000명을 얻을 수 있었다. 이동은 드디어 이 3000명을 데리고 진의 군중으로 들이치니 진군은 30리 물러났다. 그러나 용사 이동은 이 전쟁터에서 결국 죽고 말았다. 그가 전사하니 조는 그 아버지를 이후李侯로 삼았다.

2. 노중련의 결기: 진의 노예로 살 수 없다 ━━━━━━━

필사의 항전이 이어질 때 위나라는 무엇을 하고 있었던가? 위나라 안리왕은 여전히 사태를 안일하게 파악하고 있었다. 《사기》〈노중련추양열전魯仲連鄒陽列傳〉에 위 안리왕의 사자가 와서 한 이야기가 들어 있다.

위 안리왕은 객장군客將軍 신원연新垣衍을 몰래 한단으로 들여보내 평원군을 통해 조 효성왕에게 말을 전하도록 했다.

"진이 조를 바짝 포위하는 이유는 이렇습니다. 진이 예전에 제 민왕과 힘으로 제帝 자리를 다투다가 그만두었는데, 이미 제가 더 약해지고 바야흐로 진만이 천하의 우두머리 행세를 하고 있습니다. 이는 한단을 기어이 삼키겠다는 것이 아니고 다시 제帝의 자리를 구하고자 하는 것입니다. 조가 정성을 다해 진 소왕을 제로 떠받들면 진은 분명히 기뻐서 군대를 파할 것입니다."

순진하기 그지없는 인식이다. 그러나 평원군은 어떻게 할지 결정하지 못했다. 그때 마침 제나라의 변사 노중련魯仲連이 조나라로 와서 유세하고 있었다. 그는 이 말을 듣고 평원군을 만나 물었다.

"장차 일을 어찌할 생각이신지요?"

평원군은 난감해했다.

"승이 어찌 일에 대해 말씀드리겠습니까? 전에는 밖에서 40만 명 군중을 잃었고 지금 다시 안으로 한단이 포위되었으나 물리치지 못하고 있습니다. 위왕이 객장군 신원연을 보내 우리 조더러 진을 제帝로 올리라 하는데, 그 사람이 지금 여기 있습니다. 승이 어찌 일을 말씀드리겠습니까."

정치를 하는 사람으로서 부끄러움이 묻어나는 말이었다. 노중련이 슬며시 질책했다.

"저는 본시 군을 천하의 현명한 공자라 여겼는데 이제 보니 그렇지 않군요. 위나라 객 신원연은 지금 어디 있습니까. 제가 군을 위해 그자를 꾸짖어 돌려보내겠습니다."

이리하여 평원군의 주선으로 노중련은 신원연을 만나게 된다. 노중련은 그를 만나자 아무 말도 하지 않았다. 그러자 신원연이 먼저 말을 꺼냈다.

"제가 이 포위된 성안에 있는 사람들을 보니 모두 평원군에게 바라는 것이 있었습니다. 허나 지금 선생의 (태연한) 옥모玉貌를 보니 평원군에게 바라는 것이 없는데, 어찌 이 포위된 성을 떠나지 않고 이토록 오래 계시는지요?"

노중련이 대답했다.

"저 진이라는 나라는, 예의를 버리고 머리 벤 공을 최고로 치는 나라입니다[彼秦者, 棄禮義而上首功之國也]. 강권强權으로 군대를 부리고 노예처럼 백성을 부립니다. 저 진이 방자하게 제帝가 되어 제멋대로 천하를 다스린다면 나 련은 동해에 빠져 죽을지언정 차마 저들의 백성이 될 수는 없습니다. 장군을 뵈러 온 까닭은 조나라를 돕기 위함입니다."

노중련이 적을 벤 수급만 높이는 강폭한 국가의 신민이 될 수 없다는 결기를 보이자 신원연이 물었다.

"그럼 선생께서는 장차 어떻게 조나라를 도우시려는지요?"

노중련이 장담했다.

"저는 장차 위와 연으로 하여금 조를 돕게 할 것입니다. 제와 초는 원래 돕고 있습니다."

신원연이 의아해했다. 조나라를 구원하지 않으려고 위왕이 보낸 사자가 바로 그다.

"연나라야 따른다고 하지요. 허나 위나라에 관해 말하자면 제가 바로 위나라 사람입니다. 선생께서는 어떻게 위가 조를 돕도록 하신단 말씀입니까?"

노중련이 대답했다.

"위는 진이 제帝를 칭한 후의 해악을 아직 몰라서 그럴 뿐입니다. 위가 진이 제를 칭할 때의 해악을 안다면 분명 조를 도울 것입니다."

이제부터 둘의 대화를 요약하여 실어본다. 신원연이 힘없는 자가 힘 있는 자를 섬김이 불가피함을 말한다.

"선생께서는 저 노복들을 보지 못하셨습니까? 열 사람이 주인 한 사람을 따르는 것이 어찌 힘이 부족하거나 지혜가 부족해서겠습니까? 주인이 무섭기 때문이지요."

노중련이 반문했다.

"오호라, 위가 진에 비해 노복 같은 처지란 말씀이신가요?"

신원연이 시인했다.

"사실이 그렇습니다."

노중련은 그를 도발했다.

"그럼 제가 장차 진왕더러 위왕을 삶아 소금에 절이도록 하겠습니다."

이 무슨 과다한 말인가?

"이런, 선생의 말씀이 너무 심하십니다. 어찌 선생이 진왕더러 우리 위왕을 삶아 소금에 절이게 할 수 있단 말입니까?"

노중련의 본격적인 유세를 요약하여 실어본다.

"정말 그렇게 할 수 있습니다. 제가 장군께 말씀드리지요. 옛날 구후九侯 · 악후鄂侯 · 문왕文王은 은나라 주왕[紂]의 삼공이었지요. 구후의 여식이 아름다워 주왕에게 바쳤더니 주왕은 못생겼다 하여 구후를 소금에 절였고, 악후가 완강하게 간쟁하니 포를 떠서 죽였습니다. 문왕이 이를 듣고 서글퍼 탄식하자 유리의 감옥에 100일 동안 가두고 죽이려

했습니다. 어찌 어엿이 남들과 똑같이 왕을 칭하면서 스스로 포 떠지고 절여지는 지경에 빠지려 하십니까? 제 민왕이 (패망하여) 노나라로 갔을 때 여전히 정신을 차리지 못하고 천자의 향응을 요구하자 노나라 사람들은 성문을 잠그고 그를 들이지 않았고, 설 땅으로 가자고 하여 추나라를 지나려 할 때 마침 군주의 상을 당했지요. 제 민왕이 역시 천자의 지위로 문상을 하려 하자 추나라 군신들은 "정말로 그리하고자 한다면 우리들은 차라리 칼 위에 엎드려 죽을지언정 들어줄 수 없습니다"고 했습니다. 그리하여 결국 추나라로 들어갈 수 없었습니다. 노나 추 같은 작은 나라도 그리했습니다.

지금 진이 만승의 나라라지만 위도 마찬가지로 만승의 나라입니다. 똑같이 만승의 나라에 의거하여 왕을 칭하고 있는데, 한 번 싸웠다고 받들어 진을 제帝로 모신다구요? 이는 삼진의 대신들을 추나라나 노나라의 복첩僕妾만도 못하게 만드는 처사입니다. 또한 진은 제를 칭하는 것에 그치지 않고 제후들의 대신을 갈아치울 것입니다. 저들은 장차 자기들이 보기에 못난 이들의 자리를 빼앗아 똑똑한 이들에게 주고 미워하는 이들의 것을 빼앗아 아끼는 이들에게 줄 것입니다. 또한 저들이 장차 자기 딸과 헐뜯기 좋아하는 계집들을 제후들의 비희妃姬로 삼아 위나라 궁에 머물도록 할 것입니다. 그러면 위왕이 어찌 편안히 지낼 것이며, 장군은 또 무슨 수로 총애를 받을 수 있겠습니까?"

이런 신랄한 지적을 받자 신원연이 재배하고 사과하며 말했다.

"처음에 저는 선생을 용렬한 사람으로 여겼으나, 오늘에서야 선생이 천하의 선비임을 알았습니다. 저는 나가고자 하오며, 다시는 감히 진을 제帝로 받들자는 말을 하지 않겠습니다."

진의 장수가 이 말을 듣고 군대를 50리 물렸다고 한다. 업에 주둔하고 있는 위군이 배후를 공격할까 두려워서였다.

초의 춘신군의 군대는 이미 떠났고, 제는 암묵적으로 돕고 있으며, 한은 황하 남쪽에서 진군과 대치하면서 진의 군대가 집결하는 것을 막고 있다. 그렇다면 이 장의 주인공 위무기는 무엇을 하고 있었을까? 《사기》〈위공자열전〉을 통해 위무기의 활약상을 그려보자.

3. 위무기, 병부를 훔쳐 포위를 풀다

위무기의 누이는 평원군의 부인으로서 둘은 처남 매부 사이였다. 평원군이 여러 번 위 안리왕과 위무기에게 서신을 보내 구원을 요청했다. 앞에서 보았듯이 위 안리왕은 결단력이 부족한 이였고, 위무기와는 기본적으로 합종에 대한 생각이 달랐다. 위 안리왕은 장군 진비晉鄙로 하여금 10만 명의 병력을 이끌고 조를 구원하도록 했다. 진 소왕은 사자를 보내 위 안리왕에게 경고했다.

"과인이 조를 공격하면 아침저녁이면 떨어뜨릴 수 있소. 제후 중에 감히 구원하려는 이가 있으면, 먼저 조를 뽑아낸 후 반드시 군대를 돌려 칠 것이오."

위 안리왕은 두려워 사람을 보내 진비에게 멈추라고 하고 업에 주둔하며 방어벽을 쌓도록 했다. 이는 명목상으로는 조를 구한다고 하면서 실제로는 양단 간을 관망하자는 것이었다. 그렇기에 신원연을 한단으로 들여보내 진을 제帝로 받들고 싸움을 피하자고 했을 것이다. 물론 업에 보루를 쌓는 행동이 아무런 의미가 없는 것은 아니었다. 진은 분명 장수漳水를 따라 군량과 물자를 옮겼을 것인데 위의 10만 대군이 바로 강 건너에서 견제하고 있는 것을 의식하지 않을 수 없었을 것이다.

평원군은 사자들을 수레 덮개가 서로 이어질 정도로 계속 대량으로 들여보내며 위무기를 꾸짖었다.

"저 승이 스스로 공자의 누이와 혼인한 것은 공자의 높은 의기라면 능히 곤경에 빠져 급한 사람을 구해줄 수 있다고 여겼기 때문입니다. 지금 한단이 아침저녁이면 진에 항복할 지경인데 위의 구원병은 오지 않으니 어찌 공자께서 능히 급한 사람의 곤경을 구할 수 있다 하겠습니까? 또한 공자께서는 승을 하찮게 보아 진에 항복하도록 내버려두는데, 그예 공자의 누이가 불쌍하지도 않습니까?"

위무기는 원래부터 합종주의자인 데다 의리의 사나이다. 나름대로 조나라의 상황을 걱정하여 수차례 위 안리왕에게 건의하고 빈객과 변사를 동원하여 온갖 수단으로 왕을 설득했으나 왕은 진이 두려워 기어이 공자의 청을 들어주지 않았다. 일전에 한나라를 구하자는 요청도 듣지 않은 위 안리왕이다. 공자는 결코 왕을 설득할 수 없다고 보고 혼자 살고 조나라를 망하게 할 수는 없다 하여 빈객들을 청해 전차 100승을 조직하여 함께 진나라 군에게 뛰어들어 조나라와 함께 죽기로 했다. 그는 전국시대를 살고 있었지만 남의 위태로움을 보고 자신의 목숨을 던지는 춘추시대 귀족의 풍모를 지니고 있었다. 이리하여 위무기는 식객들을 데리고 사지로 떠났다. 그 일행이 대량의 이문을 지날 때 후영을 보고 진군과 싸워 죽으려 하는 이유를 자세히 고했다. 말을 마치고 떠날 때 후영이 말했다.

"공자께서는 최선을 다하십시오. 늙은 신은 따라갈 수 없습니다."

공자가 몇 리를 가다 마음이 불쾌하여 말했다.

"내가 후생(후영)을 대함에 면밀했음은 천하 사람들이 모두 들어 아는데, 오늘 내가 죽으러 가는 길에 후생은 일언반구의 인사도 없이 보냈네. 내가 뭔가 잘못한 것인가?"

다시 수레를 끌고 돌아가 후생에게 연고를 물었다. 후영이 웃으며 대답했다.

"신은 애초에 공자께서 돌아오실 줄 알았습니다. 공자께서 선비를 아끼시어 이름이 천하에 알려졌습니다. 지금 어려움에 처해 아무런 대책 없이 진나라 군대에 뛰어들고자 하시니 이는 비유하자면 호랑이에게 고기를 던져주는 것과 같으니, 이리하면 장차 무슨 공을 세울 수 있겠으며 또한 지금껏 뭐 하러 빈객을 섬기셨습니까? 공자께서 그토록 신을 후대하였으나 신이 공자를 배웅하지 않았으니, 신은 공자께서 맺히는 것이 있어 돌아오실 줄 알았습니다."

위무기가 재배하고 대책을 묻자 후영은 사람들을 물리치고 조용히 말했다.

"영이 듣기로 진비의 병부 반쪽은 항상 왕의 침실 안에 있다고 합니다. 지금 여희如姬가 가장 총애를 받아 침실로 들어갈 수 있으니 이를 훔칠 수 있습니다. 영이 알기로, 여희의 아버지가 어떤 이에게 피살되자 여희가 3년이나 재물을 썼으나 왕 이하 모든 이들의 아버지의 원수를 갚아주려 하지 않아 뜻을 이룰 수 없어 공자에게 울며 호소하자 공자는 빈객을 보내 원수의 목을 베어 여희에게 공경히 바쳤다고 들었습니다. 여희는 공자를 위해 죽고자 했지만 말이 없었던 것은 그럴 방도가 없었기 때문입니다. 공자께서 실로 한 번 입을 열어 요청만 하면 여희는 반드시 허락할 것인즉, 호부虎符를 얻어 진비의 병권을 빼앗고 북으로 조를 구원하여 진을 격퇴하면 이는 오패가 한 공벌과 같습니다."

감히 왕족이 나라의 병부를 훔쳐내 군대를 가로채겠다고? 그러나 한시가 급한 상황이라 위무기는 그 계책을 받아들였다. 여희는 과연 진비의 병부를 훔쳐 공자에게 넘겼다. 공자가 출발할 때 후영이 말했다.

"장차 군을 이끌고 밖에 있을 때는 군주의 명이라도 받지 않을 때가 있으니, 거역하여 국가를 편안하게 하기 위함입니다. 그러니 공자가 병부를 맞춰줘도 진비가 공자에게 군대를 넘기지 않고 다시 왕께 물어온다면 일은 위험해집니다. 신의 객인 도살꾼 주해는 함께 갈 만합니다. 그는 장사입니다. 진비가 공자의 요청을 받아주면 더할 나위 없이 기쁘겠으나 거절한다면 주해를 시켜 그를 때려죽일 수 있습니다."

이 말을 듣고 신릉군은 눈물을 흘렸다. 그러자 후영이 물었다.

"공자는 죽음이 두렵습니까? 왜 우시는지요?"

신릉군이 대답했다.

"진비는 용맹한 노장이니 제가 가도 요청을 듣지 않을 것입니다. 필시 그를 죽여야 할 것이라 울었습니다. 어찌 자신의 죽음을 두려워하겠습니까?"

진의 호부. 전국시대에 진이 사용한 실물 병부. 위무기도 이런 모양의 병부를 훔쳤을 것이다.

신릉군은 주해에게 같이 가자 청했다. 주해는 웃으며 대답했다.

"신은 시정에서 칼을 휘두르며 짐승을 잡는 사람인데 공자께서 친히 수차례 문안 오셨지만 제가 답례를 하지 않은 것은 자잘한 예란 쓸모가 없다고 여겼기 때문입니다. 지금 공자께서 급한 지경에 처하셨으니 지금이야말로 신이 목숨을 바칠 때입니다."

이리하여 그는 공자를 따라갔다. 공자가 후영에게 들러 인사하자 후영이 말했다.

"신은 의당 따라가야 하나 늙어서 따를 수 없습니다. 공자께서 가신 날을 헤아려 진비의 군중에 도착하는 날, 북쪽을 향해 제 목을 찔러 공자를 배웅하겠사옵니다."

이리하여 위무기는 주해를 데리고 드디어 떠나갔다. 업에 이르러 왕명이라 속이고 진비를 대체하고자 하니 진비는 병부를 맞춰보고도 의심하고 손을 들어 공자를 바라보며 물었다.

"지금 저는 10만 명의 병력을 데리고 국경에 주둔하며 나라의 중임을 맡고 있습니다. 지금 공자께서 그저 수레 한 대를 끌고 와서 저를 대신하겠다고 하니 어쩐 일입니까?"

이렇게 말하고는 요청을 들어주지 않으려 했다. 그러자 주해가 소매에서 40근 철추를 꺼내 진비를 때려죽였다. 이리하여 공자가 드디어 진비의 군을 이끌게 되었는데, 대오를 정돈하고 군중에 명을 내려 말했다.

"부자가 함께 군중에 있는 경우 아비는 돌아가라. 형제가 함께 있으면 형이 돌아가고, 독자라 형제가 없는 이도 돌아가 부모를 모셔라."

이리하여 8만 명의 병사를 선별해 얻어 진나라 군중으로 진격했다. 후영은 약조한 대로 위무기의 군대가 이르렀을 때 스스로 목을 찔렀다. 이상이 열전에 나오는 이야기인데 무협 소설보다 더 극적이다.

4. 연합군과 진군의 격전: 시체가 강을 채우다

이제 춘신군의 초나라 군대가 왔고 위무기의 위나라 군대도 도착했다. 연합군은 과연 진군을 물리칠 수 있을까? 그해 전쟁은 실로 격렬했다. 연합군은 영리하게도 남쪽을 공략하지 않고 북쪽으로 돌아 진이 점령한 거점 신중新中(오늘날의 거록巨鹿)을 공격했다.《사기》〈육국연표〉에 따르면 한군도 와서 지원했다. 당시 진은 한의 정鄭을 공격해서 뽑았을 뿐 아니라 위도 공격하는 차였다. 그야말로 조·초·한·위 네 나라와 진 하나가 격돌한 일대 전쟁이었다.

왜 연합군은 돌아서 동북쪽을 공격했을까? 진군이 남쪽에서 대비하고 있었기 때문이겠지만, 진이 서쪽으로 물러날 퇴로를 열어주기 위함이 아니었을까? 경양과 위무기 모두 병법의 고수들이었다. 진의 포위망을 다시 둘러싸면 어쩔 수 없이 사생결단의 혈전이 벌어질 것이다. 한쪽을 틔워서 진군의 투지를 죽이는 것이 나았을 것이다. 또 하나의 이유는 제나라와의 연합을 고려했기 때문일 것이다. 앞에서 노중련이 유세한 내용을 보면 제는 이미 돕고 있다고 했다. 여차하면 동쪽의 제나라에서 군량을 가져올 수 있다. 이미 군량 지원을 받았을 수도 있다. 어쨌든 진군은 신중하지 못했다. 동북의 포위망이 뚫린 것이다. 진이 포위를 풀면 연합군이 가만히 보내줄까? 위무기와 경양은 그런 순진한 사람이 아니었다. 물러가는 적의 배후를 치는 것은 병법의 기본이다.

그러자 진은 본국의 군대를 분성汾城으로 보내 만일에 대비했다. 만약 한단의 포위를 풀고 연합군이 따라잡을 때 반격하기 위한 것이었다. 진이 이렇게 대후퇴를 염두에 둔 것 자체가 이례적이다. 과연 왕흘은 협공을 견디지 못하고 포위를 풀고 도주했다. 한단의 포위를 풀 때 진이 입은 손상은 대단했다. 먼저 조-초 연합군의 공격으로 죽고 달아난 이가 대단히 많았고, 조군도 성을 나와 협격하자 진군은 부대 단위로 투항했다.

한단을 포위하기 전에 백기가 참전을 거부하여 범저의 측근들이 대거 종군했는데 그들이 먼저 문제를 일으켰다. 범저를 진으로 데려갔던 정안평은 무려 2만 명의 군대를 거느리고 조에 투항했다. 연표에 따르면 왕흘과 정안평이 한단을 공격하다 여의치 않자 조의 신중을 함락시

컸다고 적혀 있으니, 정안평은 바로 그 신중에서 항복했을 것이다. 또한 범저를 진 소왕에게 소개한 왕계 또한 종군하고 있었는데 그의 군대도 배반했다. 왕의 알자였던 그가 무슨 병법을 알았겠는가?《전국책》〈위책〉에는 왕계가 아둔한 사람으로 기록되어 있다. 무려 17개월 동안 공격하면서 한단을 떨어뜨리지 못했을 때 장莊이라는 이가 왕계에게 말했다.

"군리들에게 상을 내리는 게 좋겠습니다."

그러나 왕계는 거부했다.

"나는 남의 이야기를 듣지 말라는 명을 들었습니다."

장이 말했다.

"그렇지 않습니다. 아버지가 아들에게 내린 명이라도 꼭 들어야 할 것이 있고 들을 수 없는 것이 있습니다. '귀한 처라도 내치고 아끼는 첩이라도 팔아라'고 한다면 이는 분명 들어야 합니다. 그러나 '그런 생각도 하지 말라'고 한다면 이는 들을 수 없는 명입니다. (중략) 지금 군께서 비록 왕과 친하다 해도 부모 자식 사이만 못하고, 군리들이 비록 천하지만 여향의 노파보다 천하지는 않습니다. 그런데 군께서 임금을 믿어 아래 사람들을 경시한 지 오래입니다. 속담에, '세 사람이면 (입으로) 호랑이도 만들고, 열 사람은 쇠몽둥이도 구부린다 하니, 여러 사람의 입이 (어떤 것을) 옮기자 하면 날개 없이도 날릴 수 있다'고 합니다. 그래서 말씀드리니, 군리들에게 포상을 내려 예우하는 것이 낫습니다."

왕계가 기어이 듣지 않자, 궁해진 군리들이 과연 왕계를 미워하여 반란을 일으켰다고 한다.

정안평은 아예 군대를 들어 항복하고 왕계는 자기 부하들이 반란을 일으켰다. 조는 정안평을 후대하고 봉지까지 내렸다. 이런 상황에서 어떻게 더 싸울 수 있겠는가? 왕흘은 전면 퇴각을 명했다. 《사기》〈진본기〉는 한단의 퇴각은 자세히 설명하지 않고, 한단에서 분성(산서성 임분)으로 퇴각한 후 진晉-초의 연합군과 다시 두 달 동안 격렬하게 싸웠다고 기록한다. 그때 수급 6000명을 베었고 강에 떠다니는 진晉(즉, 삼진三晉. 주력은 위와 조였다)과 초나라 병사들의 시체가 2만 명에 이르렀다고 적고 있다. 예전의 산동 연합군은 언제나 사분오열했다. 그러나 이번에는 기다리며 지키고 있는 분성을 2만 명의 사망자를 내면서도 두 달이나 공격했다.

진의 사서는 일부러 기록하지 않았지만 본국의 군사는 이보다 더 많이 죽었을 것이다. 왜냐하면 분성에서 견디지 못하고 다시 퇴각했기 때문이다. 이어지는 《사기》〈진본기〉 기사에 "분성을 공격하고, 다시 영신중寧新中(안양)을 공격했다"고 나오기 때문이다. 잃지 않았다면 다시 공격할 이유가 없었을 것이다. 《사기》〈조세가〉에 의하면 악승과 경사慶舍가 진의 신량信梁의 군대를 공격하여 깨트렸다고 나온다. 대반격은 전면적이었다.

그 와중에 소국 연의 태도가 《사기》〈조세가〉에 기록되어 있다. 한단이 포위되었을 때 무원武垣의 현령 부표傅豹·왕용王容·소석蘇射이 연나라 민중을 데리고 연으로 돌아갔다고 한다. 아마도 이들은 조에 귀순한 연의 사람들이었을 터인데, 조나라가 망할 것이라 보고 돌아간 것이리라. 연은 또한 조의 전란을 기회로 창장昌壯을 공략하여 얻었다. 진

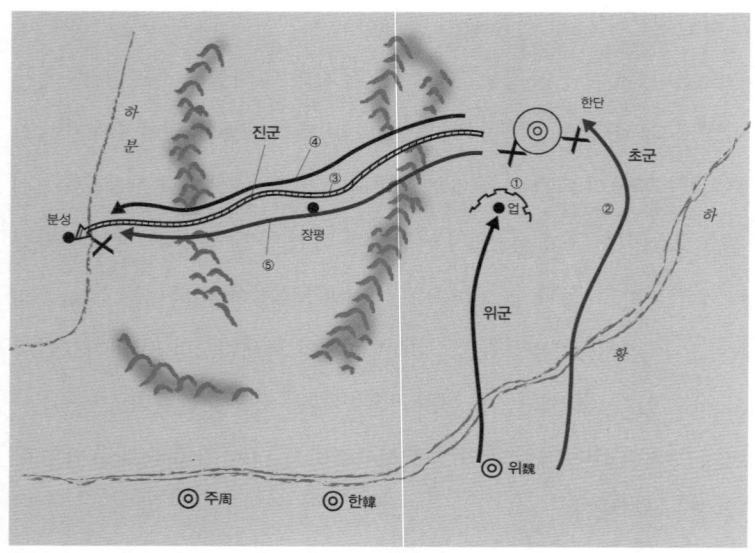

한단 포위군과 연합군의 반격. 위군과 초군은 진군 포위망의 바깥을 공격하면서 서쪽의 출로는 열어두었다. 협공을 견디지 못하고 투항하는 부대가 속출하자 진군은 견디지 못하고 태행산을 넘어 퇴각하고, 위-초 연합군은 분성까지 공격한다. 분성에서 격렬한 전쟁이 계속되어 쌍방이 수만의 인력을 소모했지만 포위를 벗어난 조군까지 합세해 공격하자 진은 다시 분성을 버리고 퇴각한다. 그 과정은 아래와 같다.
① 업을 출발한 위무기의 위나라 군대가 진의 남쪽 포위망을 공격
② 경양의 초나라 구원군이 우회하여 포위망의 동북을 공격
③ 협공을 이기지 못하고 퇴각하는 진군
④ 분성까지 추격하는 위군
⑤ 분성까지 추격하는 초군

과 사투를 벌이던 조로서는 얄밉기 그지없는 행동이었다.

이렇게 진이 산동을 포기하고 물러날까? 나약한 왕이었다면 지키는 데 급급했을 것이다. 그러나 소양왕은 백전노장이었다. 싸움은 여기서 그친 것이 아니다. 진의 반격 또한 거셌다. 《사기》〈진본기〉에 의하면 소양왕 51년(기원전 256) 진은 장군 규摎를 시켜 한의 양성陽城과 부서負

黍를 공격하여 빼앗고 4만 명을 베었으며, 조의 스무 개 현을 공격하여 빼앗고 9만 명을 베거나 포로로 잡았다고 한다. 초와 위의 군대가 돌아갔기 때문에 반격이 가능했을 것이다. 또한 한단의 포위를 풀면서 본군이 후퇴했지만 하동의 여러 도시들은 그대로 진의 소유로 남아 있었기에 가능했을 것이다.

그러나 합종 역시 견고했다. 서주西周는 연합군의 대공세로 진이 서쪽으로 물러날 것이라 예상하고 무리수를 던져 진을 배반하고 제후군에 합쳤다. 하지만 이것은 오판이었다. 진은 당장 돌아와 서주를 휩쓰니 서주 군주가 직접 와서 성읍과 인구 3만 명을 바쳤다. 서주는 조 같은 대국이 아니었다. 그 이듬해에 진은 구정까지 얻었다.

어쨌든 조나라는 다시 살아났고, 그 일등 공신은 위무기였다. 진이 포위를 풀고 퇴각하니 효성왕과 평원군은 몸소 경계까지 나와 공자를 맞았다. 평원군은 화살통을 지고 앞에서 공자를 인도했다. 조왕은 재배하고 감사의 말을 올렸다.

"자고로 공자에 미치는 현인은 없었습니다."

이렇게 환대를 받았지만 위무기는 돌아갈 수 없었다. 그는 조나라를 구했지만 고국 위나라와 형님인 왕을 배반했기 때문이다.

5. 우경, 조의 방향을 동쪽으로 돌리다 ━━━━

커다란 실패는 사람을 가르치고, 이 실패를 딛고 어떤 이는 성장하기도 한다. 그렇지만 우리가 전국시대 어떤 나라의 군주라고 가정해보자. 과연 실패는 용납되는 행동인가? 아무리 군주라도 4만 명도 아니고 40만 명의 자국민을 죽이는 실패를 겪을 권한이 있는가? 실제로 조왕조는 살아남았다. 그러고도 배우지 못하면 그는 지도자가 아닌 것은 물론이고 사람이 아니다. 앞으로 조는 더 심한 꼴을 당할 것이다. 조 효성왕은 그런 면에서 최소한 배울 줄 아는 이였던 모양이다.

《사기》〈평원군우경열전〉에는 외교의 방향을 틀어야 한다는 우경의 이야기가 나온다. 효성왕이 우경의 의견을 받아들인 것은 이른바 신의 한 수였다. 진이 한단의 포위를 푼 후, 조왕은 조학趙郝을 시켜 진에 여섯 현을 떼어 주고 강화하도록 하고자 했다고 한다. 이어지는 내용은 진이 한단의 포위를 푼 직후 이야기이며, 하동으로 대반격을 개시하던 때의 이야기는 아니다.

우경虞卿이 조왕에게 말했다.

"진이 왕을 공격하다 피로하여 돌아갔습니까, 아니면 여전히 진격할 힘은 있는데 왕을 아껴서 공격하지 않았다 보십니까?"

"진이 과인을 공격할 때 온 힘을 다 기울였소. 필시 지쳐서 돌아갔을 것이오."

우경이 말했다.

"진이 힘으로 공격하고도 얻지 못했기에 지쳐서 돌아갔는데, 왕께서는 저들이 힘으로 얻을 수 없었던 것을 거저 주려고 하시니, 이는 진을 도와 자기 자신을 공격하는 것입니다. 내년에 진이 다시 공격해오면 구원받을 수 없을 것입니다."

왕이 우경의 말을 조학에게 들려주자 조학이 말했다.

"우경이 정말 진의 힘이 미치는 바를 다 안답니까? 정말 진이 진격할 능력이 없다는 것을 안다면 이 탄환 하나만큼의 땅도 줄 수 없습니다. (그러나) 내년에 진이 다시 공격해오면 왕께서는 땅도 떼어 주지 않고 강화할 수 있겠습니까?"

그러자 왕이 물었다.

"땅을 떼어 주자는 그대의 말을 듣고자 하니, 그대는 능히 내년에 진이 다시 공격하지 않도록 할 수 있겠소?"

조학이 대답했다.

"이는 신이 감히 보증할 바가 아닙니다. 예전에 삼진이 진과 교류할 때 서로 사이가 좋았습니다. 그러나 지금은 진이 한과 위를 좋아하고 왕을 공격하니, 왕께서 진을 섬김이 한이나 위보다 못한 까닭입니다. 지금(금년) 신이 왕을 위하여 (조가 진과의) 친교를 등져 받은 공격을 풀어내고 관을 열고 폐물을 통하게 하여 한이나 위와 똑같이 하였는데 내년에 이르러 유독 왕만 진의 공격을 받는다면 이는 왕께서 진을 섬김이 한이나 위보다 못하기 때문입니다. 이는 신이 보증할 일이 아닙니다."

심히 자존심 상하는 말이다. 그러나 다시 나라를 전란으로 몰아넣을 수는 없다. 효성왕이 우경에게 이 말을 전하자 우경이 대답했다.

학의 말인즉, "강화하지 않고 내년에 진이 다시 왕을 공격해오면 왕은 땅을 떼어 주지 않고 강화할 수 있냐"는 말이지요. 그런데 지금 강화한다 한들, 학은 진이 다시 공격하지 못하도록 보증할 수는 없다는 말이지요. 그렇다면 지금 여섯 성을 떼어 준들 무슨 이득이 있습니까? 내년에 또 공격해오면 저들이 힘으로 얻지 못하는 땅을 자진해서 떼어 주어 강화해야 하는데, 이는 스스로를 바닥내는 방법이니〔自盡之術〕강화하지 않는 것만 못합니다.

스스로를 바닥내는 방법이라는 지적이 뼈아프다. 그러나 또 싸울 수 있는가? 우경은 대책이 있다고 한다. 그는 외교의 방향을 180도 바꾸라고 한다.

진이 비록 공격을 잘한다 하나 여섯 현을 다 취할 수는 없고, 조가 비록 수비에 약하다 하나 결코 여섯 현을 한꺼번에 잃을 리는 없습니다. 진이 지쳐서 돌아갔고 군대는 분명 피폐해졌을 터이니, 이때 우리가 여섯 성으로 천하를 거두어 피폐한 진을 공격하면 이는 우리가 천하 제후들에게 잃은 것(여섯 성)을 진에게 보상받는 것이므로 우리에게는 여전히 이익입니다. 이 방법과 가만히 앉아서 땅을 떼어 주고 스스로를 약화시켜 진을 강하게 해주는 것 중 어떤 것이 낫습니까?
지금 학이 말하길, "진이 한과 위를 좋아하고 조를 공격하는 것은 분명 왕께서 진 섬기기를 한과 위보다 못해서 그렇다"고 합니다. 이는 왕더러 해마다 여섯 성을 주어 진을 섬기라는 것이니, 앉아 있는 동안

성은 거덜납니다. 내년에 진이 다시 공격해오면 왕께서는 또 주시겠습니까? 주지 않으면 이전에 준 공은 무위로 돌아가고 다시 진의 화를 부르겠지요. 반면 준다면 결국 줄 땅이 남아나지 않겠지요.

이런 말이 있습니다. "강한 자는 공격도 잘하지만 약한 자는 수비조차 못한다[彊者善攻, 弱者不能守]"라고요. 지금 앉아서 진의 요구를 들어주면 진은 군대도 피로하지 않고 많은 땅을 얻으니, 이는 진을 강하게 하고 조를 약화시키는 것입니다. 이리하면 나날이 강해지는 진이 나날이 약해지는 조의 땅을 떼어 가는 판이니 요구는 끝나지 않습니다. 또한 왕의 땅은 한계가 있지만 진의 요구는 끝이 없습니다. 유한한 땅으로 무한한 요구를 들어주다가는 형세상 조는 분명 없어집니다.

명확한 지적이다. 그럼에도 두려움은 가시지 않는다. 한을 표적으로 삼듯이 조를 표적으로 삼을 때 제후들이 언제까지 도울 것인가? 조왕이 여전히 결정하지 못할 때 누완樓緩이 진에서 돌아왔기에 왕은 누완과 상의하며 말했다.

"진에 땅을 주는 것이 길하오, 안 주는 것이 길하오?"

누완이 대답을 피하며 말했다.

"이는 신이 알 수 있는 바가 아닙니다."

이제부터 열전의 내용을 요약하며 살펴보자. 왕이 다시 물었다.

"그렇다 하여도, 공의 사적인 의견을 한번 말해보오."

누완이 지금 자기가 말한다면 사람들이 친진파라 그런다고 의심할 것이라며 지루하게 뜸을 들이다 대답했다.

"지금 신이 방금 진에서 돌아왔는데, '주지 말자' 하자니 이는 옳은 대책이 아니고, '주자' 하면 왕께서 신이 진을 위한다 하실까 두렵습니다. 그러니 감히 대답하지 못했습니다. 신더러 기어이 대왕을 위해 대책을 내라고 하시면, '주는 것이 낫다' 하겠습니다."

왕이 대답했다.

"그리하겠소."

우경이 이 말을 듣고 들어가 왕을 알현하며 말했다.

"누완의 말은 화려하게 꾸민 것에 불과하니, 왕께서는 부디 땅을 주지 마소서."

누완이 이 말을 듣고 와서 왕을 알현하니, 왕은 우경의 말을 누완에게 전해줬다. 누완이 대답했다.

"그렇지 않습니다. 우경은 하나만 알지 둘은 모릅니다. 대저 진과 조가 얽혀 싸우면 천하가 모두 기뻐합니다. 왜 그렇습니까? 그들은 '우리도 강한 자에 기대어 약한 자의 틈을 노리겠다' 합니다. 지금 조의 군대는 진의 곤혹을 겪고 있으니, 천하의 전쟁(전승)을 축하하는 사절은 분명 모두 진에 가 있습니다. 그러니 땅을 떼어 주어 천하가 (조가 진과 화친하는구나, 그러니 조를 공략하지 못하겠다) 의심토록 하고 진의 마음을 위로하는 것이 낫습니다. 그러지 않으면 천하 제후들은 진의 (조에 대한) 노여움에 기대고 신의 피폐함을 틈타 조를 참외처럼 나눠 가질[瓜分] 것입니다. 조나라가 망하는데 어찌 진을 도모하겠습니까? 그러니 저는 '우경은 하나는 알고 둘은 모른다'고 한 것입니다. 원컨대 왕께서는 이로써 결정하시고 다시 의논하지 마소서."

우경이 이 말을 듣고 다시 왕을 알현했다.

"누자(누완)가 (고국을 배신하고) 진을 위함이 위태롭군요. 이는 천하를 더욱 의심하게 할 뿐 어찌 진의 마음을 위로한단 말입니까? 어찌 유독 천하에 우리 조의 약한 꼴을 보이는 것은 말하지 않는답니까? 또한 신이 주지 말자고 한 것은 그저 완고하게 주지 말자고 한 것이 아닙니다. 진이 왕께 여섯 성을 요구하니, 왕께서 제에게 그 성을 뇌물로 주시지요. 제는 진의 철천지원수입니다. 왕으로부터 여섯 성을 받고 함께 서쪽으로 진을 치자 하면 제는 말이 끝나기도 전에 왕의 청을 받아들일 것입니다. 이리하면 왕께서는 제에 땅을 잃지만 진으로부터 땅을 보상받을 수 있고, (진에 대한) 제와 조의 깊은 원한을 되갚는 한편 천하에 우리가 능력 있음을 과시할 수 있습니다. 왕께서 이 대책을 공표하시면 군대가 국경 밖으로 발걸음을 내딛기도 전에 신은 진이 도리어 많은 뇌물을 가지고 조에 와서 왕께 강화를 요청하는 것을 볼 수 있습니다. 진의 요청을 따라 강화하면, 한과 위가 소식을 듣고 분명 왕을 중시하고, 필시 많은 보물을 가지고 다투어 왕께 올 것입니다. 이는 왕께서 한번 움직여 세 나라와 친교를 맺는 것이며, 진과 처지가 뒤바뀌는 것입니다."

조왕이 말했다.

"좋소."

조왕은 우경을 동쪽 제나라로 보내 진을 도모할 일을 의논하게 했다. 우경이 돌아오기도 전에 진의 사자가 조에 와 있었고, 누완은 이 소식을 듣고 달아났다. 조는 이 일로 우경을 한 성에 봉해주었다.

필자는 이 유세 덕에 조가 대반격을 감행할 수 있었다고 생각한다. 조가 반격하지 않는다면 먼 길을 와 사력을 다해 도운 초군과 위군을 어떻게 위로할 수 있었겠는가? 이렇게 진의 원교근공책은 산동의 여러 영걸들의 협공으로 비틀어졌고 진은 일시적으로 물러났다.

우리는 이 처참한 싸움에서 얼마나 많은 사람들이 죽었는지 모른다. 정안평이 2만 명을 데리고 투항할 정도였으니 진은 최소 수만 명의 장졸들을 잃었을 것이다. 전쟁터 안에서만 사람들이 쓰러진 것은 아니었다. 그토록 위세를 떨치던 진이 패했다. 이렇게 큰 싸움과 패배를 책임질 사람은 필요하다.

6. 패전의 결과: 쌍용의 동반 몰락

두우의 검에 스러진 전신

먼저 종군을 거부한 백기의 운명은 어떻게 되었을까?《사기》〈백기왕전열전〉에 다음과 같이 기록되어 있다.

백기는 한단에서 진이 이기지 못하자 이렇게 가시 돋힌 말을 했다고 한다.

"진이 내 계책을 듣지 않더니 지금 어떻게 되었는가?"

진왕이 이 소식을 듣고 노하여 강제로 백기를 일으켜 세우려 했지만 그는 병을 핑계로 듣지 않고 범저가 간청해도 일어나지 않았다. 그러자 진은 백기의 작위를 빼앗고 병졸로 만들어 음밀陰密로 옮기게 했으나 병 때문에 가지는 못했다. 석 달이 지난 후 제후들이 진을 공격하여 진군이 수차례 퇴각하자 패전을 알리는 사자가 나날이 도착했다. 이에 진왕은 백기에게 사람을 보내 함양에 거하지 못하게 했다. 백기가 함양성 서문을 나서 10리를 가 두우杜郵에 닿았다. 진 소왕과 범저 및 여러 신하들이 의논해서 말하길, "백기가 옮겨 갔으나 여전히 마음으로 복종하지 않고 앙심을 품은 말을 남겼다"고 했다. 이에 진왕은 사자를 시켜 검을 보내어 자살하라고 했다. 백기는 검을 뽑아 자신의 목을 찌르려 하면서 말했다.

"내가 하늘에 무슨 죄를 지어 이 지경에 이르렀는가?"

한참 지나 스스로 대답했다.

"나는 진실로 죽어 마땅하다. 장평의 싸움에서 항복한 조나라 병사 수십만 명을 속여 묻어 죽였으니, 이로써 죽기에 충분하다."

필자는 백기의 죽음은 당연하다고 생각한다. 무려 40만 명의 원혼이 겨우 한 사람도 처단하지 못한다면 역사에 무슨 희망을 품을 수 있을 것인가?

백기가 희대의 살인마로 비판받기도 하지만 그가 진을 위해 한 일은 많았다. 자신의 죄 때문에 죽은 것이 아니므로 진나라 사람들은 그를 불쌍히 여기고 향읍은 모두 제사를 지냈다. 백기가 정말 마지막에 장평에서 포로를 죽인 것을 후회했다면 다행이겠다.

범저의 마지막 미스터리

이제 범저를 살펴볼 차례다. 그의 측근 왕계는 사형에 처해졌다. 그는 좌불안석이었다. 다시 그의 열전을 통해 패전 후 그의 운명을 살펴보자.

범저는 백기를 죽이고 측근 정안평을 보냈지만 정안평은 조에게 포위되어 상황이 급해지자 2만 명의 사졸을 거느리고 조에 투항했다. 그러자 그를 천거한 범저는 자리를 깔고 죄를 청했다. 당시 진의 법에 따르면 천거한 이가 임무를 감당하지 못하면 추천자도 똑같이 벌을 받게 되어 있었다. 이 법에 따르면 범저의 죄는 삼족이 다 죽는 것에 해당했다. 그러나 소왕은 범저의 마음이 상할까 두려워 나라에 영을 내렸다.

"감히 정안평의 일을 말하는 자가 있으면, 정안평과 같은 죄를 묻겠다."

그러고는 상국 범저에게 음식과 물품을 내리기를 나날이 더하여 그 마음을 풀어주려 했다고 한다. 열전의 이어지는 내용에 따르면 범저는 측근들이 죄를 지었음에도 연루되지 않고 채택이라는 연나라 사람에게 권력을 넘겼다고 되어 있다. 그러나 《전국책》〈진책〉에는 자못 다른 이야기가 나온다. 반격을 받아 범저는 자신의 봉지인 한韓의 여남汝南을 잃었다. 소왕이 그에게 물었다.

"군께서 봉국을 잃어 상심하셨습니까?"

범저가 대답했다.

"신은 상심하지 않습니다."

"어째서요?"

"양나라에 동문오東門吳란 사람이 있었는데 아들을 잃었는데도 슬퍼하지 않더랍니다. 집에 일을 보는 사람이 말하길, '공의 자식 사랑은 천하에 비할 바가 없었는데, 지금 자식이 죽었는데도 상심하지 않으니 무슨 까닭입니까?' 그러자 동문오가 답하더랍니다. '나는 원래 아들이 없었고, 애초에 아들이 없을 때도 상심하지 않았소. 지금 아들이 죽었으니 아들이 없던 때와 같아진 것이오' 하더랍니다. 신이 무엇 때문에 상심하겠습니까? 신 또한 일찍이 자식이 없었습니다만 상심하지 않았습니다.˙ 지금 여남을 잃은 것은 양나라의 어린아이를 잃은 것과 같은데 신이 왜 상심하겠습니까?"

이는 정제된 대답이다. 전쟁에서 패했고 진의 대업이 멀어지는 와중에 자기 봉지를 아낀다고 하면 위험하다. 그러나 진 소왕은 그럴 리가 없다고 여기고, 몽오蒙傲(《사기》의 몽오蒙驁)에게 말했다.

"지금 과인의 성 하나가 포위당하면 밥을 먹어도 단맛을 모르고 누워도 자리가 편한 줄 모르오. 그런데 지금 응후는 봉지를 잃고도 상심할 바 없다고 말하는데, 속이 진짜 그렇다 보오?"

몽오가 대답했다.

"신이 그 속마음을 알아보고자 합니다."

이렇게 몽오가 와서 범저에게 물어보았다.

"저 오는 죽고자 합니다."

범저가 대답했다.

- 원문은 "臣亦嘗爲子, 爲子時無憂"이지만, '위爲'는 '무無'의 오기로 보인다.

"무슨 말씀이신지?"

"왕이 군을 스승으로 섬긴다는 이야기는 천하에 파다하게 퍼졌는데, 하물며 진나라 안에서야 누구나 알지요. 지금 저 오가 진의 세력을 얻어 왕의 장수가 되어 군대를 이끌고 있습니다. 신이 보기에 한과 같은 미약한 나라의 현이 역모를 일으켜 군의 봉지를 빼앗았으니, 이렇게 해놓고 저 오가 무슨 면목으로 살겠습니까? 죽는 것이 낫습니다."

범저가 몽오에게 절을 올리며 말했다.

"경에게 일을 맡기고자 합니다."

물론 봉지를 되찾아 달라는 소리다. 몽오가 이 대답을 듣고 진 소왕을 찾아가 고했다. 이 이야기를 들은 후 진 소왕은 범저가 한에 관한 일을 말할 때마다 들어주지 않았다. 범저가 여남을 마음에 두고 있다고 여겼기 때문이다. 《한비자》에도 "응후가 한나라를 8년 공격하여 여남을 봉지로 만들었다. 이때 이후로 진을 부리는 이는 모두 응후나 양후의 무리였다. 그러므로 전쟁에서 이기면 대신이 존귀해지고, 땅을 더 얻으면 사적인 봉지가 선다"고 기록하여 범저가 사심이 있는 것으로 기록하고 있다.

실패의 실마리는 역시 인사였다. 다시 열전으로 가서 옛 이야기를 되짚어보자. 범저가 재상이 되자 왕계가 그에게 말했다.

"일에는 알 수 없는 것이 세 가지가 있고, 어찌할 도리가 없는 것 역시 세 가지 있습니다. 첫째로 왕께서 어느 날 붕어하실지 모르고, 둘째로 군께서 언제 관사를 버릴지 모르며, 셋째로 제가 언제 도랑에 처박힐지 모릅니다. 어느 날 왕께서 붕어하시면 군께서 제게 품은 마음이 있다고 할지라도 어찌할 도리가 없으며, 군께서 갑자기 관사를 버리시면 저를 어쩔 도리가 없으며, 제가 문득 도랑에 처박히면 역시 군께서는 저를 도울 수가 없습니다."

이 소리를 듣고 범저는 흔쾌하지 않았지만 왕에게 말을 넣었다.

"왕계의 충성이 아니었으면 신은 함곡관 안으로 들어올 수 없었을 것이고, 대왕의 현명함과 성스러움이 아니었다면 신은 귀해질 수 없었습니다. 지금 신의 관위가 재상에 이르고 작위가 열후에 이르렀으나 왕계는 여전히 알자에 머무르고 있으니, 이는 신을 관 안으로 들인 뜻이 아닐 것이옵니다."

이에 소왕은 왕계를 불러 하동 태수로 임명하고 3년 동안 상계上計를 하지 않도록 했다. 또한 정안평을 등용해 장군으로 삼았다. 그들은 오직 범저 덕에 성공했다. 그러나 직을 감당할 정도의 능력이 없었기에 결국 범저를 위기로 내몬다.

다시 한단의 퇴각 이후로 돌아와서 이야기를 이어보자. 야망이 좌절된 소왕이 조정에 나와 탄식을 하자 범저는 더욱 몸둘 바를 몰랐다.

"신이 듣기로 군주가 근심하면 '신하는 이를 치욕으로 생각하고 군주가 욕을 보면 신하는 죽어야 한다' 들었습니다. 지금 대왕께서 조정에 나와 근심하시니 신은 감히 제 죄를 청합니다."

소왕이 말했다.

"과인이 듣기로 초나라의 철검은 예리하고 광대는 졸렬하다 하오. 무릇 철검이 예리하면 군사가 용맹하고 광대가 졸렬하면 (군주의) 생각이 멀다 하였습니다. 대저 심모원려를 가지고 용맹한 군사를 부린다면, 초가 우리 진을 도모할까 두렵습니다. 대저 일이란 평소에 준비하지 않으면 불시에 대응할 수 없습니다. 지금 무안군은 이미 죽고 정안평 등은 배반했으니, 안으로 좋은 장수가 없고 밖으로 적국은 많아서 과인은 이를 걱정한 것이외다."

이는 범저를 격려하고자 한 말이나 범저는 더욱 두려워 몸둘 바를 몰랐다. 채택이 이 소식을 듣고 진나라로 들어왔다. 채택은 연나라 사람인데 범저처럼 제후들을 찾아다녔다고 한다. 물론 진에 들어오기 전까지 유세에 성공하지는 못했지만 상당히 느긋한 성격의 소유자였던 듯하다. 그가 무엇을 믿고 범저의 아성에 도전하겠다는 것일까?

그와 관련된 이런 일화가 있다. 채택이 어떤 유명한 관상쟁이를 찾아가 물었다.

"내 상이 어떻소이까?"

점쟁이 당거唐擧는 채택을 찬찬히 보고는 웃으면서 이렇게 말했다한다.

"선생은 전갈 코에다 어깨는 커다랗고 이마는 튀어나오고 코와 눈썹이 서로 모여 있군요. 콧등은 낮은 데다 무릎이 휘었습니다. 나는 성인의 상을 보지 않는다고 들었는데, 혹여 선생을 말함일까요?"

관상쟁이는 채택을 보고 이렇게 못생긴 당신이 무슨 상을 본다고 하냐고 놀리는 중이다. 채택은 관상쟁이가 자기를 놀린다는 것을 알고 다시 능청스럽게 물었다.

"부귀야 (있든 없든?) 내 스스로 가진 것이고, 내가 모르는 것은 수명이니 그걸 묻고 싶습니다."

점쟁이가 대답했다.

"선생의 수명은 앞으로 43년입니다."

그러자 채택이 웃으며 인사하고 떠나면서 마부에게 말했다.

"좋은 곡식을 먹고 기름진 고기를 씹으며 마차를 타고 달리면서 황금 관인과 보라색 관인 끈을 허리에 차고 군주의 면전에서 인사를 하면서 부귀를 누리고 고기를 먹으며 산다면 43년으로 족하다."

채택은 대체로 이 정도의 인사였다. 그는 조와 위에 갔으나 쫓겨나고 얼마 없는 물건마저 다 잃었다. 그런데 그가 범저가 정안평과 왕계의 일로 자리가 불안해졌다는 것을 듣고 과감하게 진으로 들어온 것이다. 그는 장차 왕을 알현하려는 목적을 가지고 먼저 자랑하는 말을 퍼뜨려 범저의 심사를 돋웠다. 그는 "연의 객 채택은 천하의 영웅호걸로서 달변에다 지혜를 갖춘 선비니, 진왕을 한 번 알현하기만 하면 분명 응후를 곤경으로 몰아넣고 지위를 빼앗을 것이다"라는 말을 퍼뜨렸다.

범저가 이 소식을 듣고 말했다.

"나는 이미 오제와 삼대의 고사와 백가의 설을 다 익히고, 온갖 변론을 다 물리쳤다. 한데 무슨 수로 나를 곤경에 빠트리고 내 지위를 뺏는단 말인가?"

그러고는 사람을 시켜 채택을 불렀다.

채택은 부름을 받고 들어와서는 인사를 했다. 범저는 채택이 퍼뜨린 말 때문에 상당히 불쾌한 차였다. 게다가 그를 보니 사뭇 거만한지라 꾸짖으며 말했다.

"그대는 전에 나를 대신해서 진왕을 섬기고자 한다고 선언했다던데,

정말 그런 적이 있는가?"

"있습니다."

"그대의 유세를 한번 들어봅시다."

"군께서는 어찌 이리 깨달음이 더디십니까? 대저 사계절의 순서를 보면 한 계절이 임무를 다하면 물러갑니다. 무릇 사람이 살면서 신체가 건강하고 수족을 마음대로 움직이며 눈과 귀가 밝고 마음은 성스러운 지혜를 갖추는 것이 바로 우리 선비들이 원하는 것이 아니겠습니까?"

범저가 대답했다.

"그렇소만."

채택이 말했다.

"인을 근본으로 하고 의를 지키며 도를 행하고 덕을 베풀어 천하에 뜻을 얻어, 천하가 기꺼이 공경하며 사랑하고 존경하며 우러러보아 모두 군왕이 되도록 바라게 하는 것, 이것이 바로 유세하는 지혜로운 이의 바람이 아니겠습니까?"

범저가 말했다.

"그렇소."

그러자 채택은 이제 범저가 물러날 때가 되었음을 암시한다. 그의 말을 요약하면 이렇다.

"부귀영화를 이토록 누리고 명성을 쌓았으면 이제 몸을 보존하고 기존의 공업을 지키는 것이 맞지 않겠습니까?"

그러고는 상앙·오기·문종이 충성을 다했으나 결국 끝이 좋지 못했음을 열거한다. 우리는 이미 상앙과 오기 및 문종의 행적에 대해 알고 있으므로 이야기를 줄여가며 살펴보자.

채택이 말한다.

"군께서는 상앙·오기·문종이 정녕 선비들이 본받고자 하는 사람들이라 보십니까?"

범저가 어떤 인물인가. 그는 채택의 꿍꿍이를 알고 역으로 대응한다.

"왜 안 된단 말인가? (중략) 그 세 사람은 진실로 지극한 의리와 충절을 지닌 이들이었소. 그러니 군자란 의리를 지키고 어려움을 만나면 죽음을 불사하고 죽는 것을 집으로 돌아가는 것처럼 여기오. 살아서 욕을 보는 것보다 죽어서 영광을 남기는 것을 낫게 여기오. 선비는 본시 제 몸을 죽여 이름을 이루는 것이니, 의로운 일이라면 죽어도 여한이 없소. 왜 그들을 본받아서는 안 된다는 것이오."

그러나 채택은 살아서 공을 이루고 이름을 남긴 사람들이 낫다고 주장했다. 길게 이어지는 채택의 유세 중 다음 대목은 백미다.

"상군·오기·대부 종이 남의 신하로서 한 일은 옳았지만, 그들의 군주는 그렇지 않았습니다. 그래서 세상은 이 셋이 공은 이뤘지만 덕을 드러내지는 못했다고 하는데, 어찌 불우하게 죽는 것을 우러러보십니까? 대저 꼭 죽어야 충성을 세우고 이름을 이룬다면 (살아남아서 추앙받는) 미자微子는 어질다 하지 못할 것이고 공자는 성스럽다 하지 못하고 관중은 크다 하지 못할 것입니다. 대저 사람이 공을 이루면서 어찌 완전하기를 바라지 않겠습니까? 몸과 이름이 모두 온전한 것이 최상이며, 이름은 이루되 몸을 죽이는 것은 그다음이고, 이름을 더럽히고 몸만 온전한 것이 최하입니다."

다시 긴 공방이 오간 후 채택은 이렇게 마무리한다.

"《역》에 이르길 '높이 오른 용은 후회한다[亢龍有悔]' 합니다. 이는 오를 줄만 알고 내려올 줄 모르며, 펼칠 줄만 알고 굽힐 줄 모르고, 갈 줄만 알지 스스로 돌아올 줄 모르는 이를 말하는 것입니다. 군께서 이를 깊이 헤아려주소서."

그러자 범저가 채택의 말을 수긍하고 이렇게 대답했다.

"옳습니다. 듣기로, '바라는 것에 만족을 모르면 바라던 것도 잃으며, 가지면서 그칠 줄 모르면 가진 것도 잃는다'고 들었습니다. 선생께서 다행히 가르침을 주시니 저 저는 공경히 받들겠습니다."

그러고는 바로 채택을 진 소왕에게 천거했다. 진 소왕은 채택을 객경으로 삼았다. 그런데 범저가 인수를 돌려주고 물러나자 진 소왕은 완강히 만류했다. 그러나 범저는 기어이 병을 핑계로 물러났다고 한다.

이상이 열전의 내용이다. 범저는 이렇게 스스로 물러났다. 채택은 훗날 연나라에 사신으로 가기도 하니 그가 범저를 대신한 것은 분명해 보인다.

그런데 근래 발견된 《수호지진간 睡虎地秦簡》의 기년 紀年 부분에 매우 특이한 기사가 하나 나온다.

소왕 52년, 왕계·장록이 죽다[王稽張祿死].

알다시피 범저는 장록으로 개명해서 진으로 갔다. 이 장록은 분명 범저로 보이는데 범저가 왜 기시 棄市 당한 왕계가 죽은 그해(기원전 255)

에 죽었을까? 왕계와 장록을 함께 놓은 것으로 보아 우리의 노병이 유유히 사라진 것이 아니라 비명에 죽었다는 의심을 품을 수밖에 없다. 안타깝게도 사서에 더는 그가 등장하지 않는다. 범저가 연루되어 죽었든 자연사했든 한단의 패배 이후 그의 정치적인 영향력은 끝난 듯하다. 노병은 죽었는가 아니면 사라졌는가? 더 많은 자료가 나오기 전까지 우리는 판단을 보류할 수밖에 없다.

범저는 선악과 호오를 떠나 누가 뭐래도 불세출의 전략가였다. 세 치 혀로 천하를 주름잡던 양후 위염을 떨어뜨려 왕권을 부동의 위치로 올렸고, 원교근공으로 한을 거의 부용국으로 만들었으며, 휼계로 장평의 싸움을 승리로 이끌었고, 조나라를 멸망 직전으로 몰고 갔으며, 또한 과감하게 서주를 쳐서 진의 무자비함을 과시했다. 그는 죽었지만 진은 앞으로 그가 제시한 길을 그대로 따라 다시 동쪽을 도모할 것이다. 훗날 범저처럼 객경客卿 전략가로 시작하여 통일을 완수한 이사李斯는 범저가 "공실을 강하게 하고 사문을 막았으며 제후들을 잠식하여 진이 제업을 이루도록 했다"고 평했다.

7. 기회주의자의 도전: 연이 조를 침공하다

우리는 일전에 연과 제의 음모가들이 한판 대결을 벌이다 결국 연나라 장수 악의가 제를 거의 멸망으로 몰아간 사건을 기억한다. 연은 북동쪽 한 귀퉁이를 차지하고 있었지만 중원에 변수가 생기면 항상 기회를 잡아 부상하려 했다. 그러나 번번이 좌절했다. 하루하루 피 말리는 경쟁을 하고 있는 중원 국가들보다 투혼이 부족했기 때문일까? 소진은 제나라 왕에게 "천하의 과녁이 되지 말고 늦게 나서서 한 번에 제압하라"고 조언했다. 그런데 늦게 나서서 오히려 과녁이 되는 이도 있다. 조가 장평에서 지고 한단이 포위당하자 천하가 다 조를 구하려 나섰지만 연은 배후를 노렸다. 그러다 진이 물러갔으니 연이 편안하겠는가? 늦게 일어났지만 오히려 과녁이 된 격이다. 가까스로 위난을 극복한 평원군은 이 일로 연에 원한을 품었다.

《전국책》〈조책〉에 그 이야기가 실려 있다. 한단의 포위를 풀고 평원군이 풍기馮忌에게 말했다.

"나는 북으로 상당을 정벌하고 군대를 내어 연을 공격하고 싶은데 어떻습니까?"

풍기가 확고히 반대했다.

"안 됩니다. 진의 무안군 공손기(백기)가 일곱 번 연이은 위세를 타고 마복군의 아들 조괄과 장평에서 싸워 우리 조군을 크게 격파하고, 이를 기반으로 남은 병사로 한단을 포위했지요. 우리 조는 패망하고 남은 무리와 깨어진 군대의 피폐한 장졸들을 거두어 지켰지만 진은 한단성 아래에서 지치고 조나라의 수비를 끝내 뚫어내지 못했습니다. 이는 공격은 어렵고 수비는 쉬운 까닭입니다. 지금 우리 조는 일곱 번 이긴 위세도 없고, 연은 우리처럼 장평의 화를 입지도 않았습니다. 지금 일곱 번 패한 화도 아직 복구되지 않았는데 지친 조로 강한 연을 공격하려 하신다면, 이는 약한 조로 하여금 강한 진을 공격하게 하고 강한 연으로 하여금 약한 조를 수비하게 하는 것과 같습니다. 강한 진은 군대를 쉬게 하며 조가 피폐한 틈을 타려 하고 있으니, 이것이 강한 오가 망하고 약한 월이 패자가 된 까닭이었습니다. 그러니 신에게는 연을 공격할 까닭이 안 보입니다."

이 이야기를 듣고 평원군은 연을 치는 것을 단념했다고 한다. 하지만 조가 강한 진을 물리쳤으니 연은 열국이 모두 조를 도울 때 오히려 틈을 타서 공격한 것을 최소한 사죄해야 하는 것 아닌가? 물론 앞으로 친선을 유지하기 위해서는 사죄는 아니라도 사과는 해야 한다. 그래서 연의 재상이 조로 들어간다. 《사기》 〈연소공세가〉에는 이렇게 기록되어 있다.

연왕이 승상 율복栗腹을 시켜 500금을 주고 조왕에게 술을 올렸다. 마침 평원군이 죽은 이듬해인 기원전 250년이었다. 조가 곤경에 빠졌을 때 공격한 적이 있으나 이제부터 잘 지내자는 이야기였다. 그런데 율복은 사신의 임무를 마치고 돌아가 엉뚱한 보고를 올렸다.

"조나라 장정들은 장평에서 모두 죽었고 그 고아들은 아직 덜 자랐으니 정벌할 만합니다."

화친 사절을 보내고 싸움을 하겠다고? 연왕은 이 보고에 혹해서 먼저 창국군昌國君 악간樂間을 불러 물었다. 그러나 악간은 이 의견에 반대했다.

"조는 사방으로 싸우는 나라라 그 백성들은 군대의 일을 익혔으니 정벌할 수가 없습니다."

연왕은 고집을 부렸다.

"나는 대군을 동원하여 적은 적을 치려하오. 아군 둘이 적병 하나를 당하면 되지 않겠소?"

악간이 대답했다.

"불가합니다."

왕이 집요하게 묻는다.

"다섯으로 하나를 당하면 되겠소?"

악간이 또 반대한다.

"역시 불가합니다."

그러자 연왕이 크게 노했다. 다른 신하들은 모두 가능하다고 말했다. 물론 왕이 크게 노했기 때문일 것이다. 악간은 왜 5 대 1로 싸워도 안 된다는 것일까? 아버지 악의는 강대한 제나라마저 끝장내려 하지 않았던가? 결국 연왕은 대군을 조나라로 보냈다. 연은 2군과 전차 2000대를 동원해서 율복이 호鄗를 공격했고 경진卿秦이 대代를 공격했다. 물론 호를 공격하는 군대가 주력이었을 것이다. 이렇게 군대를 둘로 나눈 것은 연군이 한단을 공격할 때 대의 군대가 구원하지 못하게 하자는 요량이었을 것이다.

기어이 왕이 전쟁을 일으키자 신하들이 모두 부화뇌동했지만 대부 장거將渠는 결단코 반대했다. 악간이 연이 성공할 수 없다고 한 이유가 바로 이것이다. 장거가 말했다.

"남의 나라와 관을 통하고 서로 친하게 지내자고 약조하고 또 500금으로 남의 나라 임금에게 술을 올리고는, 그 사자가 돌아와 엉뚱하게 보고하자 도리어 공격을 하다니 상서롭지 못합니다. 군대는 공을 이루지 못할 것입니다."

연왕은 듣지 않고 자기 자신도 군대를 편성해서 참전하고자 했다. 장거는 필사적으로 왕의 인수를 잡아당기며 제지하고 간청했다.

"절대로 몸소 가지 마소서. 가셔도 공을 이룰 수 없습니다."

연왕은 화가 나서 발로 장거를 찼다. 장거는 울면서 간청했다.

"신 자신을 위한 것이 아니오라 왕을 위한 것이옵니다."

이렇게 싸움이 벌어졌다. 다섯으로 하나를 친다고 호언했으니 연군은 수십만 명이었을 것이다. 그러나 조에는 염파가 있었다. 또한 조는 위와 강고한 동맹을 맺고 있었기 때문에 후방을 걱정할 필요 없이 받아칠 수 있었다. 염파는 호로 출격하여 율복의 본대와 싸움을 벌였다. 무려 10년간 쉼 없이 싸우던 군대였다. 염파는 수적 열세에도 불구하고 율복을 격파했다. 악승 또한 대로 출격하여 경진을 깼다. 경진은 싸움에서 져서 포로가 되었다. 연 측의 악간도 참전했던 듯하다. 《사기》 〈조세가〉에는 악간이 포로가 되었다고 나오지만 〈연소공세가〉와 〈악의열전〉에는 그가 조나라로 달아났다고 되어 있다. 어쨌든 연군은 양쪽에서 모두 패했다. 비겁한 군대였기에 기강이 약했을 것이다.

염파는 율복을 격파하여 죽이고 그대로 군대를 북쪽으로 몰아 500리를 추격하여 도읍을 포위했다. 이 싸움 또한 상당한 지구전이었다. 〈조세가〉에 따르면 기원전 250년 염파가 연의 수도를 포위했고 그 이듬해는 악승이 공격을 이었다. 또 그 이듬해는 연릉延陵의 균鈞이 염파를 쫓아 위를 도와 연을 공격했다. 그러니 위나라 역시 조나라를 도와 참전했던 것이다.

결국 연은 다섯 성과 많은 재물을 바쳐서 화친을 구걸했다. 그러나 조는 공세를 멈추지 않았다. 이미 몇 년을 포위했고 또한 연이 일으킨 전쟁이니 조가 연을 끝장내도 할 말이 없었다. 위는 조를 도왔으므로 조는 포기하지 않았다. 이렇게 연이 고립된 차에 진이 개입했다. 진이 태원 근처의 유차楡次를 공격하여 무려 서른일곱 개의 성을 빼앗았으니 조는 더는 연을 공략하지 못하고 서쪽으로 방향을 틀어야 했다. 이리하여 연은 가까스로 살아났다.

연왕 희喜는 패배를 예상하지 못했을 것이다. 그러나 망할 위기를 벗어나 절치부심하는 나라의 군주나 백성들을 너무 쉽게 본 것이 화근이었다. 효성왕은 장평에서 염파를 믿지 못해서 일을 그르쳤다. 그러나 실패를 되풀이할 백치는 아니었다.

《전국책》〈조책〉에 이런 이야기가 나온다. 효성왕은 변경의 장수들을 상당히 신임했다고 한다. 한단의 포위 이후 반성한 것일까?

제나라 사람 이백李伯이 효성왕을 찾아갔더니 왕이 매우 마음에 들어 했다. 그에게 대代의 태수 직을 주었는데, 그로부터 얼마 후 왕이 식사를 하는데 어떤 사람이 찾아와 "이백이 반란을 꾀합니다" 하고 알렸다. 왕이 묵묵히 밥을 먹는데 또 한 사람이 와서 같은 말을 했다. 그래도 왕은 계속 밥을 먹었다. 얼마 후 드디어 이백이 보낸 사자가 와서 전했다.

"제가 군사를 일으켜 연을 치려고 합니다. 허나 연을 친다는 것은 핑계고 우리 조를 습격할까 두려워 군대를 내어 대비하고 있습니다. 연과 제가 이미 교전에 들어갔다면 저는 그들의 피폐한 틈을 타서 공격하고 싶습니다."

그 후에 변방에서 일하는 이들이 의심을 살까 두려워하지 않았다고 한다. 아무리 전국시대에 도리가 없다 한들 전쟁에서 죽은 고아들을 치겠다는 연의 심사는 열국들의 공분을 샀을 것이다. 또한 삼진이 진에 대응하고자 다시 뭉치고 있는 차에 공격했으니 조는 전군을 이끌고 대응할 수 있었다. 연이 그때 결국 망하고 말았다면 전국시대의 판도는 또 달라졌을 것이다. 그러나 그렇게 손을 놓고 있을 진이 아니었다.

8. 영웅들의 뒷이야기: 노병은 죽지 않고 사라진다 ──

앞으로 진이 다시 삼진을 강타하고 대협 위무기가 합종을 성사시켜 반격을 가하는 장면이 펼쳐진다. 그 전에 잠깐 힘을 빼고 장평과 한단의 싸움에서 능력을 드러낸 영웅들의 후일담을 펼쳐보자. 먼저 공을 이룬 후에도 초심을 잃지 않는 협객들의 이야기다.

신원연의 변설을 물리치고 진과 싸워야 한다고 주장했던 노중련은 사심 없는 선비의 모습을 보이며 표표히 떠났다. 《사기》〈노중련추양열전〉에 따르면 평원군은 노중련에게 봉지를 주려고 했으나, 노중련은 세 번이나 사양하며 끝내 받지 않았다. 그러자 평원군은 술자리를 벌이고, 술자리가 무르익자 일어나서 앞으로 나아가 천금으로 노중련의 장수를 빌었다. 노중련이 웃으며 말했다.

"천하에 귀하게 여겨지는 선비란 남을 위해 걱정을 물리치고 어려움을 해소하며 얽힌 것을 풀어주지만 자신은 보답을 챙기지 않습니다.

보상을 취한다면 이는 장사꾼의 처사이니, 저 련은 차마 그렇게 하지 못하겠습니다."

결국 그는 평원군에게 인사하고 떠난 후 평생 다시는 만나지 않았다고 한다. 사마천은 노중련에 대해 이렇게 평가했다.

노중련이 뜻하는 바가 비록 대의에는 부합하지 않으나 유유히 포의의 자리에 있으면서 탕연히 자신의 뜻을 펼쳐 제후들에게도 굴하지 않고 당대에 유세를 펼쳐 경상의 위세를 꺾었다〔魯連其指意雖不合大義, 然餘多其在布衣之位, 蕩然肆志, 不詘於諸侯, 談說於當世, 折卿相之權〕.

그렇다면 제와 친교해서 대반격을 하자고 역설해 친진파 인사들을 쫓아내고 조나라 부활의 실마리를 만든 우경은 어떻게 되었을까?《사기》〈평원군우경열전〉에는 이렇게 쓰여 있다.

우경은 위제와의 관계로 인해 만호후와 경상의 인을 가벼이 버리고 위제와 함께 달아나 대량으로 들어가 고난을 겪었다. 위제가 이미 죽고 뜻을 얻지 못하자 책을 썼다. 위로는《춘추》에서 뽑고 아래로는 근세를 관찰한 것으로서 '절의節義', '칭호稱號', '췌마揣摩', '정모政謀' 등 여덟 편으로, 국가의 득실을 비판·풍자했으니, 세상에는 이를 전하여 말하길《우씨춘추》라 했다.

《사기》〈위공자열전〉을 참조하면 우경은 위제와 달아난 후 다시 조나라로 들어간 것으로 계산된다. 그러나 열전의 여러 부분은 서로 상충하므로 다 고증할 수는 없고, 《사기》〈평원군우경열전〉의 문맥을 살리면 아마도 우경 역시 노중련처럼 공을 버리고 숨어든 듯하다. 사마천은 이렇게 평가했다.

> 우경이 일을 헤아리고 정황을 추측하여 조를 위해 낸 계책은 얼마나 정교했던가? 그러나 위제의 고통을 외면하지 못하고 기어이 대량에서 곤혹을 겪었다. 용렬한 필부라도 이것이 불가함을 알진대 하물며 현인이 몰랐으랴! 허나 우경이 궁지에 몰려 수심에 빠지지 않았다면 역시 책을 지어 스스로를 후대에 드러내지 못했을 것이다.

조나라를 위해 무수한 전투를 감당했던 노장 염파는 어떻게 되었을까? 알다시피 그는 장평에서 면직되었지만 연나라를 포위하는 혁혁한 공을 세우고 재기했다. 염파는 그야말로 전투는 알지만 정치는 모르는 사람이었던 듯하다. 염파는 한때 인상여와 공을 다투다 깨끗이 사과한 적이 있다. 《사기》〈염파인상여열전〉에 따르면 그는 여러모로 우직한 사람으로 그려져 있다.

예전에 염파가 장평에서 면직되어 돌아와 권력을 잃었을 때 옛 식객들이 모두 떠났다. 돌아와 다시 장군이 되자 객들이 다시 돌아왔다. 염파가 그들을 나무랐다.

"객들은 물러나시오!"

그러자 객이 대답했다.

"아, 군께서는 어찌 이리 세태를 파악하는 것이 더디십니까? 지금 천하는 시장에서 장사하는 방법으로 교류합니다. 군께서 권세가 있을 때 저는 군을 따랐고 권세를 잃으니 떠나간 것이 바로 그 이치인데, 군께서는 무엇을 원망하십니까?"

이런 이야기를 들었으니 염파가 좀 약삭빨라졌을까? 훗날 효성왕이 죽고 도양왕悼襄王이 즉위하자 염파 대신 악승을 장수로 세웠다. 염파는 이 처사에 대노하여 악승을 공격하니 악승이 달아났다. 그 일로 염파는 위나라의 대량으로 달아났다.

염파는 왜 참지 못했을까? 그의 성격 탓이었던 듯하다. 염파가 대량에 오래 있었지만 위나라는 그를 믿고 쓰지 못했다. 사실 염파는 조나라로 돌아갈 생각만 하고 있었기 때문이다. 마침 그때 조는 진의 공격으로 여러 차례 곤경에 빠졌기에 도양왕은 염파를 다시 얻을 생각이 있었고, 염파 또한 돌아갈 생각이 간절했다.

그리하여 왕이 자사를 보내서 그를 쓸 수 있는지 없는지 살펴보게 했다. 그런데 염파의 원수 곽개郭開가 사자에게 많은 금을 뇌물로 주고 염파를 모함하라고 했다. 곽개는 예전 초나라의 비무극처럼 남을 참훼하는 데 특화된 사람이었던 듯하다. 훗날 그는 조의 명장 이목李牧을 다시 모함해서 죽인다. 물론 염파는 불같은 성격 때문에 적이 많았을 것이다.

아무튼 염파는 조로 돌아가기를 간절히 원했기에 조나라 사자가 도착하자 그를 위해 작은 공연을 준비했다. 그는 한 끼에 한 말을 먹고 고기 열 근을 먹고는 갑옷을 입고 말에 올라 여전히 쓸 만하다는 것을 과시했다. 늙은 명장의 노력이 처절하다. 그러나 사자는 돌아와 엉뚱하게 보고했다.

"염 장군이 늙었지만 여전히 식사를 잘하였습니다. 그러나 신과 함께 앉아 있는 잠깐 사이에 세 번이나 소변을 보러 나갔습니다."

왕이 더 들을 말이 뭐 있겠는가. 조 도양왕은 염파가 늙었다고 부르지 않았다. 그 대신 초나라에서 염파를 불러서 갔지만 염파는 한 번 초나라 군대를 이끌었을 뿐 공을 이루지는 못했다. 그는 여전히 "나는 조나라 군대를 부리고 싶다"고 하다가 초나라 땅에서 죽었다.

그는 누가 뭐래도 나라를 여러 번 구한 영웅이었다. 이 전쟁 기계 위에 인상여와 같은 이가 있었다면 그는 조나라에서 명을 마쳤을 것이다. 그러나 조나라에 충성했던 이가 결국 실수를 만회하지 못하고 초나라에서 죽었다.

이제는 춘신군이다. 《전국책》에 조가 위기에 빠졌을 때 "모두 춘신군만 믿고 있다"는 기사가 등장한다. 그가 초의 정치를 쥐락펴락하는 데다 국제정치에 밝았기 때문일 것이다. 앞으로 보겠지만 춘신군의 말로는 아름답지 않았다. 그렇기에 그의 안목을 의심하는 논설들이 생겼다. 그러나 지나치게 엉뚱한 이야기 하나로 반박하면서 간단히 그를 위한 변명을 해야겠다. 그는 옹졸한 사람이 아니었다.

《전국책》〈초책〉에 따르면 춘신군은 원래 순자(순경)를 크게 대우하여 100리의 땅에 봉하려 했다고 한다. 그러나 혹자가 순자와 같이 현명한 사람에게 100리의 땅을 주는 것은 위험하다고 하여 춘신군이 그만두었다고 한다. 그래서 순자는 조나라로 떠나 크게 우대를 받았는데, 또 어떤 객이 춘신군에게 순자와 같은 현자를 조나라에 두면 조나라만 강해진다고 하여 다시 부르라고 청하자 춘신군이 다시 불렀지만 순자는 거절했다고 한다.

그러나 이 이야기는 허무맹랑한 것이다. 이는 우선《사기》〈맹자순경열전〉과 다르다. 열전에 따르면 춘신군은 제나라를 떠난 순자를 난릉蘭陵의 영으로 임명했고, 춘신군이 죽자 순자도 관직에서 쫓겨났다고 한다. 춘신군이 살아 있을 때 순자는 초나라에 있었다.

물론《사기》가 꼭《전국책》보다 신뢰도가 높은지 되물을 수 있다. 그러나 이 경우에는 확실히 그렇다. 중요한 점은 열전에 순자의 집안이 난릉에서 대대로 살았다고 쓴 점이다. 순자의 후예가 난릉에 있었기에 사마천이 기록했을 것이니 이 기사는 거짓일 가능성이 거의 없다. 그래서《전국책》〈초책〉에 나오는 순자와 춘신군의 이야기는 대단히 비현실적이다. 춘신군은 실제로 순자를 쫓아내지 않았음이 확실하다. 그래야만 초나라 사람이던 이사가 순자에게서 배웠다는《사기》의 기사와도 일치한다.

후대로 갈수록《사기》는 점점 더 정확해진다. 춘신군은 고작 순자를 시기해서 내칠 그런 아둔한 인물이 아니었다.《순자》〈의병議兵〉 편에 순자가 조나라 효성왕 면전에서 임무군과 병법에 대해 설전을 벌이는 장면은 순자가 원래 조나라 사람이기 때문에 충분히 가능한 이야기다. 춘신군은 늙어서 큰 실책을 하여 죽은 것 때문에 순자를 빌려 춘신군이 안목이 없었다는 이야기가 나온 듯하지만 이는 영웅을 모독하는 짓이다.

춘신군을 위한 변명은 여기서 마치고 이제 환난을 이겨낸 조나라 영웅 평원군으로 옮겨 가자. 《사기》〈평원군우경열전〉에 따르면 우경은 신릉군이 한단을 보존해준 일을 평원군의 공으로 삼아 그를 봉해줄 것을 청했다. 공손룡公孫龍(유명한 명가의 변사 공손룡으로 추정된다)이 이 소식을 듣고 밤에 수레를 타고 와 평원군을 만나 간했다.

"저 룡이 듣자하니 우경이 신릉군이 한단을 보존해준 일로 군께 봉지를 주자고 했다는데, 그런 일이 있습니까?"

"그렇습니다만."

"이는 정말 불가합니다. 왕께서 군을 써서 조나라의 재상으로 삼은 것은 군과 같은 지혜와 능력을 갖춘 이가 조나라에 없기 때문이 아닙니다. 동무성을 떼어 군을 봉한 것은 군만 공이 있고 나라에 공 있는 사람이 없어서가 아니라 군이 왕의 친척인 까닭입니다. 군께서 재상의 인수를 받으면서 무능하다고 사양하지 않고 땅을 받으면서도 공이 없다고 거절하지 않은 것 또한 스스로 친척이라 여겼기 때문입니다. 지금 (외국인인) 신릉군이 한단을 보존했다고 (본국인이자 친척인 당신이) 봉지를 청한다면 이는 친척이 성을 받고 국인이 공을 계산하는 것이니, 이는 실로 불가합니다."

신릉군은 결국 우경의 말을 듣지 않고 봉지를 받아들이지 않았다. 그는 대개 그런 사람이다. 평원군은 효성왕 15년에 죽었고 자손이 식읍을 이었으나 조나라가 망하면서 함께 망했다고 한다. 그러니 조나라에서 그의 명망이 어느 정도인지 짐작이 된다. 사마천은 이렇게 평했다.

평원군은 오락가락하는 혼탁한 세상[翩翩濁世]의 아름다운 공자였다. 그러나 (국가경영의) 대체를 이해하지는 못했다. 비어에, "이익이 지혜를 흐린다"고 했다. 평원군이 풍정의 사설邪說에 욕심을 내어 장평에서 조나라 장병 40여만 명을 묻혀 죽게 했고 한단을 거의 망하게 했다.

그가 안목이 부족한 점은 있었지만 나라를 위하는 마음은 진실했고, 항상 반성하는 태도를 견지했기에 이런 평을 받았을 것이다. 특히 사지에 들어가서도 곤경에 빠진 위제를 변호한 말은 실로 아름다웠다.

이제 필자가 당시 최고의 영웅으로 치는 위무기의 대반격을 이야기할 차례다.

제6장

대협 위무기의
최후의 합종

사마천은 《사기》에서 이렇게 기록한다.

고조가 애초에 어리고 보잘것없던 시절 공자가 현명하다는 말을 여러 번 들었다. 천자의 자리에 오른 후에는 대량을 지날 때마다 공자에게 제사를 지냈다. 고조 12년, 경포를 치고 돌아오는 길에 공자를 위해 묘지기 집 다섯 채를 짓고 누대로 해마다 계절별로 공자에게 제사를 지내도록 했다. 태사공은 말한다.
"나는 일찍이 대량의 옛 터를 지나다, 이른바 이문夷門이 어느 곳인지 물었더니 이문은 성의 동문이었다. 천하의 여러 공자 중에 역시 선비를 아끼는 이들이 있었지만 신릉군은 암혈에 숨은 이들을 맞이하고 아래로 사귀는 것을 부끄러워하지 않았으니, 그런 까닭이 있다. 이름이 제후들의 우두머리였던 것도 헛말이 아니다. 고조가 대량을 지날 때마다 백성들에게 명하여 제사를 끊이지 않게 했다."

어쨌든 위무기는 고국을 배신한 이다. 유방이 진과 싸우던 시절이라면 모르되 이미 황제가 된 후에도 그런 이를 추모한다? 그럴 까닭이 있을 것이다. 이번 장에서 대협의 비상과 실패를 살펴보며, 유방이 왜 그를 기렸는지 살펴보자.

1. 위무기, 다시 진의 야망을 꺾다

조의 전선에서 물러난 진이 대망을 포기한 것은 아니다. 여러 대에 걸쳐 기울어진 힘의 균형추가 한순간에 옮겨 갈 수는 없었다.《사기》〈진본기〉는 이렇게 '당당하게' 기록한다.

> 소왕 53년(기원전 254), 천하가 와서 따랐다[天下來賓]. 위나라가 늦게 오자 진이 규를 시켜 위를 쳐서 오성吳城을 빼앗았다. 한왕이 입조하고 위도 나라를 맡겨 명을 들었다.

이때 위무기는 고국으로 돌아가지 못하고 조나라에서 객살이를 하고 있었다.

소양왕은 기원전 251년 평원군이 죽은 해에 56년에 이르는 긴 통치를 끝내고 세상을 떠났다. 그 뒤를 이은 효문왕은 상을 치르자마자 죽고 말았다. 그리하여 태자 자초子楚가 왕위를 이으니 바로 장양왕이다. 이 장양왕의 아들이 2부의 주인공인 진시황 영정嬴政이다. 장양왕의 뒤에는 조나라의 대상인 여불위가 있었다. 여불위와 진시황 탄생의 배경에 대해서는 다음 장에서 다루고 다시 《사기》 〈진본기〉로 돌아가 장양왕 시절의 기사를 읽어보자. 앞으로 벌어질 일들을 이해하기 위해 독자들은 이 부분을 찬찬히 읽어주기 바란다.

> 장양왕 원년(기원전 249), 동주의 군주가 제후들과 더불어 진을 도모하자 진은 상국 여불위를 시켜 그를 주살하고 나라를 모두 거둬들였다. 진은 주의 사직을 끊지 않고 양인陽人의 땅을 주나라 군주에게 주어 제사를 받들게 했다.

이로써 길게 이어오던 동주시대를 끝냈다. 주가 융에게 밀려 동쪽 낙읍으로 올 때 진秦은 후위를 맡아주는 대가로 나라를 갖추어 열국의 대열에 들었다. 그러나 진은 최초의 고용주를 멸망시켰다. 비록 춘추의 예법이라는 '인습'에 묶여 진은 오랫동안 주를 살려두었지만, 결국 이 용병은 인습의 울타리를 벗어났다. 주의 멸망과 가까운 시대의 예를 들어보면, 페르시아인들은 용병으로 출발하여 대제국을 세운 후 다시 자신들도 용병을 쓰다 나라가 약해져 결국 알렉산드로스에게 망하고 말았다. 중세의 셀주크 튀르크도 용병에서 출발하여 서아시아에서 거대한 제국을 만들었다. 중국에도 이런 경우는 드물지 않다. 흉노의 용병들은 훗날 사미씨의 진晉을 토막 낸다. 로마는 게르만 용병대에 의해 멸망했다. 이처럼 고용주가 더 강한 용병에게 나라를 빼앗기는 예는 흔하고 흔하다. 용병들은 애초에 힘과 이른바 '야만성' 때문에 고용되고, 또 그 힘과 야만성을 간직한 까닭에 주인을 넘어뜨린다. 이렇게 사라질 듯 아슬아슬하게 이어져오던 거대한 종법제의 시대는 갔다.

이어지는 《사기》 〈진본기〉 기사를 읽어보자.

> 몽오가 한을 정벌하자 한이 성고成皋와 공鞏을 바쳤다. 진의 경계는 (위나라 수도) 대량과 닿았고, 이해에 처음으로 삼천군三川郡을 두었다.

한에게 성고가 없다는 것은 큰 집에 담장이 없다는 것과 같다. 공에서 느린 말로 달려도 하루면 신정에 도착한다. 《사기》 〈육국연표〉에 따르면 그때 한의 형양도 넘어갔다. 이제 상당은 완전히 남의 땅이요, 한이란 나라는 지도상에 있지만 실질적으로는 진의 관내후나 마찬가지였다. 한은 이제 침략당하는 데 진저리가 났을 것이다. 길을 터줬으니 더 이상 우리를 공격하지 말고 싸우려면 위나라와 직접 싸우라는 이야기다.

> 장양왕 2년(기원전 248), 몽오가 조를 공격하여 태원을 평정했다.
> 장양왕 3년, 몽오가 위나라의 고도高都와 급汲을 공격하여 뽑아냈다.
> (몽오가) 조나라의 유차와 신성新城, 낭맹狼孟을 공격하여 37개 성을 얼

었다.

왕흘이 상당을 공격했다.

처음으로 태원군太原郡을 두었다.

지금 진의 차세대 주자 몽오가 종횡으로 삼진을 휘젓고 있다. 몽오가 태원 일대를 공격하던 그 시점은 조가 한창 연을 몰아붙이던 시절이었다. 얼마만 더 버티면 연은 무너졌을 것이다. 그러나 당시 진의 기본 전략이 무엇인가? 원교근공이다. 기록에 남지 않았지만 연의 사자들이 진의 조정으로 뻔질나게 드나들었을 것이다. 사자가 오지 않았더라도 연이 조나라 장정들을 묶어두고 있는 사이를 놓칠 진이 아니었다.《사기》〈한세가〉에 따르면 한의 상당은 왕흘의 공격으로 모두 진나라 소유가 되었다. 고도는 위나라 소유의 상당 땅을 지키는 서쪽 보루이고, 급은 동쪽 보루이니 이제 위나라 상당도 진의 땅이다. 황하의 남북을 모두 차지했으니 이제 천하가 진의 소유가 되는 것은 시간문제가 아닌가? 그런데 바로 그해 기사에 놀랄 만한 내용이 기록되어 있다.

위나라 장수 무기가 다섯 나라의 군대를 이끌고 진을 쳐서, 진이 하외河外로 퇴각했다. 몽오가 패하여 (포위를 풀고) 물러났다〔蒙驁敗, 解而去〕.

위무기는 조나라에 있지 않았던가? 무슨 변고가 생겨 거세게 휘몰아치던 진이 갑자기 물러났는가? 하외河外란 또 어디를 뜻하는가? 하서인가? 몽오는 정확히 어디를 포위했던 것일까? 질문 몇 개는 기록에

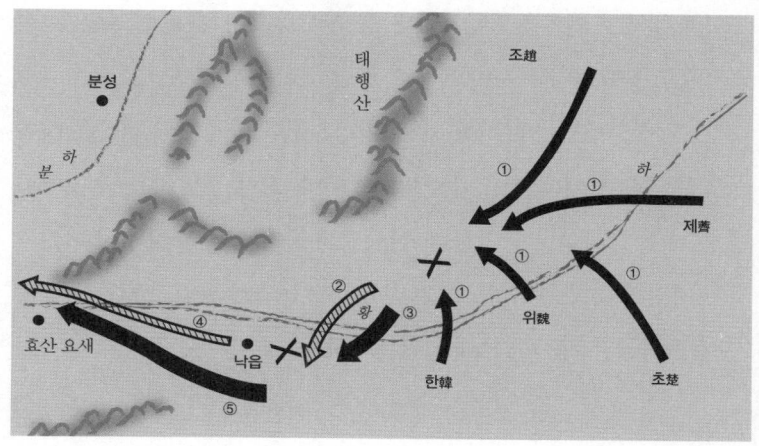

위무기의 대반격. 위무기는 합종을 성사시켜 진을 효산 서쪽으로 밀어냈다. 하내와 하외에서 두 차례나 진을 격퇴한 후 함곡관까지 추격했다. 그 과정을 설명하면 아래와 같다.
① 위를 비롯한 5국 연합군이 하내의 진군을 공격
② 진 사령관 몽오가 하내의 군대를 이끌고 하외로 퇴각
③ 위무기가 이끄는 5국 연합군이 하외로 추격해 공격
④ 효산의 요새를 넘어 함곡관까지 퇴각한 진군
⑤ 효산의 요새를 넘어 함곡관까지 추격하는 연합군

의거해 대답할 수 있고, 몇 개는 대답할 수 없다. 먼저 중요한 사실은 위무기가 귀국하여 5국의 군대를 이끌고 반격해 진군을 격퇴했다는 것이다. 하외로 퇴각한 후 몽오는 다시 한번 퇴각했는가?《사기》〈위세가〉에는 이렇게 기록되어 있다.

안리왕 30년(기원전 247), 위무기가 위나라로 돌아가 다섯 나라의 군대를 이끌고 진을 공격해서 하회에서 패배시키고[敗之河外] 몽오를 달아나게 했다.

이제 대체로 의미는 명확해졌다. 몽오와 왕흘은 하내(황하 북쪽)를 적극적으로 공략하다 위무기의 반격을 받았고, 하외(황하 남쪽)로 퇴각했다. 그러자 위무기는 다시 하외로 와서 진군을 공격했고 진군은 서쪽으로 퇴각한 것이다. 진군이 이렇게 퇴각한 그해 장양왕은 죽고 어린 영정, 바로 진시황이 등극한다. 진시황의 등장은 다음 장에서 이야기하고 최후의 대합종을 성사시킨 신릉군 위무기의 활약과 남은 생애를 《사기》〈위공자열전〉을 토대로 살펴보자.

2. 술에 중독된 천재

일단 한단의 포위를 푼 후부터 시작해보자. 한단의 포위를 풀었지만 위무기는 자신의 잘못을 아는지라 장수들더러 군대를 이끌고 위에 돌아가도록 하여 혼자서 빈객들과 조에 머물고 있었다. 조의 효성왕은 위무기가 진비의 군대를 속여 빼앗아 조를 존속시킨 덕을 갚기 위해 평원군과 상의하여 그에게 다섯 성을 봉하기로 했다. 위무기는 이 소식을 듣고 교만한 뜻이 생겨 공을 자랑하는 기색이 있었다. 그러자 빈객 한 명이 그를 설득하여 말했다.

"일이란 잊어서는 안 되는 것이 있고 잊지 않으면 안 되는 것이 있습니다. 무릇 남이 공자께 베푼 덕을 공자는 잊어서는 안 됩니다. 그러나 공자께서 남에게 베푼 덕이 있다면 공자께서는 잊으소서. 또한 위나라 왕의 명을 거짓으로 꾸며 진비의 군대를 빼앗아 조나라를 구한 것은 조나라 입장에서는 공이나 위나라 입장에서 보면 충신의 행동이 아닙니다. 공자께서 지금 스스로 교만하여 이를 자신의 공이라 여기시나, 신은 속으로 공자께서 그러지 않았으면 합니다."

이 말을 듣자 위무기는 그 자리에서 자신을 탓하며 용서받지 못할 듯이 부끄러워했다. 조왕은 길을 쓸고 몸소 나와 영접하고 주인의 예로 그를 서쪽 계단으로 오르게 했다. 위무기는 가장자리로 걸으며 사양하고 동쪽 계단으로 올랐다. 그는 스스로 죄과를 말하며 자신은 위나라를 등지고 조나라에 공도 세우지 못했다고 겸양했다. 얼마나 완강히 거부했는지 조왕은 어두울 때가 되도록 술대접을 하면서 차마 다섯 성을 준다는 말을 하지 못했다. 위무기가 조나라에 머물기를 원했기에 조왕은 호鄗를 탕목읍으로 주었고 위나라 역시 다시 그를 신릉에 봉했다. 이리하여 위무기는 조나라에 머물렀다.

그러나 타국에 있으면서도 그는 사람 좋아하는 본성을 숨기지는 못했던 모양이다. 위무기는 조나라에 모공毛公이라는 처사가 도박하는 무리들 중에 숨어 있고, 설공薛公이라는 이는 술 파는 사람들 사이에 숨어 있다는 것을 알고는 이 두 사람을 만나고자 했다. 그러나 두 사람은 이를 듣고 숨어서 그를 보고 싶어 하지 않았다. 위무기가 그들이 있는 곳을 알고는 몰래 가서 두 사람과 사귀고는 매우 기뻐했다. 평원군이 이 이야기를 듣고 부인에게 말했다.

"처음 내가 부인의 아우 공자가 천하에 비할 데 없는 이라는 소리를 들었는데, 오늘 듣자 하니 망령되이 노름꾼과 술장사꾼과 놀아났다 하니, 공자는 망령된 사람에 불과하오."

부인이 이 말을 동생에게 전하니 위무기가 누이에게 인사를 하고 떠나며 말했다.

"처음에 나는 평원군이 현명하다고 들었기에 위왕을 등지고 조를 구하여 평원군의 이름을 높였습니다. 평원군의 사귐은 그저 겉만 번드르르한 이라면 선택하는 것이지 실로 선비를 구하는 것이 아닙니다. 저 무기는 대량에 있을 때부터 항상 두 사람이 현명하다는 말을 들었고 조나라에 와서는 이 둘을 못 만날까 두려워했습니다. 제가 가서 사귀자 해도 그들이 저를 원하지 않을까 두려웠는데, 평원군은 오히려 이를 부끄러이 여기니 함께 어울릴 사람이 아니군요."

그러고는 행장을 챙겨 떠나려 했다. 부인이 이 말을 평원군에게 그대로 전하니 평원군은 관을 벗고 뛰어와 사과했기에 위무기는 그대로 남았다. 평원군의 문하 사람들이 이 소식을 듣고 절반이 떠나 위무기에게 갔다 하니 그는 이토록 평원군의 빈객들의 마음을 사로잡았다. 이렇게 위무기는 조에 10년이나 머물면서 돌아가지 않았다. 진은 그가 조에 있다는 소식을 듣고 밤낮으로 군사를 내어 위를 치니 위왕은 두려워 사자를 공자에게 보내 귀국을 청했다.

필자는 지금《사기》〈위공자열전〉의 내용을 옮기고 있다. 그런데 정말 위무기가 없는 틈에 진이 위를 공격했을까? 공격은 진의 계획에 맞춰서 하는 것이지 한 개인 때문에 늦추거나 앞당기지 않았을 것이다. 특이하게도 〈위공자열전〉의 내용은《사기》의 다른 부분과 달리《전국책》등에는 잘 보이지 않는다. 사마천이 당시 항간의 이야기나 다른 자료를 대거 빌렸기 때문으로 보인다. 하지만 위무기는 이름만 번드르르한 사람이 아니었고 산동 여러 나라 지도층의 신임을 받는 사람임은 사실이었다.

위무기는 위왕의 노여움이 두려워 문하에 이렇게 경고했다.

"감히 위왕의 사자를 들여보내는 이가 있으면 죽이겠다."

위무기의 빈객들은 모두 위를 등지고 조로 온 이들이라 감히 그에게 돌아가자고 권하지 못했다. 그러자 모공과 설공 두 사람이 와서 위무기에게 말했다.

"공자께서 조나라에서 중한 대우를 받고 제후들에게 명성을 떨친 것은 그저 뒤에 위나라가 있기 때문입니다. 지금 진이 위를 공격하여 사태가 급해졌는데도 공자께서는 고국을 걱정하지 않으시니, 진이 대량을 깨트리고 선왕의 종묘를 능멸하면 공자는 무슨 면목으로 천하를 대하시겠습니까?"

말을 마치기도 전에 위무기의 안색이 바뀌더니 수레를 타고 위를 구하러 떠났다고 한다. 조국이 바람 앞에 등불처럼 흔들릴 때 보통 사람이라도 안절부절못할 것인데 왕족인 그가 마음이 편안했을 리가 없다. 이리하여 그가 귀국하니 안리왕은 그와 함께 눈물을 흘리며, 그에게 상장군의 인수를 주어 군대를 이끌게 했다. 그러자 위무기는 제후들에게 돌아가며 사자를 보내 상황을 알렸다.

제후들은 위무기가 장군이 되었다는 소리를 듣고 각자 장졸들을 보내 위를 구원했다. 그는 다섯 나라의 군대를 이끌고 하외에서 진군을 깨트린 다음 몽오를 도주시켰다. 이어서 승세를 타고 진군을 추격하여 함곡관에 이르러 진군을 억눌러놓으니 진군은 감히 관 밖으로 나오지 못했다. 이 시기 위무기의 위엄은 천하를 진동시켰고, 제후들의 빈객들이 병법을 올리니 그가 모두 거기에 이름을 붙였다. 그리하여 세상에서는 흔히 이를 《위공자병법》이라 불렀다.

진왕이 이를 걱정하여 금 1만 근을 위나라에 풀어 죽은 진비의 빈객을 찾아내고, 위왕에게 위무기를 모함하게 했다.

"공자는 조로 망명하여 10년이나 있다가 방금 위나라 장군이 되었는데 제후국의 장군들은 모두 그를 따르고 제후들은 위공자가 있다는 소리는 들어도 위왕이 있다는 소리는 못 듣습니다. 공자 또한 이를 기회로 남면하고 왕이 될 욕심이 있는데, 제후들은 공자의 위세가 두려워 장차 함께 그를 세우려 합니다."

진은 누차 반간을 시켜서 "공자가 아직 위왕이 되지 않았습니까" 하는 거짓 위로를 보냈다. 위왕은 날마다 참소를 들으니 안 믿을 수가 없어서 나중에 과연 다른 사람으로 위무기를 대신해 장군으로 삼았다. 위무기 스스로도 다시 참소를 받아 폐해진 것을 알고는 병을 핑계로 조정에 나가지 않고 빈객들과 더불어 밤이 늦도록 진한 술을 마시고 여자들을 자주 가까이했다. 밤낮으로 술을 마신 지 4년, 위무기는 결국 술병으로 죽었다. 그해에 안리왕도 죽었다. 진은 위무기가 죽었다는 소식을 듣고 몽오를 시켜 위를 공격하여 성 스무 개를 들어내고 처음으로 동군을 두었다. 그 후 진은 위를 야금야금 먹어 들어갔다. 위무기 사후 겨우 18년 만에 위나라는 망하고 대량이 도륙되었다.

불가사의한 일이다. 귀국 직후에 5국 동맹(연을 제외한 모든 나라)을 급조하고 다시 그 군대를 이끌고 승승장구하던 몽오를 두 번이나 격퇴하고 추격전을 벌였다.

손무나 오기, 혹은 손빈이 병서를 남긴 것은 세상 사람들이 인정해주었기 때문이다. 그가 병서를 편집한 이유도 그의 무명武名이 뒷받침해주었기 때문이다. 《한서·예문지》에 등장하는 《위공자》 21편이 바로 《사기》가 말하는 《위공자병법》일 것이지만 안타깝게도 전하지 않는다.

안리왕도 속이 탔을 것이다. 이제 나이는 들어 세상을 등질 날이 다가오고 왕위를 아들에게 물려줘야 하는데 배다른 동생의 명망이 이렇게 크니 어찌하겠는가? 그가 딴마음이 없다고 해도 빈객들이 부추길 것이 뻔했다. 그런 차에 첩자들이 퍼뜨린 유언비어는 늙은 왕의 마음을 뒤흔들었을 것이다.

필자가 주목하는 것은 위무기가 술을 마시다 죽었다는 사실이다. 이것은 심대한 문화사적인 의미가 있다. 그의 이런 행동은 중국의 주류 문화에 대항하여 수천 년 이어져온 협俠문화의 기반이 되었기 때문이다. 그래서 위무기를 이야기할 때 꼭 '협'이라는 수식이 따라붙는다. 왜 그를 대협이라고 하는가? 아래 《전국책》 〈위책〉에 나오는 이야기는 위무기가 대반격하며 황하 북쪽에서 진을 물리치고 다시 황하 남쪽에서 대치했을 때의 일로 추정된다. 연합군의 기세는 대단했다. 다시 위무기 때문에 퇴각하자 진의 장양왕은 불같이 노했다. 당시 위나라 태자 증增이 진에 인질로 와 있었다. 《사기》 〈위세가〉에 따르면 장양왕은 증을 가두려 했다. 그러나 어떤 이가 이렇게 말렸다고 한다.

"(위나라 책사) 공손희公孫喜가 위나라 재상(아마도 신릉군 위무기)에게 정말 이렇게 말했답니다. '청컨대 빨리 진을 몰아치십시오. 진왕은 노해서 분명히 증을 가둘 것입니다. 그러면 위왕도 노해서 진을 칠 것이고 그러면 분명 진을 상하게 할 수 있습니다.' 하오니 왕께서 증을 가두면 공손희의 계략에 빠지는 것입니다. 차라리 증을 후대하여 위나라와 연합하고, 이로써 그들이 제나라와 한나라의 의심을 받도록 하는 것이 낫습니다."

장양왕은 이 계책을 받아들였다. 공손희는 과감하게 태자를 위험에 빠트려서라도 몰아치자고 하지만, 진의 책사는 그 대책을 읽고 있다. 안리왕이 얼마나 우유부단한가? 세상의 모든 평범한 아버지들이 그렇듯이 아들이 적국에 볼모로 있는데 몰아치려는 위무기의 행동이 못마땅했을 것이다.

3. 협객은 인정을 끊지 않는다

장군 위무기는 능력이 있었지만 차마 하지 못하는 일이 여러 개 있었다. 《전국책》〈위책〉의 내용으로 들어가자.

위가 관管(원래 한의 관할이었으나 진에 빼앗겼다. 오늘날 정주에서 멀지 않다)을 공격했으나 떨어뜨리지 못했다. 안릉 사람 축고의 아들이 관을 지키고 있었는데, 위무기가 안릉군에게 사람을 보내 말했다.

"군께서 축고를 보내주십시오. 제가 장차 그에게 오대부의 작위와 지절위持節尉의 관위를 내리겠습니다."

안릉군이 대답했다.

"안릉은 작은 나라이니 관할지 사람들에게 반드시 부릴 수 없습니다. 사자께서 오셨으니 스스로 축고의 거처로 가셔서 신릉군의 명을 전하시지요."

언사는 정중하지만 사실은 위무기의 청을 거부한 셈이다. 일개 봉국의 국인에게 종주국의 사자가 직접 찾아가야 하는가? 어쨌든 사자는 축고를 찾아갔다. 축고는 명을 받고 대답했다.

"군께서 저 축고를 아끼는 이유는 장차 저로 하여금 관을 공격하도록 하고자 함이겠지요. 무릇 아비로서 아들이 지키는 곳을 공격함은 뭇사람들이 웃을 일입니다. 아들이 신을 보고 항복한다면* 이는 자기 군주(진왕)를 배신하는 것입니다. 아비가 아들에게 배신을 가르침은 군께서도 좋아하지 않는 바입니다. 감히 재배하고 사양하겠습니다."

사자가 돌아와 이처럼 보고하자 위무기는 크게 노했다. 그럴 수밖에 없는 것이 지금 온 나라를 들어 연합군과 합쳐 반격을 하는 차에 감히 위나라의 봉국 하나가 협조하지 않아서 일을 그르칠 수가 있겠는가? 그는 사자를 안릉에 보내 말했다.

"안릉 땅은 위나라 땅이나 마찬가지입니다(위나라가 봉했으니 위나라 땅이라는 뜻이다. 안릉은 한나라와 위나라의 경계로, 위나라 땅의 서남쪽 끄트머리에 있다). 지금 제가 관을 공격하여 떨어뜨리지 못하면, 진병이 우리에게 닥칠 것이니 사직이 위태로워질 것이 분명합니다. 군의 관할 사람 축고

- 《전국책》〈위책〉에서는 '是臣而下'로 되어 있지만 뜻이 통하지 않는다. 《자치통감資治通鑑》은 '見臣而下'로 교정했다.

를 산 채로 묶어 보내주시길 바랍니다. 군께서 들어주지 않는다면 저무기는 장차 10만 명의 군대를 일으켜 안릉의 성으로 가겠습니다."

그러나 안릉군은 그의 말을 거부했다.

"저의 선군 성후成侯(안릉에 처음 봉지를 받은 이)께서 (위나라) 양왕襄王의 부름을 받아 이 땅을 지킬 때 손수 태부大府에 간직한 헌법을 받으셨습니다. 그 법의 위 조항에 말하길, '아들이 아비를 살해하고 신하가 군주를 살해할 경우, 어떤 경우에도 사면을 받을 수 없다. 나라에 큰 사면이 있어도 성을 내주고 도망간 자는 사면하지 않는다'고 했습니다. 지금 축고가 삼가 큰 지위를 사양하고 대의를 온전하게 하였는데, 군께서는 '반드시 산 채로 데려오라' 하시니, 이는 저로 하여금 양왕께서 내린 조서와 태부에 있는 법을 어기라는 것입니다. 그러하니 저는 죽더라도 감히 명을 받을 수 없습니다."

축고가 이 소식을 듣고 말했다.

"신릉군은 성품이 사납고 자기가 최고라고 생각하는 사람입니다. 이 요청을 돌려보내면 반드시 나라(안릉)에 화가 미칠 것입니다. 저는 이미 제 뜻을 온전하게 하였고 신하 된 도리를 훼손하지 않았는데 어찌 저의 군주(안릉군)께 위나라의 우환을 짊어지도록 하겠습니까?"

그러고는 위무기가 보낸 사자의 처소로 가서 스스로 목을 찔러 죽었다.

축고는 아들의 미래를 열어주기 위해 죽었는가? 어쨌든 제4장에서 살펴보았듯이, 위 왕실은 안릉이 못마땅했지만 위무기는 이전부터 안릉을 위무하고 감싸서 진에 대항하는 기지로 삼고자 했다. 위무기는 어떻게 행동할까? 그는 축고가 죽었다는 소식을 듣고 소복을 입고 평소 거처하는 곳에서 나와 묵으며 사람을 안릉군에게 보내 사죄했다.

"저 무기가 소인입니다. 걱정에 매이다 군께 실언을 하였으니, 감히 재배하고 사죄합니다."

위무기는 대개 이런 사람이다. 《자치통감》도 이 기록을 실어서 사실상 축고의 행동을 찬양한다. 그러나 원대元代의 대학자 호삼성胡三省은 《자치통감》에 주를 달면서 통렬하게 축고와 안릉군을 비판한다. 그의 비판을 들어보자.

> 안릉군은 위나라로부터 봉지를 받았고, 축고는 안릉에서 살 자리를 얻은 이다. 허나 축고의 자식은 위나라 백성이 되지 않고 진으로 달아나 진의 신하가 되어 관 땅을 지켰다. 그때 진이 위나라를 향해 군대를 일으켜 대량을 취하려 했으니, 안릉군이 위나라를 종주국으로 생각하고 축고가 그 선조가 위나라 사람이었다는 것을 생각한다면 위나라가 위기에 처한 것을 보고 어찌 감히 앉아서 바라보며 구하지 않을 수 있겠는가? 공자 무기가 위나라를 위해 군대를 이끌고 임하니, 안릉군은 태부의 법을 늘어놓고 축고는 대신의 의를 늘어놓으며 거절하고, 죽어도 피하지 않고 도리어 (스스로) 죽음을 구했으니 제대로 죽었다 말할 수 있지 않은가? 그런데 무기는 소복을 입고 관사에 들지 않으며 안릉군에게 사과했는데, 나는 뭐 하러 그랬는지 정말 모르겠다.

호삼성의 평은 축고를 측은해하는 듯한 느낌도 주지만 사실은 그 죽음을 가치 없는 것이라고 혹평한다. 특히 안릉군의 행태가 미웠던 모양이다. 본국이 망하는데 무슨 게딱지만 한 봉지를 나라라고 걱정하는가. 사실 안릉군은 강한 진의 눈치를 보고 있다. 축고가 그래도 부자의 의리를 지켜 죽었으면 잘 죽은 것인데 위무기는 뭐 하러 반성하는가? 작은 의리에 기대어 눈치나 보는 자들 아닌가? 축고는 아들 때문에 어쩔 수 없어서 그랬다고 하더라도, 안릉군의 태도는 비겁하다. 위나라에서 봉지를 받은 자라면 응당 축고를 설득하고 그리되지 않으면 오히려 위무기에게 사죄해야 하는 것 아닌가? 위무기 역시 가차 없이 안릉군을 응징했어야 한다. 그러나 진과 힘겹게 싸우는 차에 그런 여력이 없었을 것이다.

그러나 이런 혹평도 어쩔 수 없다. 위무기는 애초에 그런 사람이다. 그가 사죄한 것은 한편 안릉이 진에 떨어지는 것을 걱정했기 때문이기도 하겠지만, 또 제 나름대로 의로운 행동을 한 사람을 우대하는 그의 협기 때문이었을 것이다. 반격할 때 그가 보인 행동이 애석하다. 혹, 반격이란 한계가 있으니 이렇게 의라도 이루려고 했던 것일까? 결국 반격은 어느 순간에 멈췄고, 그는 술병을 얻어 죽었다.

4. 위무기와 협문화

협과 이론을 갖춘 백가의 가장 큰 차이는 협은 당장 보이는 의義를 실천하는 일종의 행동철학이라는 점이다. 아무리 갈 길이 멀어도 협객은 당장 곤경에 처한 사람을 외면하지 않는다. 협객이라 할 때 흔히 칼잡이를 연상하듯이, 협은 분명 무사의 윤리다. 그러나 협은 일본 봉건시대의 무사도처럼 기존 사회질서에 종속된 직업 집단의 규범이 아니다. 오히려 협은 사회에서 일탈하고자 하는 욕망과, 비록 구조적이지는 않을지라도 사회를 바라는 방향으로 바꾸고자 하는 욕망을 함께 품고 있다.

흔히 협과 나그네[客]가 결합되는 이유는 협이 기존에 뿌리박은 질서와는 동떨어진 것이기 때문이다. 그럼에도 협은 방향성을 가지고 있었다. 바로 인간이 응당 해야 할 일을 말하는 의義다. 마찬가지로 협은 인간이 의당 하지 않아야 할 일을 묻는다. 협의 의는 의기, 즉 격렬하게 솟아나는 감정과 깊은 관련이 있다. 맹자가 사단四端의 첫머리에 둔 것은 모두 자연스러운 감정에 관한 것이다. 그 처음이 측은지심惻隱之心으로 바로 순수한 마음을 말하며, 그다음이 수오지심羞惡之心으로 오염된 정서와 행동을 미워하는 마음이다. 협은 측은지심과 수오지심의 감정을 강조하는 반면 유가의 경직된 상하윤리와 질서보존 욕구를 경시한다. 그 상하의 윤리 중에는 군신관계도 포함된다. 그러니 군주라도 포악한 짓을 하면 당장 의협의 칼에 죽을 수도 있다.

협은 동시에 법가의 강력한 법치와 형벌 논리도 배격한다. 법가는 개인들에게서 사적구제의 권리를 빼앗았다. 《한비자》에 나오듯이 법가가 가장 증오하는 무리가 바로 칼을 차고 다니는 유협遊俠이었다. 협은 자기 손으로 원수를 원수로 갚고 은혜를 은혜로 갚는다. 그러므로 본질적으로 협은 국가의 권위를 위협할 가능성을 가지고 있다. 법가가 보기에 그들은 '오직 군주와 국가만 가지고 있는 폭력의 권리'를 훔쳤다. 법가에 따르면 공공의 폭력을 휘두른 국가의 권위를 위협하는 개인은 제거되어야 할 대상일 뿐이다. 유가가 협을 싫어한 것은 그들이 즉자적인 의리에 집착하여 천시와 인륜의 질서를 어지럽힌다고 생각했기 때문이다. 그렇기에 법가나 유가가 이들을 멸시하는 것은 이해할 수 있다. 그러나 협의 정신과 가장 가까이 있을 묵가조차 그들을 배척했다. 사마천은 "허나 유가와 묵가 모두 그들을 배척하여 기록하지 않았다[然儒墨皆排擯不載]"고 쓰면서 안타까워했다. 협의 자율성, 돌발성, 역동성이 없었다면 전국시대 이후의 중국정치사는 법과 유의 경직된 틀에 고정되어 창의성을 결여한 절름발이가 되었을 것이다.

그러나 협은 일정 부분 감정에 기반한 윤리이므로 남용될 여지가 컸다. 일개 독부毒夫가 마음에 들지 않는 사람을 찌르고는 의로운 일이라고 우길 수도 있는 것이다. 그렇다면 협이 공동체의 이익에 기반한 윤리로 확대될 수 있을까? 그 가능성은 단 하나, 협이 사적인 이익을 위해 움직이지 않는 것이다. 어떻게 그것을 보장할 수 있는가? 목적을 이룬 후 어떤 것도 취하지 않고 물러나면 된다. 달성한 성과를 취하지 않는다면 그 목적은 사적인 것이 아닐 것이다. 이러한 윤리에 따르면, 협은 의[義俠]로써 행동하고 나그네[俠客]로 물러나야 한다.

그러나 신분상의 한계로 나그네로 물러날 수 없을 때가 있다. 그때 협은 어떻게 자신의 결백을 증명하는가? 그 수단으로 스스로 자기 능력을 무력화시키는 술이 사용되었다. 술 취한 사람은 무기력하며 또한 취중에 모든 것을 드러낼 수 있기에 음모를 품을 수 없는 사람이다. 그러므로 사적인 목적을 지닌 사람이 술에 취해 살 리가 없다. 이리하여 협문화에서 중국 술문화의 한 지류가 탄생했다. 천하의 협객 중에는 술꾼이 많고, 그중 으뜸은 예외 없이 술꾼이다. 바로 이백이 그 대표 인물이다.

> 칼 뽑아 물을 잘라도 물은 다시 흐르고〔抽刀水水更流〕
> 한 잔 술로 근심을 지워도 근심은 다시 살아나네〔杯消愁愁更愁〕
> 세상살이 뜻이 맞지 않으니〔人生在世不稱意〕
> 내일은 산발하고 조각배나 타리라〔明朝散髮弄扁舟〕
> – 이백, 〈선주 사조루에서 교서 숙부 운을 전별하며〔宣州謝朓樓餞別校書叔雲〕〉

　이백이 숙부를 전별하며 읊은 시인데, 화자의 심정이 당시 위무기의 처지와 꼭 맞는다. 위무기는 왕의 침실에서 병부를 빼내고 군권을 훔쳐 8만 명의 위나라 군대를 이끌고 조나라를 구했다. 그리고 기어이 조나라를 구하고 다시 합종을 부활시켜 진을 함곡관 서쪽으로 몰아냈다. 황하의 물결을 10년이나 틀어막은 것이다. 그는 전국시대 말기 산동의 인사들 가운데 군사적 재능으로 거의 으뜸이었다. 그러나 그 실력으로도 함곡관 서쪽을 도모할 수는 없었다. 마치 제갈량이 오장원에서 위수渭水를 건너지 못했듯이. 그리고 그 실력 덕분에 그는 왕의 의심을 받았고, 그래서 움직일 수 없었다. 산발하고 조각배를 타듯이 그는 술에 빠져들었다.

물론 위무기 이전에도 협이 있었다. 맹상군은 협객들의 물주였다. 그러나 위무기에 이르러서 협문화는 일정한 모양을 가지게 된다. 그는 협문화에 어떤 가능성과 풍부함을 부여했을까? 협은 칼잡이들의 광폭함이 숨 쉬는 행동가의 문화다. 맹상군의 식객들은 타국 군주의 면전에서 '피를 뿌리겠다'는 위협을 서슴지 않았다. 용기는 가상하지만 그 몰지각함에 실소가 나오는 것도 사실이다.

이 책에 나오는 평원군의 식객 모수 또한 그런 인물이다. 협이 오직 자기 주군만을 위해 행동한다면 야비한 자객과의 차이는 얼마나 될까? 그러나 후영, 주해 등 위무기 주위의 협객들에게는 맹상군 휘하의 협객들에게 보이지 않는 문화적인 결이 느껴지는데, 그 이유는 협객들이 위무기의 사적인 목적에 봉사하는 수단이 아니라 모두 분명한 개성과 의지를 가진 자율적인 사람들로서 그의 대의에 동의하여 움직이기 때문이다. 그들은 단순히 위무기가 자신의 주군이기 때문에 충성을 바치는 것이 아니라 그가 '옳은 행동'을 하고 있다 여겼기 때문에 목숨을 내놓았다. 의로운 행동의 핵심은 역시 '진에 대항하여 나라를 지킨다[抗秦保國]'는 것이다. 그의 문하 협객들은 주인을 위해 목숨을 거는 단순한 칼잡이가 아니라 목숨으로 친구의 의행義行을 돕는 조력자다.

이백이 '협객행'에서 술 한 잔으로 사나이들의 선택과 우정, 협기俠氣를 드러내어 유가의 현인賢人 관념에 대항하면서 위무기와 그 친구들을 불러들인 것은 당연하다. 그가 보기에 온 세상을 다 아는 듯 현인 도사라고 떠들면서 머리가 하얗도록 《태현경》이니 하는 책을 지었지만 막상 목숨이 위태롭자 겁에 질려 누각에서 뛰어내린 양웅揚雄 같은 문인이 바로 협의 반대편에 있다.

위무기 이후 걸출한 협객들이 여럿 역사의 전면에 등장한다. 이 시리즈의 마지막을 담당할 한漢나라 고조 유방은 스스로 왕조를 세운 협객의 시조일 것이다. 건달 출신으로서 자기 패거리를 끌고 수많은 명문세족들을 제치고 재통일 왕조를 세운 이유의 반은 유가나 법가 어느 쪽에도 제압당하지 않은 그의 과감한 협기俠氣 때문임을 마지막 권에서 밝힐 것이다. 《삼국연의》의 관우關羽 또한 협문화를 중국에 단단히 뿌리내리게 한 장본인이었을 것이다. 주군이자 형님인 유비劉備와 함께라면 그는 기꺼이 패배를 받아들인다. 당대가 조조 천하였다는 사실, 심지어 유비가 조조만 한 식견이 없다는 것도 그의 안중에는 없다. 대세를 거슬러 형제의 협기를 실천함으로써 그는 이름을 얻었다. 당태종 이세민은 비유하자면 협객 주식회사의 우두머리였다. 현무문玄武門에서 형인 태자와 아우를 도륙하고 그는 제위에 올랐다. 처음부터 태종을 부추긴 이는 창잡이 위지경덕尉遲敬德이었다. 태종의 유가의 인의로는 도저히 설명할 수 없는 행동을 했지만, 오히려 사마광은 "적자 상속은 당연한 일이지만, 태종의 공로와 능력을 볼 때 형이 오태백을 본받아 물려줬다면 사달이 일어나지 않았을 것"이라고 당태종을 옹호했다. 또한 "아래 사람들의 압박 때문에 태종이 먼저 거사했으니 애석하다"는 변명까지 실었다. 사실 애초에 상대가 나빴다는 이야기다.

필자는 유방, 관우, 당태종으로 이어지는 협의 풍격의 선배로 위무기를 지적하고자 한다. 그가 협문화를 창시한 것은 아니지만 이른바 변방에 있는 협을 중원으로 끌고 들어와 가능성을 부여한 것은 사실이다.

5. "도를 따를 뿐 군주를 따르지 않는다"

《순자》〈신도臣道〉에 나오는 다음 이야기는 의협 찬가가 아닐까 한다. 순자는 바로 위무기의 시대를 산 사람이다. 언제나 원칙을 중시해 탈선을 용납하지 않는 그가 어떻게 위무기를 평가할까?

명을 받들어 군주를 이롭게 하는 것을 순順(따른다)이라 하고, 명을 받들어 군주를 불리하게 하는 것을 첨諂(아첨)이라 하며, 명을 거슬러 군주를 이롭게 하는 것을 충忠이라 하고, 명을 거슬러 군주를 불리하게 하는 것을 찬簒(찬탈)이라 하며, 군주의 영욕을 걱정하지 않고 국가의 흥망을 걱정하지 않으며 구차한 얼굴로 영합하여 녹봉이나 유지하며 (사사로운) 사귐이나 키우는 자는 나라의 적이다. 군주가 잘못 계책을 내고 잘못 일을 하여 장차 국가가 위태롭고 사직이 무너질 걱정이 닥칠 때 대신과 부형 중 나아가 군주에게 능히 진언하고 채택되면 가하나 안 되면 떠나는 것, 이를 간諫이라 한다. 능히 군주에게 진언하여 채택되면 가하나 안 되면 죽을 때까지 멈추지 않는 것, 이를 쟁爭이라 한다. 지혜를 모으고 힘을 합쳐 군신과 백관을 이끌고 (감히) 군주에게 강권하고 군주를 바로잡아, 군주가 비록 불안하더라도 안 들을 수 없게 하여 드디어 국가의 큰 걱정을 풀고 국가의 큰 해를 제거하여 결국 군주를 높이고 국가를 안정시키는 것, 이를 보輔라 한다. (그릇된) 군주의 명을 (감히) 거역하고 군주의 위세를 탈취하여 군주의 일을 가로막음으로써 국가의 위기를 진정시키고 군주의 치욕을 제거하여 족히 국가의 큰 득이 되는 공을 이루는 것, 이를 필拂(바로잡다)이라 한다.

간쟁보필하는 이는 사직의 신하이며 국군의 보배이니, 밝은 군주라면 이들을 높이고 후대하지만 어둡고 미혹한 군주는 오히려 자신의 적으로 생각한다. 그러니 밝은 군주가 상을 내리는 이를 어두운 군주는 벌을 내리고, 어두운 군주가 상을 내리는 이를 밝은 군주는 주살한다. 이윤과 기자는 간했다 할 수 있고, 비간과 오자서는 쟁했다 할 수 있고, 평원군은 조나라를 보했다 할 수 있고, 신릉군은 위나라를 필했다 말할 수 있다. 전에 이르길, "도를 따를 뿐 군주를 따르지 않는다〔從道不從君〕"는 것이 이를 말하는 것이다. 그러므로 정의의 신하를 두면 조정이 비뚤어지지 않으며, 간쟁보필의 신하가 믿음을 얻으면 군주는 큰 잘못을 피하며, 용맹한 선비를 들여 쓰면 원수들이 난리를 일으키지 못하며, 변경을 지키는 신하가 자리를 잡으면 강토를 잃지 않는다. 그러므로 밝은 군주는 함께하기를 좋아하지만 어두운 군주는 홀로 있기를 좋아하고, 밝은 군주는 현명한 이를 높이고 능력 있는 이에게 일을 주어 흥성함을 누리지만 어두운 군주는 현명한 이를 시기하고 능력 있는 이를 두려워하여 그들의 공마저 없애버린다.

위무기는 관망하며 움직이지 말라는 군주의 명을 거역하고, 병부를 홈치고 사령관을 죽여 병권을 탈취했다. 그러나 진을 물리쳐 치욕을 제거하고 위나라가 다시 살아날 발판을 만들었다. 순자는 '위무기의 선택은 명을 거슬러 군주를 이롭게 하는 충忠이었고 그릇된 왕의 행동을 바로잡는 필拂이었다'고 말한다. 결국 그는 '군주를 따르지 않되 도를 따랐다.' 이어지는 말을 들어보자.

> 쟁하였으나 선하고 (명을) 어겼으나 공을 이루며, 생명을 내놓도록 사사로움이 없고 충을 다하되 공정한 것, 무릇 이를 일컬어 충이 순으로 통하게 한다 말할 수 있을 터인데(通忠之順), 신릉군과 같은 부류가 이런 사람이다.

순자는 위무기가 거슬렀으나 결국 통하게 했다고 평가했다. 그 이유는 무엇인가? 거슬렀으나 행동으로 옳음을 증명했으며, 일을 마친 후 사사로움이 없음을 온 천하에 밝혔기 때문이다. 이런 이가 바로 대협이 아닌가?

제7장

장사꾼 여불위,
주사위를 던지다

···

'돈'으로 천하를 사려던 사나이가 있었다. 그는 천하를 다 사지는 못했지만 막 통일을 완수하려던 강대국 진秦의 왕을 샀다. 장사꾼 여불위의 등장과 활약, 그리고 그의 돈 덕분에 결국 통일시대의 황제가 되었던 진시황의 등장은 대개 바꿀 수 없는 사실임에도 불구하고 믿기지 않을 정도로 극적이다. 여불위의 기획은 거의 성공했고, 알다시피 진시황은 여불위의 종자돈을 1000배로 불려 천하를 거머쥐었다. 누가 더 성공한 상인일까?

전국시대 말기란 도대체 어떤 상황이었기에 상인이 권력을 사려 했을까? 지금껏 우리는 전국의 격동기가 기존의 사회체제를 어떻게 부수어왔는지 살펴왔다. 이 시대에는 기존과는 격이 다른 상인들이 생겨났다. 정부가 발급한 통행증을 가지고 작은 배 셋을 이어 만든 바지선 50척으로 장강을 오르내리며 장사를 하던 초나라 상인들의 존재가 출토 유물을 통해 밝혀졌다. 관세를 가지고 나라를 살찌우자는 이야기도 기록에 등장한다. 황제가 거상을 제후의 예로 대우했다는 기록도 나타난다. 기존에 없던 크기의 정치체제 등장 이면에는 기존에 없던 규모의 자본을 굴리던 상인들의 그림자가 보인다. 그 그림자의 보호막 아래서 진시황이라는 거물이 자라났다.

1. 돈의 시대, 상인의 시대

잉여, 화폐, 상인

—

전국시대 중국의 상업 발달과 거상의 등장을 이야기하기 전에 잠시 시야를 세계로 돌리고 시계를 더욱 고대로 돌려보자.

상인은 물론 교역의 필요성에서 탄생하지만, 일단 탄생하면 교역 자체를 확대시키며, 교역의 확대를 통해 스스로 커진다. 이런 점에서 상인은 화폐와 쌍둥이다. 물물교환에서 간단한 마을 장시까지 교환의 역사는 거의 인류의 역사만큼 길지만, 그런 단순한 교환은 상인을 만들지 못한다. 교환 전문가, 즉 오로지 교역에 노동력을 투하하는 상인이 탄생하자면 교역에 들이는 시간이 충분히 길고, 그 교역 자체가 생업이 될 정도로 규모가 있어야 한다. 그러므로 전업 상인의 역할을 제대로 살피기 위해서 장거리 교역을 먼저 언급하는 것이 도움이 될 것 같다.

장거리 교역의 역사 또한 상상 이상으로 길다. 장거리 교역은 종종 구매자와 판매자 사회를 동시에 바꾸는데, 그 교역품이 생산도구 제작에 쓰일 경우에 변화의 속도는 더 빠르다. 생산도구에는 물론 반反생산용 도구, 즉 무기의 재료도 포함된다. 고대의 교역품에는 물론 첨단 기술도 포함된다. 예컨대, 그리스 미케네에서 시베리아 남쪽의 초원, 그리고 중국 상나라까지 기원전 10세기 이전 공예 기술의 결정체라 할 수 있는 전차는 동서남북에 걸쳐 기본적인 형태가 거의 동일하다. 이는 전차의 어떤 원형이 각 지역의 특색에 맞는 형태로 독자적으로 진화한 것이 아니라, 거의 완성된 형태로 사방으로 전파되었다는 것을 뜻한다. 누군가 설계도를 가지고 다니며 전파한 것은 아닐지라도, 그 정도의 유사성을 견지하려면 분명 장인들이 이동하면서 기술을 전파했을 것이다. 토기나 장신구, 혹은 그 제작 기술 따위는 전차 제작 기술보다 수천 년 앞서 '교역'되었다. 그래서 초기의 상인들은 분명 기술자 집단과 연합했을 것이다. 중국의 역사 또한 이 점을 밝혀준다.

물품과 기술의 이동이 필요하자 상인 집단은 힘을 얻어갔다. 상인 집단 자체가 권력이었을 수도 있다. 예컨대, 고대 서아시아의 청동기 문명이 중앙아시아의 주석 광산에 의지했다는 것은 역사적으로 증명된 사실이다.* 이 주석 광산을 개발하는 이들은 채광업자이면서 국제적으로는 상인이다. 주석 광석을 캐는 광부들이, 캐고 나서 녹여 가공해서 사막을 건너 남쪽으로 장삿길에 올랐을까? 초기에는 광부들이 이익을 독점했다고 하더라도 분명 전문가들이 교역 무대에 뛰어들었거나 혹은 광부들 일부가 상인으로 전환했을 것이다. 주석이 전혀 생산되지 않는 곳에서도 청동합금 물품들은 등장하는데, 이런 교역망을 유지하거나 불안한 교역망을 통과하는 일이 쉬웠을 리 만무하다. 그러므로 상인들 역시 힘을 모으는 데 열심이었다. 그러나 교역의 필요성만으로 힘 있는 상인 집단이 등장할 수 없다. 그들은 자신의 분신, 즉 화폐의 도움을 받아야 한다.

중앙아시아와 초원 지대에서 발견되는 납이나 구리 주괴鑄塊는 분명 교역품이면서 동시에 화폐 역할을 했을 것이다. 청동이 바꾼 세상에 대해서는 여러 학자 간에 이견이 없다. 청동이 없으면 고대 사회 전쟁의 엔진인 전차도 없었을 것이다. 그래서 구리와 주석은 일반적인 상품화폐commodity money였고, 특히 구리보다 훨씬 비싼 주석은 장거리 무역 시 최적의 상품화폐였을 것이다.

이제 전국시대 중국으로 돌아가 보자. 상인이 구리 따위의 특정 상품 운반인의 지위에서 벗어나려면 진정 화폐를 가져야 한다. 지금 우리가 관심을 가지는 화폐는 오늘날의 화폐와 거의 같은 개념의 화폐, 즉 부의 축적 수단이면서 동시에 노동력을 포함하여 어떤 물품이든 무차별적으로 구입할 수 있는 진정한 화폐, 바로 어떤 지역에서도 통용

• Jack M. Sasson 외 엮음, *Civilizations of the Ancient Near East*(미시간대학교, 1995) 안에 있는 J. D. Muhly, "Mining and Metalwork in Ancient Western Asia" 참조.

금화의 완성. ① 서안. ② 안휘 수현에서 출토된 초나라 화폐 영원이다. 초나라 화폐는 전국시대 초나라는 물론 중원 여러 곳에서 발견된다. ③ 하남 휘현에서 출토된 춘추시대 말기 금제 조개껍질 모형으로, 금화의 선행 형태로 보인다.

되는 권위를 지닌 '돈'이다. 어떤 상황에서 그런 화폐가 등장할 수 있을까? 그 화폐가 등장한 후 사회는 또 어떻게 바뀔까?

무엇보다 화폐가 권력으로 기능하려면 사회가 먹고 입는 수준에서 벗어나 남기는 것, 이른바 잉여surplus를 만들어야 한다. 잉여가 없다면 화폐는 단순한 교환 수단에 불과하고, 화폐를 쌓아두는 것은 아무 의미가 없다. 예컨대, 먹을 것과 입을 것만 생산하는 사회에서는 먹을 것과 입을 것을 직접 교환하면 된다. 조금 더 나아가 물품의 수가 서너 개 이상이 되면 시장이 생길 것이고, 교환 거래의 시간차를 극복하기 위해 상품 유통 수단인 화폐가 필요할 것이다. 그러나 그런 상품의 유통 속도가 매우 느리다면 아주 조금의 화폐로 교환을 모두 해결할 수 있다. 화폐가 이 사람 손에서 저 사람 손으로 천천히 이동할 것이기 때문이다. 그런 시장에서는 화폐를 모은다고 해도 힘을 얻는 것은 아니다. 그 화폐로 살 잉여 물품이 충분하지 않으면, 쓸 곳이 부족한 화폐는 권력이 될 수 없고, 유통되지 않는 화폐는 장신구에 불과하다.

잉여가 넘친다면 상황은 달라진다. 화폐로 잉여를 모두 구입할 수 있기 때문이다. 그 잉여 중에는 물론 최고의 잉여, 바로 인간이 있다. 사회과학적인 의미로 남을 부리는 자를 권력자라고 말한다. 오늘날 우리는 극도로 발달한 화폐경제체제 안에 살고 있기 때문에 돈이 곧 권력이라는 것을 잘 알고 있다. 전국시대 말기 국가가 잉여를 축적하기 위해 혈안이 되어 있을 때, 그때 이미 돈은 권력자의 지위를 꿰찬다. 이제 이른바 상인 집단의 규모와 성장을 살펴보자.

먼저 전국시대 도시의 상인 집단은 무시할 수 없는 인구 비중을 차지했다. 우리는 춘추시대 관중의 제나라가 국도를 21개 향으로 나누고 그중 6개 향을 공인과 상인이 차지했다는 것을 기억한다. 춘추시대 국도를 구성할 때는 사인, 공인, 상인이 모여 맹세를 통해 스스로의 의무와 권한을 명확히 했다. 상인들은 분명 전국을 돌아다닌다. 공인이 상인의 두 배라고 가정해도 국도 인구의 대략 10퍼센트 정도는 상인이라고 짐작할 수 있다. 전국 말기에 이르러 상인들은 수는 늘어나지 않았다고 할지라도 그 힘은 훨씬 강해졌을 것이다.

왜 그런가? 일단 화폐로 다룰 수 있는 잉여가 무시무시한 수준으로 늘어났다. 멀리 갈 것도 없이 소진蘇秦의 유세에서 그 정황을 읽을 수 있다. 소진은 "제나라 국도 임치 장정 최소 21만"이라고 했으니, 그중

상인의 수를 아무리 적게 계산해도 1만 명 이상일 것이다. 비록 수사적인 표현일지라도 "초나라가 10년을 버틸 양식을 가지고 있다"고 한 것도 마찬가지다. 실제로 국도에는 몇 년 치 양식이 비축되어 있었다. 진이 초의 언과 영을 공략할 때, 또 조의 한단을 공략할 때 모두 몇 해를 넘겼다. 수십만 명이 몇 해를 먹어도 국도의 양식은 남는다. 양보해서, 국도의 곡물 비축량을 10년 치가 아니라 3년 치라 가정해보자. 제나라 임치의 7만 호 남녀노소의 인구는 수십만 명일 것이니, 아무리 적게 잡아도 대략 100만 명이 최소한 한 해 먹을 수 있는 양식은 비축되어 있다. 그것은 비록 전쟁 대비용이지만 엄연한 잉여다.

전국시대 말기에 이르면 상인들이 잉여를 차지하기가 점점 쉬워진다. 역시 멀리 가지 않고 소진의 유세에서 살펴보자. "전쟁이 벌어질 때마다 군시軍市가 열린다." 대규모 파괴와 복구 과정에서 상인들은 역시 그에 걸맞은 잉여를 모았을 것이다.

사마천의《사기》〈화식열전〉에는 통일 직전까지의 거상들에 관한 이야기가 기록되어 있다. 그는 "속담에 '천금을 가진 집안의 자제는 저자에서 죽지 않는다[千金之子, 不死於市]' 하더니, 이는 빈말이 아니다"라고 했다. 저자에서 죽는다는 것은 바로 공권력에 의해 공개적으로 죽임당하는 것이다. 천금이 있으면 공권력도 못 미친다는 뜻이다. 진이 상업을 억제하고 농업을 장려했다고 하지만 실상은 진 땅에서 억만 부자들이 나왔다.《사기》〈화식열전〉은 당대의 부자들을 기록한 가장 오래된 기록이다. 진의 통일 직전 또는 통일 직후 한 거상의 이야기를 보자. 앞에서 언급했듯이 최초의 거상들은 공업 및 광업과 엮여 있었다.

의돈猗頓은 염지의 소금으로 몸을 일으켰고, 한단의 곽종郭縱은 철을 제련하여 업을 이뤘는데, 그들은 왕자와 부를 겨뤘다. 오지烏氏의 라倮는 가축을 길렀는데, 가축이 늘어나면 팔아 좋은 비단을 사서는 몰래 융왕戎王에게 바치니 융왕은 그 열 배를 가축으로 보상해 골짜기 단위로 우마를 셀 정도가 되었다. 진시황은 라를 봉군과 동렬에 두어 때마다 여러 신하들과 함께 조회에 들게 했다. 파촉 땅에 청淸이라는 과부가 있었는데 그 선대가 단사丹沙가 나는 광산을 얻어 그 이익을 수대로 독점하니 재산이 가산을 헤아릴 수 없었다. 청은 과부였지만 능히 자기 업을 지킬 수 있어 재물로써 스스로를 지켜 뭇사람의 침범을 받지 않았다. 진황제가 그녀를 정숙한 부인(貞婦)으로 여겨 손님으로 청하고, 그녀를 위해 여회청대女懷淸臺를 만들었다.

대저 라는 시골 목부의 우두머리이고 청은 궁벽한 마을의 과부에 불과했지만 만승(의 제후와) 같은 예대를 받고 그 이름을 천하에 드리운 것은 어찌 그 부유함 때문이 아니겠는가?

통일 직후 진시황 스스로 "본업(농업)을 높이고 말업(상업)을 눌렀다"고 자찬했지만, 사실상 그 규모의 제국에 상인이 없을 수가 없고, 국가는 필요할 때 그들의 도움을 받았다. 전국시대에도 거상들은 국가와 공존했다. 소금과 철은 국가의 주 소득원이고 단사는 귀중품이다. 그러나 거상들은 이런 품목만 취급하는 것이 아니다. 전쟁이 벌어지면 가축과 곡물이 오히려 더 큰돈이 된다. 아래 기사를 보자.

종種과 대代의 백성들은 (중략) 농업이나 상업에 힘쓰지 않는다. 그러나 북쪽 오랑캐(흉노)와 붙어 있는 까닭에 군대가 극히 자주 출동하여 중국(조나라)이 운송을 맡기므로 때마다 횡재를 한다〔師旅甌往, 中國委輸時有奇羨〕.

종과 대 사람들이 대체로 열심히 상업에 종사하지 않는다 할지라도 그중에는 전문가가 있었을 것이다. 역시 조나라 거부였던 탁씨卓氏는 진나라 사람이 된 후에도 큰돈을 모았다.

촉나라 탁씨의 선조는 조나라 사람이었다. 그는 철을 제련하여 부를 쌓았는데 진이 조를 격파했을 때 탁씨를 다른 곳으로 옮겨 살게 했다.

그는 다른 사람들은 모두 뇌물을 써서 가까운 곳에 정착했지만 그는 오히려 머나먼 임공臨邛까지 갔다고 한다. 물론 마음 놓고 돈을 벌기 위해서다.

임공에 도착해서는 크게 기뻐하며 철산을 얻어 쇠를 녹이고 두드려 물건을 만들고는, 여러 방책을 써서 전촉滇蜀(운남과 사천) 백성들의 재물을 기울여 그 부가 하인 1000명을 부리기에 이르렀다. 물고기 잡고 사냥하는 즐거움은 군주들과 비견될 정도였다.

전국시대의 조나라 탁씨는 진 땅으로 가서 그래도 보통 백성들을 대상으로 물건을 팔았지만, 위나라의 공씨孔氏는 아예 제후들과 맞먹으며 장사를 했다. 관과 상의 결탁이다.

> 진이 위를 치고 공씨를 남양으로 옮겼다. 그는 제철업을 크게 일으키고 못을 만들었다. 수레를 거느리고 제후들에게 유세하면서 이를 통해 장사의 이익을 챙겼다.

그는 이렇게 하면서 수천 금의 가산을 모았다고 한다. 제후들에게 철을 판다는 것은 군수품 조달과 관련이 있을 것이다. 수십만 명의 군대가 짧게는 몇 달에서 길게는 몇 년 대치하면, 눈썰미 있는 상인들의 잔치 무대가 벌어졌다. 비록 이 편의 주인공인 여불위가 등장한 시기보다 약 40년 후인 초한쟁패 시기의 일이지만 항우와 유방이 형양에서 대치할 때 임씨任氏라는 일개 창고지기의 모험은 전쟁을 통해 이익을 얻는 이들의 행동 양태를 시사한다.

> 진이 패하자 호걸들은 모두 금과 옥을 다투어 취했지만 임씨만은 창고의 곡식을 구덩이에 숨겼다. 초와 한이 형양에서 서로 대치하는 동안 백성들은 씨를 뿌리고 밭을 갈 수 없어 쌀 한 석이 1만 전이 되었다. 그러자 (그가 곡식을 되팔아) 호걸들의 금과 옥은 모두 임씨에게 돌아갔다.

사실 그는 도둑질을 한 것이다. 그렇지만 제후라도 그의 곡식을 강제로 빼앗을 수는 없었다. 그런 짓을 하면 당장 지방의 상인들에게 배척당해서 움직이는 군대는 곡식을 얻지 못할 것이다. 비록 출발은 미심적었으나 임씨는 그 후에 행실을 독실하게 했기에, 그 후손들은 누대로 돈을 모았다고 한다. 그의 후대는 어떻게 되었을까? 사마천은 "주상主上(한의 천자)도 임씨를 중히 여겼다"고 말한다. 이렇게 싸움의 시대에 상인들이 등장하는 것은 당연한 일이다.

잠시 화폐로 돌아가자. 대규모 거래를 감당할 수 있는 최적의 화폐는 물론 오늘날의 지폐나 수표 따위일 것이다. 그러나 그 기반은 역시 금이다. 인간이 화폐를 쓴 역사는 오래되었지만 정작 금속화폐와 금화의 역사는 대단히 늦어서 실물로 남은 금화는 기원전 7~6세기 소아시아의 리디아 왕국의 것이다. 기원전 6세기 이후 페르시아 제국이 동서를 연결하는 교량이 되고 금화를 대량 유통시키면서 전 세계는 거의 동시다발적으로 금화의 시대로 들어선다. 중국 화폐의 역사는 이와 멀지 않다. 춘추시대 말기에 초보적인 금화가 등장하여 전국시대에는 대량으로 금화가 유통되었는데,* 실물로 남은 것 중 가장 오래된 것은 초나라의 것이다.**

- 중국에서는 도전刀錢 따위의 청동 화폐가 등장하기 훨씬 이전의 무덤에서 기물을 모방한 정교하고 자그마한 청동 주물이 발견된다. 이것들은 화폐 역할을 했을 것으로 짐작되므로 중국에서 금속화폐가 쓰인 연대는 서방보다 오히려 오래되었을 수도 있다. 그러나 금이 청동 기물과 옥기를 대신하여 부각된 것은 분명히 서방과 북방의 영향일 것이다. 구리와 달리 금과 옥은 실질적인 용도가 없으므로 금 대신 옥을 중요시하는 것은 순수한 문화적인 현상으로 보인다. 그러나 깨지지 않고 가공하고 재사용하기 쉬운 귀금속의 물성이 보석보다 훨씬 뛰어났으므로 가치저장과 교환수단으로 자연스레 귀금속의 위상이 커졌을 것이다.

- 물론 춘추시대 말기에 화폐로 추정되는 규격화된 금 주조물이 있었다. 그러나 초의 화폐처럼 대량으로 유통되었는지는 의문이다.

1970년대 '영원郢爰'으로 불리는 금화가 전국시대 초나라 묘지에서 다수 출토되었다. 영이란 물론 초의 수도를 가리키고 원은 화폐 단위다. 영원이 초가 한수변의 강릉 일대를 포기하고 동쪽으로 달아나 마지막에 도읍을 정한 수춘壽春 일대에서 주로 발견되므로 유포된 연대는 전국말기이겠지만, 옛 도읍인 호북성 강릉에서도 출토되었으므로 이 돈이 전국시대 말기에서야 등장했다고 단언할 수는 없다. 마치 1000년 전의 전차처럼 이 돈은 출현부터 완성형이었다. 글자가 적혀 있고 주형에 부어서 대량으로 제작하도록 되어 있다. 그러므로 최소한 전국시대 중기에는 금화가 대량 유통되었으리라 짐작된다. 금이란 구리와 달리 극히 귀한 금속이다. 이 금이 대량으로 유통된다는 것은 상품 유통량이 대단히 컸다는 뜻이다. 그렇다면 상품은 어느 정도 규모로 어떻게 자유롭게 움직였을까?

그 전에 한 가지 이야기를 덧붙인다. 화폐는 그 자체로 증식하기도 한다. 바로 이자다. 《전국책》〈제책〉에는 맹상군이 수많은 식객을 먹이기 위해서 봉지 사람들을 대상으로 돈놀이를 했다는 기록이 있다. 돈 자체를 팔아 돈을 번 셈인데, 그런 돈이 필요한 이들이 누구겠는가? 역시 상인일 것이다.

상인은 왜 전국통일을 원하는가

—

상인은 전쟁을 통해, 심지어는 도굴이나 도둑질로도 종잣돈을 얻을 수 있지만, 일단 자본을 얻은 후에는 안정적으로 장사할 수 있는 환경을 원한다. 시장이 클수록, 잉여 생산이 많아질수록, 관세 및 교통비가 낮아질수록, 도량형 따위의 기준이 통일될수록 그들의 이윤이 커진다. 그러니 거상이라면 통일을 기획할 만하지 않은가?

지역 간의 무역이 생긴 이래 지금까지, 상인이라면 예외 없이 갈구하던 사업 환경이 있으니 바로 무관세無關稅다. 그러나 국가가 생긴 이래 거의 한 번도 포기하지 못한 세금원이 바로 관세다. 난세가 닥쳐 전정田政이 불안해지면 정권은 더욱 상세商稅에 눈독을 들인다. 멀리 갈 필요도 없이 공산혁명 이전 중국 대륙을 갈기갈기 찢어놓았던 군벌들은 상세에 의존해서 사적으로 군대를 키웠다. 시장을 분할하고 여기에서 뜯고 저기에서 뜯어대는 군벌들 앞에서 상인들은 이를 갈았다. 상인들은 재화가 물처럼 흐르기를 원한다. 그들은 태생적으로 관세를 싫어한다.

이제 상인들이 통일을 후원할 수밖에 없는 이유 중 하나로 세금 문제를 간단히 짚어보자. 《맹자》에 나오는 대영지戴盈之라는 사람의 말을 들어보자.

> 소득의 10분의 1을 내는 전세〔什一〕와 관시의 세금을 없애는 것은 올해는 하기 어려우니, 일단 경감하고 내년을 기다려 (관시의 세금을) 없애는 것이 어떻습니까〔什一, 去關市之征, 今茲未能, 請輕之, 以待來年然後 已〕?

《순자》또한 "전야는 10분의 1세를, 관시는 검문은 하되 세를 거두지는 않는다"고 하면서 유가의 경제사상을 피력하는 것으로 미루어 볼 때, 여기서 '십일什一'이란 전세를 뜻하는 것으로 보인다. 하지만 이른바 주어가 없어서 혹자는 상세도 10분의 1로 내자는 뜻으로 해석하기도 한다. 각설하고, 그렇다면 상인들은 세를 내지 않는가? 위의 이야기에 깔린 전제는 상인도 농민들처럼 어떤 형태든 대략 10분의 1세를 내고 관세나 시장세는 내지 말도록 하자고 짐작할 수 있지 않을까? 만약 그 이상이라면 많은 것이다. 그러나 실상은 그렇지 않은 듯하다. 일단 농민들이 10분의 1 이상을 내고 있다. 따라서 상인들의 세금이 움직이지 않았을 수 없다. 먼저 문헌을 통해 전국시대 말기에 전반적으로 관세가 늘어난 정확한 이유를 읽을 수 있다.

우선《관자》〈유관幼官〉에 "시장의 세금은 100분의 2를 취하고, 관의 세금은 100분의 1을 취한다[市賦百取二, 關賦百取一]"고 기록되어 있다. 이 정도라면 무시할 수 있는 세율이 아닌가? 그러나 이것은 이상적인 상황을 가정한 것이다. 우리는 이미 신릉군 위무기가 한의 하남 땅과 상당의 길을 이어주는 대신 관세를 걷자고 이야기하면서 그 양이 "나라를 부유하게 할" 정도라고 하는 것을 들었다. 관세가 100분의 1이 아니었음은 간단히 짐작할 수 있다.

또 하나의 문제를 짚고 가자. 세율이 낮더라도 관은 하나가 아니라는 점이다. 위에《관자》에서 언급한 관이란 국내의 관이며, 아마 국도로 들어가는 관일 것이다. 물론 국경에도 관이 있다. 호북성 형문에서 발견된〈포산초간包山楚簡〉의 149호간에는 "능윤陵尹 상장이 양호楊虎

를 시켜 주탈邾敗의 모모 등 7개 읍에서 관세를 거뒀다"고 직접적으로 기록되어 있는데, 언급된 관은 모두 국내의 것이다.

여기서 문제적인 출토 유물 하나를 검토해보자. 1957년 안휘성 수현에서 악군계절鄂君啓節이라는 초나라 회왕 시기의 통행증이 발굴되었다. 악鄂이란 오늘날 호북성의 중심인 무한 일대다. 선박 통행증인 '주절舟節'의 내용을 대강 해석하면 다음과 같다.

> 대사마 소양昭陽이 진의 군대(晉師)를 양릉襄陵에서 격파한 그해(기원
> 전 323) 여름 모월 을해일, 왕(초 회왕)께서 무영茂郢의 유궁遊宮에 계셨
> 다. 대공윤 모가 (왕명을 받들어) 금절金節을 주조했다. 배 세 척으로 과
> 舿(작은 배를 이은 화물선)를 만들고, 과 50척이면 연내에 돌아올 수 있다.
> 악을 출발해 호湖를 지나고 한수(漢)를 건너고 기郢에서 등록하고 (이
> 러한 곳을 경유하면서 영도까지 가면서 등이 정해진 관마다 등기를 하는데) (중략)
> 이 금절을 가지고 있으면 세를 징수하지 말되 숙식은 무료로 제공하지
> 말고, 금절이 없으면 세를 징수한다(不見其金節則徵). 만약 말, 소 따위
> 가 관을 드나들 때는 관에서 징수하지 말고 태부大府에서 징수한다.

나머지는 거의 같지만 수레를 관리하는 '차절車節'에는 이렇게 금수

• 해독되지 않은 글자들이 있고, 곽말약 이래 글자에 대한 해석이 오랫동안 분분하지만 현재 자형이 확정된 것으로도 대체로 해석할 수 있다. 무한대학간독연구중심에서 웹에 공개한 진위陳偉의 〈30년을 이어온 《악군계절》 자해 연구〉(鄂君啓節)-'延綿30年的研讀', http://www.bsm.org.cn/show_article.php?id=1136)의 내용을 참고하여 필자가 새겼다.

품 목록이 들어 있다.

금金(구리?), 가죽, 민䤾(화살촉?), 화살(箭)을 실을 수 없다.

이 출토 유물의 명문을 통해 우리는 엄청나게 많은 정보를 얻을 수 있다. 다행스럽게도 이 통행증은 만들어진 연대까지 알려준다. 바로 대사마 소양이 위나라 군대를 격파한 해로, 전국시대 중반이다.

첫째, 상인이 움직이는 물품의 규모는 방대했다. 초나라 상인은 무려 바지선 50척으로 강을 오르내린다. 배 하나에 실을 수 있는 양은 어느 정도일까? '차절'에 이런 내용이 있다.

말이나 소는 열 마리를 수레 한 대로 계산한다(如馬如牛……屯十以當車).

수레 운송의 경우에도 50대가 상한선이므로 거칠게 따지면 소나 말로 환산하면 관을 통과할 수 있는 최대량은 500두다. 작은 배 세 척을 모아 만든 바지선 한 척은 분명히 수레 한 대보다 크니 육상 운송의 경우보다 화물이 많았을 것이다.

둘째, 이 통행증은 분명 미리 상당한 값을 치러야 얻을 수 있었을 것이다. 중국 정부가 상업 허가증을 사용한 역사는 매우 오래되었고, 그 흔적은 최근까지 남아 있었다. 가까운 예로 명나라에서 몽골 부족들을 통제하기 위해 발행한 '금패신부金牌信符'는 무역 허가증인데, 족장들은 이것을 통해 부를 축적할 수 있었으므로 이 패를 얻기 위해 싸움을 벌이기도 했다. 국내 상인들 역시 국가로부터 철이나 차, 소금 따위의 교역권을 얻기 위해 대가를 지불하고 허가권을 얻었다. 그러므로 휴대하면 국내에서 무관세로 다닐 수 있는 이 통행증이 무료라고 생각해서는 안 된다. 무료라면 누구나 얻어서 관세 없이 다녔을 것이다. 이 통행증은 관세 징수의 번거로움을 줄이기 위해 만든 신표일 것이다. 이것도 약간의 진보이긴 하지만, 물론 상인들은 진정한 무관세를 원했을 것이다.

셋째, 상인들은 정해진 통로를 움직여야 한다. 이 통행증을 가지고 관세 없이 통과할 수 있는 지역이 모두 기록되어 있다. 다른 지역으로 들어가면 분명 관세를 물거나 제제를 받았을 것이다. 물론 정해진 길만 가도 지나는 관의 수가 한두 개가 아니다.

넷째, 국내에서조차 전략 물자의 이동을 통제했다. 그러므로 외국과 통하는 관의 물품을 통제했음은 거의 명백하다. 구리나 금은 무기나 화폐로 쓰일 수 있다. 또한 가죽은 전차와 갑옷을 만드는 재료다. 화살은 전장에서 바로 쓰이는 무기다.

가축은 관이 아니라 상위관청(바로 태부)에서 관리했다. 아마도 가축을 일반적인 상품이 아니라 부동산으로 파악했기 때문에 중앙에서 통계를 내고 통제했을 것이다. 물론 가축은 전략물자이기도 하다. 군대가 나갈 때 쇠고기를 지고 가는 것은 한계가 있으니 살아 있는 소를 옮긴다. 소는 양식이다. 말은 말할 나위 없는 전국시대 전쟁의 엔진이다. 말의 가격은 어마어마했으므로 이를 다룰 수 있는 상인은 관의 대리상이거나 민간 거상이었을 것이다.

이제 질문해보자. 초나라는 금과 구리와 주석으로 유명하고, 물소 가죽과 곧은 화살대로 이름을 날리던 땅이다. 규모 있는 상인이라면 당연히 이런 것을 팔고 싶어 하지 않겠는가? 물론 이런 상품들이 관을 넘나들었다. 춘추시대 진목공이 정나라를 공략하려다 들통난 이유는 바로 정나라 상인 현고 때문인데 그는 주나라 시장에 가는 차였다. 그는 감히 "하루 치 양식과 땔감을 대겠다"고 호언했다. 그리고 초나라 땅은 말을 키우기에 적절하지 않으니 분명 말을 수입했을 것이다. 이 수입품으로 상인들은 큰돈을 벌 수 있다. 물론 돈을 벌기 위해 일부 상인들은 부패한 관리들과 결탁했을 것이다. 사마천이 《사기》 〈화식열전〉에서 "관리가 죽음을 무릅쓰고 도장을 위조한다"고 할 때, 그 도장 목록에 세관의 도장이 없다고 할 수 있을까?

필자는 이렇게 결론을 내린다. 물자는 이미 대규모로 움직였고 그 필요성은 나날이 커졌다. 상인들은 수지맞는 품목을 방해받지 않고 여기저기서 팔고 싶다. 그러므로 그들에게는 더 유연하고 큰 안정된 시장이 필요하다. 초 회왕 시기에서 우리는 다시 약 100년 뒤로 왔다. 여전히 여불위를 단순한 한 명의 상인이라고 생각할 필요가 있을까? 그를 더 큰 시장과 이윤을 기대하는 그 시대 상인정신의 한 단면으로 읽어야 할 것이다. 이제 여불위가 어떻게 세상을 사려고 했는지 살펴보자.

2. 여불위, "기이한 물건"을 사다

지금부터는 이 책의 2부를 휘저을 인물, 아마도 중국사에서 가장 많은 논쟁거리를 남겼으며, 가장 많은 추종자와 반대자를 거느렸을 인물인 진시황을 소개하려고 한다. 그는 전국시대를 끝내고 시황제에 올라 감히 신격화한 고대 성왕들의 이름을 넘어서려 한 사람이다. 그는 당시 세계에서 가장 큰 국가를 만들고, 또한 그 나라를 하나의 중심이 다스리는 관료행정체제 안에 욱여넣은 사람이다.

지금도 중국은 끊임없는 원심력에 시달리고 있다. 그렇게 큰 나라를 하나의 중심이 다스릴 수 있다고 생각한 것 자체로도, 그때까지 지식인들이 1000년 이상 이상적으로 생각해온 분권적인 봉건封建체제를 뒤엎고자 한 발상 자체가 무시무시하다. 진秦 제국은 실로 유구한 유산을 남겼다. 단적으로 진 이후 중국의 지명은 거의 대부분이 2000년 이상 지속되었다. 아무리 정권이 바뀌어도 통치 구역은 거의 바뀌지 않았다는 말이다. 그에 대해서는 2부에서 자세히 묘사할 것이다. 이 장에서는 그가 어떻게 여불위라는 상인의 등에 업혀 세상에 나왔는지까지만 살필 것이다.

여불위는 글자 그대로 상인이다. 이렇게 말하는 이유는 그가 광산을 개발하거나 물건을 만들지도 않으면서 오직 여러 지역을 돌아다니며 차익만 노리는 상인이었다는 뜻이다. 또한 그는 지방 상인이 아니라 국경을 넘나드는 국제 상인이었다. 《사기》〈여불위열전〉을 주로 참고하고 《전국책》〈진책〉의 도움을 받아 그의 진면모를 살펴보자.

열전에 의하면 여불위는 양책陽翟의 큰 상인으로서 여러 지역을 돌아다니며 싸게 사서 비싸게 파는 일로 천금을 모았다고 한다. 양책이란 한나라 허許 땅에 있는 읍이다.· 하지만 한단에서 아주 아름답고 춤을 잘 추는 여자를 데리고 살았다고 하니, 출신은 양책이지만 주로 거주하는 곳은 조나라의 수도 한단이었던 듯하다. 그 정도 도시는 되어야 천금의 상인이 행세할 수 있었을 것이다. 이 장사꾼은 한단에서 인질로 와 있던 진의 왕손 이인異人··의 가치를 알아보고 당장 거금을 투자하기로 마음을 먹는다. 비록 인질의 외양이야 초라하지만 그 배후에는 전국시대 최강자 진이 있다.

기원전 267년, 소왕(소양왕)의 태자가 죽었기에 안국군安國君을 태자로 세웠는데 이인은 그의 아들이다. 자초는 둘째 아들인 데다 정실 소생이 아니었다. 안국군이 총애하는 이는 정부인 화양부인華陽夫人이고, 이인의 어머니는 사랑을 받지 못했다. 태자가 되기 어려운 신분에다 마침 그가 조에 인질로 가 있을 때는 진이 끊임없이 조를 괴롭히던 때다. 그러니 조는 그를 질시했고, 이국에서 그의 생활은 고단했다. 진의 왕실에서마저 이인에게 돈을 대어주지 않아서 그는 수레나 재물이 부족한 데다 집도 초라했기에 실의에 빠져 있었다. 그때 여불위의 눈에 그가 들어왔다. 여불위가 한단에서 그를 보고 이렇게 장사치 특유의

• 《전국책》〈진책〉에는 그가 위衛나라 복양濮陽 사람으로서 한단에 와서 장사를 하고 있었다고 한다.

•• 열전에는 처음부터 자초子楚라고 나와 있지만 《전국책》〈진책〉에는 '초'라는 이름은 나중에 화양부인이 준 것이라고 나와 있다. 원래 이름은 '이인'이지만 후에 '초'로 개명한 것이다.

예측을 했다고 한다.

"이 기이한 물건은 사둘 만하다."

그러고는 이인을 찾아가 말했다.

"제가 공자의 집안을 크게 만들 수 있습니다."

이인이 웃으며 말했다.

"군의 집안부터 크게 만든 후에 내 집안도 크게 만들어주오."

여불위가 이렇게 대답했다.

"공자께서는 모르시는군요. 저의 집안은 공자의 집안 덕에 커질 것입니다."

이렇게 말해두니, 이인은 속으로 말뜻을 알아듣고 같이 앉아서 내밀한 이야기를 나누었다. 여불위가 말했다.

"진왕은 늙었고, 안국군이 태자가 되었습니다. 은밀히 들리는 소문에 안국군은 화양부인을 총애한다 하는데, 화양부인은 아들이 없으니, 후사를 결정할 수 있는 이는 오직 화양부인뿐입니다. 지금 공자의 형제는 스무 명 남짓인데 공자께서는 그중 한 명에 지나지 않는 데다 크게 사랑을 받지 못해 인질로 와 있은 지 오래입니다. 대왕께서 붕어하시면[薨] 안국군이 왕이 될 텐데, 공자께서는 장자와 여러 공자들과 더불어 아침저녁으로 왕의 면전에서 태자의 자리를 다툴 수도 없습니다."

솔깃해진 이인이 물었다.

"그럼 어찌해야 할까요?"

여불위가 대책을 올렸다.

"공자께서는 가난한 데다 이쪽에 손님으로 와 계시니, 어버이를 받들 수도 없고 빈객들을 사귈 수도 없습니다. 제가 비록 가난하나, 청컨대 1000금의 자금을 가지고 서쪽으로 가서 안국군과 화양부인을 섬겨 공자를 태자로 세우도록 하고자 합니다."

이인은 머리를 조아리며 말했다.

"꼭 군의 계책대로 된다면야 진을 나누어 그대와 함께 가지려 하오."

이렇게 밀약을 하고 여불위는 자초에게 500금을 주어 생활비와 빈객을 사귀는 데 쓰도록 하고, 다시 500금을 가지고 진귀한 물건과 노리개를 사서 스스로 들고 진으로 가서 화양부인의 언니를 만나고서는 물품을 모조리 화양부인에게 바쳤다.

그러고는 "공자 이인은 현명하고 지혜로우며 여러 제후 및 빈객과 교류하고 천하를 두루 익히는 한편, 항상 '저는 부인을 하늘로 여기고 밤낮으로 태자와 부인을 생각하며 웁니다'라고 말합니다"는 말을 넣었다.

화양부인은 이 말을 듣고 매우 기뻐했다. 여불위는 부인의 언니를 시켜 부인에게 말을 넣었다.

"제가 듣기로 미모로 남을 섬기는 이는 미모가 바래면 사랑도 그친다 합니다. 지금 부인이 태자를 섬기며 태자의 깊은 사랑을 받고 있으나 아들이 없습니다. 그러니 이때 태자의 여러 아들 중에 현명하고 효성스러운 이와 맺어 태자로 세우고 아들로 삼으면 남편이 있을 때는 크게 존중받고 남편 백세 후(죽은 후)에는 양자가 왕이 될 터이니 종신토록 세력을 잃지 않을 것입니다. 이것이 이른바 한 마디 말로 백세의 이익을 얻는다는 것입니다. 화려하고 예쁠 때 근본을 세워놓지 않으면 미모가 바래고 사랑이 식은 후에는 비록 한 마디 말이나마 하려 해도 그럴 기회라도 오겠습니까? 지금 자초가 현명하고 또 스스로 맏이가 아니라 태자가 되지 못하는 것을 알고, 그 어미가 사랑을 받지 못해 스스로 부인에게 붙어오니, 부인께서 실로 이때에 그를 태자로 삼으면 평생 진나라에서 사랑을 받을 것입니다."

이 이야기는 열전의 내용이고《전국책》〈진책〉에는 여불위가 부인의 동생인 양천군陽泉君에게 유세했다고 한다. 어쨌든 여불위는 백방으로 유세했을 것이다. 여불위가 말한다.

"군의 죄는 죽음에 해당하는데, 군께서는 이를 아시는지요?"

감히 진의 군후에게 죽음의 죄를 거론하다니 그는 무슨 말을 하려는 것일까?

"군의 문하 사람들로서 높고 존귀한 자리를 차지하지 않은 이가 없습니다만 태자의 문하에는 귀하게 된 사람이 없습니다. 군의 부고에는 진주와 보옥이 가득하고 준마가 외양간을 채우고 미인들이 뒤뜰에 가득합니다. 지금 왕의 춘추가 높으시니 하루아침에 붕어하시면 태자가 일을 처리할 터인데, 군의 지위는 계란을 쌓아놓은 것보다 위태롭고 명은 아침에 피고 저녁에 지는 꽃보다 짧습니다. 여기 이 모든 문제를 해결하여, 군을 만세하도록 부귀토록 하고 태산의 네 귀퉁이보다 더 안정되게 하여, 반드시 위망危亡의 우환을 제거할 방책이 있습니다."

이야기를 듣다 뜨끔해진 양천군이 자리에서 일어나서 예를 차리며 그 대책을 듣고자 했다. 여불위가 말을 이었다.

"왕의 춘추가 높으신데 왕후(화양부인*)께서는 자식이 없으니, (맏이) 자혜子傒가 나라를 이어받고 사창士倉이 보좌하겠지요. 왕께서 하루아침에 붕어하시고 자해가 왕위에 오르고 사창이 일을 주관하면 왕후의 집안은 분명 (폐허가 되어) 쑥이 자랄 것입니다. 공자 이인은 현명한 재목이나 조나라에 버려져 있고 안에는 어머니의 도움도 없어 목을 빼고 서쪽을 바라보며 어찌 한번 고국으로 돌아갈까 하는 마음만 가득합니다. 왕후가 정말 그를 태자로 세워준다면, 이인에게는 나라가 없다가 생기는 것이요 왕후는 없던 아들이 생기는 것입니다."

이렇게 유세했더니 양천군이 알아듣고 화양부인에게 이인을 데려와 양자로 삼자고 말했다고 한다. 다시 열전으로 돌아가 이야기를 잇자. 화양부인은 이런 이야기를 듣고 한가한 틈을 타서 남편 안국군을 설득했다.

"이인은 조나라에 인질로 가 있지만 아주 현명해서, 오가는 사람들이 모두 칭찬한다고 합니다."

그러고는 눈물을 떨구며 말을 이었다.

"첩은 다행히 후궁에 들어왔으나 불행히 아들이 없으니 원컨대 이인을 얻어 후사로 삼고 첩의 몸을 맡기고자 합니다."

안국군은 사랑하는 부인의 요청을 받아들여 부인에게 옥부玉符를 새겨주며 이인을 후사로 삼겠다고 약속했다. 이리하여 진의 왕실에서 많은 재물을 내어 여불위를 통해 이인에게 전하니 제후들 사이에서 드디어 그의 이름이 알려지기 시작했다. 이제부터 훗날 시황이 되는 정政

• 《전국책》〈진책〉에서 화양부인을 왕후라 하는 것은 이미 안국군이 왕이 되었기 때문이다. 〈진책〉의 대화 시점은 열전보다 몇 년 늦다.

의 탄생에 얽힌 기이한 이야기를 들어보자.

말했듯이 여불위는 한단에서 아주 아름답고 춤을 잘 추는 여자를 얻어서 함께 살았는데 그녀가 임신한 것을 알았다. 공자 이인이 여불위와 함께 술을 마시다 그 여자를 보고는 반해서 바로 일어나 여불위의 명을 빌고 여자를 달라고 요청했다. 여불위는 노했지만 이미 온 집안을 들어 모험을 하기로 했으므로 참고 그 여자를 바쳤다. 앞으로 이 여자를 조희趙姬라고 부르자. 이 조희가 만삭이 되어 아이를 낳으니 바로 정이다. 필자도 반신반의하지만 그렇다면 진시황은 여불위의 아들이다. 《사기》〈진본기〉에 따르면 영정은 진 소왕 48년(기원전 259)에 태어났다. 그해가 어떤 때인가? 마침 장평에서 조나라 대군이 몰살당하고 진군이 몰려와 한단을 포위할 즈음이다.

기원전 257년 왕흘이 한단을 포위하고 나날이 옥죄자 조나라는 이인을 죽이고자 했다. 이 부분에서 《사기》 열전과 《전국책》〈진책〉의 내용이 갈리는데 먼저 열전의 내용을 보자. 여불위는 무려 600금을 인질을 지키는 자에게 뇌물로 주고 진군의 진영으로 달아나 드디어 돌아올 수 있었다고 한다. 그때 조희와 아들 정은 친정의 도움을 받아 숨어서 목숨을 부지할 수 있었다고 한다. 조희의 아버지는 상당한 부호였던 듯하다. 그러나 〈진책〉에는 진이 이인의 귀국을 요구했으나 조가 들어주지 않자, 여불위가 조나라 효성왕에게 이렇게 유세했다고 나온다.

"이인은 진이 총애하는 공자입니다. 나라 안에 어미가(혹은 어미의 도움이) 없어 왕후가 그를 자식으로 삼고자 하는 차입니다. 만약 진이 조를 도륙하고자 한다면 공자 하나를 생각하여 계획을 유보하지는 않을 것이니, 조는 소용없는 인질을 그러안고 있는 셈입니다. 만약 이인을 돌려보내 자리에 오르도록 하려면 조는 그를 후하게 대우하여 돌려보내 주십시오. 이리하면 진은 감히 조가 베푼 덕과 은혜를 배반하지 못할 것이니 자연히 덕으로 강화하는 셈입니다. 진왕은 늙었으니 하루아침에 운명하면, 비록 공자 이인을 인질로 데리고 있은들 진과 강화하기 부족합니다."

조 효성왕이 그럴듯하게 여겨 이인을 보내주었다고 한다. 필자는 이 부분은 〈진책〉이 사리에 맞다고 본다. 그 인질은 작지만 유용한 자산이다. 협상에 쓰기 위해 살려둘 수밖에 없었을 것이다. 실상은 정확히 알 수 없지만 이런 곡절을 겪으며 이인은 귀국할 수 있었다. 〈진책〉의 기사에 따르면 이인이 진으로 들어가 왕후(화양부인)를 만날 때 여불위에게 일부러 초나라 옷을 입혔다. 그러자 왕후가 감동해서 말했다고 한다.

"내가 바로 초인이다."

그러고는 초楚라는 이름을 내리고 앞으로 그렇게 부르도록 하니 그때부터는 자초라 불렸다.

다시 열전의 기사를 통해 정리하면, 그 이후의 일은 순탄했다. 진 소왕이 죽자 안국군이 즉위했고 자초는 태자가 되었다. 자초가 태자가 되니 조는 조희와 영정 모자를 함께 돌려보냈다. 효문왕, 즉 안국군은 명이 짧아서 아버지의 상을 마치자 바로 죽고, 자초가 즉위하니 그가 장양왕이다. 장양왕이 즉위하자 화양부인은 화양태후가 되었다. 여불위는 이제 승승장구의 길을 간다. 장양왕은 옛날의 약속을 지켜 그를 승상으로 삼고 문신후에 봉했을 뿐 아니라 하남의 낙양雒陽 땅 10만 호를 식읍으로 주었다. 낙양이란 바로 주나라의 도읍인 낙읍洛邑이 있는 곳이 아닌가? 면면히 이어지던 주나라를 멸망시킨 이가 바로 여불위다.

장양왕 또한 명이 길지 않았다. 즉위 3년 만에 그가 죽자 영정이 왕이 되었으니 바로 훗날의 진시황이다. 영정의 나이는 겨우 열세 살로, 왕은 여불위를 관중과 마찬가지로 중보仲父라 불렀고, 정치는 상국 여불위의 손에서 결정되었다. 아들의 나이는 어리고 남편 장양왕은 죽었으므로 조태후, 즉 옛날의 조희는 예전 남편인 여불위와 다시 관계를 맺었다고 한다. 당시 여불위 집안에는 하인이 1만 명이나 되었다고 한다.

세상의 흐름은 고정된 것이 없나 보다. 범저가 혜성처럼 나타나 양후 위염의 권세를 빼앗고 진 소왕을 명실상부한 군왕으로 만들었는데, 이제 진 소왕이 죽고 몇 년 후에 다시 여불위 등의 군후가 왕을 뒤흔드는 상황으로 돌아간 것이다. 여불위는 전국시대 산동의 여러 공자들을 모방했다. 과거의 맹상군이나 당시의 춘신군, 평원군, 신릉군처럼 자신도 수천 명의 식객을 거느리고 싶었던 것이다. 이리하여 그가 식객을 모으고 더 나아가 문화사업을 벌이니 그 결과가 바로《여씨춘추》다. 이 점에서만은 필자도 여불위를 높이 평가한다. 그가 아니었으면 역사의 많은 부분이 공백으로 남았을 것이고, 필자 또한 이 책을 집필하면서 큰 어려움을 겪었을 것이다. 이 사나이는《여씨춘추》의 편집을 마친 후 함양의 시장 문에 펼쳐놓고 이렇게 의기양양하게 선포했다고 한다.

"제후의 유세가나 빈객들 중에 한 글자라도 더하거나 덜 수 있는 이가 나오면 천금을 주겠다."

향후 진시황을 도와 천하 통일의 대업을 완수하는 이사李斯 또한 여불위 문하의 사람이었으니 그 아래 얼마나 많은 사람들이 모이고, 또 그의 후원을 얻어 진의 정치무대에 올랐는지는 미루어 짐작할 수 있다. 비록 책 가운데 나오는 내용이지만 다음은 사실상《여씨춘추》의 서문이다. 문신후로서 여불위의 오만한 기개가 넘쳐나는 대목이다. 세상의 이치를 이미 다 꿴 성인, 혹은 천하를 다스리는 왕처럼 이야기하고 있지 않은가?

진 8년(동주 멸망 8년) 세성[歲]이 군탄涒灘에 있는 가을 초하루 갑자일 인재들이 12기에 대해 물으니, 문신후가 이렇게 대답했다.

"일찍이 황제께서 전욱을 가르친 바를 배운 적이 있습니다. '커다란 둥근 것[大圜, 하늘] 위에 있고 커다란 모난 것[大矩, 땅]이 아래에 있으니 그대는 능히 이를 본받아 백성의 부모가 되시오.' 듣건대, 옛날의 맑은 세상은 하늘과 땅을 본받았다 합니다. 무릇 12기란 것은 치란존망治亂存亡의 기록으로 수요길흉壽夭吉凶을 알아채는 수단이니, 위로는 하늘을 헤아리고 아래로는 땅을 증험하고 가운데로 사람을 살핍니다. 이리하면 시비 가부가 숨김없이 드러납니다.

하늘이란 순탄한 것을 말하니 순탄하면 삶이 생기고, 땅은 견고함을 말하니 견고하면 안녕하며, 사람은 믿음을 말하니 믿음이 있으면 따릅니다. 이 셋이 합당하면 일부러 하지 않아도 행해지니, 행한다 함은 그 이치를 행한다는 말하고, 수를 행한다(行數) 함은 그 이치를 따르고 사사로움을 금한다는 뜻입니다. 무릇 사사로이 보면 눈이 멀고, 사사로이 들으면 귀가 멀며, 사사로이 생각하면 마음이 미칩니다. 눈과 귀와 마음이 모두 사사로움을 따른다면, 정밀하게 추구한들 그 지혜는 공에서 말미암은 것이 아닙니다. 지혜가 공적이지 않으면 복은 쇠하고 재앙이 나날이 융성하니, 해 저물 때 서쪽만 바라봐도 알 수 있습니다."

–《여씨춘추》〈계동기·서의序意〉

왕위에 오른 정은 과연 장사치에서 몸을 일으켜 군후가 된 이 기세등등한 의붓아비를 어떻게 바라보고 있을까? 과연 여불위는 호언장담한 것처럼 실질이 있었던 사람일까? 그는 모략으로 얻은 지위를 모략으로 이어갈 수 있을까?

나가며

전국시대 군왕의 조건

: 반성과 배움

결론을 내릴 시간이 왔다. 이인자들의 눈, 그리고 협객의 눈으로 세상을 바라보았으니 이제 눈을 높은 곳으로 돌려 왕의 눈, 일인자의 눈으로 당대를 바라보자.

이 책에서 묘사된 진과 초, 진과 조의 알력 속에서 초의 경양왕과 조의 효성왕은 치욕의 순간을 견뎌야 했다. 그러나 효성왕이든 경양왕이든 모두 최상의 군주는 아니었더라도 최소한 반성은 할 줄 아는 이들이었다. 위의 안리왕 또한 위무기를 실의에 빠져 죽게 만들었지만 필요할 때 등용할 줄도 알고 과실을 용서할 줄도 알았다. 세상에는 실패를 거듭해도 반성하지 못하는 군주가 얼마나 많은가? 경양왕·효성왕·안리왕은 명군은 아니지만 최소한 혼군은 아니다. 전국시대의 무수한 군주가 대개 그 반열에 든다.

이제 우리가 한번 전국시대의 군주가 되어보자. 물론 진의 군주는 아니다. 언제나 열세에 처해 눈치를 봐야 하며, 기회가 오면 대의를 버리고 이익을 취하는 일도 해야 한다. 개인의 권력도 지켜야 하고, 외교의 흐름도 읽어야 하며, 급하면 갑옷을 입고 전쟁터로 달려가야 한다. 물론 우리는 영웅이 아니다. 영웅이 아닌 사람이 지도자의 지위에 오르면 그저 배울 수밖에 없다.

먼저 장평에서 수십만 명의 자국민을 잃은 효성왕이 되어보자. 《전국책》〈조책〉에 이런 이야기가 실려 있다. 그 주인공은 효성왕일 것이다.*

> 정동鄭同이 조왕(효성왕)을 알현하니 조왕이 물었다.
> "그대는 남방의 박사이십니다. 무엇으로 가르침을 주시겠습니까?"
> 정동이 말했다.
> "신은 남방의 촌놈입니다. 저에게 물어볼 만한 것이 있겠습니까. 허나 왕께서 바로 앞에서 물으시는데 어찌 대답하지 않을 수 있겠습니까. 신은 어릴 적에 부친이 병법을 가르친 적이 있습니다."
> 왕이 대답했다.
> "과인은 군사 일을 좋아하지 않습니다."
> 정동은 손뼉을 치며 하늘을 바라보며 크게 웃었다.
> "네, 병법이란 천하의 교활한 자들이 좋아하는 것이지요. 그래서 신

• 본문에 위나라 소왕이 기원전 277년에 죽었으니, 그 이후의 조나라 왕이라면 혜문왕과 효성왕일 것이다. 혜문왕은 《장자》〈설검〉 편에도 보이듯이 군사의 일을 대단히 좋아했고, 기원전 277년 이후에는 한참 나이 든 노회한 사람이었으니 저렇게 점잔을 빼며 말하지 않았을 것이다.

도 대왕께서 좋아하지 않을 것을 알았습니다. 제가 일찍이 위나라 소왕〔魏昭王〕에게 유세한 적이 있지요. 소왕도 '과인은 병법을 좋아하지 않소'라고 하더군요. 신이 말했습니다. '왕께서는 과연 허유〔許由〕처럼 행동하실 수 있습니까? 허유는 천하에 얽매이지 않아 천하를 줘도 받지 않았습니다. 허나 왕께서는 이미 선왕께서 물려주신 것을 받으셨기에, 종묘의 안녕과 국토의 보존과 사직의 제사가 이어지기를 바라시지요?' 그러자 왕이 '그렇지요'라고 하더군요.

지금 어떤 사람이 수후의 구슬〔隋侯之珠〕과 지구의 고리옥〔持丘之環〕과 만금의 재물을 가지고 형편에 따라 노숙을 해야 한다고 하지요. 그런데 안으로 맹분과 같은 위세와 형경荊慶의 결단력이 없고 밖으로 궁노의 방어기기가 없다면 그날 밤이 끝나기도 전에 남이 반드시 그를 위험에 빠트릴 것입니다. 지금 강하고 탐욕스러운 나라가 왕의 국경을 압박하고 왕의 땅을 요구하는데, 이치로 따져도 안 되고 의로 설득해도 듣지 않는다 하지요. 왕께서는 적국과 싸우고 국경을 지키는 도구(즉 군대)가 아니라면 무엇으로 그들을 당하겠습니까? 왕께 군대(병법)가 없다면 이웃 나라가 뜻을 성취할 것입니다."

그러자 왕이 정색하고 대답했다.

"과인은 가르침을 받들고자 합니다."

정동의 말은 조사의 것과 별로 다르지 않다. 전쟁은 말장난이 아니며 그저 지략이 있고 힘이 센 자가 이긴다. 나라를 훔치려는 이들이 호시탐탐 노리는데 어떻게 병법을 익히지 않을 수 있겠는가? 효성왕은 염파를 면직시키고 대패했다. 병법의 기본을 망각한 것이다. 우리가 효성왕이라면 조사에게 병법을 배워야 한다. 지도자는 싸움의 기술도 알아야 하고 싸움을 잘하는 사람을 알아봐야 한다. 인의仁義로 다스릴 대상은 자국이지 외국이 아니다.

이제 안리왕이 되어보자. 그는 항상 진을 잘 섬기면 진이 침공하지 않을 것이라는 희망을 품고 있었고, 진이 다른 나라를 공격할 때는 오히려 다행이라 생각했던 사람이다. 알다시피 진은 한단의 포위를 풀고 위를 공격했다. 진은 누구를 공격하는가?《전국책》〈위책〉에는 이런 이야기가 나온다.

> 진이 한단의 포위를 풀고 위를 공격하여 영읍寧邑을 취했다. 오경吳慶
> 이 위왕이 진과 강화할까 걱정이 되어 위왕에게 말했다.
> "(이제) 진이 왕을 공격한 연고를 아셨습니까? 천하가 모두 왕께서 진
> 과 가깝다고 했으나 실은 왕께서 진과 친하지 않은 것이고 오히려 진
> 의 제거 대상이었습니다. 천하가 왕이 약하다고 하나, 왕은 두 주(동주
> 와 서주)보다 약하지는 않습니다. 진이 한단을 포기하고 두 주를 건너
> 왕을 공격하는 것은 왕이 제어하기 쉽다고 생각하기 때문입니다. 왕
> 께서도 약하면 침공을 부른다는 것을 아셨겠지요?"

얼마나 명철한 분석인가? 진은 미워하는 나라를 공격하는 것이 아니라 약한 나라를 공격한다. 서로 싸우는 상황에서 나라의 약함은 군주의 원죄나 마찬가지고, 군주가 외국에 허망한 기대를 품으면 외국이

달려든다. 우리가 만약 안리왕이라면 당연히 오경이나 위무기와 같은 이에게서 배워야 한다. 요행이란 순수한 무작위 확률 게임에서 바랄 수 있는 것이지, 엄연히 정해진 규칙을 따라 움직이는 강대국을 상대로 바랄 수 있는 것이 아니다.

이제 수도를 잃은 경양왕이 되어보자. 앞에 장신이 수도를 잃은 경양왕에게 유유히 날다가 화살에 맞아 떨어진 황곡의 비유를 들었다. 《전국책》〈초책〉에 나오는 그의 마지막 말은 이렇다.

> 뭐 그 황곡도 작은 놈이지요. 채나라 영후靈侯의 일도 똑같습니다. 남쪽으로 고피高陂에서 놀고 북으로는 무산에 오르고 여계茹溪의 물을 마시고 상수의 물고기를 먹었지요. 왼쪽에 어린 첩을 끼고 오른쪽에는 아끼는 계집을 안고 고채高蔡 중에서 놀며 국가의 일은 거들떠보지도 않았습니다. 그 영후는 우리 초나라의 자발子發이 장차 선왕宣王의 명을 받아 붉은 밧줄로 묶어 왕의 면전에 대령하게 될 줄 몰랐지요. 영후의 일도 작은 것입니다. 군왕의 일도 이와 마찬가지입니다. 왼쪽에 주후, 오른쪽에 하후, 수레 뒤에는 언릉군과 수릉군을 따르도록 하여 봉록으로 나오는 곡식을 먹고 부고의 돈을 싣고 그들과 함께 운몽택을 치달리면서 천하와 국가의 일은 돌보지 않았습니다. 그러면서 진나라 양후가 진왕의 명을 받들어 자기 군사로 민새黽塞의 안을 채우고 군왕을 민새 밖으로 내칠 줄 몰랐습니다.

아첨하는 이들에게 둘러싸이면 외부의 정세를 살필 수 없고, 부드러운 고기만 즐기다가는 초근목피草根木皮의 거칢을 상상할 수 없다. 낮은 곳에 사는 평민이야 넘어지면 팔이나 다칠 뿐이지만 높은 곳에 있는 왕은 떨어지면 온몸이 부서진다. 그러므로 높은 곳을 즐겁게 여기는 이는 왕의 자격이 없다. 우리가 초나라 경양왕이라면 초나라의 유유한 자연을 즐기며, 아첨꾼들에게 둘러싸여 있기보다는 응당 장신과 같은 사람을 곁에 두고 현실을 직시해야 할 것이다.

태어날 때부터 아는 사람은 없다. 왕위 또한 물려받은 것일 뿐 능력으로 얻은 것은 아니다. 그러므로 그 자리를 잃지 않으려거든 끝없이 배우는 수밖에 없다. 선대가 누대로 공덕을 쌓은 통일시대의 1급 제왕이라도 사직이 내일 당장 무너질까 두려워한다. 하물며 자질이 1급도 아니며 통일시대도 아닌 전국시대의 왕이 되었다면 평민보다 더 열심히 배울 수밖에 없다. 위에서 언급한 세 왕이 비록 큰 실수를 저질렀지만 당대에 나라를 완전히 망치지 않았던 까닭은 무엇인가? 잘못을 깨닫고 배우고 반성할 줄 알았기 때문일 것이다. 병법도 알아야 하고, 외교도 알아야 하며, 몸단속도 하고, 욕망을 억누를 줄도 알아야 한다. 전국시대에 왕 노릇하기는 실로 쉽지 않았다.

제2부

진나라의
천하통일

1. 진秦이 천하를 통일하다 ━━━━━━━━

인간의 발자취가 닿는 곳에 신하 아닌 자가 없고 공功은 오제五帝를 뒤
덮었으며 마소 같은 짐승에게까지 황제의 은택이 미치니, 덕을 입지
않은 이가 없고 모두 자기 거처를 편안히 여겼도다〔人跡所至, 無不臣者,
功蓋五帝, 澤及牛馬, 莫不受德, 各安其宇〕.

무슨 일이 있었기에 저런 자찬을 하는 것일까? 기원전 221년, 중국 최
초의 통일 왕조가 탄생했다. 이 왕조는 서쪽의 사막에서 동쪽의 발해
까지, 전국戰國이 합쳐져 무수한 민족과 지대를 아우르는 황제의 나라
로 수렴했다. 황하의 둑이 터져 들판을 삼키듯 진秦의 군단은 홍수처럼
산동의 들판을 휩쓸고 지나가더니 결국은 바다에 닿고서야 멈췄다. 이

군단의 지휘관은 훗날 진시황秦始皇으로 이름을 알리는 사나이로서, 통일의 방략을 제시한 이사李斯, 강한 군대를 더 강하게 하여 중단기전의 방략을 제시한 울료尉繚, 야전에서 여지없이 적을 격파하는 왕전王翦, 흉노를 몰아내고 장성을 쌓아 더 유명해진 몽염蒙恬 등을 이끌고 산동 6국을 멸망시켰다.

땅이 하나가 되자 온갖 제도도 하나가 되었고, 영구히 분열을 종식시키고자 봉건제封建制는 폐지되었으며, 황제를 중심으로 하는 관료제 국가가 탄생했다. 이제 제후도 없고 세습 귀족도 없다. 그들은 농민을 착취하는 밥벌레들 아닌가? 황제 아래에 관리가 있고 그 아래에 백성이 있으면 그뿐이다. 이제 상하가 모두 똑같은 법法의 지배를 받을 것이며 그 법을 어기지만 않으면 생업을 보장받을 것이다. 통일 제국이 못 할 것이 무엇인가? 북방의 흉노匈奴를 밀어내고 장성을 이었고 아방궁阿房宮을 지어 황제의 권위를 세웠다. 제후들이 가진 무기를 녹이고 그들의 성곽을 부쉈다. 그런 나라가 만세萬世까지 이어지지 못할 이유가 무엇이고 이런 공업을 이룬 이가 스스로를 '전무후무한 황제[始皇帝]'라 부른들 무엇이 이상하겠는가?

그래서 오늘날 진의 업적을 묻는 것은 식상한 질문이 되었다. 통일 자체가 기상천외한 일이며 전에 없던 업적이므로 비교할 대상도 없었다. 진이 이룩한 통일 체제는 향후 2000년 이상 이어지다, 서양 이념의 영향을 받은 현대의 혁명으로 가까스로 사라진다. 그러나 껍데기만 사라지고 고갱이는 면면히 남아 있을지도 모른다. 현대 중국의 마천루 사이, 혹은 모택동毛澤東(마오쩌둥) 이래 현대 지도자들의 행동에서 여전히 진시황의 그림자를 목도하기 때문이다. 앞으로도 진의 위상은 현대 중국의 위상과 함께 더욱 높아질 것이다.

왜 다른 나라가 아닌 진이 통일하게 되었는가? 지금까지 우리는 그 이유를 물었고 대체적인 답을 얻었다. 하지만 이 책에서는 진의 강력한 군단의 의미를 강조할 것이다. 결국 군대가 야전에서 적을 꺾지 못하면 통일은 불가능했기 때문이다. 이제 필자는 남아 있는 자료들을 모아 진의 군단을 복원할 것이다. 어설프지만 필자가 복원한 전투 장면에서 독자들은 전국 말기의 극심한 전쟁 상황을 그려보시라.

다음 질문으로 넘어가서, 진의 군대는 몇 대째 산동을 유린했는데 왜 하필 진시황이 천하를 통일했는가? 사병이 강하다고 해도 사령관이 명민하지 않으면 군대는 무딘 칼에 불과하다. 냉혹하고 야심만만하며 주도면밀한 사령관, 진시황이 바로 그런 이였다. 세계사에서 강한 군대를 거느리는 정복자들, '위대한'이라는 칭호가 붙은 인물들은 대개 그런 자들이었다. 그들은 냉철하고 잔인하다. 관대한 키루스 2세 Cyrus II? 동서통합의 알렉산드로스Alexandros 대왕? 팍스 로마나Pax Romana를 이룩한 율리우스 카이사르Julius Caesar? 세계를 하나의 울루스로 만든 칭기즈 칸Chingiz Khan? 그들이 훗날 얼마나 큰 평화를 이뤘든 출발은 학살이었다. 그러나 그들은 이유 없이 사람을 죽이지 않는다. 그들의 살인은 오직 냉혹하게 계산된 행동, 심장이 아니라 머리로 행하는 것이었다. 그 점에서 진시황을 따를 이도 많지 않다.

정말 '너무' 많이 죽인 것 아닌가? '너무' 잔인한 것 아닌가? 아무리 보아도 제나라가 진나라보다는 나름 온정적·윤리적인 정치체로 보이지만 진나라가 기어이 이겼다. 결국 싸움은 도덕으로 하는 것이 아니니까. 그래도 '너무' 비정한 것 아닌가? 필자가 복원한 전투 장면 몇 장만 살펴봐도 답은 자명하다. 하늘에 눈에 있어 눈물을 흘린다면 그 전쟁의 잔혹함에 온 천하가 물바다로 변했을 것이다. 허나 생존을 목적으로 하는 국가들의 쟁탈전에서 국가가 행한 살육을 선악의 기준으로 평가하기란 쉽지 않다. 일단 통일이 완수되는 순간까지 필자는 잠시 선악의 기준을 유보한다. 물론 통일이 완수된 순간부터 필자는 먹을 다시 갈고 필법을 완전히 바꿀 것이다.

2. 춘래불사춘: 전국시대는 끝나지 않았다 ━━━━

> 성단용城旦舂(성을 쌓는 노역 형도)이 1전 값어치의 기물을 훼손하면 10대를 때리고, 2전 이상의 것을 훼손하면 더 심하게 때린다. (중략) 즉시 때리지 않을 경우, 그들을 관리하는 관리가 물건의 반을 배상한다.
>
> −《수호지진간睡虎地秦簡》〈사공률司空律〉

진의 통일에 감탄할 독자들에게는 야속하게도 이 책은 휘황찬란한 진의 통일에서 끝내지 않고 반진反秦의 횃불이 타오르는 순간까지 다룬다. 위인의 업적을 폄훼하는 것이 직업인 글쟁이 역사가의 한계라고 분노하는 이들도 있을 것이다. 혹자는 필자가 현대 민주주의 사회를 사는 사람이기 때문에 고대에 대한 편견을 가지고 있다고 비난할 것이다. 사실 필자를 포함한 그 누구도 진이 남긴 유산을 통째로 부정할 수는 없다. 진은 무너졌지만 그 체제를 구성하는 모든 것들은 한漢 제국으로 그대로 계승되었다. 백성이 남았고 이념도 남았으며 그 체제도 그대로 남았다. 비유하자면 진이라는 칼날은 남고, 칼자루에 새로운 실을 감아 그 긴 세월 동안 써온 셈이다. 그러나 진이 겨우 수백 명에서 출발한 최하층민 반란군들에게 몰락한 것은 엄연한 사실이다. 역사에서 무지렁이들의 반란보다 더 준엄하고 정확한 심판은 있을 수 없다.

인류 역시 동물의 한 종이다. '생존'이 인간의 1차 본성이라면 '자유'는 인간의 2차 본성이다. 사회의 원심력과 구심력은 이 생존과 자유라는 인간의 본성과 뒤얽혀 있다. 통일을 주장하는 통치자들은 반드시 인민의 생존을 이야기하고, 전복을 기도하는 사람들은 자유를 이야기한다. 진은 양자를 변증법적으로 통합하지 못했다. 그러므로 필자는 아직 진을 진정한 제국이라 부르지 못한다. 때로 인간은 살기 위해 자유를 포기할 수 있다. 그래서 궁지에 몰린 인간은 노예 상황까지 감당해낼 수 있다. 그들이 바로 진에 항복한 열국 사람들이었다. 그러나 자유를 포기한 개인이 자유에 대한 희망까지 포기한 것은 아니다. 진은 그들에게 통일에 걸맞은 자유를 주지 못했다.

통치자들은 언제나 자유를 포기한 인간들이 희망까지 포기했다고 착각하거나, 그 희망을 포기하기를 고대한다. 그들은 자유에 대한 희망 때문에 전복이 발생한다는 것을 알기에 그 희망마저 없애려 한다. 진의 법에는 그런 희망 말살의 기획이 구절구절 스며 있다. 그러나 자유를 제거하려는 기획은 다양한 지역적 정체성을 지닌 인민 집단을 다스리는 제국의 수장에게 어울리지 않는 시도다. 이 점에서 진시황을 비롯해 그의 아들과 수하들까지 진 제국의 지배자들은 모두 실패했다.

전국시대, 인민들은 생존을 위해 자유를 포기하며 통일을 고대했다. 그러나 통일 이후에도 일정한 자유를 얻을 수 없다면, 심지어 자유의 포기를 통해서도 생존을 보장받을 수 없는 상황이라면, 그들에게 어떤 선택이 남을까? 이제 그들은 그동안 포기했던 자유를 되찾음으로써 생존을 쟁취하는 길밖에 없다. 자유와 생존을 동시에 획득하고자 하는 해방의 기획을 개시한다. 통치자를 죽임으로써 나를 해방시키고 통치자의 칼을 빼앗음으로써 생존의 위협을 제거하는 것이다. 이것이 바로 스파르타쿠스와 동료 검투사들이 식칼과 꼬챙이를 들고 제국 로마에 대항해 일어선 이유이고, 진승陳勝과 오광吳廣이 몽둥이와 괭이를 들고 진 제국에 대항해 일어선 이유다. 그러므로 두 번째 질문, 즉 "왜 진은 그토록 빨리 망했는가"를 물으면서 우리는 '인민의 실존'의 관점에 설 수밖에 없고, 통일을 완수했다는 이유로 진에게 도덕적 면죄부를 줄 수는 없다. 진나라 법의 표현을 빌리면, 그들은 '유죄有罪'다.

로마 제국이 "그 자체의 무게 때문에 붕괴했다"면, 진의 황제들 역시 제국의 무게에 무릎을 꿇었다. 진의 통치자들은 새로운 규모와 시대에 부합하는 힘과 정신을 갖추지 못했다. 진의 통일보다 100년 전, 알렉산드로스가 죽자 그가 세운 대제국은 순식간에 분열되었다. 왜 그랬던가? 알렉산드로스는 위대한 장군이었지만 위대한 황제는 아니었기 때문이다. 정복 전쟁 시기 그의 인고의 정신은 엄청난 육체적인 능력과 발맞춰 나갔지만, 정복이 끝나자 그의 정신은 육체와 분리되어 분열되기 시작했다. 불로초를 찾아다닌 진시황의 정신도 마찬가지다. 정복을 완수한 정신은 성장을 멈추고 인간이 한 번도 달성하지 못한 영원을 추구하면서 분열되기 시작했다.

전례 없는 대제국들은 군사적인 힘만으로 유지되지 않는다. 진의 통일은 《장자莊子》의 말처럼 큰 도둑이 금고를 통째로 훔치듯 남의 땅을 통째로 가져와 얻은 것이다. 상대는 약해서 먹혔을 뿐 악해서 먹힌 것이 아니다. 정복자로서 군림할 수 있지만 정복자로서 통치할 수는 없다. 통치자를 태우고 굴러가는 두 바퀴는 자고로 스스로의 힘과 인민의 동의同意, 즉 경성硬性 권력hard power과 연성軟性 권력soft power이다. 규모가 작은 조직은 종종 하나의 권력만으로도 굴러간다. 그러나 수천만의 인구와 명明나라에 육박하는 영토를 거느린 신생 통일 제국이 어떻게 외바퀴로 전진할 수 있겠는가?

천하를 지배자 개인 혹은 지배 집단의 것으로 보지 않고 천하 사람 전체의 것으로 봐야 동의를 구할 수 있다. 그러나 진은 군법과 다를 바 없는 법으로 백성들의 자유를 옭아매고, 한없는 노역으로 그들을 수고롭게 하며, 서적을 불태우고 사상을 억압해 지식인들의 정신을 압살한다. 15년, 진은 충분히 오래 지탱되었다. 다만 이 책에서는 그 징조들만 읽고, 치밀한 분석은 다음 권으로 미뤄두자.

3. 그래도 역사는 드라마다

통일은 단순한 과정이 아니었기에 분석은 지난하다. 허나 여전히 이책의 본령은 재미있는 이야기를 들려주는 것이고, 실제로 그 이야기는소설보다 재미있다. 태사공太史公(사마천司馬遷)의 문학적인 역량이 가장 찬란하게 빛나는 부분도 바로 통일 전후 시기 서술이다. 찬바람 부는 역수를 건너 머나먼 서쪽으로 서슬 퍼런 진왕(진시황)을 만나고자 떠나며 협객 형가荊軻는 이렇게 노래를 불렀다.

> 바람은 소소하고 역수는 찬데, 장사 한 번 떠나면 다시 오지 못하리〔風蕭蕭兮易水寒, 壯士一去兮不復還〕.

형가는 과연 돌아오지 못했고 눈물로 배웅했던 지기, 고점리高漸離도 훗날 친구의 복수를 시행하다 사지가 찢긴다. 강개한 장사 번오기樊於期는 자신의 머리를 희생하며 복수를 다짐하고, 천하를 주무르던 이사는 자기 덫에 걸리고, 6국의 병사들을 도륙하던 장군 왕전은 이름을 더럽히면서 구차하게 생존을 추구한다. 궁지에 몰린 제왕 건建은 누구의 옷자락을 잡아야 할지 몰라 미적거리다 결국 수풀에서 굶어 죽었고, 비정한 아비 연왕 희喜는 자식을 넘겨 생을 도모하지만 겨우 몇 년만에 포로가 되었다. 간특한 조고趙高는 군주의 시체로 흥정을 벌이고, 진시황의 아들 호해胡亥는 조고의 미끼를 문다. 진을 망칠 이는 호胡라고 했던 이는 누구고 그 말을 따랐던 이는 또 누구던가. 영생을 말한 이는 누구고 따른 이는 또 누구였던가? 통일과 재분열로 세상이 거칠게 파도칠 때 누구의 인생인들 그 파도를 벗어날 수 있었으랴. 지나간 삶들을 보며 스스로 옷깃을 여밀 뿐. 필자는 글을 쓰면서도 가끔 보탤 말을 잊었다.

피와 살로 된 인간이 하는 일의 관성이란 얼마나 무서운 것인가? 호랑이 등에 탄 이는 내리지 못하듯이 전장을 벗어나고도 전차에서 내리지 못하고 낭떠러지로 굴러떨어진 인간 군상들. 그러니 새삼 깨달을 수밖에 없다. 실패가 성공의 밑천이듯 성공 또한 실패의 씨앗임을. 이 책에서 여러분은 누구의 말을 건질 것인지 판단해보시길 바란다. 필자는 무수한 영웅들의 웅변 중에서도 이 말에 전율한다.

왕후장상이 어쩌 씨가 따로 있단 말인가[王侯將相, 寧有種乎]?

이는 시대의 철문을 깨는 도끼 같은 말이었다. 허나 태사공이 없었다면 우리는 어디서 이런 말을 들을 것인가? 그러니 이 책은 후학이 존경과 부끄러움으로 태사공에게 바치는 찬가다.

이 권의 2부는 사건의 역사적인 무게 때문에 유독 완성하기가 힘들었다. 진의 군법을 살펴보며 당시의 대규모 전쟁을 복원하기 위해 보낸 뜨거운 밤들을 잊지는 못할 것 같다. 무리한 시도지만 역사를 재미있는 이야기로 복원하기 위한 노력으로 헤아려주시기 바란다. 언제나 전공자들의 눈에는 정확함이 아쉽고, 교양을 원하는 독자들의 눈에는 평이함이 부족해 보이는 애매한 길을 열고 있다. 아무리 좁은 길이라도 새 길은 의미가 있다고 자위하며, 기꺼이 비난을 받을 각오로 여러 분 앞에 이 책을 내놓는다.

제1장

철인의 탄생

＊＊＊

목이 타들어 간다. 인민들은 전쟁에 지쳐버렸다. 농부에서 사대부까지 이 끝 모르는 전국시대의 전쟁을 끝낼 대일통大一統의 도래를 고대한 지 오래되었 다. 그러나 중국 땅에서 한 번도 있어본 적이 없었던 통일 정권 창출이 과연 가능할까? 결과는 잠시 미뤄두고 2250년 전 통일의 유력한 주자인 진의 자 리에서 앞날을 예측해보자.

그간 합종合從과 연횡連橫의 형세가 반복되어도 대개 진이 커졌다. 그러나 대일통을 이끌 냉혹한 철의 군주[鐵人]는 아직 등장하지 못했다. 소왕昭王은 영걸이었다. 무려 56년을 집권하며 해마다 산동으로 군대를 내서 각국을 잠 식했다. 한수와 장강 상류를 모두 빼앗고 초를 동쪽으로 몰아내 평범한 나라 로 만들었으며 가까운 한은 거의 부용국으로 만들었다. 조의 장병들을 장평 에서 도륙했고 해마다 위魏의 땅을 빼앗고 길을 빌리면서도 간섭받지 않았 다. 당시 군대를 이끌던 이들은 백기白起 같은 명장이었고 모책을 내던 이들 은 예측할 수 없는 수를 가진 범저范雎 등이었으며 병사들은 야전에서 패한 적이 없는 수준급 사냥꾼들이었다. 그럼에도 일통은 여전히 멀어 보였다.

무한경쟁 세계에서 강약의 형세는 언제든지 변한다. 더구나 나라가 커지 자면 남의 땅을 빼앗아야 하니 원한이 쌓일 수밖에 없다. 원한을 깔고 잠자 면서 정해진 기간까지 일을 마무리하지 못하면 조만간 전세는 역전될 것이다. 오吳와 월越의 운명이 바뀌고 지知씨와 조趙씨의 운명이 바뀐 것이 먼 옛날의 일이 아니다. 전쟁이 끝난다는 확신이 있을 때 병사들은 용감하지만, 희망이 보이지 않는다면 그들은 사기를 잃을 것이다. 언제, 누가, 어떻게 상황이 역전되기 전에 일을 마무리할 것인가? 과연 대사를 마무리할 사람이 나타날 것인가?

우리는 조나라에서 인질로 있던 한 사내가 어쩌다 여불위不韋呂라는 상인의 도박성 투자에 의해 서쪽 고국으로 돌아와 진의 왕이 된 사실을 알고 있다. 하지만 그 왕(장양왕)의 치세는 짧았다. 그리하여 겨우 나이 열셋(혹은 열둘)에 불과한 어린애가 왕위에 올랐으니 훗날 진시황이란 이름으로 사서에 오르는 진왕 정政이다. 때는 마침 산동의 영걸 신릉군信陵君이 연합군을 이끌고 그동안 무적으로 통하던 진군을 패주시키는 기염을 토한 그 이듬해였다. 그러니 해마다 진에게 시달리던 열국이 이 꼬마를 상대로 역전의 기회를 노리는 것은 당연했다. 이 꼬마의 뒤에는 후원자인지 정적인지 불분명한 의붓아버지 여불위와 어머니의 정부인 노애嫪毒가 버티고 있었다. 이 소년이 자라 증조부 진 소왕秦昭王의 대업을 완성할 것인가? 아니면 당시 수많은 어린 군주들이 따르곤 했던 비극의 대본대로 권력 투쟁의 소용돌이에 빠져 질식할 것인가?

1. 두 '아비'를 죽이고 홀로 선 사내 ━━━━━━━

의혹의 나날들
━

두드리면 부서지는 재료가 있지만 쇠처럼 두드릴수록 강해지는 재료도 있다. 진왕 정, 그에게는 철의 사나이라는 비유가 잘 어울린다. 그는 시련의 시기를 견뎌내며 오히려 강해졌다. 다만 그를 두드린 사람들은 앞으로 긴장해야 할 것이다.

진왕 정을 진시황으로 만든 씨앗은 정신적인 상처였다. 혹독한 정신적인 외상을 입으면 어떤 이는 삶을 포기하거나 관조로 돌아서지만 어떤 이는 오히려 삶에 대한 의지를 극단적으로 키운다. 진왕 정은 훗날 정복을 통해 그 의지를 제법 생산적으로 활용했다. 물론 말년에는 그 극단적인 삶의 의지가 그의 성과를 잠식하고 말지만. 그는 어떤 정신적인 내상을 입으며 성장했을까?《사기史記》〈하거서河渠書〉에는 진시황 원년에 이런 일이 벌어졌다고 적혀 있다. 열국이 이 꼬마를 얕보고 일을 벌였다.

한漢은 진이 공사를 일으키는 것을 좋아한다는 소리를 듣고 토목 공사로 진을 피폐하게 만들어 동쪽을 정벌하지 못하게 하려고 했다. 이리하여 수리 기술자 정국鄭國을 진에 첩자로 보내 유세하게 했다. 그 유세 내용은 이렇다.

"경수[涇]의 수로를 뚫어서 중산에서 서쪽으로 호구瓠口에 이르는 수로를 만들고, 또한 북산의 동쪽으로 낙수[洛]까지 300리를 흐르는 수로를 만들어 밭에다 물을 대고 싶습니다."

진이 이 안을 받아들였고, 공사가 중간쯤 끝났을 때 정국이 첩자임이 밝혀졌다. 그를 죽이려 하자 정국이 이렇게 유세했다.

"처음에 신은 간첩이었습니다. 허나 수로를 완성하면 오히려 진에 이익입니다. 이 일로 신은 한에게 몇 해 목숨을 연장해줬지만, 진을 위해서는 만세의 공을 세울 것입니다.'"

진은 과연 그렇다 생각하고 결국 수로를 완성하도록 배려했다. 결과는 대성공이었다. 수로가 완성되자 진흙이 섞인 물을 소금기 있는 땅 4만 경에 들이부어 1무당 1종을 수확했다. 이리하여 관중은 비옥한

- "만세의 공" 운운한 곳은 《한서漢書》〈구혁지溝洫志〉로 보충했다.

땅이 되어 흉년이 들지 않았다고 한다. 또한 이 수로 덕에 진은 더욱 강해져 제후들을 병탄하는 기반을 다진다. 그래서 수로의 이름을 정국거鄭國渠라 했다.

정국거는 두 하천을 연결하는 실로 어려운 공사였다. 실제로 고대 운하 공사는 조금만 계산이 틀려도 소기의 성과를 거두지 못하고 실패했다. 《사기》〈하거서〉에는 한대漢代의 실패한 운하 공사의 기록들로 가득하다. 그러나 어린 진왕은 아량을 베풀어 이 첩자를 용서했다. 진나라 법에 첩자는 응당 법으로 죽여야 한다. 그러나 나라에 큰 이익이 된다면 재고할 수 있다.

열국이 자신을 깔보고 첩자를 보냈지만 진왕 정은 극복했다. 열국은 자신을 깔봤겠지만 자신은 언젠가 그들을 신하로 부릴 테니 그런 것은 상관이 없었다. 진이 외국인의 능력을 빌려 실리를 추구한 것은 어제 오늘의 일이 아니다. 물론 당시 정치를 좌지우지하는 사람은 상국 여불위였지만 어린 진왕 정은 첩자를 용서하면서 세상의 이치를 배웠을 것이다. 어떤 일이라도 표면에 보이는 것을 믿지 말라. 누가 운하 건설을 주도한 이가 외국의 첩자라고 짐작할 수 있었겠는가? 하지만 흥분은 금물이다. 얻을 것은 얻고 포기할 것은 포기한다. 다만 의심을 거두지 않는다.

기록을 보면 진왕 정은 사람을 믿은 후에는 의심을 거두었지만 감시의 눈길을 거두지는 않았다. 어릴 적부터 그는 의심하는 심성을 키울 수밖에 없는 환경에서 자랐다. 《사기》〈진시황본기秦始皇本紀〉의 기록을 잠시 검토해보자. 그가 왕위에 오른 바로 그해 피정복지인 진양晉陽

이 반란을 일으키다 진압되었다. 군왕 교체 시기의 권력 공백을 이용했던 것이다. 또한 6년째 되던 해 5국 연합군이 진의 점령지인 수릉壽陵을 점령했다. 어린 진왕은 권력이 없고 태후의 신구 정부情夫들이 권력을 잡고 있음을 노린 것이었다. 그 연합군을 이끈 이는 노련한 정치가인 초楚의 춘신군春申君이었다. 3년 후에는 더 충격적인 일이 일어났다. 급기야 왕의 동생이 군대를 들고 반란을 일으킨 것이다.

재위 8년, 왕의 동생 장안군 성교成蟜가 조趙를 치다가 (조에 항복하고) 반기를 들었다. 그러자 진은 군대를 발동하여 둔류屯留에서 성교를 죽이고 군리軍吏들은 모조리 참살했으며, 둔류의 백성들은 임조臨洮로 옮겼다[遷其民於臨洮]. 장군 성교는 진중에서 자살했고, 둔류와 포학蒲鶮의 반란에 참가했던 이들은 모두 육시戮屍를 당했다. 기사에 따르면 반란에 직접 참가한 사람은 장교는 물론 사병까지 다 죽인 것으로 보인다.

왕의 보복은 철저했다. '천遷'이란 유배형[遷徒刑]의 일종으로 중형이었다. 당시 농민들의 재산은 땅이다. 땅을 가져갈 수 없으니 유배형을 받은 이들은 맨몸으로 머나먼 타지로 떠나야 한다. 그 와중에 죽는 이도 부지기수였고, 도착해도 변방에서 맨손으로 새 삶의 기반을 만들어야 했기에 안정을 바랄 수 없었다. 임조는 진의 수도 함양에서 무려 400킬로미터 떨어진 서쪽 끝이다. 둔류에서 함양까지도 이와 비슷한 거리다. 당시 길은 구불구불했으니 대략 1000킬로미터 서쪽으로 옮겨 간 것이다. 유배당한 이들이 얼마나 되었는지 알 수 없지만 엄청난 규모의 정치적인 탄압이었음은 분명하다. 당시 진왕의 나이 스무 살, 이 일을 시작으로 그는 정치적인 탄압을 목적으로 유배형을 자주 구사한다. 보통 반란도 용서할 수 없거늘 어찌 아우가 군대를 이끌고 조나라로 귀순하는가? 군대를 보내 아우와 그 부하들을 죽이고 그곳 백성들의 기반을 모조리 뽑아버리는 대사건을 겪은 후 보통 사람이라면 정치에 심각한 회의가 들었을 것이다. 허나 진왕은 덤덤히 그 일을 행했다.

그러나 정작 그를 단련시킨 사건은 입에 담기도 민망한 가정사였다. 어린 시절부터 청년이 될 때까지 그는 군왕으로서 대신들에게 군림하기 부끄러운 약점을 가지고 있었으니 바로 어머니의 음란한 행실이었다. 한때 여불위의 첩이었던 어머니는 어느덧 새 연인에게 빠져 그를 곤혹스럽게 했다. 《사기》〈여불위열전呂不韋列傳〉을 통해 진상을 알아보자.

의붓아비를 죽여라

—

우리는 진왕 정이 장양왕莊襄王의 아들인지 여불위의 아들인지 명확하지 않다는 것을 알고 있다. 사마천은 그래도 진 왕족의 성을 존중하여 영정嬴政이라 불렀지만 반고班固는 아예 그를 여정呂政이라 불렀다. 그가 여불위의 아들이 아니더라도 진의 군주로서 어머니가 여불위의 첩이었다는 사실이 그다지 유쾌할 리는 없었을 것이다. 그처럼 자존심 강한 인물이 어머니의 옛 정부를 인정할 수 있었을까? 그러나 그때는 여불위의 시대였고, 실로 그가 없었으면 왕위도 없었다.

아버지 장양왕이 즉위 3년 만에 죽자 정이 왕이 되었다. 그는 여불위를 높여서 상국으로 삼고 옛날에 제 환공齊桓公이 관중管仲을 불렀듯이 '중보仲父'라 불렀다. 이른바 의붓아버지인 셈이다. 여불위의 식읍은 무려 10만 호. 그는 진나라에서 왕보다 더 부유한 이였다. 심지어 여불위 집안에서 심부름하는 아이들만 1만 명이었다고 한다. 여불위는 당시 전국시대에 활약하던 신릉군·춘신군·평원군平原君과 같은 이들이 식객이 많은 것을 부러워해서 객들을 불러 모으니 그 수가 3000명이었다고 한다. 그중에는 훗날 통일의 주역이 되는 전략가 이사도 있었다.

왕의 나이가 어리니 태후는 여불위와 계속 사통했다. 어린 왕의 어머니와 의붓아버지가 여전히 사이가 가까우며, 그 의붓아버지의 권세가 왕실을 위협하는 형세였다. 기존 진나라 정치의 추이를 보면 여불위와 같은 사람을 용납해서는 안 된다. 할아버지 소왕은 공명이 혁혁하던 외삼촌 위염魏冉을 물리치고 떠돌이 범저를 들여 썼다. 법가 이론에서 왕은 법의 원천이다. 권병權柄을 남에게 넘겨준 이는 이미 법령의 주관자인 왕이 아닌 것이다. 또한 여태 무공을 통한 작위제를 강력하게 추진하고 있던 진은 호족 휘하에 있는 빈객들을 반기지 않았다. 떠돌이를 모두 호적에 올리고 관리들이 이들을 직접 관리하는 체제, 즉 제민편호齊民編戶라는 정책 목표는 통일 이전의 진간秦簡 자료에서 분명히 드러난다. 그러므로 무수한 식객을 거느린 여불위는 법 밖에 있는 존재가 된다.

하지만 여불위가 그저 부귀만 누렸다면 앞으로 일이 복잡해지지 않았을 것이다. 그도 세월을 이길 수는 없을 테니까. 그러나 그의 야망은 컸다. 그는 최강국 진의 실권자를 넘어 전국 말기 제자백가 사상의 집대성자가 되고자 했다. 그리하여 무려 20만 자로 된《여씨춘추呂氏春秋》가 탄생했다. 그는 이 책이 천지만물의 고금지사를 모두 구비하고 있다고 생각하고 '여씨춘추'라는 이름을 붙인 뒤 함양의 시장 입구에 펼쳐놓고 거기다 천금을 걸어둔 후 호언장담했다고 한다.

"제후의 유세가나 빈객들 중에 한 글자라도 더하거나 덜 수 있는 이가 나오면 천금을 주겠다."

하지만 이런 과도한 자부심 드러내기는 위험한 행동이었다. 군주도 학자도 아닌 외국 출신의 권력자가 한 국가의 이념을 지배하는 것을 용납할 수 있는가? 진왕은 이를 갈았을 것이다. 문제의 책《여씨춘추》안에는 진의 통치 이념과 다른 내용이 수두룩하고, 여불위 자신의 행로를 암시하는 내용들도 적지 않다. 이 책은 유가와 도가 사상을 진이 국시國是로 여기던 법가 사상과 거의 대등하게 다룬다. 또한 이 책 안에는 이미 통일 후 통치체제를 다루는 논문들이 다수 들어 있었다. 그러나 이런 제안은 대략 진왕이 반기지 않는 것들이었다. 대표적인 것이 바로 봉건론이다. 이렇듯 내외(부와 지식)가 모두 왕실을 넘어서고도 그동안 무사했던 사람이 있었던가?

상황은 태후의 행실 때문에 더 복잡해졌다. 열전의 기록에 따르면 태후는 정욕이 남달랐다. 왕이 점차 장성하는데도 태후의 음란한 행동은 멈추지 않았다. 그 무렵 여불위는 이미 나이가 많았다. 그는 태후와의 관계가 발각되어 화가 미칠까 봐 꾀를 냈다.

그는 음경이 큰 노애라는 사내를 찾아 사인으로 삼고 연회장에 그를 데리고 다녔다. 성욕이 넘치는 태후가 소문을 듣고 혹하도록 하기 위해서였다. 노애는 음경에 오동나무 바퀴를 걸고 걸어다닐 수 있는 사내였다고 한다. 소문을 듣고 태후는 과연 은밀히 노애를 얻고자 했다. 여불위는 노애를 태후에게 보낸 후 어떤 사람을 시켜 그가 부형腐刑(궁형)을 받도록 고발하게 했다. 그러고는 몰래 태후에게 이렇게 말했다.

"거짓으로 부형을 받도록 하고 급사중給事中(심부름꾼)으로 삼아 데리고 계십시오."

그러자 태후는 몰래 형을 주관하는 관리에게 뇌물을 듬뿍 먹였다. 이리하여 관리는 노애의 수염과 눈썹을 뽑아 환관처럼 만들었고, 그는 드디어 가짜 환관으로서 태후를 모시게 되었다. 영달하고자 가짜 환관이 된 자도 가소롭지만, 가짜 환관을 바쳐서 옛 첩을 떼어내려는 여불위의 노력도 처량하다. 하지만 일견 엉성해 보이는 이 시도는 성공하여 태후는 노애를 항상 곁에 두었고 후하게 상을 내렸다. 둘은 정이 지나쳤는지 태후는 곧 임신을 했다. 그녀는 사실이 발각될까 두려워 가짜로 점을 쳐서 잠시 재액을 피한다는 구실로 함양을 떠나 옹雍 땅으로 가서 살았다.

허나 노애 또한 그저 음경만 큰 사람이 아니라 문제적인 인물로서 엉뚱하게도 정치적 야망을 품었다. 이리하여 어린 왕을 무시하고 태후의 총애를 받던 노애가 국가의 일을 주무르기 시작한다. 이때 노애의 가동이 수천 명이요, 벼슬을 얻고자 노애의 사인이 된 이가 1000명이 넘었다고 한다. 왕이 아닌 보통 사람이라도 어머니의 정부 둘이 판을

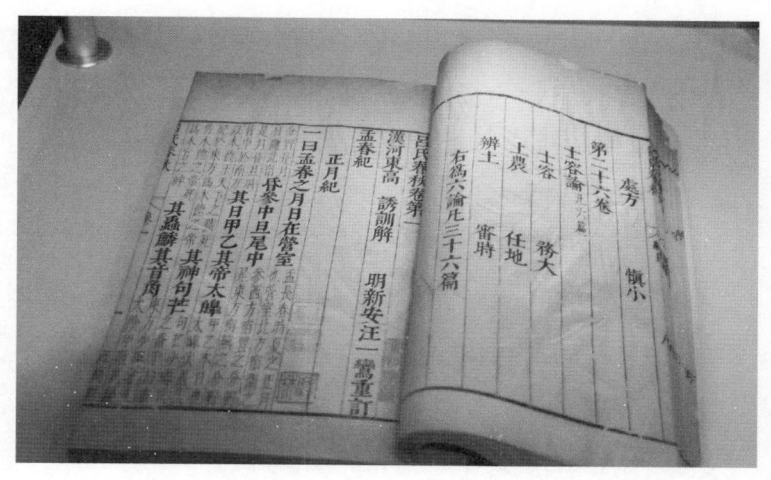

《여씨춘추》명대 판본. 여불위는 전국 말기 제자백가 사상의 집대성자가 되고자 했다. 그리하여 무려 20만 자로 된 《여씨춘추》가 탄생했다. 하지만 국가의 이념을 지배하려는 그의 시도는 위험한 행동이었다.

치는 상황이 대단히 난감했을 것이다. 여불위 하나도 버거웠을 텐데 이제 태후를 등에 업은 노애라는 자까지 가담하니 나라에 권력자가 셋이나 생긴 셈이다. 하지만 진왕 정처럼 명민한 이에게는 둘이 하나보다 오히려 쉬울 수도 있었다.

당시 여불위와 노애의 권세는 과연 어느 정도였을까?《전국책戰國策》〈진책秦策〉에 그 단서가 있다. 당시 외정은 사실상 여불위가 주무르고 있었다. 그가 조를 공격해 하간 땅을 넓히려고 먼저 강성군剛成君 채택蔡澤을 보내 3년 동안 연나라를 섬기게 한 뒤 연의 태자를 진의 인질로 들였다. 그러고 나서 그는 장당張唐을 연나라 상국으로 삼고 연과 함께 조를 공격해 하간 땅을 넓히려 했다. 그러나 장당은 여불위의 말을 듣지 않았다.

"연으로 가자면 반드시 조를 거쳐야 합니다. 조인들은 저에게 100리의 땅을 상금으로 걸어놓았습니다."*

장당이 뻗대고 나서자 여불위는 심히 불쾌했다. 그러자 감무甘茂의 손자인 감라甘羅가 여불위를 위해 장당을 은근히 위협한다.

"경의 공을 무안군(백기)과 비교하면 어떻습니까?"

"무안군이 싸움에서 이기고 공격해 취한 것도 셀 수가 없고, 성을 공격하고 읍을 차지한 것도 셀 수가 없지요. 신의 공은 무안군만 못하오."

"경의 공이 무안군만 못한 것은 확실히 알고 계시지요?"

"알고 있소."

"응후(범저)가 진의 일을 처리할 때와 지금 문신후(여불위)를 비교하면 누가 진의 정치를 마음대로 주무릅니까?"

"응후가 문신후처럼 마음대로 하지는 못했지요."

"경은 응후가 문신후보다 권력이 약했다는 것을 확실히 아시지요?"

"알고 있소."

"응후가 조를 치고자 할 때 무안군이 어렵게 생각하고 거부하다가 (탄핵을 당해) 함양에서 겨우 7리를 벗어나 교살당했습니다. 지금 문신후가 경에게 연나라 상국이 되라 하는데 경이 안 가려고 하시니 신은 경께서 앞으로 어디서 돌아가실지 모르겠습니다."

- 《사기》〈감무열전甘茂列傳〉에 따르면 장당이 예전 소왕 시절 조나라를 친 까닭에 조나라 사람들이 원한을 가지고 있었다 한다.

이렇게 말하자 장당은 두려워서, "젊은이의 말을 듣고 가겠소" 하고 는 당장 떠났다.

이 기사를 통해 당시 문신후가 군대를 부리는 일까지 마음대로 했다 는 사실은 충분히 알 수 있다. 이런 기사는 또 여럿 있다.

그렇다면 태후의 새 연인 노애의 위세는 어느 정도였을까? 단순히 태후의 정부情夫에 불과했을까?《전국책》〈위책魏策〉에 이런 이야기가 실려 있다. 당시 여불위는 계속 위魏를 공략하려 했다. 위는 노애를 이 용해서 여불위를 견제할 모략을 냈다. 마침 진이 위를 공격하니 사태 가 위급했다. 어떤 이가 위왕에게 말했다.

"그저 버리는 것보다 쓰는 것이 더 쉽고 죽는 것보다는 버리는 것이 쉽습니다.* 버릴 줄은 알고 쓸 줄은 모르고, 죽을 줄은 알고 버릴 줄 모 르는 것이 사람들이 저지르는 큰 잘못입니다. 지금 왕께서 수백 리의 땅과 수십 개의 성을 잃었지만 나라의 우환은 해결되지 않았으니, 이 는 왕께서 (그저 싸움에 져서) 땅을 버릴 뿐 (능동적으로) 이용하지 않았기 때문입니다. 지금 진은 강하여 천하무적이나 위는 심히 약하여 그들의 침공을 맞고 있습니다. 그런데 다시 왕께서는 죽을지언정 버릴 수는 없다 하시니 이는 커다란 과오입니다. 지금 왕께서 신의 계책을 쓰신 다면 땅은 훼손될 것이나 나라를 상할 정도는 안 될 것이고 자세를 낮 춰야 하나 몸을 괴롭게 할 정도는 안 될 것이고, 우환을 해결하고 원한

- *"棄之不如用之之易也"는 싸움에 지거나 궁지에 몰려 어쩔 수 없어서 땅을 주는 것보다 그 땅을 뇌물로 사용하여 뭐라도 얻는 것이 낫다는 뜻이며, "死之不如棄之之易也"는 정말 궁지에 몰리면 땅을 포기해 야지 죽을 수는 없다는 뜻이다.

을 갚을 수 있을 것입니다."

그 땅을 어디에 쓴다는 말일까? 유세가는 말을 잇는다.

"진나라 국경 안에 사는 사람들로서 집법執法(고관) 이하부터 수레 끄는 자[長輓者]까지 모두 말하길 '노 씨(노애) 편에 설까, 여 씨(여불위) 편에 설까?' 하고, 여염 문 아래부터 조정의 전 위에 선 이[廊廟之上]까지도 마찬가지로 묻습니다. 지금 왕께서 땅을 떼어 진에 뇌물로 주고 이를 노애의 공으로 삼으시고, 몸을 굽혀 진을 높이면서 다 노애 때문이라고 하십시오. 왕께서 나라를 들어 노애를 찬양하면 노애가 (여불위를) 이길 것입니다. 왕께서 나라를 들어 노애를 찬양하면 진의 태후는 골수에 사무치도록 왕께 고마워할 것이고, 왕을 천하에서 가장 가까운 이로 대할 것입니다. 지금껏 진과 위가 백 번 서로 가깝고 백 번 서로 속여 왔습니다. 지금 노애를 편들어준 일로 인해 진과 친해져 진이 천하 제후들 중에 위를 가장 가까이하게 되면, 천하 제후들 중에 누군들 여 씨를 버리고 노애를 따르지 않겠습니까? 천하가 반드시 여 씨를 버리고 노씨를 따르면 왕의 원한을 갚을 수 있습니다."

이 사건은 진왕이 자리에 오른 지 5년 무렵의 일로 보인다. 그때 진은 한창 위를 공략하는 중이었다.• 이 기사와 《사기》 〈진시황본기〉를 종합하면 여불위는 당시 군대를 이끌고 일심으로 산동을 공략하는 중이

• 《사기》 〈진시황본기〉에 이런 내용이 실려 있다. "5년, 장군 몽오가 위魏를 공격해 산조酸棗·연燕·허虛·장평長平·옹구雍丘·산양성山陽城을 공격해 모두 뽑아내니, 취한 것이 12성이었다. 처음으로 동군을 두었다. 겨울에 천둥이 쳤다. 6년 한·위魏·조·위衛·초가 함께 진을 공격하여 수릉壽陵을 취했다. 진이 군대를 내니 5국은 군대를 파했다. 위衛를 뽑아내 동군을 압박하니 그 군주가 지속을 거느리고 야왕으로 이주해 산에 의지하여 위魏의 하내를 지켰다."

었다. 그러자 열국은 여불위의 공세가 두려워 노애를 이용해 여불위를 치려고 했다. 열국은 노애를 그럭저럭 상대하기 좋은 허수아비로 여겼던 듯하다. 이렇게 노애에 대한 태후의 사랑은 열국이 모두 알 정도니 진왕이 모를 리가 없다. 노애는 참으로 꼴불견 짓을 꽤 했던 모양이다.

《설원說苑》〈정간正諫〉에 이런 이야기가 실려 있다. 알다시피 태후는 정부 노애를 아꼈고 아들 둘을 낳았기에 노애가 국사를 마음대로 주물렀다. 이 사람이 점점 교만해져서 좌우의 신하들과 도박을 하다 술을 먹고 서로 싸우자 눈을 부릅뜨고 이렇게 일갈했다고 한다.

"나는 왕*의 가부假父다. 너희 비루한 자들이 감히 나에게 대들다니!"

이날 노애와 싸운 사람들이 왕에게 이 일을 고했더니 왕은 크게 화를 냈다고 한다.

그러나 노애든 여불위든 진왕의 실력을 과소평가했던 듯하다. 다시 《사기열전》으로 돌아가 보자. 진왕은 때를 기다리고 있었다. 노애는 여불위 자신이 심은 화근이었다.

진시황 9년, 어떤 사람이 노애가 가짜 환관이라고 고발했다. 당시 노애가 태후와 관계해 두 아들을 낳아 몰래 키우는 중이고 태후와 모의하여 말하길, "왕이 죽으면 자기 아들들을 왕으로 세웁시다[王旣薨, 以子爲後]"라고 했다는 것이다. 왕은 갓 약관을 넘겼다. 그런데 왕의 어미가 어떻게 왕보다 오래 산단 말인가? 그러니 이 기사는 노애가 왕을 죽일 마음을 품었다는 것을 암시한다. 기록에 나와 있지만 사실 이런 모의

• 원문에는 황제라고 되어 있지만 그때는 황제가 아니었다.

의 진실 여부를 증명하기는 어렵다. 어쩌면 진왕이 노애를 제거할 기회를 노리다가 옳거니 얽어넣었을지도 모른다. 우리는 대략 진의 공식 기록들만 가지고 있고, 그런 기록이 왕의 음모를 실을 리 없기 때문에 역시 판단하기 힘들다.

노애 또한 자신이 고발당했다는 사실을 알았다. 그러나 왕은 측근들을 통해 이미 진상을 검토했지만 아직 발표하지 않고 천연덕스럽게 옹땅으로 가서 교사를 지냈다고 한다. 옹에서 왕은 성년식을 치르고 관을 쓰고 검을 찼다. 이제 그는 어린아이가 아니다. 본격적인 친정이 시작될 것이다. 왕은 무서운 사람이다. 점점 조여오는 수사망에 불안을 느낀 노애는 왕이 없는 시기를 이용해 먼저 난을 일으켰다.《사기》〈진시황본기〉의 내용을 따라가 보자.

장신후長信侯 노애는 어떤 방식으로 반란을 일으켰을까? 그는 왕의 옥새와 태후의 인장을 위조해 현졸縣卒과 위졸衛卒, 관의 기병, 융적군공戎翟君公, 사인 들을 동원해 기년궁蘄年宮을 공격하려고 했다. 그러나 왕은 이미 이를 기다리고 있었다. 왕이 곧장 상국 창평군昌平君과 창문군昌文君을 보내 군사를 내어 노애를 치니 난은 금방 진압되었다. 창평군 등은 함양에서 노애 패와 싸워 수백 명을 참수했다. 왕은 이 싸움에 참여한 사람들에게 작위를 내렸고, 환관 중 전투에 참여한 이에게 역시 1급의 작위를 내렸다.

노애 등이 패해 달아나니 바로 전국에 그를 생포하는 이에게는 100만 전, 죽인 이에게는 50만 전을 준다는 영을 내렸다. (결국) 노애의 무리를 모두 잡고, 위위僞位·내사內史·좌익左翼·중대부령中大夫令 등 20인의 목을 베어 효수하고, 몸을 찢어 조리돌리고 그 종족을 모조리 죽였다. 사인들 중 죄가 가벼운 자는 귀신형鬼薪刑에 처했다. 또한 작위를 박탈당하고 촉으로 유배된 집안이 4000여 가구였다.

이렇게 위위와 내사까지 연루된 것으로 보아 반란의 규모는 상당히 컸을 것이다. 왕의 조치는 빠르고 단호했다. 또한 왕은 돌 한 개로 두 마리 새를 잡을 요량이었다. 《사기》〈여불위열전〉을 따라가 보자. 왕이 관리를 보내 사건을 다스리도록 하여 실상을 완전히 파악하니 이 일에는 상국 여불위까지 연결되어 있었다.

> 9월에 노애의 삼족을 멸하고(夷嫪毒三族) 태후가 낳은 아들 둘을 죽이고 태후를 옹에 유배 보냈다. 노애의 사인들은 그 가산을 모두 몰수하고(沒其家)˙ 촉 땅으로 유배 보냈다. 왕은 상국 여불위도 죽이고 싶었지만, 그가 선왕을 모신 공이 크고 빈객 변사 중 그를 위해 유세하는 사람들이 많아 왕은 차마 법대로 하지 못했다. 진왕 10년 10월, 상국 여불위를 면직했다.

이렇게 진왕은 두 명의 정적을 한꺼번에 잡았다. 파면된 여불위는 어떻게 될까? 진왕이 이미 힘을 잃은 그를 살려둘까? 파면된 여불위는 봉지 하남으로 보내졌다. 그런데 한 해 정도 지나자 제후(열국)의 빈객

- ˙'몰기가'란 가산과 노복 등을 관에서 몰수하는 것이다. 《수호지진간》〈사공률〉에 "모두 몰수해 관으로 들인다[皆沒入公]"는 구절이 나온다.

들이 서로 길에서 얼굴을 마주 볼 정도로 연이어 여불위를 찾았다고 한다. 그러자 진왕은 여불위가 변고를 일으킬까 두려워 이런 서신을 내렸다.

"군은 진秦에 무슨 공을 세웠기에 진은 군을 하남에 보내 식읍 10만을 주었습니까? 군께서 진과 무슨 혈연관계가 있어 중보라 불린답니까? 가속들을 이끌고 촉으로 옮겨 가 사시오."

참으로 모진 말이었다. 여불위가 없었으면 진왕 자신은 조나라 땅에서 죽든지, 귀국했어도 거의 서민 같은 생활을 했을 것이다. 여불위는 자신의 친아버지일 수도 있다. 그러나 진왕은 그런 인정 따위는 아랑곳하지 않았다. 급기야 노애처럼 여불위도 진왕이 점점 자신을 침범해 들어온다고 여겨 주살당할까 두려워 독을 마시고 죽었다. 진왕으로서는 반가운 일이었다.

여불위가 죽자 (사람들이) 몰래 장사지냈는데 진왕은 이 일도 감시하고 있었다. 장례에 참석한 자들 중 진晉(삼진) 사람이면 국외로 쫓아내고, 본국 사람으로 녹질 600석 이상이면 작위를 박탈하고 유배 보냈으며, 500석 이하로 참석하지 않은 이들은 작위는 박탈하지 않고 유배 보냈다. 여불위는 이렇게 탄압당했다. 노애와 여불위를 제거할 때 정확히 몇 명을 살해하고 면직했는지 모르지만, 기록만으로도 왕의 권위를 위협하던 세력들은 거의 뿌리가 뽑혔다고 할 수 있다. 이런 고난을 통해 냉혹하고 과감한 철의 사나이가 탄생했다.

2. 동인의 몰락: 춘신군 암살 사건

진나라에서 노애가 죽고 여불위가 권력을 잃은 바로 그해, 초나라에서도 비슷한 정변이 일어났으니 바로 춘신군 살해 사건이다. 이 이야기는 진에서 벌어진 노애의 반란과 경과가 비슷한 듯하면서도 다르고, 춘신군은 여불위와 행태가 비슷한 듯하지만 또 다르며, 이 사건이 두 나라에 미친 효과 또한 완전히 달랐다.

춘신군은 여불위와 마찬가지로 당시 왕을 제 손으로 등극시킨 일등 공신이었다. 그러나 그는 여불위처럼 음모로 권력을 획득한 것이 아니라 목숨을 걸고 진에 억류된 태자를 탈출시켜 왕으로 세운 정통파 공신이자 충심을 갖춘, 비유하자면 썩지 않는 구리 같은 인물[銅人]이었다. 또한 한단의 포위전에서 진군을 격파하는 전공을 세웠으며, 이후 합종의 주재자로서 열국의 신망을 안고 있는 산동의 거물이었기에 《전국책》 등에 "춘신군만 바라본다"는 기사가 등장한다. 이뿐 아니라 그는 진에서 잃은 서쪽 땅을 벌충하기 위해 옛 오나라 땅으로 가서 강동을 경략했다. 그는 초나라 최고의 권력자였지만 찬탈을 기도할 인물은 아니었다. 그러나 안타깝게도 영웅의 최후는 아름답지 못했다. 《사기》 〈춘신군열전春申君列傳〉에 따르면 그는 말년에 어이없는 실수를 저지른다. 열전을 따라가 보자.

자리가 안정되면 왕은 대개 공신을 물리치고 싶어 한다. 군주정 아래 권력이 두 사람의 손에 있기 어려운 점은 동서고금에 차이가 없다. 춘신군 이상의 위명偉名을 날리던 위나라 신릉군 또한 비정한 정치 무대에서 제거되지 않았는가? 마침 춘신군이 빌미를 제공했다. 고열왕考烈王 22년(기원전 241), 왕이 스스로 합종의 맹주가 되고 춘신군이 일을 주관하여 진을 쳤다. 진왕이 어리고 정치가 분열되어 있다고 생각했기 때문이다. 그러나 막상 진이 반격하자 연합군은 맞서 싸우지도 못하고 흩어져버렸다. 이로써 춘신군의 명망은 큰 타격을 입었다. 고열왕은 이를 춘신군의 책임으로 돌렸고 둘의 사이는 점점 벌어졌다. 바야흐로 춘신군과 초왕의 사이가 멀어질 즈음 관진觀津에서 온 주영朱英이라는 객이 이렇게 고했다고 한다.

"사람들은 모두 초는 원래 강하지만 군께서 일을 주관하면서 약하게 만들었다고 합니다. 하지만 제가 보기에는 그렇지 않습니다. 선군께서 계실 때 진과 우호를 맺어 진이 20년 동안 초를 공격하지 않았습니다. 왜 그랬습니까? 진이 민애黽隘의 요새를 넘어 초를 공격하는 것은 쉽지 않았으니, 양주兩周에 길을 빌리고 위와 한을 등지고 초를 공격하는 것은 불가능했습니다. 그러나 지금은 그렇지 않습니다. 위는 아침저녁에 망할 지경이라 허許와 언릉鄢陵을 아낄 겨를이 없습니다. 이에 위가 허를 떼어 진에 준다면 진의 군대와 초의 수도 진陳은 불과 600리를 사이에 두게 됩니다. 그렇게 되면 신이 보기에 초와 진은 날마다 싸울 것입니다."

춘신군은 일리가 있다고 여겼다. 이리하여 초는 진에서 수춘으로 천도했다. 춘신군은 옛 오吳 땅에 봉지를 취하고, 여전히 상국으로서 일을 주관했다. 그러나 필자가 보기에 춘신군은 나이 탓에 기백이 약해진 것으로 보인다. 이렇게 물러나는 태도로는 진을 상대로 나라를 보위할 수 없다. 천도는 초가 진에 약한 모습을 보인 처사였다. 초가 동쪽으로 가면 진은 초 대신 다른 나라를 먼저 공략할 것이라는 뜻인데, 이는 고식지계姑息之計에 불과하다. 오히려 초의 수도를 진군에 가까이 두고 합종의 종주로서 초의 위상을 강화해야 한다. 초가 빠지면 삼진은 더욱 겁을 먹고 기회주의적인 태도를 취할 것이니까. 동쪽은 바다로 막혀 있는데 언제까지 동쪽으로 갈 것인가? 하지만 이때쯤 춘신군은 이미 지난날의 강골이 아니었고, 초도 쪼그라들어 과거의 패기는 없었다.

그런데 또 다른 문제가 있었다. 진의 장양왕은 어린 자식을 남기고 죽었지만 초의 고열왕은 아예 자식이 없었다. 전국시대에 왕의 후사가 없다는 것은 시한폭탄을 안고 산다는 것을 의미한다. 왕이 죽으면 즉시 권력투쟁이 벌어질 것이다. 춘신군이 이 일을 걱정해 아이를 가질 수 있는 여인들을 수없이 구해서 바쳤지만 결국 아들을 얻지 못했으니 고열왕의 몸에 문제가 있었던 듯하다.

이런 상황에서 모리배들이 꼬일 수밖에 없었으니, 조나라 사람 이원李園이라는 자가 자신의 누이를 고열왕에게 바치고자 했다. 그러나 왕이 아이를 얻지 못한다는 소리를 듣고 누이가 시간이 지나도 아들을 얻지 못하면 총애를 받지 못할까 걱정했다. 누이를 바쳐 영화를 구하는 인간이 어느 정도의 인품을 가지고 있을지는 쉽사리 짐작할 수 있다. 이원은 왕 대신 춘신군을 섬기기를 원했기에 사인舍人이 되었다. 하지만 이원도 꼭 노애처럼 딴생각을 품고 있었다. 그는 고향을 다녀온다고 한 후 일부러 돌아올 기한을 어겼다. 춘신군이 왜 늦었는지 정황을 물어보니 이원이 이렇게 대답했다.

"제나라 왕이 사자를 보내 신의 여동생을 원하여 그 사자와 술을 하느라 기일을 맞추지 못했습니다."

춘신군이 물었다.

"빙물聘物은 받았는가?"

이원이 답했다.

"아직 받지 않았습니다."

춘신군이 되물었다.

"그렇다면 내가 누이를 볼 수 있겠는가?"

"보실 수 있습니다."

이리하여 이원은 누이를 춘신군에게 바치니 그녀는 즉시 춘신군의 총애를 받았다. 누이의 태기를 확인한 후 이원은 그녀와 모종의 일을 기획했다. 이원의 누이는 한가한 틈을 타서 춘신군에게 말했다.

"왕이 군을 높이고 아끼는 정도는 비록 형제지간이라도 따를 수 없을 지경입니다. 군께서 초나라 상국이 된 지 지금 20년이 넘었는데 왕은 후사가 없습니다. 하오니 백세 후(왕이 죽은 후) 왕의 형제들을 왕으로 세울 것입니다. 초왕이 새로 서면 그분 또한 전부터 자신들과 친했던 이들을 높일 테니˙군께서는 어찌 안전할 수 있겠습니까? 그뿐 아니라 군께서 오랫동안 일을 주관하면서 왕의 형제들에게 실례한 바가 많습

• 열전은 "即百歲後將更立兄弟, 則楚更立君後, 亦各貴其故所親"으로 기록하고 있는데 뜻이 명확하지 않다. 《전국책》〈초책楚策〉은 "即百歲後將更立兄弟, 卽楚王更立, 彼亦各貴其故所親"으로 되어 있어 뜻이 명확하다. 〈초책〉을 따라 새긴다.

니다. 실로 왕의 형제가 즉위한다면 화가 군의 몸에 미칠 판인데 하물며 상국의 인수와 강동의 봉지를 보유할 수 있겠습니까?

지금 임신한 것은 첩만 알지 남은 모릅니다. 첩이 군의 총애를 받은 지 오래니 실로 군의 중함에 기대어 첩을 왕께 바치면 왕은 분명 저를 아낄 것입니다. 첩이 하늘의 도움을 받아 다행히 아들을 낳으면 이는 군의 아들이 왕이 되는 것이고, 초나라 전체도 얻을 수 있을 텐데 가늠할 수 없는 죄에 몸을 맡기는 것과 비할 수 있겠습니까?"

얼핏 일리가 있어 보이기에 춘신군은 정말 이원의 누이를 왕에게 추천했다. 과연 왕이 그녀를 총애했고 그녀는 아들을 낳았다. 왕은 아들을 태자로 삼고 외삼촌 이원을 높이고 일을 맡겼다. 이원은 한낱 음모자에 불과한데 왜 고열왕은 그에게 일을 맡겼을까? 춘신군을 제어하고 어렵사리 얻은 어린 아들을 위한 길을 열어주기 위해서 그랬을 것이다. 아들의 친외삼촌이라면 믿을 만하지 않은가? 그러나 검증된 충신을 버리고 겨우 새로 얻은 아들의 외삼촌에게 권력을 주는 위험성을 왕은 알고 있었을까?

이제부터 악인들의 전형적인 행동 양상이 드러난다. 악인은 예외 없이 자신의 음모가 발각될까 봐 더욱 악한 행동을 한다. 정치적으로 춘신군은 이원의 은인이다. 그러나 이원은 누이가 왕후가 되고 조카가 태자가 되자 춘신군이 기밀을 누설하고 자기를 억누를까 봐 두려웠다. 그리하여 몰래 결사대를 길러 춘신군을 죽여 입을 막으려 했다. 그러나 국인 중에 이를 아는 이가 이미 많았다. 춘신군이 상국으로 지낸 지 25년, 마침 고열왕이 죽을병이 들었다. 그때 주영이 다시 춘신군에게 이렇게 유세했다.

"세상에는 예기치 않게 찾아오는 복이 있고, 또한 예기치 못하고 닥치는 화가 있습니다. 지금 군께서는 기약할 수 없는 세상에 처해 기약할 수 없는 군주를 섬기고 계시니 예기치 못한 인물 한 명쯤을 갖추지 않고서야 되겠습니까?"

춘신군과 주영 사이에 다음과 같은 대화가 오갔다.

"그 예기치 않은 복이란 무엇인가?"

"군께서 초의 상국으로 계신 지 20년이 넘었습니다. 비록 이름은 상국이나 실은 초나라의 왕이었습니다. 지금 초왕이 병들어 조석간에 세상을 버릴 것이니, 이제 군께서 어린 군주를 섬기실 판입니다. 이 차에 대신 국가를 맡았다가 왕께서 장성하시면 정권을 돌려주면 이는 옛날 은나라 이윤이나 주나라 주공이 한 일과 같습니다. 그러지 않고 기어이 남면하고 고孤를 칭하면 초나라를 차지하는 것입니다. 이를 예기치 않은 복이라 합니다."

그러나 초의 중신으로서 대중의 신망을 받는 춘신군으로서는 모두 받아들일 수 없는 이야기였다.

"그렇다면 예기치 않은 화란 무엇인가?"

"이원은 나라를 다스리지는 않지만 왕의 외삼촌입니다. 군사를 다스리는 장군도 아니면서 몰래 죽음을 불사하는 무사를 기른 지 오래되었습니다.' 왕께서 돌아가시면 이원은 분명 먼저 궁으로 들어가 권력을 잡고 군을 죽여 입을 막을 것입니다. 이를 일러 예기치 못한 화라고 합니다."

"그렇다면 예기치 못한 인물이란 어떤 사람이오?"

"군께서는 신을 낭중郎中으로 삼으십시오. 왕께서 돌아가시면 이원이 필시 먼저 궁으로 들어갈 것인즉, 신은 군을 위해 이원을 죽이겠습니다. 이를 일러 예기치 못한 인물이라 합니다."

그러나 춘신군의 생각은 달랐다.

"족하는 그만두시오. 이원은 유약한 자이고 나 또한 그에게 잘 대해줬는데, 어찌 일이 그 지경에 이르겠소이까?"

주영은 자기 말이 쓰일 수 없다는 것을 알고 화가 자기 몸에 미칠까 두려워 달아났다.

17일 후에 고열왕이 죽자 이원은 과연 먼저 궁으로 들어가 죽음을 무릅쓰는 무사들을 극문棘門 안에 매복시켰다가, 춘신군이 극문을 들어올 때 머리를 베고는 극문 밖으로 던져버렸다. 그리고 나서 군리들을 시켜 춘신군의 집안을 멸망시키고 여동생이 춘신군의 총애를 받아 가진 아이를 왕으로 세우니 그가 유왕幽王이다.

사마천은 지적한다. 이해는 진시황 재위 9년이었고, 노애 역시 난을 일으키려다 발각되어 삼족을 몰살당했으며, 여불위는 직위를 잃었다고. 춘신군의 일을 여불위 사건과 비교해보라는 것이다. 그리고 이렇게 평가했다.

• 이 부분의 열전 원문은 "李園不治國而君之仇也, 不爲兵而養死士之日久矣"이다. 그렇다면 의미는 대략 "이원은 나라를 다스리지 않지만 군의 원수이며, 군사의 일을 다루지 않지만 죽음을 무릅쓴 무사를 기른 지 오래입니다" 정도일 것이다. 그러나 《전국책》 〈초책〉은 "李園不治國, 王之舅也. 不爲爲兵將, 而 陰養死士之日久矣"로 되어 있어 의미가 훨씬 명확하다. 필자는 《전국책》 〈초책〉을 따랐다.

나는 초에 가서 춘신군의 옛 성을 보았는데 궁실이 성대했다. 애초 춘신군이 진나라 소왕에게 유세하여 몸을 던져 초나라 태자를 달아나게 하여 귀국시킬 때, 그 지혜는 얼마나 밝았던가? 훗날 이원에게 당했으니, 늙었도다. 속담에 '응당 결단을 내려야 할 때 내리지 못하면 도리어 화를 입는다'는 말이 있다. 춘신군이 주영의 말을 듣지 않은 것을 말함인가?

-《사기》〈춘신군열전〉

그토록 총명하고 용맹한 사람이 그렇게 어이없이 당하다니. 그가 이원에게 당한 것은 정말로 늙어서 쇠약했기 때문일까, 아니면 너무 순진했기 때문일까? 그간의 행적을 볼 때 춘신군은 노애나 여불위보다 신릉군에 가까운 이였다. 그러나 냉혹한 정치 무대는 그에게 이런 뜻밖의 종말을 준비하고 있었다.

노애 사건과 춘신군 사건은 어떻게 다른가? 진왕이 나서서 노애를 죽임으로써 진의 기강이 섰다. 하지만 모리배가 나서 춘신군을 죽이면서 오히려 초는 약해졌다. 진은 법 밖의 권신을 제거함으로써 중앙집권을 강화했지만 초는 검증된 공신을 죽이고 음모가가 권력을 맡게 되면서 중앙이 오히려 약해졌다. 해마다 싸움이 벌어지는 전국 말기에 갓난아이가 춘신군 정도의 노련한 후원자 없이 어떻게 정치를 한단 말인가? 누이를 바쳐 권력을 구하는 자가 어떻게 호랑이 같은 장군들을 부린단 말인가?

필자는 아무런 공도 없으면서 권력을 차지하려고 했던 이원이 막바지에 몰려 반란을 일으킨 노애보다 더 사악한 인간이라 본다. 안타깝게도 이원은 꽤 오랫동안 권세를 누린 듯하다. 초나라 유왕은 이후 10년 동안 집권하는데 그때 이원이 어떻게 되었다는 기록이 없기 때문이다. 다만 유향의《열녀전烈女傳》〈얼폐孽嬖〉에 이런 이야기가 나온다.

> 고열왕의 아우[弟] 공자 부추負芻*의 무리가 유왕이 열왕의 아들이 아니라는 것을 들어 알고는 애왕을 의심하고, 결국 애왕과 태후를 습격해서 죽이고는 이원의 집안을 멸하고 부추를 왕으로 세웠다.

유왕이 죽은 후 동생 유猶(애왕)가 즉위했으나 공자 부추가 쿠데타를 일으켜 스스로 왕이 된 것이다. 우리는 이원이라는 자가 유왕 생전에 어린 왕을 데리고 정권을 휘둘렀음을 쉽사리 짐작할 수 있다. 철인 진왕 정에게 대항할 동인銅人 춘신군, 이 위대한 정치가의 죽음은 결국 후대의 쿠데타로 이어졌기에 초로서는 큰 손실이었다. 당시 진에 대항할 정도의 실력을 갖춘 나라는 오직 초였다. 춘신군이 죽자마자 진은 위나라 군대와 힘을 합쳐 초로 쳐들어왔다. 어린 왕을 보좌하는 이가 실로 이원 따위라면 앞으로 초가 감히 진에게 반격을 도모할 수 있겠는가?

---

* 《열녀전》의 기사와 달리 〈초세가〉에서는 부추가 유의 서형庶兄이라고 한다. 더 가까운 기록인 〈초세가〉를 믿어야겠지만, 이 기사는 모순이 있다. 부추가 유의 이복형이라 해도 그는 어린이다. 고열왕이 처음 얻은 아들이 유왕이니 부추는 분명 유왕보다 어리다. 그런 어린이가 과연 쿠데타를 획책할 수 있을까? 부추가 실제로 고열왕의 동생일 가능성이 크다.

3. 정복자의 조건 1: 동정은 나의 적

2부의 주인공 진왕 정은 역사상 몇 손가락 안에 드는 대★정복자였다. 그런 정복자들은 대개 몇 가지 특징을 공유한다. 일단 이 주인공이 어떤 사람인지 마음에 두고 있어야 향후 그의 행보가 눈에 들어올 것이다. 이 사람의 성격을 여러모로 비슷한 로마의 정복자 알렉산드로스와 비교하며 살펴보자.

정복자는 쉽사리 연민의 감정에 지배당하지 않는다. 앞으로 더 보겠지만 진왕 정 또한 유래를 찾아보기 힘든 무자비한 사람이었다. 자신의 권력을 위협하는 이가 사람이든 짐승이든, 돌이든 산천이든, 심지어 신神이든 가리지 않고 처치했다. 죽여야 할 사람이 한 배에서 나온 이든 늙은이든 어린이든 여자든 가릴 바 없고 그저 자신의 앞길을 막는 이라면 죽어야 한다. 특히 정치범이라면 당사자뿐 아니라 삼족三族이 함께 죽어야 한다. 그는 나무를 없애고자 뿌리를 캐는 데 만족하지 않고 그 열매마저 찾아 불태우는 사람이었다.

하물며 공공연히 병장기를 들고 대드는 이들이라면 말할 나위가 있을까? 그는 전장에서 자신이 파견한 장수가 적을 얼마나 죽이든지 상관하지 않았던 듯하다. 감히 반란에 가담한 이라면 주동자는 물론 말단 사병까지 다 죽인다. 사로잡은 적국의 왕이 활용할 가치가 있으면 살려두었다. 그러나 앞으로 우리는 마지막으로 항복한 왕을 숲에 감금해 굶겨 죽이는 장면을 보게 될 것이다. 마지막으로 항복했기에 괘씸하고 이제는 항복을 권유할 대상이 사라져 활용도가 없었기 때문이리

라. 살려둬서 활용할 필요가 없는 적, 혹은 다시 일어날 기미가 조금이라도 보이는 적은 죽여야 한다.

잔혹함은 정복자가 갖출 필수 요건인 듯하다. 미증유의 목표를 추구하는 지휘관이 중간에 적에게 동정을 품는다면 전쟁은 멈출 수밖에 없다. 전쟁으로 전쟁을 없앤다는 명분을 붙잡고 마지막 적이 쓰러질 때까지 끝까지 밀고 나가야 한다. 정복자들은 칼이 가져올 미래를 믿는 사람들이었다. 로마의 건국자로 알려진 로물루스Romulus의 아버지는 전쟁의 신 마르스Mars다. 또한 그는 늑대의 젖을 먹고 큰 사람이다. 로마는 칼로 일어섰고, 늑대의 잔인함으로 적을 정복했음을 신화神話로 선포한 것이다.

진왕 정 또한 그런 모습을 애써 숨기지 않았다. 전쟁이 일상인 시대에 잔인함만큼 보상이 큰 '미덕美德'은 없었다. 정복의 과실은 실로 대단했다. 사료에 따르면 진한秦漢 대에 작 1등급의 가격은 1만 전錢이라 했다. 하루 일당이 10전이 안 되는 시절이었다. 10만을 죽이고 10만의 수급을 얻으면 어마어마한 포상과 작위 잔치가 벌어진다. 로마 또한 배상금과 전리품 탓에 기원전 2세기 초에는 시민들에게 부과하던 전쟁세를 부과하지 않을 정도였다고 한다. 전쟁의 비용을 전쟁으로 충당한다는 원리다. 적의 장비와 재산을 빼앗고 새 땅에서 세금을 얻어 그것으로 전쟁을 이어가면 그뿐이다.

진왕 정보다 꼭 100년 전 유럽에서 서아시아 전역에 걸친 거대 제국을 만든 알렉산드로스. 흔히 알려진 것처럼 그는 관대한 정복자였을까? 전기 작가들이 기록한 그의 과장된 행동을 곧이곧대로 믿는 사람들은 역사서의 행간을 놓친 셈이다. 정복 전쟁에 관대함이란 없다. 그리스 본토 정복 전쟁 시기, 성채에 갇힌 테베인이 완강하게 저항하자 성을 함락시킨 후 전사들을 다 죽이고, 항전을 주장한 민간인들은 모조리 노예로 팔아버렸다. 왜 그랬을까? 산동의 6국이 진나라 사람들을 야만인 취급했듯 그리스인은 마케도니아인을 야만인 취급했다. 일단 야만인이 얼마나 무서운지 보여줘야 겁을 먹을 것 아닌가? 그뿐 아니다. 플루타르코스Plutarchos의 기록에 따르면 그는 페르시아의 파르스로 진격한 후 얻은 포로들을 학살했다. 또한 페르시아 제국의 수도 페르세폴리스를 불태우고 약탈했다.

그들에게 관대함이란 껍데기에 불과했고 속에 든 것은 잔혹함이었다. 어쩌면 그들이야말로 살육을 통해 적을 꺾는다는 전쟁의 본질에 가장 충실한 사람들이었을 것이다. 전기 작가 퀸투스 쿠르티우스 루푸스Quintus Curtius Rufus는 알렉산드로스의 두 얼굴을 충실히 기록했다. 그에게 항복하는 부족들은 군대를 지원해야 했고, 저항했던 이들은 살육당했다. 예를 들어 알렉산드로스는 인도에서 수드라카이라 불리는 사람들과 싸울 때 자칫하면 전사할 뻔했다. 그러자 마케도니아인들은 성을 함락시킨 후 남녀노소를 가리지 않고 학살했다. 그들이 학살된 이유는 그저 거기에 살았다는 것과, 용감하게 자주권을 지키려 했다는 것뿐이다. 또한 삼보스 왕이 다스리는 영역에서는 무려 8만 명을 학살하고 수많은 이를 노예로 팔았다고 한다. 진왕 정의 군대는 조나라 평양平陽을 함락시킨 후 10만 명의 수급을 베었다. 들판에서 서로 싸우다 죽은 것이 아니라 성을 함락시킨 후 죽인 것이다.

하지만 기억할 것이 있다. 그들은 이유 없이 사람을 죽이는 미치광이는 아니다. 다만 죽는 자를 동정하지 않을 뿐이다. 그들은 목적이 뚜렷할 때, 살인의 효과가 확실할 때만 학살한다. 옛날 진 소왕 시절에는 이유가 없다고 할 수밖에 없는 학살의 기록이 넘치지만, 정작 진왕 정 시절은 평양의 학살 빼고는 이유 없는 학살의 기록은 없다. 그들의 목표는 학살 자체가 아니라 정복이다. 처음 그들은 학살로 적의 저항 의지를 꺾는다. 그러나 더 쉽고 확실한 방법이 눈에 보이면 얼굴을 바꾸고 정반대의 행동을 했다.

알렉산드로스는 테베인에게는 잔인했지만 아테네인에게는 관대했다. 아테네인을 학대하면 반反마케도니아 연합전선이 생길 테니까. 진왕 정 또한 끝까지 대드는 이, 효용가치가 없는 이들만 표적으로 삼아 기어이 도륙했다. 그가 각 나라를 대하는 방식은 상황에 따라 달랐다. 다만 정적을 제거할 때만은 무자비했다. 연민에 무릎을 꿇는 보통 사람들은 이 동정심이 없는 자 앞에서 무릎을 꿇지 않을 수 없다. 지금은 아직 전국시대니까.

제2장

통일전쟁의 서막

: 기획자들과 방책

...

아무리 철인이라도 큰 기업을 혼자 힘으로 이끌 수 없다. 통일 전까지 진왕 정은 독단적인 사람이 아니었다. 그는 아랫사람에게 머리를 숙일 줄 알았기에 그들의 힘을 다 뽑아낼 수 있었다. 사람을 잘 쓰는 이는 믿음을 준다. 그는 포학한 사람으로 알려져 있지만 생전에는 공신들을 끝까지 믿고 후원했다. 해마다 싸움이 벌어지는 전국의 무대에서 진왕 정은 크게 투자하고, 사람을 쓰는 법을 아는 사람이었다. 초나라 사람 이사, 위나라 사람 울료, 제나라 출신이지만 진에서 군인 가문으로 성장한 몽씨蒙氏, 진 본토 사람으로서 백기와 같은 전傳에 이름을 올린 명장 왕전과 아들 왕분王賁도 모두 처음부터 끝까지 중임을 받았다. 진왕은 의심이 강했지만 의심만으로 공신을 해치는 사람은 아니었다.

또한 큰일은 힘으로만 이룰 수 없다. 그는 당근과 채찍을 동시에 사용했다. 채찍이란 무자비한 살인이다. 친정親征을 개시한 후 통일 전쟁기에 진왕이 성을 함락하고 사람을 학살한 기록은 두 번 등장한다. 첫 번째 《사기》 〈진시황본기〉에는 진왕 정 13년 "환기桓齮가 조나라 평양을 공격해 조장 호첩扈輒을 죽이고, 10만 명을 베었다(桓齮攻趙平陽, 殺趙將扈輒, 斬首十萬)"고 나오고, 《사기》 〈위공자열전魏公子列傳〉은 진이 위나라 도읍 대량을 점령하고 "대량을 도류했다[屠大梁]고 썼다. 평양에서는 호첩이 끝까지 싸웠기 때문에 도륙했다. 그러나 대량을 함락할 때 위왕이 항복했는데 과연 도륙했을까?《사기》〈본기本紀〉는 학살이 있을 경우 반드시 구체적인 숫자까지 밝히지만, 정작 대량 도륙에 관한 이야기는 나오지 않는다. 필자는 살육이 있었더라도 항복한 성의 백성까지 다 죽이는 행동은 하지 않았으리라 짐작할 뿐이다. 그런 행동은 통일을 더 어렵게 한다.

당근이란 바로 돈이었다. 큰 기업은 크게 투자한다. 그리고 이미 큰 기업이 된 진은 돈이 있었다. 당시 주요 사금 생산지는 옛 초나라 땅인 한수와 여수 일대였다. 사천성의 북부에서도 사금이 대량 생산된다. 당시 진은 한수와 사천성 일대를 모두 차지했으니 금 생산량이 크게 늘었을 것이다. 새로 차지한 검중 일대도 대표적인 사금 생산지다. 그러니 고대의 주요 사금 채취지는 진이 거의 차지한 것이다. 진왕은 이 돈을 정복 사업에 투자했다. 마치 알렉산드로스의 아버지가 판카이온의 금광에서 나오는 금으로 정복 사업을 개시했듯이.

진의 군단을 따라 전쟁의 현장으로 가기 전에 그의 통일 사업을 수행한 인물들과 그들이 내놓는 대책들을 먼저 검토하자. 그들은 무력과 지력과 재력을 유연하게 사용할 줄 아는 사람들이었다.

1. 진왕, 어머니를 용서하다

진왕 정은 모질다. 어머니를 유폐하고 동복동생들을 죽인 사람 아닌
가? 그러나 그는 정적들을 모조리 제거해 왕의 자리를 반석에 올리면
서 철두철미한 전형적인 전제군주의 모습을 보였을 뿐 살인마는 아니
다. 우리는 그의 폭력이 하나의 목적, 즉 통일을 위한 수단임을 기억해
야 한다. 그는 목표를 위해서라면 충분히 남의 의견을 들을 수 있는 사
람이었다. 앞으로 우리는 통일의 주역들을 만날 것이다. 군주의 귀가
열려 있어야 인재들이 모일 것 아닌가? 앞에서 제시한《설원》〈정간〉
의 이야기를 이어보자. 진왕은 노애의 종족을 도륙하고 태후는 분양궁
董陽宮으로 보낸 후 하령했다.

"감히 태후의 일로 간하는 자는 육戮형으로 죽이겠다. 뼈를 바르고

사지를 찢어 궐 아래 던져두겠다."

그럼에도 간하는 이들이 있어 사지가 찢어져 궐 아래 쌓인 시체가 27구나 되었지만 진왕의 분노는 가라앉지 않았다. 그때 제나라 사람 모초茅焦가 와서 알현하기를 청했다. 진왕 정이 사람을 보내 태후의 일로 간하는 사람들이 어찌되었는지 아느냐고 물었더니 모초는 안다고 했다. 진왕은 사람을 보내 위협했다.

"궐 아래 쌓인 시체를 보지 못했는가?"

모초는 이렇게 대답했다.

"듣기로 하늘에는 스물여덟 별자리[二十八宿]가 있다 하는데 이미 죽은 이가 스물일곱이니 오늘 신이 온 것은 나머지 한 자리를 채우고자 함일 뿐입니다. 신은 죽음을 두려워하는 이가 아닙니다."

진왕이 이 맹랑한 객을 결국 친히 보기로 하니 모초가 와서 유세를 했다.

"신이 듣기로, '무릇 목숨이 있는 자는 죽음을 두려워하지 않고 나라를 가진 자는 망하는 것을 두려워하지 않는다. 죽음을 두려워하면 목숨을 부지할 수 없으며 망하는 것을 두려워하면 나라를 보존할 수 없다'고 합니다. 생사존망은 성주聖主가 은밀히 듣고자 하는 것입니다. 폐하께서 듣고 싶으신지 모르겠습니다."

진왕이 물었다.

"무슨 뜻인가?"

모초가 대답했다.

"폐하께서는 미친 듯 패악질을 하면서도 정말 모르십니까?"

진왕이 대답했다.

"어떤 것 말인가? 듣고 싶다."

모초가 대답했다.

"폐하께서는 가부(노애)를 거열형으로 찢어 죽이셨으니 질투의 마음을 품은 것이고, 두 동생을 자루에 넣어 때려 죽였으니 자애롭지 못하다는 악명을 얻은 셈이고, 어머니를 분양궁으로 옮겼으니 불효를 행한 것입니다. 이를 간하는 이들은 죽여 풀밭에 던져놓았으니 이는 걸주의 포학한 다스림입니다. 지금 천하가 이를 들으면 모두 와해되어 진을 바라보는 이들이 없을 것이니, 신은 가만히 진이 망하는 것이 두려워 폐하를 위해 이를 위태롭게 여깁니다. 말씀은 다 올렸으니 형을 받고자 합니다."

그러더니 옷을 풀고 형틀에 엎드렸다. 그러자 진왕은 전 아래로 내려가 왼손으로 모초를 잡고 오른손으로 좌우 신하들을 가리켜 말했다.

"사면하라. 그리고 선생은 옷을 입으시오. 말씀을 받아들이리다."

그러고는 모초를 중보로 삼고 상경의 작위를 올리고 당장 분양궁으로 가서 태후를 모셔 함양으로 돌아왔다고 한다. 그러니 태후 또한 매우 기뻐했다는 이야기다.

《사기》〈진시황본기〉에는 모초가 이렇게 유세했다고 나온다.

"진이 바야흐로 천하를 가지고 일을 벌이고 있는데(천하통일을 노리고 있는데), 대왕께서는 어머니 태후를 유배시켰다는 악명이 있으니, 제후들이 이 소식을 듣고 진을 배반할까 두렵습니다."

그러자 진왕은 바로 태후를 함양으로 옮겨 왔다고 한다.

어떤 이유든 그는 친어머니를 다시 불러와 모셨다. 연인 둘을 잃은 태후는 그후로도 10년가량 살다가 죽는다. 하지만 기록에서는 진왕이 어머니를 용서한 것은 통일 사업을 해치지 않기 위해서라고 말한다. 진왕은 사실 어머니를 용서하지 않았다. 심지어 통일을 달성한 후 남긴 비문에도 어머니에 대한 원망이 사무치게 묻어난다. 이 부분은 뒤에서 다시 언급하겠다. 요약하면, 그는 사업에 필요하다면 죽기보다 싫은 일도 하는 사람이다. 그러니 사업에 필요한 인재들을 버릴 리가 있겠는가?

2. 만금을 아끼지 말라

우리는 진왕이 귀를 열었다고 전제했다. 《전국책》 〈진책〉에 이런 이야기가 나온다. 진의 돈약頓弱이라는 처사는 명망이 있었던 모양이다. 진왕이 그를 만나려 하니 돈약이 이렇게 대답했다.

"저는 군주에게 절하지 않는 것을 명분으로 삼고 있습니다. 왕께서 신을 절하지 않게 해주시면 만날 수 있지만 안 그러면 뵐 수 없습니다."

그러자 그 자존심 강한 진왕이 허락했다. 알려진 것처럼 그가 남에게 머리 숙이는 데 인색했던 것은 아니다. 사업이 완성될 때까지라면 그는 누구든 찾아갈 수 있는 사람이다. 이리하여 돈약이 왕을 만나 대뜸 이렇게 말했다.

"세상에는 실리는 있으나 이름이 없는 이가 있고, 실리는 없으면서 이름만 있는 이가 있고, 이름도 실리도 없는 이가 있습니다. 왕께서는 이를 아시는지요?"

"모르겠소이다."

"실리는 있으나 이름은 없는 이는 바로 상인입니다. 가래를 잡고 김을 매는 수고도 하지 않고 곡식을 쌓아놓는 실리를 챙깁니다. 그러니 이는 실리는 있지만 이름은 없는 것입니다. 실리는 없지만 이름만 있는 이는 바로 농민입니다. 얼음이 풀리면 바로 땅을 갈고 여름에는 뜨거운 태양을 등지고 김을 매지만 곡식을 쌓아놓는 실리가 없습니다. 그러니 농부는 실리는 없으면서 이름만 있는 이지요. 이름도 없고 실리도 없는 이는 바로 왕입니다. 만승의 자리에 올랐지만 효도한다는 이름도 없고, 1000리의 땅을 가지고 보양하면서도 (하나 있는 어머니께) 효도를 하는 실리도 없습니다."

들기 싫은 소리를 들은 진왕이 와락 성을 내자 돈약이 말했다.

"산동에 전국이 여섯 있는데, 산동을 덮을 위세도 없으면서 어머니께만 위세를 부리니, 신이 가만히 생각하건대 이는 취할 도리가 아닌 듯합니다."

진왕은 솔깃해져 그에게 물었다.

"산동의 강국들을 과연 병합할 수 있겠소?"

돈약은 방안을 제시하며 돈 이야기를 한다.

"한은 천하의 인후咽喉이며 위魏는 천하의 흉복입니다. 왕께서 신에게 만금을 들려 한과 위에 유세를 하도록 해주시면 저들의 사직을 받치는 중신들[社稷之臣]을 진에 입조하도록 하겠습니다. 그러면 한과 위는 따를 수밖에 없을 것이고, 연후에 천하를 도모할 수 있습니다."

진왕이 대답했다.

"과인의 나라는 가난하여 아마 돈을 댈 수 없을 것 같소만."

돈약이 대답했다.

"천하는 지금껏 서로 싸우지 않은 적이 없었습니다. 합종이 아니면 연횡이지요. 연횡이 성공하면 진이 천하의 제帝가 되는 것이요, 합종이 성공하면 초가 천하의 왕이 되는 것입니다. 진이 제가 되면 천하는 진을 공양할 것이나, 초가 왕 노릇을 하게 되면 왕께서는 비록 만금이 있어도 사사로이 쓸 수 없습니다."

그러자 진왕이 허락했다.

"좋소."

이리하여 돈약에게 만금을 쥐어주고 동쪽으로 한과 위에 보내 그 장상들에게 유세를 하게 하니 과연 열국의 중신들이 매수되어 진을 바라보게 되었다는 것이다.

돈으로 열국의 중신들을 매수하려는 생각을 하는 이는 돈약 외에도 여럿 있었다. 요가姚賈라는 자의 이야기를 들어보자.˙ 다시 《전국책》 〈진책〉이다. 정확히 어떤 시기인지는 불분명하나 네 나라가 하나가 되어 장차 진을 공격하려 했다. 진왕이 여러 신하와 빈객 60인을 불러 물었다.

• 《사기》〈노장한비열전〉에 "이사와 요가가 한비를 해쳤다[李斯姚賈害之]"는 기사가 나온다. 매수파들은 대체로 이사의 무리였던 듯하다.

"네 나라가 뭉쳐서 장차 우리 진을 도모하려 하니 과인은 안에서 꺾이고 백성은 밖에서 닳아 없어지게 생겼소. 장차 이를 어찌하오?"

군신이 모두 대답하지 못하는데 요가가 대답했다.

"신 가는 저 네 나라에 사신으로 가서 반드시 저들의 모의를 깨고 군대를 움직이지 못하게 하겠습니다."

이에 수레 100대와 금 1000근을 마련하고 의관을 갖춰 칼을 찬 다음 사신으로 보내니, 과연 요가는 4국의 연합 모의를 깨고 군대를 발동하지 못하게 하고, 그들과 친교를 맺고 돌아와 보고했다. 그러자 진왕은 대단히 기뻐하며 그를 천호에 봉하고 상경으로 삼았다. 한비韓非가 이를 알고는 진왕에게 말했다.

"요가는 진주와 귀중한 보물을 가지고 남쪽으로 형과 오(오나라는 망했으니 춘신군의 봉지가 오에 있다), 북으로 연과 대에 가서 사신 노릇을 한 지 3년인데, 네 나라와의 교린이 반드시 이어질 보장도 없는데 진주와 보화만 모두 써버렸습니다. 이는 요가가 왕의 권세와 나라의 보물을 가지고 밖에서 자기 마음대로 제후들과 사귄 것입니다. 왕께서는 살펴주소서. 또한 요가는 양나라(위나라) 성문을 지키는 자였으면서 일찍이 양나라에서 도둑질을 했고, 조나라에서 신하 노릇을 하다가 쫓겨났습니다. 누대로 성문을 지키던 자요 양나라의 큰 도둑이자 조나라에서 쫓겨난 신하를 얻어서 그와 더불어 사직의 대계를 공지하는 것은 여러 신하들을 격려하는 방안이 아닌가 합니다."

다분히 한비다운 법가적인 발상이라 하겠다. 이리하여 왕이 요가를 불러 물었다.

"듣자하니 그대는 과인의 재물로서 제후들과 사사로이 사귀었다는데, 그런 일이 있소?"

요가가 능청스럽게 대답했다.

"증삼曾參이 어버이께 효도하니 천하가 그의 아들 삼기를 원했고, 오자서伍子胥가 충성하니 천하가 그를 신하로 삼고자 했습니다. 정숙하고 솜씨 있는 여인은 천하가 모두 아내로 삼기를 원하지요. 허나 지금 저는 왕께 충성했으나 왕께서 몰라주십니다. 제가 그 네 나라들에 몸을 맡기지 않으면 도대체 어찌하란 말입니까? 제가 만약 군주에게 충성하지 않는다면 네 나라의 왕들이 어찌 저를 썼겠습니까? 하夏나라 걸왕桀王은 참언을 듣고 좋은 장수를 죽였고, 은殷나라 주왕紂王은 참언을 믿고 충신을 죽이더니 결국 자신은 죽고 나라는 망했습니다. 지금 왕께서 참언을 들으시면, 나라에 충신은 없게 됩니다."

왕이 되물었다.

"그대는 문지기로서 양나라의 큰 도적이었고 조나라에서 쫓겨난 사람이라는데."

요가는 기죽지 않았다.

"태공망太公望은 제나라에서 쫓겨난 필부였고 조가의 쓸모없는 백정이었으며 자량子良을 섬기다 쫓겨났으며 극진에 있을 때는 아무도 고용하지 않을 정도의 사람이었으나 문왕만은 그를 써서 천하의 왕자가 되었습니다. 관중은 원래 촌놈 장사치였고 남양에 유폐되었으며 노나라의 죄수였지만 환공桓公이 그를 등용하여 천하의 패자가 되었습니다. 백리해百里奚는 우나라의 걸인으로서 양가죽 다섯 장에 팔려갔지만 목공穆公이 재상으로 임명하자 서융西戎이 진에 조현했습니다. 문공은 중산의 도적(호언을 말함)을 써서 성복에서 승리했습니다. 이 네 선비는 모두 비천한 신분에다 천하의 비난받는 이들이었으나, 현명한 군주가 그들을 쓴 이유는 그들과 더불어 공을 이룰 수 있음을 알았기 때문입니다. 만약 변수卞隨·무광務光·신도적申屠狄처럼 행동한다면(즉, 의를 지키고자 은거한다면) 군주가 어찌 그들을 찾아 쓸 수 있겠습니까? 그러므로 현명한 군주는 그들의 결점을 들추지 않고, 그들을 비방하는 말을 듣지 않고, 그저 그들이 자신을 위해 능력을 펼칠 수 있는지 살펴보고 씁니다. 그러니, 사직을 보존할 인재라면 비록 중상하는 말이 들리더라도 듣지 않고, 세상에 우뚝한 명성이 있다고 할지라도 지척咫尺의 공이라도 없는 자에게는 상을 주지 않습니다. 이리하면 뭇 신하들은 감히 군주에게 허황된 바람을 품지 않습니다."

진왕이 수긍했다.

"옳은 말이오."

이리하여 진왕은 요가를 사신으로 쓰고 한비는 죽여버렸다고 한다. 극적인 색이 너무 강해 다 믿을 수는 없지만, 이 이야기가 말하고자 하는 바는 분명하다. 바로 진왕의 유연함과 포용력이다. 그는 한 가지 방책에 얽매인 사람이 아니다.

3. 울료, 군법의 주관자

《사기》〈진시황본기〉에 통일전쟁을 이해하기 위해 간과할 수 없는 인물이 또 한 명 등장한다. 바로 위나라 출신의 울료*다. 다음 장에서 자세히 논하겠지만 그는 가상의 인물이 아니다. 그는 군대를 깊이 이해하는 사람이었으니 위나라의 수비 현황도 훤히 파악하고 있었을 것이다. 본기를 통해 진왕과 울료의 조우 장면을 그려보자. 울료 또한 돈을 풀 것을 이야기한다. 대량 사람인 울료가 와서 진왕에게 유세했다.

"진나라의 강함에 비하면, 제후들은 일개 군현에 불과하지만, 다만 신은 제후들이 합종을 이뤄 한꺼번에 불의의 공격을 가할까 두렵습니다. 이것이 바로 지백智伯과 부차夫差와 제나라 민왕湣王이 패망한 까닭입니다. 원컨대 대왕께서는 재물을 아끼지 마시고 열국의 대신들에게 뇌물을 먹여 저들의 모의를 흐트러뜨리시지요. 불과 30만 금을 쓰면 제후들을 모두 없앨 수 있습니다."

물론 진왕은 울료의 대책을 따랐다. 울료의 이야기는 요가 등의 이야기와 큰 차이가 없다. 그는 울료를 신하가 아닌 동등한 예로 대하고 그와 함께 음식과 의복을 같이하면서 자문을 구했다. 그러나 정작 울료는 진왕이 두려웠던 모양이다.

'진왕의 사람됨을 보자면, 우뚝한 코에 길게 찢어진 눈, 매 같은 가슴

---

* 직역하면 '국위(위尉) 료繚'라는 뜻이다. 이름이 료인 이 사람의 씨氏는 모르지만, 그가 국위가 되었기에 '위료'로 불리다가, 위尉가 성으로 고착되면서 '울尉'로 발음된 것으로 추정된다.

에 승냥이의 목소리를 지녔다. 은혜를 베푸는 것은 적고 호랑이나 늑대와 같은 마음을 가지고 있으니[蜂準, 長目, 摯鳥膺, 豺聲, 少恩而虎狼心] 여의치 않을 때 남의 아래에서도 잘 견디지만 뜻을 얻으면 쉽사리 남을 잡아먹는다. 나는 포의의 인사임에도 저 사람은 나를 보면 항상 스스로를 굽혀 내 아래에 처한다. 진실로 진왕이 천하를 상대로 뜻을 얻으면 천하는 모두 그의 노예가 될 것이다. 여기서 오래 머물 수 없다.'

그는 진을 떠나려 했다. 그러나 진왕이 어떤 인물인가? 실력이 있는 자를 놓칠 리 없다. 그는 울료를 기어이 붙잡아 국위國尉로 삼고 계책을 채택했다고 한다. 국위는 나라의 군정을 책임지는 사람이다. 그때부터 울료가 군대를 주관하고 이사가 모의를 주관했다고 한다. 진왕은 통이 큰 사람이었다. 무시무시한 폭군으로 유명하지만 정복이 끝날 때까지 그는 언제든 아량을 베풀고, 심지어 아랫사람에게 허리를 굽힐 용의가 있는 인물이었다. 그런데 울료는 도대체 무슨 재주를 가졌기에 단번에 국위의 자리를 꿰찬 것일까? 그는 군대를 조련하는 사람이다. 진의 군대를 무적으로 만들 사람이라면 고개를 숙이지 못할 까닭이 무엇인가? 천하가 걸린 판국에.

이제《울료자尉繚子》라는 병법서를 통해 국위 울료의 병법에 대해 간단히 살펴보자. 울료가 국위로 임명된 것만 보아도 알 수 있듯이 그는 병법가다. 그는 "군법이 확고하지 않으면 이길 수 없다"고 말한다. 그는 전형적인 법병가法兵家의 관점에서 승리의 요건을 제시한다. 그의 이야기는 진왕의 정책과 사실상 부합하고, 그 시대는 진왕 정 통치기였다. 그러므로 그가 진왕 정에게 실제로 유세한 것으로 가정하고 들어보자.《울료자》〈병교하兵敎下〉*에 나오는 유세다.

"신은 군주에게는 필승의 방도가 있으니, 광대한 천하를 겸병하고 제도를 하나로 통일하여 천하에 위세를 가하는 방도는 열둘이라 들었습니다. 하나는 연형連刑이니, 오伍에 연대 책임을 물어 한 사람이 잘못하면 전원을 죄로 다스리는 것입니다. 둘은 지금地禁이니, (명령이나 신표 없이) 길에 함부로 다니지 못하게 하여, 외부의 첩자를 잡는 것입니다. 셋은 전군全軍이니, (전차에 탄) 갑사들이 서로 호응하고 (뒤따르는) 세 오가 서로 한 몸처럼 대오를 견고하게 유지하는 것입니다. 넷은 개색開塞**이니, 각 부대의 관할 경계를 명확히 하여 각자 죽음으로써 자기 자리를 지키는 것입니다. 다섯은 분한分限이니, 좌우 부대가 서로 경계를 넘어 침범하지 않고 전후가 서로 대오를 유지하여 차례를 기다리고, 경계를 표시하는 전차 벽[垣車]은 견고히 하여 이를 넘어다니지 못하게 하는 것입니다. 여섯은 호별號別이니, 전열이 진격에 힘

- 《울료자》는 오랫동안 위서僞書의 혐의를 받다가 은작산 한묘에서 죽간이 발견됨으로써 누명을 벗었다. 이 병서가 위서로 의심받은 탓에 울료라는 사람의 존재도 의심받았다. 그러나 최소한 현재까지 사마천이 《사기》〈진시황본기〉에 가공의 인물을 함부로 넣었다고 추정할 근거는 없다. 그는 나라의 군정을 책임지는 국위의 벼슬을 했으니 더욱 가공의 인물일 가능성이 적다. 사마천이 진의 통일전쟁 사료를 정리하면서 국위의 이름을 지어냈을 가능성이 있을까? 다음 장에서 자세히 묘사하겠지만 병서 《울료자》가 위서로 의심받은 것은 이 책의 상당 부분이 바로 진의 군법이기 때문이다. 《울료자》는 법가와 병가의 특성에 유가나 도가의 성격까지 아우르는 그야말로 잡가雜家 서적이지만, 특이하게 몇 편에 진의 군법이 끼어들어 갔다. 필자는 다음 장에서 이 부분을 《묵자墨子》의 유사 편들과 《수호지진간》의 관련 내용으로 증명하겠다.

- '개색'은 《상군서商君書》의 편명이다. 울료가 상앙의 영향을 받았음을 보여준다.

씀으로써 후열과 구분을 지을 때, 후열이 먼저 오르고자(진격하고자) 순서를 어기는 것을 금하는 것입니다. 일곱은 오장五章이니, 행렬을 휘장으로써 명확히 구분하여 처음부터 끝까지 대오가 흐트러지지 않게 하는 것입니다. 여덟은 전곡全曲이니, 구불구불한 길을 서로 이어서 행군할 때 부대의 구분을 명확하게 하는 것입니다. 아홉은 금고金鼓로, 북과 징으로 사기를 올려 공을 세우고 무덕을 이루도록 하는 것입니다. 열은 진차陳車이니, 전차를 정연하게 이어 붙이고 말의 눈을 가리는 것을 말합니다. 열하나는 사사死士이니 군중에서 재능과 지혜가 있는 자로서 전차에 올라타면 전후좌우 달리며 기습으로 적을 제압하는 이들을 이릅니다. 열둘은 역졸力卒이니, 기를 가지런히 하고 행군 대오를 완비해 기를 움직이지 않으면 절대로 움직이지 않는 병사들을 말합니다.

이 열두 가지 가르침이 완성된 후에는 영을 어기면 용서하지 않습니다. 이리하면 약병은 능히 강해질 수 있고, 땅에 떨어진 군주의 위신을 다시 높일 수 있으며, 폐한 자를 일으킬 수 있고, 떠도는 백성들을 귀부하게 할 수 있으며, 사람이 많아도 다스릴 수 있고, 땅이 커도 지킬 수 있으며, 전차가 성문을 나서지 않고 갑옷을 자루에서 꺼내지 않아도 위세로 천하를 굴복시킬 수 있습니다.”

진의 군대는 울료가 말하는 바를 실전에서 실현했다. 그가 말하는 것이 사실상 병마용에서 실현된 진의 군단이다. 그중 군의 연좌제는 무서운 것이다. 그는 탈영병은 온 가족을 연좌시켜 패가망신하게 하고 오대와 십대를 철저히 연좌하라고 조언한다.《울료자》〈병령하〉를 살펴보자.

> "지금 법으로 탈영해서 집으로 돌아가는 것을 저지하고 군대를 떠나 도망치는 것을 금하는 것이 바로 군대의 첫 승리입니다(승리의 조건입니다). 십과 오를 서로 연좌하고 전투가 벌어지면 졸과 군관이 서로 구제하게 하는 것이 바로 군대의 두 번째 승리입니다. 장수는 능히 위세를 세우고 졸은 능히 절제할 수 있으며, 호령이 신의를 밝히고 공수를 모두 얻는 것이 군대의 세 번째 승리입니다."

법이 강하면 위엄이 살고, 위엄은 군대를 부리는 제1의 원칙이다. 강한 법이란 무엇인가? 죄가 보이면 가차 없이 베는 것이다.《울료자》〈병교상兵敎上〉에는 다음과 같이 나온다.

> "전쟁에서 이기는 것은 위엄(위세)을 세우는 데 달렸고, 위엄을 세우는 것은 잘못한 자를 베는 힘〔戮力〕에 달렸으며, 잘못한 자를 베는 힘은 벌을 정당하게 주는 데 달렸으며〔正罰〕, 벌을 정당하게 내리는 것은 상을 밝히는 수단입니다. 지금 백성들이 국문의 경계를 떠나 생사의 경계를 결정지으며, 죽음을 가르쳐도 의심하지 않는 것은 까닭이 있습니다. 지키라면 반드시 견고하게 지키고, 싸우면 반드시 투지를 가지고, 간사한 모의를 하지 못하고, 간사한 이들이 말을 퍼뜨리지 못하게 하며, 명령을 내리면 바꾸지 않고, 군대가 행군하면 좌우를 돌아

보지 않고, 빠르기가 번개 같고, 적에게 달려들 때는 미친 말 같습니다. 공을 높이고 덕을 구별함을 마치 흑백을 가리듯이 하고, 백성들에게 위의 명령을 이행하기를 마치 사지가 심장에 호응하는 것처럼 합니다."

하지만 진왕 자신이 교조적인 법가가 아니라 잡가적인 유연함을 갖췄듯이 울료 또한 교조적인 법가는 아니었다.《울료자》는 형식만 남아 현실과 괴리된 법이 현실에 부합하는 법을 주장한다. 연좌제를 주장하지만 연좌제를 잘못 적용하면 오히려 군대가 약해진다고 한다.《울료자》〈병령하〉를 살펴보자.

"신이 보기에, 지금 탈영자가 발생하면 같은 부대의 오인과 군관이 벌로 양식을 넣어 용서받는 방식〔同舍伍人及吏, 罰入糧爲饒〕을 쓰고 있으나, 이는 그르다고 봅니다. 이리하면 명목상으로는 군대가 찬 것이나 사실은 군대에 이름은 하나 오르지만 2명 분량의 실질이 빠져나가는 것이니(그 사람이 실재로 군영에 없고, 다른 사람이 그 사람을 위해 또 지출을 해야 하므로 2명분의 실질이 빠져나간다고 한 것이다), 나라는 안은 허해지고 스스로 백성의 수확을 고갈시키는 것이니, 이런 식으로 어찌 패배의 화를 면할 수 있겠습니까?"

그렇다면 방법이 있는가? 바로 위에서 제시한 것이다. 오인들에게 곡식을 내게 하는 것은 고식지계에 불과하다. 탈영 자체가 일어나지 않아야 한다. 다음 장에서 우리는 진의 군법에 의거해 진나라 군대를 복원할 것이다. 울료는 강력한 군법을 준비하고, 군법을 정확하게 집행할 수 있도록 아군의 진열을 정밀하게 하고, 실제 전투에서 한 몸처럼 움직이도록 해야 한다고 주장한다. 진왕은 군대를 조련할 울료를 얻었다.

4. 교조적 법가에서 법가적 잡가로

법이 현실과 멀어지면 강하게 적용할수록 나라가 약해진다. 진왕은 이를 알고 있는 사람이다. 법을 중심에 두되 유연하게 상황에 대응한다.《울료자》〈장리將理〉부분에 상당히 특이한 이야기가 실려 있다. 내용은 역시 왕에게 호소하는 것이다.˙ 울료가 진왕 정에게 봉사했다면 유세의 대상은 바로 진왕 정이다.《울료자》가 사서가 아니라 병서이므로 진왕이 이 유세를 직접 들었다고 보장할 수는 없다. 그러나 통일 전쟁 후반기에 선대 군주들이 행한 '도살' 대신 유연한 전략을 구사한

• 《울료자》첫 머리에 나오는 "양혜왕이 울료자에게 물어 말하길[梁惠王問尉繚子曰]"이라는 단 하나의 문구 때문에 울료는 양혜왕 시절의 인물이고,《울료자》도 그 시절의 내용이라고 단정하는 이들이 있으나 이는 심각한 오해다.《수호지진간》을 비롯한 진의 목간들이 출토되면서《울료자》가 진의 군법과 법령을 담고 있다는 것이 명확해졌다. 최소한 사마천은《울료자》의 내용을 읽고 그 저자를 자신이 읽은《진기》등의 사서에 나오는 국위 울료로 생각했을 것이다.《울료자》에는《맹자》에 나오는 문구가 등장한다. 그러니 최소한 맹자의 후대에 나온 책이다. 우연인지 모르겠지만《맹자》에도 "양혜왕이 묻다"는 구절이 나오지 않는가? 그러므로 "梁惠王問尉繚子曰"이라는 말이《울료자》의 연대를 높이려는 후대 사람들에 의해 삽입되었을 가능성이 크다.

그의 행태로 보아 충분히 귀담아들었음직한 내용이다. 이 편은 상당히 독특한데, 고문과 연좌제의 폐해를 말한다. 고문은 허위 자백만 낳고 연좌제는 실제로는 죄수만 양산했다는 주장이다. 이것이 잡가의 힘이다.

"등에 매질을 하고, 옆구리를 지지고, 손가락에 사이에 꼬챙이를 끼워 비틀면서 수인을 심문하면, 비록 국사國士라도 그 혹독함을 이기지 못하고 스스로 허위 자백합니다. 지금 세간의 속담에 '1000금을 가진 이는 죽지 않고 100금을 가진 이를 형을 받지 않는다[千金不死, 百金不刑]'는 말이 있습니다. 시험 삼아 신의 방법을 들어주신다면, 요순의 지혜가 있더라도 (송사에) 한마디도 끼어들지 못할 것이고, 1만 금이 있더라도 한 푼도 (뇌물로) 쓸 수 없을 것입니다.

오늘날 옥사를 판결하는 정황을 보면 작은 건이라도 감옥에 가둔 이가 수십 명 이상이고, 중간치는 수백, 큰 건은 수천을 가둡니다. 열 사람의 일이면 100명을 연좌하고, 100명이면 1000명을 연좌하고, 1000명이면 1만 명을 연좌합니다. 그 연좌된 사람이란 바로 친척 형제이고, 그다음이 인척, 그다음이 예전부터 알던 사람들입니다. 이리하면 농부는 밭을 떠날 수밖에 없고 상인은 점포를 떠날 수밖에 없으며 사대부는 관부를 떠날 수밖에 없습니다. 이렇게 양민과 관련된 것은 모두 죄수 심문 건입니다. 병법에 말하길, "10만의 병력을 내면 하루에 천금이 든다"고 했습니다. 지금 양민 10만 명이 옥사에 연좌되어 있음에도 위에서는 이를 줄이지 못하니[今良民十萬, 而聯於囹圄, 上

不能省)*, 신은 이를 위태롭게 생각합니다."

우리는 《울료자》가 기본적으로 혹독한 법령을 강조한 책이지만, 결국 여러 사람이 기존의 학설들 중 경험으로 검증된 것을 모아 편집한 잡가류 서적임을 명심해야 한다. 이 주장은 진의 법 집행 현실을 비판하는 상당한 통찰을 담고 있다. 연좌제는 범죄를 막자고 만든 것이지만 범죄를 줄이지는 못하고 오히려 양민들을 구속하는 수단으로 전락해서, 오히려 생산 인력이 더욱 줄어들고 감옥 유지 비용만 늘었다는 것이다. 당시 진의 감옥 상황이 어느 정도인지 다른 사료는 전하지 않는다. 하지만 죄인 한 명을 잡기 위해 양민 몇 명이 걸려들고, 이 때문에 그들이 일을 못 하게 되는 것은 사실이었다.

과연 진왕이 그의 말을 채택했을까? 필자는 그렇다고 본다. 《상군서》의 논설 하나를 더 들어보자. 문장에 나타난 근거로 판단하면 역시 진왕 정에게 유세한 것이다. 《상군서》 〈내민徕民〉은 적을 죽이는 것만이 능사가 아님을 이야기하고 있다. 물론 상앙 자신이 한 이야기는 아니고, 후대의 비판적인 법가(잡가적 법가) 인사가 기존의 대량 살육전의 한계를 이야기한 것이다. 통일은 그냥 죽이는 것으로 달성되지 않는다. 전통적인 인식과 마찬가지로 진은 땅에 비해 인구가 적고 삼진은 인구에 비해 땅이 작다.

- 대략 '省'을 '살피다'라고 해석하는 경향이 있지만, 틀린 것이다. '성형省刑'은 형을 줄인다는 뜻으로, 《한서漢書》 〈형법지刑法志〉에 용례가 자세히 나와 있다.

"지금 진의 땅은 사방 1000리의 다섯 배(사방 1000리가 다섯 개)이나 곡식을 생산하는 토지는 10분의 2가 되지 못하며 전田(정전)으로 헤아리면 100만을 못 채웁니다. 또한 소택과 계곡과 명산대천의 재물·보화 또한 모두 사용하지 못하니 이는 사람이 너무 적어 큰 땅에 걸맞지 않기 때문입니다. 진과 이웃하고 있는 나라는 삼진三晉이며, 진이 군대로 치려는 대상은 한과 위입니다. 저들은 땅은 좁고 인구는 많아서 집들이 마구잡이로 뒤섞여 연이어 있고, 나그네와 세들어 사는 사람들은 위로 이름을 적어 올리지 않고 아래로는 전택이 없어서[民上無通名, 下無田宅] 간사한 일이나 말업(주로 상업)에 종사하며, 백성 중 음지와 양지와 소택가에 굴을 파고 사는 이들이 과반입니다. 이는 저들의 땅이 인민들을 먹여 살리기 부족한 것이니, 진의 백성이 부족하여 그 땅을 다 채우지 못하는 것보다 더한 듯합니다."

우리는 진이 '잡민雜民'들을 얼마나 싫어했는지 알고 있다. 그러나 삼진의 잡민을 그저 혐오하는 것에 그치지 않고 받아들여 농부로 육성할 수는 없는가? 그렇게 하지 못하는 것은 기존의 방식을 무턱대고 따랐기 때문이 아닌가?

"저 삼진이 전택을 가지지 못한 것은 확실하며 우리 진에게는 이것이 남아도는 것 또한 명백합니다. 그럼에도 저들 백성이 서쪽으로 오지 않는 것은 진의 사士들이 걱정이 많고 백성들은 고달프기 때문[秦士戚而民苦也]입니다. 신은 가만히 있는 왕의 관리들이 현명하다는 것은 잘못된 견해라 생각합니다.' 삼진의 백성을 빼앗지 못하는 것은 작위를 아끼고 세금과 요역을 면해주는 것을 큰일로 여기기〔愛爵而重復〕 때문입니다. 그들은 이렇게 말합니다.

'삼진이 약해진 까닭은 그 백성들이 (고생 대신) 즐기는 데 힘쓰고 세금과 요역을 면하고 작위를 주는 것을 너무 가볍게 했기 때문이다. 진이 강해진 것은 백성들이 고달픈 일(농사)에 힘쓰고, 국가가 작위를 주고 세금이나 요역을 감면하는 것을 신중하게 했기 때문이다. 지금 작위를 남발하고 긴 면제 기간을 준다면, 이는 진이 강해진 방도를 버리고 삼진이 약해진 방도를 따르는 것이다.'

이것이 왕의 관리들이 작위를 중시하고 세금과 요역의 면제를 아껴야 한다며 하는 말입니다."

그렇다면 어떤 대안이 있는가? 유세가는 세금과 부역 면제로 삼진의 백성들을 끌어들일 것을 역설한다. 이 논문에는 여전히 민정과 군정의 미분화가 분명히 드러난다. 하지만 이는 기존의 법가 논리보다 상당히 진일보한 논문이다. 민정과 군정을 구분하려는 시도가 보이기 때문이다.

"허나 신은 그렇게 생각하지 않습니다. 무릇 백성을 수고롭게 하고 군대를 강하게 하는 이유는 장차 적을 공격해 우리의 바람을 이루려

• 연이어 "此其所以弱"이라는 구절이 들어 있으나 뜻이 통하지 않는다. 잘못 끼어든 구절인 듯하다.

는 것입니다. 병법에 이르길, '적이 약하다면 우리 군대는 강하다[敵弱而兵強]'고 했습니다. 이는 '우리가 공격할 수단을 잃지 않으면 저들이 수비할 수단을 잃는다[不失吾所以攻, 而敵失其所守]'는 말입니다. 지금 삼진이 진을 이기지 못한 지가 4대입니다. 위 양왕襄王*이래로 야전에서도 이기지 못하고 성을 지키면 반드시 뽑혔으니, 크고 작은 싸움에서 삼진이 진에게 진 것을 이루 헤아릴 수가 없습니다. 이렇게 하고도 복종하는 것은 진이 능히 그 땅은 취했으나 그 인민을 빼앗지 못했기 때문입니다[秦能取其地, 而不能奪其民也]."

이것은 실로 경험이 가르쳐준 통찰이다. 인민을 끌어들이지 않으면 전쟁은 끝나지 않을 것이다.

"지금 왕께서 이렇게 시혜 정책을 포고하여 밝히십시오.
'제후의 사士가 귀부하면 3년의 부세와 요역을 면하고 군역도 면해준다. 진의 사방 국경 안에 있는 구릉과 습지를 개간하면 10년 동안 세금을 면해준다.' 이렇게 법률로 명토 박아두면 충분히 100만 명의 장정을 얻을 수 있습니다. 신은 먼저 말했습니다. '백성의 습성을 헤아려보건대 그들이 원하는 것은 전택인데, 저 삼진이 전택을 가지지 못한 것은 확실하며 우리 진에게는 이것이 남아도는 것 또한 명백하다.

• 위 양왕은 296년까지 집권했고, 그 이래 4대는 위 경민왕景湣王이다. 경민왕은 기원전 242년에서 228년까지 자리에 있었으니, 진왕 정의 통치기와 정확히 겹친다. 필자가 이 유세를 보면서 진왕 정을 대상으로 한 것이라 추정하는 이유 중 하나다.

그럼에도 저들 백성이 서쪽으로 오지 않는 것은 진의 사들이 걱정이 많고 백성들은 고달프기 때문이다'라고 말입니다.

지금 전택으로 3년 동안의 면세와 면역으로 그들을 이롭게 해준다면, 이는 분명 저들이 바라는 것을 따르고 저들이 싫어하는 것을 행하지 않는 것이니, 이리하면 산동의 백성 중 서쪽으로 오지 않는 이들이 없을 것입니다."

이어서 특이한 대책을 내놓는다. 진나라 사람들이 군역을 담당하고 새로 얻은 사람들이 생산을 담당하게 하는 것이다. 병사들이 농사를 짓는다는 농전의 개념에 약간의 수정을 가하면 농사와 전쟁을 다 챙길 수 있다고 한다. 유세가는 역설한다. 승리 자체가 목적이 되어서는 안 된다. 승리의 과실을 챙겨야 승리다. 한번 죽은 자는 쓸 수 없다. 상대의 인민을 얻어서 부려야 상대를 이중으로 약하게 할 수 있다.

"무릇 진이 걱정하는 바는 군사를 일으켜 치자니 국가가 가난해지고 백성들을 편안하게 하고 농사를 짓게 하면 적이 쉴 시간을 얻는 것[安居而農, 則敵得休息]인데, 이 두 문제를 왕께서 동시에 해결할 수는 없습니다(사실 이것이 바로 진나라 군주들의 고민이었다). 그러므로 4대에 걸쳐 싸워 이기면서도 천하가 아직 불복해오고 있습니다.

지금 원래 진나라 사람*으로 적과 싸우게 하고 새로 온 사람들이 본업(농업)에 종사하게 하면 군대가 밖에서 100일을 지내더라도 경내에서는 농사짓는 때를 잠시도 잃지 않게 되니, 이는 부유함과 강함의 두 공을 다 얻는 방법입니다. 신이 말하는 군대는 (국경 안의 장정을) 모조리 들고 일어나는 것을 말하는 것이 아니라, 국경 안에 군졸과 거기車騎를 공급할 수 있는 물자를 헤아려 본시 진나라 사람은 군인이 되고 새로 온 사람들은 군량과 건초를 공급하도록 하는 것을 말합니다.

천하에 불복하지 않는 나라가 있으면 왕께서는 이 군대를 가지고 용병하여, 봄에는 저들이 농사짓는 시기를 놓치도록 하고, 여름에는 저들의 식량을 먹고, 가을에는 저들의 낟가리를 빼앗고, 겨울에는 저들이 저장해놓은 채소를 꺼내 얼려버립니다. 큰 무력으로 저들의 근본(농사)을 흔들고, 넓은 문덕으로 저들의 후손들을 위안합니다[以大武搖其本, 以廣文安其嗣]. 왕께서 이를 행한 지 10년 내에 제후들 나라 백성으로서 이제 빈의 백성이 아닌 이들이 없게 될 것인데 왕께서는 어찌 작위를 아끼고 면역·면세를 어렵게 여기십니까?"

이 기사를 통해 전국시대 말기의 전쟁이 얼마나 비열하게 진행되었는지 판단할 수 있다. 들판의 곡식을 밟지 않는다는 불문율은 이미 오래전에 없어진 듯하다. 이어서 역사적인 반성이 등장한다. 전투에서

- "원래의 진나라 사람들로 하여금 적을 상대하게 한다[今以故秦事敵]." 진의 통일 직전 혹은 직후에 이미 '원래 진나라 사람'이라는 개념이 있었다. 또한 진나라 사람이면서 다른 나라(혹은 옛 제후들의 땅)로 이주하는 것을 강력하게 금했다. 《수호지진간》 〈유사율遊士律〉에 "有爲故秦人出, 削籍, 上造以上爲鬼薪, 公士以下刑爲城旦"이라고 적혀 있다. 얼마나 혹독하게 금하고 있는지, 일단 국경(혹은 관문)을 벗어나면 호적을 깎아버리고, 상조上造(공사 바로 위의 작) 이상은 무덤에 땔감을 대는 형인 귀신鬼薪에 처하고, 공사(최하 작위자) 이하는 형위성단刑爲城旦(신체형을 당한 축성 형도. 원칙상 무기형이다)에 처했다. 특히 선진 서적에 거의 등장하지 않는 '고진故秦'이라는 용어는 산동의 포로나 유민들이 대거 유입되는 전국시대 말기, 혹은 통일 직후에 기존 진인들을 칭하는 말로 유행했던 듯하고 공식적인 법률 용어로 사용된 듯하다.

승리하는 목적은 무엇인가? 살육이 아니라 통일이다.

> "주군의 승리(周軍之勝, 주로 출격한 군대의 승리. 즉 한-위-동주의 연합군을 상
> 대한 이궐의 승리. 당시 백기는 24만 명을 참수했다), 화군華軍의 승리(위군을 상
> 대한 화양의 승리. 당시 15만 명을 참수했다), 장평의 승리(조군을 격파한 장평지
> 전. 당시 45만 명을 참수했다) 당시 진군은 적의 수급을 베며 동쪽으로 나
> 아갔습니다. 동쪽으로 갔으나, 아무런 이익이 없었던 것 또한 명백한
> 데, 오히려 관리들은 이를 커다란 공으로 생각하니, 이는 적에게 큰
> 손실을 입혔다고 여기기 때문입니다. 지금 풀이 무성한 황무지로 삼
> 진의 백성들을 끌어들여 그들을 본업에 종사하게 하면, 이것이 바로
> 적에게 손실을 주는 것으로서, 싸움에서 이기는 것과 실질은 똑같습
> 니다. 진은 그들을 얻어 곡식을 생산하게 하니, 이것이 바로 두 가지
> 를 동시에 얻는 계책을 행하는 것 아닙니까?"

승리는 충분히 쌓았고 살육도 족하다. 그러나 얻은 것이 무엇인가?
수십만 명을 죽이면서 사병들에게 작위를 주었지만, 생산이 부족하면
작위에 대한 보상을 다할 수 없다. 또한 작위가 넘치면 진의 통치 원칙
인 법치를 위협할 것이다. 작위가 높은 이들은 작을 가지고 형을 피할
수 있기 때문이다. 이제는 정책을 바꿔야 한다. 적국에서 얻은 백성도
중하고, 진의 백성도 중하다. 이들을 모두 활용해야 한다.

> "또한 이궐·화양·장평에서 승리하면서 진이 잃은 백성은 얼마입니

까? 민객民客(진나라 사람과 객지 사람)으로서 싸우느라 본업에 종사하지 못한 이는 또 얼마입니까? 신이 가만히 생각하니 헤아릴 수 없이 많습니다. 만약 왕의 군신 중 누군가 그들을 쓸 수 있어 (비용과 병력을) 반만 들이고도 삼진을 약하게 하고 진을 강하게 함이 이번 세 전쟁의 승리와 똑같도록 할 수 있다면 왕께서는 분명 큰 상을 더했을 겁니다. 지금 신이 말씀드리는 방법에 따르면, 백성들은 하루의 요역도 할 필요가 없고 관은 몇 푼의 돈도 쓸 필요가 없음에도, 지난 세 번의 전승보다 더 삼진을 약하게 하고 진을 강하게 합니다. 그럼에도 왕께서 이를 불가하다 여기신다면 어리석은 신은 그 연유를 알 길이 없습니다."

예로 든 《울료자》〈장리〉와 마찬가지로 《상군서》 중에도 이 논문은 독특하다. 죽이는 것이 능사는 아님을 깨달은 법가 정치가들의 반성이 들어 있기 때문이다. 진왕 정은 이런 주장을 받아들였을까? 필자는 그가 이런 의견을 받아들였다고 생각한다. 초반 평양의 대량 살육을 제외하면 그가 전쟁 중에 벤 수급의 숫자가 등장하지 않는 것이 하나의 방증이다. 다만 그들 중 다수는 일반 농민으로 편입되지 못하고 사역 형도刑徒 신분으로 전락한 것 같다. 통일 이후 미증유의 형도 숫자가 이를 말해준다. 또 하나의 방증은 진왕 정이 실제로 외국인들을 대거 등용해 성공을 얻었다는 사실이다. 이사·울료·요가 등은 모두 외국인이다.

5. 이사, 통일의 기획자

이사, 실로 통일의 기획자라는 말이 어울리는 사람이다. 또한 통일 이후까지 그림을 그리고 있었기에 진왕은 갈수록 그에게 의존했다. 동시에 그는 1000년 이상 이어온 봉건사회를 한 번에 없애버린 사회 개혁가였다. 법으로 다스리는 나라에서 법을 총괄하는 역할을 했으니 진나라에서 그 지력을 인정받았던 사람이다. 진의 법이란 대단히 복잡해서 아둔한 사람은 다루기 어렵다. 진왕 정은 이 이국인의 실력이 마음에 들었나 보다. 여불위를 내치면서도 그를 버리지 않고 쓰고 무한한 신뢰를 보냈으니까.《사기》〈이사열전李斯列傳〉을 기초로 이 사내의 내력과 주장을 들어보자.

이사는 초나라 상채上蔡 사람이다. 젊을 때 군郡의 말단 관리를 지내다가 이사吏舍의 측간에 사는 쥐가 더러운 것을 먹다가 사람이나 개가 다가가면 번번이 깜짝 놀라는 것을 보았다. 그러나 그가 창고에 들어가니 창고 안의 쥐는 쌓인 곡식을 먹으며 커다란 건물 안에 살면서 사람이나 개 걱정을 하지 않았다. 이를 보고 이사는 탄식하며 말했다.

"사람이 현명하거나 불초함도 비하자면 쥐의 처지와 같아서, 스스로 거처하는 데 달렸을 뿐이구나."

이리하여 순경荀卿(순자)을 따라 제왕의 술법[帝王之術, 즉, 법술]을 배웠다. 공부를 마친 후 초왕은 섬길 대상이 못 되고 여섯 나라는 모두 약해 공을 세울 수 없다고 생각하여 서쪽의 진으로 들어가려 했다. 이리하여 스승에게 사직 인사를 하며 말했다.

"저는 때를 얻으면 우물쭈물하지 말라고 들었습니다. 지금은 만승의 나라들이 바야흐로 서로 싸우는 때라 유세가들이 일을 주관하고 있습니다. 마침 진왕이 천하를 삼키고 황제를 칭하며 다스리려 하니, 지금 이 포의의 선비들이 힘써 달릴 때이고 유세가들의 황금기입니다. 비천한 지위에 머무르며 대책을 세우지 않는 것은 금수가 고기를 바라보는 것(고기가 있어야만 먹으려 쳐다보는 것)이나 사람의 얼굴을 하고 겨우 걸음마나 하는 것과 마찬가지입니다[此禽鹿視肉, 人面而能疆行者耳]. 그러니 비천보다 더 욕된 일은 없고 빈곤보다 더 비난받을 일은 없습니다. 오랫동안 비천한 지위와 곤고한 처지에 있으면서 세상을 비난하고 이익을 혐오하며 스스로 무위無爲에 몸을 맡기는 것은 진정한 선비의 정신이 아닙니다. 허니 저는 장차 서쪽으로 가서 진왕에게 유세하겠습니다."

이사는 인간이 이기적이라는 스승의 사상에 기대어 이야기하고 있다. 그래서인지 그는 천박하게 보일 정도로 솔직하다. 아마도 당시에 회자되는 이야기를 사마천이 받아 적었겠지만, 왜 하필 변소 쥐의 비유가 들어간 이야기를 실었을까? 어쩌면 이사가 능력은 뛰어나지만 궁극적으로 천하의 복지를 생각하는 자가 아니라, 자기 복지만 생각하는 인간, 쥐처럼 눈치를 보는 인간이라는 것을 강조하기 위함이 아닐까?

순자荀子의 성악性惡 이론을 보면, "사람의 본성이란 태어나면서부터 이익을 좋아한다[今人之性, 生而有好利焉]"라고 하며, "이익을 좋아하고 얻고자 하는 것, 이는 사람의 본성이다[夫好利而欲得者, 此人之情性也]"라고 한다. 지금 이사는 순자의 주장을 더 밀고 나가 승리가 보이는 쪽으로 가겠다고 한다. 하지만 깊은 차원에서 이사와 순자의 태도는 다르다.

순자가 말하는 요지는 무엇인가? 사람의 본성이 악하니[人之性惡] 노력하여[僞] 선을 이루라는 것이다[其善者僞也]. 그는 "사람이 이익을 좋아하니[人之性, 生而有好利焉], 이대로 두면[順是] 싸움이 일어나 서로 양보하는 예가 없어진다[故爭奪生而辭讓亡焉]"고 한다. 그러므로 반드시 스승의 가르침을 받고[有師法之化], 예의의 도를 갖추어야[禮義之道] 사양하는 마음이 생기고[出於辭讓] 문리와 합치하며[合於文理] 다스림으로 돌아간다[歸於治]는 이야기가 아닌가?

순자는 사대부들에게 '이익을 따르는 백성의 본성을 인정하라, 그러나 사대부는 그 본성을 극복하라'고 했다. 요컨대 순자는 이익을 따르는 본성을 제어하라 하고, 제자 이사는 '선생님 말씀대로' 이익을 따르겠다고 한다. 유세객이 되어 영화를 좇겠다고 한 제자에게 어떤 대답을 들려줬는지는 기록에 없으니 할 말이 없다. 다만 《순자》〈의병議兵〉에 나오는 둘의 대화를 보면 순자는 똑똑한 학생 이사와 가끔 부딪혔던 듯하다. 어쨌든 이사는 스승을 뒤로하고 진으로 들어갔다.

진에 도착하니 마침 당시 장양왕이 죽었기에, 이사는 상국이던 문신후 여불위의 사인 자리를 구해 얻었다. 여불위는 이사가 똑똑하다고 생각해 낭관郎官으로 삼았고, 이사는 왕에게 유세할 기회를 얻어 이렇게 말했다.

"말단 관리는 기미를 놓치지만 큰 공을 이루는 이는 상대의 작은 틈을 파고들어 기어이 일을 완수합니다. 옛날 진목공이 패자가 되었지만 결국 동쪽의 여섯 나라를 겸병하지 못한 이유는 무엇입니까? 제후의 무리가 여전히 많고 주나라의 덕이 아직 쇠미하지 않았기에 오패가 번 갈아 가며 흥했지만 모두 주실周室을 존중했기 때문입니다. 옛날 진 효 공 이래 주실은 쇠미해지니 제후들이 서로 겸병해 관동은 여섯 나라만 남았고, 진이 승리를 타고 제후들을 부려온 지가 대략 여섯 대에 이르 렀습니다. 지금 제후들이 마치 군현郡縣처럼 진에 복종하고 있습니다. 무릇 진의 강함과 대왕의 현명함이면 부뚜막 위의 재를 쓸어내듯 충분 히 제후들을 멸망시키고 제업을 이뤄 천하를 하나로 통일할 수 있으 니, 이는 만세에 한 번 있는 기회입니다. 지금 미적거리면서 급히 일을 처리하지 않다가 제후들이 다시 강해져 서로 모여 합종의 맹약을 맺는 다면, 옛날 황제黃帝의 현명함이 있더라도 그들을 병탄할 수 없습니다."

당신의 치세기에 천하를 병탄하자는 이야기다. 진왕은 얼마나 기뻤 던지 바로 이사에게 배례하고 이사를 장리長吏로 삼았다. 또한 그의 계 책을 받아 은밀히 모사에게 금을 들려 보내 제후들에게 유세하도록 했 다. 제후의 명사 중 재물로 굴복시킬 수 있는 자들은 뇌물을 듬뿍 먹여 관계를 맺고 재물로 굴복시킬 수 없는 이들은 자객을 보내 찔러 죽였 다. 첩자를 통해 먼저 적국의 군신 사이를 이간하는 계책을 쓴 후 진왕 은 좋은 장수를 시켜 뒤를 따르게 하는 술책이다. 이사의 실력에 감탄 한 진왕은 다시 그를 객경으로 높였다.

그러나 당시 진은 극심한 정치적인 격변에 시달리고 있었다. 이사를 정계로 보낸 여불위가 실각한 것이다. 종실의 대신들이 들고 일어나 외국인 축출을 요구했다.˙ 이사 또한 쫓겨날 대상에 올랐다. 그러자 이 사가 글을 올렸다. 이사는 화려함과 논리를 모두 갖춘 문장가다. 이사

는 객을 쫓아내라는 주장을 정면으로 반박한다. 객이 아니면 오늘의
진도 없었다는 주장이다. 이것이 그 유명한 '간축객서諫逐客書'다.

"신이 듣기로 관리들이 축객逐客(객을 쫓아내다)을 논의한다 하는데, 신
은 가만히 이를 지나치다 여깁니다. 옛날 목공께서 선비를 구할 적에
는 서쪽의 융戎에서 유여由餘를 취했고, 동쪽으로 완宛에서 백리해를
얻었으며, 송에서 건숙蹇叔을 맞이하고, 비표丕豹와 공손지公孫支는
진晉에서 불러 왔습니다. 이 다섯 인물은 본시 진나라 출신이 아니지
만 목공께서는 그들을 써서 스무 나라를 병탄하고 드디어 서융의 패
자가 되었습니다. 효공께서 상앙의 법을 써서 풍속을 바꾸자 백성은
번성하고 국가가 부강해졌으며, 백성이 이를 즐거워하자 제후들이
가까이 와서 복종하니, 초와 위의 군사들을 사로잡고 1000여 리 땅을
들어내고 진은 오늘날까지 잘 다스려지는 강국이 되었습니다.
혜왕惠王께서 장의張儀의 계책을 써서 삼천三川의 땅을 뽑고 서로 파촉
巴蜀을 겸병하고 북으로 상군上郡을 거두고 남으로 한중을 취하고 구
이九夷를 포용하고, 언鄢과 영郢(즉 초)을 제어하고 동으로 성고成皐의

- 《사기》〈이사열전〉에는 한나라 사람 정국이 진에 첩자로 파견되어 (진의 민력을 고갈시키려) 수로를 만드는
  일을 벌이다가 발각되었기에, 진의 종실 대신들이, "제후의 사람들로서 진을 섬기는 자들은 대저 자기들
  군주를 위해 진에서 간첩 노릇을 할 뿐입니다. 청컨대 객을 일체 쫓아내소서"라고 했다고 한다. 그러나
  이는 개연성이 없다. 정국거가 만들어질 당시는 진왕 정의 천하가 아니라 여불위의 천하였다. 여불위는
  외국 사람들을 모으는 데 열심이었다. 《사기》〈진시황본기〉는 노애와 여불위 사건 때문에 축객령이 내려
  졌음을 명백히 밝히고 있다. 〈본기〉가 〈열전〉보다 정확하다는 사실과 당시의 정황을 고려하면 축객령은
  여불위 실각 당시에 내려진 것으로 보인다.

험준함에 의지하여 (한과 위로부터) 비옥한 땅을 떼어 받아 드디어 6국의 합종을 흩어버리고 서쪽으로 진을 섬기게 하니 그 공업이 오늘날까지 미칩니다. 소왕께서는 범저를 얻어 양후穰侯(즉 위염)를 폐하고 화양군華陽君을 쫓아내 공실을 강하게 하고 사문을 막았으며, 제후들의 땅을 잠식하여 진의 제업을 이루도록 하였습니다. 이 네 군주는 모두 객으로 인해 공을 이뤘습니다. 이로 보건대 객이 어찌 진을 등졌단 말입니까? 만약 이 네 군주가 객을 물리쳐 들이지 않고, 선비를 멀리해 쓰지 않았다면, 국가가 부유해지고 이득을 얻는 실리를 얻지 못하고 진은 강대국의 이름을 얻지 못했을 것입니다."

이사는 물건이나 제도는 출처가 중요한 것이 아니라 그 유용성이 중요하다고 주장한다.

"지금 폐하께서는 곤륜산의 옥과 수후와 화씨의 보물[隨和之寶]을 갖고 명월주를 드리우고 태아太阿의 검을 차고 계시며, 섬리纖離의 말을 타고 취봉기[翠鳳之旗]를 올리고 영타고[靈鼉之鼓, 악어 가죽 북]를 세워두었습니다. 이 많은 보물 중 진에서 나는 것은 하나도 없건만 폐하께서는 이것들을 좋아하시니 어찌된 일입니까? 반드시 진에서 나는 것이라야 된다고 하면 야광벽으로 조정을 꾸밀 수도 없고, 상아와 코뿔소 뿔로 만든 기물을 가지고 놀 수 없고, 정鄭나라와 위衛나라 미녀로 후궁을 채울 수 없고, 빠르고 강한 말로 외양간을 채울 수 없고, 강남의 금과 주석도 쓸 수 없으며 서촉의 단청으로 채색할 수 없습니다.

(중략) 무릇 항아리를 때리고 장구를 치면서, 쟁箏(현이 적어 슬에 비해 소박하다)을 타고 허벅지를 두드리며, '호오' 소리를 지르며 노래를 불러 이목을 즐겁게 하는 것이 진정한 진나라 음악입니다. 정나라와 위나라의 상간桑間·소우昭虞·무상武象은 이국의 음악입니다. 지금 항아리 치는 것을 버리고 정과 위의 음악을 취하고, 쟁을 타는 것을 버리고 소우를 취함은 무슨 까닭입니까? 이것들이 당장 마음을 기쁘게 하고 보기 좋기 때문입니다."

그런데 왜 사람은 출신을 가리는가? 그리고 은근한 위협까지 곁들인다. 진이 인재를 버리면 동방이 강해진다.

"허나 지금 사람을 취하는 것은 그렇지 않으니, 쓸모가 있는지 없는지 묻지 않고 바른지 굽은지 논하지도 않고 진나라 사람이 아니면 물리치고 객이면 쫓아냅니다. 그렇다면 색악주옥色樂珠玉은 귀하게 여기면서 사람은 가볍게 여기는 것입니다. 이는 해내海內(천하)를 가로지르고 제후들을 제압하는 방도가 아닙니다. 신이 듣기로 땅이 넓으면 곡식이 많고 나라가 크면 백성이 많으며 병기가 강하면 군사들이 용감하다 합니다. 그러므로 태산은 흙을 사양하지 않기에 능히 그렇게 커질 수 있었고〔太山不讓土壤, 故能成其大〕 강과 바다는 작은 물줄기를 가리지 않기에 그렇게 깊어질 수 있었으며〔河海不擇細流, 故能就其深〕 왕자는 여러 무리를 물리치지 않기에 그 덕을 밝힐 수 있었습니다〔王者不卻衆庶, 故能明其德〕. 이리하여 땅에는 사방의 차이가 없고 백성이라면 이국 출신의 차이가 없어 네 계절이 아름다움으로 충만하고 귀신이 복을 내렸습니다. 이것이 삼왕오제가 무적無敵이었던 까닭입니다.

지금 기어이 검수黔首(백성)를 버려 적국을 살찌우고, 빈객을 물리쳐 제후들의 공업을 돕고, 천하의 선비들이 물러나 감히 (다시) 서쪽을 향하지 않고 발을 싸서 진으로 들어오지 않도록 한다면, 이는 이른바 '적에게 무기를 꿔주고 도둑에게 양식을 보태는[藉寇兵而齎盜糧]' 행동입니다. 대저 진에서 나는 것이 아니나 보물이 될 만한 물건이 많으며, 진 출신이 아니나 충성을 품은 선비가 많습니다. 지금 객을 쫓아내어 적국을 살찌우고 백성을 덜어 원수에게 더해주면, 안으로는 스스로 텅 비고 밖으로는 제후들에게 원망을 얻으니, 나라에 위태로움 없기를 바란들 그럴 수가 없습니다.

이사의 언사는 경박하지만 몰아치듯 화려하다. 마지막 부분은 비록 독창적이지는 않지만 자못 웅장하여 통일의 웅지를 고취한다. 이사는 묻는다. 앞으로 산동을 겸병하면 산동의 백성을 물리칠 것인가? 진왕이 진정 통일의 야망을 품고 있다면 쓸 수 있는 사람이란 다 모아야 한다.

당시 진왕은 자존심 때문에 쓸모 있는 의견을 버리는 사람이 아니다. 그는 바로 축객령을 취소하고 다시 이사를 불러 관직을 주고 그의 계략을 모두 채용했다. 이리하여 이사는 관직이 정위廷尉에 이르렀다. 정위란 국가의 법을 총괄하는 이, 바로 법가 사상으로 다스리는 진의 사실상의 실권자였다.

앞에서 필자는 진왕이 《상군서》 〈내민〉의 유세를 진왕 정이 받아들인 것으로 추정했다. 글자 그대로 '적국의 사람들을 끌어들인다'는 내민의 반대말은 '외국 사람들을 쫓아낸다'는 축객이다. 다만 축객의 대상은 대략 벼슬아치일 것이고 내민의 대상은 농부들이다. 그러나 벼슬이 없는 평민인 검수까지 언급되니 당시 축객의 대상 범위 또한 작지 않았던 듯하다. 필자가 〈내민〉의 주장을 진시황이 받아들였다고 생각하는 또 하나의 방증은 축객령을 거둬들인 그의 행동이다. 향후 이사는 20여 년 동안 진이 천하를 완전히 겸병하는 과정을 도울 것이다. 결국 거기서 끝나지 않고 왕을 올려 황제라 칭하고 자신은 승상이 될 것이다.

이렇게 진의 기획자들이 다 모였다. 병법가 울료가 와서 군법을 주관하고, 법률가이자 전략가 이사가 와서 내외정을 주관하고, 요가·돈약 등의 유세가들이 돈을 들고 열국을 주유했으며, 진의 자객들이 전국을 횡행했다. 그리고 군대는 전통적인 무관 가문인 몽씨와 왕씨에게 맡겼다. 진왕 정은 인재를 얻고자 하는 마음이 있었고, 실질이 있는 사람이라면 몸을 굽혀서라도 얻을 아량이 있었다. 이렇게 사령관 아래로 통일의 기획자들이 다 모였고, 뇌물이 열국의 조정을 채웠다. 그렇다면 이제 군대가 떠날 차례다.

제3장

통일전쟁

: 조나라를 멸하다

진시황은 중단기전의 명수였다. 여불위를 죽이고 친정을 개시한 지 겨우 13년, 한나라를 무너뜨린 진나라는 9년 만에 제나라까지 무너뜨렸다. 《사기》〈진시황본기〉에 따르면 재위 13년 조나라를 공략한 이래, 단 한 해도 쉬지 않고 정복전을 계속했다. 상대는 모두 고만고만한 나라가 아니요, 열세 속에서도 100년 이상 진나라와 싸우던 나라들이었다. 병장기를 부딪쳐 싸우는 국가 간의 싸움에서 10년이란 짧은 시간에 통일을 마무리한 것은 흔한 일이 아니다. 특히 원정군은 성에 들어가 버티는 수비군과 상대해야 했다. 무엇이 그들의 연이은 승리를 가능하게 했던가?

막다른 골목에서 원수지간인 두 무리가 만났다. 선량한 쪽이 이기는가? 혹은 명망 있는 쪽이 이기는가? 그저 힘과 투지가 강한 쪽이 이길 뿐이다. 이 것이 단기전 혹은 중기전의 대원칙이다. 대개 진나라는 상앙이 제시한 명확한 상벌의 원칙을 가지고 전투에서 승리했다고 말한다. 승리자에게는 확실한 보상을 주고 달아난 이들에게는 형벌을 가한다. 사지에 처해도 뒤로 가다가 죽는 것보다 앞으로 진격하는 것이 나았다. 그러나 무슨 수로 피와 살로 이뤄진 병사들을 전진만 아는 기계로 만들 것인가? 전국시대라는 특수한 현실이 만든 제도와 문화, 시대정신, 그리고 진나라의 지배층이 그들을 전쟁 기계로 만들어냈다.

상대라고 넋 놓고 있었을 리가 없다. 그들도 진에 버금가는 제도와 유인책을 갖추고, 필사의 각오로 싸웠을 것이다. 하지만 균형추가 급격히 기우는데도 막아내지 못한 것은 진의 뇌물을 듬뿍 먹은 정치가들이 다시 합종을 이루지 못했기 때문이고, 누적된 패배로 개별 나라가 너무 줄어 있었기 때문이다. 합종을 주관할 유일한 나라 초는 스스로 동쪽으로 달아났고 합종파 거물 춘신군은 정변의 희생자가 되었다.

이제 이 기나긴 상잔의 역사가 끝나려고 한다. 안타깝게도 《사기》는 통일전쟁의 과정을 연도별로 무덤덤하게 서술할 뿐, 전투 장면을 묘사한 것은 하나도 없다. 대부분 동원된 병력의 수도 누락했다. 그러니 어떻게 그날의 싸움을 복원할 것인가? 이 10년 남짓의 과정을 어떤 구체적인 묘사도 없이 지나친다면 이 기나긴 시리즈를 쓰는 필자는 어떤 면목으로 독자들을 대할 것인가? 옛 기록을 따르기만 하는 것이 태행산 호랑이 조나라를 정당하게 대하는 방식일까?

그래서 필자는 당시의 상황을 남아 있는 진의 군법을 통해 복원하기로 했다. 진의 군법이란 바로 《묵자墨子》〈비성문備城門〉 이하 제편, 《울료자》〈중형령重刑令〉을 비롯한 여러 군령 부분, 《상군서》〈경내境內〉[1]다. 근래 발굴된 여러 진간들 덕택에 이 세 책의 여러 편들이 진의 군법임을 거의 확신할 수 있다. 우리는 이 자료들을 죽간 자료를 통해 점검하면서 진의 병단을 부활시킬 것이다. 이어서 이 무시무시한 진의 병단에 대항하여 성을 지키는 열국의 군대도 '진의 법에 근거하여' 부활시킬 것이다. 안타깝게도 그들의 군법을 복원할 방법이 현재로서는 없기 때문이다. 앞으로 더 많은 출토 유물이 나오면 필자가 묘사한 장면은 확증되거나 폐기되겠지만, 현재로서는 가장 근사한 시뮬레이션이라 생각한다. 이 장은 사실이 아니라 기록에 근거해 사실에 가깝게 복원한 것임을 기억해주기 바란다. 그리고 여러분은 어떤 편에 서도 좋다. 진의 병단과 함께 종군해도 좋고, 조의 수비병 입장에서 결사항전해도 좋다. 이제 진과 조가 격돌하는 살벌한 전장으로 떠나보자.

1. 무너진 한나라, 버티는 조나라

기원전 234년, 진군의 움직임이 포착되었다. 목표는 조나라였다. 진의
전략이 달라진 것은 없었다. 범저가 조나라를 공략하다 실패한 까닭은
위나라가 개입한 합종 때문이었다. 그러나 이제 위나라는 대량을 지키
는 것도 버거워 진군의 후방을 교란할 생각을 하지 못했다. 이제 조는
도움을 받을 우방이 없다. 순망치한의 논리를 들어 연의 도움을 바랄
수 있을까? 그 또한 쉽지 않았다.

　《전국책》〈진책〉에 따르면, 진은 먼저 조에게 이런 제안을 했다고 한
다. '먼저 연과 연합하여 조를 위협하는 모양을 연출할 테니 땅을 달라.
그렇게 하면, 우리가 바로 연을 배신하고 관계를 끊을 테니 조는 진에
게 잃은 땅을 연을 쳐서 보충하라'는 것이다. 기록을 보면 조는 하간의

다섯 성을 진에 바치고, 연의 상곡 36현을 쳐서 손실을 벌충했다고 한다. 진의 작전이 성공한 것이다. 진은 교활하고 연은 약했으며, 조는 서쪽에서 진에게 잃은 땅을 동쪽 연 땅으로 벌충하는 형국이었으니 연에게 손을 벌리기도 쉽지 않았다.

두 해에 걸쳐 공격은 이어졌고 장군 환기는 조의 평양平陽을 함락시키고 조장 호첩을 죽이고 10만 명을 베었다. 진왕 정이 행한 최초의 대량 살육이었다. 이때 진왕은 직접 하남으로 가서 싸움을 독려했다. 평양과 무성武城이 떨어지고 온 조나라가 두려움에 떨자 한은 진의 신하가 될 것을 청했다. 그 이듬해에도 공격은 이어졌다.

그러나 조나라에는 북쪽 변방에서 흉노를 방어하던 이목李牧이라는 명장이 있었다. 진이 의안宜安까지 떨어뜨리고 조를 멸망시킬 기세를 보였지만 이목이 출정하여 비肥성 아래서 진군을 격퇴하자 진장 환기는 퇴각할 수밖에 없었다. 그 덕에 한나라는 명을 한 해 이었다. 그러나 진은 이어서 대대적으로 군대를 이끌고 이번에는 남쪽의 업과 서쪽의 태원에서 동시에 공격해 들어왔다. 당시 진이 상당과 태원을 다 차지했으니 후방 걱정 없이 태행산을 넘을 수 있었다. 그러나 파오에서 다시 이목에게 패배하고 한단 공략을 포기할 수밖에 없었다. 남북 태행로를 다 두드렸지만 모두 실패한 셈이다.

그 이듬해는 군대를 보내 한이 바친 남양의 땅을 접수했다. 한은 저항 의지가 없어서 신속臣屬하는 것은 시간 문제였지만 조는 여전히 골칫거리였다. 공세를 이어가다 막판에 이목에게 거듭 가로막히는 상황에서 자칫하면 전선이 교착 상태에 빠질 수도 있었다. 그러나 진의 외정과 군정을 장악하고 있는 이들은 강경파 이사와 국위 울료 등이었다. 울료는 민적民籍을 정리하여 다시 싸울 준비를 할 것을 주장했다. 울료가 국위였다는 기록을 믿고, 진왕이 직접 들은 것이라 가정하고 읽어보자.

울료는 관에 있는 명부와 각 호의 실재 인원이 일치하지 않으면 군대를 제대로 운용할 수 없다고 한다. 다시 말해 호적을 더욱 엄밀히 정비하여 군대를 모아 다시 동쪽으로 가자는 뜻이다.

> "국가의 이익과 손해는 나라의 명부와 그 실재 인원이 일치하는가에 달려 있습니다. 지금 이름은 관에 있고 실재는 가家에 있다면 관은 그 실재를 얻을 수 없고(그 사람을 군역에 동원할 수 없고) 가는 그 이름을 얻을 수 없습니다(그 사람은 호적에 이름이 없으므로 공적으로 존재하지 않는다). 졸을 모아 군대를 편성할 때 이름은 있으나 실재는 없다면 밖으로는 적을 제어할 수 없고 안으로는 나라를 지킬 수 없으니, 이는 군대가 인원을 채우지 못하고 장수가 위신을 잃는 이유입니다.*"

호적을 강화하는 것은 상앙 이래 진나라 군정과 농정의 기본이었다. 그러나 모든 나라가 인구조사를 원했지만 실상 어느 나라도 이 일을 행하지는 못했다. 특히 진의 땅으로 편입된 산동 국가들의 민적은 대단히 어지러워졌을 것이다. 그러므로 이들을 군인으로 쓰자면 호적 정

• "軍之利害, 在國之名實……(《울료자》〈병령하〉)."

리가 반드시 필요했다.*

과연 진왕은 이 제안을 행동으로 옮겼다. 그러나 단순히 받아들이는 것을 넘어 그 이상을 실천했다. 모든 남자의 나이를 호적에 올릴 것을 명한 것이다. 이리하여 기원전 231년 중국사상 처음으로 남자의 나이가 호적에 올랐다.** 실로 제도사적으로도 대단한 성취였다. 그러나 향후 동아시아의 남성들이 이 조치의 희생양이 된 것도 사실이다. 그들은 더는 자유인이 아니다. 당시 관부에 두는 호적에서 개인이 차는 호패를 거쳐 오늘날 지갑에 들어가는 주민등록증으로 이어지는 과정은 끊임없이 국가가 감시의 강도를 높여가며 관철한 것이다. 이제 남자는 군역과 세금을 피할 도리가 없어진다. 전쟁은 당시 백성들의 삶을 바꾸고 후손들의 삶까지 바꾼다.

그 이듬해 한은 기어이 진으로 넘어갔다. 내사內史 등騰이 한을 공격하여 한왕 안安을 얻었다고 한다. 기원전 230년 한의 역사는 이렇게 사서에 한 줄도 채우지 못하고 사라졌다.

> 내사 등이 한을 공격하여 한왕 안을 얻고, 그 땅을 모두 거둬 군으로 만들고 영천潁川이라 불렀다.
>
> —《사기》〈진시황본기〉

- "백성들의 수를 등록하고 태어나는 자는 명부(적)에 올리고 죽은 자는 삭제한다. (왜?) 백성이 곡물을 은닉하지 않으면 들판은 개간될 것이고 나라는 부유하고 강해진다[舉民衆口數, 生者著, 死者削. 民不逃粟, 野無荒草, 則國富. 國富者強(《상군서》〈거강去彊〉)]." 조사 대상은 물론 국경 안의 모든 남녀[四境之内, 丈夫女子]다.
- "初令男子書年(《사기》〈진시황본기〉)."

내사는 원정을 수행하는 장군이 아니라 수도 함양의 치안 및 행정장관이다. 내사 등은 대규모 전투를 수행하기 위해서가 아니라 사실상 한을 접수하고 호적을 정리하기 위해 파견되었던 듯하다. 이렇게 삼진 가운데 가장 약체였지만 100년 이상 이어진 패배와 굴욕을 받아들이면서도 존재했던 한이 멸망했다. 어쩌면 그 백성을 위해서는 다행인지도 모르겠다. 그 많은 패배 속에 와해되지 않은 것만으로 한은 전국시대 산동 열국의 하나로서 응집력을 충분히 보인 셈이다. 그러나 당시 공격당하고 있던 조로서는 더없이 안타까운 일이었다.

한을 접수하던 그해 지진이 나고, 왕의 할머니 화양태후가 죽었으며, 대기근이 들었다. 점령지에서 발생한 기근인지, 관중에서 발생한 것인지, 식량 운송 문제 때문인지, 절대 비축분이 부족했는지는 명확하지 않다. 그러나 진이 기근을 통제할 수 없었기에 이런 기록이 남은 것이다. 물론 진보다 조는 더 심한 기근에 시달렸다. 조는 한처럼 항복하지 않을 것이다. 10만의 죽은 병사들의 부형들이 결사적으로 전투에 임할 것이고, 이목이 연거푸 거둔 야전의 승리 때문에 그들도 믿는 구석이 있었다. 평소라면 국내를 정비하고 군대를 쉬게 하는 것이 상식이다. 그러나 진왕은 그런 일로 군대를 멈출 사람이 아니었다. 또한 진의 조정은 멈추지 말고 군대를 몰아야 한다고 주장하는 이들 일색이었다. 군대의 반을 죽일 수 있어야 명령이 먹힌다고 할 수 있다! 다시 울료의 이야기를 들어보자.

"신이 듣건대 '옛날 군대를 잘 쓰는 이는 (전투에서) 능히 사졸의 반을 죽일 수 있었고, 그다음은 10분의 3을 죽일 수 있었으며, 그다음은 10분의 1을 죽일 수 있었다.˚ 능히 사졸의 반을 죽일 수 있는 자는 위엄을 해내海內(천하)에 떨쳤고, 10분의 3을 죽일 수 있는 이는 제후들에게 위엄을 떨쳤으며, 10분의 1을 죽일 수 있는 이는 사졸들에게 영을 먹히게 할 수 있었다' 합니다. 그러니 말하길, '100만의 무리라도 명을 듣지 않는다면 나가 싸우는 1만 명보다 못하고, 1만 명이 나가 싸우는 것도 100명이 죽기 살기로 싸우는 것보다 못하다' 하는 것입니다."

병사 반을 죽일 수 있어야 진정한 사령관이며, 극단적으로 성인 남자의 반은 희생할 각오를 해야 천하를 통일할 수 있다는 뜻이다. 울료는 명확한 상과 혹독한 벌, 절대로 어길 수 없는 호령, 날카로운 무기, 이것만 있으면 천하를 제압할 수 있다고 이야기한다. 물론 아군이 상하는 것은 기정사실이다. 실로 진왕은 아군이 상해도 승리를 얻으면 그만이라는 논리의 신봉자였다. 이듬해 진군은 다시 출발했다. 대장은 이미 조나라 전선에서 대승을 거둔 적이 있는 왕전이었다.

- "臣聞古之善用兵者, 能殺士卒之半, 其次殺其十三, 其下殺其十一……((울료자) 〈병령하))." 《상군서》 〈거강〉과 이 부분의 수사적인 유사성이 보인다. "왕자는 형을 9할 쓰고 상은 1할 쓰며, 강자는 형을 7할 쓰고 상은 3할을 쓰며, 깎이는 나라(削國, 쇠하는 나라)는 형과 상을 5할씩 쓴다(王者刑九賞一, 強國刑七賞三, 削國刑五賞五)." 이런 수사는 대개 병가나 법가의 수사였던 듯하다. 수사법도 같지만 내용도 똑같은 말로, 희생을 무서워하지 말고 법(민법이든 군법이든)을 혹독하게 집행해야 한다는 뜻이다.

2. 북방에서 온 사나이, 이목

조나라가 믿을 바는 사령관 이목이다. 왕전이 명장이라면 이목은 그 이상이었다. 조나라는 워낙 진과 여러 번 전투를 치렀기에 그 나름대로 야전에서 진을 격파한 명장들의 계보를 가진 나라였다. 그 선배로는 염파와 조사가 있었다. 이제는 이목이라는 사나이가 등장할 차례다. 《사기》〈염파인상여열전廉頗藺相如列傳〉의 기록을 따라 절체절명의 순간 나라의 운명을 어깨에 진 조나라 사나이의 내력을 살펴보자.

이목은 원래 조나라 북변을 지키는 장수였다. 조나라는 오히려 진나라보다 흉노와 더 가까이 마주 보고 있었다. 또한 진에 밀리면서 계속 북변을 개척했기 때문에 흉노와의 알력이 커질 수밖에 없었다. 무령왕 시기 개척한 운중군雲中郡과 안문군雁門郡, 그리고 조가 일찍이 개척해 말과 기병의 공급지로 여기고 있던 대군代郡이 흉노와 마주 보고 있는 북방 지대였다. 당시 진·조·연 3국의 압박을 받으면서 흉노 또한 초원의 제국으로 성장하고 있었다.

이목은 안문에서 흉노를 수비하고 있었다. 알다시피 당시 흉노 군대는 전원이 기병으로 구성된 지구상에서 가장 빠른 부대였다. 남쪽의 정주민들은 대개 기다란 장벽을 쌓아 기병에 대비하지만 이들을 막아내기는 역부족이었다. 이목은 너그럽고 융통성이 있는 사람이었다. 그는 변경을 지키는 장수들이 으레 하는 식으로 아랫사람들을 대하지 않고 현지 형편에 맞게 군리를 두었고, 시장을 열어 거기서 받는 세는 모두 자신의 막부로 가져와 사졸들이 쓸 경비로 충당했다. 하루에 소 여러 마리를 잡아서 병사들에게 먹이고 활쏘기와 말타기를 연습하고 봉화를 신중하게 올렸다. 첩자를 충분히 풀어 적정을 탐지하고 병사들을 후하게 대했다. 그는 방어지 군민들과 이런 약속을 했다.

"흉노가 쳐들어와 노략질을 하면 즉시 보루로 들어온다. 감히 맞서서 적을 잡는 자는 벤다."

이리하여 조군은 흉노가 매번 침입을 해도 봉화를 올리고 급히 들어가 보루를 지킬 뿐 감히 맞서 싸우지 않았다. 이렇게 몇 해를 같은 전술을 되풀이하니 싸워서 얻은 것도 없지만 잃은 것도 없었다. 기병은 기습에 강하지만 그들은 보루를 쌓지 않기에 약탈지에 오래 머물 수가 없어서 빨리 물러날 수밖에 없었다. 시간이 흐르자 흉노는 이목을 겁쟁이로 여겼고, 조나라 군사들 또한 자신들의 수장을 겁쟁이라 생각했다. 왕이 책망해도 이목은 듣지 않고 옛 방식대로 했다. 장수는 먼저 자신의 군대를 지키고 이로써 나라를 지키는 것이 임무이기에 가끔씩 최상의 지휘관들은 조정의 말을 묵살한다. 이목 역시 태생이 군인이었다. 하지만 우리는 조장 염파가 보루를 지키다 실각한 일, 진장 백기가 왕명을 거부하다 죽은 일을 알고 있다. 명이 먹히지 않자 왕이 노하여 이목을 소환하고 다른 장수에게 임무를 맡겼다.

한 해가량, 흉노가 내습할 때마다 새 사령관은 출격하여 맞서 싸웠지만 항상 불리했고 잃은 것이 많았다. 이리하여 변경에서는 농사를 짓고 가축을 키울 수가 없었다. 이는 자명한 이치다. 순수하게 보루를 지키는 것도 아니요, 변경을 개척해 농사를 하고 가축을 키우는 쪽이 어떻게 말을 타고 순식간에 나타났다 사라지는 이들과 싸워 이길 수 있겠는가? 농기구를 버리고 병기로 바꾸는 순간 이미 적의 화살이 날아들 것이다. 상황이 이렇게 되자 왕은 다시 이목을 불러들였다. 그러나 이목은 병을 핑계로 두문불출하며 왕의 청을 완강하게 사양했다. 그러자 왕은 강제로 그를 일으켜 변경을 지키는 장수로 삼았다. 이목은 왕에게 다짐을 받아두었다.

"왕께서 기필코 신을 쓰시겠다면, 신이 전에 하던 것처럼 허락하셔야 신은 명을 받겠습니다."

왕은 그 요청을 받아들였다.

변경에 도착한 이목은 군리들과의 옛 약속대로 흉노를 상대했다. 흉노는 몇 해 동안 정면으로 승부하지 않은 이목 때문에 얻을 것이 없었고, 결국 이목은 형편없는 겁쟁이라는 결론을 내렸다. 변경의 조나라 사졸들은 매일 상만 받고 싸움을 하지 않으니 모두들 한번 전장에 나서기를 원했다. 이리하여 이목은 그동안 축적한 전차 1300승과 전마 1만 3000필, 백금을 받은 병사[百金之士, 백금의 상을 받을 수 있는 사람?] 5만 명과 뛰어난 궁수 10만 명을 얻고는 이들에게 맹렬하게 군사훈련을 시켰다. 그리고 가축을 자유롭게 풀어 먹이니 사람들이 들판에 가득했다.

그러다 흉노의 소규모 부대가 침입하자 짐짓 패한 척하고 달아나면서 수천 사람들을 뒤에 남겼다. 선우單于(흉노의 수장)가 이 이야기를 듣고는 대군을 이끌고 침입해왔다. 이목은 특이한 진[奇陳, 기만하는 진]을 여럿 펼치고는 좌우익을 펼쳐 맞아 쳐서[張左右翼擊之, 상대 기병을 치는 좌우익은 물론 기병이어야 한다] 흉노를 대파하고 10만여 기騎를 살상했다. 물론 기병 10만을 살상했다는 것은 과장일 터이지만, 이목이 쓴 진이 바로 7만 명의 이탈리아 병력을 학살한 칸나이 전투에서 한니발Hannibal이 쓴 반달진이요, 한산도에서 이순신李舜臣이 왜군을 궤멸시킨 학익진鶴翼陣이다. 이어 이목은 담람憺襤과 동호東胡를 격파하고 임호林胡의 항복을 받아내니 선우는 달아났다. 그 후 10년 동안 흉노는 감히 조나라 변경에 접근하지 못했다.

그는 대략 이런 사람이다.[*] 이런 기록을 통해 제한적이지만 우리는 충분히 그의 전술이 기병전술이라는 것, 물론 기병을 활용하니 상대방이 공격해오면 성만 지키지 않으리라는 것, 그의 군대는 북쪽에서 오랫동안 생사고락을 함께한 전우들이자 사령관을 굳게 믿는 이들이란 것 등을 예상할 수 있다.

3. 진군이 국문을 나서다

진군은 대기근도 무시하고 다시 낸 군대다. 그리고 이 군대는 단순히 적의 성 한두 개를 치는 것이 아니라 일국을 멸망시키려고 떠나는 군대다. 진왕이 아무리 철인이라도 패배를 두려워하지 않을 수 없다. 사

- 이목에 대한 묘사는 사마천이 극찬하는 한의 장군 이광李廣의 모습과 대단히 유사하다. 부하들에게 관대하며, 척후를 멀리 보내고, 항상 벌보다는 상으로 부하들을 어루만지고, 흉노와 마찬가지로 말을 달리며 활을 쏘는 전술을 구사했다. 이곳에서 강력한 군법으로 다스리는 진의 군대에 대한 사마천의 비판적인 군사관이 얼핏 보인다. 이목은 진과 다른 전술로 진군을 연파했기 때문이다. 당시 야전에서 진군을 이기는 것은 실로 예외적인 일이었다.

령관 왕전은 신중하면서도 집요한 인물로, 조나라 전선에서 여러 번 승리한 탓에 장병들의 신임이 깊었다. 진왕은 왕전에서 몸소 군령을 어긴 자를 베는 도끼를 넘기며 다짐을 두었다.

"장군은 들으라. 좌우, 중군은 모두 맡은 바 소임이 있다. 만약 주어진 역할을 뛰어넘어 위로 청원하는 자는 사형에 처하라. 군대에는 두 명령이 없으니 감히 다른 명령을 내린 자는 죽여라. 명령을 지체하고 바로 실행하지 않는 자도 죽이며 명령을 어긴 자 또한 죽여라."

왕전은 삼가 도끼를 내려 받고 물러났다. 그는 백인대 이상의 장령들을 불러 모아 출정 후 군령을 전했다.

"국문 밖을 벗어나면 해가 넘어가기 전에 군영을 설치하고 원문轅門 (수레를 이어 만드는 임시 군영의 문)과 표(거리와 경계를 나타내는 표시)를 세워라. 시간을 넘기면 법으로 다스리겠다. 장군이 군영에 들어서면 문을 닫고 길에 사람이 다니지 못하도록 한다. 감히 길에 다니는 자는 베고, 감히 큰 소리로 말하는 자도 베며, 감히 영을 따르지 않는 자는 벨 것이다."

본국의 군대가 출정하기 전에 만일의 사태에 대비하고 전투를 준비하는 역할을 맡은 부대들은 이미 나가서 국경의 여러 현에 3~5리 간격으로 줄지은 감시 초소를 세웠다. 모두 본대가 갈 길을 정비하고 첩자를 막기 위한 것이었다. 드디어 본대가 출발했다는 기별이 국경의

- 앞으로 나오는 장면들은 모두 연관 사료에 근거해 재현한 것으로서 사료에 화자와 청자가 나와 있는 것은 아니다. 독자들은 전장을 상상하면서 읽어주시기 바란다. "장군이 명을 받으면 군주는 반드시 묘당에서 작전을 논의하고 조정에서 명을 내린다[將軍受命, 君必先謀於廟, 行令於廷, 君身以斧鉞授將曰, '左·右·中軍皆有 分職…….' 將軍告曰, '出國門之外, 期日中設營, ……有敢高言者誅, 有敢不從令者誅(《울료자》〈장령將令〉]."

초소에 도착했으니 때는 기원전 229년이었다. 본대 출정 보고를 들으면 사전 대비 부대는 길에 아무도 못 다니게 한다. 군대의 일은 기밀이 중요하기 때문이다. 군대가 가는 길에 병사들을 전별하는 백성들이 나와도 안 된다. 출정 전야는 극도로 삼엄했다. 군대의 사기를 저하하는 일은 무엇이든 막았다. 먼저 국내를 안정시켜야 외국에서 싸울 수 있기 때문이다.•

왕전은 상당과 태원을 비롯한 북방의 군대를 모아 태행산을 넘어 북쪽에서 내려가며 정벌하고, 양단화陽端和는 하내河內(태행산 남단에서 황하 북변까지의 땅)의 군대를 이끌고 가서 한단을 포위하며, 강외羌瘣는 남쪽에서 올라가며 정벌하는 형세를 취했다. 조나라 쪽에서는 조왕이 한단을 맡아 지키고, 이목이 야전군을 거느리며, 밖에서 왕전을 맞아 싸우기로 했다.•• 왕전 군대는 첫 목표로 태행산 북로의 정형井陘의 관을 함락시키고 전진하고자 했다. 정형을 넘으면 대개 조군은 파오番吾 일대에서 결전을 기다린다. 파오를 함락시키면 거침없이 남진할 수 있다. 그러나 지금 태행산 너머에서 기다리는 사람은 이목이다. 쌍방의 사령관 이하 군사들은 모두 경험 많은 이들이었고 서로 물러나기 힘든 형국이었다. 그러니 이런 싸움이 수십 일 안에 끝날 리가 없다.

- "諸去大軍爲前禦之備者, 邊縣列候各相去三·五裏. 聞大軍爲前禦之備戰, 則皆禁行. 所以安內也(《울료자》〈병령하〉)."

-- 안타깝게도 이목과 왕전의 대결에 대한 기록은 거의 없다. 그러나 《사기》〈염파·인상여열전〉에 "이목과 사마상으로 막게 했다"고 나오고, 당시 왕전은 북방에서 내려오고 있었으므로 이목이 왕전을 상대한 것은 사실이다.

1차 집결지로 본대가 출발하기 전에 흥군興軍*이 출발했다. 왕전은 흥군의 부대장들에게 군령을 숙지시켰다. 흥군은 본대보다 200리 앞서 출발하는 이른바 척후부대다. 흥군은 6일 치의 야전식을 휴대하고 출발해서 사전에 전투 준비를 갖춘다. 이들은 분졸分卒을 풀어 요해처 要害處에 거하게 한다. 이 소부대들은 적의 첩자들을 막는 역할을 하고 전투가 끝날 때까지 요해처에 거주하게 된다. 그러나 싸움이 유리하면 퇴각하는 적을 쫓고, 싸움이 불리하면 퇴각하는 아군을 도와야 한다. 그 뒤를 종군踵軍이 쫓는다. 종군은 흥군보다 100리 처지고 본대보다 100리 앞선다.

흥군은 반드시 빠르고 용맹한 자들로 구성해야 한다. 6일 치 식량이 바닥나도 본대가 도착하지 못하면 고립된다. 또한 이들은 적의 반격을 받아 위험에 처해도 퇴각할 수 없다. 흥군의 뒤를 따르는 종군의 군관 들이 만약 요해처에서 퇴각하는 흥군의 분졸을 만나면 바로 벨 테니 까. 군령에 의해 종군의 부대장들은 흥군 퇴각병들을 벨 권한을 가졌 다. 흔히 병법은 본대가 선발대와 척후들 안에 있으면 승리한다고 전 한다. 사방에서 정보를 충분히 얻고, 또 기습 공격에서 보호를 받기 때 문이다.

흥군이 떠나고 사흘 후 종군이 길을 떠났다. 종군은 흥군보다 규모 가 큰 부대다. 이들은 본대와 흥군의 딱 중간에 있다. 기한을 정해 집결

• "興軍者, 前踵軍而行, 合表乃起, 去大軍一倍其道, 去踵軍百裏, 期於會地, 爲六日熟食, …… 所謂諸將 之兵, 在四奇之內者勝也《울료자》〈종군령踵軍令〉."

하면 3일 치 야전식을 준비하고 본대에 앞서 행군한다. 흥군과 종군을 떠나보내면서 왕전은 크게 향응을 제공했다. 척후와 선봉이 길을 잘 터야 승리할 수 있다. 이렇게 선발대에게 향응을 베푸는 것을 진나라 사람들은 추전趨戰(투지를 북돋움)이라 부른다.* 왕전은 종군과 본대의 부대장들을 모아 다시 군법을 역설했다.

"제장들, 군대는 십什과 오伍가 있고 나뉠 때가 있고 합칠 때도 있다. 임무를 분담하여 요새와 관과 교량에 나누어 주둔하다가 싸울 때는 정한 지점으로 한꺼번에 출격해야 한다. 본대는 필요한 날에 맞춰 식량을 준비하고 출발할 것이다. 전투 도구를 모조리 갖추고 명이 떨어지면 바로 출발한다. 영을 따르지 않는 자는 당장 참한다."**

국경의 요새를 지키는 부대는 흥군과 종군이 이미 출발하면 국경 안의 백성들을 도로로 다니지 못하게 한다. 오직 왕의 군명을 받들어 부절符節을 지닌 순직리[順職之吏]만 도로를 다닐 수 있었다. 순직리가 아니면서 도로를 횡횡하면 군법에 의해 처형되었다. 중군이 출발하면 순직리도 함께 행군에 참여한다.*** 싸움이 시작되기 전의 관건은 군기를 숙정肅正하고 첩자를 잡아내는 것이다.

• "所謂踵軍者, 去大軍百裏, 期於會地, 爲三日熟食, 前軍而行, 爲戰合之表. 合表, 乃起踵軍, 饗士, 使爲之戰勢, 是謂趨戰者也(같은 책, 같은 편)."

•• "兵有什伍, 有分有合, 豫爲之職, 守要塞關梁而分居之. 戰合表起, 即皆會也. 大軍爲計日之食起, 戰具無不及也, 令行而起, 不如令者有誅(같은 책, 같은 편)."

••• "凡稱分塞者, 四境之內……(같은 책, 같은 편)."

종군이 출발하고 왕전의 본대가 태행산을 넘어갔다. 정확한 기록은 없으나 조나라를 끝장내기 위해서는 최소한 20만 명의 대군이 필요했을 것이다. 훗날 진장 이신李信이 20만 명을 이끌고 초를 치러 갔다가 여지없이 실패한 예가 있다. 지금 진군은 양대로 나뉘었다. 남쪽에서 올라가 한단을 포위하려면 최소한 20만 명이 필요할 것이고, 북쪽에서 들어가는 군대는 조나라 주력 야전군과 싸워야 하니 역시 10만 명을 상회했을 것이다. 일단 최소한 30만 명이라고 가정해보자.

4. 진군, 정형을 넘어 집결하다 ━━━━━━━━

왕전의 부대는 정형井陘관을 돌파하고 태행산 동록에 보루를 세웠다. 진군의 진영은 언제나 가지런하게 정돈되어 있었고 각 부대의 경계가 확고했다. 중군·좌군·우군·전군(선봉)·후군(후위)은 모두 정해진 위치의 구분이 있는데, 이 구분에 따라 사방으로 담장을 쌓고 서로 왕래하지 못하게 했다. 군영은 장將에게 할당된 위치가 있고, 수帥에게 할당된 것이 있으며, 백伯에게 할당된 곳이 있으니 모두 도랑을 파서 구분하고, 한 백인대에 속한 이가 다른 백인대로 들어가지 못하도록 명확히 밝혔다. 군대는 대형이 생명이다. 함부로 남의 백인 군영에 들어가면 백장[伯]이 그를 벤다. 만약 어떤 이가 군령을 어기고 마음대로 경계를 넘은 것을 알고도 베지 않으면 백장도 같은 죄로 처리한다.* 왕전의 군대에서 감히 이 군령을 어기고 처형되는 이는 없었다.

진나라 군대의 진영은 꼭 바둑판 같았다. 거대한 바둑판 위로 솟은 망루와 각 군영의 깃발이 정연하게 서 있다. 군중의 종횡 도로 위에는 120보마다 부주府柱(감시 망루)를 하나 세워두었다. 사람과 군영의 면적을 헤아려 길을 사이에 두고 부주를 세워 서로 바라보도록 하고 도로로 함부로 다니지 못하게 했다. 군문이든 통행로든 장리의 부절이 없으면 통행할 수 없다. 땔감과 목초를 구하려 가는 이들조차 모두 오를 갖춰야 한다. 오를 갖추지 않은 이들은 누구라도 통행할 수 없다. 군관으로서 부절이 없거나 병사로서 오를 이루지 않고 다니면 횡문橫門(영문의 수문장)이 벤다.** 군영 안에서는 실수가 용납되지 않았다. 군법을 집행해야 할 때 집행하지 않으면 집행자가 형을 받았으므로 군관들은 과감하게 형벌의 도끼를 휘둘렀다.

왜 이토록 잔인할 정도로 군영의 구분을 명확히 하는 데 집착하는 것일까? 병서는 흔히 이렇게 해야 군영 안에는 금령을 감히 범하는 자가 없고 밖에서 들어오는 첩자를 잡을 수 있다고 말한다. 사람들이 뒤섞이면 첩자를 잡을 수 없다. 상대편 사령관 이목은 언제나 첩자와 정찰대를 멀리, 자주 보내는 사람이다. 군의 기밀이 새어나가면 원정군이 불리해진다.

또 하나의 목적이 있었다. 주둔지는 전투 시 대형의 축소판이다. 창

- "中軍·左·右·前·後軍, 皆有分地, 方之以行垣, 而無通其交往, 將有分地, 帥有分地, 伯有分地, 皆營其溝域, 而明其塞令, 使非百人無得通, 非其百人而入者伯誅之, 伯不誅與之同罪(《울료자》〈분색령分塞令〉)."

- "軍中縱橫之道, 百有二十步而立一府柱……(같은 책, 같은 편)."

칼을 한 번도 휘두르지 않더라도 이 대형을 유지할 수만 있다면 승리한다. 전투에서 아군의 숫자는 양면성을 가지고 있다. 대오가 흐트러지면 서로 밟고 밟히느라 숫자는 적이 되고, 대오가 유지되면 숫자가 많은 쪽이 이긴다. 전투는 용감한 자 한 사람이 좌충우돌하는 것이 아니라 기계처럼 조련된 다수가 오직 깃발을 따라 움직이며 하는 것이다.

5. 출정 전야, 진군의 진영

결전이 다가올수록 왕전은 대무大巫를 찾는 시간이 많아졌다. 그에게 어떤 운세가 떨어졌는지 전하는 기록은 없다. 법에 따르면 장수는 그 점괘를 혼자만 알고 있어야 한다. 하지만 이미 전군이 출정한 이상 점괘가 나쁘게 나왔다고 싸움을 피할 수는 없다. 점괘란 그저 결전의 날을 정해줄 뿐이다.

왕전은 밤이면 병사들을 충분히 쉬게 하고 낮에는 훈련을 시켰다. 보병대의 훈련이란 병들이 군호와 군기의 사용법을 숙지하도록 하고 진퇴할 때 간격을 유지하게 하는 것이 거의 전부다. 백병전에서 밀집 보병대의 대오가 흐트러지면 백전백패다. 까마귀 떼는 서로 부딪히지 않고 날아갈 수 있으니까. 가장 비참한 군대는 아군끼리 서로를 밟아 죽이는 보병대다.

진군의 훈련 체계는 단순하고 명확했다. 그들은 세포가 모여 기관이 되고, 기관이 모여 온전한 유기체가 되는 방식으로 훈련했다. 최소 단위의 훈련이 끝나면 다음 단계로 이행해서 결국 전군 단위로 연습하고 마치는 식이다. 연병장에서 오장은 날마다 오인들을 교육시켰다. 북과 징이 충분하지 않으니 그들은 나무판과 기왓장으로 북과 징을 대신하고 장대로 기를 대신하는 식으로 진중에서 훈련을 했다. 북을 치면 진격하고, 기를 내리면 달리며, 징을 치면 물러난다. 깃발로 우측을 가리키면 우측으로, 좌측을 가리키면 좌측으로 움직이고, 북과 징을 동시에 치면 그 자리에 꿇어앉는다.

오장이 교육을 마치면 오를 합쳐 십장이 교육하고, 십장 다음은 졸장卒長, 졸장 다음은 백장伯長 순으로 교육을 하고, 백인의 교육이 끝나면 병위兵尉가 백인대를 합쳐 가르치고, 다음은 비장裨將이, 비장의 교육까지 끝나면 전군의 대장이 가르친다. 군에는 훈련 교령이 있다. 이에 따르면 군영을 나누고 각자의 진에 거하게 하는데, 영을 내리지 않았음에도 나가거나 물러나는 자가 있으면 범교죄[犯敎之罪, 교령을 어긴 죄]로 다스린다. 후행은 후행의 교관이 교육하고 전행은 전행의 교관이 교육한다. 좌우행도 마찬가지다. 다섯을 제대로 교육시키면 갑사의 우두머리가 상을 받고, 제대로 가르치지 못하면 범교죄와 동일하게 다스린다. 연습에 예외는 없고, 누구도 임의로 빠질 수는 없었다. 몸이 불편한 낙오자[羅地者]는 스스로 오에 고하고 오인들이 서로 고하면 죄를 면했다.

드디어 대장이 가르칠 때가 왔다. 벌판 가운데 전군이 대열한 상황

• "兵之敎, 令分營居陳, 有非令而進退者, 加犯敎之罪. ……弗敎如犯敎之罪. 羅地者, 自揭其伍, 伍內互揭之, 免其罪(《울료자》〈병교상〉)."

에서, 커다란 표지가 300보마다 하나씩 설치되어 있다. 진격 방식은 100보는 결決의 속도로, 100보는 추趨의 속도로, 100보는 목鶩의 속도로 행군하도록 되어 있다. 왕전은 모두가 속도와 대오를 지키며 기계처럼 움직이는 군대를 추구했다. 이 속도가 지켜진다면 무적의 군대인 것이다. 전군은 북과 징에 따라 만족스럽게 움직였다. 왕전은 비록 실전이 아니지만 확실히 절도를 보이는 부대와 뒤떨어지는 부대를 찾아 상벌을 행해서 나무라고 고무鼓舞했다.*

이렇게 훈련을 받은 후 각 오가 실전에서 한 사람이라도 목숨을 걸고 적 앞으로 진격하지 않으면 이를 가르친 교관도 같이 법을 범한 죄를 받게 된다. 10인은 10인을 연대 책임지는데, 만약 1인을 잃었으나 나머지 9인이 적과 죽을힘을 다해 싸우지 않으면 교관도 범교죄로 처리된다. 십장부터 위로 비장까지 법대로 하지 않으면 교관은 범법자와 같은 죄로 처리한다.** 그러기에 병법에서는 "무릇, 형벌을 밝히고 상을 정당하게 행하는 것은 병교법에 달려 있다[凡明刑罰, 正勸賞, 必在乎兵教之法]"고 했다.

왕전의 군대는 이제 쓸 만했다. 그러나 이목 역시 수없는 전쟁터를 누비던 용장이며 저들의 군대 또한 정예였다. 그들이 군대를 부리는 풍격은 달랐지만 야전에서 누가 우세라고 할 수 없었다. 이목이 거느

---

* "伍長教其四人, 以板爲鼓, 以瓦爲金, 以竿爲旆, 擊鼓而進, 低旆則趨, 擊金而退, 麾而左之, 麾而右之, 金鼓俱擊而坐. 伍長教成, 合之什長, 什長教成……(같은 책, 같은 편)."

** "凡伍臨陳, 若一人有不進死於敵, 則教者如犯法之罪. ……有不若法者, 則教者如犯法者之罪(같은 책, 같은 편)." 《수호지진간》에 의하면 말[馬]을 길들이는 이도 임무를 제대로 수행하지 못하면 처벌을 받았다.

린 기병이 진군의 기병을 격파하면 아무리 훈련이 잘된 보병이라도 열세에 처할 것이다. 이목은 과감한 사람이니 승세를 타면 매섭게 몰아칠 것이다. 파오˙쪽 이목의 군영에 빈틈이 보이지 않았다. 그러나 언제까지 기다릴 수는 없다. 이제 조군의 보루로 들이칠 날이 내일이다. 승리를 기원하는 제사를 지내고 진의 전군은 이른 잠에 빠졌다.

출정일 아침, 이른 아침을 먹고 백장 이상의 군관들이 장군의 막부로 도열했다. 사마司馬가 나와 군법의 대강을 강조했다.

"무릇 1000명 이상을 거느리는 자로서 전쟁에 임해 달아나고 지키다 항복하며 임지를 떠나 대중을 버리는 자, 이를 일러 국적國賊이라 한다. 국적은 육형[戮, 먼저 군중에게 조리돌려 치욕을 준 후 죽임˙˙]에 처하고 집안을 멸하고 (조상의) 분묘를 파헤쳐 그 뼈를 저자에 늘어놓고 집안의 (직계가 아닌 집안의) 남녀를 관청의 노비로 삼을 것이다. 100인 이상(1000인 미만)을 거느리고 전쟁에서 달아나고 지키다 항복하거나 대중을 버리고 임지를 떠난 자는 군적軍賊이라 한다. 그는 육형에 처하고 집안을 멸한 후 남녀를 관의 노비로 들일 것이다."˙˙˙ 이어서 왕전이 직접 나서서

- 왕전과 이목이 격돌한 장소는 정확하지 않다. 그러나 정형관을 넘어서 대군이 싸울 곳은 파오밖에 없다. 또한 진군이 파오를 피해서 남하한다면 후미를 노출시키는 격이라 불가능하다.

•• 《수호지진간》〈법률문답法律問答〉에 나오는 '생륙'을 지칭한다. "譽適(敵)以恐衆心者, 翏(戮). '翏(戮)'者可(何如)? '生翏(戮)', 翏(戮)之已乃斬之之謂(也)."

••• "夫將自千人以上, 有戰而北, 守而降, 離地逃衆, 命曰《國賊》. 身戮家殘, 去其籍, 發其墳墓, 暴其骨於市, 男女公於官. 自百人以上, 有戰而北, 守而降, 離地逃衆, 命曰'軍賊'. 身死家殘, 男女公於官(《울료자》〈중형령重刑令〉)." 군적은 조상의 묘는 파헤치지 않는 것으로 나와 있다. 한대의 《이년율령》으로 추정하면 군적의 부모·처자·형제도 모두 죽였을 것이고, 남녀男女란 그 밖의 사람들을 말할 것이다.

다시 군법을 숙지시켰다.

"전주법[戰誅之法]에 이르길, '십장이 적 10인을 처단할 수 있고 백伯 (백장)은 적 100인을 처단할 수 있으며, 1000인을 이끄는 장將과 1만 인을 이끄는 장將은 각각 1000인과 1만 인을 처단할 수 있고 대장군은 처단하지 못할 이가 없다"고 했다. 제장들은 군법을 어지럽히지 마라. 싸움에서 장리(장수와 군관)를 잃은 졸들과 자기 졸을 버리고 달아난 장리는 모두 참한다. 앞 부대의 군관이 졸을 버리고 달아나면 뒤 부대의 군관으로서 그를 베고 휘하 졸을 빼앗는 이는 상을 내린다. 전투에 나가 전공을 세우지 못한 이는 3년 수자리(국경을 지키는 일)를 세운다." 허나 여러분들이 힘써 싸워 승리한다면 내가 내리지 못할 상도 없다. 용전하는 자들을 모두 기록할 것이니 분투해서 공을 세워라."***

군공에는 승리의 공과 개인이 공이 있다. 이번 전투에서 이겨 조를 무너뜨리면 참전자들 전원은 최소한 2작 이상을 얻을 것이다. 그러면 점령지의 백성들을 부리는 생활이 시작되는 것이다. 이어서 국위는 백장들에게 십장과 오장 들을 모아 전투를 치를 때 지켜야 할 연대 책임

• "戰誅之法曰, 什長得誅十人, 伯長得誅什長, 千人之將得誅百人之長, 萬人之將得誅千人之將, 左右將軍得誅萬人之將, 大將軍無不得誅((울료자) 〈속오령束伍令〉)." 《수호지진간》 〈법률문답〉에 이런 기록이 있다. "장군이 금전으로 부하들에게 포상을 할 때는 한도를 두지 않는다[將軍材以錢若金賞, 毋(無)恆數]." 군법에 따르면 전장에서 장군의 상벌 권한은 무한하다. 진나라 군율의 상투어들이 양쪽 자료에서 확인된다.

•• "諸戰而亡其將吏者, 及將吏棄卒卒獨北者, 盡斬之. 前吏棄其卒而北, 後吏能斬之而奪其卒者, 賞. 軍無功者, 戍三歲((울료자) 〈병령하〉)."

••• 지적하지만 우리는 진의 법률에 나오는 이런 자료들을 진의 대장인 왕전이 군관들에게 말했다는 가정 아래 이야기를 하고 있다. 물론 그는 승리하면 얻는 것들도 말했을 것이다.

을 명백히 했다.

"제군들은 들어라. 전투에서 같은 오인을 잃어버리거나 오인이 전사했으니 그 시신을 얻지 못하면 같은 오의 사람들의 공은 모두 빼앗는다. 다만 동료의 시신을 찾으면 죄는 모두 사한다.' 무릇 오와 십이 서로 연대 책임을 지고 연좌되면 간사한 자를 못 잡을 리 없을 것이다. 알고도 고하지 않으면 똑같은 죄인임을 기억하라." 아비가 사사로이 자식을 감싸지 못하고 형이 사사로이 동생을 감싸지 못하는 것이 전장이다. 한데 함께 모여 먹고 자는 국인(종군한 사람들)이 어찌 영을 범하고 사사로이 서로 감쌀 수 있겠는가? 같은 오에 금령을 범한 자가 있을 때 이를 고하면 나머지 성원은 죄를 면하나 알면서도 고하지 않으면 전원 벌을 받는다. 십도 마찬가지요, 속屬(50명)과 여閭(100명)도 마찬가지다. 십장 이상에서 좌우장까지 모두 상하가 서로 연대 책임을 진다. 이 중 금령을 범한 자가 있어 이를 고하면 죄를 면하나, 알고도 고하지 않으면 모두 같은 죄로 처리한다.""""

이어서 위사들의 우두머리가 나와 위사대를 이끌고 있는 부장들에

• "戰亡伍人, 及伍人戰死不得其死, 同伍盡奪其功. 得其屍, 罪皆赦((울료자) 〈병령하〉)."

•• "夫什伍相結, 上下相聯, 無有不得之姦, 無有不揭之罪, 父不得以私其子, 兄不得以私其弟, 而況國人聚舍同食, 烏能以幹令相私者哉((울료자) 〈오제령伍制令〉)." 오의 연대책임과 불고죄 기록은 진간에 자주 등장한다. "列伍長弗告, 吏循之不謹, 皆有罪((수호지진간) 〈금포율金布律〉)." 또한 연좌의 법위는 법명에 의해 명백히 구분되었다.

••• "軍中之制, 五人爲伍, 伍相保也. 十人爲什, 什相保也. 五十爲屬, 屬相保也. 百人爲閭, 閭相保也. 伍有幹令犯禁者, 揭之免於罪, 知而弗揭……((울료자) 〈오제령伍制令〉)."

게 훈계한다. 야전에서 주장을 보호하는 위사의 임무는 막중하다. 전쟁에서 주장을 잃으면 위사는 처벌을 받는다. 실제로 장군 감무가 전쟁터에서 죽어버리겠다는 위협을 써서 의양에서 진군을 고무한 적이 있다. 명령은 이렇다.

"삼군이 어울려 싸우는 대전에서 대장이 죽었으나 이를 따르는 군관으로서 500인 이상을 거느린 이가 죽음으로써 적과 싸우지 않으면 참하게 되어 있다. 대장의 좌우를 모시는 근졸로서 진중에 있었던 자들은 모두 참한다. 나머지 사졸로서 군공이 있는 자는 작 1급을 빼앗는다. 반드시 적을 베고 전공을 세워라. 전공이 없는 자는 수자리 세 해를 살린다."

사병들은 거의 문맹이기에 반드시 군법을 반복해서 숙지시켜야 했다. 군법을 몰라서 사병들이 법을 어길 경우 군관들이 책임져야 하기 때문이다. "몰랐다"는 약자가 저항하는 가장 편한 수단이니까." 과연 이렇게 연대 책임으로 꽉 짜인 진의 군대가 이목의 조군을 이길 수 있을까? 조군 역시 비슷한 군법을 가지고 있을 테지만, 그 사령관은 좀 더

- "三軍大戰, 若大將死, 而從吏五百人以上不能死敵者, 斬. 大將左右近卒在陳中者, 皆斬. 餘士卒, 有軍功者, 奪一級. 無軍功者, 戍三歲((울료자) 〈병령하)."이곳에서는 대장의 위사가 500인이라고 나와 있다. 그러나 《상군서》 〈경내〉에는 "국위는 단병短兵(짧은 병기를 지닌 이, 즉 호위) 1000명을 거느린다. 대장大將은 단병 4000명을 거느린다. 전투에서 주장이 죽으면 단병은 작위를 깎이고, 적의 수급 하나를 얻으면 복권(면제)된다[國尉, 短兵千人. 大將, 短兵四千人. 戰及死事, 而剽短兵; 能人得一首, 則復]"고 적혀 있다. 대체로 《울료자》의 군법 부분은 진간의 어투와 거의 완벽하게 겹치지만, 《상군서》는 윤문의 흔적이 많다. 《울료자》의 기술이 현실적으로 보인다.

- 예컨대, 《이년율령》 〈주헌서〉에 탈출 노비가 "법을 몰랐다", 혹은 군역 기피자가 "나는 법을 이렇게 알고 있다"고 주장하며 법리들을 곤혹스럽게 하는 내용이 나온다.

느슨하고 유연한 대응을 강조했다. 북변에서 이목이 데리고 온 사병들은 모두 활을 잘 쏘는 이들이다. 화살 세례 속에서도 진군은 대오를 유지할 수 있을까?

6. 용호상박

이목은 파오의 보루를 굳게 지켰다.˙ 질서 정연하게 진격해오는 진군을 보면서도 사령관은 동요하지 않았다. 병법에, "하나로 뭉치면 이기고 흩어지면 진다. 진은 긴밀하게 짜여야 견고하며, 선봉은 흩어져 활동할 공간이 있어야 예리하다"고 했다.˙˙ 서두를 필요가 없다. 견고하게 지키다 적의 대오가 흔들릴 때 기병으로 흔들면 된다.

전투 시 진은 대략 밖을 향하는 공격형 진이다. 그러므로 통상은 외향진이나, 내향진, 입진, 좌진으로 계속 바뀔 수 있다. 내향진은 중앙을 돌보기 위한 것으로 기습 부대가 아군의 장수를 위협할 때 쓴다. 물론 외향진은 밖을 대비하기 위해, 입진은 진격하기 위해, 좌진은 멈추기 위해 쓴다. 공세를 취하고 있는 진의 군단은 물론 전방에 힘을 집중하고 있지만 상황에 따라 여러 가지 유인용 진법을 구사할 것이다. 그러

- 옛날에 염파도 싸우지 않는다고 파면되었다. 왕전은 오랫동안 조군과 대치하며 극복하지 못했다. 그러므로 이목이 보루를 지키는 전략을 썼다고 가정한 것이다.

- "專一則勝, 離散則敗. 陳以密則固, 鋒以疏則達〈〈울료자〉 〈병령상兵令上〉〉.ˮ

나 기이한 진을 쓰는 데는 이목도 자신이 있는 사람이다. 그는 적의 진법을 보며 대응 방법을 결정할 것이다. 진군은 발 빠른 선봉대로 먼저 교란하고 이어서 긴밀한 밀집대형으로 보루를 공격할 것이다. 관건은 다시 대오다. 그러므로 어떤 경우에도 밀집 보병은 전투 시 선후를 어지럽히면 참한다[亂先後斬之].

진의 병단의 모습을 복원해보자.* 진군은 전위와 후위를 제외하면 일단 졸을 다스리는 경령經令에 따라 부대를 셋을 나눴다. 좌, 우, 중군은 색깔에 의해 선명하게 구분되었기 때문에 지휘관들은 언제나 깃발로 대형을 쉽사리 복구할 수 있었다. 진의 좌군은 청기를 쓰고 졸은 푸른 깃털을 달며, 우군은 백기를 쓰고 흰 깃털을 달며, 중군은 황기를 달고, 졸은 황색 깃털을 단다. 각 군의 졸이 지니는 휘장은 다섯이다. 제1행은 푸른 휘장을, 제2행은 붉은 휘장을, 제3행은 누런 휘장을, 제4행은 흰 휘장을, 제5행은 검은 휘장을 쓴다. 이렇게 다섯 행으로 된 부대가 반복되니 장사진으로 공격하면 얼룩뱀처럼, 전개진으로 공격하면 호랑이가 달려드는 것처럼 보였다.

이런 식으로 배치하는 것은 모두 대오를 관리하기 위함이었다. 경졸령(경령)에 따르면 휘장을 잃어버리면 처벌했다. 휘장이란 그 사람의 식별표인데 무기 못지않게 중요했다. 맨 앞 조 다섯 행은 머리에, 두 번째 조 다섯 행은 목에, 세 번째 조 다섯 행은 가슴에, 네 번째 조 다섯 행

- 진시황릉 발굴로 진의 병제를 더 많이 이해하게 되었다. 그런데 놀랍게도 그 병단을 거의 그대로 묘사하고 있는 저작이 필자가 대거 인용하고 있는 《울료자》의 군법 부분이다[임검명林劍鳴, 〈《尉繚子》與秦始皇陵兵馬俑的研究〉, 《진문화논총秦文化論叢》 제2집, (서북대학출판사, 1993) 참조].

은 배에, 마지막 조 다섯 행은 허리에 휘장을 단다. 게다가 좌우의 구분
도 있었다. 좌군은 왼쪽 어깨에, 우군은 오른쪽 어깨에, 중군은 가슴 앞
에 휘장을 단다. 휘장에는 이렇게 써넣는다. "모갑의 모사다[某甲某士, 어
떤 갑대의 병사 누구다]." 이리하면 졸은 모두 자기 군관을 식별할 수 있으
며 모든 군관은 자기 졸을 통솔할 수 있다. 군관이 어떤 졸이 자기 행이
나 조가 아닌 것을 보고도 견책하지 않거나 행렬이 어지러워졌는데 이
를 제지하지 않는다면 (그런 행동을 한 졸과) 같은 죄로 다스렸다.*

　졸이 부대마다 휘장의 색과 다는 위치를 달리하듯이 장수는 각자 기
를 달리한다. 위리尉吏 이하는 모두 각자 기를 가진다. 싸움에 이겨 상
대의 기를 얻은 이는 얻은 기의 작급을 따져서 포상하여 권면勸勉한다.**
왜 깃발이 그토록 중요한가? 싸움 와중에 깃발을 잃으면 군대는 위치
를 가늠할 수 없다. 상대의 기를 뺏으면 상대의 명령 계통을 뺏는 셈이
다. 대장기를 잃으면 전군이 중심과 나아갈 방향을 잃는다.

　이렇게 진은 자기 군대를 관리했다. 누가 용감하게 진격하는가? 누
가 뒤처지는가? 어떤 조가 가장 잘 싸우는가? 군관들은 병사들의 일
거수일투족을 관찰하며 모든 것을 관리할 수 있다. 전투에서 달아날
곳은 없다. 1조, 2조가 교대로 공격에 들어가면 어떤 조의 어떤 행의 어
떤 병사가 분투하는지 모두 알 수 있었다. 병서에 잘 짜인 군대는 "진격

---

* "左軍蒼旗, 卒戴蒼羽, 右軍白旗, 卒戴白羽…… 卒有五章, 前一行蒼章, ……次以經卒, 亡章者有誅, 前
一五行, 置章於首, ……見非而不詰, 見亂而不禁, 其罪如之." "將異其旗, 卒異其章, 左軍章左肩, ……書
其章曰, '某甲·某士'(《울료자》〈경졸령經卒令〉)."

** "自尉吏而下, 盡有旗……(《울료자》〈병교상〉)."

의 북이 울리면 번개처럼 앞으로 진격하고, 움직임은 비바람처럼 빠르니, 전진하면 누구도 감히 그 앞을 막을 수 없고, 물러나면 누구도 감히 그 뒤를 쫓을 수 없다"고 했다. 이렇게 기계처럼 싸우는 것이 진의 군대였다.

그러나 이렇게 기계 군단처럼 짜여 있다고 하더라도 최일선의 부대는 가장 용감한 자들을 세워야 한다. 선봉은 자율이 보장된다. 자율이 있어야 적진을 가르며 돌격할 수 있기 때문이다. 북이 울리고 양쪽이 서로 어울려 싸울 때, 한 행을 앞질러 진격하면 위험을 무릅쓰는 것이라 칭찬하고, 행에 뒤처지면 대중에게 욕보이는 벌을 주었다. 어떤 용사가 다섯 행을 앞질러 진격하면 상을 주고 다섯 행을 뒤처지면 벤다. 물론 선봉이라도 다섯 행 이상 무턱대고 달려드는 것도 금물이다.＊

진격의 북이 울리고 진군은 조군의 보루로 다가갔다. 조군 쪽에서도 진군이 다가오는 거리에 따라 북 울리는 수를 늘렸다. 이제 양쪽의 북소리가 들판을 가득 메웠다. 화살의 엄호를 받으며 선두 제1열은 과감하게 보루로 다가갔다. 진군이 다가가면 보루의 투석기에서 날리는 머리만 한 돌이 펑펑 날아들었다. 장갑차 속에 들어가 밀며 그들은 보루로 접근해 들어갔다. 그러나 장갑차가 보루에 거의 접근하면 철편과 자갈이 날아오고 불을 뿌리는 단지들이 날아와 장갑차를 태웠다.＊＊ 진군

• "鼓行交鬥, 則前行進爲犯難, 後行進爲辱衆. 踰五行而前進者有賞, 踰五行而後者有誅, 所以知進退先後, 吏卒之功也. 故曰, '鼓之前如霆, 動如風雨, 莫敢當其前, 莫敢躡其後', 言有經也(《울료자》〈경졸령〉)."

•• "置器備, 殺沙礫鐵, 皆爲壞鬥……", "城上爲攢火, 矢長以城高下爲度, 置火亓末(《묵자》〈비성문〉)."

의 보루에 접근하여 장갑차에서 나오는 순간 조군은 전사기轉射機라는 연발 쇠뇌를 이용해 진군의 흉갑을 꿰뚫었다. 기계에서 화살이 뿜어져 나올 때마다 진의 선봉 병사들이 쓰러졌다. 병사가 쓰러지면 같은 오의 사병들은 기를 쓰고 부상자를 뒤로 보내고 다시 진격했다.

진의 저격병들은 전사기의 사수에게 집중적으로 화살을 날리며 가끔씩 명중시켰다. 진의 병사들이 망루차를 끌고 망루차 위에서 기계식 연발노를 쏘며 접근하면 줄을 맨 창이 날아와 망루에 줄을 감았다. 망루에 줄이 감기기만 하면 어김없이 넘겨졌다.˙ 그러나 진의 병사들은 징이 울리지 않으면 물러나지 않았다. 마치 열을 지은 개미처럼, 일대일대가 공격하고 징이 울리면 썰물처럼 빠지면서 사상자가 나도 대열은 끝내 흐트러지지 않았다. 서로 같이 사상자를 냈지만 지키는 쪽이 유리했다. 더 높은 곳에서 투석기로 쏘는 돌에 사람이 맞으면 두개골과 몸통이 산산조각 났다. 갑옷이나 방패로도 어쩔 수 없었다.

상대 사령관 이목은 승리를 자신하는 듯했다. 왕전이 북쪽에서 내려가지 못하면 한단을 포위하고 있는 진군은 지쳐갈 것이다. 왕전은 보루 밖에서의 싸움을 유도하며 야전에서 결판을 보고 싶었지만 이목은 결코 응하지 않았다. 이목은 진병이 600보 강노의 사거리를 벗어나 물러나면 어김없이 기병 척후를 보내 진병의 진지를 살폈다. 이목은 흉노와 싸울 때도 적이 태만할 때 일거에 몰아쳤고, 환기를 격파할 때도 한 번의 승리로 단번에 전세를 뒤집었다. 비록 그해 조나라에 엄청난

• "矢長十尺, 以繩系箭矢端, 如如戈射, 以鹿鹿卷收……《묵자》〈비고임備高臨〉."

흉년이 들어 곡식 비축이 적었지만 멀리서 온 진군도 마찬가지였다. 최소한 10만 대군과 말은 엄청난 곡식과 풀을 먹어대는데 태행로를 거쳐 들어오는 보급과 적지에서 얻은 약탈로 언제까지 버틸 수는 없다. 이미 이목은 진군이 주둔지 일대를 완전히 징발하여 물자를 보루로 옮긴 상태였기에 진영에서 몇십 리를 벗어나도 얻을 물자가 없었다.* 우회하여 하북평원을 지나 한단을 먼저 공격하려 해도 기병 전술에 강한 이목이 넋 놓고 보급로를 차단하지 않을 리가 없었다.

어쩔 수 없이 진군은 다시 공격을 시도했다. 이튿날 공격을 개시하기 전, 도위가 다시 군령을 강조했다.

"여러분은 이것을 알아야 한다. 동료를 잃은 오는 반드시 적의 수급을 얻어야 한다. 여러분의 전과는 장부에 모두 기록되어 있다. 반드시 한 오를 잃은 죄는 한 오를 얻은 공으로 감당해야 한다. 한 오를 얻고도 오를 잃지 않으면 상을 주지만, 오를 잃고도 적의 오를 얻지 않으면 사형에 처하고 집안을 없앨 것이다. 장長을 잃은 부대는 반드시 상대 장長을 얻어 보상해야 한다. 장을 얻었으나 아군 장을 잃지 않았다면 상을 주고, 우리 장長을 잃고 상대 장을 얻지 못하면 사형에 처하고 집안을 없앨 것이다. 여러분은 이런 꼴을 당하고 싶은가? 오직 다시 싸워 적장의 머리를 없애면 죄를 없애준다. 장將을 잃으면 상대 장將을 얻는 것으로 갚아야 한다. 상대 장을 얻고 우리 장을 잃지 않으면 상을 주고, 우리 장을 잃고 상대 장을 얻지 못했다면 이지둔도법[離地遁逃之法, 수비지 혹은

• "寇近, 亟收諸離鄕金器, 若銅鐵及他可以佐守事者((묵자) 〈잡수雜守〉)."

임지를 탈출하는 죄. 탈영죄]에 연좌하여 처벌할 것이다.' 잠시 모든 형을 보류한다. 그러니 죄를 지은 이들은 반드시 공으로 상쇄하라.”

동료를 잃었다면 오직 적을 죽여야 한다. 주장을 잃고도 적의 수급을 베지 못하면 군법에 의해 처벌될 판이었다. 그러나 보루를 쌓고 먼 거리에서 기계로 응전하는 적의 수급을 어떻게 얻는다는 말인가?

7. 이목, 나라를 안고 쓰러지다

왕전은 한편으로 부하들을 독려하면서도 한편으로 끊임없이 다른 수를 고민했다. 장수의 실력이 비슷하다면 지키는 쪽이 유리하다. 병졸의 실력이 비슷하다면 높은 곳에 있는 쪽, 목숨을 거는 쪽이 이긴다. 나라와 가족을 지키려는 조나라 장병들의 투지 또한 대단했다. 이제 상벌로 할 수 있는 것은 다 한 것이다. 이렇게 지루한 대치 상태가 이어지며 한 해가 넘어갔다. 그의 군대가 약한 것이 아니었다. 지금껏 진의 병사들은 명확한 상벌에 기대어 적을 격파해왔다. 진의 군대가 선봉이 상대의 행렬을 끊고 진을 헤집으며 견고한 진을 둑을 무너뜨리듯이 격

• “속오령[束伍之令]은 이렇게 말한다. '다섯 사람이 한 오를 이뤄, 부符(이름을 기록한 장부일 것) 하나를 가지고, 이 부는 장리의 거소에 거둬 보관한다[束伍之令曰, 五人爲伍, 共一符, 收於將吏之所, 亡伍而得伍當, 得伍而不亡有賞, 亡伍不得伍, 身死家殘. 亡長得長當之, 得長不亡有賞, 亡長不得長, 身死家殘, 復戰得旨長, 除之. 亡將得將當之, 得將不亡有賞, 亡將不得將, 坐離地遁逃之法(《울료자》 〈속오령〉)].” 속오령 따위는 매우 구체적인 법령의 이름이다. 필자는 머지않아 땅 밖으로 나올 진의 온전한 군율을 기다린다.

파하는 것도[*] 이유가 있다. 그들은 극도로 절제된 병사들이었다. 하지만 적장 이목은 조나라 주력군을 이끌고 해를 넘기며 자신과 대치하고 있다. 그들의 기병이 언제 나와 공격을 전개할지 모른다. 과연 싸움으로 이목의 군대를 꺾을 수 있을까?

하지만 조나라도 지치고 있다. 저 이목이라는 자를 넘어뜨리면 조군은 일대 혼란에 빠질 것이다. 그렇다면 정치적인 방법을 쓸 때가 되지 않았나? 마침 조왕 천遷은 위엄도 안목도 없는 형편없는 인물로 알려져 있었다. 옛날 진의 재상 범저는 항상 야전에서 적의 군대를 공략하는 것보다 사람을 공략하는 것이 낫다고 주장하지 않았나. 진왕과 왕전은 조나라의 이목·사마상司馬尙과 야전에서 정면으로 승부하는 대신 범저의 방법을 활용했다. 역시 대안은 돈이다.《사기》〈염파인상여열전〉에 따르면 진은 왕의 총신 곽개郭開에게 뇌물을 주어 반간계를 펼쳤다.《전국책》에는 반간 역할을 한 이의 이름이 다르게 나오지만, 반간이 한두 명이었을 리가 없고 그중 한 명이 곽개였을 것이다. 반간 곽개는 이런 소문을 퍼뜨렸다.

"이목과 사마상이 반란을 일으키려 한다."

당시 이목은 단순한 군인이 아니었다.《사기》〈진시황본기〉에 막 통일을 완수한 진왕이 내린 영에 "조왕이 상국 이목을 시켜 맹약을 맺기로 하기에[趙王使其相李牧來約]"라는 구절이 나온다. 이목은 대장군이자 조나라의 2인자인 상국이었다. 이목의 명성이 이 정도였던 반면 〈조세

• "前軍絕行亂陳, 破堅如潰(《울료자》〈병교상〉)."

가〉에 따르면 조왕 천은 나라 안에서 신임을 얻지 못했다. 조왕 천의 어머니는 노래 부르는 여자였는데 도양왕의 사랑을 받아서 그를 낳았고, 도양왕은 그 여인이 좋아 적자를 폐하고 그를 태자로 세웠다고 한다. 그나마 왕의 자질이 좋았으면 무슨 걱정이랴. 천은 원래 행실이 좋지 않았고 아첨하는 말을 잘 믿었다고 한다. 또한 어리석을수록 실력 있는 자가 두려운 법 아닌가? 결국 조왕은 조총趙蔥과 제나라 장수 안취顏聚로 이목을 대체하려 했다. 《사기》〈열전〉에 따르면 이목은 이 명을 듣지 않았고, 그가 명을 듣지 않자 왕은 사람을 보내 몰래 이목을 잡고는 목을 베고 사마상은 면직했다고 한다. 서글픈 일이었다.

그런데 《전국책》〈진책〉에는 이목의 최후를 전하는 훨씬 애절한 이야기가 실려 있다. 이목을 혹독하게 모함한 자의 이름은 한창韓창이라고 한다. 한창이 무안군 이목이 모반을 꾀한다고 악담을 해대니 과연 왕은 다른 이로 교체하고자 했다. 한창이 왕의 사자로 가서 이목을 부르니 그는 순순히 응했다고 한다. 이목이 도착하니 한창은 왕명을 빌려 이목을 나무랐다.

"전날 장군이 싸움에서 이겨 왕께서 장군에게 축주를 내리실 때, 장군은 어전에서 축수를 하면서도 비수를 차고 있었소. 이는 사형감이오."

이목은 피치 못할 사정을 밝혔다.

"나는 팔을 못 펴는 병이 있어, 키는 큰데 팔이 짧아 무릎을 꿇어도 손을 땅에 댈 수가 없소이다. 이런 거동이 불경스럽게 보여 어전에서 죄를 지을까 두려워 장인더러 나무로 만든 손을 덧대게 했소이다. 주상께서 믿지 못하신다면 직접 보여드릴까 합니다."

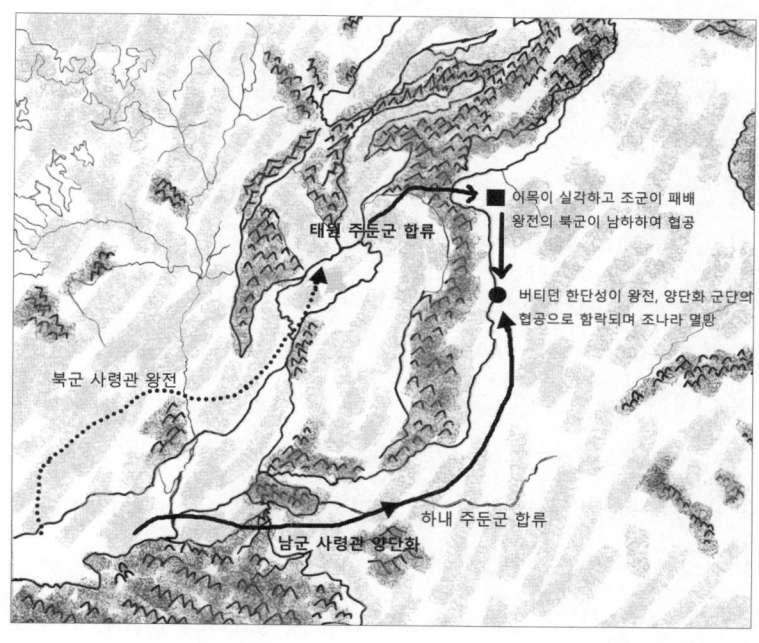

태원 주둔군 합류

북군 사령관 왕전

하내 주둔군 합류

남군 사령관 양단화

이목이 실각하고 조군이 패배
왕전의 북군이 남하하여 협공

버티던 한단성이 왕전, 양단화 군단의
협공으로 함락되며 조나라 멸망

진멸조 양동전. 조장 이목은 보루를 쌓고 버티며 기회를 노리는 전략으로 팽팽히 맞섰다. 진장 왕전은 곽개에게 뇌물을 주고 이목이 반란을 일으킨다는 헛소문을 퍼뜨리게 하여 이목을 죽이고 조를 멸망시켰다.

소매를 걷어 팔을 한창에게 보였더니, 과연 천으로 감아놓은 의수가 드러났다. 이목이 부탁했다.

"공께서 입조하여 내 사정을 알려주시오."

그러나 한창은 싸늘하게 대답했다.

"왕께 명을 받은바, 장군께 죽음을 내리되 사면은 없습니다. 신은 감히 장군의 말씀을 전할 수 없습니다."

그러자 이목은 당당하게 죽음을 받아들이기로 했다. 그는 북면하고 배례한 후 죽음을 받아들이고자 검을 빼어 자결하려고 하면서 말했다.

"남의 신하된 자가 군주의 궁중에서 자결할 수는 없다."

그는 서둘러 궁문을 나선 뒤, 오른손으로 검을 잡고 자결하려 했지만 팔이 짧아 닿지 않았다. 그러자 칼끝을 입에 물고 기둥으로 뛰어들어 스스로 찔러 죽었다.* 조나라 상국이자 대장군으로서 부끄럼 없는 죽음이었지만 나라는 어떻게 할 것인가?

열전에 따르면 이목의 죽음을 기화로 왕전은 급히 조를 몰아쳐 조총을 대파해 죽이고 조왕 천과 장수 안취를 사로잡는 데 겨우 석 달이 걸렸다고 한다. 〈조세가〉에는 군대가 패하자 안취가 달아났고 조왕이 항복했다고 한다. 〈진책〉은 이목이 죽은 지 다섯 달 만에 조나라가 망했다고 전한다. 본말을 고증할 수 없으나 해를 넘기고 이어지던 공방전이 사령관이 바뀌고 겨우 몇 달 만에 끝난 것은 사실이다. 이렇게 조 양자와 조 간자 같은 사납고 굳센 군주들이 나라를 세우고, 무령왕 같은 개혁 군주들이 나타나 진을 도모하려고 했으며, 장평에서 40만 장병이 몰살당하면서까지 끝끝내 버티던 꼿꼿한 조나라가 무너졌으니 때는 기원전 228년이었다.

조나라를 평정하고 진왕 정은 한단으로 가서 자신의 외가와 원한을 진 자들을 모두 산 채로 파묻어 버렸다고 한다. 허나 이것은 너무 속 좁은 처사가 아닌가? 끝까지 저항하던 이들을 처단한 것이 와전되었을

• 전장에 나가 있던 이목이 궁궐로 돌아온 장면은 앞뒤가 잘 연결되지 않는다. 필자가 보기에 조왕이 군영으로 사람을 보내 이목을 베었다는 《사기》의 기록이 개연성 있어 보인다.

것이다. 그래도 공자 가嘉는 대 땅으로 달아나 연과 연합해 진에 대항하며 실낱같은 희망을 이어갔다.

규모가 작은 동네 축구에서도 최전방 공격수가 부진하면 선수를 바꾸지만 중앙 수비수는 어지간해서는 바꾸지 않는다. 그만큼 수비대장의 임무는 중요하다. 그러니 수비대장 이목을 내친 조왕 천의 행동과 공격대장 왕전을 끝까지 신뢰한 진왕 정의 행동은 얼마나 다른가? 전력전에서 장수들은 들판에서 싸우고 군주들은 묘당에서 서로 싸운다. 야전에서 패한 것을 묘당에서 회복할 수는 있어도 묘당에서 패한 것을 야전에서 만회하기는 좀처럼 쉽지 않다. 손자가 말한 묘승廟勝의 본뜻이 이런 것일까?

제4장

돌아가지 못한 장사,
돌이키지 못한 시절

． ． ．

바람은 소소하고 역수는 찬데, 장사 한 번 떠나면 다시 오지 못하리.

그렇게 역수易水 가에서 노래를 부르던 사내. 전국 말기 왕후장상들의 간담을 서늘하게 만들었던 협객 형가는 전국의 판도를 되돌리겠다는 임무를 완수하지 못하고 기어이 타국의 조당을 자신의 피로 물들이고 말았다. 수많은 사람이 이 사내의 이야기를 해왔다. 2000년 전의 그 이야기는 아직도 마치 어제 일처럼 듣는 이의 간담을 서늘하게 하는 힘이 있다. 앞으로 또 2000년이 지난다 해도 이 이야기의 서늘함은 그대로일 것이다. 시정에서 법도도 없이 놀던 어떤 필부가 열국이 벌벌 떨던 진나라 왕에게 칼을 들이댄 사건이기 때문이다.

많은 역사가들이 이 사건을 그저 통일과 반통일反統一, 혹은 대세를 탄 이와 이를 거스르다 스러진 나약한 인간의 대결로만 이해한다. 필부와 진나라 왕의 대결이니 승부는 처음부터 정해진 것이리라. 그러나 이 이야기가 스스로 바위로 날아가 깨져 버린 달걀의 이야기에 불과한가?

그렇지 않다. 양자의 대결은 문화사적·존재론적인 것으로, 중국사의 특징을 이야기할 때 빼놓을 수 없는 주제다. 태사공은 이 이야기 속에 은유로 이뤄진 거대한 대결을 숨겨놓았다. 도대체 어떤 대결일까? 진시황을 찔렀던 자객 형가의 이야기는 이미 《전국책》에 등장한다. 그러나 태사공은 몇 가지 각색과 추가만으로 그 필부를 일약 진왕과 동등한 반열에 올렸다. 삶과 죽음이 교차하는 아주 짧은 순간이지만 그 자객은 진왕을 압도하는 풍격을 보여주었다. 태사공이 이 이야기를 빌려 하려는 말은 과연 무엇일까?

이 장에서 태사공은 형가로 대표되는 협俠의 세계관을 진이 표상하는 법의 세계관과 대치시킨다. 형가가 몸으로 진과 대항했다면, 태사공은 형가의 이야기를 통해 진의 세계관과 대결한다. 《사기》가 위대한 역사서인 동시에 그 이상의 문학서임은 《사기》 〈자객열전〉의 이 편 하나만으로도 충분히 증명된다. 먼저 열전을 별 가감 없이 읽고, 태사공이 묻어둔 은유를 밝히는 작

1. 떠돌이 형가, 연나라로 들어가다

형가는 처음부터 떠돌이였다. 고향은 위衛나라인데 그곳 사람들은 그를 경경慶卿이라 불렀다. 하지만 그 선조는 제나라 사람으로서 위나라로 이주했다고 한다. 작은 나라에서 큰 나라로 간 것이 아니라 큰 나라에서 작은 나라로 간 특이한 집안이었던 모양이다. 형가는 책 읽기와 검술 대결을 좋아해서, 검술을 가지고 위원군衛元君에게 유세했지만 받아들여지지 못했다. 검을 논하면서도 책을 읽는 사람이라니, 역시 당시에 드문 사람이었다.

훗날 진이 위魏를 공격하여 동군을 설치할 때 위衛를 야왕野王으로 옮겼다. 그러니 형가의 조국은 이미 위魏의 번국이었다가, 진의 공격을 받아 사실상 없어진 것이다. 아마도 형가는 그때 위원군을 떠나 이리저리 떠돈 듯하다. 그가 다시 연나라로 옮겨 가니 연나라 사람들이 그를 형경荊卿이라 불렀다. 위나라나 조나라가 아니라 연나라로 간 것은 아마도 해마다 공격당하는 삼진보다는 연이 그나마 고요했기 때문이었을 것이다.

형가가 이렇게 떠돌며 조나라 땅 유차楡次를 지나는 차에 개섭蓋聶이라는 자와 검술을 논했는데, 논쟁 중에 개섭이 수가 틀려 형가를 노려보았다. 그러자 형가는 대응하지 않고 자리를 떠나버렸다. 형가가 떠나자 어떤 이가 개섭에게 형가를 다시 부르라고 했지만 개섭이 이렇게 말했다.

"내가 그자와 검술을 논하다가 마음에 안 드는 점이 있어서 노려보았소. 한번 가보시오. 분명히 떠났을 것이오. 감히 머물지 못했을 것이오."

이리하여 형가가 머무는 집의 주인에게 사람을 보내 알아보니 과연 형가는 수레를 몰고 유차를 떠난 후였다. 심부름꾼이 돌아와 알리니 개섭은 이렇게 말했다.

"그럼 가야지. 일전에 내가 눈으로 겁을 줬으니."

형가는 그저 시정의 싸움에 말리는 것이 싫어 떠났을까, 정말 개섭이 무서워서 떠났을까? 한번은 형가가 한단을 지나는 차에 노구천魯句踐이라는 이가 형가와 박희를 놀다 말 놓는 길을 가지고 다투었다. 노구천이 화가 나서 형가에게 욕을 해대자 형가는 이번에도 말없이 도망쳐 결국 돌아오지 않았다.

형가의 종착지는 연나라였다. 연에 들어온 후 그는 어떤 개백정과 축築을 잘 타는 고점리를 좋아했다. 형가는 술을 좋아해서 매일 그 백정과 고점리와 어울려 연나라의 시장에서 술을 마셨다. 주흥이 오르면 고점리가 축을 타고 형가는 여기에 맞춰 시중에서 노래를 부르며 서로 즐기다가, 얼마 후 또 서로 울곤 했는데, 마치 옆에 아무도 없는 듯이[傍若無人] 행동했다. 형가가 비록 술꾼들과 어울려 놀았지만, 정작 그 사람됨은 침착하고 심정이 깊으며 책을 좋아했다고 한다. 그는 제후들의 땅을 돌아다니면서 대략 현자, 호걸, 장자와 서로 사귀었다. 연으로 들어간 후 연의 처사 전광田光 선생 또한 형가를 잘 대해줬는데, 그는 형가가 보통 사람이 아님을 알아보았다.

2. 연으로 귀국한 태자 단과의 만남

형가가 연에 거주한 지 얼마 후 진에 인질로 가 있던 연의 태자 단丹이 도망쳐 돌아온 사건이 있었다. 《사기》〈육국연표六國年表〉에 따르면 그때는 기원전 232년, 마침 진이 조를 맹타하고 있을 때였다. 태자는 왜 귀국한 것일까? 태자 단은 일찍이 조에 인질로 가 있었는데, 진왕 정이 조에서 태어난 까닭에 어릴 적부터 서로 친했다고 한다. 그리고 정이 진왕이 되자 연의 태자 단은 진에 인질로 들어갔지만 진왕이 태자 단을 제대로 대우해주지 않았기에 단은 원망을 품고 도망쳐 돌아왔다는 것이다. 기록을 믿는다면 물론 태자의 행동은 어리석은 짓이다. 자기 하나 살자고 사직을 망하게 할 수는 없는 것 아닌가? 그러나 태자가 귀국한 것은 진이 조를 기어이 끝장내는 것을 보고 그다음 차례는 연이라는 것을 간파했기 때문일 수도 있다. 연이 없어지면 태자 자리가 무슨 소용이 있겠는가? 어차피 일전을 각오해야 한다면 귀국해서 맞이하는 것이 나았으리라. 일설에는 진왕이 태자 단을 놓아주었다고 하나 태사공은 달아난 것이 맞다고 한다.

태자 단은 돌아와 진왕에게 보복하고자 했지만 나라가 작아 힘으로 어찌할 도리가 없었다. 당시 진은 나날이 산동으로 군대를 내어 삼진을 쳐서 제후들의 땅을 야금야금 먹어 들어가다 드디어 연나라 땅까지 닿으니 군신들이 모두 화가 미칠까 두려워했다. 그러나 연이 무슨 일을 할 수 있겠는가? 나라는 작고 백성들은 싸움에 익숙하지 않으니. 왕 전이 조를 결단낼 때까지 겁먹은 연은 아무런 손도 쓰지 못했다. 조나라를 끝내면 연나라 대신 다른 나라로 칼날을 돌리기를 희망하는 것이 고작이었다. 진정 연이 일전을 각오했다면 진이 조와 대치하고 있을 때 움직여야 했을 것이다. 태자 단 또한 이를 걱정하다가 사부[傅] 국무鞠武에게 자문을 구하니 국무가 대답했다. 진을 도발하는 것은 섶을 지고 불로 뛰어드는 것과 마찬가지라는 것이다.

"진의 땅이 천하에 펼쳐져 한·위·조를 위협하고, 북으로는 감천甘泉과 곡구穀口의 견고함이 있고, 남으로는 경수[涇]와 위수[渭]의 비옥함이 있으며 파巴와 한중[漢]의 비옥함을 독차지하고 오른쪽에는 농산과 촉산을 끼고 왼쪽에는 함곡관과 효산의 험요險要함을 갖췄습니다. 또한 그 백성은 많고 군졸들은 용감하며 병기와 장비가 넘쳐납니다. 저들이 나오려고 마음을 먹으면 장성 이남의 땅과 역수 이북의 땅 중 안

전한 곳이 없습니다. 그런데 어찌 예전에 능욕을 당했다는 원한 때문에 역린逆鱗을 건드리려 하십니까?"

그렇다고 진이 압박해오는데 그저 손 놓고 있을 수는 없는 일 아닌가? 태자 단이 답답해서 되물었다.

"그럼 어찌하면 좋습니까?"

국무가 태자 단을 달랬다.

"청컨대 안으로 들어가 생각해보시지요."

얼마 후 진나라 장수 번오기가 진왕에게 죄를 얻어 연으로 망명해오니 태자가 받아들여 머물도록 했다. 이 사람이 진왕과 구체적으로 어떤 원한을 맺었는지는 사서에 기록은 없지만 그의 온 가족이 몰살당한 것은 사실이다. 아마도 진의 연좌제에 가족이 걸렸을 것이다. 태자가 그를 받아들이자 국무가 이렇게 간했다.

"그를 받아들여서는 안 됩니다. 진왕이 그 잔폭殘暴한 마음으로 우리 연에 분노를 쌓는 것도 심장이 서늘한 일인데, 다시 번 장군이 여기에 있다는 소리를 들으면 어떻게 되겠습니까? 이것이 이른바 '굶주린 호랑이가 다니는 길에 고기를 던져두는' 일이니 그 화를 벗어날 수가 없습니다. 비록 관중과 안영이 있다 해도 이는 어찌할 도리가 없습니다. 원컨대 태자께서는 속히 번 장군을 흉노로 보내어 진이 침략할 구실을 없애십시오. 연후에 서로 삼진과 맹약하고 남으로 제·초와 연합하고 북으로 선우와 화친한 연후에 진을 도모하시지요."

국무의 말도 태평한 소리다. 삼진 중 한은 일찍이 진에 병합되었고, 조는 오늘내일 병합될지도 모르는 상황이다. 조를 병합하면 그 군대가 연이 아니면 어디로 가겠는가? 태자가 대답했다.

"태부의 계책은 참으로 시간이 오래 걸립니다. 저는 마음이 혼란하고 두려워 잠시도 견딜 수가 없습니다. 그뿐 아니라 번 장군은 하늘 아래 오갈 데 없는 궁지에 몰려 자신의 몸을 저 단에게 맡겼으니, 단은 결코 강한 진이 핍박한다고 해서 불쌍한 친구를 버릴 수 없습니다. 그를 흉노로 보내는 것은 실로 제가 죽은 이후일 것입니다. 태부께서는 다시 생각해주십시오."

국무가 대답했다.

"무릇 위험한 짓을 하면서 안전하기를 바라고, 화를 지으면서 복을 바라고, 계책은 얕은데 원한은 깊으며, 뒤늦게 얻은 한 사람과의 사귐을 잇자고 국가의 큰 위해危害를 돌아보지 않는다면, 이것이 이른바 '원망을 늘리고 화를 북돋운다[資怨而助禍]'는 것입니다. 기러기 털을 화로의 숯 위에 올려놓으면 분명 예외 없이 타버릴 것입니다. 그런데 독수리나 매 같은 진이 분노하여 원망과 잔폭한 마음을 품는다면, 그 위험을 어찌 다 말할 수가 있겠습니까?"

그래도 국무는 사람을 한 명 천거했다.

"허나 연나라에 전광 선생이 있습니다. 그 사람은 지모가 깊고 심히 용감한 사람이니 더불어 도모할 수 있습니다."

태자가 물었다.

"태부께서 제가 전광 선생과 교유할 수 있도록 다리를 놓아줄 수 있겠습니까?"

국무가 대답했다.

"삼가 말씀을 받들겠습니다."

3. 무적자, 격랑에 말려들다

이리하여 국무가 나가서 전광 선생을 만나 말했다.

"태자께서 선생과 더불어 나랏일을 도모하려 하십니다."

그리하니 전광이 응낙했다.

"삼가 가르침을 받겠습니다."

전광은 태자를 만나러 갔다.

태자는 간절했다. 그는 직접 나와 전광을 맞이하고, 뒷걸음으로 길을 안내하고는 꿇어앉아 전광이 앉을 자리를 털고 양보했다. 전광이 좌정하고 좌우에 사람들이 없는 것을 확인한 후, 태자는 자리에서 일어나 가르침을 청했다.

"우리 연과 진은 양립할 수 없습니다. 원컨대 선생께서는 이를 유의하시고 가르침을 주시지요."

전광이 대답했다.

"신이 듣기로, '기기騏驥가 건장할 때는 하루에 1000리를 달리지만 노쇠한 후에는 노마駑馬보다 뒤처진다' 합니다. 지금 태자께서는 저 광이 한창 건장할 때 이야기를 들으시고 지금 신의 정력이 이미 사라진 것은 알지 못하시는군요. 하오나, 저는 감히 국가의 일을 도모하지 못하지만 제가 아끼는 형경은 일을 시킬 만합니다."

태자는 솔깃했다.

"선생의 소개로 형경과 교유하고 싶은데, 괜찮겠습니까?"

전광이 대답했다.

"삼가 받들겠습니다."

그러고는 즉시 일어나 재빨리 나갔다. 그러자 태자는 문까지 바래다주며 경계의 말로 당부했다.

"단이 선생께 고한 말과 선생께서 하신 말씀은 모두 국가의 대사입니다. 선생께서는 말이 새어나가지 않게 하소서."

전광이 몸을 굽히며 웃으며 말했다.

"그리하겠습니다."

그러고는 구부러진 허리로 형가를 찾아가 말했다.

"광이 그대와 서로 친함은 연나라 안에 모르는 이가 없소이다. 지금 태자가 내가 한창때 이야기만 듣고 지금 벌써 노쇠했다는 것을 모르고 친히 가르침을 내려 말하길, '연과 진은 양립할 수 없으니, 유념해주십시오' 하더이다. 가만히 생각해보니 우리와 아무 상관없는 일이 아니라서 태자께 족하를 거론했소이다. 원컨대 족하께서는 궁으로 가서 태자를 뵙구려."

거절을 잘 못하는 형가가 대답했다.

"삼가 가르침을 받겠습니다."

전광이 말했다.

"듣기로 '장자長者가 행동을 할 때는 남의 의심을 사지 않는다'고 합니다. 지금 태자께서 광에게 말하길, '우리들이 말한 바는 국가의 대사이니 선생은 누설하지 마시길 바랍니다' 하셨습니다. 이는 태자가 나 광을 의심하는 것입니다. 무릇 행동을 하면서 남을 의심하게 하는 건 절조 있는 협객의 행동이 아닙니다."

그는 스스로 목숨을 끊기로 하고, 형가를 격동시키려 말했다.

"족하께서는 급히 태자께 가서 광이 이미 죽었다고 전해 내가 아무 말도 하지 않았음을 밝혀주시오."

그러고는 스스로 목을 찔러 죽었다. 예전에 신릉군에게 주해를 소개 시키고 거사를 도모한 후생도 그렇게 죽었다. 함께 일을 도모하기로 한 이들이 자결로 스스로 입막음하는 것은 당시 협객들의 불문율이었 던 듯하다. 이리하여 형가가 태자를 만나 전광이 이미 죽었다고 말하 고 전광의 말을 전했다. 태자는 재배하고 꿇어앉아 무릎걸음으로 기며 눈물을 흘리더니 잠시 후 말했다.

"단이 전 선생께 발설하지 말라고 당부한 것은 대사를 성공시키기 위한 것이었습니다. 지금 전 선생이 죽음으로써 누설하지 않았음을 밝 혔으나, 이것이 어찌 단의 본뜻이었겠습니까?"

형가가 좌정하자 태자는 자리에서 일어나 머리를 조아리고 말했다.

"전 선생께서 단이 불초한 줄 모르고 이런 자리를 만들어 감히 말씀 할 기회를 주신 것은 하늘이 연을 가엾게 여겨 그 고아를 버리지 않은 까닭입니다. 지금 연은 진의 탐욕스러운 욕심을 다 채워줄 수가 없습 니다. 천하의 땅을 모두 삼키고 해내의 왕자들을 모두 신하로 삼아도 만족하지 않을 것입니다. 지금 진이 이미 한왕을 포로로 잡고 그 땅을 거뒀습니다. 또한 군대를 내어 남쪽으로 초를 치고 북으로 조에 임박했습니다. 왕전이 수십만의 무리를 거느리고 장수[漳]와 업[鄴]에 도달했고 이신李信은 태원과 운중으로 출격했습니다. 조는 진의 공격을 견뎌내지 못하고 분명 신하로 입조할 것인즉, 조가 신하로 들어가면 화는 연에 미치게 됩니다.

연은 작고 약한 나라인 데다 여러 차례 전쟁의 곤욕을 입었으니, 지금 헤아려보면 온 나라를 들어도 진을 당해낼 수가 없습니다. 제후들은 진에 복종하고 감히 합종을 도모하지 못합니다. 단이 사사로이 어리석은 계책을 내어 생각하기로는, 천하의 용사를 진으로 보내 큰 이익으로 유혹하고, 만약 진왕이 이를 탐내면 형세상 바라는 바를 꼭 얻을 수 있을 것입니다. 실로 진왕을 겁박하여 제후들에게 빼앗은 땅을 다 돌려주게 만든다면 이는 옛날 조말曹沫(즉, 노나라 조귀曹劌)이 제 환공에게 한 것과 같으니 최선이고, 그것이 불가하면 그를 찔러 죽입니다. 지금 진의 대장들은 밖에서 군대를 마음대로 부리고 있으니 안에서 변란이 일어나면 군신이 서로 의심할 것이고, 그 틈에 제후들이 합종을 이루면 반드시 진을 격파할 수 있습니다. 이것이 단이 바라는 바이나 일을 맡길 이를 찾지 못했습니다. 그저 형경께서 이를 유념해주십시오."

형가는 오랫동안 아무 말이 없더니 이윽고 대답했다.

"이는 국가의 대사입니다. 신은 노둔하고 재능 없는 이라 맡기신 일을 감당하지 못할까 두렵습니다."

그러자 태자가 앞으로 나와 머리를 조아리며 사양하지 말라고 완강하게 간청하니 형가는 결국 허락했다. 이리하여 형가는 저자에서 술

마시며 울던 자유인 형가가 아니라 거대한 음모에 연루된 사람이 되고 말았다. 태자는 형가를 높여 상경으로 삼고 상등의 관사에 묵게 했다. 태자는 매일 문안 인사를 하며 태뢰太牢의 음식을 갖춰 그를 공대하고, 틈틈이 진귀한 물건을 건네고 거기車騎와 미녀 등은 형가가 원하는 대로 채워주며 그 뜻에 맞춰줬다.

그러고도 오랜 시간이 지났지만 형가는 떠날 마음을 보이지 않았다. 그 사이 진장 왕전이 조를 격파해 조왕을 사로잡고 그 땅을 모두 거둬들이고 군대를 진격시켜 연나라의 남쪽 경계에 이르렀다. 태자 단은 두려워 형가에게 말했다.

"진나라 군대가 아침저녁 사이에 역수를 건너면, 제가 오랫동안 족하를 모시고자 한들 그럴 수 있겠습니까?"

형가가 대답했다.

"태자께서 말씀하시지 않아도 아뢰려고 했습니다. 지금 간다 해도 믿음을 얻지 못하면 진왕에게 가까이 갈 수 없습니다. 지금 진왕은 1000금과 1만 가의 읍을 걸고서 번 장군을 잡으려 하고 있습니다. 실로 번 장군의 머리와 연나라 독항督亢의 지도를 얻어 진왕에게 바친다면 진왕은 분명 기꺼이 신을 보려고 할 것이니, 그때 드디어 신은 베풀어주신 후의에 보답할 수 있을 것입니다."

태자가 대답했다.

"번 장군은 궁지에 몰려 단에게 몸을 맡겼습니다. 단은 차마 사사로운 목적을 위해 장자의 뜻을 손상하고 싶지 않습니다. 족하께서는 다시 생각해주십시오."

형가는 태자가 차마 번오기를 죽이지 못한다는 것을 알고는 물러나 사적으로 번오기를 찾아가 말했다.

"진이 장군을 대하는 것이 참으로 심하다 하겠습니다. 부모와 종족을 모두 도륙하다니요. 듣자 하니 장군의 목에 1000금의 포상금과 1만 호의 읍이 걸려 있다고 하던데, 장군은 이제 어찌하렵니까?"

번오기는 하늘을 우러러 크게 한숨을 쉬더니 눈물을 흘리며 말했다.

"저는 매번 이를 생각할 때마다 고통이 골수에 사무치지만 아무리 생각해봐도 방도가 떠오르지 않습니다."

형가가 말했다.

"지금 단 한 마디로 연나라의 우환을 해소하고 장군의 원수를 갚을 수 있다고 하면 어떻습니까?"

그러자 번오기는 앞으로 나오며 물었다.

"어떻게 하면 그럴 수 있소이까?"

형가가 말했다.

"장군의 머리를 얻어 진왕에게 바치면 진왕은 분명 기꺼이 신을 만나려 할 것이고, 그러면 신은 왼손으로 그의 소매를 잡고 오른손으로 그의 가슴을 찌르겠습니다. 그러면 장군의 원수도 갚고 연이 능멸당하는 부끄러움을 제거할 수 있습니다. 장군은 그럴 생각이 있습니까?"

번오기는 한쪽 어깨를 드러내고 한 손으로 다른 쪽 팔을 움켜쥐며[偏袒搤捥. 결기를 보이는 자세다] 앞으로 나오며 말했다.

"이것이 신이 밤낮으로 절치부심하며 바라던 바입니다. 당장 가르침을 받들겠습니다."

그러고는 스스로 목을 찔렀다. 태자는 이 소식을 듣고 달려가 시신에 엎드려 통곡하며 극히 슬퍼했다. 이미 어찌할 도리가 없자 드디어 번오기의 목을 잘라 함에 담아 봉했다.

태자는 먼저 천하의 날카로운 비수를 구하기로 하여, 조나라 서부인의 비수를 100금을 주고 사들여 공인에게 시켜 독약을 발랐다. 사람에게 시험해보니 피 한 방울 흘릴 상처만 나도 즉사하지 않는 사람이 없었다. 이리하여 행장을 차려 형가를 보낼 준비를 했다.

당시 연나라에는 진무양秦舞陽이라는 용사가 있었다. 그는 열세 살에 사람을 죽인 이라, 사람들은 감히 그를 똑바로 쳐다볼 수 없을 정도로 두려워했다. 이에 진무양을 형가의 부사로 삼았다. 형가는 기다리는 이가 있어 함께 가고자 했다. 그러나 그 사람이 거하는 곳이 멀어 아직 도착하지 못했는데 이미 행장이 꾸려졌다.

4. 장사, 역수를 건너다 ━━━━━━━━

얼마간 지나도 형가가 진으로 떠나지 않자 태자는 형가가 꾸물거린다고 생각하고 마음을 바꿔 후회하고 있는 것이 아닌가 의심했다. 이리하여 다시 청했다.

"정해진 시일이 이미 다 지났습니다. 형경께서는 혹 다른 뜻이 있는 것 아닙니까? 단은 먼저 진무양을 보내고자 합니다."

그러자 형가는 화를 내며 태자를 꾸짖어 말했다.

"어찌 그를 먼저 보낸다고 하십니까? 가고 돌아올 줄 모른다면 애송이에 불과합니다. 더구나 비수 한 자루를 들고 가늠할 수도 없이 강한 진으로 들어가는 차에, 이 노복이 잠시 머무는 것은 제 손님이 오기를 기다려 함께 가려는 것입니다. 지금 태자께서 꾸물거린다 여기시니 바로 인사를 고하고 떠나고자 합니다."

태자는 자신의 조바심이 가져올 결과를 아마도 몰랐으리라. 이리하여 형가는 서둘러 떠났고 태자와 이 일을 아는 빈객들이 모두 하얀 옷과 관을 차리고 나와 형가를 송별했다. 길제사[祖]를 지내고 길에 오르려는데 고점리가 축을 타고 형가는 이에 맞춰 노래를 불렀다. 비장한 변치조[變徵之聲]을 타고 부르자 선비들은 모두 눈물을 떨구며 울었다. 다시 형가가 앞으로 나와 노래를 불렀다.

"바람은 소소하고 역수는 찬데, 장사 한 번 떠나면 다시 오지 못하리."

우조[羽聲]로 옮겨 가자 강개함에 선비들은 모두 눈을 부릅뜨고 머리카락이 치솟아 관을 향했다. 이리하여 형가는 수레에 올라 떠나는데 뒤도 돌아보지 않았다.

드디어 형가가 진으로 들어가 자금 1000금을 써서 폐물을 마련한 후 진왕의 총신이던 중서자 몽가蒙嘉에게 후하게 뇌물을 먹였다. 그러자 몽가가 진왕에게 사전에 이렇게 언질을 주었다.

"연왕이 실로 대왕의 위세에 겁을 먹어 감히 군대를 내어 우리 군리들과 맞서지 못하고 나라를 들어 신하로 들어오고 싶어 합니다. 제후의 반열에 들어 일개 군현처럼 공납을 바쳐 저들 선왕의 종묘나 받들어 지키고자 하는 차입니다. 허나 두려워 스스로 와서 말하지 못하고 삼가 번오기의 목을 자르고 또한 연나라 독항의 지도를 바쳐서 함에 넣어 봉한 후, 연왕이 스스로 조정에서 사절을 배송하고 대왕께 사정을 아뢰고자 보내왔습니다. 대왕께서는 영을 내려주소서."

막 힘들여 조를 함락시킨 차에 연이 스스로 신속臣屬해온다? 군사들이 지친 차에 이보다 더 반가운 일은 없었다. 진왕은 이를 듣고 크게 기뻐하더니 조복을 입고 구빈九賓의 예를 갖춰서 함양궁에서 연나라 사자를 보기로 했다.

진왕을 알현하는 그날, 형가는 번오기의 목이 든 함을 받들고 앞에 서고 진무양은 지도가 든 궤를 받들고 뒤를 따랐다. 하지만 단 아래에 이르자 진무양의 안색이 변하더니 겁에 질려 떨었다. 여러 신하들도 이를 이상하게 여겼다. 그러나 형가는 뒤돌아 진무양을 보며 웃더니 태연히 앞을 향해 사과의 말을 올렸다.

"북쪽 번방 만이의 촌놈이 한 번도 천자를 뵌 적이 없는지라 두려워 떠는 것입니다. 원컨대 대왕께서는 잠시 저자를 용서하시어 어전에서 사신의 임무를 마치게 해주소서."

진왕이 형가에게 말했다.

"무양이 가지고 있는 지도를 가져오라."

역시 진왕은 원수 번오기의 목보다 지도를 먼저 본다. 형가는 지도를 들어 바쳤다. 진왕이 지도를 다 펼치자 시퍼런 비수가 드러났다. 형가는 때를 놓치지 않고 왼손으로 진왕의 소매를 잡고 오른손으로 비수를 잡고 찔렀다. 그러나 왕이 화들짝 놀라 뒤로 빠지며 일어났기 때문에 비수는 몸에 닿지 못하고 소매만 잘렸다. 이어 형가는 칼을 잡고 왕을 쫓고 왕은 달아났다. 왕은 검을 빼려고 했지만 검이 길어 빼지 못하고 칼집만 잡았다. 상황이 화급한데 칼은 칼집에 꽉 끼어서 당장 뽑을 수가 없었다. 다급한 진왕은 기둥을 빙빙 돌며 달아났다. 군신이 모두 경악했지만 졸지에 불의의 일을 당해 모두 어찌할 바를 몰랐다. 또한 당시 진의 법에 전 위에서 모시는 군신들은 한 자, 한 치의 병기도 지참할 수 없었다. 병기를 잡은 여러 낭중들은 모두 전 아래에 늘어서 있었는데 부르지 않으면 전 위로 오를 수 없었다.

사태가 워낙 화급하여 전 아래의 병기를 가진 이들을 부르지 못했기에 형가는 계속 진왕을 쫓을 수 있었다. 사태가 그토록 황급하나 형가를 칠 무기가 없어서 전상의 군신들은 주먹으로 형가를 공격했다. 이때 시의侍醫 하무저夏無且가 들고 있던 약 봉지로 형가를 쳤다. 진왕은 기둥을 돌며 달아나고 사태가 위급해서 어찌할 줄을 몰랐는데, 좌우에서 소리쳤다.

"검을 등에 지소서!"

왕이 검을 등에 지자 드디어 뽑을 수 있었다. 왕은 뽑은 검으로 형가를 내리쳐 왼쪽 다리를 끊었다. 형가는 쓰러지면서 비수를 진왕에게 던졌지만 비수는 빗나가 구리 기둥을 맞췄다. 진왕이 다시 검으로 형가를 내리치니 형가는 여덟 군데나 상처를 입었다. 형가는 일을 이룰 수 없다 여기고는 기둥에 기대어 웃더니, 두 다리를 펴고 앉아서 진왕을 꾸짖었다.

"일이 뜻대로 되지 않는 이유는, 너를 살려두고 위협하여 반드시 약속을 얻어 태자께 보답하고자 했기 때문이다."

드디어 좌우에서 앞으로 나가 형가를 죽였다.

진왕은 한참 동안 어안이 벙벙한 채로 있었다. 그런 후 논공을 하는데, 군신들에게 모두 차등을 두어 상과 벌을 주었지만, 하무저에게는 황금 200일을 내리며 말했다.

"무저가 나를 아껴 형가에게 약 봉지를 던졌다."

이 일로 진왕이 대로하여 군사를 증강해 예전 조나라 땅으로 보내고, 왕전에게 명해 군대로 연을 치도록 하여 열 달 만에 수도 계성薊城을 뽑았다. 연왕 희와 태자 단 등은 정예 병사를 모두 거느리고 동쪽 요동으로 가서 지켰다. 진장 이신李信이 연왕을 바짝 추격하자 대왕 가嘉가 연왕에게 서신을 보내 말했다.

"진이 더욱 급하게 연을 몰아치는 것은 태자 단 때문입니다. 지금 단을 죽여 진왕에게 바친다면, 진왕은 분명 군대를 풀 것이고 연의 사직은 다행히 혈식血食을 받을 수 있을 것입니다."

물론 어리석은 희망사항이었다. 진이 노리는 것이 겨우 태자 단의 목이란 말인가? 진왕이 그렇게 무른 사람이었던가? 진장 이신이 바짝 추격하자 단은 연수衍水 중에 숨었다. 그러자 연왕은 사자를 보내 태자 단의 목을 진에 바쳤다. 그러나 진은 아랑곳하지 않고 다시 군대를 진격시켜 공격하니 5년 후 드디어 연을 멸하고 연왕 희를 포로로 잡았다. 연나라가 요동까지 추격한 진군에게 망한 것은 기원전 222년이다. 그러나 수도 계성이 떨어진 기원전 226년부터 사실상 그 나라는 망했다고 봐야 할 것이다. 마지막 남아 있던 희성姬性 제후국이 이렇게 사라졌다. 연은 "무성한 감당나무, 베지도 말고 가지도 치지 마라. 소공께서

쉬시던 곳이다[蔽芾甘棠 勿翦勿伐 召伯所茇]"라는 시를 남긴 위대한 정치가 소공이 세운 나라였다. 그 나라가 넘어뜨리고자 마음먹으면 줄기는 물론 뿌리까지 캐내는 진나라 왕에 의해 사라졌다.

5. 끝나지 않은 복수 ▄▄▄▄▄▄▄

열전은 또 하나의 복수극을 전한다. 잠시 시간을 건너 뛰어 통일 후로 가보자. 진은 천하를 병탄하고 처음으로 황제를 칭했다. 진이 태자 단과 형가와 교유했던 객들을 추적하자 그들은 모두 달아났다. 형가의 지기 고점리는 이름을 바꾸고 주점의 고용인이 되어 술 시중을 하며 송자宋子에 숨어 살았다. 오랫동안 고된 일을 하면서 그 집의 당 위에서 어떤 객이 축을 타는 것을 들을 때마다 옆에서 서성거리며 떠나지 못했다. 천상 음악인이었던 까닭이다. 축을 들을 때면 매번 '저 사람은 여기는 잘했고 여기는 못했다'고 중얼거렸다. 이를 눈여겨보던 종자가 주인에게 고했다.

"저 머슴이 음을 압니다. 혼잣말로 잘잘못을 가립니다."

그래서 주인이 그를 불러 앞에서 축을 타보라고 하니, 그 자리에 있던 사람들이 잘한다면서 술을 내렸다. 고점리 자신도 오랫동안 두려움에 떨며 숨어 살다가는 끝을 기약할 수 없다고 생각해서, 문득 물러나 궤에 넣어둔 축과 좋은 옷을 꺼내고 용모를 고친 후 앞으로 나왔다. 자리에 있던 사람들이 모두 놀라서 당에서 내려와 그에게 예를 취하고 상객으로 삼았다. 거문고를 타며 노래를 하니, 객 중에 눈물을 흘리며 돌아가지 않는 사람이 없었다. 송자 사람들이 돌아가며 그를 객으로 모시니 이 소문이 진왕의 귀에도 들어갔다. 진시황이 불러 접견하는데 어떤 이가 그를 알아보고 말했다.

"이자는 고점리입니다."

진왕은 그가 축을 타는 솜씨가 아까워 죽을죄는 사해주고 대신 눈을 멀게 했다. 고점리가 축을 탈 때 진왕은 매번 칭찬하지 않은 적이 없었고, 점점 더 그를 가까이했다. 그러나 고점리는 결국 무모한 시도를 했다. 고점리는 축 속에다 납덩이를 넣고 다시 진왕에게 가까이 갈 때 축을 들어 내리쳤다. 하지만 그는 앞을 보지 못하는 사람 아닌가? 그는 진왕을 맞추지 못했다. 이리하여 진왕은 고점리를 죽이고 종신토록 제후국 사람들을 다시 가까이하지 않았다고 한다.

예전에 형가와 다퉜던 노구천은 형가가 진왕을 찌르려 했다는 이야기를 듣고 혼자 말했다고 한다.

"오호라, 슬프도다. 그가 검으로 찌르는 법을 제대로 배우지 못했구나. 내가 그토록 사람을 알아보지 못했다니! 예전에 내가 꾸짖었을 때, 그이는 나를 사람으로 여기지도 않았겠구나."

사실 노구천 같은 여항 필부의 독백을 어떻게 확인할 수 있을까? 이렇듯 열전은 믿기 어려운 부분이 많다. 그러나 사마천이 이야기를 창작한 것은 아니다. 그는 이 사건에 특히 공을 들여 사실 여부를 다각도로 확인하고 전하는 이야기를 취합했다. 심지어 그는 하무저의 친구로서 여전히 살아 있는 이들에게 자문까지 구했다. 그는 이렇게 썼다.

세상에서 형가를 말할 때, 태자의 운명을 칭하면서 '하늘에서 곡식 비가 내리고 말에서 뿔이 났다[天雨粟, 馬生角]'고 하는데 너무 황당하다. 또 형가가 진왕에게 상처를 입혔다 하는데 모두 틀렸다. 그때 공손계공公孫季功과 동생董生이 하무저와 교류했기에 모두 이 일을 알고 있었는데, 그들이 내게 한 이야기는 내가 적은 바와 같았다.

6. '협'과 '법'의 대결

〈열전〉에서 사마천은 이렇게 평가했다.

조말에서 형가에 이르기까지 다섯 사람은 그 의義를 이루기도 하고 못 이루기도 했다. 허나 그들이 뜻을 세우는 바가 확연히 드러났고 스스로의 뜻[志]을 속이지도 않았으니, 그들이 후대에 이름을 드리운 곳이 어찌 망령되다 하겠는가?

허나 과연 다른 역사가들도 사마천의 평가를 따랐을까? 사마광司馬光은 태자 단과 형가의 행동을 이렇게 평가했다.

"신 사마광 말씀드립니다. 연나라 단은 하루아침의 분노를 이기지 못하고 호랑이나 늑대 같은 진을 범했으며, 가벼운 생각과 얕은 지모로 진의 원한을 사고 화를 재촉하여, 소공召公의 묘에 당장 제사를 올리지 못하게 하였으니 이보다 큰 죄가 어디에 있습니까? 그럼에도 논하는 자들 중 어떤 이는 그를 현명하다 하니 어찌 지나치다 하지 않을 수 있겠습니까?

무릇 국가는 재능 있는 자를 관직에 앉히고 예로써 정치를 세우며 인으로써 백성을 품고 신의로써 이웃과 사귀는 것이니, 이리하면 관직은 알맞은 사람을 얻고 정치는 절도를 얻으며 백성은 그 덕을 가슴에 간직하고 사방의 이웃은 그 의를 친하게 여깁니다. 무릇 이리하면 국가는 반석처럼 안정되고 타오르는 불길처럼 왕성하니, 이를 건드리는 자는 부서지고 범하는 자는 불타버릴진대, 비록 강폭強暴한 적국이라 한들 어찌 두려워할 거리가 되겠습니까? 단은 이 방법을 행하지 않고 도리어 만승의 나라를 가지고 필부의 분노를 해결하고자 도적의 모략을 펼치다 공을 훼손하고 자기 몸을 죽인 데다 사직을 폐허로 만들었으니 어찌 슬프지 않습니까?

무릇 무릎걸음과 땅바닥에 엎드려 기는 것이 공경이 아니요, 한 말은 반드시 실천하고 응낙한 것을 중시하는 것이 신의가 아니며, 금을 마구 쓰고 옥을 뿌리는 것이 은혜가 아니며, 목을 찌르고 배를 가르는 것이 용기가 아닙니다. 말하자면, 멀리 도모하지 못하고 불의한 짓을 책동하는 것은 초나라 백공白公 승勝의 부류입니다.˙

형가는 단이 자신을 길러준 사적인 은혜만 마음에 품고는 자신의 칠

• 백공 승이란 바로 초나라 충신 자서子西를 죽이고 쿠데타를 획책했다가 국인들의 공격을 받아 죽은 자다. 용기만 있고 의는 없는 자의 전형이다.

족七族을 돌보지 않고 한 자짜리 비수로 연을 강하게 하고 진을 약하게 하려 했으니 또한 어리석지 않습니까? (중략) 그러니 양웅揚雄이 "군자는 형가를 도적으로 본다〔荊軻, 君子盜諸〕"했으니, 참으로 옳은 말입니다."

−《자치통감資治通鑑》

과연 이 평가는 타당한 것일까? 여담이지만 우리는 앞서 이 책 1부에서 이백이 양웅을 비웃은 구절을 기억한다. 양웅은 도인인 척 태현경을 짓는다고 고고한 척하더니 막상 위험이 닥치자 서가에서 뛰어내린 자 아닌가? 그러자 이백은 '서생이 과연 협을 아는가'라고 되물었다. 인의도덕이 나라를 지키는 대법임은 누구나 안다. 그러나 우물 안에서 독사를 만난 개구리에게 인의도덕을 설파하는 것이 격에 맞는가?

사마광이 살던 시대처럼 통일제국이 이미 정상正常이 된 상황에서는 태자 단의 행동은 무의미하다고 할 수 있다. 통일 이전의 모든 혼란은 그저 통일로 가는 사전 단계에 불과할 뿐일 테니까. 그럼에도 태자 단에 대한 사마광의 평가는 대략 옳다고 하겠다. 어찌 일국의 태자가 스스로 자객을 키워 원한을 갚고 나라를 구하려고 한단 말인가?

그러나 형가에 대한 그의 평가는 타당하지 않다. 형가 개인이 오직 태자가 신분을 뛰어넘어 교류하고 잘 입혀주고 먹여준 사적인 정만 생각하고 자신의 가족을 생각하지 않은 비정한 인물인가? 그렇지 않다. 형가는 위衛나라 사람으로 군주에게 검으로 유세했다고 하니, 위나라의 생존을 위해 조금이라도 관여한 사람이다. 그의 조국은 강국인 위魏

의 봉국 신세로 전락했다가 결국은 진의 공격을 받아 사라졌다. 안 그래도 줄어들 대로 줄어든 작은 나라가 진의 공격을 받아 달아날 때 형가도 같이 떠돌이 신세가 된 것이다. 그는 조나라로 갔지만 조나라는 이미 멸망을 기다리고 있었기에 결국 연나라로 갔다.

우리는 그가 움직이는 방향을 주목해야 한다. 그는 떠돌았지만 항상 옥죄어 오는 진에서 멀어지는 방향으로 움직였다. 진은 조국의 원수이기에 받아들일 수 없었다. 태사공은 형가가 진을 받아들이지 못한 이유는 그가 진의 법가 문화의 대척점, 즉 협의 문화 위에 서 있었기 때문이라고 은유를 통해 제시한다. 형가의 이야기는 예전 신릉군 위무기의 고사를 잇는 것으로서, 훗날 한나라의 창시자 유방劉邦의 이야기로 이어진다. 위무기-형가-유방을 평가하고 묘사하는 태사공의 붓은 거의 한 사람을 묘사하는 것처럼 유사하다. 위무기는 진을 '금수禽獸 같은 나라'로 생각해 산동 나라들을 대표해 진을 막았다. 유방은 진이 무도하다 하여 진을 무너뜨리고 새 왕조를 세웠다. 유방은 위무기를 크게 평가했다. 그러나 그는 황제의 신분으로 차마 형가를 입에 올릴 수는 없었을 것이다.

사실 세 사람은 극히 비슷한 인간들이다. 그들은 모두 술꾼이며, 술을 마실 때 상대를 가리지 않으며, 술에 절제를 두지도 않는다. 심지어 유방은 술을 마시면 멋대로 드러누웠다. 이토록 절제 없는 자는 진의 법이 싫어하는 말단 관리의 전형이다. 또한 형가와 유방은 모두 세속의 음악에 심취한 사람들이었다. 형가는 음악을 듣다가 감정을 마음대로 표출했고, 유방은 손수 노래를 지어서 사람들에게 전파하기도 하고, 노래를 부르다가 눈물을 흘리는 사람이었다. 그들은 기질적으로 진이 제시하는 사회와 맞지 않은 인간들이었다.

〈열전〉을 잠깐 훑어봐도 동방 끝에 있으면서 산융山戎 및 동호東胡와 접경한 연의 문화는 진과 확실히 달랐음을 보여준다. 태자 단은 협이 될 수 없는 신분을 타고났지만 다분히 협의 기질을 가진 사람이었다. 그가 왜 기어이 번오기를 받아들였던가? 태자도 협객의 말석에 위치한 사람이다. 이제 형가가 진왕을 찌르려 한 사건의 의미를 하나씩 검토해보자.

형가가 동쪽으로 간 까닭

—

《한서지리지漢書地理志》에 재미있는 기사가 나온다.

> 옛날 태자 단이 빈객의 예로써 용사들을 기를 때 후궁의 미녀들을 아끼지 않았다. 백성들이 이에 물들어 이것이 풍속이 되었다. 빈객이 서로 지날 때 처로 하여금 잠자리를 받들게 한다[賓客相過, 以婦侍宿]. 시집가고 장가드는 날 밤에는 남녀의 구별이 없고, 도리어 이를 영광으로 여긴다[嫁取之夕, 男女無別, 反以爲榮]. 훗날 이 풍속은 점점 사라졌지만 아직도 완전히 고치지는 못했다. 그 풍속은 미련스럽게 사납고 걱정을 별로 하지 않으며 경박하고 위엄이 없지만, 그래도 장점이 있으니 위급한 상황에 놓인 사람을 급히 나서서 돕는데, 이는 태자 단이

남긴 유풍이다.

반고의 관찰은 정확하지만 분석은 틀렸다. 어찌 한 사람이 일국의 풍속을 결정한단 말인가? 손님에게 아내를 빌려주는 풍속은 인구가 희박한 지역에서 아직도 관찰되는 현상이다. 또한 남녀가 분방하게 노는 풍속을 중원은 금기시했지만 북방과 동방에서는 흔한 일이었다. 예컨대《위서魏書》나《양서梁書》따위의 중국 사서가 고구려의 풍속이 음란하다고 비난하면서 하는 이야기가 대개 남녀가 마음대로 어울려 논다는 것이다. 남녀가 분방하게 어울리는 것은 전국시대 가장 동북방에 위치한 연이 주변국과 문화를 공유했기 때문에 나타난 현상이지 태자 단이 만든 습속이 아니다. 태자 단 또한 자신들의 문화를 따른 것이다.

진의 법에 따르면 여성들이 남성과 자유롭게 교제하는 것은 '간姦'이다. 아내가 다른 남자와 관계하면 죽여도 죄가 되지 않는다. 그러니 이런 연의 풍속은 법가든 유가든 중원의 문화 관념으로는 용납할 수 없는 것이다. 물론 위에서 서술한 유협의 기풍 또한 용납할 수 없다. 국가는 개인의 자유를 원하지 않는다.

형가가 연으로 간 것은 두 가지 상징적인 의미가 있다고 본다. 하나는 마지막 남은 희성 제후의 나라를 찾아가는 것, 바로 춘추의 흔적을 찾아가는 것이다. 그의 조국 위衛는 희성 약소국이었다. 또 하나는 형가 자신이 협으로서 연나라의 위와 같은 자유로움을 흠모했을 것이다. 삼진과 진은 끊임없이 싸우는 나라였다. 삼진은 법을 진에 수출한 장본인이고 또 진과 싸우면서 똑같이 강법을 구사했다. 협에게 삼진은 맞지 않고 진은 더욱 맞지 않다.《수호지진간》〈전율田律〉에 이런 기사가 있다.

> 백성으로서 전사(농사지을 때 거주하는 곳)에 거주하는 자는 술을 팔 수 없다. 전지를 관리하는 색부와 부좌는 엄중히 이를 금하고 제어하는데, 이를 따르지 않는 자는 유죄다〔百姓居田舍毋敢酤酉(酒), 田嗇夫·部佐謹禁禦之, 有不從令者有罪〕.

술을 팔지 않으니 당연히 마실 수도 없다. 저자에서 여럿이 모여 술을 마시는 것은 물론 금지된다. 그러나 형가와 고점리는 어떤 인간들인가? 그들은 서로 즐기다 울기도 하는데 옆 사람들을 고려하지 않았다〔相樂, 相泣, 旁若無人〕. 그들은 이른바 국가가 좋아하지 않는 이, 나쁘게 말하면 떠돌이요 좋게 말하면 자유인이다. 필자는 형가가 진의 반대 방향 동쪽으로 간 까닭을 '자유'라고 이름하겠다. 태사공이《전국책》에 없는 형가와 고점리의 술판을 끼워 넣은 것도 바로 이 점을 강조하기 위해서가 아닐까? 또 태사공은 왜 고점리의 이야기를 강조했을까? 형가와 유사하지만 훨씬 부드러운 자유인 고점리는 통일 천하에서 음악을 하고 움직일 자유를 빼앗겨버렸다. 바로 진의 연좌제緣坐制 때문이다. 연좌제는 자유의 대척점에 있다. 그는 숨어 사는 고통을 견디지 못했고, 기어이 음악을 할 자유를 얻었지만 세상을 보고 움직일 신체의 자유를 잃었다. 그는 진왕을 위해 음악을 할 위인이 아니다. 그는 형가와 서로 즐기며 웃고 울던 음악을 원했기에 다시 진왕을 죽이려 했던 것이다. 진왕은 그의 자유를 빼앗은 이다.

질서秩序 이전에 화동和同이 있었다
—

필자는 자유의 두 키워드로 음악과 술을 들었다. 태사공은 〈악서樂書〉
에《예기禮記》〈악기樂記〉를 대거 인용한다.

> 악은 (사람들의 마음을) 같도록 만드는 것이고, 예는 (사람들의 직분을) 다
> 르도록 만드는 것이다〔樂者爲同, 禮者爲異〕. 같으면 서로 친하고, 다르
> 면 서로 공경한다. 악이 (예를 이겨) 지나치면 방탕하게 되고, 예가 (악
> 을 이겨) 지나치면 서로 멀어진다. 정情을 합하되 겉도 가지런하게 하
> 는 것이 예악의 일이다.

그러므로 악은 상하좌우를 막론하고 서로 같이 느끼는 것이며, 서로
의 동질성을 확인하는 것이다.

> 악이란 천지의 화동和同이며, 예는 천지의 질서다. 화동한 이유로 백
> 물이 모두 화육하고, 질서가 있는 이유로 여러 사물의 구별이 있다
> 〔和, 故百物皆化, 序, 故群物皆別〕. 악은 하늘을 본받아 만든 것이며, 예는
> 땅을 본받아 만들었다. (악이) 지나치면 문란해지며, 예가 지나치면
> 난폭(각박)해진다.

만물의 존재 자체가 없는데 질서가 있을 수 있는가? 화동이 있어야 만물이 자라고 만물이 자라야 질서를 부여할 수 있다. 그러므로 화동은 반드시 질서 앞에 온다. 그리고 악은 화동의 수단이다. 그러니 악이 있어야 예가 있는 것이다. 악이란 누가 즐기는 것인가? 모두 함께하자는 것이 악이므로 악은 천민까지 미쳐야 한다. 그러므로 큰 악은 쉽다.

> 대악은 반드시 쉬우며, 대례는 반드시 간소하다〔大樂必易, 大禮必簡〕. 악이 지극하면 원망이 없고, 예가 지극하면 싸움이 없다.

묵자는 상례가 있지만 슬퍼하는 것이 먼저라고 했다. 예는 배워야 알지만 슬픔은 배우지 않고도 느낄 수 있다. 그러므로 모든 이가 느낄 수 있는 것이 먼저다. 또한 크게 화동하자면 크게 쉬워야 한다. 고점리가 타던 축이란 어떤 악기인가? 축은 단순한 악기요, 고점리의 음악은 아악雅樂이 아니라 속악俗樂이다. 간명하며 누구나 들어 알 수 있는 것이다. 공자도 그렇게 말하지 않았는가? '인이 없으면 예를 알아 무엇하리오?' 악은 인과 통한다.

> 봄에 생겨 여름에 자라는 것은 인이요, 가을에 거둬 겨울에 쌓아두는 것이 의다. 인은 악에 가까우며 의는 예에 가깝다〔仁近於樂, 義近於禮〕.

인이 있어야 의가 있듯이 악이 있은 연후라야 예가 설 수 있다. 왜 그런가? 화동을 모르는 자가 만든 예란 바로 악법惡法이기 때문이다. 봄에 생기고 여름에 자랄 때 북돋워야 가을에 거두고 겨울에 쌓을 것 아닌가? 이는 대단히 상징적인 이야기다. 진은 통일 직후에 벌써 기르는 것을 망각하고 그저 거두려 하다가 망조를 보인다.

이상은 모두 〈악서〉에 나오는 내용이다. 이제 《예기》 〈악기〉 원문을 한번 보자. 책의 첫 문장이 바로 이것이다.

> 대저 음은 사람의 마음으로 인해 생겨나며〔凡音之起, 由人心生也〕, 사람의 마음이 동하는 것은 외물이 그렇게 시킨 까닭이다.

마음은 누구에게나 있는 것이며, 감각기관이 있으면 모두 외물을 느낄 수 있다. 또 이렇게 말한다.

> 무릇 음이란 사람의 마음에서 생겨난 것이며, 악이란 윤리와 통한다〔樂者, 通倫理者也〕.

여기서 윤리란 예의를 말하는 것이 아니다. 마음에서 바로 나온 것이므로 인을 실천하는 행동, 바로 연민과 화동의 행동이다. 사마천이 고점리가 저자에서 형가와 마주 보며 서로 즐기던 당시의 축과, 눈이 먼 고점리가 진왕 앞에서 타던 축을 대비시킨 이유가 바로 이것이다. 악의 본질은 무엇인가? 구별을 없애는 것이다. 그러니 진왕처럼 음악을 즐기고자 다른 사람의 눈을 멀게 할 수는 없다. 그것은 음악이 추구하는 윤리가 아니다. 태사공의 은유는 이렇게 음악 속에 숨어 있다.

두 번째로 술을 논해보자. 다음 구절 또한《악기》에 나오는 내용
이다.

> 무릇 돼지를 기르고 술을 만드는 것은 화를 만들고자 한 것이 아님에
> 도 옥송이 더욱 번다해진 것은 음주가 방탕해져 화가 생긴 것이다. 그
> 러므로 선왕께서 주례를 만들어 한 번 잔을 올리는데 주인과 객이 백
> 번 절하도록 하여 하루 종일 마시더라도 취하지 않도록 하셨다. 이는
> 선왕께서 술의 화를 방비하고자 하신 것이다. 그러니 술을 마시는 이
> 유는 함께 기뻐하자는 것이고〔故酒食者所以合歡也〕, 음악을 하는 이유
> 는 서로 덕을 본받자는 것이며〔樂者所以象德也〕, 예를 행하는 것은 서
> 로 음란함을 막자는 것이다.

술의 목적은 즐기며 정서를 공유하자는 것이다. 음악의 목적은 서로
함께하는 것이다. 둘은 본질적으로 차이가 없다. 술과 음악을 예로 절
제하면 최고의 경지에 오른다고 한다. 그러나 순서를 기억해야 한다.
함께 즐기고 함께 슬퍼하지 않는다면 사물 자체가 길러지지 않으므로,
즉 이 세상 자체가 존재하지 않으므로 질서는 존재할 수 없다.

태사공은《사기》전 편을 통해 진秦이 화동 없는 질서를 추구하고 있
다고 신랄하게 비판한다. 이렇게 형가의 이야기를 통해 화동의 세계관
과 질서의 세계관을 대비시키고 있다. 전국 말기의 기록은《전국책》이
《사기》보다 예외 없이 자세한데, 이 형가의 이야기만은《사기》가 훨씬
자세하다.《전국책》에는 형가의 내력이 나와 있지 않지만 태사공은 형

가의 출신과 내력을 자세히 적었다. 그는 떠돌이에 고국을 잃은 사람이다. 거기에 그의 친구 고점리와 음악 이야기도, 그리고 슬픈 최후도 덧붙였다.《전국책》에는 고점리의 이야기도 몇 줄만 나올 뿐이다. 하지만 태사공이 마음대로 고친 것이 아니다. 그는 이 이야기를 소중하게 생각했기에 행여 이 이야기를 잘못 전할까 걱정되어 형가가 진왕을 찌르를 때 현장에 있었던 하무저를 아는 이에게 자문까지 구했다. 이런 태사공의 노력이 단순히 이야기의 문학적인 성취를 위한 것일까? 필자가 보기에 그가 전하고자 하는 것은 그 이상이다. 태사공은 이 이야기를 통해 변혁기의 거대한 세계관 충돌과, 그 충돌에 대한 자신의 의견을 극적으로 제시했다.

　사마광을 비롯한 관변 사학자들은 형가를 지나치게 낮게 평가했다. 그는 이른바 직업으로 사람을 찌르는 자객도 아니요, 남의 고용인도 아니다. 그가 태자를 대하는 태도를 보라. '자유인인 나를 끌어들인 것은 당신이다! 나를 자꾸 재촉하지 마라.' 떠돌이 형가의 마지막 조국은 연이었으므로 그는 고국의 운명을 어깨에 멘 사내였다. 그는 제 환공을 위협한 조귀(조말)와 동렬이지 섭정이나 예양 따위의 무모한 칼잡이의 부류가 아니다. 진으로 대표되는 제국, 점점 죄어오는 그 거대 국가의 압력에 맞서 그는 삶을 걸고 싸웠다. 그러나 역사의 흐름은 그의 삶을 삼켜버렸다. 하지만 형가를 통해 태사공이 말하고자 한 바는 아직도 유효하다. '모든 인간은 국민國民 이전에 자연인自然人이다.'

제5장

열국의 비가

: 물이 위魏를 무너뜨리다

벙어리도 아니요 소경도 아닌데 본 것을 말하지 못하는 자, 그대 이름은 바로 '풀 같은 백성[民草]'이런가. 공자의 말씀처럼 정녕 군자의 덕은 바람이요 소인의 덕은 풀인가[君子之德風 小人之德草]? 백성은 바람이 불면 눕고, 그치면 일어나는 풀 같은 존재들이었던가? 바람이 불기 전에 눕고, 바람이 그치기 전에 일어나는 풀을 그린 시인의 노래가 무색하게도 민초들의 기록은 남아 있지 않다. 전국 말기 그들은 성을 지키다 죽고, 농사 시기를 놓쳐 굶어 죽고, 사는 땅이 남의 손으로 들어가면 옛 풍속이 그리워 봉기를 일으키다가 죽었다. 그러나 나라의 주인이 완전히 바뀌자 또 생소한 법에 걸려 죽었다.

그래도 대항하지 않고 항복한 자는 서민의 대우를 받았다. 승패를 정확히 예측할 수 있다고 가정하면, 대항하지 않는 이가 현명한 것이 분명하다. 그동안 그들이 약한 조국을 위해 곡식을 바치고 노동력을 제공한 후 받은 것이 과연 무엇이었나? 연전연패로 아비와 형제를 잃어가면서 성에 갇혀 굶주리는 생활의 반복 아니었나? 나날이 쪼그라드는 국가로부터 작을 받을 수도 없고 녹을 얻을 수도 없었을 것이다. 그저 적을 이기면 보상하겠다는 군주와 지배층들의 믿기지 않는 약속들뿐.

그럼에도 어쩌면 승패가 불을 보듯 뻔한 상황에서도 끝까지 성을 지키고, 야전에서 호랑이 같은 진秦의 군대와 맞서다 죽은 그 많은 민초들은 무슨 생각을 품고 있었을까? 과연 조국과 군주를 보위한다는 충정의 발로였을까? 열혈남아라면, 조국과 자기 군주에게 잘못이 없는데도 침공한 적을 묵인할 수 없었으리라. 하지만 분명 커다란 충정이 없어도 기꺼이 목숨을 내걸 용사들이 있었다. 그들의 눈에 적은 의로운 군대가 아니었다. 적은 지금껏 자신의 할아버지와 아버지, 그리고 자신의 형제와 친구들의 목숨을 추수한 대가로 작위를 얻은 자들이다. 그들이 얻은 작위의 특혜를 뒷받침하는 기반은 바로 할아버지, 아버지, 친구들이 경작하던 그 땅이었다. 그들이 보기에 진은 떼강도에 불과했다. 주인을 죽이고 그 재산으로 잔치를 벌이는 강도 떼. 조국이나 군주가 안중에 없더라도 가슴에 일말의 용기를 품은 이라면 강도를 용납할 수는 없었을 것이다.

그러나 인간 세계에서 용자勇者는 드물고 겁 많은 이는 넘친다. 겁이란 생물의 생존을 보장하는 1차 방어막이다. 이 겁 많은 이들조차 전장에서 떠나지 못하게 만든 것은 바로 살벌한 군법[軍法]이었다. 앞에는 적의 창이 기다리고 뒤에는 아군 군관들의 도끼가 기다린다. 적의 창이 두려워도 군관의 도끼가 더 두렵다면, 겁쟁이 병사는 전장을 떠나지 못하는 것이다. 군관의 도끼만 두려운가? 오대[伍, 伍隊]와 십대[什, 什隊]로 꽉 짜인 편제 안에서, 내가 달아나면 나의 동료가 처벌당할 것이고, 달아나는 나를 발견하면 동료가 나를 베어 그 시체로 연대 책임을 면하려 할 것이다. 군법의 야멸참에 치를 떨어도 소용이 없다. 군대의 목표는 오직 승리, 패배는 바로 죽음이다. 군법은 단 하나의 선택지만 남겨두었다. 군령을 따르라. 어기는 자, 죽인다[不從令者, 斬]!

안타깝게도 옛 기록에서 성에 갇힌 민초들의 포한을 복원하는 것은 불가능하다. 그들은 보고 듣고 느낀 것을 기록으로 남기지 못했다. 그들은 몇만 혹은 몇십만이라는 숫자로 기록되어 있을 뿐이다. 필자는 앞 장에서 조나라 멸망의 과정을 진의 군법으로 추정되는 사서를 통해 대략 복원한 바가 있다. 이 장에서는 좀 더 나아가 성에 갇힌 민초들의 실상을 복원해보자. 다행히 《묵자》 〈비성문[備城門]〉 이하에서 〈잡수[雜守]〉까지는 대부분 진의 군법을 다룬다. 과거에는 다른 편들과 완전히 문체가 다른 이 편들의 정체에 대한 의견이 분분했지만, 최근 대량으로 발굴된 진간은 이 편들이 진의 군법임을 증언하고 있다.[2]

그리고 필자는 먼저 독자들의 양해를 구하고자 한다. 이 장에서 묘사하는 포위되어 공격당하는 나라는 진[秦]이 아니라 위[魏]다. 그러나 우리는 위나초의 법을 모른다. 그렇다면 어떻게 진의 법을 통해 포위당한 이들을 묘사할 것인가? 위법을 모르는 이상 사실상 불가능한 목표다. 하지만 전국시대 말기에는 정도의 차이는 있지만 군법은 대단히 엄정했을 것으로 추측된다. 특히 진은 위의 법을 차용하고 발전시켜 자신들의 법을 만들어냈기에 위의 법 또한 엄정했을 것이다. 그래서 현재 어렴풋이 윤곽이 그려진 진의 법을 위에 그대로 적용시켜 전장을 재구성해볼 것이다. 언젠가 위나라의 법이 밝혀지면 훨씬 입체적으로 전투 상황을 재현할 수 있겠지만, 아쉬움을 뒤로하고 진의 법으로 쌍방의 싸움을 이해해보자. 물론 이 장 역시 '사실[史實]'이 아니라 '사실[事實]'에 가깝게 필자가 재구성한 시뮬레이션이다.

1. 시시각각 다가오는 결전의 날 ━━━━━

기원전 226년 진군은 초나라 군대를 대파하고 연나라의 도성을 함락했다. 조는 망하고 연은 요동으로 쫓겨나 명맥만 남았으니 하북의 나라는 모두 평정되었다. 제齊는 일찌감치 개입하지 않기로 선언하고 움직이지 않았으니 진의 원교근공 정책의 충실한 동조자에 불과했다. 삼진의 마지막 생존자 위가 그다음 목적지였다. 기원전 225년 진군이 관문을 나섰다. 왕전은 병을 핑계로 고향으로 돌아가고 아들 왕분王賁이 군대를 이끌었다.

이에 맞서는 위군의 전력은 어느 정도였을까? 예전 위나라 대부 수가가 위염에게 한 유세를 보면 대량을 지키는 병력은 최대 30만 명이다. 그러나 당시는 위나라에 여전히 100개 이상의 현이 있었지만, 한참 지난 지금 위나라 땅은 당시의 반에 불과했으니 많아야 20만 명 병력을 동원할 수 있었을 것이다. 그러나 20만 명의 장정과 가솔이 이 좁은 성안에서 먹어댄다 해도 그 군량을 감당하기는 쉽지 않다. 일단 최소한 장정 10만 명 이상이 그들의 식솔들과 함께 성을 지키고 있다고 가정해보자. 그래도 성내 거주자는 어림잡아 30만 명 이상이 될 것이다.

일전에 함락된 한단처럼 대량 또한 여러 번의 포위를 견뎌냈다. 수사적인 표현인지 몰라도 대량성 성벽의 높이는 "칠인七仞(7미터)"에 육박했다고 한다. 여기에 산처럼 곡식을 쌓아놓고 10만 정병이 목숨을 걸고 지키면 짧게는 한 해, 길게는 몇 해를 버틸 수 있다. 몇 해 전 진이 조를 공략할 때도 해를 넘기다 이간책으로 조장 이목을 실각시킴으로써 겨우 함락시킬 수 있었다. 진이 한단을 공략할 때는 다행히 조왕 천이 어리석었다. 그러나 위왕 가假는 조왕 천과 같은 하등 군주도 아니었다. 그럼에도 진군은 이번에는 믿는 바가 있었던 모양이다. 과연 그것은 무엇일까? 우리는 전날 위무기가 한을 구원하자며 위왕에게 한 유세를 기억한다.

"진이 정鄭 땅과 원옹垣雍을 얻어 형택수滎澤水의 물을 터트려 대량에 들이부으면 대량은 필시 망합니다."

그동안은 그나마 후방에 한이 있어 진은 마음 놓고 공병을 투입하여 물길을 만들 수 없었다. 그러나 한이 망한 지금은 상황이 다르다. 물길 옆으로 제방을 쌓고, 상류에 보를 막고 수위를 높인 후 일거에 물을 대량으로 들이부을 것이다. 물이 들어차면 성의 기능은 마비된다. 물이 성벽을 무너뜨리면 싸움은 끝난다. 과거에 시간은 원정군의 적이었지만 물을 우군으로 얻은 지금 시간은 아군으로 변한 것이다.

성을 포위하는 군단과 물길을 만드는 군단을 합쳐 최소 20만 명(필자는 40만 명 이상이었으리라고 본다) 이상이 동원되었을 이 전쟁은 이렇게 막이 올랐다. 진군은 한·조·연을 연이어 격파한 위세를 타려 할 것이고, 위는 일당백의 자세로 이 위기를 돌파하려 할 것이다. 위가 시간을 오래 끌 수 있다면 진이 새로 점령한 땅에서 반란이 일어날 것이다. 사실 바로 한 해 전, 옛 한나라 땅 신정新鄭에서 반란이 일어난 적이 있다. 진은 이제 갑절로 커졌지만 전선도 갑절로 늘어났다. 일대는 연의 잔여 세력과 대代(조나라 유민들이 만든 나라)의 연합군을 치고 일대는 남쪽으로 초를 견제하면서 위를 쳐야 한다. 유약한 제는 외교로 막아 두었지만 대량을 일거에 함락시키지 못한다면 제가 어떻게 나올지도 알 수 없었다. 제도 진의 천하통일 야심을 알고 있었다. 위가 무너지면 제는 진과 국경을 마주해야 한다. 병서에 이런 말이 있다.

100명이 칼날을 무릅쓰면 적의 대오를 무너뜨리고 진을 흐트러뜨릴 수 있으며, 1000명이 칼날을 무릅쓰면 적을 사로잡고 적장을 죽일 수 있으며, 1만 사람이 칼날을 무릅쓰면 천하를 주무를 수 있다[百人被刃, 陷行亂陳, 千人被刃, 擒敵殺將, 萬人被刃, 橫行天下].

– 《울료자》〈병교하〉

사실상 위왕 가가 휘하에 주문할 수 있는 것은 이 정도였으리라. 또 군리들은 장병들에게 강조했을 것이다. "그대들 부모의 묘가 성안에 있다[父母墳墓在]"라고. 또한 성에 모인 사람들 다수는 분명 잃을 것이 많은 사대부들이고, 일부는 이 나라와 명을 같이하겠다는 용사들이었을 것이다.

변경에서 전쟁을 알리는 봉화가 연이어 도착했다. 결전의 날이 다가오고 있다. 싸움을 시작하기 전에 관민이 힘을 모으고 적개심을 북돋워야 한다. 신명의 힘을 비는 제사도 전쟁의 일부분이다. 적은 서쪽에서 다가온다. 위왕은 교외의 서쪽에 단을 만들고 적을 기다리는 의식을 거행했다. 단의 높이는 9척이고 너비 또한 9척이다. 90세 노인 아홉 명이 제사를 주관하고 깃발은 하얀색을 쓴다. 이 노인들은 서방을 주관하는 백신白神의 역을 맡아 제사를 주관하게 했다. 허옇게 수염이 센 장신의 구순 노인들이 하얀 깃발 아래 제사를 주관하니 제사는 더욱 엄숙했다. 위왕 또한 소복을 입고, 수성장도 새하얀 옷을 입고 있었다. 제단에는 양이 올라가 있었다. 쇠뇌 아홉 개를 준비하고 각각 아홉 발을 쏘았다. 다행히 화살은 힘차게 날아갔다. 위왕은 이 싸움에서 이겨 자기 대에 사직이 무너지는 오명을 얻지 않기를 정성을 다해 빌었다. 위나라에게 신의 가호가 있기를.

전쟁은 국가의 대사다. 수성장은 언제나 몸을 정결하게 하고 저녁이면 무당들에게 조짐을 물었다. 각 위치의 무장들도 자신들의 조짐을 물었다. 대장에게는 대장의 운수를 보는 무당이 있고 각급 휘하 고위

• "敵以西方來, 迎之西壇, 壇高九尺, 堂密九. 年九十者九人, 主祭白旗……《묵자》〈영적사迎敵祠〉."

장수들도 스스로의 조짐을 볼 수 있었다. 흔히 대장의 조짐, 소장의 조짐, 가는 조짐, 오는 조짐, 패배의 조짐 등이 있다. 우습게도 전쟁 때문에 대우를 받는 이들은 무당들이었다. 축원하는 이와 점쟁이들을 모아 좋은 약을 준비하고 관에서 먹이며 좋은 거처에 머물게 했다. 무축과 점쟁이는 사직에 가까운 곳에 거처하고 반드시 신령스러운 이로서 공경을 받는다. 무축과 점쟁이가 수성장[守將]에게 징조를 알리면 수성장은 반드시 이를 혼자 알고 있어야 한다. 수성장은 혹시 그들이 여기저기 드나들면서 말을 퍼뜨려 관리와 백성들을 놀라게 해 공포에 떨게 하지는 않는지 은밀히 살폈다. 나쁜 징조를 누설하여 아군의 사기를 떨어뜨린 자는 용서하지 않을 것이다. 그래서 조짐을 보는 자들은 수장의 관사 가까이에 머문다.˙ 벌써 누군가 흉조 조짐이 있다는 말을 퍼뜨리다 바로 군법으로 처형되었다고 한다. 점쟁이라고 왜 두렵지 않겠는가? 완벽하게 불길한 징조가 보일 때 점쟁이들도 떨었다. 수십만 명의 목숨이 걸린 일이었다. 수성장이 태무나 태축을 공경하며 눈치를 보듯이 그들도 수성장의 눈치를 보았다. 수성장의 기氣가 살아야 그들도 살 수 있으니까.

전쟁은 시시각각 다가오고 있었다. 왕이 몸소 전쟁에 나설 때 가장 중요한 의식이 하나 더 기다리고 있다. 바로 태묘太廟에 승리를 기원하는 제사를 지내는 것이다. 먼저 태축과 태사는 사방의 산천과 종묘사

- "凡望氣, 有大將氣……巫必近公社, 必敬神之……其出入爲流言, 驚駭恐吏民, 謹微察之, 斷, 罪不赦. 望氣舍近守官……(같은 책, 같은 편)."

직에 제사를 지내고 물러났다. 위왕 가는 소복을 입고 태묘에서 절절히 맹세했다.

"저자들이 무도하여 의롭고 상서로운 행실을 닦지 않고 그저 힘 있는 자가 왕이라면서 이렇게 말합니다. '내 반드시 너희의 사직을 무너뜨리고 너희 백성들을 몰살하리라.' 그러니 제 신하들은 밤낮으로 스스로 힘쓰면서 과인을 면려하고 온 마음과 힘을 모아 과인을 보좌하고 있으니, 마음과 힘을 모아 각자 죽음으로써 성을 지킬 것을 맹세합니다."

맹세를 한 후 위왕은 물러나 태묘의 오른쪽에 임시로 머물고 태축과 태사는 사묘에 임시로 머물렀다. 백관이 모두 묘당에 올라와 북을 치고 문의 오른쪽에는 기를, 왼쪽에는 정旌을 꽂고는 도열했다. 이어 왕은 화살을 세 번 날리고 승리를 기도하며 다섯 병기가 모두 준비된 것을 확인하면 당을 내려가 교외로 나갔다. 북이 울리자 문 오른쪽에서 역사마役司馬가 쑥대 화살을 세 번, 짧은 화살을 세 번, 쇠뇌를 세 번 발사하고 승리를 기원했다. 이어 교校는 문의 왼쪽에서 불화살을 먼저 쏘고 돌과 나무를 이어서 던졌다.* 무기를 관장하는 신들이 아군과 함께하여 무기가 모두 성능을 발휘하기를 고대하면서 그들은 제사를 마쳤다.

태축과 태사가 제사를 마무리하자 왕은 성으로 돌아왔다. 냉정히 말

---

* "祝·史乃告於四望·山川·社稷, 先於戎, 乃退. 公素服誓於太廟曰, '其人爲不道, 不脩義詳, 唯乃是王, 曰: 予必懷亡爾社稷, 滅爾百姓. 二三子夙夜自厲, 以勤寡人, 和心比力兼左右, 各死而守'. ……校自門左, 先以揮, 木石繼之(같은 책, 같은 편)."

해 전쟁이 어떻게 제사에 달려 있겠는가? 하지만 남의 군주된 이라면 종묘사직과 산천과 전쟁의 신에게 올리는 제사를 통해 왕조를 이어갈 자신의 책임이 엄중함을 깨닫고, 이 싸움에 백성들의 재산과 생명이 걸려 있음을 자각해야 한다. 엄숙하게 예를 행하고 모두 스스로 정당한 싸움을 수행하고 있다고 믿으면 제사는 성공한 것이다.

2. 들판을 비우고 성벽에 오르다

성 밖에는 한참 전부터 청야淸野가 시작되었다. 우리의 재산을 적이 쓰도록 남겨서는 안 된다. 성안으로 거둬들이지 못한다면 차라리 부수거나 불태워야 한다. 공성과 수성의 성패는 누가 더 많은 물자를 가지고 있느냐에 달렸다고 해도 틀리지 않기 때문이다. 30리 내의 땔감, 섶, 물은 모두 안으로 가져왔다. 개, 닭 따위의 가축은 모두 장조림으로 만들어 성안으로 가지고 들어갔다. 성 밖에 화살이 닿을 수 있는 거리에 있는 담장은 모두 허물어 적이 엄폐물로 쓰지 못하게 했다. 성 밖 마을 저자마다 도살당하는 송아지와 돼지 우는 소리가 귀 고막을 찢었지만 정작 사람들은 침착하게 움직였다. 성안에 물자를 쌓으면서 불에 탈 수 있는 것들은 모두 진흙으로 발라 방화막을 만들었다.* 적이 도착하기 전에 성 아래를 잘 정리하고 적이 어떤 방화나 약탈도 할 수 없도록 해

• "三十裏之內, 薪·蒸·水皆入內. 狗·彘·豚·雞食其肉, ……城之內薪蒸廬室……(같은 책, 같은 편)."

야 한다. 특히 항아리 따위는 잘 거둬들여야 한다. 항아리는 적이 물을 나르는 용도로 쓸 수도 있고 투석기에 실어 화공용 무기로 쓸 수 있으니까.•

승리하기 위해, 살아남기 위해, 백성들은 묵묵히 어렵게 일구어놓은 것을 자기 손으로 거두고 파괴했다. 외성에서 100보 안에 있는 담장은 모두 무너졌고 나무는 모두 베어지고 우물은 모두 메워졌으며 베어들이지 못할 나무와 거두지 못한 민가의 재목들은 불탔지만 아무도 불평하지 못했다. 수성에 필요한 물자를 성으로 가져오면서 나중에 배상하기 위해 관리들이 장부에 기록했다. 그러나 누가 성패를 기약하겠는가? 어쩌면 아무것도 돌려받지 못할지 모른다. 심지어 자신의 생명도.

이렇게 담장과 크고 작은 수목이 깡그리 없어진 외성 밖은 괴기스러웠다.•• 가까운 마을뿐 아니라 먼 마을의 금속 기구를 실은 수레들이 끝없이 성안으로 들어갔다. 구리나 철 따위 수성에 긴요한 물자는 하나라도 밖에 버려둘 수가 없다.••• 철거된 후 불타는 집 사이로 수성 물자를 실은 수레들이 성안으로 들어가는 기이한 풍경을 보며 왕과 사대부들은 어떤 생각을 하고 있었을까? 쓸 수 있는 것은 안으로 들이고 쓸 수 없는 것은 모조리 태워버리니 대량성 주위 30리 안은 완전히 무인지

- "寇至, 度必攻, 主人先削城編, 唯勿燒……寇在城下, 收諸盆甖……《묵자》〈비성문〉."

•• "去郭百步, 牆垣·樹木小大盡伐除, 外空井, 盡窒之, 無令可得汲也.……當逐材木不能盡內, 即燒之, 無令客得而用之《묵자》〈호령號令〉."

••• "寇近, 亟收諸離鄕金器, 若銅鐵及他可以佐守事者……《묵자》〈잡수雜守〉."

대가 되었다. 언제나 인파로 들끓던 외성 주위도 이제 황무지가 되어 적막만 흘렀다.

성안에도 동원령이 내려졌다. 민가의 목재·기와·돌 가운데 성의 수비에 도움이 되는 것은 모두 내놓도록 했다. 명을 어기는 자가 있으면 군령에 의해 목을 벨 것이다.* 물론 감히 명을 어기는 이들은 그 누구도 없었다. 돌을 산더미처럼 쌓아두었지만 담장을 덮은 기와도 일부 벗겨져 나갔다. 군관들은 자기 자리에 서서 성 아래 수성 물자를 쌓는 것을 감독했다.

전투 태세에 들어가자 성가퀴마다 갑병들이 보였다. 1보마다 갑사 1명이 극을 들고 서 있었다. 5보마다 오장, 10보마다 십장, 100보마다 백장이 배치되었다. 성의 양측에는 대솔大率, 가운데는 대장大將(수성장)이 위치한다.** 이 위치가 기본적인 수성 대형이다. 하지만 힘센 장부들이 다 성가퀴에 나와 있으면 누가 성문을 보호하고 기계를 운용하고 척후를 맡고 성벽을 정비하고 대장을 호위하는가? 성가퀴를 지키는 이는 장정이 드물고 오히려 여성들과 노약자 위주였다. 그래서 성 위에는 젊은 남자들보다 오히려 젊은 여자들이 더 많았다. 성가퀴에는 50보마다 장정 10명, 정녀(성인 여성) 20명, 노인이거나 어린이 10명 등 총 40명이 수비한다. 성 위의 누대를 수비하는 병졸은 1보마다 1명, 즉

• "民室材木瓦石, 可以盆城之備者, 盡上之. 不從令者斬(《묵자》〈비성문〉)."

•• "城上步一甲·一戟, 其贊三人. 五步有五長, 十步有什長, 百步有百長, 旁有大率, 中有大將(같은 책, 같은 편)."

누대 둘레 20보에 20명이다.* 그야말로 남녀노소가 다 동원되는 총력전인 것이다.**

성안의 병사들과 백성들이 호령에 익숙해지도록 일정한 간격으로 북이 울렸다. 처음에는 북이 울릴 때마다 우왕좌왕하던 백성들이 서서히 북소리에 익숙해졌다. 이 북소리와 기치의 움직임에 수성의 성패가 달려 있다. 각자 자신의 역할을 하되 전체가 하나처럼 움직이는 것, 상하가 마치 심장과 팔다리처럼 움직이는 것, 결국 온 성이 하나의 거대한 유기체처럼 움직이는 것, 이것이 관건이다. 밤낮을 가리지 않고 공병들은 호성하를 보수했다. 적이 건너올 만한 곳의 물속에는 화살을 위를 향하게 박아두었다[立竹箭天(水)中]. 성안의 대장간은 밤낮으로 돌아가며 화살촉을 만들었고 수성 무기를 수리하는 장인들은 쪽잠을 자면서 도끼질을 해댔다. 수성 기계들이 적을 많이 살상할수록 아군이 덜 상할 것이다. 무기가 완성되면 그 위에 작업반과 이름을 새겨넣었다. 무기가 성능을 발휘하지 못하면 장인들이 벌을 받을 것이다. 수성 무기를 제작하는 이들 중에는 가끔 못 보던 사람들이 있었다. 이른바 묵공墨工이라 불리는 묵자 학파의 장인들이었다.

- "守法, 五十步丈夫十人·丁女二十人·老小十人, 計之五十步四十人. 城下樓卒, 率一步一人, 二十步二十人(같은 책, 같은 편)."

- "每五十步男子十人, 成年女子二十人, 老小十人, 共計五十步四十人. 城下守樓士卒, 一步一人, 計二十步二十人. 按城的大小以此爲標準, 才足以守禦(같은 책, 같은 편)."

3. 공성에 대비하는 진의 진영

전군이 성에 근접하여 병영을 꾸리자, 진군의 국사공國司空이 천천히 성의 주위를 돌며 폭과 두께를 계산했다. 설계도에 의해 집이 지어지듯, 국사공의 측량에 의해 인원이 배분된다. 측량이 틀리면 아군이 상한다. 공성 기계들이 들어설 자리를 보고 토산을 세울 위치도 계산하고 성 위에 도열한 위군의 수도 확인했다. 국사공 이하의 기술자들 또한 해당 구역의 성 모양을 일일이 기록했다.

측량이 끝난 다음에는 국위가 대략적으로 구역을 나누고 도교徒校가 척 단위로 구역을 나누면서 병력을 배치했다. 모든 면을 단단히 둘러싸되 동쪽은 비교적 느슨하게 했다. 궁지에 몰린 적이 딴마음을 품게 하기 위해서다. 물 위에 풀어놓은 오색 물감처럼 울긋불긋한 군기들이 물 흐르듯 움직이고 병력이 뒤따랐다. 마지막으로 공성 선봉대의 부대장들이 하급 군관들에게 이렇게 훈계했다.

"먼저 오르는 이는 응당 최고 등급 상[最啟]을 주고, 뒤에 이르는 자는 가장 아래 등급[最殿]으로 문책하겠다. 두 번 문책당하면 파면이다."

부대 배치까지 끝나고 왕분은 전략 회의를 주관했다. 그는 훗날 무장으로서는 드물게 진의 열후列侯 자리에 오르는 명장이다. 아버지 왕전을 대신해서 대량을 공략하러 온 그는 머릿속에 어떤 복안을 가지고

- "其攻城圍邑也, 國司空辈其城之廣厚之數, 國尉分地以徒校分積尺而攻之, 爲期日, '先已者, 當爲最啟……《상군서》〈경내〉."

있을 것인가? 위왕이 순순히 항복하면 가장 좋겠지만 그럴 가능성은 없어 보인다. 언젠가 필요한 때가 되면 그렇게 해야겠지만 부하들을 까마득히 높은 대량성 위로 개미처럼 올려 보내는 일도 장수로서 달가운 일은 아니다.

그의 작전은 일단 대량성을 계속 포위 공격하면서 수성자들이 지치기를 기다리는 동시에 수로를 정비하며 형택수의 수위가 오르기를 기다리는 것이었다. 비가 쏟아지고 황하의 수위가 오를 때 형택에 물을 가득 가둬야 한다. 이 물이 성을 덮쳐 물이 들어차면 수비하는 쪽이 지칠 대로 지칠 것이고, 언젠가 물 먹은 성벽이 무너질 것이다. 한 귀퉁이라도 무너지는 날 싸움은 끝날 것이다. 왕분은 공사를 감독하는 사공들에게 물이 얼마나 들어찰지, 얼마나 지속될지를 세밀하게 물었다. 어느 정도 확신이 있어야 작전을 짤 수 있기 때문이다.

싸움이 시작되기 전에 왕분은 그동안 대량으로 진격하면서 참한 위나라 척후들의 수급을 늘어놓고 병사와 군리들에게 내릴 상을 심사했다.* 전투가 시작되기 전에 이런 포상 행사를 열면 군리들의 사기를 끌어올리는 데에 도움이 된다. 먼저 얻은 수급을 군영 앞의 벌판에 3일 동안 늘여놓고 군관들이 이를 심사하게 했다. 가끔 수급의 소유권을 가지고 다툼이 벌어지기 때문에 군리들의 눈은 더욱 엄정했다. 선두에서 침략군을 정탐했던 위나라 척후병들의 머리가 들판에 열을 지어 놓

• "以戰故, 暴首三, 乃校三日, 將軍以不疑致士大夫勞爵……爵自二級以上, 有刑罪則貶……(같은 책, 같은 편)." 〈경내〉의 본분에 의거해 필자가 일부 각색했지만 '법률 자체'를 각색하지는 않았다.

였다. 이 몸통이 없는 머리들이 바로 위나라에서 가장 날랜 사내들의 것이다. 심사가 끝나자 왕분은 논공행상을 한 후 군리에게 군령을 밝히게 했다.

"갑병의 수급을 얻은 자들은 앞으로 나와 도열하라. 여러분은 잘 들어라. 갑병의 수급 하나를 얻는 자는 작 1급을 주고 밭 1경頃을 더하고 집(집터) 9무畝를 더해주고, 서자庶子(복인, 종) 1명을 내리고, 원하면 군관*이 될 수 있다. 부모, 형제가 법에 걸린 이들이 있는가? 그런 장병들은 더 노력하라. 옥법獄法(옥사를 처리하는 법)에 의하면 높은 작을 가진 이는 작급으로 다른 이의 죄를 배상할 수[高爵訾下爵級]** 있다. 작이 높은 이는 죄가 있어도 작으로 배상하고 예복隸僕을 반환하면 그뿐이지만 작이 없는 이들은 형을 받아야 한다. 군관들도 들으라. 소부小夫에서 대부까지, 그대들이 세상을 떠날 때 관급官級이 한 등급 올라갈 때마다 무덤에 심는 나무도 한 그루씩 늘린다. 전투에서 승리하고 그대들이 얻을 것을 얻어라. 그대들이 목숨을 걸고 싸운다면 나라는 그대들이 살았을 때나 죽었을 때나 확고히 보상할 것이다."

군의 도필리刀筆吏들이 작을 받을 사람들의 명단을 다시 확인하고 나가자 군법 담당자는 성을 공격할 때의 포상 기준을 밝혔다.

"여러분들은 전체의 대공을 생각하라. 우리 군단은 야전에서 2000

- "兵官之吏", 혹은 군대나 관청의 관리로 해석할 수 있다.

-- 원문은 "高爵訾下爵級"이나 뜻이 분명하지 않다. 흔히 '작급이 높은 이가 낮은 이를 심사한다'로 새기나 논리적이지 않다. 진간에서 '訾'는 주로 '배상하다'의 의미로 쓰인다. 필자는 "高爵訾下爵級"를 "高爵訾以下爵級"으로 새겼다. 작급으로 배상한다는 뜻이다.

이상을 베면 기준을 채워 모두 작을 받았다. 허나 성읍을 포위 공격할 때 8000 이상을 베어야 기준을 채우는 것이다. 기준을 채우면 군리는 조操와 교校에서 위로 대장까지 모두 상을 받는다. 원래 작이 공사公士라면 상조上造가 되고, 상조라면 잠뇨簪裊가 되며, (중략) 원래 작이 공승公乘이면 오대부五大夫가 되며, 세읍 300가를 내린다[稅邑三百家]. 원래 작이 오대부였으면 서장庶長이 되고, 서장이었으면 좌경左更이 되며, 원작이 삼경이었으면 대량조大良造가 되는데, 모두 300가의 읍을 주고 더하여 300가의 세를 받도록 할 것이다[皆有賜邑三百家, 有賜稅三百家].”•

이어서 상급 군관이 백장 이하 하급 군관들에게 다시 상벌 조문을 숙지시켰다.

“기억하라. 오伍에서 한 사람이 죽으면 나머지 넷의 작위는 깎는다. 허나 그들이 사람의 수급 하나를 얻으면 작위를 회복시킨다. 백장과 둔장이 되어서 적의 수급을 하나도 얻지 못하면 유죄다. 그대들은 반드시 적의 수급을 얻어야 한다.”•• 백인대가 33명 이상의 수급을 얻어 기

- “能攻城圍邑斬首八千已上, 則盈論, 野戰斬首二千, 則盈論……故爵公乘, 就爲五大夫, 則稅邑三百家.” 《상군서》〈경내〉에는 “작이 오대부이고 세읍이 600가 있으면 객을 받아들인다[爵五大夫有稅邑六百家者, 受客]. 대장의 어참禦參(지휘 전차의 참승)은 모두 작 3급을 받는다. 원래 객경客卿이 기준을 만족시키면 정경正卿이 된다”는 내용이 이어진다. 이는 당시 사대부 사회를 이해하는 데 대단히 중요한 기사다. 진간의 기록에 따르면 국가는 오伍를 기준으로 대단히 엄혹하게 호를 관리했고, 유민과 유세객을 준準범죄인으로 취급했다. 그렇다면 그 많은 유세객은 어디서 와서 무엇을 먹고 살았을까? 위의 구절에 해답이 있다. 세읍 600가를 가진 이들이 객을 받아도 국가는 이를 인정했던 것이다. 그 이하도 작위자도 일정한 객을 받았으리라 짐작된다. 또한 작이 높은 이는 전투 상황에서도 가신을 거느릴 수 있었다. 작이 있는 이는 없는 이를 서자庶子(일종의 계약관계 종이다)로 삼을 수 있다. 전쟁이 없을 때 서자는 그 대부에게 6일 사역하고, 전쟁 시는 종군해 주인을 봉양한다[其無役事也, 其庶子役其大夫, 月六日; 其役事也, 隨而養之(같은 책, 같은 편)].

- • 5명마다 두는 둔장屯長은 오장이다. 100명마다 두는 장將은 백장百將(伯長)이다.

준을 채우면 백장과 둔장에게 한 작위를 내린다."*

포상과 군율 숙지가 끝나고, 다음 날 군단이 움직이며 멀찍이서 성을 포위해 들어갔다. 한 변이 최소 10리 이상인 대량성의 외성을 한 번 둘러싸는 데만 거의 2만 명의 병력이 소모된다. 한 겹의 포위는 의미가 없다. 그렇게 성을 겹겹이 둘러싸는 포위 작업이 끝났다. 왕분은 군관들과 병사들을 사열하며 전투 의욕을 고취했다. 병사들의 사기는 높았다. 정말 간절히 승리와 적의 목을 원하는 이들은 노비로서 참전한 이들이었다. 주인을 따라 오거나 관노로서 공병대에 종군하고 있는 이들도 적의 목을 얻으면 노예 신분을 벗어날 수 있었다. 국가를 위해 공을 세웠다는 이름도 얻고 자유인의 신분도 얻을 수 있다면 필사적으로 싸워볼 가치가 있는 것 아닌가? 이제 살벌한 싸움을 벌일 일만 남았다. 정해진 것은 아무것도 없다. 둘 중 하나는 분명 패할 것이라는 사실뿐.

4. 성, 지상 최대의 유기체 ━━━━━━

당시는 모두가 군인이고 모두가 농부인 시절이었다. 공성전의 현장에서 우리는 국가가 농민에게 얻어서 쌓았던 것을 어디에 썼는지 실감한다. 이 과정에서 기상천외한 기계들이 등장한다. 패하면 죽거나 노예가 되거나, 잘 되어야 하등 국민이 되는 엄중한 조건, 그 엄혹한 상황만

- "其戰, 百將屯長必得斬首; 得三十三首以上, 盈論, 百將屯長賜爵一級(《상군서》〈경내〉)."

은 어떻게라도 벗어나겠다는 강력한 동기가 없다면 어떻게 이런 기상천외한 기계들이 등장하겠는가?

흔히 영화에서 보듯이 공성전이라고 하면 장수가 돌격을 명하면 병사들은 사다리를 들고 전원이 성을 기어오르며 공격하는 것을 연상한다. 그러나 그것은 최후의 방법일 뿐이다. 당시 성을 공격하는 방식은 대단히 다양하고 체계적이었다.

먼저 임臨, 즉 아군도 산을 쌓아서 성을 아래로 내려다보며 공격하는 방법을 쓴다. 훗날 삼국시대의 영웅 조조가 성을 공격할 때 흔히 쓰던 방법이다. 하지만 적의 성벽에 바짝 붙여 토산을 쌓는 것은 비용과 시간은 물론 완성되기까지 아군 공병이 적의 공격에 노출된다. 비슷하게 높이를 이용한 방식이지만 운제를 타고 아래를 내려다보며 공격하는 방법(제梯)이 있다. 운제는 토산처럼 견고하지는 않지만 움직일 수 있기에 화력을 집중할 때 좋았고, 성벽을 기어오르는 사병들을 엄호하는 장치로 쓰기 좋았다. 그다음은 호성하 따위를 메우며 공격하는 방식(인堙)이다.* 물론 성으로 물을 들이붓는 공격(수水)이 있고, 땅굴을 파서 공격하는 방법(혈穴)이 있으며, 성 벽에 구멍을 내고 들어가는 방법(돌突)이 있고, 굴을 파서 성안으로 들어가는 방법(공동空洞)이 있다. 공동은 혈보다 훨씬 큰 규모의 굴로 보인다. 그리고 갈고리를 걸고 올라가는 방법(구鉤)이 있다. 충차로 성문을 부수는 방법(충衝)이 있고, 정말 개미

---

* '堙'이라는 글자 하나로 뜻을 짐작하기가 대단히 어렵다. 흙으로 메운다는 뜻으로 짐작된다. 혹시 성으로 들어가는 물줄기를 막는다는 뜻은 아닐까?

처럼 성벽에 달라붙어 공격하는 의부[蟻傅]는 맨 마지막이다.

세부적인 전술로는 엄호차 안에서 성벽으로 접근하고[轒轀] 높은 누대를 장착한 차로 접근하는 방법[軒車]이 있다.* 투석기로 아군을 엄호하는 것은 기본이다. 그러나 이 모든 것을 순차적으로 쓰는 것은 아니다. 얼마나 상황에 따라 유기적으로 공성 기법을 쓰느냐가 승리의 관건이다.

한편 수비 쪽에서는 적이 어떤 수단으로 공격해오든 막아내야 한다. 대개 수성의 달인들은 아군의 성벽과 호성하가 잘 정비되고, 수비 무기가 구비되며, 땔감과 곡식이 충분하고, 상하가 화목하며, 사방의 이웃 제후들이 구원을 얻어야 성을 지킬 수 있다고 말한다. 그러나 무엇보다 중요한 것은 유능한 수성장이다.** 수성장이 어리석으면 성이라는 거대한 유기체 안의 어떤 기관처럼 움직이는 대중은 갈 길을 잃는다. 필요한 곳에 물자를 대는 것은 유기체가 핏줄로 영양을 운반하는 것과 같다. 창칼과 온갖 기계로 적을 치는 것은 유기체가 사지를 움직여 자기 몸을 방어하는 것과 같고, 척후를 보내고 정보를 수합하여 계획을 짜는 것은 유기체가 감각기관을 이용하여 상황을 파악하고 난관을 타개하는 것과 같다. 이 복잡한 과정을 누가 통제할 수 있겠는가? 바로 수성장이다.

- "禽滑釐對曰, 今之世常所以攻者, 臨·鉤·衝·梯·堙·水·穴·突·空洞·蟻傅·轒轀軒車, 敢問守此十二者奈何(《묵자》〈비성문〉)?"

- "我城池修, 守器具……, 然則守者必善而君尊用之, 然後可以守也(같은 책, 같은 편)."

수성전에서 성문은 유기체의 호흡기와 유사하다. 호흡기는 가장 보호하기 어려운 곳이기도 하다. 그래서 적의 화력은 아군의 성문에 집중된다. 그렇다면 수성의 관점에서 성문이 약점이라면 사방의 문을 없애고 모두 벽으로 만드는 것이 오히려 낫지 않을까? 그렇지 않다. 숨 쉬지 않는 유기체는 시간이 지나면 스스로 죽을 것이다. 성문은 적이 공격해오는 통로가 될 수 있지만 또한 반격의 통로가 될 수도 있다. 수비군은 성문 가까이 오는 적을 사살하며 필사적으로 방어한다. 그러나 적 또한 밖에서 아군의 성문을 예의주시해야 한다. 언제 반격군이 쏟아져 나올지 모르기 때문이다. 그래서 성문은 방어하기 좋고 반격하기도 좋게 설계되어야 한다. 원한다면 순식간에 닫히고, 필요할 때는 재빨리 열 수 있어야 한다. 그래서 수성전의 성문은 오늘날의 자동 개폐문과 비슷한 현문縣門이다. 적이 들이치면 공중에 달려 있던 육중한 문이 순식간에 떨어지고, 적이 물러가면 기계를 이용하여 이를 들어올린다.

재빨리 열고 닫는 입처럼 성문은 반응 속도가 높아야 한다. 대략 성문의 길이는 2장, 너비는 8척이고 양쪽이 똑같은 것을 두 장 만든다. 또한 문짝 위에는 적의 화공에 대비하여 진흙을 바르는데 두께는 2촌을 넘지 않는다. 또한 아래에 참호를 파는데 그 깊이가 1장 5척이며 너비는 문짝과 같도록 한다.˙ 미닫이든 여닫이든 한번 열리면 적이 밀고 들

• "備城門爲縣門沈機. 長二丈. 廣八尺. 爲之兩相如……塹中深丈五. 廣比扇. 塹長以力爲度. 塹之末爲之縣. 可容一人所. 客至, 諸門戶皆令鑿而慕孔. 孔之. 各爲二幕二, 一鑿而繫繩. 長四尺. 城四面四隅皆爲高樓磨撕, 使重室子居亓上, 磨適, 視亓態狀, 與亓進左右所移處, 失磨斬(같은 책, 같은 편)."

어오겠지만 하늘에 걸린 이 문은 밀려드는 적을 내리깔며 닫힐 것이다. 규문閨門(작은 내성문)과 곽문郭門(외성문) 모두 현문으로 만들어 재빨리 닫을 수 있도록 한다.

유기체는 스스로 면역과 치유 능력을 가지고 있다. 그래서 성을 보수하는 기구들도 10보, 5보마다 정연하게 배열되어야 한다. 나무를 자르는 도끼·삽·괭이는 모두 자루의 길이가 일정하게 만들어져 누구나 쉽게 쓸 수 있게 했다.* 적이 땅굴을 파고 공격하면 마찬가지로 대응해야 할 테니까. 또한 적이 토산을 쌓아 내려다보며 공격할 경우 아군의 성도 따라서 높아져야 한다. 그때 골재로 쓸 나뭇단도 충분히 쌓아놓아야 한다. 나무를 끈으로 묶어 단단한 나뭇단을 만들고 끝단을 가지런하게 다듬는다. 이것들을 성 위에 쌓고 밖은 진흙을 바른다.** 성을 빠른 속도로 더 높이기 위한 것이다. 적이 공성용 탑 위에서 공격한다면 아군의 성도 따라서 높아져야 할 테니까. 이런 나뭇단 또한 성의 규격에 맞아야 한다. 대응 속도가 성의 방어 속도를 결정할 것이다. 나뭇단을 깔고 흙을 덮으면서 올리면 훨씬 튼튼하고 빠르게 성을 보강할 수 있다. 이렇게 나뭇단 하나도 유기체의 목숨과 결부된 소중한 세포다. 적이 덩치를 키우면 유기체가 세포분열하듯이 아군의 성도 따라 커진다.

그리고 이 유기체의 피부와 손발톱 역할을 하는 이들이 바로 성가퀴에 선 수비병이다. 장정의 주요 무기는 활과 창이고, 여성과 노약자는

- "皆築, 七尺一居屬……《묵자》〈비성문〉."

●● "疏束樹木, 令足以爲柴摶……外面以强塗(같은 책, 같은 편)."

활 없이 대개 창을 든다.' 피부 한 곳이 헤지면 전신이 병균에 감염되듯이 이 유기체의 피부가 헤지면 병균보다 무서운 적병이 성이라는 유기체의 내부 기관을 위협할 것이다.

5. 승리를 위해 고용된 이, 수성장

대량성 수성장은 멀리서 진군秦軍의 움직임을 응시하고 있었다. 대량은 큰 성이라 도사공都司空 네 사람이 있다.'' 사방의 도사공들은 진군의 국사공이 움직이는 것을 예의주시했다. 저들이 발견한 약점을 아군이 먼저 대비해야 한다. 전쟁은 장수들끼리만의 대결이 아니다. 공성과 수성의 성패의 반은 바로 공병대장, 즉 사공에게 달려 있었다.

수성장은 혼자 성에 들어가는 것이 아니다. 그들은 나라의 운명에 묶인 몸이다. 승리하면 일족의 영예와 부귀를 누리겠지만 패배하면 그 죄를 받아야 한다. 수성장을 비롯해 성을 지키는 사마司馬 이상은 부모·처자·형제를 수성장의 장군부에 인질로 넣어야 한다. 이들 군관들의 부모·형제·처자가 거하는 곳을 보궁葆宮이라 불렀다.''' 보궁은 내실을 만

- "성을 지키는 남자 10명 중 6명은 노를 들고 4명은 병장기를 든다. 정녀와 노소는 사람마다 찌르는 창 하나를 든다[諸男女有守於城上者, 什·六弩·四兵, 丁女子·老少, 人一矛(《묵자》〈호령〉)]."

- "署都司空, 大城四人(《묵자》〈잡수〉)."

- "城守司馬以上, 父母·昆弟·妻子, 有質在主所, 乃可以堅守……諸吏必有質, 乃得任事(같은 책, 같은 편)."

들 수 없다. 인질들끼리 교류를 막기 위함이다. 이렇게 인질들의 유리 상자 안에 든 인형처럼 일거수일투족을 감시당한다. 인질들에게는 사흘에 한 번씩 깔 것을 제공하고 상황을 점검한다.

모든 것을 감지하되 아무것도 감지되어서는 안 되는 남자, 팬옵티콘 panopticon의 감시탑 꼭대기에 있는 이, 그가 바로 수성장이다. 장기판에서 상대 장군을 잡으면 게임이 끝나듯이, 수성과 공성의 공방에서 몸이든 마음이든 수성장이 무너지면 게임은 끝난다. 그러기에 그는 언제나 위사들에게 둘러싸여 있다. 장군부의 문을 지키는 위사 2명은 문을 사이에 두고 마주 서고, 장군부 앞을 지나는 사람들은 위사의 위치 밖으로 재빨리 지나쳐야 한다. 위사에 딸린 이로 극을 든 4명이 있는데 이들은 극 아래 앉는다. 이 위사들은 물론 극히 믿을 만한 사람들이어야 한다. 이들의 이름은 모두 기록되어 있다. 수성장의 누는 인질의 거처[質宮, 보궁]를 위에서 내려다보는 곳에 둔다. 또한 그의 처소에서 인질이 있는 보궁으로 바로 통하는 복도가 있다. 적과 아군을 동시에 장악해야 하는 이가 수성장이다. 수성장 거처의 사방은 갑사들이 면밀히 방어한다. 수성장의 누는 반드시 꼼꼼하게 틈을 막고 칠해서 아래에서는 위를 볼 수 없지만 위에서는 아래를 볼 수 있고, 아래에서는 위에 사람이 있는지 없는지도 모르게 해야 한다.*

수성전에서 수성장의 권한은 막강하다. 그는 정해진 관직의 품계를 넘어 가장 가깝고 용맹한 이들로 자기 막부를 구성할 수 있다. 또한 필

---

* "守樓臨質宮而善周, 必密塗樓, 令下無見上, 上見下, 下無知上有人無人(《묵자》〈호령〉)."

요하면 무제한의 상과 벌을 행할 수도 있다. 그래서 그를 가까이 모시는 이들은 이른바 '지조 있고 청렴하며, 충성스럽고 믿음이 있으며 무해하고, 일을 맡을 수 있는 이들'로서, 그들이 먹고 마시는 술과 고기는 한도를 정하지 않고, 돈과 금과 포백과 재물은 모두 각자의 것으로서 스스로 지키도록 한다. 수하를 부리려면 인질을 잘 간수해야 하기에 보궁의 담장은 반드시 3중으로 하고 지킨다. 문지기가 있으며, 문을 열고 닫을 때는 반드시 수성장의 부절이 있어야 한다. 문을 지키는 자는 반드시 중후한 이로서 일을 맡을 만한 이라야 한다.[*] 물론 수성장이 개인적으로 부양하는 식객들이 있다. 수성전에서 필요한 식객들이란 바로 묵공 같은 전문가들이다.

그는 승리를 위해 고용된 사람이다. 많이 알수록 승리의 가능성은 높아진다. 그러므로 수성장이 성에 들어오면 먼저 적정을 정탐해야 한다.[**] 특히 성벽을 기어오르는 최후의 작전에서 적도 화력을 한 곳에 최대한 집중할 것이다. 어디로 달려들지 안다면 함정을 파고 맹수를 기다리는 사냥꾼의 느긋함을 얻을 것이고, 모른다면 도둑 한 명을 잡기 위해 100개의 문을 다 지키는 문지기처럼 불안한 처지로 전락할 것이

- "守之所親, 擧吏貞廉·忠信·無害·可任事者, 其飮食酒肉勿禁, 錢金·布帛·財物各自守之……請擇吏之忠信者, 無害可任事者(같은 책, 같은 편)."

•• 이어지는 문단의 저본은 상당히 길다. 첩자의 중요성이 그렇게 컸던 모양이다. "守入城, 先以候爲始, 得輒宮養之, 勿令知吾守衛之, 候者爲異宮, 父母妻子皆同其宮, 賜衣食酒肉, 信吏善待之. ……遣他候, 奉資之如前候, 反, 相參審信, 厚賜之候三發三信, 重賜之. 受賜而欲爲吏者, 許之二百石之吏. ……復以佐上者, 其構賞·爵祿·罪人倍之(같은 책, 같은 편)."

다. 그러므로 적정을 정탐하는 이는 담력과 지력이 모두 보통 사람을 넘어야 한다. 이 첩자는 첩궁牒宮(휘장이 처진 비밀 거처)에서 보양하되, 절대로 이들이 성의 수비 정황을 알도록 해서는 안 된다. 그가 이중 첩자가 될 수도 있으니까. 별도의 처소를 만들어 그의 부모와 처자는 모두 그곳에서 거하게 하며 의복과 술과 고기를 내리고 믿음직한 관리가 잘 대접하게 한다. 이렇게 하면 첩자는 배반할 수 없다. 배반이 확인되면 그의 부모와 처자가 살해될 것이다. 첩자가 돌아오면 수성장이 직접 정탐 결과를 묻는다.

당시의 첩자도 오늘날의 스파이와 별 차이가 없었다. 첩자를 내보낼 때는, 반드시 향읍의 충신하고 신중한 선비로서 친척과 처자가 있는 이라야 한다. 또한 그들은 오늘날의 스파이처럼 자금을 마음대로 쓸 수 있다. 그리고 반드시 첩자는 여러 번, 혹은 여러 명 보내야 한다. 한 번, 혹은 한 명의 정보로는 부족하기에 둘 이상의 정보를 취합하여 결정해야 하기 때문이다. 잘못된 정보는 약이 아니라 독이다. 삼군의 목숨을 책임지고 있는 수성장은 정보를 취합하여 언제나 명민한 판단을 내려야 한다.

이 무거운 첩자 임무는 위험이 큰 만큼 보상도 컸다. 첩자로 세 번 나가 세 번 다 믿음직한 정보를 가지고 오면 크게 상을 내린다. 상을 받지 않고 관리가 되고자 하면 200석의 관직을 준다. 관리가 되지 않고 상록을 받고자 해도 모두 허락한다. 만약 적국 깊은 곳까지 들어가 믿음직한 정보를 얻어 오는 이는 보통 첩자보다 상을 두 배로 받았다. 그가 관리가 되고자 하면 300석의 관직을 맡긴다.

수성장은 용사로서 상을 받은 이들에 대해서는 반드시 그 부모가 있는 처소로 가서 인사해야 한다. 이미 상을 받은 이가 어려운 일을 다시 하면 상과 작록을 두 배로 하고, 공으로 죄인을 사면하고자 하면 그 수를 두 배로 한다. 그러니 용감한 사내라면 한번 맡아볼 만한 일이 아닌가? 가족이 죄를 지어 어려운 처지에 있다면 더욱 해볼 만한 일이다. 그리하여 대량성안에서 가장 날렵하고 충성스러운 인재들이 무지렁이로 가장하고 성 밖 곳곳으로 나가 수성장의 눈과 귀가 되었다.

적의 후방까지 들어가는 첩자도 있지만 적 바로 앞을 정찰하는 부대도 있다. 수성장은 성안에서 넋 놓고 적을 지켜보는 대신 끊임없이 척후를 내보냈다. 척후는 한 번에 대략 50명을 넘지 않고 적이 성가퀴로 접근하면 바로 성으로 복귀하도록 했다. 날이 어두워진 후 척후를 내보내면 모두 휘장을 지녀 식별하도록 했다.˙ 이들은 자신들이 있는 장소에다 표를 세우고 성과 깃발로 소통해왔다. 성안에도 적정을 탐지하는 이들이 있다. 이 임무 또한 중하고 또 위험하다. 그러므로 성의 네 귀퉁이에는 모두 큰 망루를 만들고 귀한 집안의 아들들을 그 위에 두고 적의 동태를 살피게 한다. 그들은 적의 동태와 좌우 기동을 살피는데, 싸움이 끝날 때까지 눈을 감을 수 없다. 만약 적정 탐지에 실패하면 그들이 누구의 자제인지 묻지도 않고 목을 벤다.˙˙

- "日暮出之, 令皆爲微識……城上以麾指之, 斥坐鼓整旗, 以戰備從麾所指. 田者男子以戰備從斥, 女子亟走入. 即見寇, 鼓傳到城止……(《묵자》 〈잡수〉)."

- "城四面四隅皆爲高樓磨撕, 使重室子居亓上, 磨適, 視亓態狀, 與亓進左右所移處, 失磨斬(《묵자》 〈비성문〉)."

그들은 언제나 노출된 망루에 있었기 때문에 상대 저격병들과 투석기의 표적이었다. 진군의 저격병이 쓰는 쇠뇌는 오늘날의 소총과 다르지 않다. 쇠뇌를 만들 때 성능 시험을 해서 명중률이 낮으면 장인이 처벌을 받았다. 이렇게 모두 표준적인 사거리와 명중률을 갖췄기에, 감시 망루처럼 고정된 목표라면 숙달된 저격병들이 영점을 잡아가며 사격할 수 있었다. 이런 상황이니 망루의 정찰병이 한순간이라도 방심하여 목과 얼굴을 내놓으면 화살이 날아와 박힌다. 수성전에서 귀한 집안의 자제에게 오히려 어려운 임무를 맡기는 것은 이중적인 의미가 있었다. 먼저 그들이 잃을 것이 더 많았기에 좀 더 책임감이 있었을 것이다. 두 번째로 그것은 귀족의 도덕률이었다. 평화 시에 더 누린 사람은 위기 시 그만큼 더 큰 책임을 져야 하지 않겠는가?

수성장은 적을 치는 데만 능해서는 안 된다. 수성의 관건을 물질적인 것과 비물질적인 것으로 나누면, 비물질적인 것은 직을 맡은 관리들의 능력과 백성들의 마음가짐이다. 요컨대, 상하가 얼마나 최선을 다하는지, 또 얼마나 유기적으로 움직이는지가 관건이다. 그러자면 모두 한 몸이 되어야 한다. 그러므로 수장은 전투에 임하여 반드시 성내의 부로와 마을의 대부들 중 서로 원수를 맺어 도저히 화해할 수 없는 자들이 있는지 파악해 그들을 불러 원한관계를 풀어주어야 한다.* 수성장은 원수진 이들의 이름을 따로 기록하고 그들을 서로 분리시킨다.

---

* 이어지는 단락의 저본은 대략 다음과 같다. "守入臨城, 必謹問父老, 吏大夫, 諸有怨仇讎不相解者, 召其人, 明白爲之解……及勇士父母親戚妻子皆時賜酒肉, 必敬之, 舍之必近太守(《묵자》〈호령〉)."

성을 지키는 것을 기화로 사적인 원한을 풀고, 성의 수비나 관리들의 임무 수행에 해를 끼칠 경우 부모와 처자를 모두 베어야 한다. 내부의 화합을 해친 자들이기 때문이다.

상황이 위급해지면 두 마음을 품는 이가 생기게 마련이다. 만약 누군가 성을 가지고 적과 모의하다 발각되면 삼족을 멸할 것이다. 군율이 가장 미워하는 이가 적과 내통한 자다. 그러므로 이 모의를 하는 자를 잡아서 고하는 이에게는 지키는 읍과 같은 크기의 읍에 봉하고, 그에게 인을 주고 높여 관직을 주어 대대적으로 포상한다.

호걸 중 밖으로 제후들과 교류가 많은 이도 항상 관리 대상이다. 이들은 관리가 아니지만 인질을 넣어야 한다. 한편 마을 안의 장자, 부로, 호걸의 친척 부모와 처자는 반드시 잘 대우하고 높여준다. 이렇게 영향력 있는 이들이 마음을 바꾸면 성 전체가 위험하기 때문이다. 그래서 호걸이 빈한해 스스로 자기 음식을 해결할 수 없으면 수성장이 음식을 내린다. 무력이나 지력이 특출하여 결사대로 쓸 용사의 부모·친척·처자는 모두 수시로 술과 고기를 내려 대접하고 그들을 반드시 수성장의 처소 가까운 곳에 거하게 한다. 수성장은 포위된 성이라는 거대한 유기체의 머리이므로 이토록 많은 일을 담당할 수밖에 없었다. 그는 승리를 위해 고용된 사람이다. 적이 물러갈 때까지 성안은 온통 군법이 지배할 것이고, 그는 인정을 베풀지 않을 것이다.

밤에 수성장은 성을 순시하며 기치旗幟를 점검했다. 적진을 정탐한 이들이 돌아와 날이 밝으면 공세를 시작할 것이라고 한다. 일단 전투가 개시되면 북과 징 소리에 인간이 내지르는 비명과 함성 때문에 사람의 목소리로는 인원을 움직일 수 없다. 오직 깃발, 즉 진격과 후퇴와 방향을 결정하는 깃발, 물자와 인원의 위치를 확인하는 깃발이 제 역할을 해야 유기체가 움직인다. 나무에는 청기, 불은 적기, 땔감은 황기, 돌은 백기, 물은 흑기, 식량은 균기菌旗를 써서 표시한다. 어디에 어떤 물자가 있는지 말이 없어도 모두 알아야 한다. 결사대는 보라매 기[倉英之旗-蒼鷹旗], 최강 정예는 호랑이 기로 표시한다. 많은 병사를 모을 때는 쌍토끼 기[雙兎之旗], 5척 동자들은 동기童旗, 여자들은 자매 기[梯末之旗]를 달고, 쇠뇌 부대(쇠뇌를 쏠 때)는 개 기, 극 부대는 정기旌旗, 검과 방패를 든 부대는 깃털 기[羽旗], 전차 부대는 용 기[龍旗], 기마대는 새 기[鳥旗]로 표시한다.•

기에는 글씨가 씌어 있는 것이 아니라 모두 형상이 그려져 있다. 무지렁이도 기만 보면 의미를 알아야 하기 때문이다. 성 위에서 깃발이 올라가면 군수지원관은 물자를 준비하여 대고 물자가 채워지면 기를 내린다. 오직 깃발만 말을 하고, 모두들 깃발의 소리를 들어야 한다.

싸움에 필요한 모든 물자를 갖춰야 하겠지만 기치도 중요하고, 법령은 더욱 중요하며, 업무 분장이 확고한 동시에 유연하게 재배치될 수 있도록 서로 화합해야 한다. 또 하나, 전투에 임하고 있는 지휘관들의 가족이 인질로 잡혀 있다[重質有居]. 두려운 아침을 기다리는 차에 밤을 알리는 북이 울렸다. 각자 군관들도 자기 병력을 점검했다. 군관이 자

• "守城之法, 木爲蒼旗, 火爲赤旗, 薪樵爲黃旗……騎爲鳥旗, 凡所求索旗名不在書者, 皆以其形名爲旗城上擧旗, 備具之官致財物, 之足而下旗(《묵자》〈기치旗幟〉)."

기 부하를 잃으면 적의 수급을 얻어야 상쇄할 수 있다. 너무 많은 수를 잃으면 백의종군해야 한다.' 그러므로 그들은 부하를 보존하는 것이 곧 자신을 보존하는 것임을 알고 있었다. 두려움의 밤이 깊어갔다.

6. 공격의 북이 울리다

새벽 북이 요란하게 울리고 척후들이 급하게 돌아왔다. 거대한 비단뱀이 사슴의 가슴을 죄듯이 멀리서 다가오는 진군의 전위가 시야로 들어왔다. 수성장은 적의 대오를 찬찬히 살폈다. 우리는 그날 수성장의 이름을 모른다. 위나라를 지킨다는 뜻을 살려 그의 이름을 위수魏守라 하자. 정면을 공격하는 부대가 최정예일 것이다. 압도적인 침묵 속에서 자로 잰 듯한 대열을 유지하며 다가오는 병단을 보면 누구나 질리게된다. 진군은 천천히 진격하면서 아군 척후가 세워놓은 표를 하나씩 넘어뜨렸다. 북이 한 번 울렸지만 아직 깃발은 오르지 않았다. 북이 두번 울렸다. 진군이 호성하 밖에 이르자 북이 세 번 울리고 반격의 기치가 올랐다. 다시 북이 네 번 울리고 깃발이 하나 더 올랐다.'' 동시에 장거리 쇠뇌를 떠난 화살이 진군 대열로 쏟아졌다.

- "令·丞·尉亡得入當, 滿十人以上, 令·丞·尉奪爵各二級; 百人以上, 令·丞·尉免以卒戍. 諸取當者, 必取寇虜, 乃聽之(《묵자》〈호령〉)."

- "寇傅攻前池外廉, 城上當隊鼓三舉一幟, 到水中周, 鼓四舉二幟……到大城, 鼓八舉六幟. 乘大城半以上, 鼓無休, 夜以火, 如此數. 寇卻解, 輒部幟如進數, 而無鼓(《묵자》〈기치〉)."

먼저 적의 장갑차가 일렬로 밀려왔다. 성안에서 기다리던 투석기 운용병들은 적과의 거리를 가늠하고 순서대로 돌의 무게를 가늠하며 날렸다. 먼저 멀리 날아가는 가벼운 돌들이 씽씽 하늘을 갈랐다. 쇠로 몸을 감싼 장갑차도 투석기가 날리는 돌에 맞으면 부서지거나 구멍이 푹푹 뚫린다. 그러나 진군 진영에서도 진격하는 차와 보병 뒤에서 장거리 투석기가 돌을 날려댔다. 진군의 첫 번째 전술은 고임高臨, 즉 토산에서 내려다보며 공격하는 것이다. 그들은 아군의 성에 바짝 붙여 토산을 쌓고 그 위에다 망루차와 쇠뇌를 모두 구비하고 성을 공격해올 것이다. 토산이 완성되면 그들은 아군 성내의 상황을 손바닥 들여다보듯이 파악할 것이다. 토산이 아군의 성보다 더 높아지면 그들은 판을 걸고 성가퀴를 넘어올 것이다.˙ 이리 같은 선봉대가 들어와 아녀자와 노약자가 뒤섞인 아군을 휘저으면 아군의 대열이 무너질 것이고, 그때 보병이 개미 떼처럼 성벽에 달라붙을 것이다.

호성하의 한 면에 다리를 걸고 장갑차가 건너 포진하자, 적은 그 뒤에서 규격이 정해진 나뭇단을 쌓으면서 토산을 쌓기 시작했다. 그러나 경험 많은 수성장은 당황하지 않았다. 토산이 완성될 때까지 기다릴 필요가 없다. 위군은 성 위에 다시 대를 쌓고 긴 나무판을 성 밖으로 내밀어 토산을 쌓는 적의 머리 위로 화살을 퍼부었다.˙˙ 공격이 최선의 방어라는 식이었다. 넓은 투구로 머리를 방어하고 진군은 계속 토산을

• ˙"敢問適人積土爲高, 以臨吾城, 薪土俱上, ……遂屬之城, 兵弩俱上, 爲之柰何(같은 책, 같은 편)?"

•• ˙˙"守爲臺城, 以臨羊黔, 左右出巨, 各二十尺, 行城三十尺, 强弩射之, 技機藉之(《묵자》〈비고임〉)."

쌓아갔지만 위군의 조직적인 반격은 만만치 않았다. 성 밖으로 나온 기다란 판 위에서 화살을 날리는 위군 장병이 떨어지면 그 위치를 또 다른 장병이 대신했다. 마모되면 교체되는 부품처럼 인간의 목숨은 그렇게 소모되었다. 성 위에서 쏘는 화살이 더 강했지만 무차별 사격으로 쌍방이 모두 다수의 사상자를 냈다. 하루 종일 이어진 공방이 끝나자 토산 좌우로 시체가 쌓였고 이 시체를 가져가려던 이들 중 어떤 이는 또 시체가 되어 누웠다.

다음 날에도 공격은 이어졌다. 완전 무장한 채 공병이 작업할 수 없으므로, 그들을 공격하는 최선의 방법은 강노였다. 화살을 연속으로 발사하는 연노차가 바로 이 소임을 맡았다.* 이 기계의 차체 재료는 사방 두께가 1척이고, 길이는 성의 너비에 맞춰놓았다. 축은 둘이고 바퀴는 하나인데 바퀴는 몸통 안에 감춰져 있다. 사람이 타는 몸통은 상하 두 개가 있다. 수레 몸통 양쪽에는 기둥이 있고 기둥에는 쇠뇌가 장착되어 있다. 쇠뇌의 줄을 당기면 바로 걸어둘 수 있으니 표적을 보고 계속 발사할 수 있었다. 쇠뇌의 수는 무수히 늘릴 수 있었으므로 이른바 오늘날의 기관총과 비슷했다. 화살은 구리 통에 넣어두고 뽑아서 썼다. 어떤 노는 길이 10척인 화살에 끈을 매어 발사했다. 명중에 실패한 화살은 재빨리 회수하기 위해서였다. 강노는 도르래를 이용해서 당겼다. 어떤 갑옷을 입고 있더라도 이 화살에 정통으로 맞으면 살 수가 없었다. 목에 화살을 맞으면 경추가 그대로 꺾이는 강력한 무기였다. 작

---

* "備臨以連弩之車材大方一方一尺⋯⋯(같은책, 같은 편)."

은 화살은 버리고 이 거대한 화살은 재빨리 회수했다. 연노차는 끊임없이 화살을 쏟아냈고, 진군의 투석기는 연노차를 겨냥하여 돌을 날려 댔다. 진의 망루차 위의 사수들은 대등한 높이에서 연노차 사수를 향해 화살을 날렸다. 화살이 해를 가리고 쌍방에서 날리는 돌이 떨어지는 소리가 땅을 뒤흔들었다. 사람이 사람을 상대하는 것처럼 기계와 기계가 서로 대치했다. 아무리 성능이 좋은 기계라도 날아오는 돌덩이에 맞으면 산산이 부서졌다. 돌덩이에 정통으로 맞아 몸통이 찢어진 지아비의 시신을 옆에 두고 지어미는 눈물범벅이 되어 화살을 날랐다.

완성되면 분명 강력한 보루가 될 테지만 토산은 움직이지 못하므로 화살의 표적이 될 수밖에 없었다. 하지만 수많은 사상자를 내면서도 진군은 아랑곳하지 않고 날을 거듭하며 토산을 쌓아나갔다. 토산이 높아질수록 진군의 화살도 매서워졌다. 토산 좌우의 사다리차에서 날아온 화살은 토산을 공격하는 위나라 장병들을 위협했다. 사다리차를 무력화시키지 않으면 성벽을 넘는 보병들이 차의 엄호를 받으며 성을 넘어올 수 있다. 하지만 사다리차 역시 무거워서 움직이기 어렵다. 움직이기 어려우므로 성안에서도 더 높은 높이로 대응할 수 있다. 위군은 성벽을 높이면서 자신들도 성 밖으로 삐죽이 나온 사다리를 써서 적극 공략했다. 갖은 수성 기계들이 배치되고 성에 접근하는 진군에게는 화살, 돌, 불 붙은 목탄이 순서대로 날아왔다. 진의 군관들은 명부를 가지고 다니며 잘하는 자는 상을 주고 못하거나 물러나는 자는 벌한다고 고래고래 소리를 질러댔다.

다시 날이 어두워지자 퇴각의 징이 울렸다. 적은 화살과 투석기의 사정거리 밖으로 물러났다. 하지만 진의 부대 몇몇은 참호를 파고 호성하에 놓은 부교를 지켰다. 성 밖으로 나오라는 도발이었다. 과연 위군은 가만있지 않았다. 밤이 어두워지자 위군이 돌문으로 성을 나와 호성하에 놓은 부교 앞에 땔감을 쌓고 불을 질렀다. 초 근접 거리에서 쌍방은 강노를 쏘며 대치했다. 한쪽은 다리를 파괴하려 하고 한쪽은 지키려 하는 공방에서 진의 분견대가 전멸한 뒤에야 싸움이 끝났다.

아침이 되자 적은 다시 호성하를 메우는 작업을 했다. 적이 성문 앞의 호성하를 메우며 공격해오면 아군은 화공으로 상대한다. 성 밖에 땔감을 쌓고는 불을 지르고 풀무로 바람을 보내 좁은 길로 들어오는 적을 태우는 것이다.* 기계식 풀무에서 나오는 바람을 타고 불은 돌진하는 진군을 덮쳤다. 살 익는 냄새가 성 위까지 올라왔다. 성 위에서도 둘레 1위가 넘고 길이는 2척 4분이 되는 통나무 중간에 구멍을 뚫고 불 붙은 숯을 넣어 덮개를 덮은 후 자차藉車라 불리는 투석기를 가지고 던졌다. 땅에 떨어지는 순간 폭탄처럼 불덩어리들이 마구 튀어 올랐다. 질리투疾犁投라는 길이 2척 5촌의 쇳덩이도 투석기에 실려 날아왔다.** 이것은 오늘날의 지뢰에 해당한다. 질리투가 땅에 뿌려지면 땅 위를 걸을 수 없었다. 전위 부대의 살 익는 냄새가 진동하고 질리투에 발을 관통당한 병사들이 비명을 질렀지만, 일부가 방패를 앞세우고 기어

- "搶救敵方填濠溝, 用火攻與之爭奪, 鼓動風箱, 在墻內外堆著木柴, 以之焚燒(묵자) 〈비성문〉."

•• "寇闉池來, …… 以木大圍長二尺四分而早鑿之, 置炭火亓中而合慕之, 而以藉車投之. 爲疾犁投(같은 책, 같은 편)."

이 호성하를 건너가 공격하자 성 밖에서 풀무로 공격하던 위군은 급히 성안으로 철수했다.

그러나 진군이 성에 접근하자 성 밖으로 나온 영이令耳라는 이중 망루에서 화살이 쏟아져 나왔다. 성루와 영이마다 최강의 궁수들이 배치되었기에 거기서 날아오는 화살은 유독 명중률이 높았다.* 이어서 진군의 불 붙인 수레가 성문으로 돌진했다. 이 차는 성문을 태우는 목적으로 만들어진 것이다.** 그러나 이중 삼중으로 진흙을 덧칠한 성문은 잘 타지 않았다. 기름 단지들이 계속 성문으로 투척되자 성문은 녹을 듯 달아올랐다. 그러나 성문을 공격하던 부대는 결국 위군의 사격을 견디지 못하고 물러났다. 위군은 화공에 대비해 모아놓은 물동이들을 성문으로 모아 불을 껐다. 다시 날이 저물었다. 이렇게 공방의 날이 계속되던 어느 날 진군의 토산 뒤에서 수상한 움직임이 포착되었다. 첩자들은 진군이 땅굴을 파고 있다고 제보했다. 땅굴은 두 가지 종류가 있다. 성안으로 몰래 침입하기 위한 작은 굴과 성벽을 무너뜨리기 위해 버팀목을 질러가며 만드는 큰 굴이다. 성벽 아래로 굴을 파고 들어간 후 기둥에 불을 질러 굴을 무너뜨린다. 혹은 성벽 아래에 뚫린 구멍으로 물을 퍼부어 성을 무너뜨린다. 적의 땅굴 공격에 전문적으로 대응하는 이가 혈사穴師다. 적이 공격하면 가만히 앉아 있을 수 없다. 적이 땅굴

- "令耳屬城, 爲再重樓. 下鑿城外壤内深丈五, 廣丈二. 樓若令耳, 皆令有力者主敵, 善射者主發, 佐以屬矢(같은 책, 같은 편)."

- "救車火, 爲熛矢射火城門上, 鑿扇上爲棧, 塗之, 持水麻鬥·革盆救之(같은 책, 같은 편)."

을 파고 공격하면 아군은 혈사가 병사들을 고르도록 하여 마주 땅굴을 파 들어가 굴 안에서 짧은 노를 가지고 응전한다. 수성전은 앉아서 적을 기다리는 전투가 아니다. 적이 들어오면 맞서 나가야 한다.

하지만 적이 파고 있는 땅굴을 어떻게 발견한단 말인가? 그리고 좁은 땅굴 안에서 화살만으로 싸울 수 있을까? 먼저 성 위에서는 적이 굴을 파는지 면밀하게 살피는 이가 있다. 성벽 아래서도 일정한 간격으로 우물을 파고 귀 밝은 사람을 얇은 독 안에 넣어 내려 보낸다. 그 사람은 이 독 안에서 땅의 진동을 통해 적이 파는 굴의 존재와 방향을 가늠해야 한다. 적이 굴을 파는 방향이 감지되면 아군도 굴을 맞서 파고 나간다. 그 굴에 인화물질이 가득한 독을 늘어놓고 드디어 적의 굴과 만나면 불을 지르고 굴 입구에서 화급하게 풀무로 바람을 불어 넣어 쪄 죽였다! 땅굴 속에서는 인간의 살 익는 냄새가 진동했다. 후퇴도 불가능한 좁은 땅굴 안에서 양쪽의 역사들이 만나면 일대일로 대결하다 죽어갔다. 이렇게 인간이 생각할 수 있는 가장 야비한 방법들이 모두 동원되었다.

시간이 지나고 호성하가 메워진 구역이 많아지자 적은 성벽에 구멍을 뚫기 시작했다. 위군은 구멍이 완성될 쯤 땔감을 쌓고 풀무를 꼭 맞춰 열풍으로 쪄 죽였다[熏之]!" 좁고 긴 구멍에 갇혀 앞에서 쏟아져 나오는 불과 연기에 앞 사람이 쪄 죽고 뒷사람은 돌아서다 불타는 형국이

• "適人爲穴而來, 我亟使穴師選士, 迎而穴之, 爲之且內弩以應之(같은 책, 같은 편)."

•• "疾鼓橐以熏之(《묵자》〈비혈비혈〉)."

었다. 가끔은 땅굴 속에서 벌어진 전투에서 진나라 병사들이 이겨 땅 위로 올라오기도 했다. 그들은 하나같이 일당십으로 창칼을 휘두르며 달려들면 매섭기 그지없었지만 한 명씩 살해되고 땅굴은 폐쇄되었다.

급기야 땅굴 몇 개가 동시에 완성될 기미가 보이자 진군은 각 면마다 땅굴 돌격대[陷隊之士] 18명을 배치했다. 이 돌격대는 그야말로 진나라 최강의 전사들이다. 돌격대는 먼저 (상급) 자원자로 채우고 부족하면 하급자로 보충하는 식으로 뽑은 이들이다. 돌격대가 공격을 준비를 할 때 돌격대장이 명을 전했다.

"만약 한 부대가 다섯의 목을 얻으면 각자 작 일급을 받고, 전사하면 (집안의 누군가) 한 사람이 작을 계승한다. 적을 (한 명도) 죽이지 못하면 1000명의 사람이 둘러서 보는 가운데서 성 아래서 경의黥劓형(먹을 뜨고 코를 베는 형)에 처할 것이다."

진장 왕분은 목대를 설치하고 국정감國正監 및 왕어사王禦史와 더불어 매일 전투를 참관했다. 먼저 들어간 이를 기록하여 최고상을 주고 늦게 들어간 이는 최하 등급으로 문책할 것이다. 그날 땅굴로 들어간 돌격대는 모두 돌아오지 못했지만 이들은 존재는 성안의 위나라 백성들에게는 공포 그 자체였다.

- "穴通則積薪, 積薪則燔柱. 陷隊之士, 面十八人. ……不能死之, 千人環睹, 黥劓於城下, 國尉分地, 以中卒隨之. 將軍爲木臺, 與國正監, 與王禦史, 參望之(《묵자》〈비성문〉)."

7. 무너진 대량성

나날이 벌어지는 크고 작은 전투로 성안의 군민들은 지쳐갔다. 적의 화살은 눈이 없어 병졸과 양민을 가리지 않았다. 화살을 손수레에 실어 나르던 5척 어린아이의 목에 화살이 박혀 쓰러지면 주위에선 눈물을 삼켰다. 너무 많은 사람들이 죽어가자 아이들도 공포를 잊은 듯했다. 동기 아래 모이는 숫자가 하루하루 줄어들어 갔다. 극도의 피로로 차라리 죽음을 기다리는 눈빛을 한 이들이 하나둘 늘었다. 그럼에도 싸움 중에 자식을 잃은 어미는 주저앉아 울부짖지 못했다. 군법이 금하는 행동이므로.

이번에 시간은 공격군의 편을 들었다. 수성장은 진군이 성 주위로 파고들어 가는 참호가 나날이 깊어지는 것을 속절없이 바라보았다. 구원군은 과연 오는 것일까? 설상가상으로 비가 내린다. 적은 땅을 파며 비를 기다려왔다. 막아놓은 형택수의 수위가 더 높아지면 물이 성을 덮칠 것이다. 무수히 뚫어놓은 지하의 땅굴로 들어온 물은 성의 기반을 무너뜨릴 것이다. 한 면이라도 무너지면 더 이상 성을 지킬 수 없다. 공방을 주고받으며 수없는 날을 보낸 후 어느 아침, 진군은 병력을 뒤로 물리기 시작했다. 비는 하염없이 내려 황하의 수위는 나날이 올라가고 끌어들인 물도 폭탄처럼 차곡차곡 쌓였다.

야간에 수성장이 작전회의를 열자 묵공의 우두머리가 각 면의 수성부대장들을 고무했다. 어쩌면 적이 전군을 풀어 성벽 넘기를 감행할 시간이 다 온 건지 모르기 때문이다.

"적이 개미처럼 성벽에 붙어 올라오는 전략을 쓸 때는 우리가 사전에 방향을 아는 것이 관건입니다. 여러분, 적의 수가 많다고 다 쓸 수 있는 것이 아닙니다. 적이 부대 단위로 공격해온다고 해도 공격대는 4대를 넘을 수 없습니다. 최정예가 500보를 공격할 수 있고, 중간 정도는 300보, 하등 병사들이라면 겨우 50보를 공략할 수 있습니다.* 저들의 정예도 많이 상했습니다. 너비 150보 이내의 면을 공격하면 수비하는 쪽이 유리합니다. 너비 500보의 공격부대는 장부 1000, 정녀 2000, 노소(노인과 어린이) 1000, 총 4000이 충분히 방어할 수 있습니다. 노소로서 전투에 참여하지 못하는 자도 직접 격전하지 않는 곳에서 지키면 됩니다. 이길 수 있다는 각오로 전투에 임하는 것이 중요합니다."

과연 희망대로 될 것인가? 진군은 멀찍이 고지대로 물러나 진을 치고 나날이 둑을 보강했다. 어느 날 한밤중이었다. 우물 안에서 땅굴을 감지하는 병사들은 기분 나쁜 무언가가 다가오는 느낌을 받았다. 그들은 밖으로 튀어나와 소리를 질렀다. 그리고 얼마 후 북문의 가장 높은 누대에 있던 병사가 소리쳤다. "물이 온다!" 그러고도 한참 후에 노도 같은 붉은 물이 밀려 들어와 성의 북문을 강타했다. 가련한 대량성은 이제 진의 군대가 아니라 무정한 물의 공격을 받았다. 파도를 일으키며 밀려드는 물에 판축이 흔들렸지만 두꺼운 성벽은 잘 견뎌냈다. 그

---

* "客馮面而蛾傅之, 主人則先之知, 主人利, 客適, 客攻以遂, 十萬物之衆, 攻無過四隊者, 上術廣五百步, 中術三百步, 下術五十步……(같은 책, 같은 편)."

러나 물은 성을 둘러싸더니 슬금슬금 성벽을 타고 올라갔다. 진군이 물이 운하로 빠져나가는 길목에 두터운 제방을 쌓아놓았기 때문에 물이 나갈 곳이 없었다.

투석기와 충차를 모두 끌고 진군은 모두 멀찌감치 물러나 제방 위에서 관망하고 있었다. 배수구와 땅굴로 들어온 물은 성안을 채웠다. 위군은 곡창의 곡식이 젖지 않도록 애를 썼지만 차오르는 물속의 작업은 더디기만 했다. 해마다 쌓인 흙으로 이미 대량성보다 바닥이 높아진 황하는 끊임없이 물을 공급할 것이다. 또 저 물이 우물을 더럽히면 전염병이 찾아올 것이다. 그토록 용맹하게 분투했던 위나라 군민들도 흙탕물 안에서는 어쩔 줄 몰랐다. 구원병은 올 기미가 없었다. 땔감과 식량은 속절없이 젖어갔다.

이렇다 할 싸움도 없이 한 달, 두 달이 지나자 갑옷을 입은 병사들은 피부병에 시달렸다. 이어서 한 번도 물 밖으로 나오지 못한 아녀자와 어린아이들의 발이 부풀어 오르다 썩기 시작했다. 솥을 공중에 달아 밥을 지었지만 물은 줄어들 기세가 보이지 않았다. 화장실로 쓰는 정병井屏에 흙물이 들어와 넘치고˙ 우물이 오염되면서 어린아이들은 설사를 해대다 죽어갔다. 물을 끓여야 하지만 땔감이 젖어 불이 일지 않았다. 그렇게 시체를 묻을 마른 땅 한 자 남지 않을 때까지 물은 집요하게 들어찼다. 언젠가 물러질 대로 물러진 성의 한 귀퉁이가 무너지면 적은 사방에서 성벽을 기어오를 것이다. 그 적을 막는 것은 끓는 물

• "五十步一井屏, 周垣之, 高八尺(같은 책, 같은 편)."

과 불이다. 그러나 성을 채운 물은 불이라는 거대한 수성 무기를 서서히 무력화시켰다. 인화 물질이 거의 젖어버린 것이다. 또 다른 문제는 물에 젖어 썩는 곡식이었다. 또한 물자를 옮기기에 힘이 두 배로 힘들었다. 너무 젖은 땔감은 말릴 생각도 못 하고 진흙탕 속에 방치되었다.

그리고 성에 물이 들어찬 지 석 달째 되던 어느 날, 물을 머금은 성벽 한쪽이 드디어 무너졌다. 위군은 필사적으로 성을 보수했지만 비에 젖고 물에 젖은 흙은 말을 들어주지 않았다. 진군은 이날만 기다리고 있었다. 드디어 왕분은 총공격 명령을 내렸다. 군사들은 사방에서 성으로 접근하는 부교를 만들어 성에 접근했다. 이제 '아부蛾傅', 즉 나방이나 개미처럼 성벽을 기어오르기만 하면 된다. 아부는 성을 공격하는 최후의 수단이지만 이제는 가능하다. 진군은 무너진 곳에 화력을 집중하고 밤낮으로 교대로 공격했다. 또한 성을 에워싸고 교대로 총공격을 감행했다. 그날 전투로 성을 두른 누런 물빛이 붉어졌다.

진의 선발대는 죽을 것을 각오하고 개미 떼처럼 성벽에 달라붙어 올랐다. 제1열이 실패하면, 그다음 열이 뒤를 이었다. 혹자는 성에 올라서 칼을 휘두르다 죽었지만 대부분은 오르지 못했다. 그럼에도 진의 군관은 "뒤에 오르는 자를 먼저 벤다[後上先斷]"면서 법으로 다스릴 것이라고 엄포를 놓고 있다.* 뒤에서는 무수한 화살을 쏘며 성을 오르는 이들을 지원한다. 초반에는 그래도 불덩이들이 이 불행한 개미들의 머

---

* "遂以傅城, 後上先斷, 以爲法程(《묵자》〈비아부備蛾傅〉)."

리 위로 떨어졌다. 또한 매 25보마다 설치해둔 부뚜막과 커다란 쇠솥에는 계속 물이 끓었다. 그러나 이 화공 무기들을 언제까지 쓸 수 있을 것인가? 아이들도 수천 석씩 쌓아놓은 자갈돌을 던지며 응전했다.˙ 하지만 50보마다 배치되어 불덩이와 돌을 날리며 진의 후열을 괴롭히던 자차藉車의 쇠 바퀴가 진흙탕 속으로 파고들어 위력을 발휘하지 못했다.˙˙ 엄청나게 무거운 이 대형 병기는 수성전에서 결코 빼놓을 수 없는 것이다.

이어서 자체의 무게를 이기지 못하고 망루차가 넘어지고, 아군의 투석기가 기능을 발휘하지 못하는 사이에 열 지어 선 누대들도 하나씩 불타고 무너져 빈 곳이 늘어갔다. 성안으로 날아드는 화살의 빈도가 높아지자 아이들은 엄폐 구덩이 안으로 숨었다. 그 엄폐 구덩이에 이미 물이 들어차 바로 진흙탕이 되었지만 어쩔 수 없었다. 그 사이에도 불화살이 계속 날아와 성안의 누각들을 하나씩 태웠지만 구할 도리가 없었다. 탈진한 사람들이 진흙탕 위에서 넘어지면 다시는 일어나지 못했고 시체는 물을 먹어 금세 부풀어 올랐다. 원래 200보마다 세워진 특이한 누는 5척이 성벽 밖으로 나와 있어서˙˙˙ 성을 오르는 적병을 저격할 수 있었다. 그러나 이 누들도 하나씩 불타고 무너졌다.

이 불우한 상황에서도 위군의 저항은 눈부셨다. 성 위에서는 온갖

- "二十五步一灶, 灶有鐵鐕容石以上者一, 戒以爲湯, 及持沙, 毋下千石(《묵자》〈비성문〉)."

•• "每五十步一個藉車, 藉車必用鐵作車軸(같은 책, 같은 편)."

••• "二百步一立樓, 城中廣二丈五尺二, 長二丈, 出柜五尺(같은 책, 같은 편)."

기계가 다 동원되고 남녀가 뒤섞여 성가퀴에 자갈을 쏟아 부었고, 돌을 던지고, 그나마 남은 불덩어리로 뒤집어씌웠다.˙ 두렵기는 공격하는 쪽도 마찬가지다. 처음에는 공중에 매달아 놓았다가 성벽을 기어오르는 적병에게 떨어뜨리는 무기가 위력을 발휘했다.˙˙ 언제 떨어질지 모르는 하늘에 매달린 커다란 주머니들을 보면서 올라가는 사람들은 공포에 떨었다. 성 바로 아래는 다섯 열로 나무 말뚝이 묻혀 있었다. 성을 공략하자면 먼저 이 장애물을 치워야 했다.˙˙˙ 이 장애물 치우기 작전에 투입된 병사들도 무수하게 죽었다. 이 장애물을 치우지 않고 성을 오르다 떨어지면 말뚝에 온몸이 관통당한다.

끓는 기름이 쏟아지면 바로 불덩이가 떨어졌다. 하늘에 매달린 무수한 불덩이들. 거대한 함에서 불덩이가 쏟아질 때 그 아래 있는 병사들은 속절없이 불에 탔다. 사다리에 달린 병사들은 뛰어내리지 않는 한 불덩이를 피할 수 없었다.˙˙˙˙ 높이 올라간 진나라 장병들도 등에 창을 맞고 계속 굴러떨어졌다. 현비縣脾라는 상하 이동식 기구 안에 사람이 타고 진군의 등을 사정없이 찔렀다. 현비란 간단하게 말해 커다란 나무 광주리다. 전후 3척에 너비 5척이라고 하니 겨우 사람이 들어갈 정도

• "校機藉之, 攉之, 太氾迫之, 燒苔覆之, 沙石雨之(《묵자》〈비아부〉)."

•• "爲纍苔廣從丈各二尺……命曰火捽……(같은 책, 같은 편)."

••• "城下足爲下說鑱杙, 長五尺, 大圍半以上, 皆剡其末, 爲五行(같은 책, 같은 편)."

•••• "縣火, 四尺一椅, 五步一灶, 灶門有爐炭(같은 책, 같은 편)."

다. 그러나 이 광주리는 보통 광주리가 아니다. 병사는 이 광주리에 들어가 하마거下磨車라는 이동식 기중기의 조종에 의해 공중에서 성벽을 위아래로 움직인다. 네 명이 도르래로 이 광주리를 움직이고 광주리 안에 있는 사람은 길이 2장 4척에 양쪽에 날이 있는 창으로 성벽을 오르는 이들을 마구 찍는다.

처음에 현비는 대략 20보마다 하나씩 배치되었다가 공격을 받는 부분으로 집중되었다. 현비에 한번 탄 사람은 이곳을 떠날 수 없다. 그러나 현비에 타고 끝까지 분전하던 병사들 또한 오래 버티지 못하고 죽어갔다. 대개 아내와 지아비가 한 구역에서 싸우기에 그들은 서로의 죽음을 지켜보았다. 그러나 비정한 군율은 눈물을 용납하지 않는다. 군율이 아니라도 그들은 울 여유가 없었다. 슬픔을 복수심으로 바꾸는 것 외에 아무런 방법이 없었다. 그러나 어떤 어미는 지키는 장소를 떠나 넋 놓고 소리를 질러댔다. 죽은 아이를 찾아 실성한 여인이었다. 그러는 사이에도 위군이 사용하는 불길은 거의 사그러들었다. 물에 젖지 않은 나무가 많이 남지 않았기 때문이다.

첫날의 공격이 끝나고 진군이 밀려날 때 위군은 다시 한번 투지를 보여줬다. 적이 기구를 가지고 물러나면 보내주는가? 그럴 수 없다. 아군 결사대는 혈문을 나서 진흙탕 속에서 적을 추격했다.[**] 이때는 북소리에 맞춰 동시에 나가며 북소리에 맞춰 돌아온다. 성벽을 나서지 않

- "備蛾傅爲縣脾, 以木板厚二寸, 前後三尺, 旁廣五尺, 高五尺, 而折爲下磨車……(같은 책, 같은 편)."

- "敵引哭而揄, 則令吾死士左右出穴門擊遺師……(같은 책, 같은 편)."

더라도 계속 성문을 나서는 듯이 소리를 질러 적을 혼란스럽게 했다. 이렇게 총공격의 첫날이 지나갔다. 하지만 진군은 밤에도 북을 울리며 성안 백성들의 마음을 뒤흔들었다. 성이 함락될 것이라는 흉한 소문이 계속 돌아 이제 군관들도 제지할 수가 없었다. 밤은 길고도 고통스러웠다. 자식과 아비를 잃어 거의 실성한 백성들이 덜 젖은 땅을 찾아 잠을 잤다. 그 사이에도 조직을 새로 짜느라 군관들은 분주히 명을 전달했다. 적은 야간에도 무너진 성벽을 보수하지 못하도록 간헐적으로 공격해왔다. 적이 다가온다는 전고가 울리면 성벽 위에 기다란 뱀처럼 횃불이 타오르고 괴로운 대치가 시작되고, 악착같이 싸우면서 그들은 아침을 기다렸다.

다음 날 진은 무너진 한 귀퉁이를 집요하게 공격해왔고 처절한 전투가 다시 시작되었다. 성가퀴에 붙어 있는 치거治裾에서 화살이 뿜어져 나왔다. 치거는 높이 6척 너비 4척인데 모두 쇠뇌를 배치해 밖으로 활을 쏘게 만든다. 이것은 성 밖으로 활을 쉽게 쏘도록 만든 일종의 발사대다.* 몸체를 좌우로 돌리면서 화살을 쏘는 전사기轉射機는 성벽에 오르지 않고 대기하는 진군의 대오를 향해 화살을 날렸지만** 그마저 하나씩 기능을 잃어갔다. 물이 들어차 목공 작업장을 진흙탕으로 만들자 더 이상 부품을 교환할 수가 없었다. 망루를 받치는 네 기둥이 다 탈 때까지 위나라 장병들은 누 위에서 화살을 쏘며 분전하다 망루와 함께

- *"治裾, 諸延堞, 高六尺, 部廣四尺, 皆爲兵弩簡格(같은 책, 같은 편)."

- **"轉射機, 機長六尺, 貍一尺……(같은 책, 같은 편)."

쓰러졌다. 그러나 망루가 하나씩 불탈 때마다 지금껏 일사분란하게 움직이던 위나라 깃발들의 움직임도 둔해졌다. 점점 더 성을 넘어가 분전하는 진군의 수가 많아졌다. 마지막으로 성의 높이를 고려하여 적을 공격하는 화공 무기 찬화攢火가 불길을 한 번 쏟아내더니 성 밖으로 날아오는 불길은 완전히 잠잠해졌다.[•]

백병전 장비도 부족했다. 원래 성 위에는 9척마다 쇠뇌 하나, 극 하나, 추椎 하나, 도끼 하나, 낫이 하나씩 배치되고 2보마다 몽둥이, 긴 도끼, 긴 추, 창 20자루가 배치된다.[••] 그러나 투창은 이미 다 소모되었고 몸을 밖으로 내어 분전하는 용사들은 날아온 갈고리에 걸려 성 아래로 끌려 내려가곤 했다. 조금 전까지 극을 휘두르던 지아비가 순식간에 갈고리에 걸려 성 아래로 떨어지는 것을 본 아내는 넋이 나갔다. 그녀들이 고래고래 소리를 질러도 이제 군관은 감히 군법을 적용할 수 없었다. 실성한 여인이니까. 나무판을 머리에 이고 돌과 화살을 옮기던 아이와 아낙들이 탈진해 잠시 쉴 때 고각도에서 떨어지는 화살이 목을 꿰뚫었다. 어미가 죽은 줄도 모르고 힘이 남은 아이들은 화살을 날랐다. 사방에서 공격하기 위해 진군은 돌진하는 길목에 뿌려놓은 질려疾藜 위로 판자를 깔았다.

쉴 새 없이 물을 옮기는 아낙네들 중에도 탈진해 쓰러지는 사람들이

- [•] "城上爲攢火, 矢長以城高下爲度, 置火亓末(같은 책, 같은 편)." '찬'은 모은다는 뜻이니, 불을 집중적으로 한곳에 보낼 수 있는 무기로 보인다.

- [••] "城上九尺一弩·一戟·一椎·一斧·一艾, 皆積綦石·蒺藜. ……二步置連梃·長斧·長椎各一物, 槍二十枚, 周置二步中(같은 책, 같은 편)."

많아졌다. 물을 옮기다 물이 부족해서 죽는 기묘한 풍경이었다. 집요한 진의 공격 때문에 매끼 비상식으로 버티고 있는 장병들은 물에 젖은 비상식을 먹다가 배앓이를 했다. 반드시 건조한 곳에 보관해야 하는 건반이지만 물이 들어찬 성안에서 건반만 무사할 리도 없었다.* 오에서 한 명이 이탈하면 이제 뒤를 받칠 사람도 없었다. 투석기에 실려 날아오는 돌의 빈도가 점점 잦아졌다. 건반을 나르는 이가 부상당하면 한참 동안 허기를 견디며 기다려야 했다. 그럼에도 그들은 자갈과 철편을 흩뿌리며 분전했다.** 하지만 원래 사거리 50보가 넘어야 하는 나무 활도 비에 젖어 탄력을 잃고 좋은 대나무 화살도 떨어져 잡목 화살을 쓰는 지경이었다.*** 이제 적에게 타격을 줄 수 있다면 뭐든지 들고 던졌다. 벽돌, 기왓장 따위가 동원됐지만.**** 멀리 날아가지 못했다. 이제 성안의 그럴듯한 집들은 지붕이 모두 벗겨져 나날이 흉물스러워졌다.

드디어 무너진 성벽으로 올라간 진군은 위나라 수병들을 죽이기 시작했다. 성안에서는 목책을 쌓고 그들을 가둔 후 격렬한 백병전으로 넘어온 이들을 가까스로 사살하고 다시 성벽을 확보했다. 다시 어둠이 내리면서 군중은 두려움에 떨었다. 물 먹은 토성은 언제든지 무너질

- *"爲卒乾飯, 人二鬥, 以備陰雨, 面使積燥處, 令使守爲城內堞外行餐(같은 책, 같은 편)."

- **"置器備, 殺沙礫鐵, 皆爲壞鬥, 令陶者爲薄缶……(같은 책, 같은 편)." 아마도 얇은 단지에 자갈과 철편을 넣어서 던졌던 듯하다. 일종의 화염병이었을까?

- ***"二步一木弩, 必射五十步以上, 及多爲矢, 即毋竹箭, 以楛·桃·柘·楡, 可(같은 책, 같은 편)."

- ****"二步積石, 石重千鈞以上者, 五百枚. 毋百, 以亢疾犁·壁, 皆可善方(같은 책, 같은 편)."

오늘날의 대량(개봉)성. 위군은 대량성을 지키기 위해 모든 물자와 병력을 총동원하며 안간힘을 썼지만, 물에 포위되어 지반이 약해진 성벽이 무너지는 바람에 진군에 함락되고 말았다.

것이다. 그 사이 수성장을 지키는 위사들의 수가 늘어나고 있었다. 적이 성을 기어오르려 할 때 수장이 거느리는 병사는 300명 이하여서는 안 된다.* 사방 네 문을 지키는 장수는 반드시 공로가 있는 신하나 죽음으로써 일을 마치고 나중에 중임을 받으려 하는 이들을 택하여 100인씩 거느린다. 여러 성문의 수문장은 한 명이 겸할 경우 반드시 높은 대를 만들어서 그 위를 활 잘 쏘는 이가 지키게 한다. 중요한 부분을 지키

- "及傅城, 守將營無下三百人, 四面四門之將, 必選擇之有功勞之臣及死事之後重者, 從卒各百人……《묵자》〈기치〉."

는 이들은 유력 가문의 자제들이다. 패배하면 잃을 것이 가장 많은 이들이다. 수성장은 성으로 몰려든 적군과 끝까지 싸울 생각을 품었다.

8. 불면의 밤

해가 지고 진군의 공세가 줄어들면 무서운 밤이 찾아왔다. 전쟁이란 아이들을 먼저 죽이고 그다음으로 노인과 여자들을 죽인다. 민심이 흉흉해질수록 군법은 맹위를 떨쳤다.

　수성장이 성의 각처로 보내는 사자가 질척이는 길을 지나갔다. 사자를 보낼 때 지키는 장수는 신부를 대조한다. 신부가 일치하지 않거나 암호가 서로 맞지 않는 경우는 백과 장 이상이 그를 저지한다. 저지에 응하지 않거나 그를 따르는 졸이 있으면 모두 벴다. 죽을죄 이상의 죄를 저질렀을 경우 부모·처자·형제를 모두 연좌한다.˙ 신부 없이 사자를 사칭하던 이가 죽었다는 소문이 돌았다. 그런 이는 첩자일 것이다. 소문은 점점 확대된다. 누군가 백인대를 이끌고 성을 나서려고 하다가 처형되었다는 소문도 돌았다. 사실 모두들 마음 한 켠에는 투항을 품고 있었다. 원래 성을 나설 때는 반드시 명진明塡(일종의 신패)을 가지고 가야 한다. 100인 이상을 거느리고 나가면서 명진을 지니지 않으면 천

- ˙ "吏從卒四人以上有分者, 大將必與爲信符, 大將使人行, 守操信符, 信不合及號不相應者, 伯長以上輒止之, 以聞大將……諸有罪自死罪以上, 皆遝父母·妻子·同產(《묵자》〈호령〉)."

부장千夫長 이상의 관원이 그를 제지하고 나가지 못하게 한다. 만약 그가 나가거나 이졸들이 따라 나가면 모두 참한다. 이는 성을 지킬 때 엄격하게 금하는 바다.* 모두 첩자를 잡기 위한 행동이다. 첩자가 창궐하는지 첩자에 대한 소문만 창궐하는지, 투항자가 불어나는지 그에 대한 소문만 불어나는지 모르지만 효과는 마찬가지였다. 무너지기 시작한 성벽처럼 민심도 위태했다.

어둠이 내리고 대장부의 대문 앞에 둔 북을 열 번 울린** 후에는 성안의 모든 문을 다 닫는다. 다니는 이가 있으면 저지하고 반드시 묶어서 움직인 연고를 묻고 나서 그 죄를 다스린다. 아침이 와야 북을 쳐서 통행할 수 있음을 전하고 일제히 문을 연다. 밤에 암호를 잘 익혀야 한다. 밤에 암호를 기억하지 못하면 군법으로 다스린다.

그러나 이제 휴식은 없다. 무너진 성벽에서는 계속 동원의 북이 울려왔다. 작은 북이 다섯 번 울린 후에 집결한 자는 처벌하지만 진흙탕 속에서 기를 쓰고 움직여도 시간을 맞출 수 없었다. 밤에 북소리가 울릴 때마다 아녀자들은 두려움에 떨고 아이들은 자지러지게 울었다. 모두가 신경증에 걸린 잔혹한 밤이었다. 수성장 위사들의 수가 늘어나는 것은 좋은 소식이 아니다.

- "城持出必爲明塡. 令吏民皆智知之. ⋯⋯勿令得行. 行及吏卒從之, 皆斬, 具以聞於上(《묵자》〈비성문〉)."

- 이어지는 단락은 《묵자》〈호령〉의 다음 문장에 의거한 것이다. "宿鼓在守大門中, 莫, 令騎若使者操節閉城者, 皆以執圭. 昏鼓鼓十, 諸門亭皆閉之行者斷, 必繫問行故, 乃行其罪. 晨見掌文, 鼓縱行者, 諸城門吏各入請籥, 開門已, 輒復上籥. ⋯⋯寇至, 樓鼓五, 有周鼓, 雜小鼓乃應之. 小鼓五後從軍, 斷⋯⋯號夕有號, 失號, 斷."

패색이 짙어지자 서서히 적보다 아군이 두려워지는 시기가 다가왔다. 군리들은 시간을 정해서 수비 장소를 무단으로 떠나는 이들이 있는지 수시로 확인했다. 각 문을 지키는 자들은 함부로 떠날 수 없다. 만약 딴마음을 먹은 것이 발각되면 거열형에 처한다.* 딴마음을 품고 이적 행위를 하는 이를 한 부에 속한 이들(남성)이나 관리가 적발하지 못하면 모두 참하고, 그를 잡아내면 죄를 사해주고 상금으로 사람마다 황금 2일을 주게 되어 있다.

이제 모두들 서로 의심하며 눈치를 봤다. 군법에 졸과 백성들 중 그 장을 살상하려 모의한 자는 모반과 동죄로 다스리고, 이를 먼저 보고하는 이가 있으면 황금 20근을 상으로 주고, (연좌) 처벌도 면한다.** 성을 팔아먹는 자, 성을 넘어 적에게 투항하는 자를 한 사람 잡으면, 영에 의거해 죽을죄를 지은 자 2인, 성단城旦 형을 받은 자 4인을 사면할 수 있다. 성을 지키는 일과 부모를 버리고 떠난 자는, 그 부모와 처자를 죽인다.***

- "與皆守宿裏門, 吏行其部, 至裏門, 正與開門内吏……姦民之所謀爲外心, 罪車裂. 正與父老及吏主部者, 不得皆斬, 得之, 除, 又賞之黃金, 人二鎰(같은 책, 같은 편)."

- "諸吏卒民有謀殺傷其將長者, 與謀反同罪, 有能捕告, 賜黃金二十斤, 謹罪……能捕得謀反·賣城·踰城歸敵者一人, 以令爲除死罪二人, 城旦四人. 反城事父母去者, 去者之父母妻子(같은 책, 같은 편)." 진율에서 "與……同罪"는 자주 쓰이는 관용구다.《수호지진간》〈법률문답〉에는 "與同罪, 此二物其同居·典·伍當坐之. 雲'與同罪', 雲'反其罪'者, 弗當坐"라는 기록이 있다. "與同罪"의 경우 동거, 이정, 오인들을 연좌하지만, 무고당한 자가 죄가 없음이 밝혀져 그 죄를 무고자에게 돌려줄 때(反其罪)는 연좌제를 적용하지 않는다는 이야기다.〈호령〉의 법률용어는 진간에서 보이는 것과 거의 일치한다.

- 그다음 구절은 유실되었지만 문맥상 죽인다는 뜻이다.

갑자기 중군 진영에서 급히 북을 세 번 두드렸다. 비틀거리던 한 남자가 도로를 걷다가 잡혔다. 군법에 경계의 북이 울리면 도로나 마을 가운뎃길로는 모두 통행할 수 없었다. 통행하면 바로 베도록 되어 있다. 그는 그렇게 목이 잘리고 말았다.[•] 군중에는 뛰어난 여전사들이 수두룩했다. 군무로 군중을 걸을 때는 남자는 왼쪽, 여자는 오른쪽으로 걷고 함께 걷지 않는다.[••] 점점 왼쪽으로 걷는 사람들의 수가 오른쪽으로 걷는 이들보다 많아졌다.

백성들은 적의 공격도 두렵고 아군의 군법도 두렵다. 8부로 나뉜 성 안의 마을 전체가 군율에 의거해 운영되었다. 그 누구도 함부로 성안 마을을 다닐 수 없다. 다닐 때는 반드시 신표를 지녀야 한다. 그리고 다른 마을에 있는 형제를 보고 싶을 때조차 집으로 들어가지 못하고 그를 불러서 봐야 한다. 삼로三老도 인가에 들어가서는 안 된다. 이졸이 부절 없이 여항이나 관부에 들어가는데, 관리와 삼로 등이 문책하고 저지하지 않으면 그도 벌한다.[•••]

그날 성안에 불길이 일었다. 불이 일어날 때마다 다시 피바람이 불었다.[••••] 원래 모든 아궁이는 반드시 담장을 두르고, 굴뚝은 건물 위 4척

- "卒有驚事, 中軍疾擊鼓者三, 城上道路·裏中巷街, 皆無得行, 行者斬(같은 책, 같은 편)."

•• "女子到大軍, 令行者男子行左, 女子行右, 無並行, 皆就其守, 不從令者斬(같은 책, 같은 편)."

••• "……其有知識·兄弟欲見之, 爲召, 勿令裏巷中. 三老·守閭令厲繕夫爲答……(같은 책, 같은 편)."

•••• "諸灶必爲屛, 火突高出屋四尺. 愼無敢失火, 失火者斬, 其端失火以爲事者, 車裂……(같은 책, 같은 편)."

높이로 올려야 한다. 실화한 사람은 베고 실화를 기화로 일을 일으키는 자는 거열형에 처한다. 같은 오인들이 실화한 자를 잡지 못하면 그들 역시 참하고, 잡으면 죄를 면해준다. 불을 끄는 이들도 감히 큰 소리를 쳐서는 안 되며, 지키는 곳을 떠나 성안의 마을을 가로질러 달려와 불을 끄는 자도 참했다. 그러나 이 아수라장에서 어떻게 그런 법을 다 지킬 수 있는가? 그래서 사고가 나면 선의의 피해자들이 속출했다. 거리를 가로질러 불을 끄러 온 장정들은 불을 이용해서 난리를 일으키려는 이들로 오해받아 처형되었다.

불이 나면 해당 구역의 이정里正과 부로들, 이 지역을 지키는 부리部吏(부의 관리)는 모두 와서 불을 끈다.* 부리가 사람을 보내 대장에게 고하면 대장은 믿을 만한 사람을 시켜 좌우를 이끌고 불을 끄는 것이 순서다. 그러나 불길을 잡는다고 여럿이 모여서 뛰다가 베인 사람도 많았다. 불을 이용하여 반란을 일으키려는 사람으로 오해받았기 때문이다. 군율은 너무나 빠르게 집행되었기에 변명의 여지도 없었다. 사고 때문에 군율이 춤을 췄고, 그 때문에 억울한 이들이 생겨 원한을 품었다. 서로가 서로를 의심하고 오해하고 원망하는 지경, 전쟁이 만든 기막힌 풍경이었다. 이렇게 까치발로 얼마나 걸어가겠는가?

성이 포위되었을 때 엄금할 사항들은 정말 너무나 많았다.** 그들은

- * "救火者無敢譁譁, 及離守絕巷救火者斬. 其正及父老有守此巷中部吏, 皆得救之, 部吏亟令人謁之大將, 大將使信人將左右救之, 部吏失不言者斬(같은 책, 같은 편)."

- ** "圍城之重禁, 敵人卒而至嚴合吏民無敢譁囂·三最·並行·相視·坐泣流涕·若視·舉手相探·相指·相呼·相麾·相踵·相投·相擊·相靡以身及衣·訟駮言語及非令也而視敵動移者, 斬(같은 책, 같은 편)."

두려워도 감히 소리를 내거나, 3인 이상 모이거나, 서로 쳐다보거나 주저앉아서 울거나, 서로 손질을 하거나, 서로 부르거나, 서로 손가락으로 가리키거나, 따라다니거나, 서로 던지고 싸우거나, 몸이나 옷을 서로 끌어당기거나, 서로 말싸움을 하거나, 명령을 내리지 않았는데도 성 밖의 적정을 살피지 못한다. 전쟁터에서 인간의 희로애락은 용납되지 않았다. 군령을 어기면 당장 군율에 의해 처형된다. 오인으로서 이런 행동을 하는 자를 잡아내지 못하면 역시 참하고, 잡아내면 죄를 면한다. 오인 중 어떤 이가 성을 넘어 달아났으나, 같은 오인들이 그를 잡지 못하면 (전부) 참한다. 백인장이 (부대원과 함께 적에게 투항하면) 대리[隊吏, 아마도 부대의 부장인 듯]를 참하며 대리가 투항하면 대장[隊將, 부대의 수장]을 참한다. 적에서 투항한 자의 부모, 처자, 형제[同産]는 모두 거열형에 처한다. 그러나 이를 사전에 알고 알리면 죄를 면해준다. 적과 맞서야 하는 길목을 떠나 달아나면 참한다. 같은 오인이 그를 잡지 못하면 참하고, 잡으면 죄를 면해준다.˙

- 물론 참혹한 벌만으로 다스릴 수는 없고 파격적인 상도 함께 병행한다.
  "길목에서 결사적으로 싸워 적을 격퇴시켜 성 아래로 떨어뜨려 다시 못 오르게 했을 때, 가장 잘 싸운 사람을 부대마다 2명씩 뽑아 최고 상을 준다. 포위를 격퇴하여 성에서 1리 이상 멀어지게 하면, 그를 30리 땅을 관할하는 성을 봉지로 내리고 관내후關內侯로 삼는다. 대장을 보좌한 이는 영에 따라 상경의 작을 내리고, 승丞이나 승에 준하는 관리는 오대부五大夫의 작을 내리며, 관리와 호걸로서 함께 지혜를 모아 성을 굳건히 지킨 자, 그리고 성 위에서 싸운 관리들로서 오관五官[관대부官大夫일 것]의 직에 비견되던 이들은 모두 공승公乘의 작위를 내린다(대략 두 등급이다). 남자로서 성을 지킨 자는 사람마다 2작, 여자는 5000전, 남녀 중 노소자로서 직무를 분담하여 성을 지킨 자는 1000전을 주고, 세 해 동안의 부세와 요역을 면해준다. 줄 것이 없는 이들에게는 조세를 부과하지 않는다. 이는 관리와 백성들에게 굳건히 지켜 포위를 격퇴할 것을 권면하고자 하는 조치다[其疾鬥卻敵於術, 敵下終不能復上, 疾鬥者隊二人, 賜上奉……此所以勸吏民堅守勝圍也《묵자》〈호령〉]."

대장의 처소를 지키는 위병이 위치를 떠나다 처형되었다. 문위門尉는 낮에 세 번 (위병들을) 점검하고 저녁에 북을 치고 문을 닫은 후 다시 검열한다. 성을 지킬 때는 수시로 사람을 보내 점검한다. 위소를 떠난 자들이 있는가 없는가? 음식은 모두 관소에서 먹어야 하고 밖에서 먹어서는 안 된다. 주장은 신변을 지키는 심부름꾼과 시위와 부인들 중 마음에 안 드는 행동을 하는 이가 있으면 목을 베라고 할 수 있었다. 그러니 수성장의 주위는 모두 살얼음판을 걷듯이 불안했다. 수성장이 음식을 먹을 때는 반드시 타인이 먼저 먹어보아야 한다. 영을 내렸는데 따르지 않거나 재빨리 행하지 않아도 벨 수 있었다.* 암살과 습격의 위험, 이어지는 불면 때문에 수성장 위수의 신경은 날카로웠다. 아무런 죄가 없다 한들 그의 마음에 들지 않으면 죽을 수 있었다. 이것이 전장이다.

백성들은 그들이 할 수 있는 것은 다 했다. 나날이 징발당해 이제 남은 것도 없었다. 언젠가 보상할 것이라는 장부, 어쩌면 불타버릴지도 모를 장부를 믿고 기물을 국가에 빌려주었다.** 그리고 쌀을 내고 그릇을 내었다. 승리한다면 물론 돌려받을 수 있으리라. 창고가 물에 잠겨 각 민가에 양식 징발령이 내려졌다. 그들은 헤아려 낼 수 있는 양을 보고하고 내도록 하는데, 은닉하거나 전부를 고하지 않으면 모두 법으로

- "卒侍大門中者, 曹無過二人……守有所不說謁者·執盾·中涓及婦人侍前者, 守曰斷之. 衝之, 若縛之, 不如令, 及後縛者, 皆斷……(같은 책, 같은 편)." 여기서 '조曹'가 '반班(組)'의 의미로 쓰였다. 이는 진간에만 보이는 독특한 용례다. 이 부분이 다시 〈호령〉이 진의 군법임을 증언한다.

- "募民欲財物粟米以貿易凡器者, 卒以賈予(같은 책, 같은 편)."

다스렸다. 이런 이를 잡아 고하는 이에게는 그 재물의 10분의 3을 주는 식이었다. 곡물·포백·금전·축산 따위는 모두 값을 쳐서 사들이는 데 먼저 증권을 발행하고, 수성의 임무가 끝나면 모두 배상하기로 했다. 또한 내는 재물의 양에 따라 작을 내리기도 하는데, 재물을 많이 내고 관리가 되고자 하는 이가 있으면 허락했다. 또한 관리가 되지 않고 상과 작록을 받기를 원하거나, 친척이나 아는 이의 죄를 대속하고자 하면 영에 따라 허락한다. 이렇게 상을 받은 이들은 보궁(인질궁)에 들어가 친척을 볼 수 있다. 오직 인질을 보기 위해 곡식 전부를 바치는 호족도 있었다.

정말 악한 자들도 있었다. 무리를 지어 약한 자를 능멸하거나 남의 부녀를 강간하는 자들. 그런 자들은 죽어도 좋다. 그러나 두려움이나 분노 때문에 고함을 쳐대는 자도 억울하게 처벌당했다.' 자식을 잃어 실성한 아비가 소리를 지르다 처형당했다. 군심을 흔든다는 이유였다. 전시에는 아무리 사소한 절도도 용납되지 않는다." 제반 수성 기계와 재물, 혹은 사인들의 재물을 훔친 자는, 장물의 가치가 1전 이상이면 모두 처벌당했다. 수비병들은 배가 고프고 비가 와도 자기 이름이 쓰

- "諸以衆彊凌弱少及彊姦人婦女, 以讙譁者, 皆斷(같은 책, 같은 편)."

- "諸盜守器械·財物及相盜者, 直一錢以上, 皆斷(같은 책, 같은 편)." "斷"은 법에 따라 처벌한다는 뜻이지만, 문맥상 "참斬"했을 것이다. 《수호지진간》에 이런 기록이 있다. "城旦春毁折瓦器……直一錢, 治(笞)十." 성단용 형을 받은 이가 기물을 파손했는데, 그 기물의 가치가 1전 이상이면 매 10대를 맞는다는 뜻이다. 수성 상황에서 1전이라도 훔치면 중벌에 처하는 것은, 수성에 종사하는 이들이 사실상 죄인 이하의 취급을 받는 것이다. 전쟁은 이렇게 민간인을 죄인으로 취급한다.

인 위치를 벗어날 수 없었다.

성벽 무너진 곳에 녹각을 세워 방비하고 있지만 그 싸움에서 위나라 최고의 용사들이 무수히 죽고 부상을 당했다. 용사들은 장수의 이와 발톱이다. 뛰어난 용사들이 죽을 때마다 주위는 힘을 잃었다. 원래 관리나 사병이나 백성으로서 전사하면 그 가족들을 불러 차사공次司空과 함께 묻는다. 다만 용사들의 아내는 남편이 죽어서 슬퍼도 주저앉아서 울지 못했다. 울부짖으면 법에 걸린다. 그러나 이제는 시신을 묻을 땅이 없었다. 또한 상처가 심한 이는 집으로 보내 잘 치료하게 하고 의사와 약을 제공하며 하루에 술 2승과 고기 2근을 주고 군리에게 병을 살피게 하는 것이 법이다.* 그러나 그것 또한 여유가 있을 때의 처사였기에 용사들은 걸맞은 대접도 받지 못하고 죽어갔다. 상처에 썩은 물이 들어가면 어떤 건장한 장사도 견디지 못한다. 혹자는 거짓으로 스스로 상처를 만들어 임무를 피하려다 족형을 당했다.

수성 임무가 마무리되면 수장은 관리를 보내 직접 사상자의 집을 방문하여 문지방에 가서 슬픔을 표시하도록 한다고 했다. 그러나 승리는 점점 멀어지는 듯했다. 구원병을 보낼 나라라야 겨우 초나라였지만 연전연패하여 멀리 수춘으로 달아난 나라에 무엇을 기대할 것인가?

---

* "吏卒民死者, 輒召其人, 與次司空葬之, 勿令得坐泣. 傷甚者令歸治病家善養, 予醫給藥, 賜酒日二升·肉二斤, 令吏數行閭, 視病有瘳, 輒造事上(같은 책, 같은 편)."

9. 위나라 최후의 날

그날 밤 어떤 탈영병의 일족이 모두 처형되었고 그의 전우들도 연좌되었다. 어떤 이는 적을 칭찬하고 내부를 비방한다고 처벌되었고[譽客內毀者, 斷], 어떤 이는 위치(관서)를 떠나 여럿이 모여 이야기했다고, 어떤 이는 성을 지키는 일을 버리고 가장의 일을 돌본다고 처벌되었다. 그 틈에도 악한 자들은 남의 집에 들어가 부녀자와 영아를 도둑질하기도 했다.

적을 칭찬하는 것, 예를 들면 수가 적은데 많다고 하는 것, 오합지졸인데 정예라고 하는 것, 적이 공격하는 방식이 서투른데 정밀하다고 하는 것, 모두 참살감이었다. 그러나 사람들은 웅성댔다. 적이 더 강한 것은 이미 사실로 증명되지 않았나? 투항을 권하는 서신을 실은 화살이 끊임없이 날아들었다. 그러나 군법에 아군과 적은 서로 대화나 서신을 나눠서는 안 된다. 적이 화살에 서신을 묶어 쏘면 이를 펼쳐보아서는 안 되고, 적이 우리 측에 우호적인 행동을 한다고 해도 응해서는 안 된다. 화살에 매어 보낸 적의 서신을 풀어보거나 적에게 서신을 날린다면 부모와 처자를 모두 참하고, 시신은 성벽에 걸어둔다. 이를 잡아 보고하는 이는 상으로 황금 2000근을 준다. 그러나 죽음을 무릅쓰

- 역시 죽인다는 뜻이다. "譽適(敵)以恐衆心者, 戮(戳)((수호지진간))."

•• "譽客內毀者, 斷. ⋯⋯禁無得擧矢書, 若以書射寇, 犯令者父母·妻子皆斷, 身梟城上. 有能捕告之者, 賞之黃金二十斤(같은 책, 같은 편)."

고 서신을 보려는 이들이 있었다. 항복하면 모두 살아날 수 있지 않을까? 이렇게 진흙탕 속에서 개죽음을 맞아야 하나? 병사 한 명은 몰래 서신을 뜯었다고 현장에서 살해되었다.

한밤중에 군중에서 슬픈 노래가 들리자 군관이 당장 다가가 그의 귀를 화살로 뚫었다.˙ 하지만 슬픈 노래는 전염병처럼 퍼져나가 흥얼거리는 사람들이 늘어갔다. 군중의 귀를 모두 뚫어야 하는 지경이 되자 군관은 차마 움직이지 못했다. 그러자 군법에 따라 상급 장교가 그 군관의 귀를 뚫었다. 뚫으라면 뚫고 죽이라면 죽이는 것이 군법이다.˙˙

백성들은 이제 굶주리는 중이었다. 갑자기 밀어닥친 진흙탕이 곡창을 덮쳤기에 쌓아놓은 멀쩡한 곡식을 거의 버리고 말았다. 그래서 그들은 각 현의 구원병을 기다리면서 처절한 90일 절식 계획을 실행하는 중이었다.˙˙˙ 그러나 그날은 어쩐 일인지 절식을 해제하고 마음껏 먹으라는 명이 내려졌다. 영문도 모른 채 백성들은 굶주린 배를 채웠다. 아프고, 배고프고, 슬프고, 무서운 밤이 이렇게 지나갔다.

이튿날 새벽 백성들은 위왕 위가와 수성장 위수가 모두 소복을 입고

- ˙ "無敢歌哭於軍中, 有則其罪射(같은 책, 같은 편)."

- ˙˙ "令各執罰盡殺, 有司見有罪而不誅, 同罰(같은 책, 같은 편)."

- ˙˙˙ "두식鬥食은 하루에 한 되는 먹는 것으로 1년이면 36석이다. 삼식參食은 1년에 24석을 먹고(그러므로 두식의 3분의 2), 사식四食은 1년에 18석(두식의 4분의 2)을 먹으며, 오식五食은 1년에 14석(두식의 5분의 2)을 먹으며, 육식六食은 12석(두식의 6분의 2)을 먹는다. 두식이면 끼당 5승(2분의 1두. 두 끼면 1두)을 먹고, 삼식이면……죽음을 면해야 하는 시기에는 하루 2승으로 20일, 3승으로 30일, 4승으로 40일 버틴다. 이렇게 절약하면 90일을 기약할 수 있다[鬥食, 終歲三十六石, 參食, 終歲二十四石……如是, 而民免於九十日之約矣(《묵자》 〈잡수雜守〉)]."

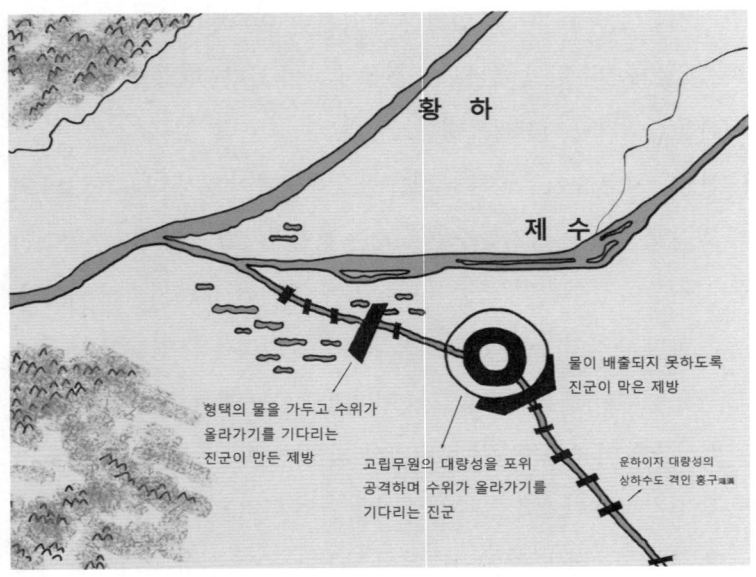

황 하

제 수

물이 배출되지 못하도록
진군이 막은 제방

형택의 물을 가두고 수위가
올라가기를 기다리는
진군이 만든 제방

고립무원의 대량성을 포위
공격하며 수위가 올라가기를
기다리는 진군

운하이자 대량성의
상하수도 격인 홍구鴻溝

진멸위 수공전. 위나라 백성들은 결사적으로 싸웠지만, 결국 물의 힘을 극복할 수 없었다. 성벽이 무너진
상황에서 끝까지 버텼다면 모두 도륙당했을 것이다.

결박한 채 성을 나서려는 것을 보았다. 완전 항복이었다. 결사적으로
싸우던 젊은이들은 울부짖었지만 군관들이 제지했다. 사실 이제 더 싸
울 힘이 없었다. 성문을 나서기 전 왕은 군관과 백성들에게 부덕을 사
죄하고 그동안의 분투를 치하했다. 그러나 그는 이제 자신의 백성을
더는 희생시킬 수 없노라 선언했다. 백성이 있어야 사직이 있을진대,
백성을 다 닳아 없앨 수는 없다고.

왕은 적장 왕분에게 무릎을 꿇고 백성들을 살려줄 것을 청했다. 왕
의 눈은 퉁퉁 부어 있었다. 이어 완전 항복을 알리는 왕의 사자들이 지

방에서 싸우고 있던 각 성들로 들어갔다. 이렇게 왕분은 위왕을 잡고 위나라 땅 전체를 접수했다. 이렇게 위 문후와 오기가 나라를 반석에 올리고, 한때 진을 서하西河 밖으로 몰아낸 막강했던 그 위나라가 진의 한 부분이 되었다.

10. 대량성 함락 뒷이야기: 슬픈 묵공 ━━━━━━

여기 우리가 꼭 기억해야 할 사람들이 또 있다. 싸움이 싫어 싸움터를 찾은 사내들. 바로 묵자의 제자들이다.《여씨춘추》〈맹춘기孟春紀·거사去私〉에 이런 이야기가 나온다. 묵자 집단의 거자钜子(우두머리) 복돈腹䵍이 진에 있을 때 그 아들이 어쩌다 사람을 죽였다. 진혜왕이 말했다.

"선생은 연세가 높으시고 또 달리 아들이 없으니 과인이 관리에게 명해 아들을 죽이지 못하게 하겠으니, 선생은 제 의견을 따라주십시오."

그러자 복돈이 이렇게 대답했다.

"사람을 죽인 자는 죽이고, 상하게 한 자는 형을 받는 것은, 살상을 금하고자 하는 것입니다. 살상을 금하는 것은 천하의 대의입니다. 왕께서 비록 사면하여 관리에게 죽이지 말라고 해도 저 복돈은 묵자의 법을 행하지 않을 수 없습니다."

복돈은 혜왕의 청을 거절하고 기어이 아들을 죽였다.《여씨춘추》〈이속람離俗覽·상덕上德〉에는 이런 이야기가 실려 있다.

묵자 집단의 거자 맹승孟勝은 초나라 양성군陽城君과 사이가 좋았다.

양성군은 그에게 부절을 나눠주며 자신의 봉지의 수비를 맡겼다. 초왕이 죽고 군신이 오기를 공격할 때 상을 치르는 곳에 무기를 가지고 갔다. 양성군이 그들과 함께 있었으므로 초는 그를 벌했다. 양성군이 달아나자 초는 그의 봉국을 거둬들였다. 맹승이 이렇게 말했다.

"남의 나라를 받아서 그와 부절을 나눴는데, 지금 부절은 보이지 않고 내 힘으로는 이를(봉지 회수를) 금할 수도 없으니 죽는 수밖에 없구나."

제자 서약徐弱이 맹승에게 말했다.

"죽어서 양성군에게 도움이 된다면 죽어도 좋습니다. 그러나 도움이 안 된다면 우리 묵가의 대가 끊어지는 일이니 그럴 수 없습니다."

맹승이 말했다.

"그렇지 않다. 나는 양성군에게 스승 아니면 친구였고, 친구 아니면 신하였다. 내가 죽지 않으면 지금부터 엄한 스승을 찾는 이들은 반드시 우리 묵자들에게 오지 않을 것이고, 현명한 친구를 원하는 이도 반드시 묵자에게 오지 않을 것이며, 좋은 신하를 얻고자 하는 이도 반드시 묵자를 찾지 않을 것이다. 내가 죽는 까닭은 묵자의 의를 행하여 그 업을 계승하는 것이다. 장차 거자의 직을 송의 전양자田襄子에게 넘긴다. 전양자는 현자이니, 우리 묵자의 맥이 끊기는 것을 걱정할 필요가 있겠는가?"

서약이 대답했다.

"어르신의 말씀이 이러하다면, 저 약은 먼저 죽어 (어르신이 가실) 길을 소제하고자 합니다."

그러고는 몸을 돌려 맹승의 앞에서 목을 베어 자결했다. 맹승은 이리하여 두 사람을 시켜 거자의 자리를 전양자에게 전하게 했다. 맹승이 죽자 제자들 중 죽은 이가 180명이었고, 전양자에게 명을 전하러 간 사람들도 기어이 초나라로 돌아와 죽었다.

묵자학파의 기술자 묵공 중에는 침략 전쟁을 혐오하기에 공격당하는 성이 있으면 달려가는 사나이들이 있었다. 위나라가 망하던 날 성안에 그들이 몇 명이 있었는지, 구체적으로 무슨 일을 했는지는 모르지만, 그들은 그날 현장에 분명히 있었을 것이다. 대량이 함락되던 그날, 묵자의 후학들은 아마도 성과 운명을 같이했을 것이다. 대량성 함락은 묵자학파의 비공非攻 사상의 패배를 의미했다.

제6장

천하통일

이제 누가 남았는가? 초와 제다. 그러나 초와 제는 기어이 진군을 견디지 못했다. 이제 우리는 통일된 천하를 보게 된다. 넓은 직도가 동서남북을 달려 사방을 잇고, 궤간이 같은 수레들이 그 도로를 달렸다. 한 가지의 저울추, 한 가지의 자, 한 가지의 글자, 한 가지의 관제가 서쪽의 사막에서 동쪽의 바다까지 통용되었다. 전쟁은 이제 끝났노라!

천하의 무기를 녹이고 성곽을 부쉈지만, 진은 남은 힘을 남북의 이민족에게 돌려 북으로 호를 밀어내고 남으로 월을 구축했다. 천하에 제후들은 모두 사라졌다. 이제 황제 한 사람의 통치를 받은 36개의 군과 그 아래의 현만 남았다. 위에서 아래까지 한 가지 법령의 통치를 받을 것이다. 이제는 누구도 법을 넘어 임의로 백성을 부릴 수 없다.

전설의 요순 이래 이제껏 그 누가 그만한 업적을 이뤘는가? '오랑캐 진[秦戎]'이라 불리는 족속 이전에 이런 업적을 이룬 이들이 과연 '누구였나? 진왕 정, 이제 진시황이 될 인물 이외에 이런 공명을 얻는 이는 없었다. 전쟁으로 전쟁을 끝낸다[以戰去戰]는 오랜 꿈이 이뤄졌다. 또한 천하 사람들은 진의 통치를 받아들일 준비가 되어 있었다. 미래로 가는 문은 이제 반은 열렸다. 문 밖의 세계는 태평성세일까?

1. 정복자의 조건 2: 바다를 만나야 끝나는 야망 ━━━━

진나라는 막 하북과 중원을 평정했다. 이른바 중국이라는 땅이다. 이제 동쪽의 제나라와 남쪽의 초나라가 남아 있다. 요동으로 달아나 명맥만 유지하고 있는 연나라는 파견 부대 하나로 족하다. 진나라 사람들이 보기에 제나라는 겁쟁이들이었다. 그들은 그동안 눈치를 보며 싸움을 피해왔다. 없던 투지가 생겨날 리는 없으니 당장 초나라를 꺾으면 그들은 지레 겁을 먹고 항복할 것이다.

하지만 초나라를 꺾는 것은 쉬운 일이 아니다. 초나라가 마지막으로 버티고 있는 동쪽 땅은 습한 곳이 많아 전차와 기병이 마음대로 달리기 힘들다. 그리고 그들은 진나라 사람들을 원수 같은 종족으로 보는지라 위협해도 항복하지 않을 것이다. 그러니 삼진을 멸하고 연을 땅

끝으로 밀어낸 지금 잠시 군대를 쉬게 해야 하지 않을까? 그러나 진왕은 멈추지 않는다.

세계를 정복하겠다는 야망을 가진 이들은 극소수다. 또한 이 세상에서 극소수를 제외하면 태어나면서 살육을 즐기지 않는다. 이미 막대한 포상을 얻은 장군들, 남부럽지 않은 땅과 작위를 얻은 병사들은 어느 순간 멈추고 싶어 한다. 그들을 어떻게 다시 전장으로 보낼 것인가? 언젠가는 지친 군인들을 강제로 사지로 몰아넣어야 한다. 그러나 정복자들은 자신들의 끝없는 야망을 부하들에게 주입시키는 데 능하다. 그들은 상상을 초월하는 인내와 의지로 야망을 향해 달린다. 부하들은 결국 그들의 야망에 압도당하고 그의 사업을 향해 몸을 던진다. 보잘것없는 부족에서 시작해서 여기까지 온 진왕의 야망은 멈출 수 없었다.

여러 기록에 따르면 알렉산드로스가 페르시아 원정을 떠날 때 동행한 군대는 보병이 3만 명 혹은 4만 명, 기병이 4000명 혹은 5000명이었다고 한다. 전국시대 열강의 한 군단에 지나지 않는 병력이다. 누가 그 정도의 병력으로 거대한 페르시아를 정복하고 세계 끝까지 가겠다는 상상을 하겠는가? 그러나 알렉산드로스는 실제로 몇 배나 되는 적을 이기며 계속 동쪽으로 이동했다. 그는 언제나 자신의 승리를 믿고 정면으로 부딪혀 싸웠고, 그 믿음 자체가 적을 질리게 만들었으며, 부하들을 이끌었다. 물과 살로 이뤄진 사람의 몸이라면, 오직 정신력으로 더 오래 견디는 이가 이긴다는 식이었다.

알렉산드로스가 난관을 뚫고 계속 동방으로 나갔듯 진왕 또한 어쩌다 패배를 당하더라도 한 해도 거르지 않고 싸움을 이어갔다. 국내에 정변이 있든 기근이 들든 지진이 나든 아랑곳하지 않는다. 할머니나 어머니가 죽는다 해도 어김없이 그의 군대는 일정대로 떠났다. 그는 보통 사람처럼 괴로워할 시간도 없는 듯했다. 알렉산드로스 또한 정복이 진행되는 동안은 놀랄 만한 강인함을 보여주었다. 그는 진중陣中에서는 음식도 대단히 절제했다고 한다. 심지어 '아침을 맛있게 먹으려면 야간에 행군을 하고, 저녁을 맛있게 먹으려면 아침을 적게 먹으면 된다'고 말할 정도였다고 한다. 마찬가지로 인내는 바로 진왕 정이 가진 최상의 무기였다. 진왕 정은 손수 정권을 잡을 때까지 온갖 치욕을 견디며 숨을 죽이고 있었다. 정적을 제거한 후에야 그는 강인한 진면목을 드러냈다. 정복이 진행되는 동안 정복자들은 그 누구보다도 강인하고 부지런한 인물이었다.

알렉산드로스는 바다를 보고 싶었다. 인도 땅에 들어선 후 그의 정복의 목표는 "세상의 끝에서 바다를 본다는 것", 즉 "전대미문의 영광을 실현한다는 것" 외에는 없었다. 그러나 그토록 충성스러운 살인 기계들도 드디어 사령관에게 반기를 들었다. 고향에는 처자가 있지 않은가? 알렉산드로스는 이제 곧 정복이 끝날 것이라고 주장했다.

"우리는 태양이 떠오르는 곳, 대양으로 가고 있다. 우리가 겁을 먹지만 않는다면, 우리는 세상의 끝까지 다 정복한 다음, 그곳에서 승리의 노래를 부르며 고향으로 돌아가게 될 것이다."*

- 퀸투스 쿠르티우스 루푸스, 윤진 옮김, 《알렉산드로스 대왕 전기》(충북대학교출판부, 2011)의 내용을 정리했으며, 직접 인용은 모두 이 번역본을 따랐다.

병사들은 흐느끼며 돌아가고 싶어 했다. 결국 알렉산드로스는 동쪽의 벵골 만을 포기하고 서쪽의 인도양으로 향했다. 어떤 바다라도 봐야 하니까.

알렉산드로스에 비해 진왕 정은 흥하는 흐름을 타고 있었다. 사령관과 야심을 공유하는 이들이 훨씬 많았다. 계속 팽창하는 나라, 갓 남의 부를 차지한 나라, 그래서 싸워서 지킬 것이 많아진 나라에서 전쟁을 통해 신분 상승을 이룬 이들은 강력한 황제를 원한다. 황제가 아니면 누가 그들의 부와 지위를 지킬 것인가? 진왕은 바로 세계에서 가장 많은 돈과 가장 큰 힘을 갖고자 하는 이였고, 그의 수하들은 그의 야망에 편승하여 자신들이 얻은 것을 보장받을 수 있다고 생각했다.• 진왕의 오른팔 이사가 바로 그런 사람의 전형이었다. 병사들 또한 바다에 닿으면 싸움이 끝날 것을 기대했다. 그 바다는 이미 진이 모르는 바다가 아니었다.

• 공화정 로마가 제정으로 전환한 것도 황제에 기대어 자신들의 부와 권력을 유지하려는 이들의 원조 덕이었다. 아우구스투스(옥타비아누스)는 급여를 받는 행정 관료를 양성함으로써 권력 기반을 다졌다. 이들이 바로 진이 기른 행정 관료들 아닌가? 이들은 귀족 신분을 버리고 황제를 따르거나 전문 관료로 양성된 이들로, 사실상 황제에 종속된 대리통치자들이었다. 역사가 타키투스는 아우구스투스가 황제권을 확립하는 과정에서 자신에게 순종하는 이들에게 높은 관직과 부를 약속하면서 강력해졌다고 말한다. 황제가 원한 것은 국가의 재정 관할권과 군대 통수권, 즉 돈과 힘이었다.

2. 초가 무너지다

삼진을 멸하고 연을 멀리 쫓은 후 진왕은 드디어 초를 격파할 생각을 했다. 《사기》〈백기왕전열전白起王煎列傳〉을 따라 진과 초의 대결을 살펴보자. 당시 진의 젊은 장군 이신李信은 패기가 넘치는 용장이었다. 연나라 태자 단을 추격해서 죽인 이가 바로 그다. 진왕은 그에게 거는 기대가 컸다. 왕이 이신에게 물었다.

"나는 초를 공격해서 빼앗고 싶소. 장군이 보기에 얼마의 병력이면 족하오?"

이신이 대답했다.

"20만 명 이하로 충분합니다."

진왕은 다시 왕전에게 물었더니 왕전이 대답했다.

"60만 명이 아니면 불가합니다."

진왕이 핀잔을 주었다.

"왕 장군은 이제 늙었구려. 뭐 겁이 그리 많소. 이 장군이 과감한 기세가 있고 용기가 넘친다더니, 그 말이 옳구려."

이리하여 진왕은 이신과 몽염에게 20만 명의 병력을 주어 초를 치도록 했다. 왕전은 자신의 의견이 채택되지 않자 병을 핑계로 고향인 빈양으로 은퇴했다. 이신이 평여平與를 공략하고 몽염이 침寢을 공격해 초군을 대파했다. 이신은 다시 언영鄢郢*을 공격하여 격파하고, 군대

• 초는 수춘으로 수도를 옮긴 후다. 영은 수춘을 말한다.

를 끌고 서쪽으로 돌아가 몽염과 성보城父에서 만나기로 했다. 그런데 이신은 왜 초의 수도를 공략하다 회군한 것일까? 열전의 기사가 짧아 당시 정황을 다 파악하기는 힘들지만, 필자가 보기에 이신이 거느린 병력이 10만 명에 불과하다면 초를 공략하는 것은 역부족이었다고 본다. 10만 명으로 도성을 포위할 수 없고 보급로가 위험하니 서쪽으로 회군해서 몽염과 만나고자 했을 것이다. 그러나 초군은 예전에도 그랬듯이 패배 후 반격에 강했다. 이신의 군대가 물러나자 바로 추격전을 개시했는데, 사흘 밤낮을 쉬지 않고 따라붙어서 이신의 병영으로 들이닥쳤다. 이 싸움에서 초군이 진군의 보루 두 곳으로 돌격해서 도위都尉 7명을 죽이고 진군을 대파하니 진군은 도주했다. 당시 도위는 고급 무관이다. 이들이 7명이나 죽었으니 진군의 사상자 수는 대단히 많았을 것이다.

패배 소식에 진왕은 대로했다. 그러나 그가 누구인가? 그는 바로 정신을 가다듬고 몸소 빈양으로 물러난 왕전을 찾아갔다. 그는 필요하면 당장 잘못을 인정하고 체면을 버리고 스스로 신하도 찾아갈 수 있는 인물이다. 왕전을 보고 왕이 말했다.

"과인이 장군의 계책을 쓰지 않았더니 이신이 과연 진군을 욕보였소. 듣자니 지금 초군이 날마다 서쪽으로 진군하고 있다 하오. 장군이 비록 병이 들었으나, 어찌 차마 과인을 버릴 수 있겠소."

왕전이 사양하며 말했다.

"노신은 병이 들어 정신이 어지럽습니다. 대왕께서는 다른 현명한 장수를 택하소서."

진왕이 재차 재촉했다.

"됐소. 장군은 거론하지 마시오."

왕전이 조건을 제시했다.

"대왕께서 반드시 신을 쓰시겠다면 좋습니다. 허나 60만 명이 아니면 불가합니다."

진왕이 말했다

"장군의 말대로 하겠소."

이리하여 왕전이 60만 명을 거느리고 출정하는데 왕이 패상瀨上까지 따라가며 전송했다. 그런데 왕전은 출행하기 전에 좋은 전택田宅과 원지園池를 과도하게 요구했다. 그러자 왕이 말했다.

"장군이 행차하는데, 어찌 가난을 걱정하시오."

왕전이 대답했다.

"대왕을 위해 장수가 된 이 중에, 공이 있어도 결국 후에 봉해진 이가 없습니다. 그러하오니 대왕께서 신을 아끼실 때 신 또한 원지를 청해 자손들의 업으로 삼고자 할 뿐입니다."

그러자 왕이 크게 웃었다. 왕전은 이미 관에 도착한 후에도 사자를 다섯 번이나 보내 전지를 요청했다. 장수로서 이 무슨 천박한 행동인가? 그러자 어떤 이가 말했다.

"장군의 구걸이 너무 심합니다."

왕전이 대답했다.

"그렇지 않다. 왕은 교만하여 남을 믿지 않는다. 지금 나라 전체의 갑사들을 다 내어 오로지 나에게 맡겼다. 내가 자손의 업을 세운다는 구

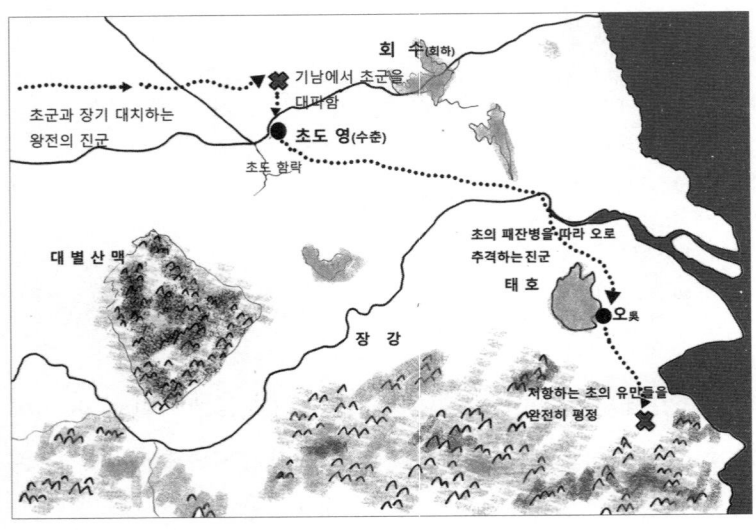

진멸초 지전. 진은 승세를 타고 초의 성읍들을 평정하여 한 해 남짓 후에 초왕 부추를 사로잡고 초 땅에 군현을 두었다. 또한 남쪽으로 백월 군주를 공격했다. 기원전 223년 초는 이렇게 무너졌다.

실로 전택을 많이 요청해 사전 작업을 해두지 않으면, 왕이 앉아서 나를 의심할 것 아닌가?"

초는 왕전이 이신을 대신해서 공격해온다는 말을 듣고 나라 안의 군대를 모두 내어 맞서 싸우러 나왔다. 왕전은 전장에 도착하여 보루를 견고하게 쌓고 지키면서 싸움에 응하지 않았다. 초군이 여러 번 출격하여 도발했지만 왕전은 끝내 응하지 않았다. 그 대신 왕전은 매일 군사들을 쉬게 하고 목욕을 시키며 잘 먹이고 다독이며 병사들과 같이 밥을 먹었다. 이런 전술은 그가 전날 이목을 상대하면서 배웠을 것이다. 이렇게 오랜 시간을 보낸 후 왕전이 사람을 시켜 군중에서 병사들이 뭘 하고 노는지 알아보게 했다. 심부름꾼이 돌아와 보고했다.

"돌을 던지고 장애물을 넘는 놀이를 합니다."

그제야 왕전이 말했다.

"이제 사졸들을 쓸 수 있겠다."

사실 60만 명은 너무 수가 많다. 야전에서 훈련이 되지 않은 60만 명은 20만 명보다 못하기에 왕전은 군의 투지가 오르고 훈련이 될 때까지 기다린 것이다. 이때 초군은 왕전이 맞서 싸우지 않으므로 군대를 이끌고 동쪽으로 물러났다. 적이 싸움에 응하지 않는다고 해도 이렇게 물러나도 되는 것인가? 그들은 물러나 요해처를 지키려 한 듯하다. 초군이 물러나는 시기를 놓치지 않고 왕전은 추격 명령을 내렸다. 초군은 60만 명의 대군이 그렇게 빨리 움직이리라 상상하지 못했을 것이다. 당시 오래 쉰 터라 사기가 오른 진군은 초군을 따라붙어 대파하고 기남蘄南에 도착하여 초장 항연項燕를 죽이니 초군은 대패하고 도주했다. 진은 승세를 타고 초의 성읍들을 평정하여 한 해 남짓 후에 초왕 부추를 사로잡고 초 땅에 군현을 두었다. 또한 남쪽으로 백월百越 군주를 공격했다. 초는 이렇게 무너졌다. 때는 기원전 223년이었다.

초는 춘추시대 이래로 상무의 기풍이 넘치는 강국이었다. 그들은 공격을 받으면 성에서 포위되기를 기다리는 대신 언제나 국경으로 나와 과감히 싸웠다. 그렇기에 오래전부터 주나라를 종주국으로 인정하지 않고 독자적으로 왕을 칭했으며, 춘추시대에는 북방의 진晉과 남북국 시대를 열었다. 그러나 오랜 전쟁으로 약해진 나라는 60만 대군의 마지막 공격을 막아내지 못했다. 문왕이나 장왕처럼 열렬한 왕들이 터를 닦고, 투자문과 손숙오 등의 재상들이 다지고, 노장老莊이 노닐고, 굴원이 노래하던 위대한 문화의 나라 초가 이렇게 무너졌다.

3. 제나라를 망친 자는 누구인가

이제 남은 적은 제나라뿐이다. 지금껏 진은 원교근공책에 충실하여 제를 우방으로 두었지만 더 이상 칠 나라가 없는 지금 제는 진의 표적에 불과했다. 온 천하가 다 넘어갔는데 제가 어떻게 버티랴. 제왕 건은 처음부터 항복할 요량이었다. 그러나 제나라 사대부 중 진의 신하가 되기를 거부하는 이들이 다수 있었다. 〈제책〉에 그 내용이 실려 있다. 제왕 건이 진에 입조하려 하자 옹문사마雍門司馬가 나아가 말했다.

"왕을 세운 것은 사직을 위함입니까, 아니면 왕 자신을 위한 것입니까?"

왕이 대답했다.

"사직을 위함이오."

사마가 다시 물었다.

"사직을 위해 왕을 세울 것이라면, 어찌하여 왕은 사직을 버리고 진에 입조하려 하십니까?"

그러자 왕은 수레를 돌려 돌아왔다. 옹문은 국도의 서문이니 서문의 수장이 무력으로 왕을 저지한 것이다. 또한 나라의 대읍인 즉묵의 대부는 옹문사마가 간하자 왕이 받아들였다는 말을 듣고 왕과 일을 도모할 수 있다고 여겨 입조하여 왕에게 말했다.

"제나라 땅은 사방 수천 리이며 갑옷을 두른 병사가 수백만입니다. 게다가 삼진의 대부들은 모두 진을 불편하게 여겨, 아阿와 견鄄 사이에 와서 관망하고 있는 이가 백몇십입니다. 왕께서 이들을 받아들여 100만의 무리와 함께 삼진의 옛 땅을 거두게 하면 임진관臨晉關으로 들어갈 수 있습니다. 언과 영의 대부(초나라 대부)로서 진나라 백성이 되기 싫어서 우리 성 남쪽 아래로 온 이가 또 수백, 수십이니 이들을 거두어 다시 100만 대중과 함께 초의 옛 땅을 접수하면 무관武關까지 들어갈 수 있습니다. 이리하면 제나라의 위세를 세우고 진나라를 멸망시킬 수 있습니다. 대저 남면하고 칭제稱帝하는 길을 버리고 서면하고 진을 섬기는 것은 대왕께서 취할 길이 아니라 여깁니다."

큰 나라의 큰 읍을 다스리는 대부의 기개가 넘치는 말이었다. 그러나 과연 가능할까?

한편 진은 진치陳馳를 사자로 보내어 500리의 땅을 줄 테니 제왕에게 내신이 되라고 유혹했다. 진치 따위는 모두 이사의 사주를 받은 무리들일 것이다. 당시에는 이런 매국노 무리들이 무수히 많았다. 제왕은 즉묵대부의 말을 듣지 않고 진치의 말을 듣고는 드디어 진에 입조했다. 그러나 진은 약속을 어기고 건을 공共 땅의 송백 숲에 감금하고 굶겨 죽였다. 가장 늦게 입조했기 때문일까? 그가 감히 대들 생각을 했기 때문일까? 당시 제나라에 이를 말한 노래가 있었다.

"소나무냐, 잣나무냐? 건을 공 땅에 머물게 한 이는? 아니면 그 객이냐?"

슬픈 일이지만 제나라 백성의 처지에서는 오히려 잘된 일인지도 모른다. 수십 년 눈치나 보던 자에게 하루아침에 없던 용기가 생기기를 기대하랴. 용기가 있어야 위엄이 생기며, 위엄이 있어야 군대를 부린다. 제왕 건 따위의 겁쟁이가 무슨 수로 열국의 대부들을 다스리겠는가? 또한 망국의 대부들과는 함께 존망을 도모할 수 없다고 했다. 용기 없는 자가 기가 꺾인 이들을 거느리고 어떻게 흥하는 진을 상대할 것인가? 다만 제왕 건은 자신의 몸을 망침으로써 스스로 사태를 예견할 능력이 없음을 증명했다. 필자는 차라리 못난 왕 덕에 제나라 백성들이 전화에 말려들지 않은 공을 높이 사겠다.

　제는 태공이 세운 위대한 동방 문명의 나라였다. 환공의 원대한 도량과 관중의 기량이 합쳐져 제후들을 아홉 번 모으고 처음으로 회맹의 질서를 세운 초대 패자의 나라다. 직하 학당에서 무수한 학자들이 제자백가 학문의 꽃을 피웠기에 오늘날 우리는 여전히 당시의 학문을 배울 수 있다. 또한 한때 연에게 망할 뻔하기도 했지만 열다섯 열혈 소년 왕손가王孫賈가 들고 일어나 적을 내쫓은 자존심의 나라였다. 부유하고 활달하여 태사공이 "양양하구나, 실로 대국의 풍모로다[洋洋哉, 固大國之風也]"라고 찬양했던 나라가 이렇게 허무하게 무너졌다. 때는 기원전 221년이었다.

4. 나는 '최초의 황제'다

진왕의 기세는 천하를 뒤덮었다. 당시 진의 땅은 동쪽으로 바다와 조선에 이르렀고, 서쪽으로는 임조臨洮와 강중羌中, 남쪽으로는 북향호北向戶, 북으로는 황하를 요새로 삼고 의지해 음산을 아우르고 요동에 닿았다. 천하를 얻었으니 그에 걸맞은 이름을 얻어야 할 것 아닌가? 그는 천하 병탄 직후에 승상과 어사에게 영을 내려 말했다.

"예전 한왕이 땅을 들이고 옥새를 바쳐 번신이 되기를 청하더니, 약속을 저버리고 조·위와 합쳐 진을 배반했기에 군대를 내어 그들을 벌주고 왕을 사로잡았다. 과인은 이만하면 되었다 생각해 군대를 쉬게 하려 했다. 조왕이 상국 이목李牧을 보내 맹약을 하자기에 그 인질을 돌려보냈으나 이내 맹약을 배반하고 태원에서 반란을 일으켰다. 이리하여 크게 군대를 내어 그들을 치고 왕을 사로잡았다. 그랬더니 조나라 공자 가가 자립하여 대왕이 되었기에 군사를 일으켜 그도 주멸했다.

위왕은 처음에는 맹약을 맺고 진에 복속하여 들어가겠다고 하더니 이내 한·조와 모의하여 진을 습격하고자 했다. 그러니 진은 군대를 내어 그들을 치고 기어이 격파했다. 초왕은 청양青陽 서쪽의 땅을 바치더니 이내 약조를 어기고 우리의 남군을 치기에 군대를 내어 주벌하여 그 왕을 잡고 드디어 그 땅을 평정했다. 연왕이 혼란하여 태자 단이 몰

• 이어지는 내용은 《사기》 〈진시황본기〉를 기준으로 정리한 것이다. 특별히 언급하지 않고 인용한 것은 모두 본기의 내용이다.

래 형가를 시켜 도적의 행동을 하도록 하니 군대로 치고 그 나라를 멸했다. 제왕이 후승後勝의 계략을 써서 진의 사신을 들이지 않고 난리를 일으키려 하기에 군대로 주벌하고 그 왕을 잡아 제나라를 평정했다. 과인이 이 보잘것없는 몸으로 군대를 일으켜 폭란한 자를 주벌하고, 종묘의 영령의 도움을 받아 여섯 나라의 왕이 그들의 죄를 자복하도록 하니 천하는 크게 안정되었다. 지금 명호名號를 바꾸지 않으면 그동안 이룬 공을 드러내어 후세에 전할 방도가 없다. 제호帝號에 대해 의논하라.”

압도적인 자신감의 발로였다. 그러자 승상 왕관王綰, 어사대부 풍겁馮劫, 정위 이사 등이 부응했다.

“옛날 오제五帝는 직할지는 사방 1000리에 불과했고, 그 밖의 후복侯服이나 이복夷服 제후 중 어떤 이는 조현하고 어떤 이는 조현하지 않았음에도 제어할 수 없었습니다. 지금 폐하께서 의로운 군대를 내어 잔폭한 적을 주벌하고 천하를 평정해 해내를 군현으로 만들었으며 법령을 하나로 통일하신바, 상고 이래로 이런 공적을 이룬 이는 없었으니 오제도 미칠 수 없는 바입니다. 신들이 삼가 박사 등과 의논하여 말하길, ‘옛날에 천황天皇·지황地皇·태황泰皇이 있었으나 그중 태황이 가장 귀하다’ 했습니다. 신 등은 죽음을 무릅쓰고 존호를 올리오니, 지금부터 ‘왕’을 ‘태황’이라 부르고 ‘명命’을 ‘제制’라 하며 ‘영令’을 ‘조詔’라 하고, 천자가 스스로를 칭할 때는 ‘짐朕’이라 하소서.”

왕이 대답했다.

“‘태泰’ 자를 없애고 ‘황皇’ 자를 취하고, 상고의 ‘제帝’ 자를 취하여 위

호로 삼나니, 이제부터 '황제皇帝'라 부르라."

이리하여 중국사에서 최초로 황제라는 말이 탄생했다. 그는 다시 명 [制]하여 말했다.

"짐이 듣기로 태고에는 호만 있고 시호諡號는 없었으며 중고에는 살 아서 호를 쓰다가 죽으면 시호를 정했다고 한다. 이리한다면, 아들이 아비를 의논하고 신하가 군주를 의논하는 것이라 심히 언급할 가치가 없으니 짐은 이를 취하지 않겠노라. 지금부터 시호법을 없앤다. 짐이 시황제가 되고, 후세는 수로 세어 2세, 3세로 하다 만세에 이르도록 무 궁하게 전하라."

이리하여 다시 '시始'자가 붙어 시황제라는 제호가 생겨났다. 최초의 황제라니 얼마나 당찬 이름인가? 하지만 인간이 세운 나라가 만세까 지 이어질 수 있겠는가? 만세까지 이어지는 유일한 방법이 있다면 허 물을 끊임없이 고치는 것이다. 시호법 또한 허물을 경계하고자 만든 것이다. 허물을 듣지 않고 만세를 바라는 것은 눈을 감고 벼랑 끝을 걷 는 것 아닐까? 이렇게 시황제라는 이름 속에는 이미 화의 씨앗이 심어 졌다.

또한 시황제는 오덕五德 시종始終설을 추종했다. 그는 주周는 화덕火 德을 얻어 천하의 종주가 되었다가 이제 진이 주의 덕을 대신했으니, 진은 주의 화덕이 이길 수 없는 것을 따라야 한다고 여겼다. 불을 이기 는 것은 물론 물이다. 이리하여 당시를 수덕水德의 시작으로 여기고 한 해가 시작되는 때를 고쳐 10월을 정월로 삼았다. 검은색을 숭상해 의 복과 기치는 모두 검은 것으로 하고, 수는 6을 기본으로 하여 부절 따위는 6촌으로 하고, 수레 몸통의 너비는 6척으로 하며, 6척을 일보로 삼고, (황제의) 수레는 말 여섯 필이 끌었다. 그래서 법령에도 6이라는 황하의 이름을 바꿔 덕수德水라 하여 수덕의 시발점으로 삼았다.

과연 그는 강하고 사나워 모든 일을 법으로 결정했다고 한다. 또한 각박하게 인의와 은혜와 온화함과 의리를 없애야 오덕의 수에 부합한다고 생각했다. 이리하여 법을 몰아치고 오래된 자라도 사면하지 않았다. 이것이 바로 진시황의 무서움이다. 오랜 전란으로 생긴 수많은 범법자들은 모두 대사면을 기다렸을 것이다. 그러나 그는 사면하지 않았다. 아마도 반란이 두려웠을 것이다. 하지만 이런 각박함이 과연 천하를 공公으로 보는 태도일까? 통일 직후에 이미 도를 넘는 가혹함의 징조가 보이고 있다.

5. 군현제의 실시

우리는 이제 중국의 제도사에서 가장 극적인 장면 하나를 목격하게 될 것이다. 큰 싸움이 끝나면 으레 논공행상이 있고 그 핵심은 땅을 떼어주는 것이다. 또한 봉건제는 당시까지 가장 합리적인 국가 경영 방식으로 여겨졌다. 승상 왕관 등이 말을 올렸다.

"제후들을 막 격파했으나, 연과 제와 형(초) 땅은 너무 멀어 왕을 두지 않으면 안정시킬 수 없습니다. 여러 아들들을 왕으로 세우고자 청하니 황상께서 다행히 허락해주시기를 바랍니다."

이에 진시황이 여러 신하들에게 의논하게 하니 모두 좋은 방법이라 여겼다. 사실 통일 직전에도 진은 통일 후의 체제를 봉건제로 본 듯하다. 《여씨춘추》〈심분람審分覽·신세愼勢〉에 이런 논문이 나온다. 편명이 '세력을 신중히 사용하라[愼勢]'라는 점도 유념하자. 과거의 봉건론과 일치하지는 않지만 여전히 봉건을 옹호하고 있다.

> 옛날의 왕자들은 천하의 중심을 택하여 나라를 세웠고, 나라의 중심을 택해 궁을 세웠고, 궁의 중심에는 종묘를 두었다. 천하의 땅으로 사방 1000리면 나라가 되는데, 이는 다스림의 효과를 극대화하기 위해서였다. 더 크게 할 수 없는 것이 아니라, 그리하면 (땅이) 큰 것이 오히려 작은 것만 못하고 (백성이) 많은 것이 적은 것만 못하게 된다. 여러 명에게 봉지를 주는 것[衆封建]은 사사로이 똑똑한 이들을 대우하자는 것이 아니라, 세를 펼치기 편하게 하고 위엄을 온전하게 하고자 함이요 의를 넓히자는 것이다. 의를 넓히면 (내용이 일부 누락된 듯) 대항할 자가 없으며, 대항할 자가 없는 이라면 편안하다. 그러므로 옛날의 일로 비춰보면 여럿에게 봉지를 준 이는 오랫동안 복을 누리고 이름을 드날렸다. 신농은 17세 동안 천하를 보유했으나 천하와 함께 천하를 소유했다.

봉건을 옹호하는 이유는 봉건이 사적인 논공행상이 아니라 국가를 보존하기 위한 방법이라는 것이다. 너무 통치 단위를 크게 하면 다스릴 수 없다. 그렇다면 분봉을 통해 통치의 단위를 나누면 훨씬 효율적일 것 아닌가?

왕자가 봉지를 줄 때는 가까울수록 크게 하고 멀수록 작게 하여 바닷가에는 사방 10리 땅만 가진 제후도 있었다. 큰 것으로 작은 것을 부리고, 무거운 것으로 가벼운 것을 부리며, 다수로 소수를 부리는 방법, 이것이 왕자가 집안으로 천하를 완전하게 통치하는 방식이다. 그러니 말하노니, 등나라나 비나라를 가지고 다스리자면 수고롭고, 추나라나 노나라를 가지고 하면 편안하며, 송나라나 정나라를 가지고 하면 날을 거듭해서 달려도 되고(그만큼 쉽고), 제나라나 초나라를 가지면 벼리와 깃발만 덤으로 놓으면 그만이다. 쓰는 것이 클수록 바라는 것을 더 쉽게 얻을 수 있다.

탕왕에게 (근거지인) 의郼가 없고 무왕에게 기岐 땅이 없었다면 그들의 현명함이 완벽했다 할지라도 일을 이룰 수 없었을 것이다. 탕과 무의 현명함을 가지고도 세에 의지했는데 그보다 못한 이들이야 말해 무엇하랴. 그러니 큰 것으로써 작은 것을 기르면 길하고, 작은 것으로 큰 것을 기르면 멸망하며, 무거움으로 가벼움을 부리면 따르지만 가벼움으로 무거움을 부리면 흉하다.

논설이 제시하는 방략은 구체적이다. 땅을 나누되 층위를 두면 된다는 뜻이다. 중심을 강하게 하고, 그 근접한 봉지들은 중심에 종속시킨다. 봉건제를 시행하되 중심을 강하게 하고 먼 곳을 약하게 하면 마치 벼리를 당기면 그물 전체가 움직이듯이 가운데서 먼 곳까지 통제할 수

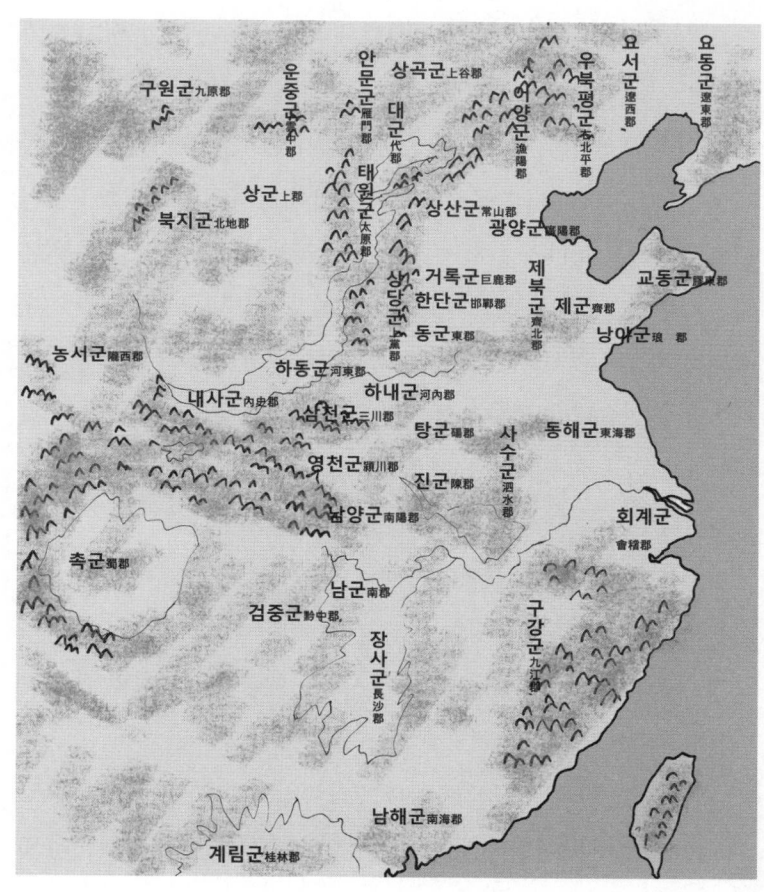

진의 전국 지배. 진은 천하를 통일한 후 36개 군으로 나누고 군마다 수·위·감을 두었다. 일반 행정과 법리 행정을 분리하고, 행정에서 감찰을 독립시키는 등 한 군 안에서도 권력이 집중되는 것을 극도로 경계했다.

있다는 것이다. 이렇게 가운데서부터 변방으로 나가며 위계적으로 정리된 봉지들로 구성된 나라라면 크다고 다스리지 못할 이유는 없다.

그러나 정위 이사는 견고하게 반대했다. 이것은 그간 볼 수 없던 획기적인 반反봉건론이다.

"주나라 문왕과 무왕이 봉한 동성 자제가 참으로 많사오나, 연후에 서로 소원해지더니 서로 공격하여 치는 것이 원수와 같았고, 제후들이 서로 주벌해도 주나라 천자는 금할 수가 없었습니다. 지금 천하가 폐하의 신령스러운 일통에 기대고 있으니 천하는 모두 군현이 되었으며, 여러 자제들과 공신들은 관의 부세로 중하게 상을 주어 충분히 쉽게 제어할 수 있습니다. 천하에 두 마음을 품은 이가 없도록 하는 것이 안녕을 유지하는 술수입니다. 제후를 두는 것은 다스림에 도움이 되지 않습니다."

이것은 화의 근본을 없앤다는 탁견이다. 그러나 과연 진이 전국을 군현으로 만들어 직접 통치할 수 있을까? 천하는 크고 풍속은 모두 다르지 않은가? 그러나 패기만만한 진시황은 가능하다고 보았다. 그는 이사의 의견에 동조하며 이렇게 답했다.

"그동안 온 천하가 전투가 그치지 않는 일로 고생한 까닭은 제후왕[侯王]이 있었기 때문이다. 종묘에 기대어 천하를 처음 평정했는데 또다시 제후국을 세운다면 이는 병기를 심는 것이다. 그러고도 안녕과 휴식을 구한다면 어찌 어렵지 않겠는가? 정위의 의견이 옳다."

이리하여 천하를 36개 군으로 나누고 군마다 수守·위尉·감監을 두었다. 일반 행정[守]과 법리 행정[尉]을 분리하고, 또 행정에서 감찰을 독립시킨 점을 주목할 필요가 있다. 그들은 한 군 안에서도 권력이 집중되는 것을 극도로 경계했다. 만세까지 이어질 나라가 아닌가? 사실이 체제는 이후 왕조들에게 그대로 이어졌다.

6. 진시황의 개혁

진은 바로 전면적인 통일 개혁을 시작했다. 검은색을 숭상했기에 민民의 이름을 고쳐 검수黔首라 부르고 그해 큰 잔치[大酺]를 허락했다. 천하의 병기를 거둬 함양에 모은 후 녹여 종거와 금인金人(구리 인간) 열 둘을 만들었으니 종은 각자 1000석인데 궁의 마당에 두었다. 이는 전쟁이 완전히 끝났음을 알리는 상징적인 조치였고 지극히 합당한 것이었다.

각 군에 수·위·감을 두어 행정·사법·감찰 기능을 확고하게 분리시킨 것 또한 무시할 수 없는 통찰이다. 오늘날 삼권분립과는 달리 고대에 입법권과 사법권은 행정권과 분리되지 못했다. 하지만 오늘날 일반적인 국가의 행정부 조직은 진이 만든 조직과 거의 유사함을 알 수 있다. 대개 업무를 수행하는 장이 밖에 독립적인 감찰기구를 둔다. 수와 위의 구별은 초보적인 행정과 사법의 분리를 의미한다. 원래 이 조치는 1차적으로 부패를 막고, 2차적으로 반란을 막기 위함이다. 중앙정부는 감찰기구를 전국적으로 운용함으로써 지방행정기관을 감시할 수 있었다. 《한서》〈백관공경표百官公卿表〉에 나오는 한나라의 관직은 대부분 진 시절에 만들어진 것이며, 그 기능도 대동소이하다. 진이 전국을 통일하고 열국의 제도를 집대성하여 제국을 다스릴 체제를 만들어놓지 않았다면 한은 엄청난 비용을 들여 다시 지방행정체제를 구성

통일 후 진의 도량형. 진은 천하를 전면적인 통일 개혁의 하나로, 상업 활동의 기반이며 조세 정책의 근간인 도량형을 통일하고, 엄격하게 도량형을 관리했다.

해야 했을 것이다. 진이 만든 체제는 불과 100년 전 청나라 시절까지 이어진다.

그리고 진은 수레의 바퀴 간격을 같도록 했다. 정비된 도로를 효율적으로 다니자면 바퀴 간격이 같아야 편하다. 수레의 규격화로 인해 수레 제작 비용도 상당히 줄어들었을 것이다. 또한 석·장·척의 도량형을 통일했다. 통일된 도량형은 상업 활동의 기반이며 조세 정책의 근간이다. 그러기에 진의 도량형 관리는 대단히 엄격했다.《수호지진간》〈효율效律〉에 이런 내용이 나온다.

> 석이 정확하지 않아 오차가 16량 이상이면 관색부에게 1갑의 벌금을 부과한다[衡石不正, 十六兩以上, 貲官嗇夫一甲]. 또한 통(10승)이 부정확하여 오차가 2승 이상이면 1갑을 부과한다[甬(桶)不正, 二升以上, 貲一甲].

계산해보면 석은 오차 1퍼센트, 통은 오차 2퍼센트를 넘으면 관리에게 관리 부실의 책임을 물어 엄청난 벌금을 부과했다는 뜻이다. 도량형 통일로 백성들이 얻은 혜택은 대단히 컸으리라 짐작된다.

문자 또한 하나로 통일했으니, 바로 소전小篆체다. 오늘날 우리가 정자로 취급하는 해서楷書체는 한대의 예서隷書체에서 진화한 것이다. 그러나 예서 또한 소전을 개혁한 것이니 진시황의 문자 통일 정책은 중국 문자사에서 상형문자 출현 이후 가장 큰 사건이라고 하겠다. 먼저 문자 통일로 하급 관리들은 훨씬 편하게 업무를 수행할 수 있었다. 훗날 중국은 세계 최초로 종이를 발명하고 이어 인쇄술을 발명함으로써 인류 문명에 기여한다. 문자가 통일되지 않았다면 인쇄란 불가능했을 것이니, 인쇄술 또한 모두 진시황의 문자 통일에서 힘입은 것이다.

이어서 또한 관중을 강하게 하기 위해 천하의 크고 부유한 호戶 12만을 함양으로 옮겼다. 부호라면 호당 식구가 10인에 달했을 것이다. 가장 보수적으로 계산해 5인이라고 하면 60만, '부호'라는 점을 감안하면 무려 100만 명이 일시에 함양으로 이주한 것이다. 이 정책은 관점에 따라 평가가 다를 것이다. 전국의 부호를 함양으로 옮긴 것은 전국의 재산을 함양으로 모은 것이다. 이들 부호들은 뿌리가 뽑혀 새로 함양에 뿌리를 내려야 한다. 진시황은 이들이 지방이 비대해지는 핵으로 성장할 수 있다고 여겨 이주를 통해 그들의 힘을 고갈시키려 했을 것이다. 물론 산동이 인구 압력을 받았으나 관중 일대는 여전히 토지가 남기에 이런 조치를 취했을 수도 있다. 마지막 권에서 필자는 다른 각도에서 질문을 던질 것이다. 과감한 정책이기는 하나 함양이 과연 이 이주 인구를 견딜 수 있을까? 어쨌든 이 조치로 관중의 부가 획기적으로 증가한 것은 사실이다.

개혁 조치라고 부르기는 어렵지만, 왕실을 권위를 과시하는 대대적인 토목공사가 뒤따랐다. 여러 묘당과 장대와 상림은 위수 남쪽에 두었다. 진은 제후들을 격파할 때마다 제후들의 궁실을 모방하여 함양의 북쪽 언덕 위에 만들어 남쪽으로 위수에 임하게 하였으니, 옹문에서 동쪽으로 경수와 위수에 이르기까지 전실의 복도와 주각이 서로 이어졌고, 제후들로부터 얻은 미인과 종고로 이를 가득 채웠다고 한다. 이런 낭비성 토목공사는 치적이라고 할 수는 없지만, 함양에서 동서남북을 연결하는 대규모 도로는 통일제국의 핏줄로서 분명한 치적이었다. 기원전 220년, 그는 백성들에게 작 1급을 내리고 치도馳道를 닦았다. 북방으로 닦은 직도의 경우 너비 100미터가 넘는 구간도 있다.

진시황은 자기가 닦은 길을 따라 천하를 순행하는 것을 좋아했다. 천하를 순행하면서 그는 제국의 곳곳에 공적을 자랑하는 석비를 남겼다. 순행 또한 통치의 연장인 셈이다. 재위 27년 진시황은 먼저 농서와 북지를 순행했다. 이 땅은 흉노를 방어하는 변경이다. 재위 28년에는 멀리 동쪽 태산으로 순행하고 비를 세워 제사를 올린 뒤 양보산[梁父]에 올라 봉선을 거행하고 석비를 남겼다. 이제 석비를 통한 진시황의 역사 정리 및 다시 쓰기가 시작된다. 그의 자신감은 하늘을 찔렀다.

> 황제가 자리에 올라 제도를 만들고 법을 밝히자 신하들은 품행을 닦고 삼갔다. 즉위 26년에 처음 천하를 겸병하여 빈복賓服하지 않는 이들은 잡았다. 친히 원방을 순행하여 뭇 백성들을 살피고, 이 태산에

올라 동쪽 끝을 두루 바라보았다. 따르던 신하들은 공적과 사업의 근본을 생각하여 공덕을 칭송했다. 치도治道가 운행하니 모든 사물이 마땅함을 얻었고 모두 법도에 맞았다. 대의가 아름답게 밝혀져 후대에 드리우니, 순순히 서로 이어져 고쳐짐이 없을지어다.

황제가 몸소 성덕을 행하여, 이미 천하를 평정했으나 다스림에 게으름을 피우지 않았다. 아침 일찍 일어나 밤에 잠들 때까지 긴 이익을 건설하고 가르침을 펼치는 데 전력했다. 경을 읽혀 통달하고 원근의 이치를 모두 알았으니, 모두 성지를 따랐다. 귀천이 분명해지고 남녀가 예에 따라 순서를 잡았으며, 삼가고 존중하며 자기 일에 종사했다. 안팎을 밝혀 구분하고 깨끗하게 하지 않는 것이 없으니, 후손들에게 공덕이 이어지리라. 교화가 무궁하게 미치니, 유조를 존중하며 받들어 영원히 승계하고 거듭 경계하라.

7. 개혁군주와 폭군 사이

이렇게 철인은 천하를 통일하고 통일 제국의 기반을 세웠다. 다음 장부터 우리는 철인의 몰락을 목격할 것이다. 그러므로 대업을 이룬 지금 진시황의 업적과 리더십에 대해 중간평가를 할 필요가 있겠다. 필자는 관찰하기 쉬운 근세의 인물로, 진시황과 대단히 유사한 상황에 처했으며, 유사한 행동을 했던 러시아의 전제군주 두 명을 불러 진시황과 대조하는 방식을 쓰기로 했다. 바로 16세기의 이반 4세와 17~18세기의 표트르 1세다. 이 작업은 통일 직후까지의 진시황을 이해하는 데 상당한 통찰을 준다. 세 사람은 모두 전제군주권 확립과 국토의 통일에 일차적인 목표를 둔 사람들이며, 문화적으로 후진적이라는 평가를 극복하고 광범위한 정복에 성공하는 이들이기 때문이다.

뇌제雷帝라 불리는 이반 4세의 어린 시절은 진시황과 매우 닮았다. 아버지는 이반이 세 살이던 시절 숨졌다. 이리하여 모스크바 공국의 공으로 등극한 이 꼬마 대신 어머니가 섭정이 되어 통치했다. 그녀는 정치적인 파트너였던 숙부와 정부 사이에서 치이다 독살당했다. 여불위와 노애를 정부로 둔 어머니 일로 속을 썩이던 진시황의 어린 시절과 흡사하다. 그다음 섭정은 대귀족 슈이스키Shuiskii였다. 어머니가 귀족들의 음모로 독살당한 것을 알고 있는 데다 귀족들의 음모 덕에 자신도 죽을 수 있다는 두려움이 그를 지배했다. 당시 모스크바 공국의 공후는 전제군주가 아니었지만 이반 4세는 전제군주를 꿈꿨다.

열세 살이 된 어느 날, 반격 기회를 잡은 그는 원수 같은 슈이스키를 개들의 먹이로 던져버렸다. 진시황이나 이반이나 잔혹한 성품은 어릴 때부터 형성된 것이 분명하다. 그는 진시황처럼 몽골의 잔여 세력인 카잔을 이겨 영토를 넓혔고, 진시황이 6국의 제도를 긁어모아 새 체제를 만들었듯이 서양을 본받은 개혁을 통해 러시아의 후진성을 극복하고자 했다. 또한 귀족 세력을 약화시켜 관료제에 기반한 전제군주정을 실현하는 듯했다.

그러나 이반 4세는 통일 달성 전의 진시황과 달리 자신의 포악한 성품에 압도당하고 말았다. 정적을 감시하기 위해 만든 비밀경찰의 잔혹

행위가 도를 넘어 정책을 반대하는 이라면 마구잡이로 죽이는 지경에 이른 것이다. 말년에 진시황은 어리석음으로 빠져들지만 이반처럼 광폭한 성품을 제어하지 못하는 사람은 아니었다.

진시황 통치의 전반기는 이반이 아니라 표트르 1세와 가깝다. 표트르는 오늘날 거대한 러시아의 틀을 만든 사람이다. 그 또한 군주 계승을 틀어쥐고 있던 스트렐치라는 저격수 연대와 이복 누나 소피아 때문에 죽을 뻔했다. 그래서 그는 음습한 모스크바의 궁정문화를 저주했다. 소피아를 유배 보내고 스스로 군주권을 행사하면서 그는 러시아를 군사적인 강국으로 만드는 개혁을 실시한다. 그중 옛날 진나라의 개혁과 가장 유사한 것이 바로 40만 농민병의 창설이었다. 상앙의 개혁 중 농전農戰, 바로 농사지으며 싸운다는 그 원칙의 러시아식 변형이었다. 농민 병사가 귀족 전사를 대체하면서 귀족들은 힘을 잃었다. 국가가 주도하는 산업화 정책은 진의 중농주의 개혁과 유사하다. 진시황처럼 표트르 1세도 어마어마한 돈을 군비로 넣으면서 승리로 보상을 받으려 했다.

이유 없이 포악한 이반 4세와 달리 표트르 1세는 과거의 체제 자체를 완전히 파괴하는 대신 이를 철저하게 합리화된 관료제 국가로 개조했다. 진시황은 열국을 멸망시켰지만 그들의 제도를 종합하여 진의 체제를 만들었다. 그 시기에 무차별적인 파괴는 없었다. 표트르 1세 또한 진시황처럼 제국에 걸맞은 칭호를 원해서 1721년 임페라토르(황제)라는 칭호 시대를 연다. 표트르는 부패한 지방관들을 제거하고 그 자신에게만 충성하는 인사들이 다스리는 새 지방 단위로 대체했다. 이는 진시황의 군현제 개혁, 관리 직접 인용 정책과 유사하다. 그는 무수한 전쟁을 수행하며 땅을 넓히고 힘으로 귀족들을 제압하고 그 자리를 관료로 채웠다. 표트르 1세가 등용한 이들이 바로 진의 이사와 같은 자들이었다.

그리고 그는 "유럽으로 향하는 창을 열기 위해" 네바강 하구에 자신의 새 도시 상트페테르부르크를 만들었다. 그 대가는 엄청나서 이 도시를 해골 위에 서 있다고 표현할 정도였다. 거대한 자신의 도시를 원했던 진시황과 마찬가지로 그도 자신의 도시를 만들고 싶었던 것이다. 그는 강제로 이 텅 빈 삼림과 늪지에서 농민들이 땅을 파고, 귀족들이 집을 짓고, 상인들이 교역을 하도록 했다. 그는 도로와 궁전과 운하를 규칙적으로, 군사적인 선을 따라 세심하게 계획해서 세웠다.

꼭 진시황이 12만 부호를 수도로 강제 이주시켰듯이 표트르 1세는 강제 유인책으로 부자들을 새 도시로 끌어들였다. 진이 염철의 전매를 통해 국가 재정을 확보했던 것'과 마찬가지로 그는 보드카를 전매하여 폭리를 취했다. 진이 6국의 보물들을 함양에 모았듯이 그 또한 러시아 영토 안은 물론 전 세계의 보물들을 끌어모았다. 오늘날 에르미타쥐라 불리는 세계 최대의 박물관에는 그가 모은 보물들이 가득하다.

정리하자면 진시황은 이반 4세와 같은 잔인한 파괴자가 아니라 표트르처럼 냉철한 설계자였다. 통일 직후까지 그는 표트르 1세처럼 냉

• "外設百倍之利, 收山澤之稅, 國富民強(〈염철론鹽鐵論〉〈비앙非鞅〉)." 여기서 '100배의 이익이 나는 조치'나 '산택의 세를 거둬들이다'는 이야기가 바로 소금과 철의 전매를 말한다. 산의 광산에서 금속을 캐고 염택의 물을 끓여 소금을 만든다.

혹했으나 이반 4세처럼 광폭하지는 않았다. 광폭함은 목적 없는 잔인함이다. 진시황의 잔인함은 통일 이전에는 통일을 달성하기 위한 잔인함이고, 통일 직후에는 통일 상태 유지를 위한 것이었다. 지금까지 그는 미치광이 이반 4세가 아니라 개혁군주 표트르 1세에 가까웠다. 하지만 이반 4세보다 표트르 1세에 가까운 이 모습을 진시황은 과연 얼마나 유지할 수 있을 것인가?

제7장

녹스는 철인

...

인간은 신이 아니다. 아무리 위대한 인간이라도 신과 같은 힘과 권위가 주어지는 순간 타락한다. 구양수歐陽脩가 '붕당론'에서 지적했듯이 유능한 자가 어긋난 길로 들어서면 무능한 자보다 훨씬 큰 해악을 끼친다. 하늘 천장에 닿은 용처럼, 권위와 힘만 남고 심장과 피가 식으면 그는 제어할 수 없는 괴물로 바뀐다. 다시 한번 두 사람을 비교하게 된다. 진시황과 알렉산드로스, 제국을 세운, 그러나 그 무게를 견뎌내지 못한 사내들.

비록 전쟁을 통해 이룬 성과라 하더라도 진시황은 전쟁을 끝낸 군주다. 누구도 이 업적을 부인할 수는 없다. 그러나 전쟁을 끝내고 제도를 정비한 후에 그가 인민들에게 행한 갖은 학대 행위는 어떤 공으로도 보상할 수 없을 정도였다.

전쟁이 끝난 직후에 무엇보다 먼저 할 일은 죽은 사람들에게 사과하는 것이다. 그러나 그는 패배한 이들을 죄인 상태로 그대로 두었고, 죽은 이들을 위로하지 않았다. 또한 자화자찬에 취해 원래부터 부족한 반성하는 성품이 완전히 사라져버렸다. 그의 대신들 또한 영합하며 부귀영화를 이어가려 할 뿐 반성을 촉구하는 이가 없었다. 신의 능력을 가진 괴물로 바뀌어가는 진시황. 진의 운명은 어떻게 될 것인가?

1. 비문의 정치학, 거짓말의 정치학

비문碑文은 일종의 과시용 선언문이다. 예컨대 무덤 비문을 보면 현자에다가 선인善人 아닌 사람이 없다. 그러나 이 과시용 상투어들 속에서도 얼마간의 개성이 있고, 거짓말 속에도 어쩔 수 없이 진실이 섞여 있다. 진시황의 순행로를 따라가며 그가 쓴 비문을 읽고, 이를 또 한 명의 위대한 '정복자'였던 마우리아 왕국의 아소카Asoka 왕의 비문과 비교해 보겠다.

진이 중국을 통일하기 전까지 마우리아 왕국은 세계에서 가장 큰 영토를 가진 국가였다. 마우리아 왕국에 체류하며《인도지Indika》를 남긴 메가스테네스Megasthenes는 이 왕국이 "보병 60만 명과 기병 3만 명, 전투용 코끼리 9000마리를 갖췄으며" 수천 대의 전차를 갖췄다고 썼다.

그들 또한 정복전을 통해 서로는 아라비아해, 동으로는 벵골만, 남으로는 오늘날 인도 대륙의 최남단을 제외한 전역을 다 차지했으니 영토 또한 진나라와 맞먹는다고 할 수 있다. 아소카의 비문이 만들어진 연대 또한 진시황의 비문보다 겨우 몇십 년 앞설 뿐이니 비교 대상으로는 최적이라 할 수 있다. 이 둘을 비교하고, 또한 필자가 '세계 최초의 세계 제국 선언'으로 평가하는 페르시아 제국의 창건자 키루스가 남긴 실린더 명문도 읽어보며 진시황의 '제국 선언'에 빠진 것이 무엇인지 검토해보자. 결론부터 말하면 진은 이념의 측면에서 세계 제국의 문턱을 넘지 못하고 좌절했다.

재위 27년의 순행에서 그는 동쪽을 돌며 낭아산에 올라 크게 즐기고 석 달을 머물렀다. 그리고 검수 3만 호를 낭아대 아래로 옮기고 12년 동안의 부세와 요역을 면해주었다. 요역을 면해준 것은 낭아대를 관리하고 제사 비용을 대도록 하기 위해서였을 것이다. 그는 거기에 석각을 세워 진의 덕을 찬양하면서 의기양양하여 이렇게 썼다.

> (전략) 대사를 이미 이룬 후 바다에 임했노라. 황제의 공은 본업에 힘쓰는 것이다. 농업을 높이고 말업末業을 없애자 검수들이 부유해졌다. 온 천하 사람들이 마음과 뜻을 모았다. 기물과 기기의 치수를 하나로 통일하고 문자의 서체를 통일했으니, 해와 달이 비추는 곳과 수레와 배가 닿은 곳이면 모두가 그 수명을 다했으며 뜻대로 살지 못하는 이가 없었다. 시절에 맞춰 일을 일으키는 이는 오직 황제뿐이었다. 다른 풍속을 바로잡고자 땅을 지나고 물을 건넜다. 검수들을 가엾게

낭아석각. 진시황은 재위 27년 순행에서 낭아산에 올라 크게 즐기고 석 달을 머물렀다. 그리고 검수 3만 호를 낭아대 아래로 옮기고 12년 동안의 부세와 요역을 면해주었다. 그 내용을 찬양하며 낭아대에 석각을 세웠다.

여겨 아침저녁으로 게으르지 않았다. (중략) 시절에 맞춰 일을 줄여주니 모든 사물이 번식하고, 검수들은 안녕을 누려 군대를 쓸 일이 없었다. 육친이 서로 보우하여 일생 동안 서로 침범하지 않았고, 가르침을 기쁘게 받드니 모두가 법식을 알았다. (중략) 사람의 발길이 미치는 곳이면 신속臣屬하지 않은 이가 없었고, 공은 오제를 덮고 은택은 우마에게 미쳤다. 황제의 덕을 입지 않은 이 없으니 모두 안녕을 누렸다. 오직 진나라 왕만이 천하를 아울러 황제의 이름을 세워 이에 동토를 위무하다 낭아에 이르렀다.

우리는 전쟁을 없애고 백성들이 걱정 없이 생업에 종사할 수 있게 한 그의 업적을 알고 있다. 그는 다른 풍속을 교정하고자 남북으로 다시 정복 전쟁을 수행했다고 한다. 이제 제도와 풍속이 통일된 덕에 세상 사람들이 모두 행복을 누린다고 한다. 비문은 이렇게 이어진다.

열후무성후列侯武城侯 왕리王離, 열후통무후列侯通武侯 왕분, 윤후건성후倫侯建成侯 조해趙亥, 윤후창무후倫侯昌武侯 성成, 윤후무신후倫侯武信侯 풍무택馮毋擇, 승상 외림隗林, 승상 왕관, 경卿 이사, 경 왕무王戊, 오대부五大夫 조영趙嬰, 오대부 양규楊樛가 황제를 수행하다. 해상에서 서로 의논해 말했다. '옛날의 오제 땅은 불과 사방 1000리에 불과했고 제후들은 각자 봉지를 지켜 혹자는 조현하고 혹자는 하지 않았다. 제후들끼리 서로 침범하고 난폭한 행동을 하며 잔혹하게 공격하는 것이 그치지 않았음에도, 오히려 금석에 글을 새겨 스스로 기념으로 남겼다. 옛날의 오제와 삼왕은 가르침을 통일하지 못했고 법도는 불명하면서도 귀신의 위세를 빌려 원방을 기만하여, 그 실제가 이름에 부합하지 않으니 장구하지 못했다. 그 몸이 죽기도 전에 제후들이 배반해 법령이 행해지지 않았다. 지금 황제께서 천하를 통일해 군현으로 삼으니 천하가 화평하게 되었다. 종묘를 환히 밝히고 도를 체득하고 덕을 행하니 존호가 크게 이뤄졌다. 군신이 함께 황제의 공덕을 찬양하여 금석에 새겨 본보기로 삼는다.

여기에 이 비의 목적이 나와 있다. 황제의 공덕을 적어 본보기로 삼기 위함이다. 진의 황제는 칭찬을 받을 자격이 있다. 과거에 누구도 그런 업적을 이루지 못했다!

그러나 비교 대상으로 인도 첫 통일제국의 건국자인 아소카 왕의 비문을 보자. 유명한 13번 바위 칙령이다.

재위 8년이 되던 해 신들이 사랑하는 자 삐야다시 왕(아소카)은 깔링가를 정복했다. 15만 명이 강제로 이주되었고, 10만 명이 살해되었으며 그보다 몇 배나 되는 사람들이 죽음을 맞았다. 그러고 나서 깔링가가 병합된 지금 왕은 아주 신실하게 담마(종교 율법, 특히 불교의 자비)을 행하고 염원하며 가르쳤다. 깔링가를 정복하면서 왕은 회한을 느꼈다. 독립된 나라를 정복할 때 일어나는 학살, 죽음, 강제 이주(포로)는 신들이 사랑하는 왕에게 극심한 비통함을 안겨주고 마음에 커다란 짐을 안겼다. 왕이 더욱 개탄하는 것은 거기에 살던 사람들, 브라만(바라문)이든 슈라만(사문)이든 혹은 다른 종파 사람들이든, 혹은 재가자로서 그들의 연장자와 부모와 스승들에게 복종하며 올바르게 행동하고 친구와 지인과 동료와 친척과 노예와 하인들이게 헌신하는 이들이든, 이들 모두가 폭력과 살인과 사랑하는 이들과의 이별 때문에 생기는 고통을 겪어야 했다는 점이다.[*]

마우리아 왕조와 진은 다른 전통에 서 있기에 다른 어투를 쓴다. 그

---

[*] http://www.katinkahesselink.net/tibet/asoka1.html에 나오는 번호 규칙을 따라, 13번 바위 칙령의 영역을 필자가 다시 번역한 것이다. 이 책에 나오는 나머지 칙령 인용문은 일아, 《아소까—각문과 역사적 연구》(민족사, 2009)의 해당 부분을 따랐다.

러나 이 짧은 두 비문으로도 아소카가 사과할 줄 아는 인간이며 진시황이 사과를 모르는 인간이라는 점이 확연히 드러난다. 통일 후 백성들이 전쟁이 끝난 후의 평화를 누린다는 점은 인정할 수 있다. 그러나 통일 전쟁 시기 진시황이 살해한 사람들은 악당이 아니라 대부분은 '올바르게 행동한' 사람들이다. 또한 여러 열국의 왕들이 진시황보다 덜 도덕적이었던 것도 아니다. 그렇다면 먼저 살육에 대한 사죄까지는 아니더라도 유감이라도 표현해야 하지 않는가? 진의 병사들이 산동 병사들의 수급으로 작을 얻고 특권을 누렸다는 것은 앞선 전투 장면에서 누누이 강조했다. 지금 옛 열국의 땅에 석비를 만들 때 그런 아쉬움은 들어가는 것이 좋지 않을까? 진시황은 통일의 방법론에 대한 반성이 없는 사람이며, 그의 신하들도 마찬가지다. 신령께 고할 때, 통치자들은 언제나 겸손한 언어를 쓴다. 그러나 진시황의 비문은 명산에 제사 지내는 봉선 의식을 행하고 쓴 것 치고는 교만이 넘친다. 이듬해 그는 또 떠났다. 이번에도 동행東行이었다.

행렬이 양무현陽武縣 박랑사博浪沙에 이르렀을 때 강도의 습격을 받았다. 《사기》〈유후세가留侯世家〉에는 훗날 유방을 도와 한을 세우는 장량張良이 역사를 고용해서 저격을 시도했다고 한다. 진시황의 원수는 천하에 깔려 있었다. 진시황이 이를 가만 두고 보는 사람인가. 그러나 열흘 동안 수색했지만 범인을 잡지 못했다. 그는 다시 지부산에 올라 비석을 세웠다. 대부분의 문구는 이미 낭아 비석에서 나왔기에 주목할 내용은 몇 구절뿐이다. 때는 재위 29년 중춘이었다.

(전략) 대성大聖이 다스림을 행하여 법도를 만들어 정하고 기강을 밝혔다. 밖으로 제후들을 가르쳐 빛나는 문덕의 은혜를 베풀고 의리로 깨우쳤으나〔外敎諸侯, 光施文惠〕, 6국이 이를 회피하여 탐욕과 난폭함이 끝이 없어 학살이 그치지 않았다. 황제께서 백성들을 가엾게 여겨 드디어 토벌하는 군대를 내어 무덕을 떨쳐 일으켰다. 의에 따라 주살하고 신의에 따라 행하나 위엄이 사방에 미쳐 빈복하지 않는 자들이 없었다. 강폭한 자들을 삶아 없애고 검수를 떨쳐 구하니 사방 끝까지 두루 안정되었다. (중략) 크도다, 우주 아래 모두가 성군의 뜻을 이어 따르는구나!

그는 이제 거짓말을 하고 있다. 진은 가르침으로 제후들을 교화한 적이 없고, 문덕의 은혜를 베푼 적도 없다. 그냥 힘으로 이겼을 뿐이다. 통일 직전까지 열국의 백성들은 진의 백성이 되기를 거부했다. 한·조·위·연·초, 그 어떤 나라도 도성이 함락되기 전에 와해되지 않았음을 기억해야 한다. 제 또한 왕이 항복한 후 지방이 항복했다. 압도적인 위세 앞에서도 와해되지 않았다는 것은 열국의 백성들이 진의 통치를 바라지 않았다는 가장 강력한 증거다. 또한 왕이 항복하기 전까지 어떤 야전군 사령관도 먼저 군대를 들고 항복하지 않았다. 이는 사대부들이 진의 통치를 반기지 않았다는 증거다. 이 비문은 통일 과정에서 희생된 사람들에 대한 연민의 부재를 넘어 진이 쓴 잔혹한 방법을 감추기 위해 적극적으로 사실을 왜곡하고 있다.

동관東觀의 비문 또한 대략 비슷한 내용이지만 한 글귀가 눈에 띈다.

"영원히 전쟁을 종식시키다[永偃戎兵]." 이 공만은 누구도 무시할 수 없고 정복지의 백성들도 인정하는 바다. 재위 32년에 그는 갈석碣石으로 갈석문에 명문을 새겼다. 그리고 비문에서 이렇게 말했다.

> 성곽을 무너뜨리고 하천의 제방을 터서 통하게 하여 험조한 곳을 없 앴다. 지세가 이미 평정되어 수많은 백성들이 요역을 할 필요가 없게 하여 천하가 모두 어루만졌다. 남자들은 밭 갈기를 즐기고 여자들은 길쌈 솜씨를 닦으니 일에는 모두 순서가 있었다.

당시 천하는 과연 태평했을까? 사마천은 그렇지 않았다는 강력한 증거를 남겨놓았다.《사기》〈진시황본기〉는 이 순행 바로 전 해에 "쌀값이 1600전[米石千六百]"이라고 적어두었다. 전국의 곡가는 천차만별이므로 이는 아마도 수도 함양의 곡가였을 것이다.《수호지진간》따위의 기록을 보면 당시 성인 1인 노역의 값이 10전이 못 되었다. 그렇다면 산술적으로 160일을 일해 쌀 한 석을 얻는단 말인가? 한 석은 40킬로그램에 못 미치는 양이다.

두 가지 가능성이 있다. 첫째는 어마어마한 인플레이션 때문에 돈의 가치가 떨어진 것이다. 어쩌면 그보다 더 비참한 일이 있었났을 가능성이 있다. 바로 식량의 절대적인 부족이다. 그래서 그런지 같은 해 검수들이 사는 리裏마다 쌀 여섯 석과 양 두 마리를 내렸다는 기록이 나온다. 과감하게 이를 구호 활동으로 본다면 기근에 준하는 상황이 덮친 것이다. 극심한 인플레이션이든 기근이든 모두 경제 상황의 악화를 의미한다. 그런데 동쪽에서 이렇게 '요역을 없게 하여 천하를 어루만졌다'는 말을 한다. 그러니 어떻게 이 기사를 그대로 믿을 수 있을까?

재위 37년, 그는 회계산에 올라 마지막 비문을 남긴다. 그 비문에서 그는 법을 바로 세운 자신의 업적을 찬양하고 풍속을 교정했음을 강조한다. 동시에 진에 점령당한 제후국들이 포학했음을 적극적으로 피력한다.

37년 되던 해, 친히 천하를 순수하여 원방을 두루 돌아보다, 드디어 회계산에 올라 풍속을 살피니 검수들은 모두 공경하고 가지런했다(黔首齋莊). (중략) 6국의 왕들이 마음대로 배신하고, 탐욕스럽고 거칠고 오만하고 잔인하여, 무리들을 이끌고 스스로 강하다 여겨 포학하고 방자하며 힘을 믿고 교만하여 여러 차례 갑병을 동원했다. 몰래 내통하고 은밀히 사신을 주고받으며 합종을 꾀하며 그릇된 행동을 했다. 안으로는 속임수로 꾸미고 밖으로는 변경을 침략하여 드디어 재앙을 일으키니, 의로운 위엄으로 그들을 주멸하고 포악하고 어그러진 행동을 종식시키니 난적이 멸망했다.

이제 그는 적극적으로 패배자들을 몰아붙인다. 비문으로 확인할 수 있는 6국의 죄는 진에 대항한 것뿐이다. 물론 언제나 진이 먼저 군대를 일으켰다. 이 비문에는 6국의 통치자들이 그들의 백성들에게 가한 폭행이 드러나지 않는다. 그런 사실이 있었다면 썼을 것이나 딱히 쓸 거리가 없었을 것이다.

이제 위대한 정복자 페르시아인 키루스의 선언을 들어보자.˙ 이 선언에서 똑같이 위대한 정복자지만 진시황에게는 없고 키루스에게만 있는 것이 무엇인지 확인할 수 있다. 키루스도 진시황과 비슷한 취지의 이야기를 한다. 그러나 그의 관점은 다르다. '왜 나는 정복전을 시작했는가? 저 왕이 나에게 저항했기 때문이 아니라 자기 백성을 학대했기 때문이다. 그 왕이 피정복지(옛 수메르와 아카드) 민족들의 신앙을 무시하고 존중하지 않았기 때문이다.' 키루스는 그들의 고난을 묵과할 수 없어 신이 정의로운 사람인 자신을 선택했다고 한다. 그는 정의의 의미를 백성 복지의 관점에서 명백히 밝힌다. 우리는 마르두크Marduk가 페르시아인들의 주신主神이 아니라 피정복지 사람들의 주신이라는 점도 기억해야 한다. 그는 피정복지의 입장에서 이야기를 시작한다.

그(바빌론의 마지막 왕 나보니두스Nabonidus)는 결국 신들의 왕이신 마르두크를 공경하고 두려워하는 마음을 잃어버렸다. 그는 매일 자신의 도시에 악행을 가해왔다. 그는 자기 백성들에게 멍에를 씌워 쉬지도 못하게 하여 피폐하게 만들었다. 신들의 신(마르두크)께서는 백성들의 불평 때문에 극도로 화가 나셨다. (바빌론의 왕이) 신들을 바빌론으로 끌고 왔기에(즉, 다른 민족들의 신상神像을 바빌론으로 옮겨 왔기에) 화가 난 채로, 백성들과 함께 살던 신들은 자기 신전을 떠났다. 저명하신 신들

- 대영박물관 사이트(http://www.britishmuseum.org/research/collection_online/collection_object_details. aspx?objectId=327188&partId=1)의 "New translation by Irving Finkel"에 의거해 정리했다. 필자가 의미를 살려 약간 의역했다.

세계 제국의 지배자 키루스의 비석. 키루스는 자신이 페르시아와 바빌로니아, 그리고 이집트의 지배자 임을 이 반신 형상을 통해 선언한다. 그 또한 정복을 자랑했다. 그러나 그는 인민의 복지의 관점에서 정의 의 의미를 명백히 밝혔다.

의 신 마르두크는 측은함을 느끼셨다. 그분은 성소가 폐허가 된 모든 거주지들과 시체처럼 변한 수메르와 아카드의 백성들에 대한 생각을 바꾸시고(즉, 화를 거두시고), 그들을 불쌍히 여기셨다. 그분은 정의로 운 왕을 고르고자 모든 나라들을 찾았다. 그리고 그분은 안샨의 왕 키 루스의 손을 잡으셨고, 그의 이름을 부르시고, 그를 온 세계의 왕으로 지목하셨다.

백성들의 신앙을 부정하고 그들을 노역으로 학대하자 신이 왕을 바 꾸기로 결정하고, 온 세상을 뒤져서 키루스를 찾았다는 것이다. 그는 다시 진시황과 완전히 다른 이야기를 한다. 그는 대규모 유혈 사태 없이 바빌론을 점령했음을 강조한다. 반면, 진시황의 공격 앞에 6국이 와해되지 않았다는 사실을 다시 상기해보라.

> 그분(마르두크)의 거대한 군대, 강물처럼 셀 수 없는 병력이 완전 무장을 한 채 그(키루스)와 함께 행진했다. 그분은 저항이나 전투도 없이 그(키루스)를 곧장 바빌론으로 들어가게 하시고, 고난으로부터 바빌론을 구하시고, 그분을 존경하지 않던 나보니두스를 그(키루스)에게 넘기셨다.

그렇게 왕을 잡자 바빌론의 백성들과 수메르와 아카드 백성들은 모두 키루스의 발에 입을 맞추며 환호했다고 한다. 키루스는 이렇게 자랑한다. '나는 학살 없이 정복을 이뤘다. 나는 환영을 받았다.' 제왕으로서 그는 정복의 방식이 옳았음을 자랑한다. 그러므로 그는 해방군의 수장이었다고 주장할 수 있었다. 그렇다면 그는 점령지에서 어떤 일을 했는가? 그는 백성들에게 자유를 돌려주었다고 한다.

> 나는 키루스, 세계의 왕, 위대한 왕, 강령한 왕, 바빌론의 왕, 수메르와 아카드의 왕, 사방의 왕 (중략) 나의 거대한 군대가 평화적으로 바빌론으로 행진할 때, 수메르와 아카드의 모든 백성들은 두려워할 것이 없었다. 나는 도시 바빌론과 그 모든 성소들의 복지를 추구했다. 멍에로 인해 고통받아온 바빌론의 백성들을, 내가 지친 그들을 달래

고, 그들의 속박을 벗겨주었다.

실제로 그는 바빌론으로 끌려온 백성들과 그들의 신을 고향으로 돌려보냈다.

> 나는 (바빌론에 끌려 온) 민족들을 모두 모아 자신들의 거주지로 돌려보내고, 위대한 주 마르두크의 명으로 받아, 그동안 나보니두스가 신들의 주의 노여움을 사면서 바빌론으로 데리고 온 수메르와 아카드의 신들을 그들이 기뻐하던 원래의 성소로 무사히 돌려보냈다.

고향으로 돌아가고 신앙을 회복하는 것, 이것이 끌려와 타향살이 하던 사람들이 추구하던 해방과 정의의 의미일 것이다. 이어서 그는 바빌론의 신과 백성들이 자신을 축복해주길 기원하고, 자신이 바빌론의 주신 마르두크를 공경한다는 것을 강조했다. 또한 자신의 바빌론을 파괴하지 않고 오히려 바빌론의 선왕들이 시작했던 건축 사업을 완성하고 바빌론 성벽을 보강했다는 것을 강조했다.

키루스의 선언에서 특기할 만한 것은, '나는 죽이지 않았다, 백성들의 부름을 받았다, 그리고 압제받던 이들을 해방시켰다'는 것이다. 그렇기에 《성경》에도 '고레스(키루스)'라 불리는 자는 이교도임에도 야훼가 사랑하는 이였다고 씌어 있다. 이어서 아소카의 13번 바위 칙령 가운데 후반부를 읽어보자. 그는 아직 완전히 복속하지 않은 이들에게 이렇게 말한다.

자비로운 왕은 잘못을 한 사람이라도 그를 용서하는 것이 가능한 한 그를 용서해야 한다고 생각한다. 자비로운 왕의 영토의 숲에 사는 종족에게 간곡히 말한다. 자비로운 왕이 후회와 자책을 하고 있지만 만일 필요하다면 처벌할 힘이 있다는 것을 경고한다. 그것은 그들이 잘못을 고치고 죽임을 당하지 않게 하기 위함이다.

그러나 자신은 이제 담마, 즉 비폭력적 방법에 의한 정복만 추구하겠다고 한다.

자비로운 왕은 담마에 의한 정복을 가장 훌륭한 정복이라고 생각한다. 자비로운 왕은 그의 영토에서뿐 아니라, 국경 지방의 사람들과 심지어는 600요자나의 거리만큼 멀리 떨어져 있는 모든 나라 사람들에게도 이런 담마에 의한 정복을 성취해왔다. 그 나라들은 앙떠요까(시리아의 안티오쿠스 2세)라는 이름의 요나 왕과 앙떠요까의 영토 그 너머의 땅에 사는 뚜라미야(이집트의 프톨레미 2세), 앙떠끼니(마케도니아의 안티고네스), 마까(이집트 서부 키레네의 마가스), 알리까수다라(에피루스의 알렉산드로스 2세) 라는 이름의 네 나라다. 그리고 남쪽으로는…….

이 내용은 인仁에 의한 정복을 추구하는 맹자의 사상과 유사하다. 또한 그는 자신의 정복을 자랑하는 대신, 후손들이 정복을 멈추도록 하기 위한 것이라 한다. 그는 후손들에게 관대함과 비폭력을 당부한다.

이 담마 칙령은 다음의 목적으로 세워졌다. 나의 아들들, 손자, 증손자들이 새로운 정복을 생각지 않게 하기 위해서, 만일 군대로 백성을 정복하였다 하더라도 가벼운 처벌과 인내심의 정책을 채택하도록 하기 위해서, 그리고 담마에 의한 정복만이 진정한 정복이라고 생각하게 하기 위해서다(이상 13번 바위 칙령).

이제 힘으로 하는 정복은 완전히 끝났는가? 그렇다. 정복은 끝났다. 비문을 남긴 목적이 그것이다. 16번 바위 칙령에는 이렇게 씌어 있다.

정복되지 않은 국경 그 너머에 사는 사람들은 이런 생각을 할 것이다. '우리에 대한 왕의 의도는 무엇일까(우리를 정복하지는 않을까?).' 그러나 나의 유일한 의도는 그들이 나를 믿고 나에 대한 두려움 없이 사는 것이며, 그들에게 비참함이 아닌 행복을 주기 위한 것임을 알아야 한다.

주제를 법령으로 바꿔 다시 진시황의 갈석 비문을 읽어보자. 가장 주목할 구절은 이것이다.

자식이 있으면서 다시 시집가는 여인에게는 죽음을 더해 부정을 처벌하고〔有子而嫁, 倍死不貞〕, 내외(남녀)를 구분하여 음란한 행동을 금하자 남녀가 정결하고 서로 성실해졌다. 장부가 남의 여인과 음란한 짓을 하면 그를 죽여도 죄가 되지 않게 하니〔夫爲寄豭, 殺之無罪〕 남자도 의로운 길을 따랐다. (자식 있는) 처가 달아나 재가하면 자식은 어머

니를 못 얻도록 하니[妻爲逃嫁, 子不得母: 그녀를 엄형으로 다스려 자식에게
서 떼어놓는다는 뜻] 모두가 감화되어 청렴해졌다.*

    이것이 이른바 진시황의 법령에 의한 풍속 정화[濯俗] 선언이다. 이
구문에서 진시황의 콤플렉스와 비애를 읽는다면 지나친 것일까? 이는
사실상 모두 자신의 어머니에 대한 이야기다. 어머니는 자식(진시황 자
신)을 두고 죽은 아버지를 무시하고 노애와 사통했다. 한편 노애나 여
불위는 주인이 있는 여인(진시황의 어머니)과 사통했다. 그러니 죽여도
좋다. 어머니는 새 남편(노애)을 위해 일부러 옹으로 떠났다. 그는 친어
머니에게 형벌을 가할 수는 없어서 유배형에 만족했다. 개인적인 경험
의 영향이든 통치 철학의 영향이든 진시황이 남녀가 유별나게 정조를
지키는 지독히 '정결한' 사회를 원했음은 명백하다. 그러나 이런 '정결
한' 사회에서 사는 백성들은 행복했을까? 다음 기사를 살펴보자.

    갑이 남편에게서 도망했고, 남자 을 역시 도망자 신분이었다. 그들이

---

* 이 구절의 해석은 대단히 분분했지만 근래 드러난 발굴 자료로 의미가 밝혀졌다고 본다. "有子而嫁, 倍
死不貞"는 "죽은 이(남편)를 배반하는 부정한 행동이다"고 새기는 경우도 있지만, '행위와 처벌'을 한 쌍으
로 놓고 서술하는 인접 구문들과 호응이 전혀 되지 않는다. 발견된 진간에서 드러난 법으로 판단하면 필
자의 해석이 옳다고 본다. 그리고 "妻爲逃嫁, 子不得母"를 "처가 도망쳐 새로 시집가면 자식이 그녀를
어머니로 인정하지 못하게 한다"로 새기는 경우가 있었으나, 이는 해석의 의미도 불분명하고 당시 법과
도 부합하지 않는다. '부득不得'은 그야말로 '잃는다'는 뜻이다. 이 역시 《수호지진간》으로 명확히 드러
났다. 남편에게서 달아난 여자가 새로 시집가면 그녀는 얼굴에 먹을 뜨고 노역을 하는 무기형도가 된다
(이어지는 본문 참조). 만약 그녀가 전 남편과의 사이에 이미 자식이 있었다면? 이는 더 큰 죄이니 죽였을
것이다.

서로 부부가 되었는데 여자 갑은 거간의 사정을 이야기하지 않다가 2년 살다 자식이 생기자 새 남편에게 사정을 고했다. 을은 즉시 아내를 버리지 아니했는데, 체포되었다. 어떻게 논죄하는가? 의당 을은 경위성단(黥城旦, 얼굴에 먹을 뜨고 노역을 하는 무기형도), 갑은 경위용(黥爲春, 얼굴에 먹을 뜨고 노역을 하는 여자 무기형도) 형에 처한다.

―《수호지진간》〈법률문답〉

만약 자식이 있는데도 달아났다면 그녀는 사형에 처해졌을 것이다. 위의 기사에 따르면 도망자 둘이 서로 사랑해서 아이를 낳았다. 진시황이 가장 싫어하는 것이 바로 어머니처럼 '부정한' 여인 아닌가? 여자는 사랑을 택해서 얼굴에 먹을 뜨고 노역을 하는 무기형도가 되었다. 그 남자의 잘못이란 도망자 여자를 내치지 않은 것이다. 그러나 그 역시 아내와 같은 운명이 되었다. 그들의 자식들 또한 죄수의 자식으로 연좌된다. 국가는 도망 행위를 미워하고 '부정한' 행동을 처벌한다.

그러나 이것이 인간의 본성에 부합하는가? 이 기사를 통해 사랑을 찾아 달아나는 수많은 남녀가 죄수가 되었다는 것을 알 수 있다. 또한 현실을 극복하고자 달아나는 것은 약자가 취할 수 있는 최후의 선택이다. 국가가 강요하는 정결한 풍속, 특히 군국주의 국가가 강요한 풍속이란 인간을 획일화시키려는 목적을 가지고 있기에 비정하기 그지없다.

춘추시대의 기록을 통해 우리는 많은 여자들이 자식이 있음에도 개가하는 것을 보았다. 예전에는 법이 이렇게 가혹하지 않았다. 혹자는 부정한 남편을 여인이 죽일 수 있다는 구절을 들어 진의 여권女權이 높았다는 둥 운운하지만, 이는 여권에 우선하는 인권을 무시한 견강부회牽強附會에 지나지 않는다. 진시황은 풍속을 하나로 만들었다는 것을 강조하기에 다른 풍속을 인정하지 않고, 인간의 다양성을 인정하지 않는다.

우리는 키루스가 그 넓은 제국을 다스릴 수 있었던 것은 현지마다 다른 풍속과 신앙을 인정했기 때문이라고 알고 있다. 물론 진과 페르시아는 균질성의 정도가 다르다. 그러나 진시황의 비문에는 풍속 통일에 대한 강박이 지나치게 강조되어 있다. 수천만 명이 어떻게 하나의 길을 따라 살 수 있는가? 세계 제국의 특성 중 하나가 다양성, 즉 '다름에 대한 인정'이라면 진은 역시 이를 달성하지 못했다. 다음 절에서 분서焚書를 다루면서 진이 다양성을 인정하지 못한 것과, 이것이 어떻게 진의 장래를 잠식하는지를 더 깊이 고찰하겠다.

이제 정리할 때다. 비문에 대한 필자의 공격이 가혹하게 보일 수도 있다. 그러나 세상 전체가 자신의 발아래에 들어왔다는 것을 자랑하는 것과, 알려진 세상 전체에게 더 이상 폭력을 행하지 않겠다는 것은 다르다. 하나는 자랑이요 하나는 다짐이다. 필자는 진시황이 결하고 있는 것이 바로 성취 방법에 대한 반성과 피정복민에 대한 연민, 그리고 '다름에 대한 인정'이라고 했다. 물론 아소카의 비문에 드러난 반성과 연민, 키루스가 스스로 해방자였다는 주장은 모두 사실이라 할 수 없을 것이다. 아소카가 애초에 깔링가를 정복하지 않았다면 살육이 없었을 것 아닌가? 바빌론이 커다란 유혈사태 없이 정복된 이유는 혹시 키루스의 압도적인 병력에 겁을 먹었기 때문 아닐까? 본질적으로 비문은 작은 것을 과장하고 과오를 누락하며 만든 선전문이다. 그러나 정복 후에 나온 선전문에는 반드시 위로의 말이 들어가 있어야 한다. 그러나 진시황의 비문에는 그것이 없다. 통일 후 진시황의 연이은 실정의 실마리가 비문 속에 다 들어 있다.

2. 남북 팽창과 분서, 그리고 통한의 아방궁 ━━━━

진시황은 재위 32년 갈석 순행 때 한종韓終, 후공侯公, 석생石生 따위의 인사들을 보내 선인을 찾고 불사不死의 약을 얻도록 했다. 지금부터 진시황의 실정은 모두 이 불사, 즉 자신의 영원한 삶과 자신이 세운 제국의 영원한 존속을 추구한 것과 연결된다. 인간 세상에는 아직까지 영원이란 없었음에도 말이다. 그렇기에 그의 곁에는 불사의 방략을 안다는 방사들이 들끓었다. 그해 옛 연나라 사람 노생盧生이 귀신의 일로 바다로 심부름 나갔다가 돌아온 차에 《녹도서錄圖書》를 바치며 말했다.
"진을 망칠 자는 호입니다[亡秦者胡也]."
　노생이 진시황의 속마음을 알고 이런 말을 지어냈는지, 옛날부터 방사들의 주 무대였던 연나라에 떠돌던 허황된 이야기를 듣고 온 것인지 알 수가 없다. 허나 일개 방사가 뜬금없이 자신의 목숨이 걸린 위험한 말을 듣고 나올 리 없으니, 진시황이 방사들에게 자신이 영원히 살 길과 진이 영원히 이어질 길을 찾으라고 채근했으리라.
　호란 바로 흉노다. 이제 열국이 모두 망했으니 실제로 진을 위협할

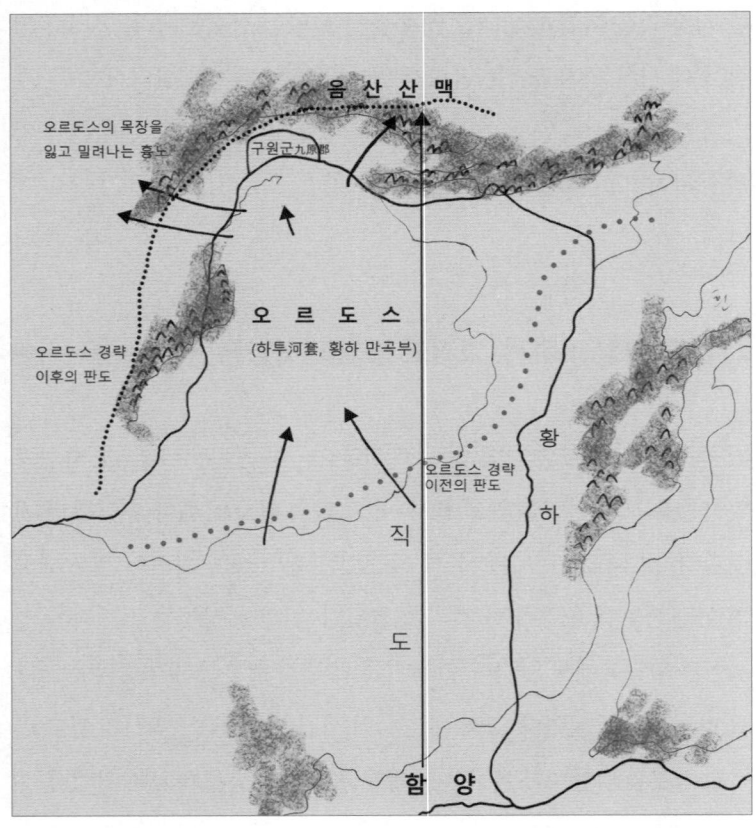

몽염의 북방 경략. 진시황은 장군 몽염을 시켜 병사 30만 명을 동원해 북쪽으로 호(흉노)를 치도록 하여 하남의 땅을 빼앗았다. 그는 북으로 흉노를 쫓아내 유중에서 황하 동쪽을 겸병하여 음산까지 이어지게 한 후 44개의 현을 설치하고 황하 변에 성을 쌓아 요새로 만들었다.

존재는 흉노밖에 없다. 과연 진시황은 흉노를 치기로 했다. 필자는 국가의 일을 할 때는 꽤나 주도면밀했던 그가 이런 도참서에 혹했다고 보지는 않는다. 흉노를 치는 데는 다른 이유도 있었을 것이다. 이제 천하가 통일되었으니 진의 군대는 더 이상 군공을 세울 수 없다. 그들을 해체하지 않는다면 그 힘을 어디로 돌릴 것인가?

진시황은 문화적인 방식으로 일을 처리할 능력이 없었다. 그렇다면 다시 무부武夫들의 오래된 방식을 쓸 수밖에. 일본의 전국시대를 통일한 전형적인 무부 도요토미 히데요시豊臣秀吉는 전쟁이 기른 무사들의 힘을 조선으로 돌려 고갈시켰다. 진시황 또한 전국시대에 양성된 무수한 죄수들을 활용할 방안도 마땅치 않았기에, 대규모 정벌과 토목공사를 결합한 방식을 고민하고 있었을 것이다. 그런 차에 방사들의 허언이 기름을 부었으리라.

진시황은 장군 몽염을 시켜 병사 30만 명을 동원해 북쪽으로 호(흉노)를 치도록 하여 하남河南[河套, 즉 오르도스]의 땅을 빼앗았다. 이 30만 명이라는 숫자는 대단히 중요하다. 그는 북으로 흉노를 쫓아내, 유중榆中에서 황하 동쪽을 겸병하여 음산까지 이어지게 한 후 44개의 현을 설치하고 황하 변에 성을 쌓아 요새로 삼았다. 또한 몽염에게 황하를 건너 고궐高闕, 북가중北假中을 취한 후 정장亭障을 세워 그들이 다시 못 내려오도록 하고, 이어 유배자들을 보내 새로 만든 현을 채웠다. 당시 진의 기세가 얼마나 대단했는지 가의賈宜는 "흉노가 감히 남쪽으로 활을 겨누어 보복할 생각도 하지 못했다"고 했다.

진시황은 이에 그치지 않고 남방을 공략했다. 33년 포망인逋亡人*(도

• 진의 법에 달아나다 잡힌 사람은 엄형을 받았다. 그저 죄를 짓고 달아난 사람들만 있는 것이 아니었다. 신분이 고달파 달아난 노비, 요역을 피하고자 달아난 농민, 사랑의 도피 행각을 한 사람 등 수많은 유형의 사람들이 모두 도망자에 속한다.

망자), 데릴사위[贅婿], 좌판 상인[賈人] 들을 징발해 육량陸梁을 공략해서 빼앗고 계림군桂林郡·상군象郡·남해군南海郡을 만들고 유배자들을 보내 수자리를 서게 했다.

진시황은 유달리 '불결한' 이와 '정결한' 이를 분리시키고자 했다. 죄수는 진의 법을 어긴 이들이고, 데릴사위나 좌판 상인은 진의 중농정책을 거스르는 이들이다. 어기고 거스르는 이들은 '오랑캐'나 마찬가지이니 이른바 오랑캐의 땅으로 가는 것이 옳다. 진시황은 수많은 일반 유형수들은 물론 옥리로서 부정한 이들을 귀양 보내 북방에서 장성을 쌓거나 남월 땅을 지키게 했다고 한다. 만리장성 축조와 남월 공략은 마치 병력과 죄수를 한꺼번에 소모시키기 위한 것처럼 동시에 이뤄졌다.

만리장성은 원래 전국시대의 북방 3국이 흉노를 밀어내면서 만든 보루들을 이은 것이다. 오늘날에도 만리장성은 그 엄청난 규모 덕에 중국의 상징적인 역할을 하고 있다. 또한 지나치게 비효율적이라는 비난에도 이 성벽은 여전히 명·청대까지 북방의 유목민을 막는 역할을 수행했다. 길이가 1만 리에 달하는 장성을 쌓는 것은 진시황 정도의 배포를 가지지 않고서는 꿈꾸기 어려운 대공사였다. 얼마 후 구원을 지나 운양까지 이르는 길을 만들었는데 산을 깎고 계곡을 메워 곧은 길로 바로 통하게 하고 직도라 불렀다. 물론 흉노를 치고 방어하는 데 필

• 지금 기준으로 보면 데릴사위가 무슨 문제가 있는지 의아하다. 그러나 가난해서 데릴사위가 되면 정당한 호戶를 구성할 수 없다. 진법에 의하면 이들 또한 사실상 죄인이었다.

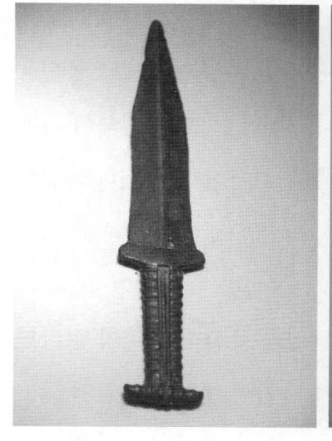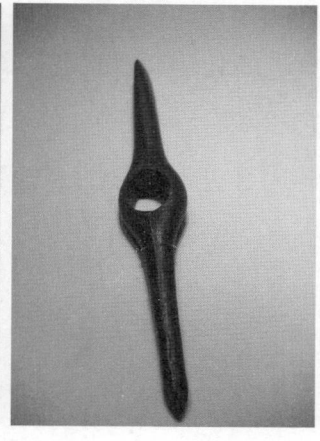

북방식(흉노) 무기. 열국의 멸망 후 실제로 진을 위협할 존재는 흉노밖엔 없었다. 진시황은 대규모 정벌과 토목공사를 결합한 방식으로 흉노를 치고자 했다. 사진의 왼쪽은 북방식 검, 오른쪽은 북방식 도끼다.

요한 물자를 바로 운송하기 위함이었다.

이제 진시황이 만고의 폭군이라는 오명을 얻는 데 일조한 유명한 정책을 만난다. 바로 '책을 불태워버린다'는 분서焚書 사건이다. 재위 34년 시황제는 함양궁에서 주연을 열고 박사 70인에게 축수를 하도록 했다. 복야 주청신周青臣이 앞으로 나가 칭송의 말을 올렸다.

"예전에 진의 땅은 불과 사방 1000리였으나 폐하의 신령스러운 성명聖明에 기대어 해내를 평정하고 만이를 쫓아내니 일월이 비추는 곳이면 빈복하지 않는 이가 없고, 제후들의 땅에 군현을 두어 사람마다 모두 스스로 안락을 느끼고 전쟁의 우환을 없애 이를 만세까지 전하게 되었습니다. 상고 이래로 폐하와 같은 위엄과 덕을 갖춘 이는 없습니다."

박사인 제나라 사람 순우월淳於越이 나서서 반박했다.

"신이 듣기로 은나라와 주나라 왕조 1000년 치세는 자제와 공신을 봉해 중심을 보좌하는 가지로 삼았습니다. 지금 폐하께서 천하를 차지하셨으나 자제들은 필부의 신분일 뿐입니다. 기어이 옛날 제나라 전상田常(강씨의 제나라를 찬탈했다)이나 진晉의 육경六卿(여섯 경의 가문이 진의 정사를 주무르다, 남은 세 가문[한·위·조, 즉 삼진]이 각각 나라를 세워 진을 분할했다)과 같은 신하가 나타나 찬탈을 기도해도, 황실을 보필하는 이가 없다면 어떻게 서로 구제할 수 있겠습니까? 일을 하면서 옛것을 따르지 않고도 오래 지탱할 수 있다는 말을 들은 적이 없습니다. 작금 청신은 면전에서 아부하며 폐하의 과실을 더하고 있으니 충신이 아닙니다."

그러자 승상 이사가 이렇게 반박했다.

"오제와 삼왕도 서로 똑같이 따르지 않았고 각자 방식으로 다스렸습니다. 이는 서로 상반되는 것을 취한 것도 아니요, 그저 시절이 달랐기 때문입니다. 지금 폐하께서 대업을 이루시어 만세의 공업을 세운 것은 실로 어리석은 유생들이 알 수 있는 바가 아닙니다. 또한 순우월이 3대의 일을 가지고 말하니 어찌 본받을 수 있겠습니까? 예전에는 제후들이 서로 겸하는 전쟁을 벌이고자 떠돌이 학자들을 후하게 대우하고 불러들였습니다. 지금 천하가 이미 안정되어 법령이 한 곳에서 나오고 백성들과 부유한 가구는 농업과 공업에 힘쓰고 선비들은 법령과 금령을 학습하고 있습니다. 여러 유생들이 지금을 본받지 않고 옛날을 학습하며 당세를 비판하고 검수들을 미혹하고 있습니다.

승상 신 이사가 죽음을 무릅쓰고 말씀을 올립니다. 옛날에는 천하가

오늘날의 만리장성. 만리장성은 원래 전국시대의 북방 3국이 흉노를 밀어내면서 만든 보루들을 이은 것이다. 지나치게 비효율적이라는 비난에도 이 성벽은 여전히 명·청대까지 북방의 유목민을 막는 역할을 수행했다.

흩어지고 어지러워도 이를 하나로 만들 수 없었습니다. 그리하여 제후들이 한꺼번에 일어나고, 말을 하면 옛날을 들먹여 오늘날을 비난하고 헛되이 꾸미는 말로 실질을 어지럽히고 사람들은 자기가 사적으로 배운 바를 선호해 위에서 세운 것(법도)을 비난했습니다. 지금 황제께서 천하를 통일하고 흑백을 가려 독존이 누군지 결정하셨습니다. 사사로이 배워 서로 어울려 법교를 비방하고, 법령이 내려지면 각자 자기가 배운 학문에 의거해 법령에 대해 이러쿵저러쿵하고, 들어가면 마음으로 법을 비난하고 나오면 여항에서 법을 의논하며, 군주에게 자기를 과시해 이름을 얻고 이견을 취하는 것을 고명한 것이라 생각하며, 아래 무리를 이끌고 비방하는 말을 만들어냅니다. 이런 짓을 금하지 않으면 위로는 군주의 위세가 떨어지고 아래로는 붕당이 형성되니, 금하는 것이 낫습니다."

그러고 나서 이런 혹독한 제안을 한다.

"신은 사관은 진의 기록이 아니면 모두 태워버리고, 박사관의 소임을 맡은 이가 아니면서 감히 간직한《시》니《서》니 제자백가의 책은 수守와 위尉에게 보내 모두 태우도록 하기를 청하옵니다. 감히 모여《시》와《서》를 말하는 자는 죽여 시체를 저자에 늘어놓고, 옛것을 들어 오늘을 비난하는 자는 일족을 멸하고, 관리들이 이를 알고도 체포하지 않으면 범인과 같은 죄로 처리합니다. 영을 내린 지 한 달이 지나도 책을 태우지 않으면 경위성단[黥爲城旦, 먹을 뜨고 성을 쌓는 노역형. 기본적으로 무기수다]에 처하도록 합니다. 없애지 않을 책은 의약과 점복과 종수種樹(나무 심기, 즉 농업)에 관한 것이고, 법령을 배우고자 하는 이는 관리를 스승으로 삼도록 하십시오."

그러자 진시황이 이사를 편들며 말했다.

"좋다."

이리하여 진은《시》《서》와 제자백가의 서적들을 거둬서 백성들을 우매하게 하고[愚民] 천하 사람들의 옛일을 들어 현재를 비방하지 못하도록 했다. 이 얼마나 우매한 우두머리와 우매한 부하들의 우매한 행동인가? 사람들을 어리석게 만들어 통치한다는 것은 평민까지 가르쳐 통치한다는 공자의 사상을 정면 부정하는 행동이며, 지식과 문명을 부정하는 패악질이다.

이렇게 천하통일의 주역이었던 이사가 이제는 제국을 질식시키는 커다란 문젯거리로 바뀌었다. 당시 이사의 위세는 황제 다음이었다. 장남 이유李由는 삼천군三川郡 태수가 되었다. 삼천은 낙양을 관리하는 곳으로서 진나라의 목구멍 같은 곳이다. 이 하나로도 진시황이 이사의 가문을 얼마나 신임했는지 알 수 있다. 또한 그의 아들들은 모두 진의 공주들에게 장가들고 여식들은 진의 공자들에게 시집갔다. 당시 장남 이유가 휴가차 함양으로 오니 이사는 집에서 술잔치를 열었다. 그때 백관의 우두머리들이 모두 나와서 축수를 하고 문 앞에 서 있는 수레가 1000대가 넘었다. 열전에는 이사가 이렇게 한탄했다고 한다.

"오호라. 나는 순경荀卿(이사의 스승 순자)이 '사물은 너무 성하는 것을 금한다[物禁大盛]'는 말을 들었다. 나는 상채의 포의布衣요 여항의 검수黔首였다. 주상께서 내가 노둔한 줄 모르고 기어이 발탁해 이런 자리까지 올렸다. 지금 남의 신하된 이로서 나보다 높은 이가 없으니, 부귀가 극에 달했다 할 수 있다. 사물이 극에 이르면 반드시 쇠하니, 나는 어디서 수레 말의 멍에를 받을지 모르겠다[物極則衰, 吾未知所稅駕也]."

사실은 이사 자신의 운명과 함께 법가 학파의 주장이 극에 달해 넘어질 지경까지 갔다고 할 수밖에 없다. 진시황을 녹슬게 하는 이는 바로 이사처럼 황제의 욕망에 영합하는 인간들이었다. 그들은 이제 지배층의 욕망을 억누르는 것을 넘어 피지배층 전체의 욕망을 좌지우지하려 하고 있다. 피지배층의 욕망이란 바로 천하의 욕망인데, 어찌 우두머리 몇몇이 노도와 같은 욕망을 언제까지 틀어막을 수 있을 것인가? 백성의 지식 추구 욕망을 짓밟는 것은 그들을 사료를 먹이고 기르는 개나 돼지로 여기는 것과 마찬가지다. 상앙 이래 진은 이미 법가를 제외한 제자백가를 공격해오다 이제는 오직 자신들의 방식으로 확고하게 통치하겠다고 선언한 것이다.

필자는 앞 장에서 진시황이 교조적인 법가에 갇히지 않고 유연한 법가적 잡가로서 천하를 통일했다고 평가했다. 그러나 그는 이제 심하게 녹슬었다. 진은 이렇게 제국의 길에서 멀어져갔다. 제국은 하나의 이념으로 지탱될 수 없다. 아소카의 7번 바위 칙령에는 이렇게 씌어 있다.

> 자비로운 삐야다시 왕은 모든 종교 교단들이 나의 영토 어디에서나 (자유롭게) 살기를 원한다. 왜냐하면 이들 모든 종교 교단들은 (공통적으로) 자아 절제와 생각의 청정함을 추구하기 때문이다.

사실 제자백가의 한 학파만이 진리를 담지한 것이 아니다. 모든 학파는 특정한 시기, 특정한 분야에서 일말의 진리를 담고 있다. 예컨대 기생적인 귀족을 제거할 때 법가는 힘을 발휘했다. 그러나 백성 전체를 억압할 때 법가는 존재 기반을 잃는다. 진은 제자백가를 포용했어야 했다. 아소카의 12번 바위 칙령에는 남의 교단을 존중하는 것이 자신의 교단을 존중하는 것임을 주장하며 이렇게 결론낸다.

> 그러므로 서로 알고 지내는 것은 바람직하며 다른 교단이 믿는 교리에 귀를 기울이고 그것을 존중해야 한다. 자비로운 삐야다시 왕은 모

든 교단의 사람들이 다른 교단의 훌륭한 교리에 관해 잘 알게 되기를 바란다.

필자는 이사의 행동 이면에 질투와 두려움이 숨어 있음을 본다. 이사는 유생들이 군현제를 흔든다고 생각해 발끈하여 더 근본적인 조치를 취하려 하고 있다. 그 유생이란 먼 제나라 출신이다. 감히 먼 나라 유생이 자신이 짜놓은 진의 체제를 바꾸려 하고 있다. 이사는 권력과 부를 사랑한 사람이다. 진과 함께 그의 영화도 영원히 지속되어야 한다. 이사는 능력은 출중하나 인격은 소인배다. 《춘추좌전》을 정리한 두예杜預가 지적했듯이 소인배가 군자의 이름을 덮어쓰면 위험해진다. 이사 또한 재주는 있으나 덕이 없었기 때문에 제국의 재상이라는 직을 감당하지 못하고 우두머리 쥐로 전락하고 만 것이다. 《사기》〈이사열전〉에 이사가 한비를 모함해 죽였다고 나오는데, 실상 한비의 주장과 이사의 주장에는 별 차이가 없다. 이사는 천성적으로 남을 시기하는 사람일까?

《사기》〈진시황본기〉에는 이제 믿으려야 믿을 수 없는 기록이 나온다. 바로 아방궁과 황릉 건설이다. 하지만 이미 일부만 드러난 황릉은 《사기》의 기록이 허위가 아님을 증언하고 있다. 재위 35년 그는 함양에 사람이 많은데 선왕의 궁이 작다고 생각하여 말했다.

"듣기로 주나라 문왕은 풍豐에 도읍하고 무왕은 호鎬에 도읍했으니 풍과 호 사이가 제왕의 도읍지요."

이리하여 위남의 상림원 중에 조궁朝宮을 세웠다. 먼저 전전前殿인

임시로 복원된 아방궁. 아방궁은 동서로 500보, 남북으로 50장이나 되는 대규모 궁으로, 전 위에는 1만 명이 앉을 수 있고 전 아래에는 다섯 장의 기를 꽂을 수 있었다. 기록을 믿는다면 실제 아방궁은 이 복원물보다 몇 배 웅장했을 것이다.

아방궁을 세웠는데 크기가 동서로 500보, 남북으로 50장丈이었다. 전 위에는 1만 명이 앉을 수 있고 전 아래는 다섯 장丈의 기를 꽂을 수 있었다. 주위로 각도(복도)를 둘러 전 아래에서 바로 남산에 이르게 하고, 산 정상에 표를 세워 궐문으로 삼았다. 복도를 만들어 아방궁에서 위수를 건너 함양에 닿게 했는데, 하늘의 북극성과 각도성[極閣]이 은하를 건너 영실에 닿는 것을 모방했다. 완성되면 다른 이름을 골라 지어 부르려 했지만 아방궁은 다 만들어지지 못했다.

당시 형도 70만여 명[隱宮徒刑者七十餘萬人]을 둘로 나누어 일대는 아방궁을 짓고 일대는 여산에 능을 짓도록 했다고 한다. 형도들은 북산

여산 황릉에서 바라본 관중. 당시 진시황은 형도 70만여 명 중 절반은 여산에 능을 짓도록 명령했다. 형도들은 북산의 석판을 뜯어오고 촉과 초의 목재를 운반해왔다.

의 석판을 뜯어오고 촉과 초의 목재를 운반해왔다. 이리하여 관중에 세운 궁궐이 300채, 관 밖에 세운 것이 400여 채에 달했다. 또한 3만 가를 여읍麗邑으로 옮기고 5만 가를 운양으로 옮겨 10년 동안의 부세와 요역을 면해주었다. 운양으로 옮긴 이들은 북변을 방어하기 위함이니 대략 국가의 이해와 관계가 있지만 여읍으로 옮긴 이들은 새로 만드는 능원 주위를 채우려는 사적인 욕망 때문이니 국가와는 아무런 관계도 없었다.

그러나 여전히 의문이 생긴다. 진이 비록 통일 제국이라고 하나 전국시대의 피폐상疲弊相을 고스란히 물려받았는데 과연 진이 30만 명의 북방 주둔군과 그보다 적겠지만 상당수인 남방 주둔군을 유지했을까. 그들 중 다수는 죄수였다. 그런데 다시 70만 명의 죄수를 써서 아방궁과 여산의 황릉을 짓는 것이 가능한가? 정말로 그토록 많은 죄수들이 함양 부근에 있었을까? 분명 기록이 과장되었겠지만 일단 보류하고 분석해보자.

《한서지리지》에 기원 전후 옛 진의 내사內史(수도권) 인구 기록이 나온다. 즉 경조윤京兆尹에 68만 구, 좌풍익左馮翊에 92만 구, 우부풍右扶風에 84만 구가 살았다. 수도권이라 하기엔 좀 멀지만 그래도 관중에 속하는 홍농군弘農郡(함곡관 일대)에 48만 구가 살았다. 이 네 곳이 수도로 물자를 직접 동원할 수 있는 지역이다. 나머지 관중을 둘러싸고 있는 농서군·북지군·상군은 흉노를 수비하는 곳이므로 오히려 물자를 보내야 하는 곳이고, 하동에서 관중으로 물자를 대자면 황하의 물을 거슬러 올라와야 하므로 산동의 여러 군들과 마찬가지로 불편한 곳이다. 한중은 관중과 접하고 있지만 진령이 가로막고 있어서 역시 물자 이동이 쉽지 않다.

당시에는 전국시대를 거쳤으므로 한나라 전성기에 비해 인구가 절

• 《회남자淮南子》〈인간훈人間訓〉에 따르면 남월 공략에 동원된 인원은 무려 50만 명이었다고 한다. 그러나 《회남자》는 흉노 정벌에 동원된 인원 또한 《사기》보다 많은 50만 명이라 적고 있으니, 남월 원정 인원 역시 과장이 있을 것이다. 하지만 《회남자》는 《사기》보다 오래된 서적이고, 남월 원정 때 진격로와 사령관의 이름까지 상세하게 기록하고 있다. 또한 3년 동안 지속된 남월 원정에서 진군이 일방적으로 이긴 것이 아니라 처음에 이겼으나 반격을 받아 대패하여, 군대를 이끌던 도저屠睢 또한 사망하고 수십만 명이 사상당했다고 한다. 역시 과도한 표현이지만 전황 묘사가 대단히 구체적이다. 야전에서 대패한 후 진은 수자리를 지키는 병사들을 징발해 남월을 대비했다고 한다. 이 기사를 통해 남월 공략을 위해서도 어마어마한 인원을 동원했음을 알 수 있다.

반에 불과했을 것이다. 그러나 진시황이 관중을 특히 중시했고, 또한 12만 호 이주의 기록이 있으므로, 후하게 계산하여 기원 전후 시기를 기록한《한서지리지》에 나오는 인구와 비등하다고 가정해보자. 그래도 대략 수도권의 인구는 겨우 290만 명이다. 290만 명 중 절반은 여자요, 남자 중에도 어린이나 노인이 섞여 있다. 과연 총 인구 290만 명에서 나는 조세로 생산에 종사하지 않는 70만 명 역도를 먹여 살릴 수 있을까?

그때는 이미 북방으로 파견된 30만 명을 지원하는 중이었다. 새로 인구를 채운 북방 군현의 생산물로는 어마어마한 주둔군과 말이 소비하는 물자를 감당하지는 못했을 것이다. 그래서 해마다 수백만 석을 산동에서 가지고 올 수밖에 없었다. 수백만 석을 옮기기 위해 얼마나 많은 인부가 동원되었을까? 그 비용은 또 어느 정도였을까? 효산 일대에서 황하는 거세게 동쪽으로 흐른다. 배는 물길을 거슬러 올라오니 인부들이 하천 양안에서 밧줄로 배를 끌어야 했다.

70만 명 역도설이 과장이라고 해도, 10만 단위의 역도가 있었음은 확실하다. 훗날 산동에서 농민 반란이 일어나자 진은 병력을 바로 모을 수 없어 실제로 역도들을 사면하여 군인으로 쓰기 때문이다. 국가가 도저히 견딜 수 없는 수준으로 인민들을 몰아붙이고 있다.˙ 당나라 시인 두목杜牧의 '아방궁부阿房宮賦'는 얼마나 정곡을 찌르는가?

슬프도다! 한 사람의 마음이 곧 1000만 사람의 마음일지니, 진秦(진나라 혹은 진시황)이 사치를 좋아한다면 남(6국 혹은 그 백성들) 또한 자기 가정을 아낄 터이다. 한데 어찌하여 한 알, 한 줌까지 거둬들이더니, 진흙이나 모래처럼 써버리는가〔嗟乎! 一人之心, 千萬人之心也. 秦愛紛奢, 人亦念其家. 奈何取之盡錙銖, 用之如泥沙〕?

3. 불로장생을 꿈꾼 속인

진시황은 삶을 지나치게 사랑했다. 죽음에 임하여 모든 것을 벗어버린 한고조 유방과 선명하게 대비되는 부분이다. 삶을 사랑하는 것은 생물의 본성이지만 영원한 생명을 얻으려는 욕망은 경험칙經驗則을 벗어난 행태다. 경험칙이란 상식에 준하는 것인데, 상식 속에 사는 보통 사람들을 다스리는 황제가 스스로 상식을 벗어난다면 무엇으로 믿음을 세울 것인가? 무소불위의 지도자가 생명 연장에 집착한다는 것을 알면 그 욕망에 편승해 부귀를 얻으려는 자들이 꼬이게 마련이다. 마치 간장 단지에 모이는 파리는 힘으로 쫓을 수 없는 것과 같은 이치다. 이 파리 떼와 함께 진시황의 정신은 서서히 혼미해진다. 본기를 따라 그의 정신적인 방랑 행적을 따라가 보자.

이미 재위 27년 순행에서 진시황은 제나라 방사 서불徐市이라는 자에게 이런 허황된 소리를 듣고 혹했다.

"바다 가운데 삼신산이 있는데 봉래蓬萊, 방장方丈, 영주瀛洲라 합니다. 거기에 선인僊人이 살고 있습니다. 청컨대 재계하고 동남동녀와 더불어 선인을 찾고자 합니다."

철인은 어이없게도 이런 허망한 말에 혹했다. 진왕 정이었다면 분명 그런 자들을 멀리했겠지만, 이제 그는 일국의 왕이 아니라 시황제다. 그는 동남동녀 수천 명을 서불에게 딸려 보내 선인을 구하도록 했다. 서불은 과연 선인을 데리고 올 것인가, 나라의 돈만 탕진할까? 보통 사람이라도 그 결과를 뻔히 알 수 있는 이야기다.

진시황의 기이한 행각은 점점 심해졌다. 그는 돌아오면서 팽성을 지나며 재계하고 제사를 올리고 사수泗水에 빠졌다는 옛날 주나라의 정鼎을 건지고자 인부 1000명을 물에 들여보냈지만 얻지 못했다. 주나라의 정을 얻어 진의 정통성을 확인하려는 의도였다. 이어서 서쪽으로 회수를 건너 형산衡山과 남군으로 간 뒤 배를 타고 상산의 사당[湘山祠]에 이르렀다. 그때 큰 바람을 만나 강을 건너지 못할 뻔했다. 진시황이 박사에게 물었다.

"상군湘君은 어떤 신인가?"

박사가 대답했다.

"듣기로는 요 임금의 딸로 순 임금에게 시집을 갔다가, 여기에 묻혔다고 합니다."

그러자 진시황은 크게 노하여 형도 3000명을 시켜 상산의 나무를 모두 베어 벌거숭이로 만들었다. 그는 이제 권위에 중독된 듯하다. 신령이 황제를 거부했다고 하여 신령을 벌하려 하는 지경에 이르렀으니. 그러나 황제라 하여 형도 3000명의 노동력을 마음대로 부릴 수 있는가? 이는 백성의 노동력을 가히 흙먼지처럼 여기는 행동이다.

진시황의 불로장생 추구 욕구가 도를 넘자 이제 허황한 방사들이 온갖 황당한 주장을 펼쳤다. 아방궁을 짓던 바로 그해 노생이 진시황에게 이렇게 변명했다고 전한다.

"신들이 영지와 기이한 약과 선인을 찾아다녔지만 번번이 만나지 못한 것은 우리 일을 방해하는 것이 있어서 그런 듯합니다. 우리가 이 일을 하는 동안 인주人主께서는 때로 미행微行을 하여 악귀를 피하소서. 악귀를 피하면 진인眞人이 올 것입니다. 인주께서 계시는 곳을 신하들이 알면 신에게 해롭습니다. 진인은 물에 들어가도 젖지 않고 불에 들어가도 타지 않으며 구름과 바람을 타고 천지와 더불어 오래 삽니다. 지금 상께서 천하를 다스리나 아직 안정시키지는 못했습니다. 상께서는 궁에 거하시면서 남들이 모르게 하소서. 그러면 불사의 약은 마땅히 얻을 수 있습니다."

진시황의 대답이 또 가관이다.

"나는 진인을 흠모해왔다. 스스로 진인이라 부르고 짐이라 부르지 않겠다."

그리하고는 함양 주변 200리 내의 궁궐을 복도와 용도로 연결하여 휘장과 종고와 미인들로 이곳을 채우고 각 부서는 옮기지 못하도록 했다. 황제가 행차한 거소를 발설하는 자는 사형으로 처했다고 한다. 어느 날 시황제가 양산궁梁山宮으로 행차해 머물다가 산 위에서 승상의 거기車旗가 대단히 많은 것을 보고 언짢아했다. 그 가운데 어떤 이가 승상에게 고하니 승상은 이후에 거기를 줄였다. 이 사실을 안 진시황이 분노했다.

"이 중에 누가 발설한 것이다."

이리하여 좌우를 심문했지만 아무도 자복하지 않았다. 그러자 명을 내려 당시 옆에 있었던 이들을 다 잡아들여 죽였다. 이후 그가 어디에 있는지 아는 이가 없었다. 이 일을 듣고 군신들에게 결재 내리는 일은 모두 함양궁에서 처리했다.

진시황은 법가에서 법과 함께 병용할 것을 주장하는 통치의 기술, 즉 術術을 따르고 있다. 술이란 군주가 아랫사람들을 다스리는 방법으로서 대략 말없이 감독하는 것, 자신의 호오와 본심을 드러내지 않음으로써 상대방이 지레 겁을 먹도록 하는 것이다. 비유하자면 교실의 맨 뒤에서 학생들의 등을 보며 감시하는 선생의 방법과 같다. 학생들은 선생이 무엇을 보고 있는지 알 수 없어서 감히 다른 행동을 할 수 없다. 그러나 통일 제국을 어찌 일국을 다스리던 얕은 술수에 따라 운영할 수 있겠는가? 아소카의 6번 바위 칙령에는 이렇게 적혀 있다.

> 과거에는 국정에 관한 사무가 어느 때나 항상 처리되지도 않았고, 또 왕에게 어느 때나 보고가 항상 전달되지도 않았다. 그러나 지금 나는 이렇게 명령했다. 어느 때나 항상, 내가 식사 중에도, 여인들의 처소에 있을 때에도, 침실에 있을 때에도, 산책할 때에도, 농장에 있을 때에도, 마차에 있을 때에도, 정원에 있을 때에도, 보고하는 사람은 내가 어디에 있든지 어느 때나 사람들의 일을 나에게 항상 연락해야 한다. 나는 지금 어디에서나 사람들의 일에 주의를 기울이고 있다.

진정한 제왕의 술이란 사실 언제, 어디서나 신하들과 연결되는 것이다. 한비가 주장하는 음험한 법술은 전국시대의 자그마한 나라를 일시적으로 다스리는 방편에 불과하다. 마치 단기간에 성적을 끌어올리기 위해 항상 교실의 맨 뒤에 앉아 학생들을 감독하면 일시적으로 효과가 있을지 모르나, 학생들이 자발적으로 공부할 동기를 만들지 못하니 오래 지속될 수 없는 것처럼 말이다. 순자가 말한 대로 앞에서 소리치면 뒤에서 호응하는 식으로 상하가 힘을 합쳐 나라를 끌어가고, 묵자가 말하듯이 위에서 말을 하면 밑에서 와글와글 의논하며 시비를 가리는 신하들이 있어야 잘못된 정책을 피할 수 있다. 그러면 백성들은 이 나라가 내 나라라 생각하기에 적이 오면 맞서 싸울 것이고, 신하들은 이 나라를 내가 이끈다고 생각하기에 언제나 최선을 다해 의견을 내고 정책을 실천할 것이다. 그러나 이미 미혹한 진시황은 방사의 말을 받아들여 모습을 보이지 않고 장막 안에서 나라를 통치했다.

그러나 애초에 사기꾼에 불과한 방사들이 무슨 수로 신선을 부를 것인가? 궁지에 몰린 그들은 급기야 줄행랑을 치려고 생각했다. 후생이 노생과 상의해서 말했다. 그 대강을 취하면 이렇다.

"시황의 사람됨은 천성이 고집스럽고 어그러진 데다 자기만 잘났다고 생각합니다. (중략) 박사가 70여 명이나 되지만 인원만 채웠을 뿐 쓰지 않습니다. 승상 이하 대신들은 모두 결정된 일을 받아들일 뿐 일은 모조리 황제가 처리합니다. 위에서 형으로 사람을 죽여 위엄 세우는 것을 즐기니 천하가 모두 죄가 두려워 녹이나 보존하고자 감히 충성을 다하는 이가 없습니다. 진의 법에는 두 가지 방술을 써도 효험이 없으면 죽입니다. 별의 기운을 관측하는 300에 달하는 이들은 모두 훌륭한 선비지만 모두 황제의 뜻을 거스를까 두려워 아첨이나 할 뿐 감히 허물을 말하지 못합니다. (중략) 권세를 탐함이 이 지경에 이르렀으니 그를 위해 선약을 구해줄 수는 없습니다."

이리하여 그들은 도망치고 말았다. 이렇게 본기에 버젓이 그들 간의 대화가 나오지만, 달아난 사람들이 한 말을 누가 들어서 알 것인가. 이는 후대에 지어낸 이야기가 아닌가 짐작된다. 또한 방술로 사람을 미혹하는 자들이 무슨 염치로 진시황의 성품을 논하는가? 그들은 허황된 이야기로 진시황을 유혹하는 데는 성공했지만 진나라의 법을 피할 방법은 없기에 달아난 것뿐이다. 도망쳤다는 소식을 들은 진시황은 대로했다.

"내가 전에 천하의 쓸모없는 책들을 거두어 모조리 없앴다. 그러나 문학과 방술을 하는 이들을 심히 많이 부른 것은 천하를 태평하게 하려 함인데, 방사들은 선약을 연단하여 얻으려 했다. 지금 듣자하니 한중韓衆은 떠난 뒤 돌아와 보고하지도 않고 서불 등은 거만의 비용을 쓰고도 결국 약을 얻지 못하고 간사한 이익만을 취한다는 소식이 날마다 들리고 있다. 노생 등은 내가 존중해서 내린 것이 심히 후한데, 이제는 나를 비방하여 나의 부덕을 더 무겁게 했다. 내가 사람을 보내 함양에 있는 제생들을 조사하여 혹여 요망한 말로 검수(백성)들을 어지럽히는 자가 있는지 심문하겠다."

이리하여 어사가 제생들을 하나하나 심문하고 그들이 서로 고발하여 끌어들이니 금령을 범한 자가 460인이라, 이들을 모조리 함양에 산 채로 묶어 천하가 알도록 하고 후대를 징계했다.* 또한 더 많은 인원을 변경 수자리로 보내니 장자 부소扶蘇가 간했다.

"갓 천하를 평정한지라 먼 곳의 검수들은 아직 모여들지 않고, 제생들은 공자를 본받고 암송하는 이들이 많습니다. 한데 상께서 모두 중형으로 그들을 옭아매니 신은 천하가 불안해할까 두렵습니다. 상께서는 살펴주소서."

진시황은 이 말을 듣고 더욱 노하여 부소를 북쪽으로 보내 상군의 몽염을 감시하게 했다.

이 사건이 그 유명한 '유학자를 묻었다'는 갱유坑儒 사건이다. 사실 후생이니 노생이니 하는 자들은 정통 유학자라기보다는 방술가들이다. 그러나 불똥이 더욱 크게 튀어 유생들까지 희생당한 것이다. 예전에 진시황은 노나라 유생들과 제사에 대해 의논한 적이 있다. 유생들이 제사를 주관하기도 하지만, 밥벌이를 위해 방술을 배운 자들도 많았을 것이다. 물론 공자와 순자 등 대유학자들은 미신을 배격했지만, 일반적으로 유가가 묵가나 법가처럼 철저히 미신을 배척하는 것은 아니다. 그리하여 유가 인사들이 많이 걸려들었기에 갱유라는 이름이 붙었으리라 추측한다.

갱유는 한 인간의 터무니없는 욕심에 기대어 기생하던 자들이 만든 사변이다. 허나 스스로 불로장생을 추구해 그런 자들을 모으다 실패했

- 후한대의 학자 위굉衛宏은 갱유는 두 차례 있었다고 주장하면서 2차 갱유의 규모가 더 컸다고 한다. 필자는 이보다 더 이른 사서인 《사기》의 기록을 믿는다.

다고 이렇게 관계없는 자들에게 보복해도 되는 것인가? 이제 누가 진시황에게 조언할 수 있을까? 예컨대 황제에게 가장 총애받던 이사가 진시황이 방사들과 어울릴 때 한 짓이라곤 직간은커녕 수레를 줄여 녹을 보존하는 것뿐이었다.

힘으로 세상을 지배한 위대한 정복자들이 정신적인 허영을 가진 것도 보편적인 현상일 것이다. 예컨대, 알렉산드로스는 당시 그리스 세계에서 가장 유명한 철학자였던 아리스토텔레스를 스승으로 불러오고, 아버지 필리포스가 파괴한 스승의 도시를 재건했다고 한다. 그리스인들이 보기에 마케도니아는 여전히 야만인들의 나라였기 때문에, 알렉산드로스 스스로 대철학자의 제자가 되어 마케도니아인들의 열등감을 극복하려 했을 것이다. 그러나 그 또한 처음에는 대단히 열정적인 제자였지만, 나중에는 아리스토텔레스에게 싫증을 냈다. 진시황이 동방에서 박사 70인을 구한 것도 그런 이유였을 것이다. 그러나 사이비 학자들의 허언 때문에 많은 이들이 진시황의 지적 허영을 채우지도 못하고 매장당했다.

4. 철인의 최후

기이한 행동을 날로 더해가면서도 진시황은 전혀 반성하지 않았다. 영원한 삶에 대한 그의 욕망은 늙을수록 오히려 커지는 듯했다. 재위 36년에는 이런 일이 있었다. 그해에는 형혹이 심성을 침범하는 흉한 징조가 나타났고, 운석이 동군東郡에 떨어졌다. 고대에 천문 현상은 국가가 큰 관심을 기울이는 분야였다. 백성들 중 어떤 이가 돌에 "시황제가 죽으면 땅이 나뉜다[始皇帝死而地分]"라고 새겼다. 이는 모반의 언사가 아닌가? 진시황은 이 소식을 듣고 어사를 보내 심문했으나 아무도 자복하지 않았다. 그러자 운석을 주울 때 옆에 있던 자들을 모두 잡아 죽이고 돌을 불태워 없앴다. 그럼에도 진시황은 이 사건 때문에 찜찜하여 박사를 시켜 '선진인시僊眞人詩'를 짓도록 하고 천하를 순행할 때마다 연주하도록 했다.

그해 가을에 또 이런 기이한 일이 있었다고 한다. 사자가 관동으로 갔다가 밤에 화음華陰 평서平舒의 길을 가는 차에 어떤 사람이 옥을 가지고 와서 사자를 가로막더니 벽옥을 전하며 말했다.

"나를 위해 호지군滈池君에게 전해주오."

무슨 말인가? 호지군이란 호지의 수신水神인가? 그 사람은 또 이렇게 말했다.

"금년에 조룡祖龍이 죽을 것입니다."

조룡은 또 무엇인가? 시황제(祖=始, 龍=황제)를 말함인가? 사자가 연고를 물어보려고 하니 그 사람은 홀연히 모습을 감추고 벽옥만 두고 떠나버렸다. 사자는 옥을 받들고 와서 고했다. 진시황은 한참 동안 말이 없더니 입을 뗐다.

"산 귀신[山鬼]은 고작 한 해의 일을 알 뿐이다."

또 조정에서 나온 후 이렇게 말했다.

"조룡이란 인간의 조상이다."

진시황은 내심 불안해서 자기 위안을 하는 중이었다. 어부_{御府}(황제의 물품을 관리하는 창고)에 명해 벽옥을 조사하게 했더니, 재위 28년 순행 때 장강을 건너면서 빠트린 바로 그 옥이었다. 누군가 산 귀신으로 가장해 이런 일을 꾸민 것이리라.

이 일로 점을 치니 순유하는 것이 길하다는 괘를 얻었다. 이리하여 진시황은 '산 귀신'의 말에 의하면 생의 마지막이 될지도 모르는 순행 길에 올랐다. 재위 37년이었다. 우승상 풍거질은 도성에서 지키고 언제나처럼 좌승상 이사가 수행하고, 막내아들 호해_{胡亥}도 순행을 부러워하기에 동행을 허락했다. 그해 가을, 진시황은 운몽에서 순임금에게 제사지내고 장강을 따라 내려갔다. 아마도 장강에 새로 벽옥을 던졌을 것이다. 그는 남쪽으로 내려가 회계산에 올라 우임금에게 제사지내고 비문을 새겼다. 이 비문의 내용은 앞에서 본 바와 같다. 그리고 해안을 따라 올라가 낭야에 이르렀다. 방사 서불 등은 바다로 들어가 신약을 구한다고 약속했다가 수년이 지나도 구하지 못하고 비용만 쓰자 처벌이 두려워 다시 거짓말을 했다.

"봉래의 선약은 얻을 수 있습니다. 허나 항상 커다란 상어가 괴롭혀서 닿을 수가 없습니다. 원컨대 활을 잘 쏘는 이들과 함께 가서 상어가 나타나면 연노로 쏘고자 합니다."

마침 진시황이 꿈에 해신과 싸웠는데 사람의 형상이었다. 해몽을 명하니 박사가 대답했다.

"수신은 직접 볼 수가 없으니 대어와 교룡으로서 징후를 보입니다. 지금 상께서 공경스럽게 제사를 지냈음에도 이런 악신이 나타났으니 응당 제거해야 선신善神이 올 수 있습니다."

이에 명령을 내려 바다로 들어가는 이들은 모두 거대한 물고기를 잡는 장비(작살)를 구비하도록 하고 자신도 연노를 가지고 그 물고기가 나타나기를 기다렸다가 쏘려 했다. 한참 동안 나타나지 않더니 과연 지부之罘에 이르자 물고기가 나타나 한 마리를 쏴서 죽였다. 이사가 수행했지만 그동안 진시황의 이런 허황된 행동을 저지하기 위해 무슨 조언을 했는지는 사료에 나와 있지 않다. 박사란 자들도 한결같이 진시황의 헛된 욕망에 영합하며 자리나 보전했다.

그러나 늙음에는 백약이 무약인지라 곧 평원진平原津에서 죽을병이 들었다. 진시황은 '죽음'이라는 말을 싫어했기에 군신들은 감히 황제의 죽음과 관련된 사안을 입 밖에 내지 못했다. 병이 심해지자 진시황은 맏아들 부소에게 옥새를 찍은 조서를 썼는데, "군대는 몽염에게 맡기고 함양으로 와서 상여를 맞아 장사를 지내라"는 내용이었다. 조서가 봉해진 채 중거부령中車府令 조고가 관장하는 행부새사소行符璽事所(이동시 부절과 옥새를 관리하는 곳)에 두고 아직 사자에게 넘기지 않았을 때 죽음을 맞이했다. 죽은 곳은 사구沙丘의 평대平臺, 오늘날의 하북성 형대邢臺 일대다.

5. 제국의 무게를 이기지 못한 사내들 ━━━━━

이 책에서 우리는 계속 동서양에서 거대 제국을 세운 사내들, 즉 진시황과 알렉산드로스를 비교하고 있다. 제국을 세운 후 그들이 걸어간 길이 왜 그토록 비슷할까? 알렉산드로스가 요절하지 않았더라면 양자의 유사성은 더 커졌을 것이다.

여러 기록에 따르면 회군하며 다시 페르시아 본토로 돌아오자 알렉산드로스는 방탕한 생활에 빠져들었다. 플루타르코스의《영웅전》기록에 따르면 그가 엑바타나에 머무를 때 그리스 쪽에서 무려 3000명의 연예인이 왔다고 한다. 또한 총애하던 친구 헤파이스티온이 죽자 그 일대의 산악 부족을 짐승처럼 사냥하고 성인 남자 주민을 모두 도살해 친구의 혼백에 바치는 제물로 삼았다고 한다. 그리고 그 또한 전대미문의 거대한 건축물을 만드는 일에 빠져들었다. 예전에 알렉산드로스는 그런 건축물에 관심을 두지 않았다. 그러나 작금은 사적으로 권력을 휘두르는 데 빠지고 승리에 침식되어 영혼은 껍데기만 남은 상황이었으리라. 위대한 업적을 이룬 이들이 왜 그런 함정으로 빠져들었을까?

《영웅전》에는 정복자들의 타락에 관한 극적인 이야기가 하나 실려 있다. 페르시아를 점령하고 페르세폴리스를 불태운 후 알렉산드로스는 돌연 차별 정책을 버리고 마케도니아인과 이방인들을 동등하게 대하는 융화 정책으로 돌아선다. 이것이 이른바 헬레니즘 전통의 시작이다. 그 목적은 동쪽으로 계속 전진하기 위해 후방에 남겨진 페르시아인을 달래 반란을 예방하고, 또 그들의 전투력의 도움을 받기 위해서였다. 물론 이론 자체로는 현명한 선택이었다. 그러나 그동안 전장에서 페르시아인과 목숨을 두고 겨뤘던 장군들은 이런 정책에 불만을 품었다. 클레이토스 또한 그런 사람 중 하나였다.

클레이토스가 연회에서 술에 취해 알렉산드로스의 융합 정책을 공개적으로 비판하자 화가 난 알렉산드로스는 창으로 그를 찔러버렸다. 그러나 술이 깨자 알렉산드로스는 이 일로 심하게 자책했다. 사실 한 인간의 몰락은 이런 슬픔의 순간에 끼어드는 인간들 때문이다. 알렉산드로스가 슬픔에 빠져 통곡하며 아무 일도 하지 못하자 아낙사르코스Anaxarchos라는 아첨꾼 철학자가 알렉산드로스의 방으로 들어가 이렇게 질책했다고 한다.[•]

"여기 이분께서 온 세상 만물이 우러러보는 알렉산드로스이십니다. 하지만 그분께서는 사람들의 법과 비판이 두려워 노예처럼 울면서 바닥에 누워 계십니다. 그분 자신이 사람들에게 법이 되고 정의의 척도가 되셔야 하는데도 말입니다. 그분께서 승리를 쟁취하신 것은 주인이 되고 지배자가 되시기 위해서였지, 공허한 평판에 노예처럼 예속되시기 위해서가 아닙니다."

그러고는 다시 말을 이었다.

"제우스가 정의의 여신과 법도의 여신을 자기 옆에 앉힌 것은 세상의 지배자가 행하는 일은 무엇이든 합법적이고 정의롭게 하려는 것임을 전하께서는 알지 못하신단 말입니까?"

실제로 이 말을 들은 알렉산드로스는 괴로움을 덜었다고 한다. 그러나 플루타르코스는 이렇게 지적한다. 이런 말을 듣고 알렉산드로스가

• 이 대화는 플루타르코스, 천병희 옮김, 《플루타르코스 영웅전》(숲, 2010)에서 인용했다.

더 자만심에 빠지고 법을 무시하게 되었다고. 이로 인해 그가 점점 아낙사르코스 따위를 가까이하고 껄끄러운 사람들을 멀리한 것은 물론이다. 예컨대 아낙사르코스의 대척점에 서서 상황을 정확하게 지적하던 칼리스테네스Callisthenes는 알렉산드로스의 눈 밖에 나서 기어이 살해당했다고 한다. 칼리스테네스는 마케도니아가 그리스 전체를 장악할 수 있었던 것은 그리스인의 분열 때문이었음을 지적하며 이런 시구를 인용했다고 한다.

"일단 내분이 일어나면 천하 악당도 존경받게 된다네."

악당이란 마케도니아인과 그 왕이 아닌가? 하지만 그것은 포용성 있는 이의 귀에는 정확한 사실이었다. 겸허하라는 뜻이니까. 그러나 알렉산드로스는 이 말을 참지 못했다.

쇠에 녹이 슬듯이 아첨하는 말은 영혼을 잠식한다. 아첨에 일상적으로 노출되면 진시황이나 알렉산드로스처럼 강한 사람은 대개 교만해지고, 2세 황제처럼 어리석은 자들은 방종에 빠진다. 퀸투스 또한 말년 알렉산드로스의 변화를 이렇게 서술한다.

> 알렉산드로스는 처형을 너무 서두르는 경향이 생겼고, 아첨꾼들을 신뢰하게 되었다. 물론 성공하게 되면 성향이 바뀌는 법이고, 자신이 얻은 행운을 신중하게 생각하는 사람은 거의 없다.

급기야는 이런 상황에 달했다고 한다.

그는 죽을 때와 가까워졌을 때는 예전과 달리 많이 타락하여, 전에는 아주 자제심이 강했지만 이제는 남창男娼의 판단에 의존해 어떤 이에게는 왕국을 주기도 하고, 어떤 이들에게는 생명을 빼앗기도 했다.

알렉산드로스의 타락은 페르시아 제국의 습속과도 관련이 있다. 페르시아의 왕들은 세계 제국의 왕으로서 자신들이 특수한 지위를 가지고 있다고 생각했다. 예컨대 그리스 세계에는 왕에게 부복해 절하는 전통이 없었다. 알렉산드로스는 곧장 왕을 신성시하는 페르시아의 전통에 깊이 빠져들었다. 어떤 그리스인이 그에게 부복하는 페르시아인을 보고 웃음을 터뜨리자 그는 직접 그의 머리털을 잡고 벽에 머리를 찧었다고 한다. 그는 실제로 페르시아인 1000명을 근위대로 삼고, 2만 명을 궁수와 투석 병사들로 삼아 군을 보강했다. 제국의 '아시아화'가 진행된 것이다. 아시아를 다스리기 위해 아시아화가 필요했겠지만, 이 준비되지 않은 인간에게 가장 치명적인 것은 '신격화'였다. 그는 점점 더 아부하는 사람들을 믿었다. 급기야 동성애 상대였던 내시 바이고스가 명망 있던 태수 오르시네스를 도굴꾼으로 무함해서 죽인 것도 그런 까닭이다. 그가 죽은 이유는 바이고스에게 비위를 맞출 것을 거절한 것 때문이다.

플루타르코스에 따르면, 알렉산드로스는 점점 더 미신에 빠져들어 금기를 따르며 측근들을 의심하기 시작한다. 그래서 그 주위에 점쟁이들 천지였다고 한다. 플루타르코스는 미신이 공포의 먹이가 된 알렉산드로스를 어리석음으로 가득 채웠다고 평가했다. 찬탈과 죽음을 두려

위하는 필부의 행동이 어쩌면 이토록 진시황과 비슷할까? 진시황도 생소한 동방의 방술에 빠져들어 자신을 망치고 말았다. 그러나 알렉산드로스는 술병과 정신착란으로 죽었다.

여담으로, 정작 알렉산드로스가 키루스의 무덤을 열자 그곳에는 방패, 활 두 자루, 칼 한 자루밖에 없었다고 한다. 세계에서 가장 부유하고 큰 제국을 세운 왕의 무덤이었다. 페르시아의 후대 왕들이나 알렉산드로스나 진시황은 모두 키루스의 자제를 터득하지 못한 셈이다.

제8장

진을 멸할 자는 호인가, 민인가

• • •

진시황이 죽자 후계자를 둘러싼 암투가 진의 운명을 바꿔놓았다. 다시 잠시 서양 이야기를 하자. 알렉산드로스도 후계자를 지정해주지 않고 그저 "가장 강한 자에게"라는 유언만 남겼다고 한다. 그가 죽자 군대를 지휘하는 이들은 모두 스스로 무장하고 왕위 경쟁에 뛰어들었다. 만인에 대한 만인의 투쟁 상태였던 셈이다. 비참한 혼란과 유혈 충돌 중에 왕의 유해는 6일 동안 방치되었다. 그 뜨거운 중동의 태양 아래 방치된 시신은 다행히 썩지 않았다고 하는데, 이 때문에 훗날 독살설이 제기된다. 그의 운명과 진시황의 운명은 어쩌면 이렇게 유사할까?

운 좋게 왕의 시신을 차지한 이는 프톨레마이오스였는데, 그는 이집트로 왕의 시신을 옮겼다. 이 또한 조고 일당이 진시황의 시체를 가지고 음모를 꾸미는 것과 어떻게 이렇게 흡사할까? 당장 알렉산드로스의 제국은 세 왕국으로 분열되었다. 마치 진이 갈라지고 다시 열국이 살아나 쟁탈전에 나선 것처럼. 그토록 많은 사람들을 죽인 채 얻은 제국이라면 아껴서 간수할 줄 알아야 한다. 사슴을 삼킨 뱀이 몇 달을 쉬며 먹이를 소화하듯, 큰 전쟁 후에는 쉬는 시간이 필요하다. 알렉산드로스는 쉴 시간이 없었고 진시황은 쉴 수 있었으나 쉬지 않았다.

이 장에서 우리는 통일을 완수하자마자 몰락의 길을 가는 진 제국을 목격할 것이다. 진을 망친 이는 과연 누구인가?

1. 제국을 훔친 음모[*]

진시황은 태자를 정해두지 않고 죽었다. 맏이인 부소가 응당 태자가 되어야 하겠지만, 진시황 본인은 '진인(신선)' 아닌가? 영원히 살 수 있다면 태자를 세워 권력을 조금이라도 분산시킬 필요가 있겠는가? 이유가 무엇이든 아직 태자가 없는데 황제가 도성 밖에서 죽었으니 공자들끼리 제위를 두고 싸워 일대 혼란이 벌어질 가능성이 있었다. 승상 이사는 이런 사태가 두려워 사망 사실을 공표하지 않고 시신이 함양에 도착한 후 발상發喪할 계획을 세웠다. 충분히 이해할 수 있는 행동이다. 이리하여 진시황은 죽어도 죽지 못하고 관에 누워 침대차[輼涼車]에 실

---

* 《사기》 〈진시황본기〉와 〈이사열전〉을 기반으로 구성한 것이다. 다른 출처는 따로 밝히겠다.

려 함양으로 향했다. 황제가 죽은 것을 사람들이 눈치챌까 봐 수레에 환관 한 사람을 넣어 황제를 대신해 결재하도록 했다.

그러나 순행을 수행하는 이는 그 혼자만이 아니었다. 황제의 옥새와 부절을 관리하는 중거부령 조고라는 자는 만만치 않은 인물이었다. 또 한 진시황 생전에 총애를 받던 호해도 이번 순행을 따랐다. 조고는 호 해에게 글을 가르치고 형법과 여러 법령을 가르친 사람이니 둘의 사적 인 관계는 남달랐다. 조고는 훗날 '지록위마指鹿爲馬'라는 고사를 남긴 희대의 간신이다. 그는 장자 부소에게 옥새가 찍힌 편지를 보내지 않 고 음모를 꾸몄다. 조고는 먼저 공자 호해에게 유세했다.

"황상께서 붕어하시면서 여러 공자들을 왕으로 봉한다는 명은 없이 장자에게만 서신을 내렸습니다. 장자가 도착해 황제로 즉위하면 공자 께서는 척촌尺寸의 땅도 얻지 못할 텐데 어찌하시렵니까?"

호해가 당연한 듯 대답했다.

"원래 그런 것이지요. 밝은 군주는 신하를 알고 밝은 아버지는 아들 을 안다고 합니다. 부친께서 종신토록 아들들을 봉하지 않았으니 이제 와서 무슨 말을 할 수 있겠소."

조고가 유혹했다.

"그렇지 않습니다. 지금 천하의 권력과 존망의 관건이 공자와 저와 승상의 손에 있을 뿐입니다. 공자께서는 대사를 도모하소서. 또한 남 을 신하로 삼는 것과 남의 신하가 되는 것, 남을 제어하는 것과 제어되 는 것을 어찌 같다고 할 수 있겠습니까?"

호해는 거절했다.

"형을 폐하고 동생을 세우는 것은 불의한 것이고, 아버지의 유조를 받들지 않고 죽음을 두려워하는 것은 불효한 짓이며, 재능도 없으면서 남의 공을 강제로 가로채는 것은 무능한 짓입니다. 이 셋은 덕을 거스르는 행동이니, 천하가 승복하지 않아, 자기 몸을 위험에 빠뜨리고 사직의 제사를 끊을 짓이오."

조고는 야심가에다 세 치 혀로도 쇠를 끊을 달변가였다.

"신이 듣기로 탕왕과 무왕도 자기 군주를 죽였건만 천하는 그들을 의롭다 칭송했지 불충하다 욕하지 않았습니다. 위나라 군주[衛君]는 그 아비를 죽였지만 위나라 사람들은 그의 덕을 기렸으며 공자도 이를 기록하며 불효로 여기지 않았습니다. 무릇 큰일을 할 때는 자그마한 근행勤行을 무시하고, 큰 덕은 겸양의 말치레를 하지 않는다[大行不小謹, 盛德不辭讓] 합니다. 마을마다 마땅한 습속이 있고 백관이 하는 일은 다 다른 것입니다. 그러니 작은 것에 얽매여 큰일을 망치면 훗날 반드시 해를 입을 것이고, 여우처럼 의심하고 미적거리다가는 훗날 분명 후회하게 될 것입니다. 과감하게 결단하고 행하면 귀신이라도 피하는 법이니 훗날 공을 이룰 것입니다. 공자께서는 결행하소서."

반쯤 혹한 호해가 걱정했다.

"지금 황상의 붕어도 발표하지 않고 상례도 끝나지 않았는데, 어찌 이런 일을 승상에게 요구할 수 있겠소."

조고가 다그쳤다.

"시간, 시간이 문제입니다. 지금 이리저리 생각할 겨를이 없습니다. 군량을 채우고 말을 달려도 시간을 못 맞출까 걱정입니다."

줏대 없는 호해는 조고의 말에 완전히 넘어갔다. 그다음은 이사다. 조고는 호해에게 이사를 설득하겠노라 하고 이사를 찾아가 말했다.

"황상께서 붕어하시고 장자에게 서신을 내려 함양에서 상여를 맞고 후사를 이으라 하셨습니다. 서신을 아직 보내지 않은 차에 상께서 붕어하셨으니 이를 아는 이는 없습니다. 장자에게 내린 서신과 부절과 옥새는 모두 공자 호해의 처소에 있으니, 태자를 정하는 것은 군후(이사)와 저의 입에 달려 있을 뿐입니다. 장차 일을 어찌 처리하시렵니까?"

이사가 주의를 주었다.

"어찌 나라를 망칠 말을 하는가? 이는 남의 신하된 이가 의논할 바가 아니오."

조고의 언변은 이사 못지않다.

"스스로 생각하기에 군후와 몽염 중 누가 능력이 낫습니까? 누구의 공이 더 높습니까? 긴 안목으로 대책을 내어 실패하지 않는 면에서는요? 천하 사람들에게 원한을 사지 않은 면에서는 또 어떻습니까? 또 누가 장자와 오래 사귀어 더 신임을 받고 있습니까?"

이사가 당황한다.

"다섯 가지 다 내가 몽염만 못하다. 허나 그대는 어찌 이리 심하게 따지는가?"

조고가 이사에게 이치를 따진다.

"저는 내관(환관)의 노비에 불과했으나 다행히 도필刀筆로 글을 짓는 (법문을 해석하는) 재주로 진의 궁에 들어와 20여 년 일을 관장했으나, 일찍이 진의 승상이나 공신으로서 봉지가 있는 이가 이를 2세까지 전하도록 내버려두는 꼴을 본 적이 없습니다. 모두 죽여서 없앴지요."

조고는 이사의 지난날의 행적을 꿰고 있었다. 그는 이사가 그다지 지조가 있는 사람이 아니라는 것을 알고 있다. 조고는 이사의 약점을 파고든다.

"그리고 황제의 아들 20여 명은 군후께서도 잘 아시는 바입니다. 장자는 강인하고 무용이 있어서 남을 믿고 용사들을 분발시키는 능력이 있으니 즉위하면 분명 몽염을 승상으로 쓸 테고, 군후께서는 결국 통후의 인새를 품고 고향으로 돌아가지 못할 것이 명백합니다. 저는 황제의 명을 받아 공자 호해에게 법에 관한 일을 가르친 지 여러 해인데 일찍이 틀리는 것을 본 적이 없습니다. 공자는 인자하고 돈후하며 재물을 가벼이 보고 선비들을 아끼며 속으로는 분별력이 있으나 말은 어눌하고 예를 다해 선비들을 공경합니다. 진의 여러 공자들 중에 그에 미치는 이는 없으니 공자를 후사로 세우는 것이 가능합니다. 군후께서 생각해보시고 결정하시지요."

고향으로 돌아가지 못한다는 것은 곧 죽는다는 뜻이다. 이사는 조고를 두려워한다.

"그대는 자기 자리로 돌아가라! 나는 군주의 유조를 받들고 하늘의 명을 들을 뿐인데, 무엇을 생각하고 무엇을 결정한단 말인가?"

조고는 이사에게 결정을 촉구했다.

"편안함도 위태로움으로 바뀔 수 있고 위태로움도 편안함이 될 수 있습니다. 안위를 결정할 수 없다면 무엇 때문에 성인을 귀하게 여기겠습니까?"

이사가 다시 도리를 이야기한다.

"나 사는 상채 여항의 포의였다. 허나 황상께서 나를 승상으로 발탁하시고 통후에 봉했으며 자손은 모두 높은 지위에 중한 녹을 받는 위치에 이르렀으니, 나라의 존망과 안위의 중임을 나에게 맡긴 것이다. 한데 어찌 그 뜻을 배반하겠는가. 충신은 요행을 바라서 죽음을 피하지 않고, 효자는 위험할 정도로 심신을 피로하게 하지 않는다 하니, 남의 신하된 이들은 각자의 직분을 다할 뿐이다. 그대는 다시 말을 꺼내 내가 죄를 짓게 하지 말라."

조고는 은근히 이사를 격발한다.

"듣자하니 성인은 항상 움직이니 일정한 거처가 없고, 시절에 따라 변화하며, 말단을 보고 근본을 알며, 가리키는 바를 보면 돌아갈 바를 안다고 합니다. 사물이 실로 이럴진대 어찌 변하지 않는 법도[常法]가 있겠습니까? 바야흐로 천하의 권력과 운명이 호해의 손에 달려 있고, 저는 뜻을 이룰 수 있습니다. 또한 바깥이 중심을 제어하는 것을 혹惑(미혹)이라 하고 아래가 위를 제어하는 것을 적賊이라 합니다. 하오니 가을 서리가 내리면 풀꽃은 떨어지고 (봄에) 물이 녹아 움직이면 만물이 다시 자라나니, 이는 필연의 결과입니다. 군후께서는 어찌 아직도 이를 모르십니까?"

이사는 신하의 도리를 다시 강조한다.

"진晉이 태자를 바꾸더니 3대 동안 안정되지 못했고, 제 환공 형제가 자리를 다투다 형제끼리 죽였고, 은나라 주紂왕은 친척을 죽이고 간언을 듣지 않다가 나라를 폐허로 만들고 사직을 위태롭게 했다. 이런 행동 셋은 하늘을 거스르는 짓이니 종묘에 제사를 끊는 일이다. 내가 차마 인간으로서 어찌 그런 일을 도모하겠는가?"

하지만 조고는 이사가 두려워하는 것은 도리가 아니라 성패라는 것을 알고 있다. 그는 성패의 득실을 명확히 따진다.

"상하가 하나로 합치고 안팎이 한 덩어리처럼 되면 일에 틈이 있을 수 없습니다. 군후께서 제 계책을 받아들이면 오랫동안 봉후의 자리를 유지하고 세세로 고孤를 칭할 것이며 반드시 교송喬松(주나라 왕자 교와 적송자. 모두 전설적으로 오래 산 인물들이다)처럼 장수할 것이며 공자나 묵자의 지혜를 갖출 것입니다. 지금 이 수를 버리고 따르지 않으면 화가 자손에게 미칠 것이니 족히 한심한 일입니다. 일을 잘하는 이는 화를 복으로 바꿉니다. 군후께서는 무엇을 택하시렵니까?"

그러자 이사가 하늘을 우러러 한탄하더니, 눈물을 흘리며 큰 한숨을 쉬며 말했다고 한다.

"슬프도다. 홀로 어지러운 세상을 만나 이미 죽을 수도 없었으니 이제 어디다 명을 맡긴단 말인가?"

이리하여 이사는 조고의 청을 받아들였고, 조고는 이내 호해에게 보고했다.

"신이 태자의 명을 받들어 승상에게 고하니 승상이 감히 명을 받들지 않을 수 있겠습니까?"

이렇게 계획이 완성되었다. 이는 두 고수가 자웅을 겨루는 대단히 역동적인 대화다. 그들이 음모를 꾸민 것은 사실이나 그들 사이의 은밀한 대화를 기록한 사람이 있을 리 없다. 그러니 이런 이야기를 다 믿을 수 없다. 다만 이미 이들의 음모는 셋 외에도 진시황이 죽은 사실을 아는 이들이 몇 있었고, 훗날 조고를 죽이는 자영이 조고 일당을 심문하면서 이런 이야기를 밝혀 기록으로 남겼을 것이다. 필자는 훗날 이사가 조고의 무함으로 옥에서 죽음을 기다릴 때, 자신의 억울함을 호소하기 위해 기록을 남겨 몰래 전했다고 본다. 자신이 죽는 마당에 조고의 악행을 두고 볼 수 없었을 것이다. 실제로 대화는 상당히 이사에게 호의적으로 기록되어 있다. 이런 기록과 심문 기록을 종합해 사관이 판단을 내렸고, 사마천이 여기에다 당시의 여러 떠도는 기록까지 합쳐 열전에 실었을 것이다. 어쨌든 열전이 아니면 이런 대화를 읽을 수 없다.

뒤에서 이야기하겠지만 조고는 원래 몽씨와 원한이 있었다. 그러나 이사는 왜 이 모의에 가담했을까? 몽씨를 제거하면 자신의 권세가 영원히 이어진다고 생각했을까? 조고가 강조했듯이 진시황과 확연히 기질이 다른 부소가 정권을 잡고 몽염이 보좌하면 이사는 위태로워진다. 어떤 이유에서든 셋은 공모하여 황제의 조서를 받은 것처럼 속여 호해를 태자로 세우고, 부소에게 보내는 황제의 새서를 뜯고 내용을 고쳐서 보냈다. 내용은 실로 섬뜩했다.

짐이 천하를 순행하며 명산의 여러 신들에게 제사를 올려 명을 연장하려 했노라. 지금 부소는 장군 몽염과 더불어 수십만 무리를 이끌고 변경에 주둔한 지 10여 년이 되었건만 앞으로 나가지도 못하고 사졸만 소모하며 척촌의 공도 세우지 못했다. 게다가 도리어 여러 번 편지를 써서 내가 하는 바를 비방하고, 태자의 자리로 돌아가지 못하는 것을 주야로 원망했다. 부소는 자식된 이로서 불효했으니, 검을 내려 자진을 명한다. 장군 몽염은 부소와 함께 밖에 있으면서 잘못된 바를 바로잡지 않았으니 응당 부소의 모의를 알았을 것이다. 몽염은 신하된 이로서 불충했으니 죽음을 내린다. 군대는 비장 왕리王離에게 귀속시켜라.

이 서신에 황제의 옥새를 찍은 후 상군에 있는 부소와 몽염의 거소로 보냈다.' 그들은 몽씨를 끝장내고 군권을 왕씨에게 넘기고자 하고 있다. 왕리란 바로 왕전의 손자이자 왕분의 아들이다.

죽고도 죽지 못하는 진시황은 관 안에 누워 침묵을 지키고 있었다. 때는 여름이라 온량거에서 시신이 썩는 악취가 났다. 그러자 이를 감추고자 말린 고기 한 석을 같이 실어 냄새를 구분하지 못하게 했다. 죽은 자를 실은 행렬은 직도를 따라 함양으로 곧장 달렸다.

그럼 부소와 몽염은 어떻게 되었을까? 서신을 받은 부소는 아연실색했다. 그는 편지를 뜯어보고 눈물을 흘리더니, 자진自盡하려 내실로 들어갔다. 몽염이 부소를 말리며 말했다.

"폐하께서 밖에 계시고 태자를 아직 세우지 않은 마당에, 신으로 하여금 30만을 이끌고 변경을 시키게 하고 공자에게 군대를 감독하게

• 진시황 사망 관련 이야기가 너무 극적이라 어디까지 믿어야 할지 심히 혼란하다. 그러나 새서는 공식적인 문서로 몽염과 부소가 다 보고 군주의 기록관이 기록한 것이니 완벽한 기록이다. 이때 진시황은 이미 죽었고 시체는 썩고 있었다. 이 일에 가담한 이들이 한두 명일 리가 없으니 완벽한 입막음은 불가능했을 것이다. 구체적인 대화에 윤색이 있을 것이나 전체적인 사실은 별로 달라지지 않는다. 편지가 발송된 시점에서도 알 수 있듯이, 그들은 죽은 사람을 버젓이 산 사람으로 가장해 천하를 속이는 중이다.

하셨으니 이는 천하의 막중한 임무입니다. 오늘 사자 한 명이 왔다고 바로 자진하시면 이 명이 거짓인지 아닌지 어찌 알겠습니까? 다시 명을 청하소서. 다시 청한 후에 죽어도 늦지 않습니다."

몽염은 음모를 확신하고 있었다. 그 사이 사자는 여러 차례 죽음을 재촉해왔다. 부소는 사람됨이 어질어서 몽염에게 말했다.

"아버지가 아들에게 죽음을 내렸는데 어찌 다시 명을 청하겠습니까?"

말을 마치고 부소는 자결했다.

2. 만리장성을 제거하다

하지만 몽염은 순순히 죽음을 받아들이지 않고 다시 명을 요청했다. 이리하여 그는 관리에게 넘겨져 양주陽周의 옥에 갇혔다. 사자가 돌아와 부소가 죽고 몽염을 옥리에게 넘겼다고 보고하니 세 음모자들은 크게 기뻐했다. 그들은 함양으로 돌아가 발상하고 호해가 2세 황제로 즉위했다. 조고는 낭중령으로 황제의 최측근이 되어 권력을 장악했다.

몽염은 무엇을 염두에 두고 죽음을 거부했을까? 사태는 조금 복잡하다.《사기》〈몽염열전蒙恬列傳〉에 몽씨와 조고의 악연이 실려 있다. 몽씨라 하면 원래 제나라 출신이나 대대로 진에서 군공을 세워 대장군에 이른 가문이다. 당시 진에는 왕전-왕분-왕리로 이어지는 왕씨, 몽오-몽무-몽염으로 이어지는 몽씨 두 가문이 군대를 다스리고 있었다. 허나 당시는 몽염이 30만 대군을 거느리고 변방에 거주하고 왕리가 부장으로 있으니 몽씨가 근소하게 우세한 상황이라 할 수 있었다. 시황제는 살아생전에 몽씨 일족이 똑똑하다고 여겨 총애했는데, 특히 몽염의 동생 몽의蒙毅를 중임하여 상경의 작에 오르도록 하고 밖으로 나갈 때는 수레에 함께 태우고 들어오면 항상 곁에 두었다. 몽염이 밖에서 군대를 이끌고 밖의 일을 맡고 몽의는 항상 안에서 대책을 내니 모두 충성스럽다는 이름을 얻었고 여러 장상이 감히 그들과 맞서려 하지 않았다고 한다.

허나 문제는 조고와의 악연이었다. 조고는 은궁隱宮에서 태어난 자로서 그 어머니는 형을 받아 죽었고, 집안은 대대로 비천한 신분이었다. 그러나 진시황(당시 진왕)은 조고가 강단이 있고 형법에 통달했다는 말을 듣고 그를 중거부령으로 임명했다. 조고는 사적으로 호해를 섬겨 옥사를 판결하는 법을 가르쳤다. 그러다 조고가 큰 죄를 지었기에 진시황은 몽의를 시켜 법으로 다스리게 했다. 몽의는 감히 법을 구부리지 않고 조고에게 사형을 내리고 그의 이름을 환관의 적에서 깎아냈다. 당시 진의 법에 따르면 죽은 이는 적에서 없앤다. 그러나 진시황은 조고가 일처리에 능하다 하여 사면하고 관직에 복귀시켰다. 조고는 이 일을 잊지 않고 몽의에게 이를 갈고 있었다.

마침 진시황이 천하를 순유하고자 길을 닦아 구원에서 감천으로 바로 연결하려 했다. 이리하여 몽염에게 길을 내도록 하니 구원에서 감천까지 산을 깎고 계곡을 메운 길이 1800리가 이어졌지만, 아직 완성하지는 못한 상황이었다. 진시황이 순행을 하다 병이 들자 몽의에게 함양으로 돌아가 산천에 명을 비는 제사를 올리게 했다. 그가 아직 도착하지 못했을 때 진시황이 사구에서 죽었다. 조고와 이사가 이를 비밀로 부쳤으니 몽의는 물론 여러 신하들은 그 사실을 몰랐다. 그때 조고가 부소와 몽염에게 죽음을 내린다는 조서를 보낸 것이다.

호해는 부소가 죽었다는 말을 듣고 바로 몽염을 석방할 생각이었다. 그러나 조고는 몽씨가 다시 귀해져서 일을 주관할까 두려웠다. 몽의가 제사를 지내고 돌아오자 조고는 몽씨 가문의 씨를 말리고자 호해에게 무함하는 말을 올렸다.

"신이 듣기로 선제께서 현명한 이(바로 호해)를 들어 태자로 세우려 했으나 몽의가 결코 안 된다고 간했다 합니다. 만약 현명한 줄 알고도 태자로 세우지 않았다면 이는 불충하게도 군주를 속인 것입니다. 신의 어리석은 생각으로는 그를 죽이는 것이 낫습니다."

호해는 이 말을 받아들여 몽의를 대代 땅의 옥에 넣었지만 아직 죽이지는 않았다. 그러니 형은 이미 양주 땅의 옥에 갇혔는데 동생마저 옥에 갇힌 형국이었다. 조고가 몽씨의 없는 죄까지 들어내 탄핵하자 공자 자영子嬰'이 나아가 간했다.

"신은 조왕 천은 양신 이목을 죽이고 안취를 기용했고, 연왕 희는 몰래 형가의 모책을 이용하여 진과의 약속을 어겼으며, 제왕 건은 대대로 이어오던 충신을 죽이고 후승의 계책을 썼다고 들었습니다. 이 세

- 호해는 갓 약관을 넘겼으니, 자영은 아마도 진시황의 아들 중 한 명일 것이다. '자영'이 '공자 영'이라는 뜻인지 원래 이름인지는 명확하지 않다. 훗날 난리 통에 황제로 등극하지만 비운의 최후를 맞는다.

군주는 모두 변고變古(오래된 것을 고침)로 나라를 잃고 자기 몸까지 재앙이 미쳤습니다. 지금 몽씨는 진나라의 대신이며 모사인데 하루아침에 버리려 하시니 신은 가만히 이를 불가하다 여깁니다."

호해가 듣지 않고 어사 곡궁曲宮을 보내 몽의에게 명했다.

"선주께서 태자를 세우고자 했으나 경은 난색을 표했다. 지금 승상은 경의 불충죄는 일족을 멸해야 한다고 판단한다. 허나 짐은 차마 그럴 수 없어 경에게만 죽음을 내리니 역시 큰 다행이다. 경은 결행하라."

몽의가 항변했다.

"신이 선주의 뜻을 얻지 못하였다 하오나, 신은 어린 나이에 벼슬에 올라 황상께서 붕어하시는 날까지 모셨습니다. 신이 태자(호해)의 능력을 알아보지 못했다 하나, 태자 혼자서 순행을 따랐음을 온 천하가 다 아는 일이니 신은 태자께서 여러 공자들보다 훨씬 뛰어남을 의심하지 않았습니다. 무릇 선주께서 태자를 들어 쓰신 지 여러 해인데, 신이 감히 무슨 말을 올리며 무슨 다른 생각을 품었겠습니까? 감히 말을 꾸며 죽음을 피하고자 하는 바가 아니라 선주의 이름에 누를 끼치는 것이 부끄러워 그런 것이니, 대부(사자)께서는 이를 고려하시어 신이 죽어야 하는 실정[得死情實]을 알려주소서. 무릇 공을 이루고도 몸을 온전하게 하는 것을 도는 귀하게 여기며, 형을 받아 죽음은 도의 말단입니다.

옛날 진목공은 양신 셋을 죽이고(순장하고), 정당하지 않은 죄를 걸어 백리해를 벌했기에 '목穆'이라는 시호를 얻었습니다. 소양왕은 무안군 백기를 죽였고, 초평왕은 오사를 죽였으며 오왕 부차는 오자서를 죽였습니다. 이 네 군주가 모두 큰 과실이 있으니 천하가 비방하고 밝지 못한 군주로 여겼고, 이로 인해 제후들에게 알려졌습니다. 하오니 말하길, '도로 다스리는 자는 죄 없는 이를 죽이지 않고, 무고한 자에게 벌을 내리지 않는다'고 했습니다. 대부께서는 유념해주소서."

사자는 반드시 죽이라는 명을 받았기에 몽의의 청을 들어주지 않았다. 몽의는 이렇게 죽었다. 호해는 또한 양주에 사자를 보내 몽염에게 말했다.

"경의 잘못은 많고, 경의 동생 의가 대죄를 범했으니 법에 따르면 죄가 그대 내사內史(몽염의 관직)에까지 미치오."

몽염이 동생처럼 항변했다.

"저의 선대부터 자손까지 진에 공과 믿음을 쌓은 지 3대입니다. 지금 신은 30만 무리를 이끌고 있으니, 비록 갇힌 몸이나 세勢로는 충분히 배반할 수 있습니다. 허나 스스로 반드시 죽을 것을 알면서도 이렇게 의를 지키는 것은 선인(선대)의 가르침을 욕되게 할 수 없고 선주를 저버릴 수 없기 때문입니다."

몽염은 섭정 주공 단이 성왕을 위해 자기 한 몸을 바치려 한 이야기를 예로 들더니 침통한 마음을 토로했다.

"지금 우리 집안은 평생토록 두 마음을 품은 적이 없는데 일이 이 지경에 이른 것은 분명 요사스러운 신하가 역란을 꾸며 안으로 군주를 능멸하는 까닭입니다. 주나라 성왕은 그래도 잘못을 고쳐 결국은 창성했고 하나라 걸은 관용봉을 죽이고 은나라 주는 왕자 비간을 죽이고도 반성하지 않다가 자기 몸은 죽고 나라는 망했습니다. (중략) 신의 말씀은 구차하게 삶을 구하는 것이 아니라 간언을 올리고 죽으려는 것입니다. 폐하께서는 만민을 생각하시고 도를 따르소서."

그러나 사자가 냉혹하게 채근했다.

"신은 조칙을 받아 장군 앞에서 법을 집행하는 사람이니, 감히 장군의 말씀을 위로 전할 수가 없습니다."

몽염이 크게 탄식했다.

"내가 하늘에 무슨 죄를 지었기에 죄도 없이 죽어야 한단 말인가?"

한참이 지나 천천히 말했다.

"나는 실로 죽어 마땅한 죄를 지었다. 임조에서 요동까지 성을 쌓고 땅을 파낸 것이 1만여 리에 이른다. 그 와중에 지맥을 끊지 않았을 리 있겠는가? 이것의 나 몽염의 죄다."

몽염은 말을 마치고는 독을 삼키고 죽었다. 그는 지맥을 끊었기에 화를 입었는가? 태사공의 생각은 달랐다.

나는 북변으로 갔다가 직도를 따라 돌아왔다. 행로에 몽염이 만든 진나라 장성과 정장亭障(보루)을 보았는데, 산을 깎고 골짜기를 메워 직도를 만들었으니 실로 백성의 노동력을 가벼이 사용한 것이다. 진이 처음에 제후들을 멸망시켰을 때 천하의 민심은 아직 안정되지 않고 전쟁의 상처가 아직 아물지 않은 상황이었다. 허나 몽염은 이름난 장수가 되어 이 시기에 강하게 간하여 백성들의 위급함을 구하고 늙은 이를 봉양하고 고아들을 살리며 백성들을 화합시키는 데 힘쓰지 않고, 군주의 뜻에 영합해 공사를 일으켰으니 그들 형제가 주살당한 것 또한 마땅하지 않은가? 어찌 지맥에 죄를 떠넘기는가?"

몽염이 진시황에게 영합한 것은 사실이다. 그러나 그의 과실은 뒤로 하고 몽염은 진이 만든 무형無形의 장성이다. 30만 군대를 이끌고 그토록 오랜 세월 북변을 지켰으므로 흉노는 그를 두려워했다. 그는 스스로 장성을 쌓고 길을 뚫었기에 북변의 정세에 훤했다. 또한 그는 군대에서 명망이 있었기에 유사 시 정예를 이끌고 반란을 진압할 수도 있었다. 오래된 장수를 이유 없이 제거하면 군심이 동요한다. 큰일이 생겨 군사를 동원하게 되면 누가 나라를 지킬 것인가? 이런 인재는 하루아침에 길러지는 것이 아니니 독단적으로 죽여서는 안 되는 것이다. 독자들은 훗날 몽염을 대신한 왕리가 어떤 운명을 맞을지 염두에 두고 계시라.

3. '호'의 정체: 도살자

거슬리는 몽씨를 제거하고 태자 호해는 함양에서 제위에 올랐다. 이제 누가 그를 막겠는가? 지금부터 그는 사서에 길이 남을 전무후무한 악행을 행하기 시작하니, 이를 글로 옮기기도 살 떨리는 일이다. 진시황은 말년에 총기를 잃었지만 이 줏대 없는 젊은 황제는 이미 권력에 취해 어리석음이 극을 달리고 시시각각 포악함을 더해갔다. 그는 국가를 다스리는 원리를 몰랐을 뿐 아니라, 국가의 존재 이유를 자체를 이해하지 못했다.

9월, 2세는 아버지의 시신을 여산酈山에 묻었다. 그는 즉위한 후부터 여산을 뚫는 공사를 시작했다. 천하를 병탄한 후에는 천하의 형도 70만 명을 보내 삼천三泉(깊은 묘혈)을 뚫고 구리를 부어 외곽을 만들고 지하에도 궁전의 모양을 본딴 시설을 만들었다. 그의 시신과 함께 갖은 보물을 함께 묻었다. 또한 장인들을 시켜 기계식 쇠뇌를 만들고 화살을 장전하여 묘를 뚫고 가까이 오는 이가 있으면 자동으로 발사되게 만들었다. 땅을 파서 천하의 온갖 하천과 바다의 모양을 만들고 수은을 들이부은 후 기계를 써서 흐르게 하니 위로는 천문을 구비하고 아래로는 지리를 갖췄다고 한다. 또한 인어人魚(?)의 기름으로 초를 만들어 오랫동안 꺼지지 않도록 했다.

2세가 말했다.

"선제의 후궁 중에 자식이 없는 이들을 궁 밖으로 보내는 것은 옳지 않다."

그러고는 그녀들을 순장해버리니 많은 사람이 죽었다. 원래 자식이 없는 여자들을 밖으로 내보내야 옳음에도 이 풋내기가 황제로서 한 첫 조치가 바로 살인이었다. 또 진시황의 시신 매장이 끝나자 어떤 이가 이렇게 말했다.

"장인이 기계를 만들었으니 어디에 보물을 묻었는지 다 압니다. 보물이 많으면 도굴당합니다."

이리하여 매장을 마치고 또 부장품도 다 묻은 후 밖에서 묘도를 막아서 장인들과 부장에 참가한 이들을 모두 밖으로 못 나오게 만들고 초목을 심어 보통 산처럼 만들었다. 남의 묘를 파고 정작 자신이 그 안에 묻힌 사람들은 원혼이나마 빠져나왔을까?

2세는 진시황의 묘를 조묘祖廟로 삼아 지위를 높이는 작업에서 정사를 시작했다. 황제의 지위는 아버지 때부터 시작되었기에 아버지가 바로 진의 조상이라는 식이다. 그는 나라를 다스릴 재목이 아니었고, 낭중령 조고는 남의 욕망을 부추기고 편승하는 데 도가 튼 사람이었다. 2세는 지위가 불안해서 조고와 모의했다.

"짐의 나이가 어리고 갓 즉위했으니 검수들이 아직 따르지 않소. 선제께서는 군현을 순행하면서 강함을 과시하고 위엄으로 천하를 굴복시켰소. 짐이 편안히 있으면서 순행을 하지 않는다면 이는 약한 모습을 보이는 것이니, 이리해서는 천하를 다스릴 방법이 없소."

이리하여 2세는 아무런 공업도 없으면서 동쪽으로 군현을 순행했고 이번에도 이사가 수행했다. 갈석에 이르고 회계에 이르며 아버지가 세운 석비에 글을 더하면서 허황된 위세를 과시했다. 그는 아버지와 마찬가지로 법령을 공표했다. 법령을 공표한다는 것은 아버지의 법을 고친다는 뜻이다. 그리고 다시 조고와 모의했다.

"대신들이 불복하고 관리들은 여전히 완강하니 여러 공자들이 분명 나와 다투려 할 것이오. 이를 어찌하오?"

조고가 대답했다.

"신이 원래부터 말씀드리고자 했으나 감히 그러지 못했습니다. 선제의 대신들은 모두 대대로 이어온 명문 귀족인이라, 공을 쌓고 대대로 노력하여 지위를 이어온 지 오래입니다. 지금 저는 원래 비천한 출신이나 다행히 폐하께서 써주시어 높은 자리에서 내부의 일을 관장하고 있습니다만, 대신들은 속으로 앙심을 품고 겉으로는 신을 따르나 실상 마음으로는 불복하고 있습니다. 지금 황상께서 출행하는 것을 기화로 군현의 수守와 위尉 중 죄가 있는 자들을 죽이시면 위로는 천하에 위엄을 떨치고 아래로는 황상께서 평소에 일을 맡길 수 없다고 여기던 자들을 제거할 수 있습니다.

지금은 문덕을 따를 때가 아니라 무력으로 결단할 때입니다. 폐하께서 현재의 상황을 쫓고 의심하지 않으시면 군신들은 미처 모의할 틈이 없을 것입니다. 밝은 군주께서 남겨진 백성[餘民, 망한 나라의 남겨진 백성, 즉 과거 6국의 백성]들을 거두고 천한 자를 귀하게 하고 가난한 자를 부하게 하며 먼 곳의 사람을 가까이하면 상하가 응집되어 나라가 안녕할 것입니다."

2세가 그럴듯하게 여겨 허락했다. 이는 정통성 없는 이가 흔히 하는 방식대로 아랫사람들 사이의 갈등을 부추기고 줄을 세우는 방식이다. 그리하여 일대 숙청이 벌어졌다. 대신들과 공자들은 줄줄이 죽어나가고 황제 주변의 하급 관리까지 법으로 해코지하니 모두들 목숨이 아까워 벌벌 떨었다. 《사기》〈이사열전〉에는 12명의 공자가 저자에서 처형되고 12명의 공주도 돌에 맞아 죽었다고 되어 있다. 《사기》〈진시황본기〉에서 전하는 처형된 공자는 9명이다. 본기에 나오는 공자 장려將閭 삼형제의 최후와 열전에 나오는 공자 고高의 최후가 사뭇 처량하다. 2세가 사람을 보내 장려에게 명을 내렸다.

"공자는 신하의 도리를 다하지 않았으니 죄는 응당 사형이요. 관리가 법을 집행할 것이오."

장려가 항변했다.

"궁궐의 예를 행할 때 나는 유사의 말을 따르지 않은 적이 없고, 조정에서도 감히 범절을 어긴 적이 없소. 명을 받들어 응할 때도 아직 실언한 적이 없소. 내가 어찌 신하된 도리를 다하지 못했단 말이오. 그 죄명이라도 듣고 죽고자 하오."

그러나 사자는 매정했다.

"신은 더불어 의논할 위치에 있지 않고, 그저 조서를 받들어 일을 집행할 뿐입니다."

장려는 하늘을 우러러 크게 소리쳤다.

"하늘이시여, 나는 죄가 없습니다."

그러고는 삼형제가 검을 뽑아 자결했다. 이 일로 종실이 요동치고 신하들도 자리나 지키고자 입을 닫았으며 서민들도 공포에 떨었다. 그때 연좌된 사람이 헤아릴 수 없을 정도로 많았다고 한다. 공자 고는 원래 달아나려 했지만 일족을 모두 잡아들일까 두려워 포기하고 글을 올렸다.

"선제께서 건강하실 때 신이 들어가면 음식을 내려주시고 나오면 수레를 함께 태웠습니다. 어부의 옷을 신에게 내려주시고 황실 마구간의 보마도 내리셨습니다. 신은 의당 선제를 따라 죽어야 했으나 그러지 못했으니 자식으로서 불효한 것이고 신하로서 불충한 것입니다. 불충한 자는 후세에 이름을 세울 방도가 없으니 신은 선제를 따라 죽고자 하옵니다. 원컨대 여산(시황제의 능) 기슭에 묻어주시옵소서. 황상께서 다행히 저를 가련히 여기시기만을 바랍니다."

호해는 이 소식을 듣고 뛸 듯이 기뻐하며 허락했다. 스스로 죽어준다니 얼마나 후련했겠는가. 2세의 살상 행각은 이토록 거침이 없었다. 그는 4월에 함양으로 돌아가 이렇게 말했다.

"선제께서는 함양의 조정이 작다 여겨 아방궁을 지어 정궁으로 쓰고자 하셨소. 허나 다 짓기 전에 붕어하시어 인부들을 파해 여산 능의 복토를 맡겼소. 여산의 일이 대략 끝났음에도 아방궁을 내버려두고 완성하지 않으면 이는 선제가 하신 일이 그릇되었다는 것을 선언하는 꼴이오."

이리하여 아방궁 건축이 재개되었다. 밖으로 사방의 이민족을 치는 진시황의 정책도 그대로 따랐다. 뛰어난 병사를 모두 징발해 5만 명을 채워 함양에 주둔시키고 활쏘기와 군견과 군마 등을 다루는 법을 익히게 했다. 먹는 이가 많아 곡식이 부족하므로 군현의 곡식과 건초를 함양으로 옮기도록 명하고, 이에 동원된 역부들은 모두 스스로 식량을 지참하도록 하고, 함양 300리 안에 사는 사람들은 그 곡식을 먹지 못하게 했다. 당시 함양은 이미 죄수들로 포화 상태였다. 그런데 5만 명의 군사와 군마와 개까지 먹여야 하니 백성들의 고역은 상상할 수가 없다. 아버지 시절에도 죄수는 넘치고 넘쳤는데, 법을 집행하는 것이 더욱 가혹해졌다고 하니 죄수의 수를 가늠하기 어렵다.

4. "왕후장상의 씨가 어찌 따로 있는가?" ━━━━━━

가끔 이익이 분명히 보이고 시절이 잘 맞아떨어지면 보잘것없는 집단도 연전연승할 수 있다. 14세기 말~15세기 초 중앙아시아를 넘어 바그다드를 휩쓸고 모스크바를 떨게 했던 티무르Timur는 20만 명의 군대로 신생 명나라를 공격하려다 원정 도중에 죽었다. 그가 죽자 그가 세운 제국은 바로 분열했다. 왜 그랬을까? 그는 파괴할 줄만 알고 건설할 줄 몰랐기 때문이다. 사마르칸트에 커다란 모스크 따위를 세운 것 외에 그가 건설한 것은 없다. 그러나 그는 지나는 곳마다 모두 불바다로 만들어버렸다. 칭기즈 칸 이후 가장 강력한 기마군단을 건설한 그는 이렇다 할 자연적인 제약이 없는 중앙유라시아 평원을 마구 유린할 수 있었다. 그러나 사람들은 잠시 말발굽을 피하고자 했을 뿐 이 이유 없는 살인마 정복자를 반기지는 않았다.

전국시대의 열국도 마찬가지였다. 특히 반진의 불길은 옛 초나라 지역에서 먼저 일어났고, 전투력이나 진에 대한 적개심 모두 초나라 출신이 가장 강했다. 진을 인정하기 힘들었기 때문이다. 그러므로 힘으로 이기는 것보다 동의를 얻어 통합하는 것이 더 어렵다. 통일 직전 진에 점령당한 초나라 운몽 지역의 상황을 알려주는 귀중한 죽간이 출토되었다. 바로 《수호지진간》〈어서語書〉다. 이는 20년(진시황 20년) 4월에 남군의 수 등이 현縣과 도道의 색부嗇夫(관리)들에게 내린 명이다.

옛날 백성들은 모두 각자 향鄕(고을)의 풍속이 있어서 이익으로 여기고 좋아하고 싫어하는 바가 꼭 같지 않았기에, 어떤 것은 백성의 이익을 해치고 나라에 해가 되었다. 이리하여 성왕聖王께서 법도를 제정하여 민심을 바로잡고, 사벽한 행동과 나쁜 풍속을 제거하셨다. 법률이 미비하면, 백성은 교묘하게 속이는 짓을 많이 하니, 이리하여 나중에 간령閘令을 내리게 되었다. 무릇 법률령이란 백성을 교도하고 음벽한 짓과 사악한 풍속을 제거함으로써 그들이 착한·일을 하도록 하는 수단이다. 지금 법률령이 이미 갖춰져 있으나 관리와 백성이 쓰지 않아 향의 음일한 풍속을 따르는 백성들이 끊이지 않아서 왕의 밝은 법이 버려지고 사벽하고 음일한 백성들을 일어나도록 조장하여, 심히 나라에 해가 되고 (뭇)백성들에게 불편하게 되었다. 그러므로 등騰이 이를 바로잡고자 법령과 전령田令과 위간사방爲閘私方을 정리하여 하령하고, 관리들은 이를 명백히 반포하며, 백성들은 모두 이를 명백히 숙지하도록 하여 죄에 걸리지 않도록 했다. 지금 법령이 이미 반포되었으나, 들리는 바로 관리와 백성 중 법을 법하고 간사한 짓을 하는 이가 끊이지 않고, 몰래 향의 예전 풍속을 좋아하는 마음을 바꾸지 않는다 한다. (그러니) 령令과 승丞 이하로 (이를) 알고도 거론하지 않는 것은 명백히 군주의 밝은 법을 거스르고, 사벽한 행동을 하는 백성들을 감추어 기르는 것이다. 이리한다면, 남의 신하된 이로서 불충한 것이다. 만약 (이런 자들이 횡행하는 것을) 모른다면 이는 그 직을 수행할 능력이 없고 지혜가 없다는 뜻이고 알고도 거론하지 않는다면 청렴하지 (정직하지) 않은 것이다. 양자는 모두 대죄임에도 령과 승이 모른다면

- 간령이 정확히 무엇인지는 의견이 분분하다. 정리소조가 내린 결론은 '법령을 어지럽히는 자'였으나, 문맥이 통하지 않는다. 필자는 대율의 하부 조문으로 본다.

- 정리소조는 이를 간사한 행위를 금하는 법으로 해석했다.

심각하게 해를 끼치는 것(不便)이다. 지금 다시 사람을 시켜 이를 행하도록 하니 령을 따르지 않는 자들을 검거하여 법에 따라 처벌하고 그 벌이 령과 승에게 미치게 하겠다.

이어서 현의 관리들을 심사하고 관리들이 법령을 법하는 자가 많지만 령과 승이 이들을 알아내지 못하면 형과 승을 심문하겠다고 말한다. 위 문서의 취지는 초나라 사람들의 진의 법령을 따르지 않아서 특별한 조치를 취한다는 내용이다.

기록이 보여주듯이 초 지역 백성들은 진의 법을 불편하게 여겼다. 그러므로 그토록 형이 중함에도 법을 어기는 이들이 끊이지 않았던 것이다. 다만 이것이 거의 모든 점령지의 일반적인 현상인지는 더 알 수가 없다. 하지만 진시황(당시 진왕) 20년까지 진의 법이 확고히 점령지의 기층까지 미치지 못하고 있다는 것은 명백한 사실이다. 나쁜 풍속이란 바로 초나라 풍속이다. 진시황이 나쁜 풍속의 예로 든 것이 바로 남녀 사이의 일이니, 초나라 백성들은 좀 더 분방한 생활을 했던 듯하다. 풍속은 쉽게 바뀌지 않고 그 나름대로 합리성을 가지고 있다. 그러니 법령을 반포해도 '법을 범하고 간사한 짓을 하고 예전 풍속을 그대로 따르는 이'가 끊이지 않았던 것이다. 그중에는 관리도 있다. 아마 그 관리들 또한 초나라 출신일 것이다. 그래서 진의 새 법령과 풍속을 따르지 않는 관리와 백성을 모두 처벌한다는 것이 이 문서의 내용이다.

상황이 이러한데, 스스로 잔혹하고 음란한 행동을 일삼는 2세 따위가 어떻게 전국, 특히 초나라의 하위층을 장악할 수 있겠는가? 그들은 풀처럼 서풍에 엎드려 있었지만 동풍이 불기를 기다리고 있었다.

드디어 기원전 209년 7월, 산동 멀리 옛 초나라 땅 대택향大澤鄕에서 반진의 불길이 타올랐다. 반란의 주동자는 진승陳勝과 오광이라는 필부 둘이었고, 이에 가담한 이들은 보통 농민에도 못 미치는 무지렁이 집단이었다고 한다. 그는 외쳤다.

"천하가 진 때문에 괴로워한 지 오래다[天下苦秦久矣]."

그들은 대담하게도 기존 질서를 거부했다.

"왕후장상의 씨가 어찌 따로 있는가?"

당시 그들은 북방으로 수자리를 떠나다 비를 만나 정해진 시간을 맞출 수 없는 신세였다. 당시 법에 정해진 기일에 닿지 못하면 죽이도록 되어 있었다. 그러므로 그들은 살고자 반란의 기치를 올린 것이다. 남쪽의 초 땅에서 머나먼 북쪽으로 무수한 인민들을 동원하려는 발상 자체가 잔인하기 그지없다. 그들은 진의 역참을 거치며 최하층민 대우를 견뎌야 했으리라. 지금 진의 강한 법이 오히려 진을 뒤엎으려 한다.

여기서 잠시 한 가지 사실을 짚어두려 한다. 근래 진시황을 재평가하는 경향이 일면서 각종 평전이 등장했다. 대개 진시황을 중국을 최초로 통일한 영웅으로 높이려는 시도다. 장분전張分田(장펀톈)은《진시황 평전》에서 수졸이 "기한을 어기면 모두 법으로 죽인다[失期, 法皆斬]"는《사기》〈진섭세가陳涉世家〉의 기술을 부정한다. 진왕조의 법이 그토록 무자비하지 않았을 것이라는 주장이다. 그가 근거로 드는 것은《수

• 한글 번역본은 장펀톈, 이재훈 옮김, 《진시황 평전》(글항아리, 2011), 720쪽 참조.

호지진간》에 나오는 요율傜律의 조항이다. 관련 조항을 보면 "3~5일 늦으면 견책하고, 6~10일 늦으면 순盾(방패 한 벌의 벌금), 10일 이상을 넘기면 갑甲(갑옷 한 벌의 벌금)에 처한다[失期三日到五日, 誶; 六日到旬, 貲一盾; 過旬, 貲一甲]"고 되어 있다. 순이나 갑의 벌금은 물론 서민이 감당하기 어려운 대단히 큰 벌이지만,* 기한을 어겼다고 죽이는 것과는 큰 차이가 있다. 그렇다면 태사공의 기술을 근본적으로 다시 검토해야 한다. 사마천이 진의 법을 정확히 몰랐거나, 진승(진섭)이 반란을 일으킨 상황을 과장해서 기술했거나 두 가지의 경우다. 사실은 그렇지 않다. 사마천은 진의 법을 모르지도 않았고 과장하지도 않았다. 오히려 장분전이 요역과 국경의 수자리를 혼동하고 있다. 진승 등은 국경을 지키러 간 것이지 단순히 요역을 하러 간 것이 아니다.《울료자》〈병령하〉에 이렇게 기술되어 있다.

내졸(내지의 병사) 수자리로 떠날 때는 장리가 기와 북과 갑옷과 과를 지급한다. 출발일, 장리들보다 현의 경계를 늦게 벗어나는 자는 후수법後戍法(수자리에 늦게 도착한 죄를 다스리는 법)에 걸어 다스린다. 병사는 변경에서 1년 수자리를 산다. 만약 그다음 교대자를 기다리지 않고 달아나면 망군율(亡軍, 탈영법)에 의거해 처리한다. 부모·처자가 이를 알았다면 이와 같은 벌로 다스리고, 알지 못했다면 용서한다.

- "貲一甲直(値)錢千三百卅四, 直(値)金二兩一垂……《악록서원진간嶽麓書院秦簡》." 갑옷 한 벌의 벌금은 1300전 이상, 금으로 따지면 두 냥 이상이다.

여러 차례 강조했듯이 어투나 내용이나 이는 의심할 나위 없이 진의 법률이다. 기사는 다음과 같이 이어진다.

> 졸이 장리 뒤에 하루 처져서 대장의 처소에 달하면 부모·처자를 모두 같은 죄로 다스린다. 졸이 달아나 집으로 가 하루를 보냈으나, 부모·처자가 그를 잡지 않거나 고발하지 않으면 역시 같은 죄로 다스린다.*

《울료자》에서 말하는 것은 물론 전시 상황이다. 그러나 일반 요역과 구분되는 수자리에 군법 규정이 분명히 있었고, 기일이 늦으면 후수법으로 처리하는데 그 강도는 대단히 강했다. 하루만 늦거나 탈영하여 하루만 집에서 보내도 부모·처자를 연좌하는 중범이다. 또한 진의 법에는 모여서 하는 범죄, 예컨대 군도群盜를 몇 배로 가중처벌했다.《수호지진간》의 다음 기사를 보라.

> 무엇을 가죄(가중처벌)라 하는가? 다섯 사람이 1전 이상을 훔쳐 숨기면 왼쪽 발을 베고 먹물을 들인 후 성단형에 처한다. 5인 미만이 절도한 금액이 660전 이상이면, 코를 베고 먹물을 들여 성단형에 처하고, 660전 미만이면 먹물만 들이고 성단형에 처하며, 220전 미만에

• "內卒出戍, 令將吏授旆鼓戈甲. 發日, 後將吏及出縣封界者, 以坐後戍法. 兵戍邊一歲, 遂亡不候代者, 法比亡軍. 父母妻子知之, 與同罪. 弗知, 赦之. 卒逃歸至家一日, 父母妻子弗捕執及不言, 亦同罪. 卒後將吏而至大將所一日, 父母妻子盡同罪." 여기 나오는 '비比'는 진한대 법률용어로 비근한 법을 따라 처리한다는 뜻이다. 일종의 유추 적용이다.

서 1전까지는 유배형에 처한다.*

이는 물론 반란을 막기 위함이다. 군법보다 형량이 소량 감소되기는 했지만 '무리'의 범법에 대한 엄청난 가중처벌이 일반적인 진법의 특징이다. 당시 진승은 수백 명을 데리고 변경으로 가고 있었으니 그들은 군적群賊의 요건을 완벽히 갖춘 셈이다. 그나마 법이 공정하게 집행된다면 변명이라도 하겠지만 당시는 2세가 법을 더욱 가혹하게 적용하던 때였다. 조금이라도 엉뚱한 관리를 만나면 그들은 살아날 방도가 없다. 한은 진의 법을 배우고 큰 하자가 없으면 그대로 적용했다. 그런데 태사공 사마천이 진의 기본적인 법을 모른다고 말하는 것은 후학의 지나친 오만이다. 진시황은 공과 과가 모두 큰 인물이다. 그러나 진시황을 높이기 위해 맥락을 고려하지 않고 사료를 비판 없이 끌어들이는 태도는 지양해야 할 것이다.

다시 원래 이야기로 돌아가 보자. 진승이 불씨를 키우자 산동의 영걸들이 들불처럼 일어났다. 진의 지방 태수들은 이들 산동의 반란군들을 제어하지 못했다. 산동 사람들이 진을 받아들였다면 어떻게 반란이 퍼질 수 있었겠는가. 진의 실정이 쌓이고 쌓여 견딜 수 없는 지경에 달한 것이다. 이제 진은 변경에 있는 30만 대군을 써보지도 못하고 부랴부랴 여산에 몰려 있는 죄수들을 동원할 준비를 했다. 그 반란군 수장

- "可(何)謂 '駕(加)罪'？ 五人盜, 臧(贓)一錢以上, 斬左止, 有(又)黥以為城旦. 不盈五人, 盜過六百六十錢, 黥劓以為城旦. 不盈六百六十錢, 黥為城旦. 不盈二百廿以下到一錢, (遷)之." 사실 이런 가중처벌 규정은 비록 완화되긴 했으나 한나라로 그대로 이어졌다.

들 중에 특히 유방과 항우項羽라는 이름은 꼭 기억하자. 그들이 다음 마지막 권의 주인공들이다. 진은 이제 운명을 장담할 수 없는 지경에 이르렀다.

진을 망칠 사람인 '호胡'는 2세 '호해'인가 아니면 '호(흉노)'인가? 흉노를 막는다고 진은 힘을 다 뺐다. 흉노는 진나라 패망의 중요한 원인이었지만 전부는 아니었다. 변경의 군대와 동물이 쓰는 지출은 더 지속적이었을 테지만, 최소한 기록에는 진시황릉과 아방궁을 세우는 데 동원된 역부들의 수가 흉노를 방어하는 이들보다 많았다고 한다. 진은 죄수들에게 쓸모없는 일을 시키며 노동력을 낭비하고 그들을 학대하며 원망을 쌓았으며 그들을 먹이느라 힘이 고갈되고 있었다. 그러니 진시황과 그 아들 호해 두 사람의 개인적인 욕망, 특히 호해의 어리석음과 광폭함이 더 치명적인 것 아니었을까? 그렇다면 진을 망칠 호는 호해였던가? 빌미를 두 호가 제공했을지 모르지만 진을 무너뜨릴 이들은 바로 백성[民]이다. 이 모든 것이 결합되어 진나라의 망조가 나타났다. 조고와 결탁한 호해의 방자한 행각은 다음 권에도 계속 이어진다.

이 시리즈의 마지막인 다음 권에서 진과 한을 대비하며 진나라의 약점들에 대한 사회학적 분석을 시도할 것이다. 하지만 다음 권으로 넘어가기 전에 이미 농민 반란 상황에 이른 진의 치명적인 약점을 간단히 정리해둬야겠다. 우리는 기억할 필요가 있다. 산동 6국 중 어느 하나도 농민 반란으로 무너지지 않았다는 사실을.

농민 반란을 야기한 모든 문제의 저변에는 전시 상황과 평화 시 상황을 구분하지 못했던 진나라 위정자들과 그들의 만든 법이 있다. 정상적인 상황에서 사회는 문(민정)과 무(군정)로 분리되고, 군대 또한 다시 문(이념)과 무(무력)로 분리되어야 한다.《울료자》〈병령상〉조차, "군대는 무를 줄기로 하고 문을 뿌리로 하며, 무를 겉으로 하고 문을 속으로 한다[兵者以武爲植, 以文爲種. 武爲表, 文爲裏]"는 상징적인 구절을 담고 있다. 문은 문치와 연결되고 무는 법과 연결된다. 그러나 진은 문과 법의 분화는 물론 민법과 군법의 분화도 이루지 못했다.

민법과 군법의 분화가 이뤄지지 못하면 법은 플라톤Platon과 헤겔 G.W.F. Hegel을 비롯한 일급 법철학자들이 말한 '정의의 실천 수단'이라는 취지를 잃는다. 군법은 정의가 아니라 승리를 얻기 위한 수단이기에, 정당한 심리와 증거주의에 입각한 공정한 판단보다는 빠르고 잔인한 집행이 우선이다. 간단히 말해 살리는 법이 아니라 죽이는 법이다. 진은 그런 법 자체를 고치는 대신 오히려 법을 위해 끝없이 전시 상황을 조장했다. 처음에 진시황은 병기를 녹이는 행위를 통해 문치의 깃발을 들었다. 그러나 그 깃발은 몇 해도 못 넘기고 지도층의 오만과 무능으로 인해 꺾이고 말았다. 흉노와 남월 정복, 전시의 공병 동원에 버금가는 토목 사업 따위는 끝나지 않은 전국시대의 맥락에 있다.

다음 권에서 자세히 논하겠지만 먼저 짚어둘 것이 있다. 혹자는 한의 법이 진과 다를 바 없다고 주장한다. 그러나 법조문의 유사성과 집행되는 실제 맥락은 전혀 다른 것이다. 예컨대 수나라 말기의 법조문은 당나라 초기의 법조문보다 훨씬 온건했지만 폭정으로 고통받던 수나라 백성들이 당나라를 반겼다. 한이 진의 법을 그대로 가져간 것은 사실이다. 그러나 한 초기의 통치자들은 여러 가지 방식으로 진의 과오를 피해 갔다. 먼저 한은 초기에는 '약법삼장約法三章' 등의 임시법과 '구장률九章律' 등의 간화법簡化法을 통해 가혹한 법 집행을 피했다. 또한 그들은 건국 후 대규모 사면을 통해 진이 만든 무기수들의 수를 확실하게 줄였다. 또한 그들은 재통일 후 무기를 녹이는 것이 아니라 군대 자체를 해산함으로써 군법의 적용 대상과 기회를 줄이고, 농민들을 범법자로 몰아넣는 요역을 획기적으로 줄이고 요역 적용 연령도 대대적으로 높였다. 이런 경향에 더해 고조 유방이 유언으로 강법을 달가워하지 않는 재상들을 등용하라는 유언을 남긴 것도 큰 역할을 했다. 고조 시절은 물론 여후 시절에도 이른바 '무위지치無爲之治'를 실행하는 재상들이 등장해서 위로부터 법을 가혹하게 적용하지 않는 기풍을 조성했다. 드디어 문제文帝 시기에 이르면 이른바 진의 악법으로 일컬어지는 무자비한 연좌제와 반인륜적인 신체형 따위의 혹형에 수술이 가해진다.

사실 한 초기부터 진의 가혹한 법률은 온정주의적으로 수정되었지만, 초한쟁패와 잇단 반란 상황에서 한의 통치자들은 진의 법을 그저 베껴 쓰기에 급급했다. 그때 남은 구문들을 가지고 한과 진을 동일시하는 것은 부당하다. 다시 한번 강조하지만 법 자체가 문제가 아니라 오히려 집행이 문제다. 흔히 유교를 통치 원리로 세운 황제로 알려진 한무제 시절 범법자들이 엄청난 규모로 양산되었다. 법은 통치자의 철학을 따라 번다하게 바뀌어갔다. 사실 한무제는 유가의 외투를 입고 있지만 진시황과 기질적으로 가장 유사한 인간이며, 실제로 가장 유사한 정책을 펼쳤다. 혹리들이 판을 치고 정치적 사건에 연좌되어 무수한 사람들이 죽었으며, 끝없는 전쟁과 연이은 요역으로 범법자들이 양산되었다. 심지어 이미 폐지된 진의 악법들이 다시 부활했다. 이 중요한 문제는 다음 권에서 자세히 고찰하기로 하고 다시 전쟁과 정치의 근본으로 돌아가 보자.

여기서는《울료자》와 완벽한 대척점에 있는《사마법》을 검토하면서 문치와 무치의 융합을 다시 검토할 필요가 있다.《사마법》은 비록 후대에 첨삭되고 변형되었을지라도 춘추시대 군령과 이념의 흔적을 뚜렷이 품고 있다. 예를 들어《사마법》〈인본仁本〉은 이렇게 말한다.

> 옛날에는 달아나는 적을 쫓을 때 100보를 넘기지 않고, 후퇴하는 적을 따라잡을 때는 3사三舍(즉 90리)를 넘기지 않았다. 이로써 예[禮]를 밝힌 것이다. 전투 능력을 잃은 적을 끝까지 몰아붙이지 않아서 상하고 아픈 이들을 가련하게 여겼으니, 이로써 어짊[仁]을 밝힌 것이다. 열을 지어 북을 올리는 것은 그 믿음[信]을 밝히고, 의를 위해 싸우지 이익을 두고 싸우지 않음으로써 의로움[義]을 밝혔다. 또한 항복한 이를 용서함으로써 용맹[勇]을 밝히고, 시작과 끝을 알아서 지혜로움[智]을 밝혔다. 백성들을 모아 이 여섯 덕을 때에 맞게 가르쳐 백성이 지킬 도리로 삼았다. 이것이 예부터 내려온 군정軍政이다.

《사마법》은 관중이 만든 국제규약의 정신이 녹아 있다. 전쟁은 평화 시 정치의 연장이므로 전쟁 규범 또한 평화 시 규범에서 완전히 벗어날 수 없다는 것이다. 전국 후기의 군법과는 근본적으로 다른 접근법이다. 헤겔이 법을 정의의 실현 수단으로 정의한 것처럼《사마법》은 전쟁을 정치의 실현 수단으로 간주했다.

《사마법》의 언사가 너무 크고 비현실적인가? 그렇다.《사마법》에서 표방하는 이상은 이미 전국시대 후기에는 시대에 뒤떨어진 것이기 때문이다. 그러나 우리는 다시 통일시대가 왔음을 상기해야 한다. 통일군주로서 전투가 아닌 전쟁을 수행하고, 군정이 아닌 민정을 수행하고자 한다면 반드시 이 정신을 숙지해야 한다. 평화 시에는 상벌로 백성을 다스리는 것이 아니라 정의로 다스리는 것이다. 상하의 법이 모두 정의의 정신에 근접할 때 백성은 국가와 자신을 동일시할 희망을 품는다. 아랫사람만 법을 지켜야 하는 것이 아니다. 군주도 자신의 잘못을 알아야 할 것 아닌가? 그것을 모르는 군주는 없는 것이 낫다.《사마법》은 이렇게 말한다.

> 옛날의 현명한 왕들은 백성의 덕을 밝히고 그들의 선을 다하게 했으므로, 덕을 폐하지 않았으며, 간사한 백성들도 없었으며, 상을 줄 바도 없고 벌을 시험할 바도 없었다. (중략) 때맞춰 상을 주는 것은 백성들로 하여금 선을 행하는 것의 이로움을 빨리 알도록 하기 위해서고, 당장 벌을 주는 것은 백성들이 당장 보도록 하기 위해서다. 큰 승리는 포상을 하지 않아야 아래 위가 모두 자신들이 잘한 것을 자랑하지 않는다〔大捷不賞, 上下皆不伐善〕. 위가 실로 자랑하지 않으면 교만하지 않게 되고, 아래가 실로 자랑하지 않으면 (위와) 맞먹으려 하지 않는다.

상하가 이처럼 자랑하지 않음은 겸양의 극치다. 크게 패하면 벌하지 않아야 상하가 모두 잘못이 자신에게 있다는 것을 안다(大敗不誅, 上下皆以不善在己). 위가 진실로 잘못이 자신에게 있다고 여긴다면, 분명 그 잘못을 후회할 것이고, 아래가 진실로 그렇게 여기면 분명 죄를 멀리할 것이다. 상하가 이렇게 하는 것은 겸양의 극치다. 옛날에는 1년 수자리 살면 3년을 다시 살지 않았으니, 이는 백성의 고달픔을 목도한 까닭이다. 상하가 이렇게 서로 친한 것이 화합의 극치다.

큰 승리는 포상하지 않는다는 것은 통치자가 정의를 실현하기 위해 응당 할 일을 했기 때문이다. 큰 패배는 벌하지 않는다는 것은 그 패배가 군주 자신의 정치적 실패임을 인정하는 것이다. 진시황(진왕 정이 아니다)이든 그 아들이든 그들은 오류를 인정하지 않았다. 이사 이하 그들의 보좌들은 오류를 인정하지 않는 군주에 영합하는 데 급급했다. 물론 여기서 말하는 이사는 '온 천하의 인재를 받아들이자고' 열변하던 젊은 날의 그도 아니요, 제후국을 없애고 군현제를 통해 분란의 뿌리를 뽑고자 원대한 그림을 그리던 그도 아니요, 바로 진시황과 그 아들을 따라다니며 허황한 욕망에 어떤 제동도 걸지 않은 그 이사다.

보통 사람도 쉬지 않고 두 발로 단번에 하루 100리를 간다. 한쪽 발이 움직일 때 반대쪽 발은 쉬기 때문이다. 그러나 천하의 준족도 한 발로 단번에 10리는커녕 수백 보도 가지 못한다. 인간의 육체와 정신은 모두 한계가 있어서 쉬지 못하면 꺾이거나 반란을 일으킨다. 세상에는 밤과 낮이 있어서, 낮에는 공적인 영역의 엄격함을 존중하더라도, 밤에는 부부와 가정의 사사로움이 있으면 사람들은 버틴다. 통일까지 숨 가쁘게 달려온 백성을 진시황과 그 아들이 2대에 걸쳐 몰아붙이니 누가 견딜 것인가?

나가며

제국과
잡가 정신

제자백가의 무리 중 유독 잡가만 후대의 평가를 얻지 못했다. 잡가 서적에는 여러 이론이 뒤섞여 있기 때문이다. 그러나 잡가는 제자백가의 장점을 모은 종합 학파로서 그 현실적인 설명의 힘을 경시할 수 없다. 초기의 정책을 두고 진왕 정을 분류하라면 '잡가적 법가' 혹은 '법가적 잡가' 군주라 하겠다. 그러나 진시황이 된 후 그는 잡가도 법가도 아닌 천하를 사적으로 유용하는 폭군으로 변하고 말았다.

진은 법가 하나로 운영되는 국가가 아니었다. 진에 등용된 인사들이 가진 방책은 저마다 달랐다. 예컨대 상앙은 그야말로 엄격한 법가였고, 장의는 법과는 거리가 멀어 거의 사기꾼에 가까운 종횡가였으며, 범저는 종횡가지만 행동거지는 오히려 유가에 가까운 인사였다. 그러나 이들은 모두 진에서 공을 세웠다. 여불위 또한 마찬가지로서 그를 유법儒法으로, 혹은 무엇으로도 분류하기 어렵다. 여불위는 진에 등용된 인사들의 행동을 연구하고 당시의 정세를 분석해 잡가류 서적의 집대성이랄 수 있는《여씨춘추》를 편집했다. 진의 통일 이념으로 '정의의 전쟁' 이론을 제기한 책이 바로《여씨춘추》이며, 통일 이후의 체제에 대해 체계적인 논문이 들어 있는 책 또한《여씨춘추》다. 잡가는 동서고금의 여러 이론을 현실과 결합시켜 종합한 것으로, 일종의 경험론적 백과사전이다. 그러므로 잡가는 다민족·다문화 사회인 통일 제국의 이념을 충실히 구현할 가능성을 가진 학파였다. 그들은 제국의 이념이 경직되는 것을 막을 절충적 장치들을 고안해냈다. 그들의 이론은 통일 제국이 성립된 후 더욱 빛을 발할 수 있었다.

그러나 진시황과 진의 지배층은 잡가의 정신이 힘을 발휘할 토양을 걷어내고 말았다. 여성의 정조에 대한 극단적인 요구가 진의 제국 이념에 반영된 것이 진시황의 어머니 조태후의 행동에 대한 혐오의 반영이듯,《여씨춘추》의 잡가 정신을 말살한 것 역시 여불위에 대한 혐오가 일정한 역할을 했을 것이다.《여씨춘추》를 통해 잡가 정신, 즉 종합성과 유연성의 소멸이 진의 위기에 끼친 영향을 검토해보자.

《관자》에서《상군서》까지 중농 정책의 이면에는 우민주의愚民主義가 깔려 있다. 그러나《여씨춘추》와《상군서》, 진이 실제로 실행한 우민주의에는 질적인 차이가 있다.《여씨춘추》〈사용론士容論·상농上農〉은 이렇게 적고 있다.

옛날 선대의 성왕께서 백성들을 인도하실 때는 먼저 농사에 힘썼다. 백성들이 농사를 짓도록 하는 것은 비단 땅의 이익만 얻고자 함이 아니고 그 심지를 귀하게 여겨서다. 백성이 농사를 지으면 순박해지고 〔民農則樸〕, 순박해지면 부리기 쉬우며〔樸則易用〕, 부리기 쉬우면 변경이 안정되고 군주의 자리가 존귀해진다. 백성이 농사를 지으면 중후해지고〔民農則重〕, 중후해지면 사사로운 의리가 줄어들고, 사사로운 의리가 줄어들면 공공의 법이 바로 서고〔少私義則公法立〕, 힘을 오로지 한곳에 모을 수 있다.

간단히 말해 백성이 우직해져야 비로소 그들을 믿고 쓸 수 있으며, 또한 나라의 법을 세울 수 있다는 것이다. 이것은 상앙이 주장한 농전의 기본 원리다. 논리는 이렇게 이어진다.

그들이 농사를 지으면 생산이 배가 될 것이고〔民農則其産復〕, 생산이 배가 되면 옮겨 다니는 것을 어려워하고〔産復則重徙〕, 옮겨 다니기를 어려워하면 그곳에서 죽을지언정 두 마음을 품지 않는다〔重徙則死處而無二慮〕. 본업(농사)을 버리고 말업에 종사하면 명령이 먹히지 않고, 명령이 먹히지 않으면 (들어와) 지킬 수 없으며 (나아가) 싸울 수 없다. 백성이 본업을 버리고 말업을 쫓으면 생산이 줄어들고, 생산이 줄어들면 옮겨 다니기를 가벼이 여기며, 옮겨 다니기를 가벼이 여기면 국가에 우환이 생기면 모두 멀리 떠날 마음만 품고 버틸 마음을 먹지 않는다. 본업을 버리고 말업을 쫓으면 지혜(꾀)를 좋아하고, 지혜를 좋아하면 속임수를 자주 쓰며, 속임수를 자주 쓰면 법령을 교묘하게 비틀어 옳은 것을 그릇된 것으로 하고 그릇된 것을 옳은 것으로 만든다.

백성은 왜 움직이지 않고 기어이 국가의 부름을 받는가? 농사를 지음으로써 '두 배'의 소득을 얻기 때문이다. 두 배의 소득을 얻을 수 있어야 한다는 것이 잡가 논리의 핵심이다. 사실 생업에 문제가 없는데 무엇 하러 옮겨 다닐 것인가? 천성이 악하지 않으면 풍족하고 살 만한데 무엇 하러 법을 어길 것인가? 이것은 소득 보장을 통한 우회적인 우민 정책이다. 교조적 법가처럼 그들에게 강제로 글을 읽지 못하게 강요하는 것이 아니다. 기실《관자》에는 이런 순박한 이들 중에 뛰어난 이가 보이면 국가에 들여 쓴다고 했다. 그들은 실력과 품성을 동시에 갖추고 있기 때문이다. 그러나 현실의 진은 끊임없는 국가 강제 이주로 농민들의 뿌리를 흔들어댔다. 또한 군대와 토목공사에 필요한 요역으로 백성들이 축적할 기회를 주지 않았다. 그러면서도 그들이 글을 읽지는 못하게 했다. 비슷하지만 순서가 다른 우민 정책이다. 잡가의 주장은 '백성이 잘 먹으면 우직해져서 쓸 수 있다'는 것이지만 진은 '우매한 백성은 마음대로 부릴 수 있다'는 오만한 정신을 실천했다.

《여씨춘추》〈이속람·용민〉의 논설은 통렬하다 못해 진의 패망 이후에 쓰인 것이 아닌가 하는 생각마저 든다. 이야기에 나오는 송나라 사람은 결국 말을 써먹지 못했다.

> 송나라 사람이 길을 가는데 말이 앞으로 나가지 않았다. 그러자 그는 말을 넘어뜨려 계수에 던졌다. 또 길을 가는데 말이 나가지 않자 또 넘어뜨려 계수에 던졌다. 이러기를 세 번이나 했으니, 조보가 말을 위협하는 것도 이보다는 심하지 않았을 것이다. 조보의 말 부리는 법을

깨닫지는 못하고 그저 그의 위협하는 방법만 쓰는 것은 말을 부리는 데 도움이 되지 않는다. 군주된 이로서 못나서 이와 비슷한 짓을 하는 이들이 있다. (백성을 부리는) 도는 얻지 못하고 심하게 위협만 하니, 위협을 하면 할수록 백성을 더욱 부릴 수가 없다. 망국의 군주 중에 자주 위협을 해서 백성을 부린 이들이 많았다. 그러니, 위협이란 없을 수는 없지만 오로지 기댈 것은 못 된다.

비유하자면 소금이 맛을 내는 역할과 같은데, 소금을 쓸 때는 의지할 기반이 되는 음식이 있어야 하니, 적절하게 쓰지 못하면 기반이 되는 음식을 버려서 먹을 수가 없다. 위협 역시 그런 것이라서, 반드시 의지할 기반이 있은 후라야 쓸 수 있다. 무엇에 의지하는가? 바로 아껴주고 이익을 주는 것〔愛利〕에 의지한다. 아끼고 이익을 주는 마음을 전달할 후에야 위협을 쓸 수 있다. 위협이 너무 심하면 아끼고 이익을 주는 마음이 식고, 그 마음이 식었는데 위협으로 몰아치면, 그 군주는 분명 몸을 망친다. 은과 하의 대가 끊어진 것이 바로 이 까닭이다.

그 송나라 사람과 같은 군주를 멀리서 찾을 필요가 있겠는가? 바로 진나라의 군주들인 것을.《여씨춘추》〈이속람·적위適威〉에 그런 어지러운 나라의 군주가 하는 행태가 나와 있다.

그러므로 어지러운 나라가 백성을 부릴 때는 사람의 본성을 논하지 않거니와 성정도 돌아보지 아니하고, 번거로이 교시를 내려 알아먹지도 못하는 이를 나무라고, 여러 차례 명령을 내려 따르지 못하는 이를 비난하며, 크게 위협해 감히 행하지 않는 이의 죄를 묻고, 거듭 일을 맡겨 감당하지 못하는 이에게 벌을 준다. 그러니 백성이 앞으로 나가는 것은 (그저) 상을 바라서이고 뒤로 물러나는 것은 죄가 두려워서이다.

자기 능력이 부족하다 싶으면 거짓으로 명을 받는데, 거짓으로 명을 받은 것이 들통 나면 위에서는 또 이를 가지고 죄를 물으니, 죄가 죄를 부르는 꼴이다. 아래위가 원수가 되는 것은 바로 이런 연유다. 그러니 예禮가 번다하면 장엄함이 없고, 일이 번다하면 공이 없고, 명령이 가혹하면 따르지 못하고, 금령이 지나치면 행하지 못한다. 걸주가 금한 것은 그 수를 헤아릴 수가 없었는데, 이로 인해 백성들은 도륙당했고, 극에 이르자 위세로도 감당할 수 없었다.

진나라 법의 문제 중 가혹함에 버금가는 결점은 잡다함이다.《수호지진간》에도 관리들의 잡다한 법의 해석을 두고 곤혹해하는 장면들이 종종 등장한다. 죄가 죄를 부르는 것 또한 마찬가지다. 진승과 그 무리는 법에 걸리지 않기 위해 비가 오는데도 길을 나섰다. 그러나 사람들이 다 모여 이른바 군도 혹은 군적群賊이 될 요건을 충족시킨 마당에 길에 갇혀 오도 가도 못 하게 되니 그들은 실패하면 반드시 죽을 줄 알면서도 자발적으로 법을 범했다. 진을 멸하고 한을 여는 유방 또한 그 법에 걸려 반란을 일으켰다. 본성을 고려하지 않고 위협을 일삼으면 반항할 수밖에 없다.

그러므로 잡가는 법치의 기반에서 유가와 유사한 덕치를 주장한다.

다만 그들의 덕치는 유가보다 실용적이다. 《여씨춘추》〈이속람·상덕上德〉에는 이런 주장이 나온다.

천하와 나라를 위함에 덕으로 행하는 것보다 나은 것이 없으며, 의를 행하는 것보다 나은 것이 없다. 덕으로 하고 의로 하면 상을 내리지 않아도 백성들을 권면할 수 있고, 벌을 주지 않아서 사악함이 멈추니, 이것이 신농과 황제의 정치다. 덕으로 하고 의로 하면 사해의 광대함이나 강하의 커다란 물로도 당해낼 수가 없으며, 태산과 화산[太華]의 높음과 회계의 험함으로도 막을 수가 없다.

덕이란 백성이 원하는 것을 베푼다는 뜻이고 의는 상도에 어긋나지 않는 행동을 한다는 뜻이다. 잡가의 통합적인 관점에서 이미 통일 이전에 상벌 정치의 한계는 명백했다. 이 주장은 앞에서 제시한 《사마법》의 정신과 통한다. 진의 통치자들은 베풀지도 않았고 상도를 지키지도 않았다. 전국시대가 만들어낸 무기수들을 사면하지 않고 오히려 그들의 생명을 고갈시키기 위해 만들어낸 여산의 능원과 아방궁 따위가 바로 덕치의 반대이며, 평생을 살겠다고 국가의 자원을 남용하는 진시황이나 자신의 권력을 위해 무고한 형제들을 도륙한 2세의 행동이 의의 반대[不義]인 것이다. 이민족을 다스리는 방법은 또 어떤가?

삼묘가 불복하여 우가 공벌하자 하니 순이 말하길, "덕으로도 가하다" 했다. 3년 덕을 행하니 삼묘가 복종해왔다. 공자가 이를 듣고 말하길, "덕의 사정에 정통하면 맹문이나 태행도 험하다 할 수 없도다. 그러니 덕의 속도가 역참으로 명을 전하는 것보다 빠르다고 하는구나." 주나라의 명당에 쇠(金)를 뒤에 두는 것은 덕을 우선하고 무를 뒤에 둔다는 것을 보이기 위함이다. 순 또한 이러했는가? 무를 뒤로 감추는 것이 주나라까지 이어졌구나.

통일을 이루고 무기를 녹이는 일전의 정치적인 행위가 무색하게도 진시황은 바로 흉노와 남월을 동시에 치는 군역을 개시했다. 내부의 적이 없어지자 쉴 틈도 없이 외부의 적을 만들어냈다. 흉노가 커진 첫 번째 이유는 전국시대 북방 국가들의 북방 개척이었다. 그런데 진시황이 막강한 통일 제국을 만들고 흉노와의 어떠한 외교적인 협상도 없이 바로 하투(오르도스)를 공략하니 흉노는 원한을 품고 밀려날 수밖에 없었다.

전국시대의 전쟁이 선악의 구분이 없는 승패의 전쟁이었다면, 통일시대의 전쟁은 명분의 전쟁이 되어야 한다. 흉노를 치려면 이른바 '흉노의 죄'를 명백히 해야 한다. 훗날 한은 진이 키워놓은 흉노와 혈전을 벌이게 된다. 그러나 그들은 선수를 칠 때도 '흉노의 죄'를 언급했다. 진시황의 흉중에 "3년 덕을 행하는[行德三年]" 마음이 들어설 틈이 없었다 하더라도 3년을 기다릴 여유도 없었던가? 30만 명 동원을 3년만 연기했더라도 진이 그토록 간단하게 무너지지 않았을 것이다. 흉노를 치기 위해 보낸 30만 명의 군대가 버젓이 있었건만 내부에서 반란이 일어나자 당장 쓰지도 못하고 오합지졸인 죄수를 동원할 수밖에 없었다.

국경에 흩어놓은 30만 명 군대의 수장 몽염은 무함을 받아 죽었으니 군관들의 투지 또한 죽어 있었다.

진이 휘청하니 변경의 장교들이 흉노 수비를 명목으로 미적거리며 관망할 것이 뻔하다. 또한 전선을 버리자니 이를 갈고 있는 흉노가 가만히 있을 것인가? 한마디로 진의 군대는 국경에 묶여 있었다. 국가의 장래를 위해 설령 무력을 쓰는 것이 필요하다고 할지라도 명분과 시기를 갖추지 못하면 승리가 오히려 화가 된다.

진이 이렇게 된 것은 모든 권력을 황제에게 집중시키고 이를 견제할 방안을 마련하지 않았기 때문이다. 견제할 장치가 없으면 진시황과 같은 카리스마적 통치자는 권력을 남용할 것이고 호해와 같은 어리석은 통치자들은 조고 따위의 2인자가 욕망을 실현하는 숙주로 전락한다. 견제 장치란 중국이 이미 1000년간 갈고 닦은 언로다. 그러므로 언로를 막은 이사는 다른 어떤 공적이 있다 해도 나라를 망친 신하일 뿐이다. 《여씨춘추》〈시군람恃君覽·달울達鬱〉을 보자.

> 무릇 사람은 360개의 관절이 있고, 9개의 구멍과 오장육부가 있다. 살가죽은 탄탄하기를 원하고 혈맥은 통(通)하기를 원한다. 심지는 온화함을 원하고 정기는 돌기(行)를 원한다. 이렇게 되면 병이 자리 잡을 곳이 없어지니 나쁜 것이 생겨날 곳이 없어진다. 병이 머물고 나쁜 것이 생기는 것은 정기의 울鬱(막혀 통하지 않는 것) 때문이다. 그러므로 물이 고이면 더러워지고, 수액이 흐르지 않으면 나무는 좀벌레가 생기며 풀은 썩어 문드러진다.

나라에도 역시 이처럼 울이 있다. 군주의 덕이 통하지 않고 백성들의 욕망이 달성되지 않는 것이 바로 국가의 울이다. 울이 오래되면 100가지 악이 한꺼번에 일어나고, 1만 가지 재앙이 겹쳐서 온다. 바로 이로 말미암아 상하가 서로 못할 짓을 한다. 그러므로 성왕께서 뛰어난 선비와 충성스러운 신하를 귀하게 여긴 것은 그들이 감히 직언해 막힌 곳을 뚫을 수 있기 때문이다.

동맥이 막히면 동물은 당장 죽고 식물은 썩는다. 나라의 동맥이 막히는 것은 언로가 막혔기 때문이다. 그러나 이사는 어떤 짓을 했는가? 나라의 정책에 다른 의견을 내는 이들을 압살하고 죽였다. 결국 나라를 막혀 죽게 할 사람은 이사 자신이다. 여불위 아래에 있던 이사가 이 논설을 읽지 않았을 리 없건만, 그는 언로를 막는 짓에 앞장섰다. 이야기는 이어진다.

주 여왕이 백성을 학대하니 국인들이 모두 비방했다. 이에 소공이 고했다.

"백성들이 명을 감당하지 못합니다."

그러자 여왕은 위나라 무당[衛巫]을 불러와서 비방하는 이들을 감시하고, 발견하면 잡아 죽였다. 그러자 나라 안에 감히 말하는 이가 없어지고 길을 가면서도 눈짓만 주고받았다. 이에 왕이 기뻐하며 소공에게 말했다.

"내가 능히 비방을 그치게 했소이다."

소공이 대답했다.

"이것은 비방을 틀어막은 것이지 그치게 한 것이 아닙니다. 백성들의 입을 막는 것은 하천을 막는 것보다 오히려 어렵습니다. 하천을 막았다가 터지면 분명 많은 사람이 다칠 것인즉, 저 백성도 꼭 같습니다. 그러므로 하천을 다스리는 이는 반드시 한쪽을 터서 물길로 삼듯이, 백성을 다스리는 이는 백성들의 말을 장려합니다. 그러므로 천자가 정사를 들을 때는 공경열사더러 바로 간하도록 하고, 호학박문好學博聞한 이는 시를 올리도록 하고, 맹인과 악사는 잠언과 (풍자하는) 노래를 읊도록 하며, 보통 사람들은 서로 수군대는 말을 전하게 하고, 근신은 이것저것 모조리 살피고 친척들은 이를 보좌하여 살피도록 한 연후에야 왕이 사태를 짐작했습니다. 이리하여 아래로는 버려진 선이 없고 위로는 잘못된 행동이 없었습니다. 지금 왕께서 아랫사람들의 입을 막아 윗사람의 잘못을 조장하고 계시니 사직에 우환이 올까 두렵습니다."

그러나 왕은 고치려 하지 않았다. 이러기를 세 해, 국인들이 왕을 체 땅으로 쫓아냈다. 이것이 울(막혀서 통하지 않는 것)의 폐해다. 울은 양陽 (밝게 드러내는 것)이 아닌 것이다. 주나라 정에 쥐를 그려놓고 말로 밟게 한 문양이 있는데, 이는 쥐가 양의 동물이 아니기 때문이다. 밝게 드러내지 않는 것은 망하는 나라의 풍속이다.

독자들은 태사공이 〈열전〉에서 변소 쥐와 창고 쥐 이야기를 한 것을 기억하는가? 이사가 바로 유능하지만 음습한 쥐와 같은 인물이기 때문이 아닐까? 이사와 몽염 등이 목숨으로 간하고 진시황에게 잘못된 것은 잘못되었다 직언했으면 혹여 영민한 진시황이 다른 길을 가지 않았을까? 안타깝게도 진시황은 한번 길에서 벗어나자 죽을 때까지 자기 잘못을 인정하지 않았다. 2세는 이 글을 읽었을까? 아마 아버지가 책을 불태우라고 했으니 못 읽었을 수도 있겠다. 《여씨춘추》 〈계춘기季春紀·논인論人〉은 이렇게 말한다.

> 군주의 도는 간략하며, 군주가 지킬 바는 가까운 것이다. 최상은 스스로를 돌아보는 것이며(太上反諸己) 그다음은 남에게서 구하는 것이다(其次求諸人).

스스로 반성하고 또 남에게 자문을 구하면서 반성하라는 이야기다. 그런데 진시황의 아들은 어떻게 행동했는가?

> 옛날에 망한 군주들을 보면 죄는 남에게 있다 하여 나날이 살육을 그치지 않다가 망할 때까지 이를 깨닫지 못했다. 3대가 흥성한 왕들은 모두 죄를 자신에게 두었기에 나날이 공업을 이뤄도 훼손되지 않다가 결국 천하의 왕이 되었다.

불사라는 불가능한 목표를 위해 애초에 허황된 자들을 모아놓고 그들이 달아나자 다른 이들에게 보복한 이가 누구인가? 바로 진시황이다. 그는 자신의 잘못을 인정하지 않는다. 그는 자신이 무결한 선인이

라는 환상에 빠져버렸다. 《여씨춘추》〈심분람·지도知道〉에 따르면 그
결과는 이렇다.

> 군주된 이가 자기가 지혜롭다 하면 남을 어리석게 만들고, 스스로 재
> 주 있다 하면 남을 졸렬하게 만든다.

이사나 몽염이나 왕전이 진시황의 욕망에 영합하게 된 이유가 바로
이것이다. 말을 잘못 꺼내 심기를 거스르면 그간의 성과를 다 잃을 수
있기 때문이다.

마지막으로 《여씨춘추》〈맹동기孟冬紀·안사安死〉에서 재미있는 구
절을 제시하며 이 책을 마친다. 진시황릉은 아직 발굴이 끝나지 않았
다. 그러나 보물을 묻은 인부들과 장인들을 생매장했다지만 황릉은 도
굴꾼들의 표적이 되어 곳곳이 파헤쳐졌다. 시도 때도 없이 구멍을 뚫
고 들어오는 도굴꾼들의 등쌀에 지하에서도 잠 못 들던 진시황은 분명
이 구절을 떠올렸을 것이다.

> 요가 곡림穀林에 묻힐 때 둘레에 나무를 그대로 두었고, 순이 기시紀市
> 에 묻힐 때 저자의 배치를 바꾸지 않았다. 우가 회계에 묻힐 때 사람
> 들이 다니는 길을 건드리지 않았다. 그러니 선왕들은 장례를 검소하
> 게 했는데, 이는 비용을 아끼자는 것도 아니요 역부들의 노고를 피하
> 고자 한 것도 아니요, 다 사자를 위한 것(도굴을 피하기 위한 것)이다.

부록

- 전국시대 주요국 제후 재위 연표
- 전국시대 주요 사건
- 주석
- 찾아보기

전국시대 주요국 제후 재위 연표

연도 (기원전)	동주 東周	진 秦	제 齊	초 楚	진 晉	조 趙	위 魏	한 韓	연 燕
460									효공孝公
455					출공出公				
454							환자桓子		
453	정정왕 貞定王	여공공 厲共公							
452									
451				혜왕惠王					성공成公
445					경공敬公	양자襄子		강자康子	
442									
440									
438	고왕考王	조공躁公							
433			선공宣公						
431									
428			회공懷公						문공文公
425					유공幽公				
424						환자桓子	문후文侯		
423		영공靈公		간왕簡王				무자武子	
415	위열왕 威烈王					헌후獻侯			
414									
410									
408		간공簡公			열공烈公				
407				성왕聲王				경후敬侯	
404									
401						열후烈侯			
399									
395		혜공惠公						열후烈侯	
388			강공康公	도왕悼王					간공簡公
386		출자出子							
384	안왕安王					경후敬侯	무후武侯	문후文侯	
383									
380				환공桓公					
379			·강씨 제나라 멸망 ·전씨 제 시작						
376		헌공獻公	전섬田剡	숙왕肅王				애후哀侯	
375									
374	열왕烈王								
369					진晉 멸망			의후懿侯	
368			환공桓公			성후成侯			환공桓公
362				선왕宣王					
361	현왕顯王						혜왕惠王		
356								소후昭侯	문공文公
349		효공孝公	위왕威王						
339				위왕威王		숙후肅侯			

연도 (기원전)	동주 東周	진 秦	제 齊	초 楚	진 晉	조 趙	위 魏	한 韓	연 燕
337		혜문왕 惠文王 (혜왕)							
334									
332								의혜왕 宜惠王	역왕 易王
328									
325									
324									
320	신정왕 愼靚王								
319							양왕 襄王		연왕쾌 燕王噲
318			선왕 宣王	회왕 懷王		무령왕 武靈王			
314									
311								양왕 襄王	
310		무왕 武王							
306									소왕 昭王
300		소왕 昭王	민왕 湣王				양왕 襄王		
298	난왕 赧王			경양왕 頃襄王		혜문왕 惠文王			
295							소왕 昭王	이왕 釐王	
283									
278			양왕 襄王						혜왕 惠王
276								혜왕 惠王	
272									
271									무성왕 武成王
265						효성왕 孝成王	안리왕 安釐王		
264			제왕건 齊王建						
262									
257								환혜왕 桓惠王	
256	주 멸망								효왕 孝王
254									
250		효문왕 孝文王		고열왕 考烈王					
249		장양왕 莊襄王							
246									
244						도양왕 悼襄王			연왕희 燕王喜
242							경민왕 景湣王		
238									
237		진시황 秦始皇 (秦王政)		유왕 幽王		조왕천 趙王遷		한왕안 韓王安	
235									
227			초왕부추 楚王負芻			대왕가 代王嘉	위왕가 魏王假	한나라 멸망 (기원전 230)	
225							위나라 멸망		
223			초나라 멸망						
222						조나라 멸망			연나라 멸망
221			제나라 멸망						

전국시대 주요 사건

연도(기원전)	주요 사건
279	민지회맹에서 인상여가 조왕을 수행하여 진왕을 꾸짖다.
278	진장 백기가 해를 넘기는 장기전 끝에 초나라 수도를 함락시키다.
273	화양에서 백기가 위-조 연합군을 대파하고 10만 명 이상을 참수하다.
270	알여를 침입한 진군을 조장 조사가 대파하다.
265	위염이 실각하고 범저가 일선으로 나와 원교근공책을 실행하다.
261~260	백기가 장평에서 조나라 포로 40만 명을 학살하다.
257~256	신릉군 위무기와 초나라 춘신군이 한단의 포위를 풀어주다.
251	연은 조나라가 장평과 한단의 싸움으로 인해 크게 손상을 입었다고 여기고 도전해 오지만 염파가 맞아 대파하고 연의 수도를 포위하다.
249	진의 상국 여불위가 주나라 사직을 끊다. 이로써 명목상의 종주국은 사라지다.
247	신릉군 위무기가 5국 연합군을 이끌고 함곡관까지 진격하다.
246	진왕 정(훗날의 진시황)이 등극하다.
230	한나라 멸망.
228	조나라 멸망(망명정부는 기원전 222년 멸망).
225	위나라 멸망.
223	초나라 멸망.
222	연나라 멸망.
221	제나라 멸망, 즉 진나라의 천하통일.
210	진시황 사망.
209	진승 오광의 농민 기의.

주석

제2부

1. 이 편에서 주요 사료로 활용할 《울료자》는 특이한 책이다. 기본적으로 병법서이니 법가에 가깝지만 법가의 기본 주장과 상반되는 이런저런 이념이 뒤섞여 있다. 이는 아마도 한 사람이 쓴 저작이 아니기 때문일 것이다. 필자가 판단하기에 《울료자》의 〈장리將理〉〈병교兵敎〉〈병령兵令〉을 포함한 몇 부분은 실상 문자 그대로 진의 군법이다. 또한 진의 군법을 보여주는 세 가지 사료(《상군서》《묵자》《울료자》)의 해당 부분은 모두 가필이 거의 없는 '필사'의 흔적을 보여준다. 특이하게도 근래 출토된 진간秦簡의 여러 부분에 나오는 진법秦法의 상투어들이 이 세 사료에도 심심찮게 튀어나온다. 《울료자》가 기존의 추상적이고 철학적인 기반을 중시하는 병서들과는 확연히 구별되는 이유도 상당 부분이 '법조문 베끼기', 즉 필사였기 때문으로 추정된다.

그간 《수호지진간》을 비롯한 여러 진간이 해독되면서 중국 학계에서는 《묵자》와 진간, 《울료자》와 진간, 《상군서》와 진간의 관계를 규명하는 논문들이 상당히 발표되었다. 하지만 이 네 자료를 종합하는 시도는 아직 없는 듯하다. 필자는 초보적으로 이 작업을 개시하겠지만, 이 책의 목적은 역사서를 읽는 이들의 거시적인 안목을 기르는 것이므로 세부적인 사항까지 파고들지는 않겠다.

먼저 《울료자》의 연대와 사료적 가치를 짚어보자. 결론부터 말하자면 이 책의 최소한 군법 관련 부분은 대략 진왕 정 시기의 것이 거의 확실하다. 《울료자》가 그간 오해를 받았던 이유는 앞에서도 지적했듯이 다음의 한 구절 때문이다.

"양혜왕이 울료자에게 묻기를[梁惠王問尉繚子曰]."

이 구절을 그대로 믿는다면 《울료자》의 저자는 전국시대 말기 사람일 수 없고, 대략 양혜왕·상앙·맹자와 동시대인이다. 그러나 역사학에서, 이렇게 한 구절에 기대 자료의 연대를 판단하는 방식은 위험하다. 《울료자》 또한 《상군서》와 마찬가지로 여러 시대의 자료가 병존한다. 먼저 울료자와 상군서의 상관관계를 살펴보자. 《울료자》〈병담兵談〉에 이런 구절이 나온다.

금사개색禁舍開塞에 통달해야 유민들이 따라 붙고 경작되지 않은 땅이 주인을 찾는다[明乎禁舍開塞, 民流者親之, 地不任者任之].

알다시피 '개색'은 《상군서》의 중요한 편명으로 사마천도 직접 읽었다고 했다. '금사禁舍'는 《관자》의 '법금法禁'에서 상앙의 '금사禁使'를 거쳐 내려온 법가의 전통적인 용어다. 또한 땅을 경작하다는 의미인 '임지任地'는 진나라 방언으로 보인다. 《상군서》〈산지算地〉에 "나라를 다스리고 땅을 경작하는 것은[故爲國任地者]"이라는 구절과 《여씨춘추》〈상농上農〉의 "一人治之, 十人食之, 六畜皆在其中矣. 此大任地之道也", 《묵자》〈호령〉에 나오는 "安國之道, 道任地始, 地得其任則功成, 地不得其任則勞而無功"에 나오는 '임지'는 모두 '토지를 개간(경작)하다, 사람이 정착하여 이용하다'라는 뜻이다. 이런 '임任'의 용례는 거의 진 혹은 법가 계통의 문헌에만 등장한다. 이렇듯 《울료자》와 《상군서》, 나아가 《묵자》의 관계는 밀접하다. 그 자료의 출처가 진의 군법이라는 방증이리라. 나아가 《울료자》〈제담制談〉을 보자.

천하에 농사짓지 않으면 먹을 수 없도록 하고, 싸우지 않으면 작을 얻지 못하도록 하여, 백성들 스스로 두 팔을 들고 농사를 짓고 싸움을 하도록[農戰] 하면 천하에 적이 없을 것이다[使天下非農(無)所得食, 非戰無所得爵, 使民揚臂爭出農·戰, 而天下無敵矣].

이것은 가감 없는 상앙의 주장이다. 그러나 내용보다 더 중요한 것은 어투와 전개 과정의 유사성이다. 《상군서》는 '세상의 위정자(군주)들은 농전의 이치를 모른다[今爲國者多無要]'고 하면서, 농전 중 농사의 중요성을 강조하고, 《울료자》는 '오늘날의 장군들은 병사들을 결사적으로 싸우도록 하지 못한다[世將不能]'고 하면서 농전 중 싸움을 강조한다. 강조점이 다를 뿐 이 두 책의 수사법과 편제는 대동소이하다. 그렇다면 《울료자》는 양혜왕과 동시대인인 맹자의 목소리도 들었을까? 《울료자》〈전위戰威〉에 이런 기록이 있다.

또 말하길, '천시는 지리만 못하며 지리는 인화만 못하다' 한다. 성인께서 귀하게 여긴 바는 인사일 뿐이다[又曰, '天時不如地利, 地利不如人和'. 聖人所貴, 人事而已].

물론 성인은 맹자이리라. 그러니 이 편이 《맹자》의 영향을 받았음을 충분히 짐작할 수 있다.

이 구절들을 염두에 두고 선후관계를 검토해보자. 그렇다면 울료자 자신이 양혜왕 시절의 인물이면서 동시대 인물들의 저작을 읽을 수 있을까? 대략 사람의 이름을 제목으로 하는 책은 해당 인물이 사망한 후에 세상으로 나오는 경우가 대부분이다. 양혜왕 시절 나라의 원수이자 생존 인물인 상앙의 책이 위나라에 그렇게 유통될 수 있을까? 가능성이 크지는 않을 것이다. 《상군서》 또한 상앙의 언사에 기반을 두고 후대인이 가필하고 편집한 것이니 상군 생전에 그 책을 읽기는 쉽지 않았을 것이다. 그러나 울료자(혹은 《울료자》)가 동시대 인물들의 저술을 읽었을 가능성을 일단 인정하고 다음 문제로 넘어가자(물론 "양혜왕이 울료자에게 묻기를"이라는 구절은 은작산의 죽간 중에는 없다). 같은 〈전위〉에는 《순자》에 등장하는 유명한 구절이 있다.

　　왕국은 백성을 부유하게 하고 패국(백국)은 사士를 부유하게 하며 근근이 버티는 나라는 대부를 부유하게 하며 망하는 나라는 곡식 곡창과 부고를 부유하게 하니(가득 채우니), 이는 이른바 위로 가득 채우나 아래로 샌다는 것이니, 이런 경우 우환을 구할 도리가 없다[王國富民, 伯國富士, 謹存之國富大夫, 亡國富食府, 所謂上滿下漏, 患無所救].

이 구절은 《순자》 〈왕제〉의 다음 문장과 같다.

　　그러므로, 왕자는 백성을 부유하게 하고, 패자는 사를 부유하게 하며, 근근이 버티는 나라는 대부를 부유하게 하고, 망하는 나라는 광(筐篋, 대나무로 엮어 곡식 따위를 넣는 용기, 즉 곡창)과 부고를 가득 채우나니, 광과 부고는 이미 가득 찼으나 백성은 가난하다. 무릇 이를 위로 채우나 아래로 샌다고 하니, 나라가 기울어 망하는 것을 서서도 기다릴 수 있다[故王者富民, 霸者富士, 僅存之國富大夫, 亡國富筐篋, 實府庫. 筐篋已富, 府庫已實, 而百姓貧, 夫是之謂上溢而下漏, 入不可以守, 出不可以戰, 則傾覆滅亡可立而待也].

원래 한 문장이지만《울료자》가 축약본임을 쉽사리 알 수 있다. 그렇다면 어떤 책이 어떤 책을 모방했는가? 필자는《울료자》가《순자》를 모방했다고 본다. 먼저 이 내용은《울료자》가 대체로 따르는《상군서》의 〈거강〉이나 〈농전〉의 원리와 전혀 맞지 않다. 그러므로《울료자》의 이 편은 전체 책의 취지와 어긋나게 끼어든 것이다. 잡가 서적의 특징이다. 반면《순자》에 나오는 구절은 정밀한 논리적인 구조의 한 부분이다. 논리가 더 정확한 것을 원본으로 파악한다면,《울료자》가《순자》를 원용했다고 보는 것이 타당하다.

그렇다면《울료자》의 최소한 일부는 분명《순자》〈왕제〉 이후인데, 그 이후라면 바로 진왕 정(진시황) 시절이다. 그러므로《울료자》 내용의 상당 부분은 전국 끄트머리의 정황을 보존하고 있는 것이다. 은작산 죽간의 존재로 밝혀졌듯이《울료자》는 위서가 아니라 당시 존재하던 여러 자료를 인용하고 심지어 '베껴 쓴' 것이다. 하지만 이 '베껴 쓰기'가 미덕을 발휘하여 우리는 진의 군법을 그대로 보는 행운을 누리고 있다.

우리는 이사가 순자의 제자라는《사기》의 기록을 가지고 있다.《순자》〈의병〉에 순자와 이사가 벌인 병법 논쟁도 등장하지 않는가? 또한 〈진시황본기〉에 울료가 진왕에게 이사와 비슷한 논지로 유세했다는 점도 알고 있다. 훗날 이사는 정위가 되고 울료는 국위가 된다. 이사는 국법의 총괄자이고 울료는 군법의 총괄자다. 이들 사이의 모든 유사성은 우연일까? 필자는 명백한 증거가 드러나기 전에는 기록을 믿어야 한다고 생각한다. 울료자를 국위 울료로 파악한 사마천의 기술이 어떤 사초에 근거했는지 단언할 수 없다. 그러나 당시 진법을 잘 알던 사마천이《울료자》의 내용을 보고 그를 진의 국위로 추정했다고 해도 그 추정은 여전히 타당하다.

2. 사당사史黨社의 논문 〈秦簡與 《墨子·城守》諸篇相關內容比較〉《簡牘學硏究》, 2002년 제3집)은 묵자 제편들과 진간과의 관계를 총괄한 것이다. 우선《묵자》의 진법秦法 관련 제편(혹은 일부)의 기록 연대는《수호지진간》보다 약간 빠른 것으로 보인다. 그 이유는《묵자》제편이 진왕의 이름인 '정政'을 피휘하지 않았으나《수호지진간》은 피휘하여 '端', '典' 따위로 바꿨다. 예컨대,《묵자》〈호령號令〉은 '이정裏正'으로 표기한 것을《수호지진간》에서는 '이전裏典'으로 표기했다. 물론 같은 뜻이다.

양자의 유사성은 대략 다음의 갈래로 나눠서 정리할 수 있다. 우선, 특정 글자의 쓰임이 같다. 이것은 두 기록의 특정한 방언 지대 안에서 만들어졌다는 것을 의미한다. 예를 들어 《수호지진간》 〈어서語書〉의 "若弗智(知), 是即不勝任……" 운운하는 구절에 '任'은 직책을 나타낸다. 《묵자》 〈호령〉 편의 "守, 城外令任, 城內守任"에서 쓰인 '任'의 용례도 동일하다. 동일한 작업조를 뜻하는 '조曹'의 쓰임도 동일하다. "雜" 또한 양 문헌에서 공히 '함께(共)'란 의미로 쓰였고, '절節'은 '만약'이란 의미로 쓰였다. 규격을 뜻하는 '정程'도 마찬가지다. 이런 예가 너무 많아서 시간적·공간적으로 진 통일 직전기와 멀리 떨어진 시기에 《묵자》의 상관 편들이 만들어졌을 가능성은 적다. 그다음은 반복되는 법률 관용구다. "不從令者", "犯令", "毋(勿)敢", "公(관공서)", "不如令", "收(체포하다)", "同産(同牲: 동모 소생)", "除(면죄)", "循(巡視)" 등 그 예는 상당히 많다. 그다음은 동일한 관명(관소명)이다. "縣官", "縣廷", "邊縣", "官府" 등 여러 독특한 관명(관소명)이 같은 의미로 쓰였다. 제도적인 유사점도 보인다. 《수호지진간》에서 나오는 작위별 배급표와 《묵자》 〈잡수〉에 나오는 수성시 식량 안배표의 숫자 배치는 대동소이하다(논문 115~116쪽 참조).

또한 이 논문의 저자는 《상군서》 〈경내〉와 《묵자》 〈비혈〉의 유사성에도 주목한다. 〈경내〉에 "땅굴을 다 뚫으면 땔감을 쌓고, 다 쌓으면 기둥에 불을 지른다[穴通則積薪, 積薪則燔柱]"는 구절과, 〈비혈〉의 "땅굴을 파고 들어와 기둥 주위에 땔감을 쌓고 불을 놓아 우리 성을 무너뜨린다[穴土而入, 縛柱, 施火以壞吾城]"는 구절의 유사성을 지적한다.

필자가 앞 장에서도 지적하고 본 장에서도 각주 등으로 지적하겠지만, 군율에 관한 《묵자》 《상군서》 《울료자》와 여러 진간은 문체나 사용 언어, 내용 등 모든 면에서 전면적으로 상관이 있다. 그러므로 진간의 해독에 힘입어 세 문헌의 상관 부분을 진의 군율로 단언해도 큰 무리는 없다.

찾아보기

춘추전국이야기 5

합본 개정2판 1쇄 인쇄 2023년 11월 30일
합본 개정2판 1쇄 발행 2023년 12월 28일

9권 초판 1쇄 발행 2015년 12월 31일
9권 개정판 1쇄 발행 2017년 10월 20일
10권 초판 1쇄 발행 2016년 12월 29일
10권 개정판 1쇄 발행 2017년 10월 20일

지은이 공원국
펴낸이 이승현
기획 H2 기획연대, 박찬철

출판2 본부장 박태근
지적인 독자 팀장 송두나
교정교열 문용우
디자인 김태수

펴낸곳 ㈜위즈덤하우스   **출판등록** 2000년 5월 23일 제13-1071호
주소 서울특별시 마포구 양화로 19 합정오피스빌딩 17층
전화 02) 2179-5600   **홈페이지** www.wisdomhouse.co.kr

ⓒ 공원국, 2023

ISBN 979-11-7171-073-7 04900
     979-11-7171-075-1 (세트)